中国现代国际关系研究院
CHINA INSTITUTES OF CONTEMPORARY INTERNATIONAL RELATIONS

文明的交融与和平的未来

穆斯林"去激进化"理论与实践
伊斯兰哲学与国际安全研究

方金英·著

时事出版社

图书在版编目（CIP）数据

文明的交融与和平的未来：穆斯林"去激进化"理论与实践：伊斯兰哲学与国际安全研究/方金英著. —北京：时事出版社，2016.12
ISBN 978-7-5195-0061-0

Ⅰ.①文… Ⅱ.①方… Ⅲ.①穆斯林—研究 Ⅳ.①B968

中国版本图书馆 CIP 数据核字（2016）第 257607 号

出 版 发 行：	时事出版社
地　　　　址：	北京市海淀区万寿寺甲 2 号
邮　　　　编：	100081
发 行 热 线：	（010）88547590　88547591
读者服务部：	（010）88547595
传　　　　真：	（010）88547592
电 子 邮 箱：	shishichubanshe@ sina. com
网　　　　址：	www. shishishe. com
印　　　　刷：	北京市昌平百善印刷厂

开本：787×1092　1/16　印张：39.5　字数：460 千字
2016 年 12 月第 1 版　2016 年 12 月第 1 次印刷
定价：158.00 元

（如有印装质量问题，请与本社发行部联系调换）

《古兰经》云:"我这样以你们为中正的民族,以便你们作证世人,而使者作证你们。"(2:143)先知穆罕默德说:"万事以中正为佳。"

目　　录

序一　和而不同，互学互鉴 …………………………………（ 1 ）

序二　正信、正行，发挥伊斯兰教界在抵御激进
　　　思想中的积极作用 ……………………………………（ 10 ）

导论　和平的伊斯兰与包容的文明 …………………………（ 22 ）
　　一、致读者：为什么要撰写这部《文明的交融与
　　　　和平的未来》专著 …………………………………（ 22 ）
　　二、伊斯兰哲学及其兼收并蓄之道 …………………（ 26 ）
　　三、内容提要 …………………………………………（ 30 ）

第一部分　理论篇

第一章　中世纪——穆斯林世界的兴盛时期 ……………（ 35 ）
　第一节　伊斯兰哲学兼收并蓄之道的由来——
　　　　　调和伊斯兰信仰与希腊哲学 ………………（ 38 ）
　　一、"阿拉伯百年翻译运动" …………………………（ 38 ）
　　二、伊斯兰哲学 ………………………………………（ 45 ）
　第二节　伊斯兰哲学代表人物 ………………………（ 69 ）
　　一、伊斯兰哲学"调和论"先驱铿迪 …………………（ 69 ）

1

二、伊斯兰哲学"第二导师"法拉比 …………………（75）
三、"世界医学之父"伊本·西那 ……………………（80）
四、"伊斯兰教权威"安萨里 …………………………（83）
五、"双重真理说"集大成者伊本·鲁世德 ……………（98）
六、"伊斯兰划时代史学哲人"伊本·赫勒敦 …………（102）

第二章　近现代——穆斯林世界的衰落岁月 …………（111）
第一节　承继伊斯兰哲学兼收并蓄之道的传统——
调和伊斯兰信仰与西方文明 ………………（113）
一、19—20世纪被西方殖民时代——学习西方
科技：现代化 …………………………………（114）
二、二战后民族立国时代——学习西方治国理念：全盘
西化 ……………………………………………（119）
第二节　伊斯兰现代主义代表人物 ……………………（129）
一、"泛伊斯兰主义之父"哲马鲁丁·阿富汗尼 ……（129）
二、伊斯兰现代主义改革运动灵魂穆罕默德·
阿布笃 …………………………………………（135）
三、埃及复兴运动领袖拉希德·里达 ………………（141）
四、印度伊斯兰现代主义运动代表人物艾哈迈德汗
和伊克巴尔 ……………………………………（143）
五、土耳其"努尔库运动"领袖努尔西 ……………（154）

第三章　当代——1979年至今穆斯林世界应对
"全球圣战主义"时期 ……………………（161）
第一节　伊斯兰哲学兼收并蓄之道的新方向——
走向"中正"思想 …………………………（162）
一、从泛伊斯兰主义到"全球圣战主义" …………（162）

二、20世纪90年代以来的"中正"思想 …………… (179)
第二节 "中正"思想代表人物 …………………………… (183)
　一、当代"中正"思想引领者格尔达维 ……………… (184)
　二、沙特"觉醒"运动领袖奥达赫 …………………… (194)
　三、突尼斯"复兴运动"党魁格努西 ………………… (203)
　四、巴基斯坦国际"《古兰经》的道路"创始人
　　　卡德里 ……………………………………………… (215)
　五、前埃及大穆夫提谢赫戈马 ………………………… (222)

第二部分　实践篇

第四章　他山之石——各国"去激进化"举措 ………… (229)
第一节　穆斯林国家 ……………………………………… (229)
　一、沙特：发起争夺灵魂的思想战 …………………… (231)
　二、约旦：阿拉伯世界的熔炉 ………………………… (240)
　三、突尼斯："复兴运动"开启政教分离的
　　　创新实践 …………………………………………… (245)
　四、摩洛哥：温和伊斯兰政党融入现行政治体制 …… (253)
　五、巴基斯坦：公民社会行动起来反击激进主义 …… (256)
　六、哈萨克斯坦：反恐、反激进齐头并进 …………… (262)
　七、印尼：传统穆斯林组织高奏宽容、多元化之
　　　主旋律 ……………………………………………… (264)
　八、其他国家 …………………………………………… (269)
第二节　非穆斯林国家 …………………………………… (274)
　一、美国：世俗主流社会与穆斯林族群共同推进
　　　"去激进化"行动 ………………………………… (274)
　二、英国：反恐的同时强调包容 ……………………… (281)

三、法国：以严打促"去激进化" …………………… (287)
四、奥地利：既反激进主义又保护穆斯林宗教
　　权益 …………………………………………… (290)
五、西班牙：依法治教 …………………………… (292)
六、澳大利亚：依法反恐 ………………………… (294)
七、印度：大力倡导文化多元性和包容性 ……… (295)
八、其他国家 ……………………………………… (297)

第五章　监狱——各国针对激进分子在押犯"去激进化"思想改造实践 …………………………………… (299)

第一节　穆斯林国家 ………………………………… (303)
一、埃及：在押激进组织头目自主发起"修正意识
　　形态"行动 …………………………………… (304)
二、也门：政府成立"宗教对话委员会"主导
　　"去激进化"行动 …………………………… (319)
三、沙特：内政部启动短刑期危安犯"改过自新"
　　计划 …………………………………………… (323)
四、印尼：利用前恐怖组织头目现身说法和关爱
　　涉恐犯家庭"双管齐下" …………………… (334)
五、巴基斯坦：巴军建立矫正中心主责"去激进化"
　　行动 …………………………………………… (343)
六、其他国家 ……………………………………… (349)

第二节　非穆斯林国家 ……………………………… (350)
一、英国：司法部设立专门机构实施"去激进化"
　　项目 …………………………………………… (350)
二、美国：驻伊美军在伊拉克监狱实施"思想改造"
　　项目 …………………………………………… (356)

三、新加坡：成立"宗教矫正组织"从事"伊斯兰再教育"项目 ……………………………………… (367)

四、俄罗斯：灌输传统哈乃斐教法学派思想 ……… (373)

第六章 退出现象——激进分子奔向和平的故事 ……… (376)
第一节 激进组织头目 ……………………………… (381)
一、埃及"伊斯兰圣战"前头目赛义德·伊玛目·谢里夫 ……………………………………………… (381)

二、利比亚"伊斯兰战斗团"创始人诺曼·比诺特曼 …………………………………………… (388)

三、阿尔及利亚"萨拉菲派宣教与战斗组织"创始人哈桑·哈塔卜 ……………………………… (392)

四、印尼"伊斯兰祈祷团"前军训教头纳西尔·阿巴斯 ………………………………………………… (395)

五、英国"伊扎布特"前发言人马吉德·纳瓦兹 … (401)

第二节 "伊斯兰国"逃离者 ……………………… (409)
一、"圣战"队伍中的醒悟者 ……………………… (410)

二、建设队伍中的逃离者 ………………………… (411)

第三部分 谋略篇

第七章 文明的交融与和平的未来 ……………………… (417)
第一节 古往今来，三大文明核心国家在世上轮番各领风骚 ……………………………………… (418)
一、中世纪全球文明格局：两兴一衰 …………… (418)

二、近现代全球文明格局：两衰一兴 …………… (421)

三、21世纪全球文明格局：新一轮两衰一兴 ……… (429)

四、中国和平崛起之意义 …………………………………（486）
　第二节　西方文明语境下，文明的冲突是主旋律 ………（488）
　　一、西方文明历来强调战争 ………………………………（488）
　　二、西方最致命弱点是搞西方文明至上主义 ……………（503）
　　三、西方文明与伊斯兰文明的冲突 ………………………（505）
　　四、西方文明与中华文明的冲突 …………………………（555）
　第三节　中华文明语境下，文明的交融是主旋律 ………（570）
　　一、中华文明历来强调"和而不同" ………………………（571）
　　二、中国已经成为三大文明之间对话与交融的
　　　　桥梁 ……………………………………………………（577）
　　三、中华文明与伊斯兰文明的交融 ………………………（578）
　　四、中华文明与西方文明的交融 …………………………（585）
　　五、三大文明的对话与交融必将诞生全球文明 …………（599）

结语　冀望和平将浸透到世界的每一个角落 …………（602）
　第一节　文明兴衰之规律 …………………………………（602）
　　一、兼收并蓄成就文明 ……………………………………（603）
　　二、战争摧垮文明 …………………………………………（611）
　第二节　致国际社会和中外穆斯林的和平倡议 …………（612）
　　一、呼唤国际社会：不要恐惧、妖魔化伊斯兰教
　　　　和穆斯林 ………………………………………………（613）
　　二、寄语世界穆斯林：继续奏响伊斯兰哲学兼收
　　　　并蓄主旋律 ……………………………………………（616）
　　三、冀望中国穆斯林：誓将和平进行到底 ………………（618）

后　记 ………………………………………………………（620）

序一　和而不同，互学互鉴

中国的和平崛起绝非偶然，实乃文化和历史积淀——悠久厚重、博大精深的中华文明构成了"中国故事"、"北京时间"的文明背景。中华民族在经济上超越第一方阵之后，正全力推动"文化复兴"，加大"文化中国"的建设力度。此时此刻，"没了世界一切优秀文明的映照，迷失在中西方文化的交汇点，不会'运用脑髓，放开眼光，自己来拿'，今天的一切始终不能成为中国的故事。"①

缘于此，围绕人类各大文明对话、互学互鉴的研究，已成当下显学。"文明的交融与和平的未来"是个大题目、好题目，亦是件好事、善事，利于加深民心相通、文明沟通，消除民族隔阂、政治互疑，为"一带一路"向亚非欧的延伸，营造和谐的文化环境，并提供必要的智力支持。

一、"文明因交流而多彩"

中国步入世界经济前沿及国际政治舞台中心之际，正值全球范围内各大文明碰撞频发、教派冲突恶化、民族矛盾激化之时。小小环球，气候突变、沉渣泛起，诸如"文明冲突论"、

---

① 任珊珊："通往中国的最短路径"，《人民日报》，2016年8月30日。

"历史终结论"的流毒甚广，影响颇大。一些西方舆论与政客对特定民族和宗教偏见颇深、歧视暗长；IS（即"伊斯兰国"）等激进势力也以"血与火"的手段，制造文明断层，国际社会严打不绝、反弹复燃，严重威胁国际安全与稳定。

一国的政治、经济、文化事业之兴衰，社会、民生、治安形势之动静，很大程度上取决于该国是否重视培植治国理政的"软实力"或"硬道理"：中和是福，极端为祸。一方、一局、一域的繁荣稳定，取决于施政方能否做到含和、履中。中国尊崇和谐与中正理念，"和"，即中和之道、和谐之路；"正"，即不走极端、不搞过激。

今日世界，文明交融与文明冲突如影随形，古老的中华民族被迫站在了东西方文化冲击的前沿。中国深知稳定之珍贵、中道之价值及发展之重要，反对以任何形式煽动民族对立、制造宗教仇恨，以及宣扬极端主义。自1979年翻开改革开放新篇章以来，以"仁"为根本之道，以"义礼信和敬"为核心的儒学价值观念，受到政学商等各界的推崇，并被借鉴、运用于治国理政。"中国故事"昭示，在推进经济社会发展，接受现代文明的同时，仍然可以保持文化之根，焕发出蓬勃生机。

漫漫人类文明长河，岁月沉淀的全是美；一方水土育一方人，亦孕育出独特的文明，多姿多彩、波澜壮阔。中华文明为长江、黄河所孕育，既是民族的，更是世界的；其文化基因自然蕴含着开放性和发展性。中国既不会夜郎自大，设置壁垒，封锁其他文明精华的传播；中华文明在经现代化洗礼之后，也不会削足适履，照搬照抄西方文明。缘于此，中国倡导各大文明各美其美、美美与共。

此乃国泰民安的金光大道，世界太平的五彩天路。中国之所以选择走如上道路，并大声疾呼尊重人类文明多样性，实乃出于对人类文明发展面临三大严重威胁的忧患意识：一是对世界文明多元共存受到"严重侵蚀"现状的高度警觉；二是对文化霸权居高临下态势下，一些主要文明"严重矮化"倾向的高度担忧；三是对政治强权"严重威胁"世界文明多样性行径的坚决抵制。[①]

中国国家主席习近平强调："文明因交流而多彩，文明因互鉴而丰富。"这一重要论述体现出中国政府对开展文明对话、真诚交往的高度自觉，以及对世界文明多样性的高度尊重。一部人类文明发展史证明，对话交流、取长补短、互学互鉴、和谐共处，实乃凝聚文明精华，谱写和合交融的"大美工程"，堪称天下之大本、世界之达道！

正如中国国际儒学联合会会长滕文生先生撰文所指："人类文明长河中存在的各种文明所具有的地位都是平等的，各自发挥的作用和做出的贡献都应得到承认与尊重"；"任何一种文明都不可能孤立地存在和发展，都需要学习、吸收、借鉴别的文明的长处、智慧与经验，以保持和增强自己的生机与活力。"[②]

老子曰："大国者下流，天下之交"——大国应像江河下游，众水交汇、容纳百川。中国拥有比天空更广阔的胸怀，比大海更深的容量，追求与其他优秀文明交流、融合、升华；致力于汲取世界文明精华，并使之转化成中华文明的特殊篇章；同时也推动中华文明升华为世界文明的精彩华章。

应该说，此乃发展人类文明的"多彩工程"，亦是中华民族

[①] 此处观点的形成参阅李慎明："促进不同文明真诚对话、互学互鉴、合作共赢"，《人民日报》，2016年8月23日。

[②] 引自滕文生先生在"国际儒学——威尼斯学术会议"上的书面发言，2015年9月·威尼斯。

渴望文化崛起、充满文化自信、甘为人类做贡献的心声、心画。谱写大文章，要有大手笔，更应有持久的"洪荒之力"。世上无难事，只要肯登攀。围绕"文明的交融与和平的未来"展开的学术探讨及潜心研究，正是万里征程第一步！

二、伊斯兰教倡导和谐

2001年的"9·11"恐袭事件15年来，国际恐怖活动猖獗，威胁空前：除纽约、巴黎、尼斯、伦敦、布鲁塞尔、柏林等西方世界"心脏地带"屡受袭击之外，安卡拉、伊斯坦布尔、利雅得、巴格达、喀布尔、雅加达、吉达等穆斯林国家土地上也狼烟四起，风声鹤唳，恐袭风险急剧上升。

现阶段国际"恐情"的突出特征，是IS坐大为世界首个开源性恐怖组织。不论何人在何国何时何地，只要下载IS黑旗，承认该"国"国号，宣誓为之效忠，就算交了投名状，加入"国"籍。显然，今日之IS，已扮演穆斯林世界"乌玛"的角色，平均每月有成百欧洲公民前往甘当炮灰。

以IS为代表的国际恐怖势力攻城略地、屠村杀戮，其所有反人类行径，均是在"伊斯兰"及"原教旨主义"旗号下进行的。一小撮激进分子鼓吹建立非法武装、策动武装夺权、输出暴恐理论、蛊惑信徒民众、发动世界"圣战"，以震慑人心、扬名立万，恢复"帝国版图"，建立"哈里发国家"。

实际上，暴力恐怖主义是所有激进社会思潮图穷匕见的特选手段，与伊斯兰教并无本质联系。但因如下各种非学术言论恶意炒作，导致国际社会对伊斯兰教和穆斯林的误解有增无减，"恐穆"言论甚嚣尘上，"仇伊"行径愈演愈烈，将穆斯林世界推上文明冲突乃至国际反恐的风口浪尖。

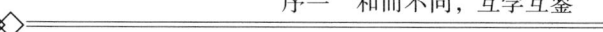

一是少数穆斯林激进分子歪曲真主箴言，篡改伊斯兰教教义中的"吉哈德"（圣战）和"伊吉拉特"（迁徙）等理念。如鼓吹"圣战主义"，组建"圣战军队"，制定重建"哈里发国家"的战略，以创建"基于伊斯兰主义的新世界秩序"，并为其成员设计了滥杀无辜的"死亡之路"，悍然祭起恐怖主义大旗。

二是部分西方媒体大肆炒作以及一小撮政客的刻意诱导和唱衰。"9·11"之后，时任美国总统小布什将"反恐战争"打上"十字军东征"印记，将之与13世纪前的宗教战争相提并论。巴黎2015年"11·13"连环恐袭后，有法国政要甚至扬言，"消灭所有激进的伊玛目"。

三是学术界个别研究人员对西方语境下的伊斯兰研究不加甄别，对一些概念囫囵吞枣、照抄照搬，有些甚至断章取义、上纲上线。此类荒谬言论经由公共媒体和自媒体大肆宣扬与传播，对普通民众关于伊斯兰教与穆斯林的基本认知产生严重误导，害人不浅。

据英国广播公司（BBC）报道，从2016年3月到7月间，"推特"用户共发表21.5万余条涉及"反穆"的英语留言信息，充斥着对穆斯林群体的仇恨和贬损。进入7月，全球社交媒体的"反穆"言论更创新高，平均每日高达7000余条，比4月增加近两倍。①

这些"反穆"言论并非剑指IS，而是将穆斯林世界列为指责对象。"伊斯兰威胁论"在欧美等国甚嚣尘上，此类反文明交融、反民族和睦的言论出自大国要人之口、学术精英之笔、主流媒体之喉，暴露出这些人对伊斯兰教和平本质认识肤浅；对

---

① 英国广播公司（BBC）2016年8月18日报道，转引自《环球时报》同年8月。

"恐情"、"教情"复杂关联性知之甚少。

伊斯兰教宣扬正信、主张公平，倡导行善、禁止作恶，尊重妇女、救助贫弱，仁慈宽厚、克己恕人，团结协商、与人为善，谨守中道、反对极端，① 充满了和谐的精神内涵，实乃倡导及追求和谐的宗教。反极端是伊斯兰教经训的要求，亦是穆斯林言行的规范；伊斯兰教内在的和平、中道、团结、宽容的精神，对推动世界和平、开展经贸合作、增加民族和谐，拥有巨大的价值。

印度总理纳伦德拉·莫迪曾在阐释印度与中亚国家之间的精神纽带时指出，这种纽带与世界各地愈演愈烈的极端主义有着鲜明对比。他说："印度和中亚地区的伊斯兰教传统是由伊斯兰教的最高理想——知识、虔诚、同情和福祉所界定。"② 作为世界上人口众多、宗教多样的大国总理，莫迪先生的此番讲话应该是负责任、很认真的。

"国之交在于民相亲"，何止仅仅在印度与中亚国家之间。中国与穆斯林世界的关系同样维系于尊重、包容、互鉴、互赏的精神纽带，以及"亲、诚、惠、容"的准则；伊斯兰文明与中华文化相融，与中华文明和合，共同蕴含"和而不同"的精神内核。

中国一部分少数民族信仰伊斯兰教，穆斯林先贤为匡正伊斯兰教"清"、"真"、"正"形象而身体力行，以"爱国"作为伊玛尼（信仰）的一部分及穆斯林应尽义务。中国有成语曰：

---

① 韩积善："用社会主义核心价值观引领和教育穆斯林群众"，《人民政协报》，2016年5月5日。

② 哈什·V·潘特：《印度是否正在为制定谋求国力发展的战略？》美国《华盛顿季刊》，2015年冬季号。

"万众一心。""万众"即指56个民族的14亿人民,"一心"则指政治认同、国家认同及中华民族认同。要做到"一心"——增强中华民族内部凝聚力,离不开对伊斯兰文明的理解与尊重,离不开对文明对话、互学互鉴的深度认识。①

三、国际反恐应严打激进主义

从当下国际恐情的蔓延及现状看,可以用如下两句话加以概括:感召全球"圣战"分子的核心力量是IS,指导IS思想的理论基础则是激进"萨拉菲派"思想。"萨拉菲派"大致可分为保守、温和及激进三派。其中,激进派自称为"圣战派",主张发动离经叛道的"圣战"。

法国国际战略顾问塞缪尔·劳伦特在其专著《IS大解密》中披露,激进"萨拉菲派"思想在欧洲一些主要国家已成显学,由于穆斯林激进分子谈经论道深入浅出、娓娓动听,骗人不浅,蛊惑英、法、比、德、荷等国的不少年轻人前往"受教"。从IS的"圣战队伍"前赴后继来看,不否定激进"萨拉菲派"理论,就无从剿灭这个山寨版"哈里发国家"。

2015年11月14日的《今日美国报》网站发表社论,向国际社会提出一个令人深思的问题:这场冲突的性质到底是什么?社论的结论是,"反恐战争"在某种程度上始终是一个不恰当的名称。因为恐怖主义仅是战术,而非敌人。严谨地说,国际社会15年来所进行的"反恐战争"称之为反对穆斯林激进分子的战争或更为贴切。

社论指出了关于"反恐战争"的认识论、方法论问题,即

---

① 引自拙文"汲来江水烹新茗",《全球战略观察》,2015年第12期。

恐怖主义本身不是敌人，它仅仅是敌人实施的战术与工具。穆斯林激进分子建立武装、发动"圣战"的幌子，其招兵买马、诱良为恐的教材，正是激进"萨拉菲派"思想。所以，"反恐战争"不否定激进"萨拉菲派"理论，而仅限于军事打击，反会制造文明断层，助长激进分子的"圣战"意识。①

十几年前，美国战略家兹比格纽·布热津斯基曾指出："恐怖主义事实上是弱者对抗强者的残忍工具"；"将恐怖主义本身当成敌人，很轻率地忽视了恐怖主义是个人、集团或国家实施胁迫的致命方法的事实。人们不能对一种方法或策略发动战争。比如说，无人能在二战时宣布，战争是为反对'闪电战'而进行。"②

今日美国媒体与昔日白宫谋士不约而同地指出了反恐的认识论、方法论的问题——恐怖主义本身不是敌人，它仅仅是敌人选择实施的战术、工具及方法、手段。迄今，美欧国家搞的反恐，基本上是以暴制暴、速战求效，对"反恐战争"的艰巨性、复杂性、长期性知之甚少。如此反恐，虽然赢得局部或一时之胜，却输掉与IS和"基地"组织的意识形态战争，输掉民心。

由此可见，只要激进"萨拉菲派"意识形态还具感召力，就能蛊惑越来越多的穆斯林前赴后继投身"圣战"。穆斯林激进主义不一定都会演变成恐怖主义，但是恐怖主义的背后大多有穆斯林激进主义作为思想支撑。少数穆斯林激进分子"绑架"

---

① 引自拙文"国际反恐应重视反激进宗教理论"，《人民政协报》，2016年3月1日。

② 兹比格纽·布热津斯基：《大抉择》，军事谊文出版社，2004年版，第29页。

了多数温和派穆斯林。穆斯林国家本身也是激进主义的受害者。

为此，要有一个谨慎的政治战略：深挖暴恐行动的激进主义思想根源，剥离"被扭曲意识形态"的宗教外衣，铲除引发恐怖主义的政治和文化土壤，批驳被篡改的"迁徙"、"圣战"等邪理谬说，夺回被其占领的文化空间。

推出更具针对性、全面性、综合性的反恐战略，推动文化领域开展反恐，以在意识形态源头上遏制恐患。说到底，国际反恐是政治战略博弈！更是文化力之战、影响力之战！

2014年，美国总统奥巴马在联大演讲强调，"争夺恐怖分子所占领的空间，包括互联网和社交媒体。"这一表态折射出白宫及其国安幕僚对反恐战略思想的调整，重视文化反恐。应该是美国上层"文明观"、"宗教观"的修正，以及对穆斯林世界战略方阵作用与力量的新认识。

国际社会期待温和派穆斯林的主张能成为全球文化优势，给予温和派穆斯林勇气，在清真寺、经文学校和大众社区引领和发动与激进分子的辩论；让他们敢于从激进分子手中夺过心灵控制权，反对那些劫持伊斯兰教的激进分子。

方金英研究员所著新书——《文明的交融与和平的未来》，将"穆斯林去'激进化'理论与实践"作为副标题，激浊扬清、求良药、提建言，颇具现实意义，值得称道。读罢新书样稿，感触颇深：此书乃用脚走出来，虽写得快，但准备长，费心血，乃耕耘之旅，何等艰辛！乐作小序，分享推荐。

中国现代国际关系研究院原院长
陆忠伟
2016年　处暑　香山麓

序二　正信、正行，发挥伊斯兰教界在抵御激进思想中的积极作用

一、谨遵经训，坚守中道

《古兰经》作为穆斯林信仰的源头、根基和总纲，在伊斯兰典籍中有："《古兰经》的精神要义和全部内容，归结为两件事：第一件是恪守作为安拉奴仆应有的'礼体'；第二件是尊大、尊重化育主应享有的权利"。而《古兰经》的首章"法蒂哈"将这两件事进行了完美的概括，为此，"法蒂哈"被称为"古兰之母"。

我们每天在拜功中至少诵念32遍的《古兰经》首章"法蒂哈"。其中第六至七节："求你引导我们上正路，你所佑助者的路，不是受谴怒者的路，也不是迷误者的路。"这里的"正路"，我们经堂语中讲"端庄之路"，即"中道"；而"受谴怒者"和"迷误者"的路，则是过激或怠慢的极端之道，即不可不及，也不可太过。所以近些年来，我们部分清真寺在经堂教育中引用的一本经，有的翻译叫《伊斯兰教的精神》，有的说是《伊斯兰教之真谛》，它在对"法蒂哈"中所提到的"受谴怒者"和"迷误者"，有一个更进一步的解释："受谴怒者"就是那些在明知真理之后又背离真理以致遭真主谴怒的人；"迷误者"就是

那些在自己的信仰中过度以致迷误的人。应该说，这是几十年来我们看到的对"受谴怒者"和"迷误者"比较直明的解释。所以说，"受谴怒者"和"迷误者"的路与"端庄之路"相比就是怠慢、过度，一个事物的两个极端。回想到我们云南的穆斯林先辈，也是我们中国伊斯兰教著名的"四大学者"之一的马复初，在一百几十年前，他翻译《古兰经》首章的时候，翻译得甚是精彩，其中"求你引导我们上正路，……"他是这样译的："呜呼！至尊导愚仆于正路。正路者，真宰特授大任。非太过，亦非不及。"

《新华字典》对端庄的解释：端庄指端平正直，庄严大方，是神气充足，道德淳厚而显露于外的自然征象，是美的一种特殊表现。端庄不是简单的仪容修饰，而是修养到正气充足的结果。端庄的修养必须从行为上做起，待人忠厚宽惠，襟怀坦白，说话心口如一，言而有信，行为光明正大，不欺暗室。端庄，庄严矣。我觉得汉语对端庄的表达非常到位，我想这也是我们老辈人经堂教育中选端庄一词之故。

而在伊斯兰教的典籍中，对与汉语端庄对应的阿拉伯语"伊斯体高买"的解释是，"指在处理所有宗教和社会事务，包括吃、饮、衣着、婚姻当中，谨守中正之路，谨守适中"。

《古兰经》说："他把他所意欲的人引上正路"（2：142），即"端庄之路"。先知穆罕默德也有一段圣训说明信主与端庄的结合就是伊斯兰教的主要精神。

据两大圣训集传述，苏符央·本·阿卜杜拉·赛戈非对先知说："真主的使者啊！请你告诉我能概括伊斯兰教的一句话，由此我不需要再请教任何人。"先知说："你说，我归信真主，其次，你端庄做人，谨守中道。"

"法蒂哈"中的"正路"，内化于己是端庄，外化于用是中

道。端庄和中道，两者同属一源，端庄属于个人功修，中道则是社会功修。

如何做一个合格的阿訇？我觉得应从端庄做起。我们的经典当中对端庄有一些解释，有些说端庄包括三个方面，有些说端庄包括五个方面，等等。我认为可以从三个方面将端庄内化于我们自身：一是肢体的端庄；二是口舌的端庄；三是心灵的端庄。用汉语归纳起来就是身、口、意的端庄。

从端庄做起，实际上是从身、口、意做起。在拜功打坐的念词中一开首就是："口舌的功课、身体的功课、心意的功课，都属于安拉。"这就是我们每一个奴仆与安拉密谈时的倾心表白，也就是我们的身、口、意为安拉而端庄。这里边包含了相当深的功修因素。

首先是身体的端庄，在拜功中有最直接的体现：站、念、鞠躬、叩、跪，一招一式，也体现在个体修持的头容正、肩容平、胸容宽、背容直和站、行、坐、卧当中。

第二是口舌的端庄，既要讲出，也要讲入。所谓出，就是我们的语言，要讲公正的话、善意的话，要多记念安拉。要杜绝背毁、教唆、挑拨离间等等；所谓入，就是我们的饮食，必须合法、合义，鉴于现在"富贵病"多发，这里还讲一个适度的问题，要杜绝浪费。中国有句话说，中庸不是调和论，中庸是在兼容并蓄而裁决为适可而止的中道。

第三是心意的端庄，即心术正、居心善、立意公。心术正很重要，中国有两句话：第一句话说心术不能得罪于天地，第二句说言行要留好样于儿孙。对于我们穆斯林而言，心术不能得罪于主圣啊！《古兰经》说："你们的心事无论加以表白或者加以隐晦，安拉都要进行清算的。然后，要赦宥谁，就赦宥谁；要惩罚谁，就惩罚谁。真主对于万事是全能的。"（2：284）最后立意公，我们做一桩事情，要想想对我们的教门、对我们的地方、对我们的民族、对我们的社会、乃至于对国家，有利还是无利。所以从端庄做起，就是我们从最基本、最基础、最日常的自己做起。

《古兰经》中"正路"一词，内化于己，就是端庄；外化于用就是中道。中道在中国传统文化中具有非常重要的价值和意义。有本典籍上说"中"为中国文化之根，"中道"为济世利民之大道。中国文化是以"中"这种概念为基础，凡事均要求得中，才能够达到公平合理、恰到好处的目的。《论语》尧曰篇说"咨，尔舜！天之历数在尔躬，允执其（厥）中……舜亦以命禹。"中国古代的先帝尧舜禹传给我们后人的就是要谨守中道。中者，就是不偏不倚，无过不及之名。《中庸》第二十章："诚者，天之道也；诚之者，人之道也。诚者，不勉而终，不思而得，从容中道，圣人也。"意思就是说，行中道之人，就是圣人。《古兰经》中频繁出现的"正路"这个词和中道有何种关系呢？学者们对"正路"的解释并不矛盾，尽管说法不同，其实质是一致的，都体现了伊斯兰教的中道思想。经注家说，《古兰经》中的"正路"从本质上讲，就是一条显而易见的道路，其中既无弯曲也无极端。学者伊本·阿苏拉说，"法蒂哈"中的"正路"具有真理的内涵，他能达到获得真主喜悦，他是伊斯兰教所追随的。所谓正就是不歪斜、不弯曲，他要求最佳、最近，不使人迷失，所以"正路"就是不偏不倚之路，即中道。我认为端庄的外用、外化就是中道，伊斯兰教学者对"正路"的解读，如伊本·阿巴斯传述，他行的"正路"就是真主的不偏不倚的教门，所以"正路"就是正确无误的道路。

《伊斯兰教的精神》上说：遵循中道是道德升华最强有力的保障。对一个民族而言，如果人人都有自觉遵循中道的意识，

13

他们的状况就会得到改善，和平与安宁就会遍布整个社会。伊斯兰教特别重视遵循中道，《古兰经》以一种令人渴望的、使人愉悦的、深入人心的方式号召人们遵循中道，并许诺遵循中道者以今后两世巨大的报偿和美好的回赐。

真主说："凡说过'我们的主是安拉'，然后遵循中道者，众天神将来临他们，说'你们不要恐惧，不要忧愁，你们应当为你们被许诺的乐园而高兴。在今世和后世，我们都是你们的保护者。你们在乐园里将享受你们所爱好的一切，你们在乐园里将享受你们所要求的一切。那是至仁至慈的主所赐的宴飨'。"（41：30—32）

二、坚持正统，理性包容

千百年来，云南穆斯林与中国穆斯林一道在教义学上遵循逊尼大众派主张，在教法学上遵循哈乃斐教法学派，这种传统体现在我们经堂教育使用学习"十三本经"，特别是云南使用的"五大本"经典之中。

近二十多年来，面对国外极端思潮的冲击和干扰，首先，我们保持清醒。这种清醒包括两个层面：一是从教义教规的层面保持清醒，即是说我们中国穆斯林自古以来遵循《古兰经》、圣训，坚持正信、正行的传统行法，绝不如极端思想所判定的一样是所谓"异端"，所以我们就要保持信仰上的定力。二是从社会层面保持清醒，我们所坚持的传统行法所产生的局面是"教内团结、教外和谐"，而按极端思想的行法，必然会导致"教内撕裂、教外对抗"，这绝不是我们中国穆斯林应选择的道路。这些年来，国外由于极端思潮泛滥所导致的恶果已是有目共睹，祸害颇深！穆斯林世界最高学府爱资哈尔大学近年来一直努力在做学术上的拨乱反正，值得我们中国穆斯林深思。

其次，我们有耐心，讲爱心，保信心。这里所说的有耐心，就是要看到极端思想的输入有其国内、国外的环境因素，也是在国家大开放的背景下，事物发展的正常表现，不能采用简单、粗暴的办法想毕其功于一役。讲爱心，就是说对少数接受国外极端思想的穆斯林群众，要理解他们中的大多数只凭热情，而不明究理，要以穆斯林的骨肉同胞来看待他们，不能将其作为另类对待，而是要积极主动给予他们应有的关爱。保信心，就是要看到中国穆斯林千百年来已形成结合中国实际的信仰体系，符合中国伊斯兰教发展的现实需要。只要我们处置得当，就一定能够稳住阵脚、应对挑战。

三十多年来，云南在阿訇队伍上，既尊重老一辈，又爱护新一代；在教法问题上，既尊重多数群众的需要（哈乃斐教法学派），又包容少数群众的选择（其他教法学派）；在教门的发展上，既继承优秀传统，又结合时代精神，始终立足教门的根本，履行教门的主旨，同时紧贴时代的脉搏，坚持时代的主题，倾听群众的呼声，和穆斯林群众同呼吸、共命运、心连心。不断面对新情况，研究新问题，找出新对策，不走极端，不搞折腾，既积极努力，又审慎稳妥。三十多年来，我们没继承原有的教派纷争，如格底目、伊赫瓦尼、哲合忍耶等，通过不断地淡化、融合，实现了和谐包容、和谐共存、和谐发展、和谐共荣。尽管有国外极端思潮的冲击和干扰，由于应对得当，我们没有形成新的教派纷争。**伊斯兰教的阵地（即清真寺）守住了**，全省900多所清真寺，99%都是共同的遵循；队伍保住了，我们各级伊斯兰教协会组织和清真寺的掌教人员绝大多数都是我们三十多年来自己培养的人才；**人心稳住了**，我们全省70多万穆斯林安定和谐。几十年来，没有发生过涉及伊斯兰教因素的民族宗教群体性事件。即使在个别地区、个别清真寺发生了由于个人恩怨而伤害穆斯林宗教感情的事件，都能平静、公正、依法、妥善地处置。

由于处于这样的环境中，我们的伊斯兰教事业得到正常、健康、有序的发展。清真寺建筑方面，各地的清真寺不论是修缮或新建都焕然一新，其中不乏有滇西的曲硐清真寺、滇东的东川清真寺、滇东北的拖姑清真古寺、滇中的永宁清真寺、滇南的纳家营清真寺，特别是沙甸大清真寺等知名清真寺，而且所有清真寺的修建都得到了政府支持和资助。朝觐功课方面，每年一千四百余人赴麦加朝觐，在政府的重视、关心和指导下，伊斯兰教协会的服务工作年年上台阶，朝觐工作实现了政府满意、哈吉满意、穆斯林群众满意。经堂教育方面，近两年来，对全省范围内的经文学校开展规范管理工作，举办全省经文学校（班）教师资格认定培训班，成立云南省伊斯兰教协会教育工作委员会，对全省范围内重点地区开办的经文学校进行教学评估，在重点州市设立昆明伊斯兰教经学院分院，这些工作提升了经堂教育办学水平，推动了经学思想建设，并逐步建立起从普及教育到初级再到中高级的经堂教育体系。正是在这样的氛围中，我们有力促进了穆斯林地区经济文化的发展和穆斯林社会的全面进步，加快了这些地区全面建成小康社会的步伐。

三、正面引导，团结进步

在云南省伊斯兰教解经工作的具体实践中，我们秉持以中道思想引导穆斯林群众，不断强化中道理念，为伊斯兰教正本清源，正面阐述伊斯兰教主张和平宽容、中正和谐的理念，不断挖掘伊斯兰固有的但被忽视的深层思想和内在适应力，坚持原则、灵活务实，反对僵化与极端，力图化解矛盾，弥合分歧，促进发展，主动应对各种危机和挑战，协调传统与现代、保守与开放等方方面面的关系，积极引导伊斯兰教与社会主义社会相适应，有力推动了全省伊斯兰教事业的健康发展，实现了云南伊斯兰教领域的和谐稳定。

1. 努力推动伊斯兰教领域实现四种关系的和谐，形成四个方面的良性互动。伊斯兰教中道理念不仅体现在信仰的哲学层面上，也贯穿于具体实践中，无论世俗生活还是宗教生活，都要坚守中正，谨防极端。中道思想尤其强调诸如天启与理性、精神与物质、前定与自由、今世与后世、人文与科学、个人与集体、家庭与社会、传统与现代、权利与义务等之间的中正平衡，不偏不倚。

一是努力实现四种关系的和谐。我们认为：教内关系是基础，政教关系是根本，民族关系是保障，教际关系是完善。教内关系是基础，我们倡导"教内团结、教外和谐"，反对"教内撕裂、教外对抗"。政教关系是根本，我们高扬爱国爱教的伟大旗帜，不断增强"五个认同"（对伟大祖国的认同、对中华民族的认同、对中华文化的认同、对社会主义道路的认同、对中国共产党的认同）和"四个维护"（维护法律尊严、维护人民利益、维护民族团结、维护祖国统一），积极向党委、政府反映穆斯林群众在宗教活动、民生改善、乡村建设方面的诉求，力争得到党委、政府的重视和解决。民族关系是保障，我们按照"三个离不开"的思想，积极处理好与其他民族平等、团结、互助的友好关系。教际关系是完善，我们坚持稳妥地处理好伊斯兰教和其他宗教之间的关系，实现"各美其美、美人之美、美美与共"，进一步完善宗教关系的和谐局面。

二是努力形成四个方面的良性互动。政教方面的良性互动，各级伊斯兰教协会组织和清真寺努力做好党的宗教政策方针的宣传工作，积极主动地向政府主管部门反映穆斯林群众的合理诉求，争取得到政府的支持和帮助。上下方面的良性互动，各级伊斯兰教协会组织和清真寺同穆斯林群众保持紧密联系，与他们"同呼吸、共命运、心连心"，形成是一张皮而不是两张皮，做到说话有人听、做事有人帮，充分发挥桥梁和纽带作用。点面结合的良性互动，重视做好重点地区清真寺和穆斯林群众工作，发挥好的扩散和辐射作用，推动面上的伊斯兰教工作。体制内与体制外的良性互动，通过体制内与体制外各种形式的互动，进一步延伸伊斯兰教工作的领域。既不越边界、不踩红线，又充分发挥各方面主动正向功能，形成生机勃勃、充满活力的局面。

2. 积极发挥好伊斯兰教协会和清真寺的积极作用。多年来，作为全省性宗教团体，云南省伊斯兰教协会不断加强对全省各级伊斯兰教协会、伊斯兰教界人士和穆斯林群众的引导，弘扬伊斯兰教两世兼顾、两世吉庆的理念，用正确的舆论来统一穆斯林群众的思想，根据不同时期面临的不同形势，与时俱进地提出符合时代进步的思想主张。2003年，我们提出穆斯林群众要培育和增强五个意识：培育和增强爱国爱教的意识，培育和增强共谋发展的意识，培育和增强重视科技、重视教育的意识，培育和增强遵纪守法的意识，培育和增强团结稳定的意识。2006年，提出"六个坚持"：坚持发展是第一要务，坚持稳定是第一责任，坚持团结是第一需要，坚持教育是第一希望，坚持和谐是第一追求，坚持"两世吉庆"是第一宗旨。2008年，提出"五个继续"：要继续走好爱国爱教、团结进步的康庄大道，要继续走好两世兼顾、共谋发展的幸福大道，要继续走好重视科技、重视教育的文明大道，要继续走好遵纪守法的平安大道，要继续走好团结稳定的和谐大道。2010年，云南省伊斯兰教协会又提出穆斯林要树立"三个理念"：感恩知珍惜，服务做奉献，团结谋发展。

云南省伊斯兰教协会与时俱进地提出这些观点，既有伊斯兰教经典的依据，又适应时代的呼唤；既是对历史的深刻思考，又是对现实的认真总结；既有一定的理论概括，又有切实的可操作性；既是正面的引导，又是对消极面的抑制；既能作为"卧尔兹"在清真寺宣讲，又能得到不同信仰者的认同和理解；既是对穆斯林世界部分地区惨痛教训的借鉴，又与我们所处的时代紧密相联。简言之，便是以敬主爱人的信仰化育人，以爱国爱教的思想教导人，以团结和平的意识塑造人，以劝善戒恶的精神培养人，全面提升穆斯林的整体素质。

3. 推动清真寺由供奉型向服务型转变。先知穆圣说："真主认为，最可喜的工作是使穆斯林能得到一种欢乐，即你替他解除一样困苦，或是帮他偿还一项债务，或是使他免受饥寒之苦。能为一位教胞的需要而奔走，在我看来，比我在这座圣寺里坐静一个月还受喜欢。"

各级伊斯兰教协会和清真寺要积极转变观念，努力为穆斯林大众谋求两世吉庆，尽量避免导致两世灾难的因素，加快由供奉型清真寺向服务型清真寺的转变过程，为穆斯林的宗教功课、宗教学习、宗教生活、宗教事务提供更为完善、更为周到的服务。要拓展服务的广度和深度，在各级统战、民宗部门及伊斯兰教协会的指导下，代表穆斯林合法权益，为地方的经济发展、基础设施及社会事业建设、改善民生等方面积极向政府建言献策，发挥好党委、政府与信教群众之间的桥梁纽带作用。发扬伊斯兰教助学济贫、扶危救困的优良传统，更加关注穆斯林中的弱势群体，关注遭遇不幸的家庭和民众，鼓励穆斯林青年，广泛开展志愿者活动，投身社会公益事业，不断探索、创新新时期伊斯兰慈善事业的方式途径，推进伊斯兰慈善事业健康发展。

新形势下的清真寺应积极主动关注和关心穆斯林群众中的弱势群体。对具备一定条件的清真寺，我们倡导对穆斯林弱势群众争取做到"五看望"、"五过问"、"五相帮"。五看望：大小尔德看望、斋月看望、婚丧嫁娶看望、生病住院看望、遇难受灾看望；五过问：基本户情过问、履行教门情况过问、发展愿望过问、生活困难过问、就医就学过问；五相帮：上学就业遇到困难相帮、生病住院相帮、遇难受灾相帮、行教门困难相帮、发展生产相帮。发展走在全省前列的穆斯林地区，对穆斯林弱势群众关注还应更进一步，对他们的就业、生活保障、安居房的建设等方面也要给予帮助。一个蓬勃发展的清真寺，能发挥其巨大的凝聚力和向心力，更能推动"教内团结、教外和谐"的良好局面。

十一届三中全会以来，在国家执行正确民族宗教政策的光辉照耀下，在国家改革开放的大背景下，云南各级伊斯兰教协会和伊斯兰教界做了一些力所能及的、分内的工作，也取得了一定的成效，实现了云南伊斯兰教领域的总体稳定，是历史上最好的时期，但也还存在不少的问题。我们的工作离国家的要求和穆斯林群众的期盼还有不小的距离，印沙安拉，在真主的襄助下，我们将不断学习、不断探索，为伊斯兰教的传承、发展、进步做出无愧于时代的努力！

我与方金英研究员初识于2010年。通过数次接触和交流，被她孜孜不倦、不辞辛劳，多次深入穆斯林社区，遍访伊斯兰教界人士，为伊斯兰教的和平与发展四处奔走、著书立说，对国家、对民族的一片赤诚之心所深深感动。她作为一名非穆斯林学者，对伊斯兰教研究的深度和广度令我敬佩，其关于伊斯兰教的学术观点和学术思想独树一帜，很有见地，值得我们具体从事伊斯兰教工作的人员深入研究和学习。此文原为2016年7月在新疆召开的中国伊斯兰教中道思想国际研讨会而准备的大会发言稿，成稿后我送方金英研究员请她提修改意见，恰被方金英研究员垂青，希望将此文稍作修改作为她此部学术专著的序，我欣然允诺。是为序！

中国伊斯兰教协会副会长
云南省伊斯兰教协会会长
马开贤
2016年8月

导论　和平的伊斯兰与包容的文明

2016年4月22—23日，全国宗教工作会议[①]在京召开。中共中央总书记、国家主席、中央军委主席习近平出席会议并发表重要讲话。习近平在讲话中指出，"宗教问题始终是我们党治国理政必须处理好的重大问题，宗教工作在党和国家工作全局中具有特殊重要性，关系中国特色社会主义事业发展，关系党同人民群众的血肉联系，关系社会和谐、民族团结，关系国家安全和祖国统一。"思想是行动的先导。习近平指出，做好新形势下宗教工作，关键是要在"导"上想得深、看得透、把得准，做到"导"之有方、"导"之有力、"导"之有效。这正是作者撰写《文明的交融与和平的未来》一书的出发点和立足点。

一、致读者：为什么要撰写这部《文明的交融与和平的未来》专著

伊斯兰教是崇尚和平的宗教。"伊斯兰"是阿拉伯语的音译，其字面意义为和平、顺从。从宗教意义上说，"伊斯兰"就是对真主的归顺与服从，归顺真主的旨意并服从真主的戒律。**穆斯林**意即"信仰伊斯兰教的人"，就是"和平"的信仰者和

[①] 改革开放以来，党中央、国务院先后于1990年、2001年召开过2次全国宗教工作会议。

归顺者，亦即绝对皈依唯一而至高的真主，并遵从其教诲而生活的人。《古兰经》云："信道的人们啊！你们当全体入在和平教中。"（2：208）穆斯林间问候语："真主把安宁赐给你们。"回答："真主也把安宁赐给你们。"回答非穆斯林问候："主的安宁是在我们身上。"伊斯兰教坚决反对滥杀无辜："除因复仇或平乱外，凡枉杀一人的，如杀众人。"（5：32）"你告诉不信道的人们：如果他们停止了战争，那么，他们已往的罪恶将蒙赦宥。"（8：38）提倡尊重和保护人的生命："每逢他们点燃战火的时候，真主就扑灭它。他们在地方上肆意作恶。真主不喜爱作恶的人。"（5：64）曾有人问先知穆罕默德，伊斯兰最宝贵者是什么？先知穆罕默德回答："就是用自身的语言和行为使穆斯林得到安宁；穆民就是使人们的生命和财产得到安全的人。"和平理念贯穿穆斯林生活始终。

与此同时，我们还要看到，近几十年来，激进主义一直是一股穆斯林世界的破坏性力量，成为伊斯兰教的肘腋之患。1979—1989年的阿富汗战争更使激进主义演变成"全球圣战主义"。经过数十年的发展，**如今，恐怖威胁不再是一种单纯的由个人和组织制造的安全威胁，它已发展成一种激进意识形态威胁**。2001年发生"9·11"恐怖袭击事件后，恐怖活动猖獗，激进组织不仅活跃在中东、北非、南亚、东南亚、中亚等广阔的动荡弧地带，欧洲国家、美国、俄罗斯高加索、中国新疆等地的暴恐活动也此起彼伏，各地暴恐活动的规模和强度不断升级。恐怖主义已成为一个危及国家、地区和国际安全的严峻问题，成为实行不同社会制度的国家都必须关切的头等大事之一，一些政府甚至不得不每天同恐怖分子作战。

普遍看，各国在反击恐怖主义上犯下一个严重通病——相信武力能够解决恐怖主义问题。人权观察反恐专家莱塔·泰勒

（Letta Tayler）直言，"每当一国遭受恐怖袭击或面临恐怖威胁时，总是存在着这样一种危险，即为了保障民众的安全，政府出台的举措往往反应过度。"① 在法国，自 2015 年 11 月 13 日晚巴黎人口最密集区发生连环恐怖袭击案，造成 129 人死亡、352 人受伤的惨剧后，法国维稳开支每天近 100 万欧元。2016 年 1 月，总统奥朗德宣布法国同恐怖主义"开战"，"我们要追踪恐怖分子，解散恐怖网，切断恐怖资金，阻断激进思想宣传及激进化"。法国增加维稳军警力量，到 2019 年将增加 2.3 万名军人。在德国，政府聘用更多警官和情报官员，2016 年 1 月德国国防部长提议今后 15 年增加约 1410 亿美元军事开支。5 月 10 日，德国国防部长宣布：2023 年前，德国将扩军 7000 人、新增军队文职人员 4400 人，从装备、预算和人员三方面强化军力。② 这是自二战结束以来德国首次宣布扩军，恐怖袭击威胁、蜂拥而至的难民是促使德国不得不通过扩军外控边境、内防不测的重要原因之一。在英国，政府 2016 年初宣布拨款 170 亿美元采购波音 P8 海上巡逻机，增加战斗机中队数量，创建新的国家网络中心追踪圣战者等。在比利时，政府拨款 5.4 亿美元用于囚禁从伊拉克和叙利亚返回的圣战者，加强边界管制，派出数百名军人上街巡逻。到 2019 年底，英、法、德为首的西欧国家总军事开支预计额外增加 540 亿美元，达到近 2330 亿美元。③

---

① Steven Erlanger and Kimiko De Freytas - Tamura, "Rattled countries tilt toward security", *International New York Times*, November 21 - 22, 2015.

② 慕小明："德国扩军折射欧洲安全变局"，《作家文摘》，2016 年 7 月 1 日，摘自 2016 年第 12 期《世界知识》。

③ Liz Alderman, "Terror threat has Europe loosening its purse strings", *International New York Times*, February 2, 2016.

导论　和平的伊斯兰与包容的文明

迄今，残酷的现实表明，反应过度既无法彻底震慑和制服激进、暴恐分子，还引发更多、更大范围的暴恐活动。英国工党领袖杰里米·科尔宾（Jeremy Corbyn）承认，"（美西方）在阿富汗、伊拉克和利比亚的军事干涉，反复证明一点，即这些国家的领导人热衷于没完没了的军事干涉，不仅造成死亡和动荡，而且给自己的国家也带回来各种各样的威胁。"①

与此同时，深受恐怖活动之苦、之害的各国政府已在探寻、研究、实施各种"去激进化"举措，力图破解当下盛行的激进意识形态威胁。本书作者认为，**若想铲除孕育穆斯林激进分子的激进意识形态，治本之策是，国际社会要大力推动穆斯林世界向温和主义迈进。而要做到这一点，就必须推动穆斯林世界汲取伊斯兰文化和谐观——伊斯兰教核心价值观是人与人之间以及人与大自然之间的和谐——之历史智慧，尤其是要汲取其精髓伊斯兰哲学的智慧。**这是一个在当前各国"去激进化"实践中一向被忽视的纬度。

从伊斯兰教诞生到今天，穆斯林世界从无到有，从小到大，虽然周遭环境已经沧海桑田，社会发展跌宕起伏，但我们不难发现，在穆斯林世界，除了伊斯兰信仰原则不变外，穿越时空的永恒原则还有一条，那就是伊斯兰哲学思想（始于 9 世纪）演进的历史长卷主轴上，始终是一抹厚重的兼收并蓄的主色调——虽然所处的历史大背景不同，所遭受的时代际遇不同，所破解的时代主题不同，但引领穆斯林世界一路向前的伊斯兰哲学家、宗教思想家、政治家们总是义无反顾地走在兼收并蓄的大道上。

---

① Alan Cowell, "Recalling Iraq as West faces ISIS", *International New York Times*, November 27, 2015.

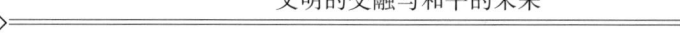

宗教代表情感的力量，哲学则代表理念的力量。当年，法国国王路易十六身陷囹圄时，他说了一句话："是这两个人消灭了法国"。他说的这两个人，一个是卢梭，一个是伏尔泰，都是哲学家。**理念具有摧枯拉朽的力量，改变观念就是改变世界。**面对当今全球暴恐乱象，国际社会必须与主流温和穆斯林一道，高举伊斯兰哲学大旗，不仅阻击穆斯林激进分子掀起的"全球圣战主义"浪潮，而且最终使他们放下屠刀、回归和平之正道！

二、伊斯兰哲学及其兼收并蓄之道

伊斯兰哲学（Islamicphilosophy）是阐述伊斯兰教教义及有关对自然、社会和人类思维等哲学基本问题的学说或世界观体系，在世界哲学思想史和文化史上占有极其重要的地位。

关于伊斯兰哲学的命名，历史上出现过伊斯兰哲学、阿拉伯哲学、穆斯林哲学、阿拉伯逍遥派哲学、阿拉伯世俗哲学、自然哲学等名称。称伊斯兰哲学，是因为大多数伊斯兰哲学家探讨的核心问题是伊斯兰教教义，但实际上，论证教义只是其中的一部分，更多的是探讨哲学的问题，且有些观点超出信仰的范畴。称阿拉伯哲学，是因为早期的伊斯兰哲学著作用阿拉伯语写成，但哲学家中很多人不是阿拉伯人，是其他民族皈依的穆斯林；而且到了后来，波斯语哲学著作出现了；到了近现代，乌尔都语、英语的哲学著作也相继出现了。称穆斯林哲学，是因为穆斯林世界的哲学家，无论是阿拉伯人还是非阿拉伯人，不管用阿拉伯语还是其他语言写作，也不管他们的思想是否符合伊斯兰教教义，他们都是穆斯林。此外，因其继承亚里士多德逍遥派的许多主张，有学者称之为阿拉伯逍遥派哲学，但阿拉伯逍遥派名称不足以概括伊斯兰哲学，因为亚里士多德之前的毕达哥拉斯、底莫哥拉特、柏拉图等人的思想也都是其哲学思想来源,而且亚里士多德之后的新柏拉图主义更是伊斯兰哲学的思想源泉。因其相对教义学而言,它较多地涉及非宗教主题,有学者称之为阿拉伯世俗哲学。因其讨论的主题大多与自然界形成有关,还有学者称之为自然哲学。① **本书作者采纳伊斯兰哲学概念,认为该称谓较为贴切,因为伊斯兰教教义——即自然界变化无论怎样自然生成,这种规律和动力是真主赋予的——对伊斯兰哲学具有决定性影响。**

伊斯兰哲学从诞生之日起就注定了兼收并蓄的主色调。在阿拉伯—伊斯兰国帝国内,伊斯兰教作为官方意识形态一直居于统治地位,《古兰经》和圣训被遵奉为神圣经典及社会生活准则。伊斯兰哲学家基于自己的宗教信仰,对世界由真主创造信条深信不疑,但诺大的宇宙,真主是如何创造的,教义没有提供详细的答案。尽管《古兰经》笼统提到"真主在六天之内创造了天地万物"和"他对世界说声'有!'世界就有了"两种创造的过程,但细节步骤仍然是个谜。这就引发了伊斯兰哲学家们对这一问题的思考,而希腊哲学恰好送来具体答案。关于世界起源,有古希腊哲学家和科学家泰勒斯②(Thales)的水本源说,有阿那克西米尼(Anaximenes)的气本源说,有赫拉克利特的火本源说,有恩培多克勒③(Empedocles)的四元素本源

---

① 丁士仁:"穆斯林自然哲学的兴衰",2013年5月28日,http://www.norislam.com/?viewnews-15340。(上网时间:2015年6月8日)

② 泰勒斯是希腊七贤之一,西方思想史上第一个有记载留下名字的思想家,被誉为"科学和哲学之祖"。他认为,"万物本源于水",是古希腊第一个提出"什么是万物本原"这个哲学问题的人,试图借助经验观察和理性思维来解释世界。

③ 恩培多克勒认为,万物皆由水、土、火、气四者构成,再由"爱"与"冲突"或合或间。"爱"使所有元素聚合,"冲突"使所有元素分裂。

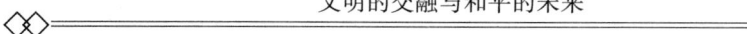

说；至于世界有多大，有盖伦和托勒密①提供的宇宙图：地球在中央，上面是月球，而后依次是水星、金星、太阳、火星、木星、土星、恒星，最后到最远的天体；关于天体构成的元素，有柏拉图和亚里士多德的太一说；至于世界是如何形成的，有亚里士多德的"四因说"，有新柏拉图主义的"流溢说"。这些希腊哲学自然主义思想为伊斯兰哲学家们解答了伊斯兰教"创世论"中存在的一些盲点，也为他们开启了伊斯兰哲学的大门。鉴此，**伊斯兰哲学是以伊斯兰信仰为前提，以真主创世说为中心，在探讨教义问题的基础上，融合穆斯林各民族多样性文化，尤其吸收古希腊等外来哲学思想和自然科学成果，借助理性思辨和逻辑论证，运用与教义学不同的哲学概念术语、范畴命题、论证方法，说明造物主与被造物、理性与启示、知识与信仰、人与现实世界等之间的关系，而逐渐形成发展起来的宗教哲学思想**。然而，无论他们吸收了多少希腊哲学的自然主义成分，真主是一切本源的本源，一切"因"的"总因"，真主创造世界的信念，在他们的思想中始终是不变的原则。②

回溯 1200 余年，一部伊斯兰哲学思想演进史，实际上是一部穆斯林世界在不同时代不断因应不同性质的挑战，因地因时制宜、与时俱进的进步史，也是一部历代伊斯兰哲学家、宗教思想家和政治家始终倡导、承继兼收并蓄之道的历史。这正是穆斯林民族发展壮大、伊斯兰教走向世界各个角落，各个不同文化背景下的种族人群都有不少人皈依伊斯兰教的强大驱动力之一。从中世纪——穆斯林世界的兴盛时期调和伊斯兰信仰与

---

① 托勒密巨著《天文学大成》，提出地心体系宇宙图景。
② 丁士仁："穆斯林自然哲学的兴衰"，2013 年 5 月 28 日，http://www.norislam.com/?viewnews-15340。（上网时间：2015 年 6 月 8 日）

希腊哲学，到近现代——穆斯林世界的衰弱岁月调和伊斯兰信仰与西方文明，穆斯林世界一直走在学习、借鉴其他文明的道路上。虽然从 20 世纪 70 年代起，伊朗伊斯兰革命领袖霍梅尼喊出了"既不要西方（美国），也不要东方（苏联），只要伊斯兰"的口号，在世界范围掀起伊斯兰复兴运动浪潮，经 1979—1989 年阿富汗战争，进一步使穆斯林激进主义实现向"全球圣战主义"的过渡，从此"圣战主义"思想成为召唤在全球化、现代化大潮中不断边缘化的穆斯林激进群体的灵魂指导。然而，我们还要看到，自 20 世纪 90 年代中期以来，当代温和穆斯林宗教思想家们开始大力倡导"中正"思想，反击"圣战主义"。不少穆斯林国家和非穆斯林国家也纷纷启动各种"去激进化"实践，对暴恐势头的蔓延起到了一定的阻遏作用。

鉴此，当下寻找破解全球暴恐乱象之道时，**我们可以：一是寻找伊斯兰智慧——即细心梳理、正确阐述极富时代价值的历代伊斯兰哲学家之兼收并蓄思想内核；二是尝试中国智慧——即归纳、总结中国伊斯兰教已经走过来的中国化道路之实践，并将其上升到理论层次。**唯有这样，国际社会才能在困于对穆斯林激进分子暴恐乱象无解的绝望中看到一缕希望的曙光。虽然伊斯兰教传入中国已有 1300 余年历史，在不断与中华传统文化的交流交融中，形成了也注重兼收并蓄为特色的中国伊斯兰教，但中国伊斯兰教没有走出中华大地这片热土，没有对世界穆斯林的思想演进产生过影响。**当代中国穆斯林的历史使命就是丰富完善中国特色伊斯兰哲学思想体系，在世界层面将阿拉伯—伊斯兰文化与中华文化相结合，使中国伊斯兰教实现"走出去"目标并成为引领世界穆斯林的新发展方向，推进穆斯林激进分子告别恐怖主义，走向和平的未来！**若能实现上述目标，这必将是中国穆斯林对当今世界和平做出的最大贡献，也将是中国穆斯林献给世界穆斯林的最大馈赠！

《文明的交融与和平的未来》正是这样一部在历史的视野和中华文明的语境下专门探讨伊斯兰哲学思想演进及其实践轨迹的论著。作者努力跳出现实，站在全球文明的高度，从伊斯兰哲学兼收并蓄这一核心特性为切入点，从理论与实践两方面，穿越"绿土地"穹顶之下1200余年时空，爬梳历史，探寻真理，为当下全球暴恐乱象寻找一条从无解的"死结"到有解的"活结"之新出路。这是一种寻找新智慧的新尝试。

三、内容提要

本书分三个部分共七章，加上导论和结语。

导论回答为什么要写这部《文明的交融与和平的未来》专著以及探讨伊斯兰哲学及其兼收并蓄之道。

第一部分理论篇，由第一、二、三章组成，突出文明交融的主题，较详细地梳理了从中世纪到近现代到当代的伊斯兰哲学兼收并蓄之道的历史演变进程，这是寻找伊斯兰智慧的过程。其中，第一章中世纪——穆斯林世界的兴盛时期，先介绍"阿拉伯百年翻译运动"，后引出本书"伊斯兰哲学兼收并蓄之道从何而来，又将向何处去"之主题，且重墨梳理中世纪伟大的伊斯兰哲学家们各自的人生轨迹、主要调和希腊哲学思想之内核。第二章近现代——穆斯林世界的衰落岁月，主要论述为摆脱衰落命运、应对西方挑战，穆斯林近现代宗教思想家们如何承继伊斯兰哲学兼收并蓄之道的传统，将伊斯兰信仰与西方文明相结合，并对他们的人生道路及其思想做了一定的介绍。第三章当代——1979年至今穆斯林世界应对"全球圣战主义"时期，先对泛伊斯兰主义—伊斯兰复兴运动—"全球圣战主义"的发展历程做出概括性描述，由此引出当代温和穆斯林宗教思想家们大力倡导的反击激进主义之"中正"思想，同时也对他们的人生际遇和思想做了较详尽的介绍。

第二部分实践篇，由第四、五、六章组成，突出国际社会尤其是穆斯林世界捍卫、追寻和平的主题，总结、归纳当今世界主要国家的"去激进化"实践经验以及激进组织头目洗心革面、重返社会的故事。其中，第四章他山之石——世界各国"去激进化"举措，主要概括、总结各国已在推进的"去激进化"实践。第五章监狱——各国针对激进分子在押犯"去激进化"思想改造实践，专门梳理、介绍各国在该领域正在摸索的一些较行之有效的"去激进化"经验。第六章退出现象——奔向和平的故事，主要选取并深度剖析埃及、利比亚、阿尔及利亚、印尼、英国等国五大重要激进、恐怖组织头目从投身激进事业到弃暗投明、转变暴力人生轨迹的心路历程。另外，亦对"伊斯兰国"（IS）逃离者现象做了简单的分析。

第三部分谋略篇，由第七章组成，再次突出文明交融的主题，试图由此为暴恐乱象无解的难题寻找一条破题之道，这正是尝试中国智慧的过程。具体来看，第七章文明的交融与和平的未来，基于战争与和平两条主线，在中华文明语境下叙述和分析西方文明、伊斯兰文明、中华文明这三大文明的核心国家崛起与衰落的历史规律、相互关系及其发展方向，道出中华文明五千年巍然屹立于世界东方之兼收并蓄历史智慧及其强大生命力，前瞻中国和平崛起后将奉行以海纳百川、合作共赢为其鲜明特点的走向世界战略蓝图，凸显中华文明走向世界舞台的中心其世界政策将有别于迄今为止曾经主导世界格局和话语权的所有大国。作者坚信，这三大文明的交融必将诞生全球文明，从而破解当今世界不同社会制度的国家面对暴恐乱象都无解的难题。

  最后，作者在结语中不仅总结了三大文明兴衰之规律，而且向国际社会和中外穆斯林发出和平倡议，冀望和平将浸透到世界的每一个角落。

第一部分　理论篇

　　第一部分理论篇，由第一、二、三章组成，突出文明交融的主题，较详细地梳理了从中世纪到近现代到当代的伊斯兰哲学兼收并蓄之道的历史演变进程，这是寻找伊斯兰智慧的过程。

第一章　中世纪——穆斯林世界的兴盛时期

文艺复兴时代的西方战略思想家马基雅维利（Niccolo Machiavelli）在其《史论》中说："欲知未来应先知过去，古今虽有不同，世界永远不变。"向过去探索得愈深，向未来也就可以看得愈远。[①]

7世纪初至18世纪初，穆斯林力量由弱变强，两度建立起地跨三大洲统一国家，穆斯林世界两度走向兴盛期。这是伊斯兰文明辉煌时代。

从610年穆罕默德在希拉山洞受到天启传教——到632年6月8日穆罕默德归真后，四大哈里发时代不断扩张，统一阿拉伯半岛，建立强大的阿拉伯国家——到伍麦叶王朝扩张到北非、西亚、南欧，至8世纪上半叶，史无前例的横跨欧亚非三大洲的阿拉伯帝国形成，疆域东起印度河流域和中国西域边界，西至比利牛斯山和大西洋，北达中亚，南抵撒哈拉沙漠——到10世纪阿巴斯王朝巩固自四大哈里发以来的扩张成果，建立阿拉伯—伊斯兰帝国，并将封建统治推广到更大区域。在这500多

[①] 钮先钟：《西方战略思想史》，广西师范大学出版社，2003年2月第1版，2012年2月第3次印刷，第97、8页。

年时间里，伊斯兰教从出现到发展为多民族信仰的世界性宗教，伊斯兰文明取得灿烂成就，成为欧亚历史和世界历史上的一个重要转折点。伊斯兰文明在世界史中获得一席之地，而此时欧洲正处于黑暗时代。

15—17世纪，奥斯曼帝国进入鼎盛期，疆界东起高加索和波斯湾，西至摩洛哥，北面从奥地利边界延至俄罗斯境内，南面深入到非洲腹地，再现地跨欧亚非三大洲帝国荣景。而16—18世纪，波斯萨法维王朝、印度莫卧儿王朝两大帝国也接踵崛起，穆斯林在印度洋的影响力更加巩固，并使印度洋成为名副其实的"伊斯兰之海"。这一时期，在欧亚大陆的力量对比中，穆斯林是一支决定性力量。

在这两次兴盛期，伊斯兰原教旨主义思想影响力极小，时代主题是为了更有效的政治统治和向民众提供精神食粮，因此帝国统治者海纳百川，包容性强：第一次是伊斯兰文明"五百年黄金时代"，它是伊斯兰史上真正兼收并蓄、吸收其他文明而创造出灿烂文明。始于伍麦叶王朝、完成于阿巴斯王朝历时200年的"阿拉伯百年翻译运动"，使阿拉伯—伊斯兰帝国境内各族人民在发扬光大本民族传统文化基础上，吸收消化古代希腊哲学思想和科学成就以及波斯、印度文化，创造出独具特色的伊斯兰文化，实现了伊斯兰从宗教向文明的飞跃，并引领中世纪世界向前进步。第二次是融合了古希腊哲学思想中的新柏拉图主义和印度瑜伽派修行理论的伊斯兰神秘主义苏菲教团的和平宣教，使伊斯兰教得到更大范围的传播。

中世纪穆斯林为什么能够海纳百川？其一，伊斯兰教崇尚知识，尊重知识分子，有利于吸收借鉴异文化。伊斯兰教宽容尚学，把追求人类文明发展的世俗精神与一神教信仰联系起来。"知识是伊斯兰教的生命，知识是信仰的柱石"，这句哲言是先知穆罕默德对穆斯林永恒的嘱咐。知识分子被赋予"安拉的意欲者"、"列圣的继承者"和"为主道而奋斗的勇士"等美誉。伊斯兰教把理智置于盲目激情之上,这是宗教信仰世界中极为可贵的理性之光。圣训曰:"学者的墨汁胜过烈士的鲜血。""学者比修士优越,犹如月亮较繁星光明;学者是先知的继承人。先知没有留下金银,只留下学问。谁获得知识,就已获得很多的财富。""求知,从摇篮到坟墓。"伊斯兰教鼓励穆斯林远行求学,积极吸收各地先进文明,还把追求知识作为遵循"主命"的圣行。伊斯兰格言:"知识虽远在中国,亦当求之。"**其二,阿拉伯人在人类史上惯常扮演"中间人"角色**。自古以来,由于地理上相距遥远,东西方文明相互隔绝,交流甚少。阿拉伯—伊斯兰帝国建立后,兼并了东西方的许多国家,在吸取东西方精神财富的同时,也在东西方之间建立了持久、稳固的直接联系渠道,成为东西方之间一个可靠的"中间人",无论在商业和文化交流上都是如此。穆斯林商人掌控非洲与阿拉伯、阿拉伯与亚洲之间的贸易路线,影响力非常巨大。8—10世纪,欧洲处于黑暗时期,亚洲的波斯文明和两河文明进入衰退期,阿拉伯人利用地处东西方之间的有利位置,通过"阿拉伯百年翻译运动",不仅吸收各种文明(主要是周边的衰落文明)的养分,而且保存和发展了众多人类文化宝库中曾经辉煌的珍宝,在世界文化交流史上留下浓墨重彩的一笔。**其三,地跨三大洲的阿拉伯—伊斯兰帝国建立后,穆斯林成为坐拥世界话语权的群体,统治者和民众自信心强**。穆斯林作为征服者和统治者,通过涌现出来的一大批伊斯兰哲学家智慧地理解、吸收、学习已征服土地上比阿拉伯文化更先进文明的优秀成果——有着科学与哲学特点的希腊文化,有着古老政治制度和文学传统的波斯文化,以及有着精彩的神学和数学思想的印度文化。**其四,出现富裕**

的城市居民。阿拉伯—伊斯兰帝国控制着东西交通要道的地理优势，便利的交通与兴盛的贸易，不仅有力地支持着帝国的财政，更促使主要由贸易商、金融家、手工艺人以及专业人士组成的富裕城市住民的出现，他们成为伊斯兰文化发达的主力。

在穆斯林世界兴盛的中世纪，伊斯兰哲学家们与多种文化对话、交融互鉴，尤其将伊斯兰信仰与希腊哲学相结合，成为中世纪高奏的时代主旋律。

第一节　伊斯兰哲学兼收并蓄之道的由来——调和伊斯兰信仰与希腊哲学

中世纪，伊斯兰哲学家们主要调和伊斯兰信仰与希腊哲学，伊斯兰哲学从无到有。这是穆斯林世界向其他文明学习的璀璨时期。

一、"阿拉伯百年翻译运动"[①]

"阿拉伯百年翻译运动"也叫翻译运动（Harakah al－Tarjamah），是中世纪阿拉伯—伊斯兰帝国政治、经济、文化和宗教发展的必然产物。在地跨亚非欧三大洲的阿拉伯—伊斯兰帝国，政治的统一和封建生产关系的全面确立，促进了农业、手工业、商业和海陆交通的发展，**帝国统治者实行博采诸家、兼收并蓄的文化政策**，大力赞助翻译和介绍古希腊和东方科学文化典籍，这是一场大规模、有组织的学术活动，为伊斯兰哲学

---

① 材料主要引自："阿拉伯百年翻译运动"，http：//baike.baidu.com/link?url＝lLxqdM6tEwAKq720gcRdcvjQGzv5kj－6PMSZWjC－_nGErcZCyQvwkjOsp807Gl32EDufu－zhgwicY92AB658Lq。（上网时间：2015年6月7日）

的诞生与发展揭开了序幕。

这次翻译运动的特征是，在伊斯兰信仰原则下，"体、用"均吸收了其他文明成果。这是伊斯兰发展史上穆斯林唯一的一次自发的海纳百川的思想运动，参与"阿拉伯百年翻译运动"的学者多为穆斯林，所有著作和译述都用阿拉伯语写成，有着明显的伊斯兰色彩，开创了伊斯兰史上第一次黄金岁月，在世界思想和文化史上占有极其重要的地位。

（一）时代主题

一是为了更有效的政治统治和向民众提供精神食粮。阿拉伯人在前伊斯兰时期甚至伊斯兰时代之初，科学文化水平低下，史学界称此时的阿拉伯人处于蒙昧时代。到四大哈里发和伍麦叶王朝时代，阿拉伯人的文化有所发展，但被阿拉伯人征服地区的文化水平要远超阿拉伯人，"伍麦叶人还保存着蒙昧时代阿拉伯人的思想意识，对哲学与宗教学的研究毫无兴趣"。从7世纪（伍麦叶王朝）进入8世纪（阿巴斯王朝），阿拉伯人的社会生活发生根本性转变，从游牧进入城居，由纵牧鞭、舞宝剑、攻城略地，转型到掌管帝国境内庞杂的社会事务。在帝国初创阶段，征服非阿拉伯国家和传播伊斯兰教是国家生活的主要内容，宗教和军事思想是社会主旋律。在征服阶段大致结束——即8世纪中叶阿巴斯王朝以后，帝国进入昌盛安定期，经济迅速发展，社会财富急剧增加，统治者迫切需要学习、摸索新的统治模式。另一方面，为了使文明层次明显高于自己的被征服民族真正驯从，统治者急需汲取和利用异族的先进文化来提高本民族文化素质。**二是为了护教**。伴随着阿拉伯社会的繁荣与稳定，宗教讨论较之早年传教时期的简单信从进入到深入探讨与研究的阶段。在穆斯林中间、在穆斯林与基督徒和犹太教徒之间，展开"哪种宗教最好"、"哪种宗教对具体问题的主张最正确"的大辩论，基督徒和犹太教徒由于自身的文化背景已能娴熟地运用希腊逻辑学和哲学之有力武器，穆斯林深感必须以其人之道还治其人之身。为了护教，他们开始通过翻译作品，埋头钻研古希腊的逻辑学和哲学。翻译运动应运而生。

（二）阿拉伯—伊斯兰文化由三种文化源流汇合而成

一是阿拉伯人固有文化（中古期—7世纪）。据考古学家和历史学家考证，在也门出土的一些古迹、古钱币及铭文，表明曾出现过辉煌灿烂的古代阿拉伯文化。前伊斯兰时期的麦加文化也有较高水平——因兴盛的商业往来，麦加古莱氏商人通过与邻近地区居民的接触，将较发达的东方古国文化（如伊拉克、叙利亚等地）逐渐带回半岛内部，成为最早的文化交流使者，为古代阿拉伯文化注入新鲜的养分。这一时期，文化内容包括阿拉伯语言、诗歌、谚语、故事、星象等，在古代诗歌中出现早期阿拉伯有关宇宙的哲学思想萌芽。**二是伊斯兰教文化**。它是阿拉伯—伊斯兰文化的主体，7世纪初伊斯兰教诞生后，在阿拉伯文化的各个领域，尤其是语言学、哲学、文学、艺术、宗教学、政治学、法学方面都受到伊斯兰教的深远影响。伊斯兰教文化包括《古兰经》、圣训、教法学等。**三是外来文化**。由穆罕默德逝世后的四大哈里发执政时期至阿拉伯—伊斯兰帝国的形成，阿拉伯人铁骑所到之处正是人类文化的先驱所在。**希腊**。阿巴斯王朝版图内的埃及、叙利亚、伊拉克、波斯等地曾是希腊马其顿王国的一部分，深受希腊文化熏陶，希腊的哲学、数学、天文学、历史、医学、星象学、物理学、美学等领域思想

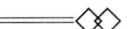

哺育了阿巴斯王朝文化。其中，希腊逻辑学和哲学著作的译介，对伊斯兰哲学的产生和发展起到了至关重要的作用。亚里士多德的逻辑学从根本上改变了阿巴斯王朝人民的思维方式，演绎法、类推法、证明理论和三段论等被广泛应用于辩论、研究、表达及论证的方法，产生了不同于阿巴斯王朝之前以《古兰经》为代表的叙事、论理风格，取而代之的是"本质"、"现象"、"数量"、"状态"、"原理"、"法则"等希腊哲学术语，使用大前提、小前提、结论、类推等方式。学术风格希腊化显著地表现在伊斯兰教义学家身上，希腊逻辑学及哲学在阿巴斯王朝的译介、学习和运用，开创了伊斯兰教义学的新纪元，产生了崇尚理性的穆尔太齐赖派和受新柏拉图主义影响的苏菲派，这两个派别都是伊斯兰哲学的重要组成部分。**波斯**。波斯人以阿巴斯王朝的功臣自居，首先受到重视，博览历史典籍《波斯列王记》（介绍波斯政治管理体制、传统和习俗）以及波斯的散文、故事、格言、寓言、音乐作品，启发了阿拉伯人固有的智慧。**印度**。早在伊斯兰教问世前，阿拉伯人就已与印度有商业往来，《古兰经》里有印度词汇。在伍麦叶王朝哈里发韦立德一世执政时（705—715年），印度西北部曾被纳入阿拉伯帝国版图。此外，波斯与印度为邻，波斯人将印度文化融于自己的文化中，当波斯典籍被译成阿拉伯文时，其中的印度文化也就介绍给了阿拉伯人，如著名文学作品《卡里莱和笛木乃》。阿拉伯人最早向印度人学习数学和天文学，印度数字和零号以及十进位制正是通过生活在阿巴斯王朝的阿拉伯最著名数学家和天文学家花剌子密（约780—约850年）的著作而传入欧洲，成为世界各国通用的"阿拉伯数字"，在数学史上具有划时代意义。在医学和文学方面，阿拉伯人也深受印度的影响。

（三）缔造了伊斯兰"五百年文化黄金时代"

阿拉伯—伊斯兰文化的鼎盛期出现在阿巴斯王朝（750—1258年）。阿巴斯人强调知识的价值，首都巴格达既是一座繁荣的国际都市，更是一处世界文化交融的学术中心，波斯、印度、希腊、罗马、犹太教、基督教、摩尼教、琐罗亚斯德教[①]、萨比教[②]等文化模式和宗教思想在这里交汇，穆斯林及非穆斯林学者在这里聚会，如同百川汇海，大大丰富了阿拉伯—伊斯兰文化的内涵。黄金时代的穆斯林世界是一个文化大熔炉，聚集、综合及提升了古代两河、罗马、中国、印度、波斯、埃及、北非、希腊及拜占庭文明的知识。特别是在阿巴斯王朝中期（约830—930年），在数代哈里发的大力资助和倡导下，大规模、有组织的译介活动以巴格达为中心，形成巴格达学派，取代早期的亚历山大学派，并产生西班牙科尔多瓦、埃及开罗两大文化中心，共同构成伊斯兰"五百年文化黄金时代"。在这段时期，穆斯林世界的艺术家、工程师、学者、诗人、哲学家、地理学家及商人辈出，在传统学术的基础上保留并促进了艺术、农业、经济、工业、法律、文学、航海、哲学、科学、社会学、科技各方面的发展，并对这些方面实施改革创新。作家霍华德·特纳写道："穆斯林艺术家、科学家、杰出人物及工人合力创造了一种独一无二的文化，直接及间接地影响到各

---

① 伊斯兰教诞生之前中东和西亚最具影响力的宗教，古代波斯帝国的国教，又称"拜火教"，在中国称"祆教"。

② 1—2世纪产生于哈兰，是一种在原始宗教基础上形成又延续至今的最小宗教之一。

个大陆上的社会。"①

第一阶段（初期）：起自哈里发曼苏尔②，止于哈里发哈伦·拉希德（786—809 年在位）。这期间，翻译的著作有：梵文的《卡里莱和笛木乃》③ 和《信德罕德》，亚里士多德的《逻辑学》，托勒密的《天文学大成》等。最著名翻译家有伊本·穆加发，他的作品成为文化融合的典范。伊斯兰教义学派穆尔太齐赖派元老奈萨姆已经了解亚里士多德的逻辑学，阅读了他的一些哲学著作，所以穆尔太齐赖派具有崇尚理性的倾向，其学者们已能运用"本质"、"现象"等哲学范畴来讨论宗教问题。

第二阶段（鼎盛期）：起自第七代哈里发马蒙（813—833年在位）时代。他在首都巴格达创建国家级综合性学术机构"智慧宫"，由翻译局、科学院和图书馆组成，统一组织和集中领导帝国的翻译和学术研究活动。马蒙缓和了与拜占庭的关系，派出主持"智慧宫"的大翻译家侯赛因·伊本·易司哈格④访

---

① "伊斯兰黄金时代"，http://baike.baidu.com/view/3248880.htm。（上网时间：2014 年 10 月 4 日）

② 曼苏尔执政 22 年左右。

③ 故事源自古代印度梵文《五卷书》，经伊本·穆加发翻译并改名为《卡里莱和笛木乃》，成了阿拉伯寓言故事。

④ 侯赛因·伊本·易司哈格（809—873 年），基督徒，阿拉伯文化史上最伟大的翻译家、著名学者，精通希腊、波斯、古叙利亚和阿拉伯等语言，尤其擅长将希腊语译为古叙利亚语和阿拉伯语。哈里发马蒙任命他主持"智慧宫"工作，他翻译并指导别人翻译了大批希腊典籍，将格林的全部著作翻译成了古叙利亚语，又将其中的 39 部译成了阿拉伯语，还翻译了多部亚里士多德和柏拉图的著作。他的译文准确，理解深刻，注释详尽，在医学及哲学术语方面大大地丰富了阿拉伯语的语汇，增强了阿拉伯语的表达能力，提高了阿拉伯语表达的准确性。侯赛因以极其严谨、认真的态度，用充满智慧及想象力的思维，创造出了一批与之相对应的医学、哲学、动植物名称及天文学名词的阿拉伯语词汇，为阿拉伯语成为中世纪的学术语言做出了令人钦佩的贡献。

问君士坦丁堡求书，带回大批稀世珍本。"智慧宫"以重金延聘各地不同民族、不同宗教信仰的近百名著名学者和翻译家，他们精通希腊语、波斯语、古叙利亚和阿拉伯语，集体从事译述、研究活动，将用重金从各地搜集来的一百多种各学科古籍进行整理、校勘、译述，并对早期已译出的相关著作进行校订、修改和重译。

这一时期，他们翻译了希腊各个学科的最重要著作，重译了托勒密的《天文学大成》，翻译了毕达哥拉斯的《金色格言》和希腊名医希波克拉第与格林的全部著作，柏拉图的《理想国》和《法律篇》，亚里士多德的《范畴篇》。这些著作都由侯赛因·伊本·易司哈格及其学人翻译，其中大部分亚里士多德的著作由他的儿子易司哈格翻译。此外，最著名翻译家还有：约翰·伯特里格（哈里发马蒙的释奴），哲学造诣很深，翻译了很多亚里士多德的著作。10世纪，柏拉图的《国家篇》《蒂迈欧篇》《智者篇》，亚里士多德的《形而上学》《物理学》《伦理学》《范畴篇》《解释篇》《前分析篇》《后分析篇》，普罗提诺的《九章集》，波菲利的《亚里士多德〈范畴篇〉导论》，阐述新柏拉图主义"流溢说"的《亚里士多德神学》和《原因篇》等已被译为阿拉伯文并加以注释。同时，波斯、印度的古典学术著作也被译成阿拉伯文。这些著作的流传，开阔了阿拉伯思想家的思维，尤其是希腊哲学的唯理论、逻辑思维和演绎法为其提供了认识世界的理论和方法，促进了伊斯兰自然科学和哲学研究的发展，出现了一大批伊斯兰哲学家和哲学派别。在译述过程中，他们将翻译和研究紧密结合，大多附注自己的见解，其中不少译评有很高的学术价值。

第三阶段（尾声）：约10世纪末至11世纪中叶。翻译的主要作品有：亚里士多德的《逻辑学》和《物理学》及其注释。

"阿拉伯百年翻译运动"期间，大量文化与学术著作的译介活动使阿拉伯人进入理性思辨层次，不再仅仅是操着变幻多端繁杂的阿拉伯语、吟咏豪情与爱情的游牧民族，而是变成善于逻辑分析和哲学思辨的理性学者。

二、伊斯兰哲学

（一）渊源与特点[①]

三大思想渊源。一是《古兰经》和圣训。《古兰经》中关于真主安拉绝对独一、反对多神信仰的思想，关于安拉本体与属性关系的思想，关于安拉创世及宇宙生成的思想，关于造物主与被造物关系的思想，关于安拉前定的思想，关于以赏善罚恶为核心坚持顺从、坚忍、公正、平等、宽恕的伦理思想，关于今、后世并重的两世吉庆思想，关于灵魂不灭和末日审判思想等，奠定了伊斯兰宇宙观、人生观和伦理观的哲学思想基础。**二是以古希腊哲学为主体的东西方哲学思想**。其中，亚里士多德的唯理论和逻辑思维，毕达哥拉斯的数论，柏拉图的灵魂论和理想国，新柏拉图主义的"流溢说"等影响较大，还吸收了基督教的神爱说和神智论，波斯光明与黑暗的二元论哲学和印度佛教哲学的某些理论。**三是自然科学的宇宙结构学说和自然观**。如宇宙的形成，万物的起源，物质的构造，事物的运动、形式和规律，物体与时空的关系，自然界的同一性和多样性，肉体与灵魂的关系等自然哲学理论。

[①] 材料引自："伊斯兰哲学"，http：//baike.baidu.com/view/357464.htm。（上网时间：2014年10月3日）

两大特点。一是调和哲学与宗教、理性与信仰，使哲学为信仰服务。以"认主独一"信仰原则和安拉创世的宇宙论为中心，以抽象的思辨和烦琐的论证为特征，展开与教义有关的哲学问题的讨论。伊斯兰哲学家通晓伊斯兰教教义，他们将自然科学的理论加工改造，做出符合宗教信仰的解释，以论证宗教哲学问题。**二是将继承与创新相结合**。伊斯兰哲学是在阿拉伯固有文化的基础上，吸收、消化和融合以古希腊哲学思想为主的东西方哲学思想遗产，给外来的哲学概念、术语、范畴、命题赋予新的涵义，在哲学的重大问题上，结合穆斯林社会的特定历史条件，创立了具有伊斯兰特色的哲学思想体系。

纵观伊斯兰哲学的发展，它从未形成统一的思想体系，不同哲学派别提出不同的思想观点和理论形态，对《古兰经》及伊斯兰教教义进行不同的解释，对外来的各种哲学流派思想各取所需，对哲学的基本问题观点各异并展开论战。在方法论上，各派采用不同的概念、命题和论证方法，以说明本派的正确性。中世纪伊斯兰哲学的脊梁和代言人主要有：铿迪、法拉比、伊本·西那[①]、安萨里、伊本·鲁世德[②]和伊本·赫勒敦等。

（二）阶段划分[③]

中世纪伊斯兰哲学史大致分两个时期：东方时期——即前期在穆斯林东方盛行，以伊拉克为中心；西方时期——即后期

[①] 也被译作阿维森纳。

[②] 也被译作"伊本·鲁士德"或"伊本·如什德"。

[③] 材料主要引自：丁士仁："穆斯林自然哲学的兴衰"，时间：2013 年 5 月 28 日，15：43，http：//www.norislam.com/? viewnews - 15340。（上网时间：2015 年 6 月 8 日）

在穆斯林西方延续，以安达卢西亚（西班牙）为中心。随着安达卢西亚穆斯林政权于 1492 年倒台，中世纪伊斯兰哲学画上句号。

1. **在穆斯林东方。亚历山大大帝东征和"阿拉伯百年翻译运动"，是伊斯兰哲学产生的两大历史背景**。从公元前 334 至公元前 324 年的十年间，马其顿国王，也就是希腊统治者亚历山大，率军东征并迅速征服东方的小亚细亚、埃及、叙利亚、伊拉克、波斯和印度等地。虽然亚历山大被希腊人极度仇恨，被视为敌人和侵略者，但亚历山大崇尚哲学，亚里士多德是他的老师，他以希腊文明使者的面孔传播希腊文化，在所到之处建立希腊文化中心，如埃及亚历山大学校，土耳其南部安塔基亚学校，伊拉克鲁哈学校、奈绥宾学校和哈兰学校，波斯君迪沙普尔学校等，推动希腊文化的研究和渗透，以期从思想上驯服被征服地的民众，巩固其统治。公元前 324 年，亚历山大死于征战途中。他一死，帝国立刻土崩瓦解，希腊掀起反马其顿人统治浪潮，凡与马其顿统治有关的东西都遭到打击，哲学和哲学家受到牵连，希腊哲学家纷纷前往穆斯林东方的各文化中心，使希腊文化在东方一度繁荣。

早期的希腊文化中心倡导学习希腊语言，用希腊语从事研究，且许多哲学家就来自希腊。随着时间的推移，懂得希腊语的人越来越少，就有了翻译希腊书籍的必要。据阿拉伯史料记载，7 世纪至 8 世纪伍麦叶王朝时期，一场没有组织的翻译运动在东方各地兴起，在各东方文化中心不断有人将希腊文献翻译成当地语言，如埃及的科普特语，叙利亚的古叙利亚语和伊朗的波斯语。当时的哈里发命令宫廷学者将一些希腊语和科普特语的炼金术、占星术和医学书籍译成阿拉伯语。这次翻译运动史称"第一次翻译运动"，其特点是自发的学术运动，将希腊文献翻译成各种东方文字，但未形成规模。

从8世纪中叶至10世纪之间，一场有组织、大规模的翻译运动再次在东方掀起，史称"**第二次翻译运动**"。曼苏尔、哈伦·拉希德、马蒙等阿巴斯王朝哈里发，实施博采诸家的宽松政治文化政策，大力倡导和赞助将古希腊、罗马、波斯、印度等文化和学术的典籍译为阿拉伯语。这场轰轰烈烈的翻译运动历时200多年，地跨亚、非、欧广袤区域，工程大，交融阿拉伯、希腊、罗马、波斯、印度等古代东西方文化的译介活动，不仅把希腊文献从希腊语译成阿拉伯语，而且将已经译成科普特语、古叙利亚语和波斯语的文献又翻译成阿拉伯语，还把古波斯、古印度文化的许多典籍译成阿拉伯语，翻译领域涉及医学、天文学、逻辑学、哲学、文化、星象学、数学等，成为世界文明史上独一无二的文化现象，从此**掀开了穆斯林世界兼收并蓄的历史长卷的序幕**。

此次翻译运动对世界文明的贡献，美国历史学家希提的评价很是客观。他说："在建筑巴格达城后，仅仅七十五年的工夫，阿拉伯语的学术界，就已掌握了亚里士多德主要的哲学著作，新柏拉图派主要的注释，格林医学著作的绝大部分，还有波斯、印度的科学著作。希腊人花了好几百年才发展起来的东西，阿拉伯学者，在几十年内，就把它完全消化了。"[①] 这样，穆斯林拯救了濒临灭绝的古希腊、古波斯文明，成了两大文明的真正继承者。

经过这次翻译运动，希腊的哲学文献几乎全数展现在阿拉伯穆斯林的眼前，柏拉图和亚里士多德被穆斯林广泛认识。由

---

① 希提著，马坚译：《阿拉伯通史》（上），商务印书馆，1979年版，第189页。

于希腊医学的发达和高超，以及逻辑学的严谨和缜密，这两门学科迅速得到了穆斯林的青睐和推崇，继而将柏拉图和亚里士多德的哲学也引入了穆斯林的学术研究领域。穆斯林学者中正式涉入这一领域，并为伊斯兰哲学奠定基础的人是**铿迪**，之后是被誉为伊斯兰哲学"第二导师"的**法拉比**以及"世界医学之父"**伊本·西那**。他们是**伊斯兰哲学的主要代表人物和这门学科的缔造者**，在不同年代和地区创造了辉煌。

在阿巴斯王朝鼎盛期，时代主题是巩固政治统治和向穆斯林大众提供精神食粮，是穆斯林世界向高于阿拉伯的文化、文明的学习与借鉴，其核心部分是哲学、自然科学。穆斯林世界最优秀的哲学家群体是这次翻译运动的行为主体，得到执政者的大力支持。统治阶级和社会大众都是受益者。

伊斯兰哲学家时而被统治者奉为座上客，时而被疏远，甚至遭迫害，法学家和教义学家始终反对伊斯兰哲学。12世纪初，一场改变伊斯兰哲学命运的劫难降临，因为"伊斯兰教权威"安萨里对伊斯兰哲学发起进攻。1106年，他奉当时塞尔柱王朝统治者之命，整顿学术，改革宗教状况，驳斥社会上流行的各种歪门邪道，其中之一便是希腊哲学引起的种种异端邪说。安萨里深入研究希腊哲学及伊斯兰哲学家的思想，掌握其精髓，写出了《哲学家的矛盾》一书，对哲学中存在的问题逐一进行反驳。他发现哲学中存在着二十个违背伊斯兰原则的问题，其中十七个问题属于异端，而三个问题足以判哲学家为叛教者。于是，他否定了希腊哲学家连同他们在东方的门徒——伊斯兰哲学家，如法拉比和伊本·西那等。安萨里给普通人的忠告是：不要阅读哲学的书籍，以免叛教。他的忠告实际给伊斯兰哲学判了死刑，民众从此以为哲学是宗教的死敌而将其唾弃。

"精诚兄弟会"（Ihwanu al suofa）。在伊斯兰哲学史上，这

49

是一个神秘而特殊的哲学派别，对伊斯兰哲学的发展起到了促进作用。它是10世纪中期出现在巴士拉的一个秘密社团，由什叶派伊斯玛仪派信徒组成，关系亲如兄弟。据说，他们对当时的政治秩序极为不满，因而秘密结社，探讨替代的社会制度，伺机颠覆阿巴斯王朝。[①]

他们认为，"伊斯兰教已被愚昧所污染，为迷误所混淆，应用哲学来洗涤它，于是提出神圣、纯洁、忠诚的训条，**主张将希腊哲学与伊斯兰信仰调和起来，**以达到尽善尽美。"[②] 他们的知识涉及算术、几何、天文学、地理学、音乐、逻辑学、心理学、伦理、宗教，其主张包含在52篇论文中，编辑成《精诚兄弟会文集》，"这些论文构成了10世纪在阿拉伯人（穆斯林）中流行的哲学科学的百科全书"。[③]

他们崇尚毕达哥拉斯的"数本体论"思想，粗略地附会亚里士多德的物理学，改造了托勒密的天文说。在微观宇宙方面，他们跟随斯多葛派，认为人是小宇宙，人的所有器官肢体对应宇宙的某一部分。[④] 在宇宙生成方面，他们继承和发展了新柏拉图主义的"流溢说"，认为太阳在宇宙的中间，相信星宿能卜凶吉，天体能影响月球之下的一切事物。他们非常重视人的认识，认为一切知识是通向最高知识——认识真主的道路。

[①] 马吉德·法赫里著，陈中耀译：《伊斯兰哲学史》，上海外语教育出版社，1992年版，第185页。

[②] 蔡德贵：《阿拉伯哲学史》，山东大学出版社，1992年版，第112页。

[③] 马吉德·法赫里著，陈中耀译：《伊斯兰哲学史》，上海外语教育出版社，1992年版，第184页。

[④] 马吉德·法赫里著，陈中耀译：《伊斯兰哲学史》，上海外语教育出版社，1992年版，第185—186页。

2. 在穆斯林西方。712 年，穆斯林军队在柏柏尔战将塔里格①的率领下横渡直布罗陀海峡，在西班牙南部成功登陆，并南征北战很快征服西班牙大部分领土，将伍麦叶王朝统治延伸到欧洲西南角。750 年，阿巴斯家族推翻伍麦叶王朝，建立阿巴斯王朝，并以残忍手段消灭伍麦叶皇室成员，其中一名勇敢的王子阿布德勒·拉赫曼（Abdel Rahman）跳进底格里斯河，先潜伏到民间，最后逃到尚在伍麦叶王朝任命的西班牙总督的统治地安达卢西亚，保住了伍麦叶王朝的最后一块领地。阿布德勒·拉赫曼（756—788 年在位）及其继任者几十年中在西班牙创造了辉煌的安达卢西亚伊斯兰文化，在中世纪黑暗的欧洲，它像一座灯塔发出璀璨的光辉。安达卢西亚首都科尔多瓦，在城市建设、科学发达和社会繁荣方面，可与东方的巴格达相媲美。

由于政治上的敌对，安达卢西亚的伍麦叶王朝处处与东方的阿巴斯王朝竞争，在经济、文化、科技方面的攀比更为突出。尽管两个王朝处于敌对状态，但民间文化往来密切，因为安达卢西亚的文化积淀较为薄弱，大批学者前往东方游学，并从东方输入各种学科，于是，穆斯林东方的各门学科逐渐落户安达卢西亚。安达卢西亚的穆斯林早期注重法理学、圣训学和语言学，到 10 世纪中期，"科学和哲学的著作大规模从阿拉伯各国的东方输入"。② 于是，出现了数位颇有名气的伊斯兰哲学家。

---

① 塔里格统率着由七千人（大部分是柏柏尔人）组成的大军，横渡海峡，在西班牙南端一座峭壁前面登陆，那座峭壁后来被称为"直布罗陀里格"，阿拉伯语的意思是塔里格山。这就是直布罗陀名称的由来，塔里格得以名垂青史。

② 马吉德·法赫里著，陈中耀译：《伊斯兰哲学史》，上海外语教育出版社，1992 年版，第 283 页。

第一位著名的哲学家是**伊本·巴哲**（约1082—1138年），他生于西班牙南部萨拉戈萨，是一位博学的哲学家和医生，也是一流的音乐家。他的哲学中充满了东方伊斯兰哲学所讨论的命题和概念，如理性、灵魂、物质、形成等。在自然哲学方面，他与法拉比和伊本·西那的思想一脉相承；① 在认识论上，他受到柏拉图的影响，还应用柏拉图"洞光的比喻"；在政治上，他继承了柏拉图和法拉比的思想。② 在精神的升华、道德的提高以及与原动理性的合一等理论方面，他都能折射出安萨里和伊本·西那的影子。

第二位哲学家是**伊本·图菲利**③（Ibn Tufail，1110—1185年），他生于西班牙格拉纳达东北的卡迪什，曾是北非穆瓦希德王朝④哈里发艾布·叶尔孤白·优素福（1163—1184年在位）的御医。他多才多艺，文学天赋极高，是著名的诗人和文学家。他在哲学方面的贡献不被学术界所注意，因为他没有留下纯哲学的著作。但他的一大贡献是造就了名垂青史、影响东西方的大哲学家伊本·鲁世德。伊本·图菲利不仅收伊本·鲁世德为弟子，而且把他推荐给哲学造诣很高的哈里发，为其注释亚里士多德的著作。

伊本·图菲利在哲学上继承了伊本·巴哲以及东方伊斯兰哲学家的思想，理论中充满着柏拉图、亚里士多德、新柏拉图主义的思想。当然，他也尽力维护教义，**调和哲学与宗教之间**

---

① 马吉德·法赫里著，陈中耀译：《伊斯兰哲学史》，上海外语教育出版社，1992年版，第285页。

② 蔡德贵：《阿拉伯哲学史》，山东大学出版社，1992年版，第276页。

③ 也被译作"伊本·图菲勒"。

④ 中世纪柏柏尔人在北非及西班牙南部建立的伊斯兰王朝（1147—1269年）。

的矛盾。其哲学思想包含在第一部阿拉伯语虚构小说《哈亚·本·叶格赞》①中。伊本·图菲利在故事中把哲学家认识世界和宗教信徒认识真主的途径设计成哈亚·本·叶格赞自觉地凭理性探索事物本源的一个过程,以期**让宗教与哲学、理性与信仰达到一致**。故事中哈亚·本·叶格赞认识到的,其实就是希腊哲学、天文学、医学和物理学知识的积累,以及伊斯兰教基本原则。

最后一位走上历史舞台、告别中世纪伊斯兰哲学史的人,是伟大的哲学家**伊本·鲁世德**(1126—1198 年)。详情请见本章第二节中对其的专门介绍。

随着伊本·鲁世德的离世,穆斯林西方的理性主义走向终结,这也意味着希腊哲学在穆斯林西方的终结。伊本·鲁世德的离世并非是唯一原因,当时的社会环境就注定了这一悲剧的发生。安达卢西亚的伍麦叶王朝于 1087 年被推翻,随后各诸侯小国迭起,动荡的社会和岌岌可危的山河,再也无法为哲学家提供安心从事哲学研究的土壤,昔日的辉煌一去不复返,文化事业也江河日下。与此同时,基督教政权不断壮大且吞并穆斯林的领土。1492 年,穆斯林失去了伊比利亚半岛上最后一块领地,与安达卢西亚永远诀别,安达卢西亚辉煌的伊斯兰文化,包括中世纪伊斯兰哲学从此画上句号。

---

① 又名《自修的哲学家》(Hayy ibn Yaqdhan),为了回应安萨里的《哲学家的矛盾》(The Incoherence of the Philosophers) 而著。本书讲述了一个名叫哈亚·本·叶格赞的小孩,一出生就孤零零地生活在印度洋赤道边的一个小岛上,无父无母,被一只母羚羊养大。他孤身一人,与世隔绝,凭自己的理性认识了自身、灵魂、理论、物质、形式、元素、上界(天界)、下界(地界)、运动、宇宙,并琢磨出了宗教的教义、仪式,最终认识了真主。

（三）中世纪占统治地位的教义学——官方信条

1. 凯拉姆学派——穆尔太齐赖派。[①] 穆尔太齐赖派（the Mutazilites），原意为"分离者"，故又称"分离派"，别名"公正派"。该派是8世纪前期产生于伊拉克巴士拉的一个伊斯兰教义学派。他们深受希腊哲学思想影响，反对逊尼派传统教条，以唯理主义思想论证教义，**提出"理性是信仰的最高原则"的论断**，使伊斯兰教简单的信条系统化、理论化。同时，该派反对当时流行的摩尼教的二元论和基督教的三位一体说对伊斯兰教的影响，坚持安拉独一性的原则，以维护伊斯兰教的基本信仰。该派开创了伊斯兰教中以哲学研究神学之先河。

创立者是伊斯兰学者瓦绥勒·伊本·阿塔（698—748年），或有阿慕尔·本·欧拜德（699—762年）参与。他们是穆罕默德再传弟子、圣训学家哈桑·巴士里（642—728年）的学生。

（1）创立缘由。一说圣训学家哈桑·巴士里认为，一个穆斯林"犯大罪"只是一个罪人，但仍是伊斯兰教信徒，因为他信仰真主、先知及《古兰经》，他的罪过不妨害他的信仰。瓦绥勒·伊本·阿塔和同学阿慕尔·本·欧拜德却认为，凡"犯大罪"者既非信徒，也非叛教者，而是介于两者之间。师生意见相左，二人便离师另立学派。他们吸收了当时盖德里耶学派（反宿命论派）的意志自由论，自由讨论和解释教义，创立了与逊尼派教义学说不同的学派。另一说，在伊斯兰教初期的派别斗争中，采取不介入的中立态度的人也被称为穆尔太齐赖派。

[①] 材料引自：中国伊斯兰百科全书编辑委员会编：《中国伊斯兰百科全书》，四川出版集团，四川辞书出版社，2007年4月第2版，第385—386页。

因此，伊斯兰教史家们对没有参加"骆驼之战"以及"隋芬之战"的①，都称为穆尔太齐赖派，认为瓦绥勒创建的穆尔太齐赖派只是沿用旧名。

（2）发展过程。穆尔太齐赖派学说的形成与发展大致可分为两个时期。穆尔太齐赖派学说不止一次为统治集团利用，但最后又因不利于哈里发统治而为其所不容。

伍麦叶王朝时期。初期，政治上，该派批评反对伍麦叶王朝统治的哈瓦利吉派和什叶派等，客观上支持了伍麦叶王朝的统治，深得哈里发耶济德二世（720—724年在位）和麦尔旺二世（744—750年在位）的崇奉，其地位日益提高。宗教思想上，该派大多数学者主要反对贾卜利耶派②关于人类的善恶行为由安拉前定的主张，**提倡人类意志自由和运用理性自由讨论教义**。后来，伍麦叶王朝哈里发逐渐意识到，穆尔太齐赖派提倡人的意志自由，不利于哈里发的统治；同时该派在政治上主张

---

① 阿里成为第四任哈里发后，遭到两股政治力量的反对：先知妻子阿伊莎（Aishah）在中央纠集的势力，以及出身伍麦叶家族、坐拥重兵的叙利亚总督穆阿维叶。这两股势力都指责阿里未能将杀害第三任哈里发奥斯曼的凶手绳之以法，并以此作为讨伐阿里的政治理由。656年，在"骆驼之战"中，阿里的军队击溃了阿伊莎势力，这是伊斯兰史上第一个哈里发带领穆斯林军队攻打另一支穆斯林军队。其后，阿里为了征伐穆阿维叶，将首都迁往库法（今伊拉克境内），然后派重兵攻打穆阿维叶，穆斯林共同体爆发更大规模内战。657年，两军在幼发拉底河畔的隋芬平原激战，穆阿维叶在面临战败情势下，提出"依《古兰经》裁决"的停战议和要求。当时，在阿里军营中，主战派占少数，大部分人主张媾和，阿里也倾向和解，遂接受穆阿维叶"依经裁决"要求，引起主战派的强烈不满，约有1.2万人退出阿里队伍从隋芬出走，史称哈瓦利吉派。

② 即加赫姆派，以加赫姆·伊本·沙夫旺（？—745年）为代表。该派主张人毫无意志自由，一切行为皆受安拉意志的命定或强制（"贾卜利耶"），故该派又称贾卜利耶派，或宿命派。

恢复伊斯兰教初期哈里发的选举制度，也与伍麦叶王朝哈里发世袭制相矛盾。另外，新兴的阿巴斯人利用穆尔太齐赖派主张意志自由的学说，开展颠覆伍麦叶王朝的活动，遂对该派严加防范。该派主要活跃在巴士拉、巴格达，传播到伊拉克全境，其学说先在宗教学者、知识阶层流传，后波及到市民阶层和什叶派穆斯林中。

阿巴斯王朝时期。在阿巴斯王朝取代伍麦叶王朝统治的过程中，主张意志自由论的穆尔太齐赖派与主张服从的圣训派都发表了很多著作，在《古兰经》被造的争论中各自宣传自己的主张。阿巴斯王朝哈里发马蒙，出于政治和宗教的需要，赞赏穆尔太齐赖派的观点，支持《古兰经》被造说，任命该派教法学家伊本·艾比·杜尔德（776—854 年）为大法官，以法律手段推广该派学说。827 年，马蒙敕令，宣布"《古兰经》被造说"为官方信条；833 年，再次发布敕令，凡反对"《古兰经》被造说"者均不能担任法官，并设立宗教裁判所，审判和迫害对该信条的反对者。从此，该派盛极一时，其学说得到广泛传播和发展，波及到叙利亚和伊朗各地。该派宣称：谁不是穆尔太齐赖派，谁就不能称为安拉的信徒。马蒙的两位继任者穆塔西姆（al‑Mutasim，833—842 年在位）和瓦西格（al‑Wathiq，842—846 年在位）继续推行马蒙的政策，反对者受刑罚，尤以伊本·罕百里受刑最重。随着阿巴斯王朝封建化过程的加速，社会矛盾日益加深，起义不断发生，哈里发们逐渐意识到意志自由思想对封建统治的危险性，联合正统派宗教学者和封建主，共同抵制穆尔太齐赖派思想。穆泰瓦基勒（al‑Mutawakkil，847—861 年在位）就任哈里发的第二年，宣布穆尔太齐赖派的学说为非法，重树正统派的权威。10 世纪，**艾什尔里脱离穆尔太齐赖派，反戈一击成为穆尔太齐赖派的劲敌。后以艾什尔里**

派为代表的逊尼派教义学说占据了主导地位。12 世纪，穆尔太齐赖派虽在组织形式上消失，但其学说依然流传于穆斯林世界，对逊尼派和什叶派产生过一定影响，在中世纪伊斯兰教思想史上占有重要地位。

经注：穆尔太齐赖派经注学家按照本派思想观点对《古兰经》所作的注释。该派主张安拉公道的必然性，安拉本体与属性的统一性，人类意志自由，理智具有辨别善恶的能力，"犯大罪"不能使信徒失去信仰等，因此，对《古兰经》中同他们的这些基本主张不一致的经文，都离开经文表面的意思加以解释，以维护他们的主张。他们认为，《古兰经》中用了很多比喻，不少是隐喻，不能简单地按字面意思理解。他们反对当时在什叶派中流行的"安拉拟人化"和圣训派严守经文字面意思的主张，认为《古兰经》中关于安拉有手、有脸、有宝座等都是借喻，是借说明人类的完美和权能的言词，用来形容安拉的完美和威严，但不能以此相信安拉有如人类的手、面、宝座等。该派学者们通过注解《古兰经》，对阿拉伯语言学、修辞学的发展起了很大作用。该派经注著作中流传较广、且有代表性的是宰迈赫舍里（1075—1144 年）所著的《启示真相揭示》（al‐kashshaf 'anhaqa'iq al‐tanzil），全名《降示的真实背景及隐晦节文注释的传说线索》，成功地把语言学、修辞学运用于注解《古兰经》，堪称为创举，其注解使某些经文的含义更易为人们所接受，对以后各派经注均有影响。

（3）**宗教哲学思想**。穆尔太齐赖派继承了早期伊斯兰教盖德里耶派的意志自由论，并吸收了古希腊哲学的唯理主义，将新柏拉图主义的"流溢说"、亚里士多德的逻辑学和毕达哥拉斯派的"灵魂论"与伊斯兰教教义学相结合，运用理性观点注释《古兰经》，讨论圣训学和教法学问题，形成了具有唯理主义思想倾向的宗教哲学思想体系。从此，穆尔太齐赖派"将伊斯兰教简单的信仰，变为深奥的哲学"。

以理性为核心的创世说。该派承认安拉是世界的本原，万事万物是由安拉创造的，但又认为安拉的创造是通过理性实现的。安拉先创造的是单一的世界理性，世界理性又创造出精神和人的灵魂，世界精神通过其固有的属性产生出最初的物质，逐渐演化成各种不同的事物，这些事物被动地接受理性所赋予的各种形式，组成了自然界。自然界的事物是安拉通过理性所创造的低级的、被动的创造物，而人类是最高级的创造物。安拉不仅创造了具有自然实体（即肉体）的人，而且赋予人以精神实体（即灵魂）。人的灵魂是肉体的本质，而灵魂却是理性的产物，因此人以理性为其本质。

《古兰经》被造说。逊尼派认为，安拉的言语是安拉许多"无始的德性"中的一种德性，故主张《古兰经》是无始的。但在穆尔太齐赖派看来，如果认为安拉是无始的，《古兰经》也是无始的，就等于把安拉与其被造的《古兰经》等同，就会导致多神论，损伤安拉的独一性。由此，该派认为《古兰经》是被造的，是有始的。只有安拉是无始的、永恒的独一存在，《古兰经》是安拉创造的，安拉先于它而存在。

绝对的认主独一论。该派反对逊尼派关于安拉除本体外，还具有知觉、能力、生活、意志、言语、听觉和视觉等无始德性的主张，提出安拉除他的本体外，没有任何拟人化的各种德性。如果给安拉本体外再附加诸多德性，就会破坏安拉的独一性，导致多神论。安拉是唯一的最高主宰，本体和德性不能分割，其德性依附于本体。

理性是信仰的最高准则。在理性和信仰的关系上，该派反对逊尼派关于信仰高于理性的观点，认为对安拉的"正信"不是盲目的顺从，而应是知识和理性；以理性作为信仰的证据，才能达到对真主的认识和"确信"，盲目信仰会把人们引向多神崇拜的歧途；离开理性原则就达不到对宗教真理的认识。该派把知识分为三种：宗教、哲学和科学。研究宗教知识是为了认识造物主的存在，坚信安拉的独一性，认识安拉对人类的各种恩惠和诫命；掌握哲学知识是为了提高理性思维的能力，去论证教义学和科学；掌握自然科学知识是为了认识自然界的各种关系，使人们从安拉创造的自然界中受益。

人类意志自由说。逊尼派认为，人的善恶行为皆由安拉前定。该派则认为，安拉是"最公正"的，它不预先命定人类的善恶行为，人类的意志是自由的，人类的行为是自己创造的，安拉只依据人类行为的善恶而定赏罚。如果人的善恶行为是真主命定，然后又去赏善罚恶，这与安拉的"公正性"不相容。**故穆尔太齐赖派又有"公正派"之称。**

该派论证教义时还提出了有与无、一与多、无限与有限、运动与静止、相似与相异等范畴概念，含有朴素的辩证法因素，给伊斯兰教义学引进了逻辑思维的新方法。穆尔太齐赖派所倡导的唯理主义和意志自由的原则，崇尚知识和自由探讨问题的进取精神，对中世纪伊斯兰学术文化的发展产生了深远影响。

不过，虽然穆尔太齐赖派在推崇理性、用哲学思维判断宗教方面走得很远，但他们的基本思维方式还是宗教性的，他们信仰先知的圣品和启示，热情捍卫并传播伊斯兰教，在穆斯林社会中的存在并没有削弱穆斯林的宗教意识。

2. 新凯拉姆学派——艾什尔里派（the Asharites）。[①] 10世

[①] 材料引自：中国伊斯兰百科全书编辑委员会编：《中国伊斯兰百科全书》，四川出版集团，四川辞书出版社，2007年4月第2版，第57—58页。

纪初，由艾什尔里奠基。**该派强调"天启"高于理性，反对意志自由论而主张前定说，以哲学、逻辑方法论证教义，弥合正统派信仰，成为同穆尔太齐赖派学说相对立的新凯拉姆学派**（al-Kalam al-Jadid），**其追随者后被称为艾什尔里派。**

（1）**发展过程**。艾什尔里全名艾布·哈桑·阿里·艾什尔里（873—935年），原为巴士拉城穆尔太齐赖派著名教义学家祝拜伊（al-Jubbai，850—915年）的学生，**在宗教思想上崇奉其师关于安拉绝对独一、公正的教义和《古兰经》被造说等主张，成为穆尔太齐赖派的理论先锋**。40岁时，艾什尔里同其师祝拜伊在教义问题上发生重大分歧，公开反对师说，脱离穆尔太齐赖派，后迁居巴格达，自立门户，专事正统教义学的研究和著述，抨击穆尔太齐赖派和哈瓦利吉派等，并招收门徒，传播自己的教义主张。艾什尔里代表作《教义学原理的说明》和《伊斯兰教学派言论集》[①]，奠定了艾什尔里派学说的理论基础。

初期，该派以调和宗教与哲学、信仰与理性、前定与意志自由的折中主义的面目出现，既遭到穆尔太齐赖派的抨击，也受到逊尼派教法学者的怀疑和强烈指责。罕百里教法学派指责其学说背离"安拉的正道"，"要像避开狮子那样避开任何形式的凯拉姆"。马图里迪学派[②]（al-Maturidiyyah）指责其阐释教义理性成分过多，不符合先知穆罕默德时期的原旨教义。该派曾一度被视为"异端邪说"。后来，为适应阿巴斯王朝哈里发政治和宗教斗争的需要，该派学者在宗教思想斗争中完全倒向罕百里教法学派，且信众较多，社会影响较大，故颇受逊尼派著名教义学家艾布·伯克尔和艾斯法拉尼等人的推崇，称该派为

---

① 伊斯兰教教派重要历史文献之一。

② 马图里迪学派与艾什尔里派、塔哈维学派并称为逊尼派三大教义学派。

伊斯兰教"正道的重建者"。

10世纪末期后，该派学说由巴基拉尼（al‑Baqillani，？—1013年）、巴格达迪（？—1038年）、库萨伊里（？—1074年）、朱韦尼（1028—1085年）、舍赫拉斯塔尼（1086—1153年）等进一步加以完善和发展，他们在教义学、经注学、圣训学、教法学、伦理学和原子论等方面撰有大量著作，在论证教义学问题时阐发其宗教哲学思想，形成该派宗教哲学思想体系。该派学者被称为"穆台凯里姆"①。

11世纪后期，塞尔柱王朝首相尼扎姆·穆勒克（1019—1092年）奉艾什尔里派学说为官方信条，并在巴格达、内沙布尔等地创办的尼采米亚大学专门传授该派学说及其主张，从此，该派学说播及到整个穆斯林世界，成为占据主导地位的思想。"伊斯兰教权威"安萨里继承该派宗教哲学思想体系，并使之与苏菲主义相结合，形成伊斯兰教逊尼派教义学最终理论形式，成为历代哈里发的正统官方信仰。

（2）宗教哲学思想。该派采用兼收并蓄的方法，博采各派之说，以哲学阐释教义，用理性弥合信仰，使哲学为信仰服务，成为伊斯兰文化生活的最主要特征，为后来的教义学家所沿用。主要观点是：

在本体论上，主张安拉直接创世说。认为安拉是超自然、超时空的永恒的精神存在，是世界万物的直接创造者和唯一主宰者，是一切事物存在和变化的目的因；认为世界万物是由安拉直接创造的原子和偶性构成，原子和偶性在每一瞬间均由安拉的意志决定不断地创造或消灭；否认客观世界的永恒性和自然界的规律性，认为世界在空间上是有限的，时间上是有始的，

---

① 辩证学家。

自然界是短暂的、即逝的，只有安拉是永恒存在的。

在安拉的本体与德性的关系上，主张其本体包含有诸多德性。认为安拉的本体是超绝万物的独一精神实体，有知觉、能力、生活、意志、言语、听觉和视觉等超乎万物的诸德性，其德性是它的本体所具有的，不能把本体和德性分开；如果否认安拉的诸多德性，就是否定安拉的万能和存在；如果把安拉的德性拟人化，就会走向多神论。

在安拉的前定与人的意志自由的关系上，认为世界上的一切事物都是由安拉的意志所主宰和支配的，人类的命运和行为的准则是由安拉创造和前定的。在主宰事物方面，认为安拉是有绝对意志自由的，而人类是无意志自由的；在善恶问题上，认为安拉前定了善恶行为准则，并告诫人们要抑恶扬善；安拉赋予人以理智，人有能力掌握自己的行为，但其行为或恶或善是由自己的意志所选择的，故人类应对自己的行为负责，善者受赏，恶者受罚；人类的意志与其说是因为行动自由而受恩惠，毋宁说是因为受安拉的恩惠而取得自由。

在理性和信仰的关系上，主张信仰高于理性。该派把知识分为三类：教义学、哲学和自然科学。认为教义学是关于信仰的知识，是超出理性之外由安拉启示的真理，它高于哲学和自然科学知识。哲学是世俗的理性知识，它可以在有限的范围内为论证教义提供方法，使教义条理化，用以驳斥各种异端邪说，但哲学离开安拉的启示是不能认识真理的。对安拉的正确认识就是真理，安拉的启示是真理的源泉和标准。自然科学往往与教义学相悖，致使人们对信仰产生动摇和怀疑，对其内容必须以启示和教义加以"限定"，用来说明万物为安拉所创造。

关于《古兰经》的性质，认为《古兰经》是"安拉本体的无始言语"，是永恒的绝对真理，它包含着安拉启示的神圣内容，是信仰的全部准则，决不能怀疑和动摇。该派反对穆尔太齐赖派关于"《古兰经》被造说"的主张。至于用来表述《古兰经》神圣内容的语言形式（阿拉伯语）、词句及记载它的书，是有始的和被创造的。

艾什尔里派将逊尼派教义学用哲学进行论证和综合，使宗教信条哲理化，成为教义学的重建者和革新者，其学说受到普遍尊崇，长期在伊斯兰思想史上占据主导地位。

3. **苏菲主义**。[①] 苏菲派（a1 – Sufiyyah）是伊斯兰神秘主义派别的总称，亦称苏菲主义，是中世纪在伊拉克和叙利亚地区出现的一股反世俗倾向的精神运动。其追随者认为，眼前的世界是虚幻的，真实的世界是天园，故舍弃现世物质享受，过着虔诚、守贫、苦行和禁欲为特征的生活，足迹遍及全世界，对伊斯兰教向全球的传播做出重大贡献。**苏菲派也继承了伊斯兰哲学兼收并蓄的传统，先是融合新柏拉图主义"流溢说"和印度瑜伽派的修行理论，倡导泛神论，后实现苏菲派教义与逊尼派正统派信仰的结合，在伊斯兰教中居于统治地位达五、六个世纪之久，直至18世纪穆罕默德·伊本·阿卜杜勒·瓦哈布**（Muhammad ibn Abdul Wahhab）**提倡复古主义、反对苏菲主义为止。**

（1）**名称由来**。"苏菲"（Sufi）一词系阿拉伯语音译，其词源有多种说法。一说是源自阿拉伯语"苏夫"（Saf），即"羊毛"的意思；一说是源自阿拉伯语"赛法"（Safa），意为"心灵洁静、行为纯正"；一说是源自阿拉伯语"赛夫"（Saff），意

[①] 材料引自："苏菲派", http：//baike.baidu.com/link? url = 9i – tyCQeRoxF0s0JShGd52c7KEFDD – 3HmfBEDTdHvQnr_ nvnRUGV9Ref7UdoOjbB5kLNIqsl2bmRafm_F – 40ya.（上网时间：2015年6月12日）

为"在真主面前居于高品位和前列";一说是苏菲派因其品质和功修方式,类似先知穆罕默德时代称为"苏法"(Suffah)部落的人,故名。9世纪中叶,"苏菲"一词正式出现在阿拉伯文献中。11世纪,"伊斯兰教权威"安萨里将穆斯林中的苦行禁欲主义者通称为"苏菲"。1821年,法国东方学者托洛克用苏菲主义(Sufism)命名该学派。其成员身着粗羊毛织衣,以虔诚信仰和安贫质朴生活著称。

（2）**历史演变。7世纪末8世纪前期：苏菲派产生于伍麦叶王朝统治下的库法和巴士拉等地,是穆斯林宗教激情与虔诚信仰的产物**。早期,苏菲派严格遵奉经训、教法和履行宗教功课,效法先知穆罕默德及圣门弟子早年的简朴生活,以表达对伍麦叶王朝和阿巴斯王朝腐败奢靡行为的抗议,求得内心的纯净和精神上的慰藉。他们隐居独修,徒步朝觐,或出家漫游四方,沿途宣教,依靠别人施舍和个人劳动为生。主要代表人物有：库法的哈桑·巴士里①（642—728年）、巴里赫的易卜拉欣·本·艾扎姆（？—约777年）、巴格达的麦尔卢夫·克尔黑（？—816年）等。后该派逐渐传播到叙利亚、汉志、也门、埃及和波斯等地,在一些学者和下层穆斯林中盛行,但被当权者和逊尼派教义学家视为"异端"。

8世纪后期：苏菲派由苦行禁欲主义逐渐发展为神秘主义,并以宗教理论的形式出现。阿巴斯王朝鼎盛时期,随着"阿拉伯百年翻译运动"的兴起,古希腊、波斯、印度的各种哲学和宗教思想渗入伊斯兰教,其中**新柏拉图主义和印度瑜伽派修行理论对苏菲派形成产生了很大影响**。该派学者以《古兰经》某些经文为依据,吸收各种外来思想,以神秘主义哲学阐述教义

---

① 哈桑·巴士里是伊斯兰教早期圣训学家、教法学家。

及功修，形成**混合诸说**的苏菲主义。8世纪末，以女神秘主义者拉比尔·阿德维娅（约717—801年）为代表，提出以对安拉的爱为核心的"**人主合一论**"，认为安拉是永恒爱的对象，人类灵魂最主要的本质是爱，爱能使人与安拉相接近，引导人们达到安拉的道路是全神贯注的爱，而不是敬畏，也不是希望，人生的最大幸福就是与安拉合二为一。

9世纪中叶：艾布·苏莱曼·达拉尼（？—850年）提出**通过神秘的直觉认主**的观点。他认为，人们对安拉的认识，是凭借个人灵魂的闪光所获得的一种神秘的直觉，而不是通过理性和公认的圣训。后埃及禁欲主义者左农·米斯里（？—860年）提出**神智论**（Ma'rifah），使苏菲派教义趋于完善。左农·米斯里认为，人生的目的是最终与安拉合一，只有通过沉思冥想，全神贯注想往安拉，使个人纯净的灵魂与安拉的精神之光交融合一，才能真正认识真主，除此而外，别无他途。接着，以波斯神秘主义者比斯塔米（？—875年）为代表，又提出**泛神论**（Wahdat al-Wujud），认为安拉的本体包容万有，而万有归于独一的安拉。人通过不同阶段的修炼，达到"无我"的最高精神境界，最后被安拉所吸收并与安拉合二为一。

9世纪后期起，为维护伊斯兰信仰的统一，遵奉逊尼派教法的苏菲派学者力图**将苏菲派教义与正统派信仰相调和**，逐渐使苏菲神秘主义发展成正统教义思想的组成部分。穆哈西比（781—857年）、哈拉兹（？—899年）、祝奈德（？—911年）、卡拉巴基（？—995年）、萨拉吉（？—988年）、侯吉维里（？—1071年）和库萨伊里（？—1074年）等苏菲派著名学者，反对早期苏菲派离开伊斯兰基本信仰的异端言行，从《古兰经》和圣训中为神秘主义寻求理论根据，用逊尼派教义和教法观点系统阐释苏菲派学理和功修方式，提出穆斯林应在遵循教法、履行宗教功课的基础上从事道乘修持，并称苏菲派是真正的正统派。

10世纪初—18世纪：10世纪初，波斯苏菲派著名学者侯赛因·伊本·曼苏尔·哈拉智（858—922年）提出"**人主浑化论**"。他在诗中写道："我即我所爱，所爱就是我；精神分彼此，同寓一躯壳；见我便见他，见他便见我。"因其自称"我就是真理"，被阿巴斯王朝宗教法庭处以磔刑，成为苏菲派著名殉教者。从此，苏菲派遭当局迫害。这一时期，苏菲派神秘主义理论虽已形成，但思想庞杂，观点各异，未形成统一的学说和组织形式。11世纪末，"伊斯兰教权威"安萨里（1058—1111年）把不同时期的苏菲派观点综合归纳，**将神秘主义的爱主、直觉的认识论和人主合一论等思想纳入伊斯兰教正统信仰，摒弃苏菲派漠视履行宗教功课和泛神论的主张，其学说成为伊斯兰教义学的最终理论形式，成为官方的信仰**。13世纪，西班牙神秘主义哲学家伊本·阿拉比（1165—1240年）将苏菲神秘主义发展成以"万有单一论"为核心的泛神论哲学思想体系，给苏菲派神秘主义赋予哲理和思辨的性质。

这一时期，苏菲派在伊斯兰思想文化领域十分活跃，出现了阿卜杜勒·卡迪尔·吉拉尼（1078—1166年）、叶海亚·苏哈拉瓦迪（1153—1191年）、伊本·阿塔尔（约1142—1220年）、伊本·法里德（1181—1235年）、鲁米（1207—1273年）、萨迪（约1203—1292年）、哈菲兹（1320—1389年）、纳格什班迪（1314—1389年）、贾米（1414—1492年）等著名的思想家和诗人，他们在教义学、经注学、圣训学、教法学、伦理学、文学、诗歌等领域做出贡献，以至发展成为苏菲主义文学和思想运动，在穆斯林世界产生了深远影响。

（3）**宗教哲学思想**。苏菲派主要是以《古兰经》和圣训的有关经文为依据，吸收新柏拉图主义和其他宗教神秘主义功修理论及礼仪而形成的庞杂思想体系，未形成统一的教义和学说。

根据该派著名学者的基本理论，具有共性的主要哲学思想是：**在安拉与万物的关系上，主张"万有单一"的泛神论**。认为，安拉是独一的、绝对的真实存在，宇宙万物源自安拉的统一。安拉通过外显或外化为宇宙万物才得以表现他的绝对存在，安拉是自然界存在的本质，除独一永恒的安拉外，没有其他的永恒存在。宇宙（即大世界）和人（即小世界）是安拉万能创造的外显，它们是幻象的、短暂的存在，终将归向独一的安拉。

在安拉与人的关系上，主张以无限热爱安拉为核心的"人主合一论"。该派认为，爱是安拉的一种完美德性，安拉以其普遍的爱创造了人类，并赋予人以爱的属性。对安拉的绝对信仰是至上的爱，而不是敬畏。无限喜爱安拉是认识安拉的根本前提，只有时刻想往、赞念和喜爱安拉，通过精神修炼和灵魂的净化，才能与安拉合一。

在认识论上，主张直觉认主的神智论。该派否认理性认识的作用，认为人的智力和知识是安拉赋予的。人的认识来源和对象是独一的安拉，人生活的意义是认识安拉的神智（即关于安拉的知识），人们只有借助直觉的内心灵性感受才能获得知识。认识的方式是通过沉思冥想，启开灵智之门，进入"无我"的精神状态，与真主之光交融，才能达到认主的目的。

在两世观上，主张出世主义。该派认为，现实世界和人生犹如旅途，是短暂的、即逝的；而后世是人生的归途，是永生的、长存的。故不要贪图今世的荣华，应从心灵中摒弃今世的浮利和私欲，抑恶扬善，苦行禁欲，使灵魂得到磨练。对现实生活的苦难，主张忍耐、屈从，与世无争。

教团组织兴起。9世纪，苏菲派出现以导师为核心的小团体。10世纪，该派在各地建立小规模聚会场所或道堂（即扎维叶），后发展成建筑规模较大的清真寺、经文学校和修道中心。12世纪后，在道堂的基础上，各地形成常设性教团组织，首领由德高望重的大苏菲担任长老，各自规定宗旨和修炼方式。12—13世纪，是各地教团普遍建立时期。15世纪起，各教团进一步扩大，有的建立分支组织，道堂拥有大量的瓦克夫①土地和宗教公产。师承传系由早期传贤制演变为导师世袭制，形成等级制度，成员要对长老绝对服从。长老逝世后，其陵墓成为信徒拜谒的中心。各教团多以其创始者名字命名，师承传系（即道统）由各自首领生前指定继承者秘传，并赐予师传凭证（即道谱、印章、证书、经典、遗物等），以继承道统。

历史上，苏菲派在世界主要教团约有200个。著名的如卡迪里、里法伊、沙兹里、毛拉维、巴达维、纳格什班迪、提加尼、苏哈拉瓦迪耶、契斯提、萨法维和赛努西等教团。除萨法维教团为什叶派外，其余均为逊尼派。

从10世纪末起，苏菲派以伊拉克和叙利亚为中心，逐渐在北非、西班牙、波斯、安纳托利亚（土耳其）、中亚和南亚次大陆、东南亚得到广泛传播和发展，迄今在大多数穆斯林国家和地区仍有活动。

---

① 伊斯兰法律中不可剥夺的宗教捐献，通常指为穆斯林宗教或公益目的而捐献的建筑物或田地。

第二节 伊斯兰哲学代表人物

中世纪，穆斯林世界的灵魂工程师是伊斯兰哲学家群体。他们具有三大典型特征：其一，他们都是博学的通才，又是翻译家，胸襟开阔，海纳百川，学习、借鉴其他文明的先进成果。其二，他们都曾被统治者重用过，其思想主张成为阿拉伯—伊斯兰帝国统治哲学的重要组成部分。其三，作为伟大的哲学家，对伊斯兰文明乃至世界文明做出了重大贡献，是人类历史发展长河中璀璨的"指路明灯"。同时，我们必须看到，他们较痴迷于希腊哲学，有些内容虽与伊斯兰信仰相违背，但他们尽量去自圆其说，存在着牵强附会的东西。

一、伊斯兰哲学"调和论"先驱铿迪[①]

铿迪（al–Kindi）全名艾布·优素福·叶尔孤白·本·易司哈格·铿迪，他不仅向穆斯林学术界译介了希腊哲学，还修订亚里士多德的著作，更重要的是引进许多新的哲学概念。由于希腊哲学来自外部，有些内容与伊斯兰信仰原则相抵触，铿迪改造了希腊哲学，**调和哲学和宗教之间的矛盾，从而开启伊斯兰哲学"调和论"的传统。**

---

① 材料主要引自："阿拉伯百年翻译运动"，http：//baike.baidu.com/link？url＝lLxqdM6tEwAKq720gcRdcvjQGzv5kj－6PMSZWjC－_nGErcZCyQvwkjOsp807Gl32EDufu–zhgwicY92AB658Lq。（上网时间：2015年6月7日）

（一）"第一位阿拉伯哲学家"

铿迪属于古老的铿德部族（位于阿拉伯半岛南部）的后裔，生于阿拉伯上层贵族阶级。先辈中，有人当过圣地麦加和巴林等地的酋长。其父易司哈格·本·萨巴哈在阿巴斯王朝第三位哈里发麦海迪（775—785年在位）和哈伦·拉希德（786—809年在位）时，曾任库法省省长。铿迪是真正的阿拉伯血统，在阿拉伯哲学史上，属于纯粹阿拉伯血统的哲学家很少，正因为此，他被誉为"第一位阿拉伯哲学家"。

阿拉伯编年史家对铿迪的生卒日期没有详细的记载，学者们只有一个大致的推算，阿拉伯学术界倾向于说他生于796年，卒于873年。关于铿迪的出生地，大概生于库法，后来游学巴士拉，最后迁居巴格达。

铿迪精通医学、哲学、数学、逻辑学、音乐、几何学、占星学等学科，哈里发马蒙时期已享有盛名。他掌握希腊和波斯的知识，了解印度哲学。由于学识渊博，马蒙委派他翻译亚里士多德和其他希腊哲学家的著作，所以，他与当时的侯赛因·伊本·易司哈格、萨比特·本·古赖（约836—901年）、欧麦尔·本·塔巴里并称"四大翻译家"，被欧洲文艺复兴时期意大利哲学家卡尔丹（Gardan）誉为世界12位天才之一。哈里发穆塔西姆则任命他为太子的老师，后因遭妒嫉而受到迫害。哈里发穆泰瓦基勒时期，他受过廷杖，其图书馆被人查抄，后遭流放。在他声明忠于逊尼派后，才恢复自由身。铿迪晚年生活比较困苦。

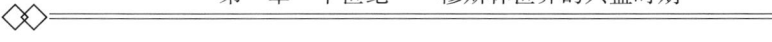

（二）开启兼收并蓄宗教哲学思想[1]

中世纪伊斯兰哲学史分为翻译、生产创造两个阶段，铿迪是进入生产创造阶段第一位伊斯兰哲学家。9世纪，正是阿巴斯王朝极盛时期，也是阿拉伯思想史上最活跃的阶段之一，伊斯兰教义学派穆尔太齐赖派的理性主义倾向受到官方重视和提倡。

铿迪哲学思想的两大思想源泉：一是亚里士多德的哲学思想；二是穆尔太齐赖派的思想。他受亚里士多德、新柏拉图主义和新毕达哥拉斯派的思想影响很深，尤以亚里士多德为主，翻译、注释了亚里士多德的不少著作，是向阿拉伯人介绍亚里士多德的第一位哲学家，在认识论、灵魂观、理性观、时空观及运动观、宇宙论、四因说等方面，不仅继承、发展了亚里士多德哲学思想，并在这一过程中形成了自己的哲学观。如他用质量、形式、运动、空间和时间这5个范畴来代替亚里士多德的10个范畴，并试图以此概括、说明宇宙万物的运动规律及其存在形式。他接受亚里士多德的四因说，但当他论及对事物起作用的原因时，则把四因变成了二因，即直接作用的原因和间接作用的原因，并把这两种原因又解释为物质世界自身的原因与超自然的、安拉的原因。

铿迪哲学的基本特征：亚里士多德哲学的外形，伊斯兰思想的内核。他的哲学中几乎涉及亚里士多德哲学的所有命题，如物质、形式、本体、实体、运动、原因、时空、灵魂、理性等。然而，作为一位伊斯兰哲学家，伊斯兰信仰在他身上非常

---

[1] 材料引自：郭春霞："从铿迪的主要学说浅析阿拉伯哲学的基本特点"，《阿拉伯世界》，2000年第3期，总第74期。

浓厚，有借希腊哲学维护信仰的倾向，这是他与亚里士多德和希腊哲学家不同的地方，后来安萨里在批判伊斯兰哲学家时始终不提他。也由于这个原因，许多人认为他的哲学没有完全从教义学中独立出来，因而将法拉比看作是伊斯兰史上第一个有系统哲学思想的哲学家。①

一是具有强烈的宗教性。从伊斯兰哲学的整个发展过程看，无论是哪一个时代的哲学家，都坚持安拉至高无上和独一性，铿迪也不例外。他承认有一个永恒的不以人的意志为转移的超自然力量，即安拉的存在。在《论第一哲学》中，他以大量篇幅论证安拉是唯一的存在，是"第一因"，是万物的创造者，是原因的原因。**他认为，安拉本身就是真理，是万物存在的总根源**。为了说明安拉的存在，他提出三个论据：世界有终，因而有始，有始的世界必有使之开始者，使之从无到有；多中有少，少中有多，彼此对立统一，世界有千差万别、繁复纷杂的一面，也有相互联系、统一的一面；世界和谐有序。铿迪认为，这三点表明宇宙万物必有一位全知全能的安排者，他就是安拉，世界由安拉创造。

二是具有兼收并蓄的调和性。亚里士多德以为一切的德都是中庸，而不是偏于极端者；而人的情欲总容易走极端，所以他主张要由理性统御调节一切欲望才有这个德——中庸。② 铿迪深得其哲学思想精髓，在处理好哲学与宗教的关系上采取兼收并蓄的调和态度。他认为，**哲学是研究事物的本质、寻求真理**

---

① 丁士仁："穆斯林自然哲学的兴衰"，时间：2013 年 5 月 28 日，15：43，http://www.norislam.com/? viewnews-15340。（上网时间：2015 年 6 月 8 日）

② 梁漱溟：《东西文化及其哲学》，商务印书馆，2010 年 12 月第 1 版，第 174 页。

的学问，宗教也是寻求真理的学问，两者之间并不矛盾。他在给哈里发穆塔西姆的奏折中说："哲学是研究事物本质的学问，它包括教育学、伦理学和神学，包括一切引人正道、扶正祛邪、给人裨益的学问。掌握这些知识，正是众先知带来的使命，即确立安拉独一无偶、至尊之上，确立善行美德，唾弃恶行邪念等。"

但是，哲学研究和宗教教义存在矛盾不可避免。对于这一难题，铿迪及后来的伊斯兰哲学家们都采取推演法加以解释。他们认为，阿拉伯语词汇都有两种含义：一种是直接含义，另一种是引申含义；在哲学上解释为狭义和广义、本义与隐喻。据此，他们**把《古兰经》经文看作是隐喻，然后通过推理，对这些经文做广义解释，使哲理与信仰之间的矛盾得以调和**。运用此方法，铿迪还分析、探索了天体星宿的运动，把它们的规律运动诠释为宗教上对安拉的崇拜和顺从。

在知识的来源和传授上，铿迪也采取了调和办法。他认为，**哲学家们和众先知的知识，实质上是一样的，只是来源和传授方法不同**。先知的知识来自主宰，他们先修身养性，洁净心灵，用超自然的方法接受这些知识，并用这些知识解释普遍现象，回答普遍存在的问题。而哲学家的理性知识则是通过刻苦钻研，开动脑子，通过逻辑思维取得。不过，铿迪还说："我们不以乞求和寻找真理为耻，不管真理来自何方，来自邻近的民族，还是远方的国家。寻求真理的人最主要的就是要得到真理，而不是损害真理，或贬低带来真理和主持真理的人。任何人都不应损害真理，而掌握真理的人才是光荣的人。否认哲学，就是否认真理，就是叛逆。"他认为，**凡反对把哲学作为研究、掌握事物本质学问的人，都应清除出宗教队伍**。这既反映了他捍卫哲学的决心，也表现了他对宗教的某些离心倾向。大英百科全书故称**铿迪是伊斯兰教中第一位革新派学者**。

三是既继承又创新。铿迪在安拉的本质、存在和属性等问题的看法上，既继承、保留了前人的哲学思想，又提出了自己的新观点。他认为，安拉是独一无二的，至高无上的，但同时又认为安拉除创造世界、确定规律外，对具体事物不发挥直接作用，因此，物质自身之间的相互作用才最重要。铿迪还对安拉属性作了新的解释，因而**他的安拉已不是宗教信仰中的安拉，实际上只是第一因，这实际上是一种反神学的观点，是对伊斯兰教传统观点的否定**。他把信仰对象移到哲学的范畴来加以研究，用希腊哲学来解释，因而具有创新性。

铿迪以伊斯兰教基本教义为出发点，修正了亚里士多德有关宇宙无始生成的理论，强调万物有源理论，认为宇宙第一源就是安拉，安拉是世界的创造者。这种基调也反映在他的其他理论中，如精神世界、物质世界构成理论（在承认安拉意志决定万物生灵存在的同时，又强调自然现象——太阳、月亮对地球上生命繁衍所起的决定性作用）等。

（三）开创了东西方哲学交融的历史

铿迪的著述涉猎当时的宗教、逻辑、哲学、星相学、医学、音乐、物理学、几何学、心理学、政治学等各门学科，虽然没有为伊斯兰哲学建立一个完整的理论体系，但为伊斯兰哲学的发展打下了良好的基础。首先，他归纳概括了古代哲学家的论述，尽量使用通俗易懂的语言，使人们便于理解和接受，这也为后人学习研究哲学铺平了道路。其次，他为哲学术语阿拉伯化做出了巨大贡献。他十分注意选择阿拉伯语中简洁达意的词汇，用以表达拉丁文中的哲学术语，并在使用过程中，对一些哲学术语和范畴做了重新的阐释或界定。他为此撰写了一部哲学术语专著，书中确定的许多哲学术语一直沿用至今，为后人学哲学提供了极大的方便。

铿迪热爱希腊哲学，注重理性，开创了伊斯兰学术研究新领域，即信仰和哲学相调和的思维方式。希腊哲学与伊斯兰教在他那里是平行发展的两条线，各得其所又互相关联——在铿迪哲学里的"一"，又是至善安拉的形象。**他是把安拉称为"真理"的第一人，这在以后成为伊斯兰哲学的永久性传统**。在以后的发展中，伊斯兰哲学家们遇到敏感宗教问题时，总是采取调和态度，尽力维护宗教的权威。从某种意义上讲，**伊斯兰哲学是调和宗教与哲学的兼收并蓄的哲学**。

二、伊斯兰哲学"第二导师"法拉比[①]

法拉比全名阿布·纳赛尔·穆罕默德·法拉比（Abū Naser Muhamet al - Fārābi），西方称他为阿尔法拉比乌斯（Alpharabius），喀喇汗王朝（870—1213年）初期著名医学家、哲学家、心理学家、音乐学家，为人类做出重大贡献，被视为伊斯兰史上第一个有系统哲学思想的伊斯兰哲学家，因在逻辑学方面造诣尤为高深，且有许多著述，更被誉为亚里士多德之后伊斯兰哲学"第二导师"。

（一）汲取诸学精髓，青年成名

法拉比约874年出生于喀喇汗王朝所辖的讹答剌城，讹答

[①] 材料引自："法拉比"，http://baike.baidu.com/view/142982.htm#sub142982。（上网时间：2014年10月3日）

刺被阿拉伯人称为法拉卜，阿布·纳赛尔·法拉比意即来自法拉卜的阿布·纳赛尔。

30岁之前，法拉比很精通当时被称为"三学"的语法学、修辞学、伦理学和称之为"四知"的算术、音乐、几何、天文原理。法拉比自幼深受摩尼教①和玛兹达克教派②信仰中的社会平等观点的影响。此外，阿巴斯王朝西部的巴士拉—库法学派，中亚南部的木鹿学派，古希腊、亚历山大利亚和罗马的自然科学与自然哲学学说以及埃及、叙利亚、伊朗、印度、中亚和古中国的科学成就，都使他得到丰富的营养。青年时期，他在喀什噶尔、巴拉沙衮（今伊犁河畔）经堂求学，钻研学习哲学、医学、心理学、音乐等多种学科并成名。

30岁以后，法拉比来到当时阿巴斯王朝中心巴格达城。在这里，他除了先前掌握的波斯语外，又向艾卜-伯克尔·伊本-斯拉吉丁学习阿拉伯语，向巴格达城著名的基督教学者艾卜-伯什尔·马太·尤努斯学习希腊语与逻辑学，后又到哈兰城向艾卜-伯什尔·马太·尤努斯的老师、当时著名的亚里士多德逻辑学家、基督教思想家约翰纳·伊本·海兰学习哲学、逻辑学和医学理论。

晚年，法拉比虽然返乡一次，但迫于中亚的政治斗争和武装纷争，再次出走到叙利亚的哈姆丹王朝苏丹赛弗·道莱宫廷。50岁后，法拉比博得极高声誉，被尊为继亚里士多德之后的"第二导师"。950年12月，他在大马士革逝世，葬于巴拜斯—赛格（Babais-Saghir）附近，享年80岁。

---

① 3世纪中叶，由波斯先知摩尼创立，这是一种将琐罗亚斯德教与基督教、佛教混合而成的哲学体系。

② 从琐罗亚斯德教中分裂出来的一个异端。

（二）真正开启"双重真理说"

在中世纪，在伊斯兰教教义学作为神学意识形态占绝对统治地位，法拉比使哲学冲破伊斯兰教教义学的禁锢而得到独立发展。有了铿迪的铺垫，法拉比的哲学之路相对平坦；站在铿迪的肩膀上，法拉比有了更高的起点，至少不用为翻译和界定基本术语而煞费苦心。他继承了铿迪的许多主张，继续调和理性与信仰，用哲学论证宗教信条。他认为，二者目的一致，不会相互矛盾，**哲学是研究宇宙万有关系的科学，只有通过哲学才能获得对宇宙整体的认识，也只有精通哲学才能达到认主的目的。**

法拉比精通希腊哲学，极力推崇柏拉图和亚里士多德，认为他们是真理的化身。因此，在政治哲学上，他继承和发展了柏拉图和亚里士多德的城邦理念；在自然哲学上，他吸收和改造了新柏拉图主义的"流溢说"。不过，他对创世说进行了符合伊斯兰教义学"新生论"的解释，即真主在永恒的时间中创造了物质，所以，物质从时间而言是永恒的，但论其本体而言则是新生的。

在科学、哲学和宗教的关系上，认为纯理性的价值高于宗教的价值。 他强调哲学和自然科学知识的重要性，**宗教和科学、哲学是两种不同领域内的真理：宗教是属于人们的思想信仰和社会道德准则范围内的真理；而科学、哲学是人们探索自然的因果关系和为人类谋求幸福进步的知识，是广泛意义上的真理。逻辑是区分哲学和神学的基本手段。**

在本体论上，受新柏拉图主义"流溢说"的影响。 他认为安拉是宇宙万有第一因和目的因，它是永恒的、纯粹精神的

"必然实在"，安拉的本体和外部世界是同一的，宇宙万有源自造物主流出，安拉流出了理智、世界灵魂和物质，安拉通过万有表征其存在。

在认识论上，认为人类是自然界的一部分，人类是认识的主体。他认为人同外部世界的事物发生关系是认识的首要条件。认识起源于感觉，但要获得知识，要借助于人类能动的理性。他把理性分为功能理性和能动理性、习得理性和积极理性四类：功能理性是人借助感觉器官去认识世界的可能性；能动理性是人自我认识能力向现实的转变，主要是语言和思维；习得理性是人们逻辑思维能力的一定形式和概念；积极理性是人类知识的总汇，是人类共同认识能力对世界规律的整体认识。他主张逻辑学是哲学的导论，是从已知推求未知的科学，矛盾律是逻辑学中的最高定律。

在灵魂观上，认为宇宙灵魂不灭。他认为人的灵魂同肉体是相联系的整体，人的肉体死亡后，个体灵魂将回归宇宙灵魂。

在社会政治观上，受柏拉图《理想国》和亚里士多德《政治学》的影响。他在著述中提出了一个理想国的模式。在这个理想国中，君主应是贤明、睿智和完美的人，公民应具有科学、哲学知识和政治上有教养，社会的目的是为了公民的幸福，而人生活的最高目的是要参悟与真主的同一。

（三）成为伊斯兰哲学从幼稚、单薄走向成熟、完善的基石

法拉比通晓土耳其语、波斯语，并用阿拉伯文写作，大量注释、汇编了亚里士多德著作，并在逻辑学、语言学、心理学、政治学、自然科学、数学和音乐理论等方面皆有专论。他的主

要哲学著作有：《知识大全》《论灵魂》《论理智》《哲学入门必读》《美德城居民阶层分析》《柏拉图和亚里士多德的哲学》《论政治》《科学分类》《逻辑学入门》《幸福之路》。因此，荷兰东方学家梯·博尔（著有《伊斯兰哲学史》一书）说：法拉比是理性王国的国王，他的哲学是体系严密的精神学说，对后来的伊斯兰哲学发展及欧洲文艺复兴时代的哲学发展产生深远影响。

法拉比博学多才，他最著名的音乐理论著作《音乐大全》，确立了音乐的基本概念，对曲谱进行分类，记述了各种乐器的演奏法。他创作的赞颂安拉及伊斯兰教诗歌成为苏菲派修道者念"即克尔"的内容。在整理研究西域回鹘医学的基础上，法拉比编著了《论自然物的热、寒、湿、干性》《论器官的功能》《论神经学》《论人体结构和论精神性质》《论自然的生命》《论精神力》《变化不息四大要素》《论感觉思维力》《论神经病》《人为什么会犯错误》《大智慧》《智力的含义》《论世界七域的气质》等十几部医学专著，推动和发展了突厥语民族医学基础理论，为以后出生在布哈拉的塔吉克族"世界医学之父"伊本·西那的《医典》奠定了基础，后者尊奉法拉比为自己的间接启蒙导师。

法拉比作为一名伟大的思想家，在哈萨克斯坦共和国受到高度的尊敬，阿拉木图立有法拉比的雕像，哈萨克斯坦国立大学以及哈萨克斯坦很多地方以他的名字命名。哈萨克斯坦阿里-法拉比国立大学是前苏联第四、哈萨克斯坦第一、中亚一流的世界知名高等学府，为前苏联和现哈萨克斯坦培养了一批高素质人才。

三、"世界医学之父"伊本·西那[①]

伊本·西那（Ibn‑Sīna）是塔吉克族著名医学家、自然科学家、文学家、哲学家，被誉为"世界医学之父"，在西方被称为阿维森纳（Avicenna）。他是中世纪伊斯兰哲学主要传承者之一，崇尚理性主义。

（一）青年神医

伊本·西那980年生于今乌兹别克斯坦第三大城市布哈拉城附近的艾富申镇一个贵族家庭，其父阿卜杜拉为王朝官吏，是什叶派支派伊斯玛仪派信徒。当时的布哈拉，学者和文学家云集，拥有许多大图书馆，这一学术氛围对伊本·西那的学习帮助不小，其父为他指定了一些老师跟着学习。不到10岁，他就能背诵《古兰经》并学习阿拉伯语和文学，从10岁开始学习基础科学和逻辑学。

少年时，伊本·西那已精通医学，许多年长医生都向他求教，病人从四面八方涌来找他看病。于是，他有机会接近王族，青年时任宫廷御医。17岁那年，在其他医生都放弃医治希望的情况下，他治好萨曼朝国王努哈·本·曼苏尔（976—997年在位）的重病，从此闻名遐尔。国王要重赏他，但伊本·西那只提了一个要求：允许他自由地出入王宫的图书馆。在他看来，图书馆里那些落满尘埃的古书要比黄金、钻石更有光泽。王族

---

① 材料引自："伊本·西那"，http://baike.baidu.com/view/359001.htm?fromtitle=%E4%BC%8A%E6%9C%AC%C2%B7%E8%A5%BF%E9%82%A3&fromid=4663483&type=syn。（上网时间：2014年10月3日）

们纷纷为他打开私人藏书室，使他获益匪浅。20岁时，他因王朝覆灭而迁居花剌子模（今乌兹别克斯坦境内地名）。伊本·西那20岁时所著《医典》，是17世纪以前数百年间亚欧广大地区主要医学教科书和参考书，被人们誉为"世界医学之父"。11年后，他因政治原因逃至波斯。

伊本·西那经常往来于各个穆斯林国家之间，不仅增长了不少见识，也参与到政治中，曾两次出任部长级职务，一度当上一个国家的宰相。但他的政治生涯并非一帆风顺，曾蹲过监狱，为躲避政敌的追杀，常常从一个国家逃往另一个国家。最终，他死于1037年，年仅58岁，葬于伊朗西北的哈马丹。早逝原因在于伊本·西那生前工作过于辛劳，白天从事政治活动，夜间进行科学研究。朋友们建议他将生活过得平和、安详些，这样对身体健康有好处。但他回答说："**我宁愿过宽广而短促的一生，而不愿过狭隘而漫长的一生。**"

（二）继承和发展法拉比的学说

伊本·西那的大部分哲学思想继承了法拉比的学说，在某些方面有所发展。比如，对法拉比的"流溢说"，伊本·西那不但全盘接受，还进行了一些理论上的细化；在自然学、形而上学和认识论方面，基本没有超出法拉比的理论框架，但从深度和广度上有所发展。亚里士多德的《形而上学》对他影响极深，据说，他读此书40遍都没有理解，偶见法拉比的注释后，茅塞顿开，完全理解了其要义。[①] 在灵魂、理性等问题上，伊本·西

---

① 马吉德·法赫里著，陈中耀译：《伊斯兰哲学史》，上海外语教育出版社，1992年版，第146页。

那的观点基本源自亚里士多德和法拉比。他以流畅的文字把古代先哲们的思想与伊斯兰教结合起来，便于普通穆斯林理解哲学著作。

在哲学和宗教的关系上，主张"双重真理说"。他认为，宗教信条同以理性与经验的成就为基础的哲学可以各自独立存在，二者研究的对象虽不同，但不相悖，都是真理。

在世界本原问题上，持二元论，即肯定物质世界是永恒的、不可创造的；同时承认真主也是永恒的，是"第一存在"。真主不是直接创造世界，而是先创造出"原初理性"，再通过它流溢出世界万物是必然的。

在认识论上，坚持世界是可知的。他认为，人们对于存在于认识主体之外的对象的知觉是认识的基础。没有理性，不可能有认识。但是，感觉经验为理性反映客体形象准备先决条件。他对感觉、知觉和理性等问题提出了具有唯物主义倾向的看法。

在灵魂观上，主张灵魂永存。他认为，人有了灵魂才能进行思维、想象和判断，认识未知。灵魂和肉体并无本质联系，人死后肉体毁灭，反对死者复活说。他在遇到科学难题时，往往到清真寺向安拉做祈祷，企求安拉使困难变容易。但伊本·西那不是悲观者，而是勇于面对生活的乐观者。

古代人热衷炼金术，幻想用廉价金属制造黄金。伊本·西那明确地指出，金属是不可能相互转化的，这种观点在当时可谓标新立异，威胁到一些江湖术士的饭碗。他对金属性质的认识得益于对矿物质的深入研究，他提出对岩石和矿物质的分类，并一直影响到近代科学。

（三）精通多门学科的世界级学者

他精通数学、天文学、物理学、哲学、音乐、医学、逻辑学，在这些学科方面有价值著作等身，著述和论文高达 276 部。《痊愈》（又译《治疗论》）是他最重要的著作之一，该书有 18 卷，其中有一些篇幅涉及到逻辑学和自然科学。他的著作被翻译成拉丁语，对近代欧洲文艺复兴产生重大影响。为此，西方学者把他列入世界级学者和东方伟大哲人之列。部分西方哲学家称他是"伊斯兰的亚里士多德"和希波克拉第。

伊本·西那在西方世界的影响主要靠其医学成就。《医典》是医学界重要的参考资料，被译成几十种文字，12 世纪被意大利翻译家杰拉勒德译成拉丁语后，15 世纪拉丁语译本被重印 16 次，16 世纪又被重印 20 次，一直在欧洲各大学作为教材通用，直到 17 世纪才被其他教材代替。该著元代传入我国，叫做《忒毕医经》。他是第一个在外科手术中使用麻醉剂和第一个发现人体中有寄生虫存在的医生，在关于胃溃疡、癌症、糖尿病等方面著有多篇论文，在药剂、草药、解剖、营养等方面留有著述。

四、"伊斯兰教权威"安萨里

安萨里全名艾布·哈米德·穆罕默德·安萨里（al-Ghazzali），著名教义学家、法学家、哲学家、伦理学家、教育家，正统苏菲主义集大成者。因其哲学名著《哲学家的矛盾》（Tahafut al Falasifah）而名声大振，其代表作《圣学复苏》（Ihyai Wuloom al deen）被称作"伊斯兰学科百科全书"，对穆斯林的影响"仅次于《古兰经》和圣训"。安萨里被广誉为"伊斯兰教权威"。

(一) 博学、苦修的传奇人生[①]

1058年,安萨里生于波斯呼罗珊的图斯一个纺毛工匠家庭,安萨里即由"纺毛者"一词派生而来。其父为一虔诚苏菲。他幼年丧父,由父亲密友、一位苏菲派学者抚育成人,受传统伊斯兰教育,能背诵整部《古兰经》和圣训名段。青年时先到戈尔甘投师求学,学习沙斐仪教法学派教法。后到内沙布尔,在尼采米亚经学院师从艾什尔里派著名学者、"两圣地教长"朱韦尼(1028—1085年),研习教义、教法、哲学和逻辑学,成绩优异,成为艾什尔里派学说的继承者。他还常到内沙布尔的苏菲派谢赫法尔玛基(?—1084年)处求教,深受苏菲主义思想影响。

1085年,他受邀到巴格达担任塞尔柱王朝首相尼扎姆·穆勒克(1030—1106年)的宗教及教育参事,享有大臣俸禄。1091年,他应聘到巴格达尼采米亚大学当老师,讲授艾什尔里派教义学、沙斐仪学派教法学和伊斯兰哲学。执教同时,安萨里潜心研究希腊哲学(尤其是亚里士多德思想)、伊斯兰教各派学说和苏菲主义,深感伊斯兰教在希腊哲学和各种外来思想渗透下,破坏了信仰的统一,遂著书反驳希腊哲学和伊斯兰教内部各种"异端邪说",对伊斯兰教各派教义和教律大胆怀疑,以求捍卫"正统信仰"、复兴伊斯兰教。

没过几年,他穷大半生之力从理性所获得的思辨教义学和哲学理论从根本上动摇了,这就是理性和信仰之间所产生的矛

[①] 材料引自:"安萨里",http://baike.baidu.com/view/58541.htm? fr = aladdin。(上网时间:2014年10月3日)

盾，他痛苦不堪。此时，他感到如果不通过冥想直接与安拉接触，就绝不会获得真正的拯救。为了追求真理，1095年，他辞去校长之职，抛弃所有的荣誉和功名，离开巴格达，遁却世俗，浪迹天涯，与自己的过去彻底诀别。他以苦行苏菲的身份游历大马士革、耶路撒冷、希伯伦、开罗、亚历山大等地，1096年赴麦加朝觐和赴麦地那拜谒穆罕默德陵墓。之后，他在大马士革苏菲派道堂隐修达10年之久。1106年，应塞尔柱王朝新首相法赫尔·穆勒克之邀，安萨里返回内沙布尔的尼采米亚经学院任教。3年后，他返回家乡图斯隐修，过着清贫苦修生活，继续著述和培养弟子。1111年12月19日，安萨里殁于图斯。

"伊斯兰教权威"。[①] 安萨里生活的时代，盛行教条主义和因袭盲从。新凯拉姆学派、内学派、苏菲派等都已形成一些固定的观点，每个领域都有一些著名领袖和一定的追随者和因袭者，对自己领袖或学派的观点不敢越雷池一步，不允许对他们有任何批评或异议。穆斯林思想界一片混乱，迫切需要一位兼备理性知识和经典知识的思想家，历史赋予安萨里把人们从因袭盲从的桎梏中解放出来的使命。

一是对希腊哲学的批判。安萨里意识到，当时的新凯拉姆学派已成为一种咬文嚼字、因袭前人的古董，对哲学的反驳缺乏逻辑，漏洞百出，根本不是哲学的对手。为此，安萨里对哲学进行系统研究，达到研究哲学的人所能达到的最高境界，写出《哲学的目的》《哲学家的宗旨》《哲学家的矛盾》等著作，被认为是名副其实的哲学家。他说："要识别一种知识的荒谬，就必须掌握那一知识的巅峰，乃至可与那一知识中的权威媲美，并且要超越他的水平，认识到他所没有认识到的深度和广度。

[①] 材料引自：张维真：《穆斯林思想家评传》手稿。

此时，主张那种知识荒谬的立论才能成立。"

他对哲学作了细致入微的研究后，把希腊哲学分为六类：数学、自然学、政治学、逻辑学、伦理学和神学。他指出，数学是有关代数、几何、物质形态等问题的知识，与宗教问题无涉，它是论证性的学问，如果理解并掌握它，毋庸否认；自然学研究的是天体、星球、水、空气等，宗教并不要求否认这一知识，除非是他在《哲学家的矛盾》中提到的有限几个问题；政治学围绕治理社会的哲理，取自真主降示给以前的先知们的经典和先贤们的智慧；逻辑学无关宗教，它既不肯定又不否定宗教内容，是对证据和标准的求证与探索，不是必须要否定的内容；伦理学关乎人的属性、道德以及医治、陶冶它们的方法等，取自淡泊者，每个时代都不乏淡泊名利者；神学是哲学家谬误最多的领域，哲学家们未能执行他们在逻辑学中所定的条件，因而陷入自相矛盾之中。

集中批判神学领域。安萨里认为，哲学家的错误主要表现在神学领域。哲学家在数学和自然科学领域大显身手，而在神学领域信口雌黄，其原因在于数学和自然科学有一些哲学家所熟悉的可感法则、常识和规律，哲学家通过它们去探索未知领域。而神学则不同，它没有先在的可感法则和规律去推演出未知；它没有类比和推理的基础。神学领域只能通过免误的"沙里亚法"才能获知。

《哲学家的矛盾》出炉。安萨里认为，哲学问题对普通大众来说高深莫测，不易理解，必须写一部通俗易懂的哲学著作，把哲学问题展示给普通读者，打破哲学家对哲学的垄断。于是他推出《哲学家的矛盾》一书，把哲学术语、哲学命题一一加以阐释，不加任何评论和批评。该书通篇批判和解析希腊哲学及受它影响的伊斯兰哲学，涉及哲学中的 20 个问题，它们大多在神学领域。在其中的3个问题中，他认为哲学家犯了"悖信"罪。这3个问题即：第一，主张物质永恒；第二，主张真主知道整体而不知道局部；第三，否认肉体复活。安萨里说："这三个主张与伊斯兰信仰格格不入。信奉这三个主张的人认为先知们所言不实；先知们的主张，是出于利益，意在迁就群众的理解。这种公然的'悖信'，是任何一个穆斯林派别的人所不齿。"在其他17个问题中，他不认为哲学家们有"悖信"，但认为他们犯了"异端罪"。

安萨里对哲学的批判捍卫了宗教，遏制了哲学咄咄逼人的攻势，使它由进攻退入防御态势，使哲学界未能推出值得一提的哲学著作来反驳《哲学家的矛盾》，直到近一个世纪后才有伊本·鲁世德的著作《矛盾的矛盾》问世。一位欧洲学者说："安萨里的批判，使哲学在阿拉伯东方一蹶不振。假如不是伊本·鲁世德出来捍卫哲学，使哲学复活一段时间，那么，哲学在西方的命运也几乎和东方如出一辙。"

安萨里批判哲学家时，其身份是以艾什尔里派为代表的新凯拉姆学家，但采用哲学家们熟悉的哲学思辨和哲学理论，可谓"哲学"对"哲学"，还动用了所有思想流派和信仰体系中自认为有用的武器，包括穆尔太齐赖派等的观点和学说，化解"内部矛盾"，全力去对付威胁伊斯兰思想的外来思想。这样，安萨里的成功被认为是"伊斯兰思想"对"希腊思想"或"外来思想"的胜利，也被称作是"正统派"的胜利。他被称为"伊斯兰教权威"与这一思想交锋有关。

二是对内学派（Batiniyah，又称巴提尼亚派、玄学派）**的批判**。内学派原是一些其他宗教信徒，随着伊斯兰教的广泛传播，他们深知在军事上无法与穆斯林大军较量，于是名义上皈依伊斯兰教，改用学术和文化形式，以探索经典"玄学"为名，设法篡改伊斯兰经典原义。当时的学术和政治形势促成内学派的形成和发展：学术上，哲学思想的传播，新凯拉姆学家之间的争辩，给内学派的产生提供了土壤。同时，一些派别严守经典字面，青睐教条，促使一些好学的人冲破禁区去探索经典的内在奥义和哲理，内学派正好迎和了这部分人的学术倾向。政治上，当时有不堪忍受阿巴斯王朝欺凌的人，有为先知家属所遭厄难（特别是先知外孙侯赛因遇害）鸣不平的人，有政治上的失意者，等等。于是，内学派以"捍卫先知家属"、"拥戴免误伊玛目"为名，把形形色色的人召集到麾下。内学派立足于民间，以哲学形式为盾牌，形成宗教、政治组织，**对伊斯兰教的威胁甚于希腊哲学**。

思想上，内学派以"伊斯兰"为名去否定伊斯兰。内学派声称《古兰经》、圣训的表面文字有一些内义。比如，他们把"大净"解释为更新盟约；"天课"解释为向适合接受知识的人传播知识；"朝觐"解释为追求理性向往的知识，朝觐时所奔跑的两座山"索法"指先知，"麦尔卧"指阿里，等等。内学派的这种思想对后来的部分主张直觉入神、免除宗教功课的苏菲主义有一定的影响；同时，他们与当时的亚里士多德哲学合拍，去挖掘所谓"经典内义"的思想与主张，对近现代一些用理性主义思维去解释《古兰经》和圣训的倾向也不乏直接或间接的影响。**政治上，内学派逐渐成为一个秘密恐怖组织，对许多政府要员实施暗杀**。内学派擅长行刺、施毒等手段威胁政府要员和学者。支持过安萨里学术活动的国务大臣尼扎姆·麦立克及其儿子法赫尔·麦立克都死于内学派之手。

安萨里担起反驳内学派的重任。安萨里在不同时期写出数部著作来反驳内学派，其中包括《巴提尼亚派揭秘》（Faduaih al Batiniyyh）。安萨里指出，内学派名为拒绝表义，实则否定经典；他们打着什叶派幌子，其实与什叶派毫无关系。从属什叶派、维护先知家属不过是掩饰他们"悖信"思想的招牌，他们的伎俩乃是针对所有穆斯林，不管是逊尼派还是什叶派。在《迷途知返》（al Mengeth mina Dualal）一书中，安萨里也提到内学派的主张及其荒谬性和蒙骗性。安萨里指出，内义与表义冲突论将废止"沙里亚法"，是"悖信"言论。"沙里亚法"是对表义的表述，真境（al Hagigh）是对内义的表述，二者相辅相成，既无冲突，也不分离，是统一的整体。谁如果主张真境与"沙里亚法"互相矛盾，或主张内义与表义互相冲突，那么，这个人与其说是信士，不如说是"卡菲尔"。

三是实现了哲学家与苏菲派合二为一。安萨里对苏菲派情有独钟，既与当时的大环境有关，也与自己独特的经历密不可分。安萨里起初也在追逐名利，而且拥有这一切。当他有了反省机会后，发现自己"正濒临悬崖"。安萨里开始寻找出路，出路在法学派吗？这方面他著述颇丰；出路在新凯拉姆学派吗？这方面他也不乏著述。但他却没有学会怎样虔诚为主，也没有学会怎样不掺私心杂念。于是，他转向了苏菲派，认为它知行合一，且更注重行为；它使"沙里亚法"与真境融为一体；它满足灵魂的需要与渴求，而不仅仅是肉体和理性的需要。在安萨里看来，苏菲派真谛在于实践，在于虔诚为主。过了长达十年的隐居生活后重返教坛，安萨里的境界与以前判若两人。他说："我过去传播的，以及用自己的言行倡导的，是赚取各种地位的知识，那是我全部的举意和目的。而现在我倡导的，却是旨在抛弃各种名利的知识，借知识懂得各种地位之渺小。"

安萨里努力使苏菲派知行中的每一种思想、德行和境界回到伊斯兰教的源泉，用《古兰经》、圣训和先贤懿行来求证这些内容。他强调苏菲派在修行之前必须掌握"沙里亚法"知识，一反苏菲派中流行的"知识即蒙蔽"的谬论。当代伊斯兰"中正"思想家优素福·格尔达维认为，安萨里对苏菲派的突出贡献是，把苏菲派由以前单纯的"体味"、"漫游"、呓语和夸张转化为"现实伦理知识"，去医治心灵疾病和精神顽症，从而规正了苏菲派思想的走向，丰富了伊斯兰伦理学的内涵。

有争议的"伊斯兰教权威"。安萨里虽然信仰上属于艾什尔里派，但在一些新凯拉姆学派问题上与艾什尔里相左。他在法学中属于沙斐仪教法学派，但在一些法学问题上与伊玛目沙斐仪观点不同。他虽然钟情苏菲派认知，但强烈反对苏菲派一些不受经典和理性制约的奇谈谬论，甚至认为持泛神论观点的人，诛杀一人胜救十人。关于他的争议，甚至持续到今天。

（二）主要宗教哲学思想[①]

安萨里以"认主独一"为核心，以《古兰经》和圣训为依据，博采并综合历代伊斯兰各派学说之精华，**将哲学与宗教、理性和直觉内心体验、正统信仰与苏菲主义加以弥合**，从理论上构筑了伊斯兰教正统宗教世界观和人生观，把伊斯兰哲学推进到全盛时期。

在本体论上，反对法拉比和伊本·西那等主张的新柏拉图主义"流溢说"及物质时空的永恒及无始性观点。他认为，安拉是宇宙唯一的主宰和万能的造物主，是永恒的、无始的，宇宙一切是安拉创造的。他强调宇宙是有始的，并不是永恒存在的。世界是有始的，时间、空间和运动都是造物主的创造。安

[①] 材料引自："安萨里"，http://baike.baidu.com/view/58541.htm? fr = aladdin。（上网时间：2014 年 10 月 3 日）

拉的意志决定着自然和人类的生灭、祸福及变化，故人们必须顺从真主的意志。

在信仰和理性关系上，主张信仰高于理性。安萨里认为，**哲学只能诠释真理，但它不是真理本身**。人的理性活动和逻辑推理只能认识现象界的事物，却不能达到认识"真主的真理"和通往心灵信仰的道路。他区分了理性和信仰的不同：理性属于知的世界，是由逻辑必然性构成，对于任何人都是同样的；知的世界绝对不可以与信的世界混同起来，信的世界不是逻辑经验所能证明的，而只能去体验，而且是纯属个体化的体验；一个人是由感性、理性和信或启示这样几种状态构成，这些状态不能相互代替和混淆。因此，安萨里反对用理性的方式证明信仰，认为宗教必须进行内在体验，即只有通过严格的修持和苦行，才能通过直觉证悟理性所不能认识的真理。实质上，这是"心学"的传统，也是他走向信仰内化的神秘主义之途的原因。

在理性与经典关系上，肯定理性与经典不悖原则。其一，从理论角度来说，理性与"沙里亚法"没有实际冲突。它们都是来自真主的光明；真主的光明不会彼此冲突。从实践层面而言，也没有冲突，因为没有证据表明一种宗教事实与一种理性事实有冲突。安萨里认为，理性和经典相互支持、相互印证。他说："理性只凭经典而规范；经典只凭理性而彰显。理性是基础，经典是建筑；没有建筑，基础不起作用，没有基础，建筑就不稳固。""理性如眼睛，经典如光明。没有外在的光明，视力徒劳无益；没有视力，光明不起作用。"安萨里在他晚年著作《法源学摘要》（Mustasfa）中，把理性视为法官，把经典视为证人。他说："理性是不会变换、不会撤销的法官；经典是公正无私的证人。"① 在《圣学复苏》中，安萨里提倡理性知识与宗教知识结合，认为理性离不开经典，经典离不开理性。他说："废止理性而号召因袭者是愚者；只靠理性而放弃《古兰经》和圣训者是迷者。你绝不要成为二者中的任何一者。你要兼备二者。理性知识像食品，经典知识如药品。如果没有药品，食品会危及病人。心灵病症也莫不如是，只有通过取自经典的药品医治。"

其二，理性和经典各有特定的职能和运行范围。他认为，理性职能之一是肯定哲学中最重大的两个命题、宗教中最重要的两大内容，这就是真主的存在和先知的身份。真主的存在、全能、意志和全知只能由理性来认定；不通过理性就无法证明经典的内容。先知身份的认定也是如此：理性证明先知真有其人，然后理性的职能就是接受先知关于真主和后世方面的教诲。按照安萨里的说法，理性完成自己的任务后就从判断宗教事务的位置上退职。在信仰领域说：我们信仰了，我们认为它们是真实的。在实践领域说：我们听到了，我们服从了。之所以让理性退职而无条件接受真主给先知的启示，是因为启示是免误的，而理性不免失误。理性尽管是一种光明，但与先知圣品之光不可同日而语；先知的指引高于理性的指引。安萨里的**理性有限论**，对后来的思想家影响很大，托马斯·阿奎那以及近代的洛克、康德等哲学家在这方面几乎照搬了安萨里的观点。

在安萨里看来，理性和经典相结合的知识是最优越的知识。

---

① 《古兰经》云："我确已将重任信托天地和山岳，但它们不肯承担它，它们惧怕它，而人却承担了——"（33：72）现代著名伊斯兰学者阿里·坦塔维把这段《古兰经》中的"信托"解释为"人的选择"，认为人被赋予了理性和选择的能力，才成为万物之灵。

在《法源学摘要》中，安萨里把知识分为纯理性知识和纯宗教知识。前者如数学、几何学等，后者如圣训、经注等。随后他指出，最优越的知识便是理性和经典结合，见解与"沙里亚法"并随。法学和法源学即属于这种知识。但是，安萨里认为，实践领域中对理性有一个"禁区"，不得闯入，这便是了解宗教功课的详尽哲理。安萨里认为，由先知规定的功课的范围、定量等，是"天启药方"，智者的理性无法精确地理解它们产生作用的细微表现，这个领域理应效法先知们，他们通过圣品之光而非理性功能掌握那一领域的奥秘。比如，理性无法理解为什么礼拜中叩头的次数两倍于鞠躬；晨礼是晡礼拜数的一半，等等。这些奥秘只有凭借圣品之光才能了解。除此以外的领域，是理性纵横驰骋的疆场，如充分运用类比等演绎工具，从理解不同、观点各异的经文中推出律法，或从无经典明文的领域演绎新的判例。通过这种方法论，安萨里**呼吁把"沙里亚法"与理解的真理统一起来**。由此可见，安萨里批判哲学家的一个原因，就是批判他们对亚里士多德等人的盲从和因袭，他没有否定正确的理性探索，没有让穆斯林失却把理性与经典、可见与未见紧密维系的伊斯兰哲学，既不像保守主义那样以宗教的名义否定理性和科学，也不是像理性主义那样以科学名义让经典迎合自己的先入为主。[①]

将苏菲主义与正统信仰融为一体。安萨里认为，清除异端思想的唯一方法，只能是在正统信仰的基础上，即对"安拉的知识"亲身直觉感受和内心精神体验，才能维持信仰的真诚性和持久性。苏菲派的宗教生活正是大众内心对安拉信仰的体现，

[①] 优素福·格尔达维：《安萨里：他的歌颂者与批评者》，贝鲁特使命出版社，2000年第1版，第33—41页。

应在履行教法规定的义务和礼仪的基础上，向更高的修持阶段递进，由外在信仰向内在信仰升华。信仰需要真实的宗教生活，但内心精神修炼不能背离经训和教法。

安萨里在晚年巨著之一《圣学复苏》中，将苏菲主义和法学巧妙地揉合在一起。**两大主题：一是全方位的认识论**。在《圣学复苏》中，安萨里认为，正如人由肉体、灵魂和理性组成一样，伊斯兰教也是从这三个方面的奇妙结合中认识和对待人。他说："知识必然分为两部分：表面的与内在的。表面的关乎身体，分为习俗和功修；内在的关乎心灵情状、道德品质，分为可贬的和可赞的。"通过这种划分，安萨里得以全方位去展示伊斯兰法规和制度，广泛涉及伊斯兰信仰、功课、人际关系、生活礼节、伦理规范，乃至先知的生平、道德观，先贤的嘉言懿行，等等。**二是心灵探索与灵魂陶冶**。《圣学复苏》第三卷和第四卷关乎心灵世界及其陶冶，是安萨里之前的学者很少涉及的内容。他细致入微地研究了道德的动力、起因和种类，探讨了心灵疾病的诱因和医治方法。现代伊斯兰思想家艾布·哈桑·纳达维（1914—1999年）说："《圣学复苏》证明安萨里在伦理学家中的地位。他融智慧与科学、教育与实践于一体，指出人性喜好名誉、面子和地位，是任何人所无法避免的，除非与私欲作不懈斗争。安萨里对道德的研究及其《圣学复苏》，当之无愧地跻身于一流伦理学家的行列。"

《圣学复苏》浓缩了安萨里对信仰与生活、精神与物质、宇宙与人类的思考与感悟。如果说《哲学家的矛盾》是哲学著作，《信仰的节制》是信仰或新凯拉姆学著作，那么，《圣学复苏》则是全面展示安萨里智慧和知识结构的综合著作，是他思想走向成熟的巅峰之作，在穆斯林世界经久不衰。

在伦理思想上，把"向安拉之爱"作为宗教伦理的核心。

安萨里指出，要摒弃一切欲望，净化灵魂，达到对真主的彻悟和绝对信仰真主，这是道德修养准则和人生的最终目的。**他把"爱"分为三种：一是自爱**。即对自己的爱，包含自尊、自重、自省、修心、养性、求知、近贤、弃恶、维护生存，这是一种本能的爱。**二是真爱**。它以自然的审美力和健康的理智，施爱于所爱的对象，包括对周围事物的真、善、美的爱，对所爱之人的形体美、品德高尚及知识渊博所唤起的爱慕，这是自然的爱。**三是对真主的爱**。它是从内心绝对信仰安拉的独一、永恒、大能，遵奉安拉的诫命，通过爱达到与安拉的合一，并爱安拉所造之物。它使人们慈善、纯洁、安贫、避恶、近贤、谦逊、顺从，并不断接近安拉，达到至善，求得安宁、幸福。这是一种神圣的最高之爱。安萨里认为，人最重要的品德应该是理智、勇敢、纯洁和公正。安萨里指出，**处理万事以"适中"为止，走向偏狭的两极，都不是美德**。

安萨里拒绝将伊斯兰思想新柏拉图主义化，力图重建伊斯兰信仰的心学线索——"认己明时认主明"之心学（Ilm-galb），以此修正整个伊斯兰哲学思想史的传统。"Galb"（心）一词作为神秘主义术语，是被规定为认识安拉、接近安拉的东西。诚如安萨里所言："爱安拉，是所有境界的巅峰。爱之后的任何境界都是爱产生的结果，是爱的衍生，如渴望、欣慰、悦纳等。爱之前的任何境界，如忏悔、坚忍、淡泊等都是爱的前奏。因为爱安拉是极难达到的境界，所以有些人否定了它的存在。如有人认为，爱安拉的意义仅在于持久地顺从安拉，只作为一种比喻，是可能的。因而认为它是没有任何实在性的东西。他们既否定了爱的存在，自然也否定了'欣慰'、'渴望'、'向主密诉之乐'的存在。既然如此，我们非常有必要揭示事实真相。"这样，安萨里开出了一条超越教派立场的神学之路，直接把握、描述、阐发伊斯兰信仰中的"向安拉之爱"原则，并将伊斯兰思想的本质注入哲学、教义学、伦理学、心理学、教育学等学科中。这对重振伊斯兰思想有着决定性的贡献。

"认己明时认主明"是使者穆罕默德的训喻，而这则训喻成为安萨里整个思想的开端，也是他从理性主义者走向怀疑论者，又从怀疑论者走向神秘主义者的坐标。关于他的这种怀疑精神和对追求真理的执着，他后来在带有自传性质的《迷途知返》一书中有过这样的描述："我还不满20岁的时候（现在我已50多岁了）就开始了研究工作……我不断地研究各种教义或信条。我碰着内学派，就想研究它的秘教的真谛；遇着外学派（Zahiriyah），就想探讨他的直解主义的要旨；会见哲学家，就想学习他的哲学精髓；遇见辨证派教义学家（Mutnkallim），就想探查他的辨证学和教义学的宗旨；遇着苏菲派，就要刺探苏菲主义的秘密；遇到苦行者，就要追索他的苦行的根源；遇到不信神的无神论者，就想摸索他坚持无神论、伪装信神的原因。从青年时代开始，我就有了探索真理的热情，这就是真主赋予我的天性，是无法抑制的，是不能自主的。"这就是安萨里。

（三）对穆斯林生活的影响仅次于《古兰经》和圣训

安萨里一生撰有教义学、教法学、哲学、伦理学等方面的著作约400种，大多已散失。其中最重要的著作有《哲学家的宗旨》《哲学家的矛盾》《迷途知返》《圣学复苏》，等等。

从新凯拉姆学派哲学家到苏菲派谢赫到圣训学家。在伊斯兰史上，安萨里第一次对以法拉比、伊本·西那为代表的伊斯兰哲学家提出批判，《哲学家的矛盾》一书使他名声大振，而代表作《圣学复苏》被称为"伊斯兰学科百科全书"。晚年，他对苏菲派修行与心灵探索情有独钟，使苏菲派摆脱以前的哲学模式，而成为伊斯兰伦理学组成部分，对后世苏菲派思想影响深远。在生命的最后阶段，他又从纯粹的苏菲派转向圣训学家的方法论。由基于理性的哲学思辨过渡到基于灵修和神秘的苏菲主义，由投身思想战场的新凯拉姆学派代表到隐居十年的苏菲派谢赫，又从那种直觉入神的境界转入对苏菲派有制约意义的圣训研究，其思想历程充满传奇。

对西方世界也不乏影响。安萨里影响了中世纪犹太教哲学家迈蒙尼德和基督教神学家托马斯·阿奎那等。被誉为"近代哲学之父"的笛卡尔深受安萨里"怀疑论"的影响。许多学者的研究表明，安萨里和笛卡尔的方法论有着惊人的相似之处，因为当时安萨里的著作已被译介到欧洲，对笛卡尔产生了一定的影响。突尼斯著名学者奥斯曼·凯阿克曾参观位于巴黎的笛卡尔图书馆，在馆内看到《迷途知返》一个译本。那个译本有关怀疑论部分，有笛卡尔笔迹写道：把这些内容援引进我们的方法论。许多东方学家对安萨里十分钦佩。德国学者蒙赫说："在我们看来，安萨里的伟大在于他的怀疑论。这使他在西方哲学史上占有一个令人瞩目的地位。"法国学者卡拉迪福说："安萨里先于康德而创立了'理性无奈'的理论。《哲学家的矛盾》是研究理性价值的最好的著作。"①

安萨里的一生可划分为三个阶段：理性阶段、怀疑阶段和神秘主义阶段。就理性方面而言，安萨里是托马斯·阿奎那的先驱；就怀疑论方面而言，安萨里是大卫·休谟的先驱；就神秘的个体化之信仰和实践方面而言，安萨里是存在主义之父尼

---

① 优素福·格尔达维：《安萨里：他的歌颂者与批评者》，贝鲁特使命出版社，2000年第1版，第83—84页。

采和祁克果的先驱。

五、"双重真理说"集大成者伊本·鲁世德[①]

伊本·鲁世德（Ibn Rushd），拉丁名阿威罗伊（Averroes），阿拉伯哲学家、教法学家、医学家，最大贡献是系统完成了调和伊斯兰信仰与希腊哲学的"双重真理说"。

（一）生于法官世家

伊本·鲁世德1126年4月14日生于北非穆瓦希德王朝统治下的安达卢西亚（即西班牙）的科尔多瓦一个伊斯兰教法官世家，祖父和父亲均为教法学家，任过科尔多瓦大法官。他自幼受到家庭严格的伊斯兰教育，能背诵《古兰经》和圣训，后师从著名伊斯兰学者伊本·巴斯科瓦尔和艾布·贾法尔·哈伦等人，学习教义、教法、哲学、医学和天文学等。

1153年，他到京城马拉喀什从事教育和医学著述，结识穆瓦希德王朝大臣伊本·图菲利。1168年，经伊本·图菲利推荐，他进入哈里发艾布·叶尔孤白·优素福（1163—1184年在位）宫廷当御医，并为其注释亚里士多德哲学。这一职责使他对希腊哲学特别是亚里士多德哲学有了更深入了解和研究的机会，一发而不可收拾，几乎注释了亚里士多德的所有著作，还努力还原亚里士多德哲学的本来面貌，纠正数世纪来东西方注释者对其哲学的误读，遂在西方都赢得"最伟大的翻译家和注释者"

---

① 材料引自："伊本·鲁世德"，http://baike.baidu.com/view/421422.htm?fromtitle=%E4%BC%8A%E6%9C%AC%C2%B7%E9%B2%81%E4%B8%96%E5%BE%B7&fromid=9983589&type=syn。（上网时间：2014年10月3日）

荣誉。①

1169 年起，他担任塞维利亚和科尔多瓦的法官。1182 年，他接替伊本·图菲利出任大臣兼宫廷总御医。1184 年，他为反驳安萨里的《哲学家的矛盾》一书写出了哲学代表作《矛盾的矛盾》。他摘录安萨里的大段引语并逐点予以批驳，争论的内容涉及创世、真主的属性、灵魂等。针对安萨里关于直接理解是认识神性存在的基础、《古兰经》是真主存在的直接表白的观点，他提出理性是神性存在的认识基础，《古兰经》是寓意启示，有待理性的解释。他认为，安萨里没有真正理解哲学家的宗旨，理论中充满着不能自圆其说的矛盾。伊本·鲁世德捍卫哲学，但也不是宗教的敌人。在推崇哲学的同时，也在维护宗教的尊严，**他的"双重真理说"就肯定了宗教的正确性**。现代著名教义学家纳迪姆·吉斯尔称："他是一位伟大的宗教学者，信仰最真诚的哲学家和思想家。"②

由于安萨里在学术和宗教上的崇高地位，在这场论战中，他始终被认为是宗教的捍卫者，而伊本·鲁世德却成了宗教的敌人和哲学的卫士，在穆斯林世界失去了应有的位置。1195 年，在科尔多瓦担任大法官时，他遭到了当时正统派教义学家的强烈反对，甚至被认为是叛教者（可见安萨里的影响）。他被新任哈里发艾布·叶尔孤白·曼苏尔从宫廷中逐出，其宗教、哲学著作亦被焚毁。虽然不久哈里发将他宽赦召回马拉喀什宫廷复职，但 1198 年 12 月 10 日，他卒于马拉喀什，且失去的名誉再也无法挽回。

---

① 蔡德贵：《阿拉伯哲学史》，山东大学出版社，1992 年版，第 337 页。
② 纳迪姆·吉斯尔著，丁士仁译：《哲学、科学与信仰》，甘肃人民出版社，2012 年版，第 70 页。

(二)"双重真理说"集大成

伊本·鲁世德以《古兰经》经文为依据,从伊斯兰教法角度阐述哲学的合法性,**系统地完成了自铿迪、法拉比和伊本·西那以来对调和哲学与宗教矛盾所提出的"双重真理说"**。

在理性和天启的关系上,认为理性和天启、哲学和宗教是不同范围内的真理。他提出,**哲学是哲学家的真理,宗教是民众的真理**。宗教的真理源自天启,具有象征性和寓意的形式,是对人们的训诫,是约束人们道德行为的规范,旨在抑恶扬善,顺从安拉,维持世道人心,适应大众的需要。哲学的真理来自理性,通过纯粹的思辨而获得,是真理的最高表现形式,哲学家能认识宇宙万象,由此而推证造物主的实有。哲学理论高于宗教信条,仅为少数哲人所理解。这二者可能有分歧,那是由于它们各有自身独立的认识范围。有时哲学上认为是真理的东西,宗教上可能认为是错误的,反之亦然。真正的宗教并不反对哲学研究,同样,真正的哲学只是排斥宗教对科学和哲学研究的干扰。当哲学的论证与宗教教义不相符合时,应相信哲学的论断,"相信宗教的人,就不应该害怕哲学的不同论断"。他的这些观点冲破宗教观念的束缚,使哲学得到一定程度的解放。

在本体论上,认为物质世界是无始的、永恒运动的。但物质世界在空间上是有限的,运动和物质不可分离。**安拉是无始的、最高的精神存在**,是世界的"第一推动者",是万物变化最后的"目的因"。安拉是宇宙整体的最高主宰者,是世界总的秩序,只是在总体上而不是在局部或个体上起作用。

在认识论上,认为个人的思维活动(即被动理性)有始有终,人类的思维活动(即能动的理性)是永恒的。认识开始于对个别事物的感性知觉，理性是在感性材料基础上对事物共性的抽象认识。人应该依赖科学和哲学原则去研究事物，从已知中去推断出未知，认识自然界的必然。

在灵魂观上，否认"个人灵魂不灭说"。他认为，灵魂和肉体是不可分离的，个体的灵魂是暂时的，它和个人的肉体同时灭亡。只有人类统一的、普遍的和客观的理性才是永恒的，它是人类连续不断的精神生活的表现。

他反对苏菲派的苦行禁欲主义，主张入世，认为穆斯林应在今世和后世都得到幸福。

（三）"伊斯兰的亚里士多德"

据传，伊本·鲁世德共有70多部著作，包括哲学、逻辑学、伦理学、政治学、医学、教义学、教法学和文学等。据阿拉伯史籍载，他曾对《古兰经》、圣训作过注释。现存的主要著作有：《矛盾的矛盾》是对安萨里《哲学家的矛盾》一书的答辩和反驳；《哲学和宗教联系的论断》是对宗教与哲学关系的论证；《宗教信仰中例证方法揭示》是对苏菲派、穆尔太齐赖派和艾什尔里派学说的分析和评价；《医学通则》是他医学理论的代表作，用哲学观点系统地论述了病理、生理、临床、诊断、治疗、药物及心理疗法的基本理论和知识，并对阿拉伯著名医学家的贡献作了评介。

伊本·鲁世德以研究亚里士多德哲学著称于西方。他为亚里士多德、柏拉图的主要著作和伊本·西那、法拉比的哲学著作写过提要、注释和评论，在很大程度上恢复了被新柏拉图主义曲解了的亚里士多德学说。人们说："亚里士多德解释了自然界，而阿威罗伊却解释了亚里士多德。"

他的哲学思想对中世纪犹太哲学和基督教经院哲学有着重要影响。以西格尔为代表的进步思想家吸收了他的学说,奠定了西方唯理主义哲学的基础,12—16世纪形成阿威罗伊主义学派后,得到民间和学术界的认可,一直是西欧占优势的学说。他的最大贡献不仅是给欧洲送去理性主义思想和"双重真理说",而且送去他们早已遗失的精神遗产和文化传统,使欧洲人开始了解柏拉图、亚里士多德及古希腊哲学,"为死气沉沉的西欧思想注入了一股清新的思想之流,为稍后的文艺复兴和思想启蒙打下了基础"。[①] 19世纪,伊斯兰现代主义知识分子出于对伊斯兰教理性哲学的需求,曾一度掀起过研究其哲学的热潮。

六、"伊斯兰划时代史学哲人"伊本·赫勒敦[②]

伊本·赫勒敦全名阿卜杜·拉赫曼·伊本·赫勒敦（Ibn Khaldun）,14世纪阿拉伯著名哲学家、历史学家、政治活动家,改变了伊斯兰哲学研究的方向,**将哲学与历史学相结合**。他的学说为近代欧洲哲学家、历史学家和社会学家所推崇,称他是"人类历史哲学和社会学的奠基人之一",阿拉伯学者誉他为"伊斯兰划时代史学哲人"。

（一）跌宕起伏的从政生涯

出身阿拉伯贵族。伊本·赫勒敦1332年生于突尼斯一个塞维利亚阿拉伯贵族家庭。祖先为也门哈达拉毛的哈杰尔部族。8

[①] 蔡德贵:《阿拉伯哲学史》,山东大学出版社,1992年版,第337页。
[②] 材料引自:"伊本·赫勒敦",http://baike.baidu.com/view/988268.htm#sub988268。（上网时间:2014年10月3日）

世纪，随着伊斯兰教的扩张，阿拉伯人占领了西班牙南部安达卢西亚地区，他的祖父也来到这里，成为当地统治阶级的上层贵族。后来，安达卢西亚地区阿拉伯人势力日渐衰退，其先辈又迁到北非，先后在一些苏丹国宫廷中任职，伊本·赫勒敦就是在这个时候出生。其父是阿拉伯语言大师，对阿拉伯文学也颇有造诣。在家庭熏陶下，伊本·赫勒敦自幼从父学习《古兰经》，后又到突尼斯当地著名宗教学府宰图那大学接受伊斯兰教育，学习圣训、教义、语言、诗歌和哲学等知识，为以后的成才和仕途生涯奠定基础。1349 年，家乡流行瘟疫，其父母和许多长辈相继离世，他不得不挑起家庭的重担。

参与诸多苏丹之间的激烈权争。伊本·赫勒敦先后在突尼斯哈夫斯王朝、摩洛哥非斯王朝、格拉纳达的奈斯尔王朝、摩洛哥马林王朝任职。期间，他历经被奸人谗言中伤的痛苦和被密友嫉妒抛弃的无助和茫然，"今日座上客，明日阶下囚"，既遍享荣华富贵，也饱尝人间辛酸。

1352 年，他应伊本·塔菲拉肯首相之邀出任官职。当时，伊本·塔菲拉肯首相把年轻的苏丹（国王）艾布·伊斯哈克软禁起来，自己独揽大权，他请来伊本·赫勒敦，让他模仿苏丹的笔迹签发诏书。两年后，伊本·塔菲拉肯被苏丹的亲属、君士坦丁（现阿尔及利亚境内）的苏丹所推翻，伊本·赫勒敦不得不离开突尼斯，来到特累姆森，受到非斯的苏丹艾布·阿南和首相伊本·艾比·阿慕尔欢迎。1353 年底，他陪同首相到贝贾亚，后应艾布·阿南苏丹之聘，于 1354 年又回到非斯，成为苏丹的近臣。在此，他利用机会向云集在当地的著名学者学习，暗中与被监禁在非斯的前贝贾亚废王穆罕默德联络，共同策划，企图重返贝贾亚。1357 年，事情败露，伊本·赫勒敦被投入监狱。两年后，艾布·阿南苏丹逝世，新苏丹登基，伊本·赫勒敦获释。不久，当地发生叛乱，流放在外的原苏丹艾布·萨里木率兵占领非斯，他暗中曾得到伊本·赫勒敦大力支持，登基后即任命他为御前大臣，掌管司法大权，因而受到一些人嫉妒。艾布·萨里木听信谗言，冷落伊本·赫勒敦。两年后，伊本·赫勒敦与大臣欧麦尔·伊本·阿卜杜拉联合，废黜艾布·萨里木，另立艾布·萨里木的弟弟塔希芬为苏丹。新君登基后，欧麦尔独揽大权，只赏赐伊本·赫勒敦以大量金银，而不给他权力。伊本·赫勒敦一怒之下，辞去官职，但欧麦尔不许他再回突尼斯或特累姆森，他只得前往安达卢西亚。

1362年，伊本·赫勒敦来到格拉纳达，受到奈斯尔王朝艾哈麦利苏丹和伊萨丁首相盛情接待。他们在非斯时便相识，结下深厚友谊。在格拉纳达期间，伊本·赫勒敦作为艾哈麦利苏丹的使臣，到塞维利亚拜会彼得王，后者十分敬佩他的学识和才能，希望他留下来，并允许发还他祖先在塞维利亚的领地，他因君命在身，一一谢绝。他出使友邦不辱君命，受到艾哈麦利苏丹重赏，还把他的家眷接来。伊本·赫勒敦仕途青云直上，招致包括伊萨丁首相在内诸大臣嫉妒，多次设法陷害他。这时，他收到了贝贾亚苏丹邀请书，于是离开格拉纳达。

1364年，伊本·赫勒敦来到贝贾亚，官拜首相，一面从政，一面从事学术和讲学活动。不久，贝贾亚苏丹在与其堂兄君士坦丁苏丹的相互征战中被杀，伊本·赫勒敦只得献城，他先受到款待，后遭冷遇，不得已再次离开贝贾亚来到比斯克腊。他在北非的特累姆森、贝贾亚、君士坦丁、突尼斯和马拉喀什等诸多苏丹之间的激烈斗争中，见风使舵，朝秦暮楚，最终落得无立身之地。

潜心完成巨著《史纲》。1374年，他由北非再次来到安达卢西亚，却遭格拉纳达国苏丹冷遇，在北非时，他曾与被这位苏丹流放的大臣来往密切，同时北非诸国一些苏丹也要求格拉纳达国苏丹不要收留伊本·赫勒敦。在这种情况下，伊本·赫勒敦又回到北非，这一次他不是在诸苏丹的宫廷中周旋，而是来到君士坦丁南部的阿里夫部落。长年的宦海沉浮，使伊本·赫勒敦向往平静的学术生活，他隐居于伊本·萨拉麦城堡，潜心研究4年，完成巨著《阿拉伯人、波斯人、柏柏尔人古今历史大纲》（简称《史纲》）初稿。1378年，他回到突尼斯，仍潜心写作和讲学，完成《史纲》其他部分，同时在当地大清真寺讲学。他学识渊博，阅历丰富，讲课深受学生们欢迎，一时名声大噪，引起某些人士嫉妒，于是举意赴麦加朝觐。

在埃及数度被委任为马立克教法学派大法官。1382年，伊本·赫勒敦乘船离开突尼斯，40天后到达埃及亚历山大港，他的名声早已传到埃及，抵达后受到热烈欢迎，遂改变朝觐计划，前往开罗爱资哈尔大学讲学，当地浓厚学术气氛让他流连忘返。当时，埃及国王扎希尔·赛菲丁（1382—1399年在位）刚登基不久，十分敬佩他的才华。1384年，伊本·赫勒敦被任命为开罗马立克教法学派大法官（穆夫提）。在埃及讲学之余，他继续修改补充《史纲》，终于完成这部巨著，向埃及扎希尔国王敬献了一套。后来，他的家属从北非乘船来埃及，不幸在海上遇难，这件事对他刺激很大，再次下决心赴麦加朝觐。

1387年，他抵达麦加，并到麦地那拜谒先知穆罕默德陵墓。回到埃及后，他隐居在开罗郊区法尤姆乡下，后又出任大法官。他曾先后6次担任埃及大法官职务，为加强埃及与北非柏柏尔人各苏丹国之间关系起到促进作用。

14世纪末，中亚突厥人帖木儿（1336—1405年）率领大军，旋风般席卷波斯和美索不达米亚，攻克巴格达；侵入伏尔加河流域，占领莫斯科；进军印度，焚烧德里。1401年，帖木儿又率兵袭击叙利亚北部地区，攻陷阿勒颇，屠城3天。接着，大军连拔哈马和霍姆斯二城，直逼大马士革。大马士革军民向埃及求援，埃及国王奈斯尔丁亲自率兵迎击帖木儿，伊本·赫勒敦随军前往。当时，**埃及国王出征常带一些宗教人士和学者随军，动机有二：一是表示尊重宗教人士和学者，随时听取他们的谏议；二是祈求真主保佑平安**。埃及军队来到大马士革后，与帖木儿两次交锋不分胜负。这时，开罗有人趁国王率兵远征，策划政变推翻他，国王闻讯率兵急忙赶回开罗，大马士革又完全处于帖木儿大军包围之下。城中宗教人士和学者组成代表团，前往帖木儿帐中，议和退兵。不料，议和条件遭到大马士革守军和市民拒绝。伊本·赫勒敦也是代表团成员之一，见势不妙，连夜由城墙系绳而下，逃出城外，不料被俘。帖木儿敬佩其才学，请他讲述北非的故事，他成了这位征服者的座上客。后来，大马士革被攻破，整个城市被洗劫一空，毁于大火，伊本·赫勒敦则幸免于难。不久，帖木儿因国内生变，与埃及国王议和罢兵，伊本·赫勒敦才离开帖木儿大营，回到埃及。此后，他有时隐居，有时出任马立克教法学派大法官，直到1406年在开罗逝世。

（二）历史哲学巨著《史纲》

伊本·赫勒敦著述很多，涉及哲学、逻辑学、历史学、教法学、数学及诗歌等方面，但大多佚散。现存历史哲学巨著是《史纲》，该书以翔实史料，察古今之变，究治乱之理，从哲学高度论述伊斯兰国家和民族史，阐发哲学和历史观。

全书分3部7卷：《历史绪论》1卷，《阿拉伯人历史》3卷和《柏柏尔人、扎那特人历史》3卷。其中，《历史绪论》和有关柏柏尔人历史的部分对后世贡献最为巨大,被译成多种文字出版。《历史绪论》集中反映作者的哲学观和历史观。《阿拉伯人历史》叙述了阿拉伯人及诸王朝和民族的历史。《柏柏尔人、扎那特人历史》则结合伊本·赫勒敦的耳闻、目击甚至亲身经历事件,叙述了分布在马格里布地区柏柏尔人及北非各穆斯林王朝的历史。直至今日,它仍是研究柏柏尔人的主要参考书,受到世界各国阿拉伯史学者的重视。无怪乎今人评价这部作品在有批判的讲解、思想的深度、眼界的开阔和文笔的卓越等方面,处处都体现了"史学的尊严"。而在欧洲,这一点直到16世纪在马基雅维利和基察第尼笔下才达到。其中所附作者自传,是一部中世纪阿拉伯人回忆录的早期佳作。

英国当代历史学家汤因比曾这样评价伊本·赫勒敦:"他在作为一个成年人的54年工作生涯中,用不到4年'隐居'就完成了一部著作,从而达到毕生事业的顶峰。这部巨著在视野广阔和深度方面,在聪明才智方面,都可以与修昔底德或马基雅维利的作品相媲美……他精心构思和明确表述了一种历史哲学,这无疑是古往今来、普天之下任何心灵所曾经构想过的这类著作中最伟大的一部。"伊本·赫勒敦被誉为历代穆斯林最伟大的历史哲学家。

将哲学和历史学相结合。1. **反对神秘主义**。他认为,宗教是研究后世的问题,是属于人们思想信仰的范围,对彼岸世界不能妄加解释,要反对占星学的迷信和神秘主义主张。2. **主张从人类社会生活的实践中,研究历史和哲学**。伊本·赫勒敦认为,历史不仅是朝代更迭的记录,更重要的是整个社会发展的真实描写。历史学是哲学的一部分,社会学是哲学的新内容,历史的对象应是人类社会及其物质、精神文化生活。他认为,研究历史的目的是从错综复杂的历史现象中,探索其规律性,阐明历史事件内在的因果关系。他总结了阿拉伯诸王朝兴衰的历史，认为"历史有许多重复的现象"，并提出"历史是循环的，不受人们意志支配"的观点。其学说为近代欧洲哲学家、历史学家和社会学家所重视，认为他是历史哲学的早期奠基人之一。**3. 肯定人是历史和社会的中心，社会发展史就是人类发展史**。人类的生存和社会活动离不开物质资源、地理环境和气候等客观条件，人的不同特性、表现和习惯受到不同环境的影响。社会经济、生活方式、自然地理、气候等对社会发展、变化起着决定性作用，教育、科学、社会道德风尚及宗教信仰等精神因素影响国家和民族的兴亡。**4. 认为历史是一个连续不断的发展过程，不可分割**。应把每一历史事件放在整个历史发展中加以考察和分析，切忌主观武断，穿凿附会。他主张研究历史要把过去和现在联系起来，把历史现象（外表）和因果关系（内在）联系起来，把各个不同历史事件的因果联系起来，把社会治乱和经济兴衰联系起来，把历史学同哲学、社会学联系起来，才能说明历史变迁的内在原因和来龙去脉。**5. 强调知识、理性来源于社会，受社会实践支配**。他认为，人的感觉经验是认识世界的基础，但人的感觉是有限的，对世界的认识也是不可穷尽的，必须依靠哲学和理性达到认识真理，而逻辑思维是达到正确认识的辅助工具。

（三）以理性思维和学术精神，从社会经历中抽丝剥茧，进行理性思考，形成自己的历史观、社会观

作为中世纪最后一位伊斯兰哲学家，伊本·赫勒敦开创了哲学研究的新领域：社会哲学和历史哲学，将人、人类社会放在重要的位置，并在研究历史事件的同时，试图发现其中的规律，从而对历史进行理论分析和科学总结。

伊本·赫勒敦生活在中世纪穆斯林兴盛时期，很多穆斯林商人足迹远涉红海、印度洋地区，贸易活动远及印度尼西亚和中国。在从政、游历过程中，他仔细观察人类社会状态，联系古时的情况，进行理性思考。他对人类社会的发展变化、社会经济规律、影响人类文明诸因素等问题都进行了较系统的论述。在他之前，不论是古希腊哲学家还是中世纪伊斯兰哲学家，研究命题都是关于宇宙起源、造物主、先知与天启等神学范围和思辨范畴，而人类社会和历史等问题在此之前从未被系统探究，是伊本·赫勒敦**完全改变了中世纪伊斯兰哲学研究方向，把哲学研究引向人类本身，开创了历史哲学**，比西方历史哲学创始者、意大利哲学家维科的思想要早3个世纪。

伊本·赫勒敦认为，历史进程取决于游牧文明和定居文明两股力量的消长与均衡，通过对游牧人和定居人生活习性的观察，他得出游牧生活先于定居生活、后者脱胎于前者的结论。他相信每一个部落、国家都在苦难、匮乏、战争的过程中逐渐走向壮大，而奢侈、贪图享乐只能使其慢慢走向衰败的灭亡之路。人类文明是处于永久发展之中的，人类社会不会停滞在一种状态，也不会稳定在一条道路上。

通过对人类社会的仔细观察，伊本·赫勒敦意识到人类社会同自然界的万物一样，也具有自身发展的规律，并不以人的意志为转移。在此基础上，他提出**历史研究应遵循的几条规律：一是因果律**。像世界上万物之间皆有联系一样，历史也有着千丝万缕的联系，尤其是受到因果关系的影响，一个事件的发生往往为另一个事件发生埋下伏笔。对此，他不光进行理论的阐述，还根据历史真实事件，详细推论各事件之间的因果关系，并根据自己亲身体验和阅读、学习所得，探讨了这些事件背后微妙的联系。**二是相似律**。伊本·赫勒敦认为人类最基本的特性是很稳定的，这就决定了人类在不同的时间中面对相似的问题会采取相似的方法。这样，在浩瀚的历史长河中，必然有许多历史事件是类同的。**三是可能律**。历史上很多记载其实并没有确定的根据，如何在各种奇异而玄妙的传说故事中找到历史的真相，一直是困扰历史学家的难题。伊本·赫勒敦另辟蹊径，主张用人类习惯上的处理原则对应传说，越是符合人类的习惯，那么这传说真实的可能性越高。**四是变化律**。如同这自然世界在风雪变化中不断改变着自己的形象，人类自身的发展也并非是停滞的。

伊本·赫勒敦的历史哲学只是在总体上阐述了一些基本原则，并未解决当时的所有问题，但他的思想启发了后来者——康德、斯宾塞、马基雅维利、孟德斯鸠、维科——这些在哲学史、社会学史上熠熠发光的名字也都在历史哲学的发展长河中留下绚烂的光芒。从这个角度看，伊本·赫勒敦最突出的贡献恰在于此。其巨著《史纲》的《历史绪论》论述历史批评深刻而透彻，使得伊本·赫勒敦被公认为"第一位批判的文化史家"；社会学家则惊呼他是从社会学、经济学等角度思考历史现象、解释历史进程、寻找历史规律的创始人；在政治学领域，他的著作可与亚里士多德的《政治学》相映成辉。伊本·赫勒敦做了许多前人没有进行过的观察和研究，作为诸多学术领域的领路人，他得不到先驱者的启发，孤独地前行。在那个"与世隔绝、贫困、肮脏、野蛮而贫乏的"时代，缺乏知音的伊本·赫勒敦成为那黑夜中唯一的灿烂光点、闪亮的夜明珠。

第二章　近现代——穆斯林世界的衰落岁月

《战国策·赵策一》："前事不忘，后事之师。"该成语提醒我们记住过去的教训，以作为后来的借鉴。19世纪至20世纪60年代末，穆斯林发展史上第一次现代化努力虽以失败告终，但穆斯林宗教思想家们倡导的伊斯兰现代主义道路对今日穆斯林世界走出边缘化境地仍具有重大现实意义。常言道："失败是成功之母"，穆斯林世界应该在总结历史教训的基础上，继续勇于探索，最终定能走出一条将伊斯兰信仰与现代化相结合的成功之路。

18世纪以来，西欧经过工业革命、资本的原始积累、政治变革而日益崛起。奥斯曼帝国等穆斯林国家日益走向没落。18世纪末，欧洲列强凭借坚船利炮，开始侵略东方国家。处于东西方之间的穆斯林国家，首当其冲地成为欧洲列强侵略目标。1798年，拿破仑攻占奥斯曼帝国属地埃及。之后，穆斯林世界大部分地区，纷纷沦为西方列强的殖民地或半殖民地。从荷兰统治下的印尼，英国统治下的印度、埃及、科威特、巴勒斯坦等，到法国、意大利和西班牙统治下的北非，穆斯林世界不仅丧失了政治和经济独立，也丧失了文化教育独立性。面对西方列强的压迫与殖民扩张，穆斯林世界一步一步地陷入越来越深的危机。

19世纪至20世纪60年代末，穆斯林世界的时代主题是如何实现现代化，以摆脱被西方列强压迫和被殖民的命运，从而走向国家富强和宗教复兴之未来。**穆斯林宗教思想家、统治精英在民族救亡图存的道路上，试图与时俱进地开辟新方向——调和伊斯兰信仰与西方文明成为高奏的新时代主旋律。**

近现代——穆斯林世界的衰落岁月分为两个历史阶段。

第一阶段：19世纪—1924年现代土耳其诞生。一方面，**奥斯曼帝国作为没落的帝国统治者**，为了应对西方挑战而学习西方，**调和伊斯兰信仰与西方现代化**，主张"伊学为体，西学为用"，即在保持伊斯兰信仰前提下，向欧洲派出外交官、留学生，强调学习西方先进科学技术。同时，**信奉改良主义的穆斯林宗教思想家大力倡导伊斯兰现代主义（Islamic Modernism）思想，强调教育、科学和理性**。另一方面，19世纪后，不少穆斯林国家纷纷沦为西方列强的殖民地，穆斯林政治上虽处弱势，但伊斯兰教是世界性宗教，已主导世界格局1000多年，他们在文化心理上仍具优越感。这一阶段，伊斯兰教仍旧影响巨大，穆斯林世界主旋律是学习西方科技，实现现代化。

第二阶段：二战后民族立国时代—20世纪60年代末。二战前后，饱受帝国主义、殖民主义侵略压迫的穆斯林国家摆脱殖民统治，建立独立国家。**穆斯林社会的精英作为新统治者，继续把视线转向西方，调和伊斯兰信仰与西方治国理念——民族主义、世俗主义和社会主义等思想**。因为：在西方殖民统治时期，殖民主义者用武力把西方的意识形态、价值观念和政治法律制度带进了穆斯林国家。一些穆斯林看到西方的强大，认为西方的思想文化和社会制度是优越的，于是竞相学习西方，模仿西方。此外，这些穆斯林国家新统治者普遍在西方留过学，浸淫于西方文化，以为西方资产阶级世俗共和制政体可以作为效仿的模式。这一阶段，伊斯兰教影响力下降，穆斯林世界主旋律是全盘西化。

这两个阶段是穆斯林发展史上第一次现代化努力，但以失败告终。因为这是西方语境下的现代化，现代化等同于西方化，没有实现伊斯兰信仰与现代化的真正调和。穆斯林必须抛弃与废除本土文化，从根本上重建生活和社会——必须完全西方化。此外，这次现代化的行为主体是信奉改良主义的宗教思想家和统治精英，没有穆斯林大众参与，强调在社会上层搞，不接地气，穆斯林大众总以抵抗来回应。

20世纪70年代后，穆斯林世界再次掀起伊斯兰复兴运动浪潮，宗教的影响再度上升。1979—1989年阿富汗战争以圣战者的胜利宣告结束，穆斯林激进分子有了强大自信心，走向全球，导致暴力恐怖活动逐渐泛滥、蔓延。

第一节　承继伊斯兰哲学兼收并蓄之道的传统——调和伊斯兰信仰与西方文明

自近代西方现代主义、世俗主义、民族主义等政治思潮东渐阿拉伯—伊斯兰世界以来，为实现民族富强和宗教复兴，**效仿西方世俗现代化和回归伊斯兰传统的路线斗争始终不绝**，世俗主义和伊斯兰主义、泛阿拉伯民族主义（强调民族团结）和泛伊斯兰主义（强调伊斯兰团结）之间的较量，此消彼长，且前者长期居于优势地位。

一、19—20世纪被西方殖民时代——学习西方科技：现代化

（一）伊斯兰现代主义[①]

伊斯兰现代主义是19世纪下半叶在西方近现代思想文化影响下，在埃及、伊朗、印度等穆斯林国家和地区产生的一种同传统主义相对立的宗教社会改良主义思潮与运动。其主要代表人物有哲马鲁丁·阿富汗尼、他的弟子穆罕默德·阿布笃以及再传弟子拉希德·里达师徒三人，印度的赛义德·艾哈迈德汗、穆罕默德·伊克巴尔等，以及土耳其的赛义德·努尔西。

1. 缘起。一是社会危机加深。近代以来，穆斯林国家大部分沦为西方列强的殖民地和附庸，封建自然经济遭到破坏，伊斯兰传统文化日趋衰落，穆斯林要求社会变革的呼声日强。**二是阶级分化加剧**。西方殖民统治促使穆斯林社会阶级分化加剧，产生了依附帝国主义的封建买办资产阶级控制政权，社会财富集中在极少数人手里。民族资产阶级及其知识分子开始要求提高自身的权利和地位，成为伊斯兰现代主义的主要社会基础。**三是西方思想文化的传入和影响**。随着西方殖民主义的入侵，穆斯林国家闭关锁国的封闭状态被打破，西方先进的科学技术、思想文化相继传入和渗透，在穆斯林知识界兴起向西方学习的新观念。各国的现代派宗教思想家在发展科学教育、振兴民族文化、弘扬伊斯兰传统精神等口号下，发起现代主义改革运动。

[①] 材料引自："伊斯兰现代主义"，http://baike.baidu.com/view/960373.htm。（上网时间：2014年10月3日）

2. 目标。伊斯兰现代主义企图通过使宗教信仰、教法、仪礼、制度适应现代化方式，来全面复兴伊斯兰文化，以此为基础实现社会政治、经济、宗教和文化教育的改革，达到富国强民的目标。

3. 基本改革主张。一是调和宗教与科学。他们提倡现代科学，试图用科学观点来弥合宗教与科学的矛盾。阿布笃坚持"双重真理说"——**安拉降示了两本书：创造的自然之书和启示的神圣经典**。后者引导人们用智慧来了解自然界的奥秘，故宗教与科学是一致的，宗教是科学的良师益友。艾哈迈德汗深受达尔文生物进化论的影响，相信万物之间有因果联系，自然界处在不断运动之中，天体运行、人的生老病死皆受自然规律的支配。他主张在坚持伊斯兰信仰前提下，对《古兰经》中谈及的末世论、宇宙说、天使说、恶魔说等做出自然主义的解释。**二是调和信仰与理性**。他们尊重理性，但反对以理性主义观点审视一切。阿布笃宣称在判定真理与谬误上，理性具有最后的权威，但又认为天启是不谬的，而理性是易错的，理性需要天启的指导和核准。伊克巴尔强调用理性主义观点来审视伊斯兰传统，但又认为哲学需要承认宗教的中心地位，因为理性只能认识局部，直觉才能认识全体。艾哈迈德汗亦推崇理性，但认为理性有局限性，理性不能用以解释伊斯兰信仰。

4. 方法论上，一是以现代主义的眼光，重新认识和对待中世纪伊斯兰传统。认为穆斯林国家贫困、衰落的原因之一是墨守陈规，教内的因循守旧思想束缚了理性和科学文化的发展，因此，需要批判旧传统、旧观念。阿布笃明确指出，今人有条件吸取古人的经验、教训，比古人更聪明、更有知识，应反对盲目因袭古人之宗教传统。艾哈迈德汗认为，伊斯兰教内部的因循守旧思想偏离了《古兰经》的真谛，阻碍了穆斯林社会的

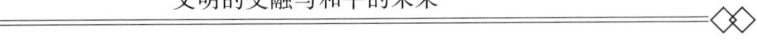

发展，指责中世纪穆斯林学者"以物配主，另立伪神，摈弃真经，编造伪典，无视真圣，崇拜伪圣"。这些批判为宗教传统的调整、革新提供了理论依据。**二是以进化、发展的视角，重新解释经训的涵义和教理**。阿布笃和艾哈迈德汗等现代派宗教思想家，都倡导尊重科学，推崇理性，认为《古兰经》和伊斯兰教教义的精神同科学和理性相一致，主张坚持伊斯兰正道，简化仪礼，变革历史遗留下来的蓄奴制、一夫多妻制，以及圣徒和圣墓崇拜等陈规陋习。**三是以灵活变通的方式，重新解释伊斯兰教法的理论基础，以恢复其活力**。认为经训为行教、立法的根本依据，但经训含有两类不同的内容——纯系宗教信仰的内容具有永恒价值，而社会立法性内容则需根据时代条件的变化做出新的解释。他们认为，圣训律例多为后人假托、伪造，数量庞大，真伪难辨，应取审慎态度；对具有连贯的传述线索、真实可靠的圣训律例应遵循，对类比方法应解释为"创制"或"独立判断"，认为它是恢复教法活力和理性主义传统的重要手段。伊克巴尔把这种灵活变通之法称为伊斯兰教的"运动原理"，主张对公议进行具体分析和应用。中世纪流行的"公议不谬"说和"创制大门关闭"说束缚了教法思想的发展，故应审慎对待旧的公议原则，要根据新情况、新问题，借用公议的判断形式，作为现代法制改革的手段。主张扩大公议的范围，公议应由社会各党派、教法学家、各阶层人士参加的现代制宪会议或立法会议来做出。

（二）穆斯林世界的现代化努力为何多以失败告终

随着西方的崛起，穆斯林世界走向衰落，时代主题是如何应对西方挑战走向现代化。穆斯林现代派宗教思想家倡导伊斯兰现代主义,力图调和伊斯兰信仰与现代化的关系,19世纪以来,其思潮的确对穆斯林世界产生过重要影响,对各国的宗教、社会法制改革起过一定的推进作用,在部分国家或地区一度成为占主导地位的思潮。但总体而言,这些现代派宗教思想家们"生不逢时",他们的思想和方法都是超时代的,不幸曲高和寡,追随者寥落,不能形成统一的思想学说和统一的群众性启蒙运动,其思想只在少数穆斯林国家和地区的知识阶层中间流行。

究其原因在于:其一,穆斯林世界缺乏中产阶级。统治阶级苏丹、宗教阶层"乌里玛"、农民阶级——构成穆斯林世界的三大主体,前两者都反现代化:奥斯曼帝国、波斯萨法维王朝(1502—1736年)、印度莫卧儿王朝(1526—1857年)官僚机构中的官员通常只对保住自己的职位和晋升感兴趣;宗教人士和法官是激烈反西方群体;而农民一般愚昧无知。因此,倡导伊斯兰现代主义的宗教思想家群体人数寥落,难以承载穆斯林世界大众的思想启蒙重任。其二,穆斯林世界掌握千余年世界话语权,使不少穆斯林思想家不愿向西方文化、文明的内核学习,只借鉴学习工具——科技知识。"伊斯兰划时代史学哲人"伊本·赫勒敦,把哲学和科学当作无用和危险的东西来加以排斥。他说:"应该明白,哲学家所持的观点是完全错误的。……自然哲学的问题对我们的宗教事务或日常生活来说,无关紧要,因此我们不必加以理会。……任何研究它(逻辑学)的人,只有在完全掌握宗教法规,且研究了《古兰经》的解释和法学之后,才应从事这项工作。不懂穆斯林诸宗教学科的人,是不应致力于此项工作的,因为缺乏这一知识的人,几乎无法躲避其有害面的侵蚀。"① 其三，18世纪兴起的瓦哈比运动是一场复古主义思潮。其四，这些现代派宗教思想家过分强调原旨教义和托古改制。20世纪初，随着土耳其资产阶级民主革命的胜利，民族主义、世俗化和政教分离影响日增，伊斯兰现代主义开始同复古主义结合，其影响亦大不如前。

伊斯兰现代主义的双重遗产，无论是强调穆斯林社会改造，或是强调团结穆斯林以抗击西方的侵略和殖民，其最终目标都是提升穆斯林社会因应欧洲国家体系这一现实的能力，藉以实现穆斯林社会的自我统治。当思想侧重于凝聚穆斯林团结，动员穆斯林力量来抵抗外敌侵略时，19世纪的伊斯兰现代主义便成为20世纪现代伊斯兰主义的先驱。但是，当思想侧重于改造穆斯林社会而不侧重推翻殖民统治的课题时，伊斯兰现代主义便不可避免地让位给民族主义。但是，民族主义与民族国家实践，若欠缺民主机制，或是欠缺建立伊斯兰两大支柱之一的信徒平等原理实践机制，藉以实现人民的意愿与凝聚人民的团结，最终仍将遭遇失败并导致灾难性后果。②

（三）新伊斯兰现代派

美国著名学者埃斯波西托曾指出，"新伊斯兰现代派并不全盘拒绝西方，他们是有选择的。他们希望充分享用西方的科技、医学和知识，但抵制文化适应论或穆斯林融入西方文化，不希

---

① Ibn Khaldun, *Muqaddimah*, trans. F. Rosenthal（Pantheon, 1958），pp. 250 – 258.

② 张锡模：《圣战与文明：伊斯兰与世界政治首部曲》（公元610—1914年），玉山社出版事业股份有限公司，2003年2月版，第382页。

望世俗主义和极端个人主义摧毁家庭和性滥交。"①

二、二战后民族立国时代——学习西方治国理念：全盘西化

二战后是一个穆斯林国家摆脱西方列强殖民统治、建立民族国家的时代，全盘西化是统治阶级的指导思想，以为西方资产阶级共和国模式，可以作为效仿的榜样。他们实践民族主义、世俗主义、社会主义等西化思想，但没有解决穆斯林世界面对的时代主题现代化问题，没有使穆斯林真正走上现代化繁荣富强之路。

（一）民族主义

自从18世纪以来，民族国家和民族主义是西方世界的重要特征。以赛亚·伯林在总结民族主义问题时指出："国家至上的要求是立足于这样一个事实，即只有国家的存在、目的和历史，才让个人得以存在，让个人的所作所为具有意义。"②

西方的民族主义强调"民族自治"，即每个民族自己决定自己的命运，建立独立的民族国家。近代西方文明主导下的国际体系，其主体是主权、民族国家及其所控制的殖民地领土。19世纪是民族主义的世纪，所有的思想都受到民族主义的影响，

---

① John L. Esposito, ed., *Oxford History of Islam*, New York: Oxford University Press, 1999, p. 683.

② 塞缪尔·亨廷顿著，程克雄译：《谁是美国人？》，新华出版社，2010年1月第1版，第80页。

所有的历史都是根据民族主义的观点来写作。①

20世纪以来，西方的民族主义思潮风行全球。1938年，黎巴嫩裔埃及人、作家兼外交官乔治·安东尼厄斯（George Antonius）撰写了《阿拉伯的觉醒》（The Arab Awakening）一书，指出随着西方思想在阿拉伯世界的传播，并涌现出贝鲁特美国大学、伊斯坦布尔罗伯特大学等教育机构，新型泛阿拉伯意识兴起。二战后，泛阿拉伯民族主义在阿拉伯世界相继独立的国家大行其道。② **在反殖民统治的斗争中，阿拉伯国家高举的旗帜不是伊斯兰教而是源自西方的民族主义**。这次民族解放运动的目标不是恢复昔日在一个哈里发领导下的统一的伊斯兰国家，而是各个民族甚至各个地区各自寻求解放，各自形成独立国家。于是，在战后出现了几十个穆斯林国家，这些国家一般是由民族主义者掌权。

1952年革命后，埃及总统纳赛尔（Gamal Abdel Nasser）高举阿拉伯主义旗帜，寻求中东地区大团结。传统伊斯兰政治理念基于共同信仰基础上的"穆斯林共同体"（乌玛）的政治忠诚和团结，而现代民族主义不以宗教信仰为基础，而是立足于共同的语言、地域、种族和历史。20世纪70年代之前，在世界范围民族主义高涨的背景下，中东历史沿革的宗教与民族"二合一"忠诚让位于民族主义和伊斯兰教渐行渐远的复杂关系。

---

① 钮先钟：《西方战略思想史》，广西师范大学出版社，2003年2月第1版，2012年2月第3次印刷，第104页。

② Laurence Pope, "The second Arab awakening", *International Herald Tribune*, February 19–20, 2011. 作者为前美国外交官，曾任美国中央司令部政治顾问。

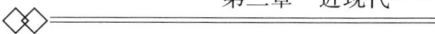

（二）世俗主义[①]

世俗主义是一种在社会生活和政治活动中摆脱宗教控制的主张，俗称政教分离。这一词语由英国作家乔治·雅各布·霍利约克（George Jacob Holyoake，1817—1906年）创造。世俗主义认为，人们的活动和做出的决定，尤其在政治方面，应根据证据和事实进行，而不应受宗教偏见的影响，且不给宗教任何特权。世俗主义的政府将宗教与政治、政府分离，但并不一定支持非有神论（包括无神论与不可知论等），而是确保政府决定与法律条例不受一些特定的宗教观念影响而导致公民权利（特别是宗教自由）受到侵犯。

在早期西方基督教社会，教廷拥有巨大影响力。社会方面，《圣经》对一般民众的精神生活有极大的影响。科技方面，一些遗留已久的固有宗教观念，如神创论——上帝以自己的想象/形象创造了人类，或是基督教道德观，都在限制科学的发展。政治方面，在很多欧洲国家，教士都作为一个独立的特权阶级存在，连皇帝都一定程度上受其掣肘。以法国为例，唯一能够凌驾皇权的"三级会议"（Estate General）中，共有三个阶级（Estate）：占总人口2%的贵族，占总人口1%的教士，余下97%的平民。三个阶级各自拥有相同数量的参会代表以及一票的投票权。由于多数宗教的道德观念中都有一定的忠君忠国思想，宗教受到政府的支持，随着时间的推移，宗教与政治逐渐二合一。近代思想启蒙、科技进步、工业革命极大改变了人们

---

① 材料引自："世俗主义"，http：//baike.baidu.com/link? url = y6lRJS8eMaOQU_ NYNsZLHUf8azbyivLmqAk－－WjfC1vj5sqbmRt8qIVN9dERdGg－I－Y7ykcN9H0xmKvNFh0ag_ 。（上网时间：2015年6月7日）

的生活，其中重要的一点就是世俗化，宗教的政治影响力逐渐失却绝对地位。

20世纪上半叶，阿拉伯世界揭开了西化、世俗化的序幕。伴随着殖民者的洋枪洋炮以及一批批穆斯林青年赴西方学习深造，西方意识形态、价值观念和法律制度对阿拉伯世界产生深远影响。二战后，推翻阿拉伯世界亲西方腐败君主制的许多民族独立运动领导人都受过西方现代教育，受到自由民族主义理念和法国大革命思想（自由、平等、博爱）影响，特别是现代西方政治思想和价值观的影响，如民主、立宪政府、议会政治、人权和民族主义，于是新独立的阿拉伯国家普遍选择西化发展模式。政治上，以西方政治体制为模式；经济上，或采用社会主义模式或维持殖民时期经济模式不变；法制建设上，奉行政教分离原则，抑制伊斯兰教的传统法律地位；社会生活上，上层社会盛行西方价值和生活观念，世俗化明显。40年代兴起的阿拉伯复兴主义（Baathism）成为伊拉克、叙利亚等国数十年的官方意识形态，倡导世俗、社会主义发展模式。

二战前后，中东国家基本上形成三种类型：一是世俗化较为彻底的国家，以土耳其为典型。20世纪60—80年代，土耳其虽曾多次出现伊斯兰复兴并试图介入政治，但三次都被军人干政阻遏，直到2002年11月3日"正义与发展党"（AKP，550个议席中赢得363席）上台执政，才出现温和伊斯兰复兴。**二是世俗化居于主导地位，但仍赋予伊斯兰教一定地位的国家，以埃及、阿尔及利亚等国家为代表**。这类国家一方面通过将伊斯兰教作为法律来源争取政权的合法性；另一方面又打压伊斯兰主义势力，致使世俗民族主义政权与伊斯兰主义势力的矛盾长期困扰国家的政治稳定，埃及穆斯林兄弟会与政权的关系可谓这种关系的缩影。**三是传统的政教合一国家，典型代表是沙**

特等海湾国家。沙特以复兴伊斯兰为旗帜，通过创立强调回归传统和"圣战"精神的瓦哈比派，并与部落政治、家族政治密切结合，缔造了政教合一的君主制国家，其他五个海湾国家基本上照搬沙特的政治架构。**伊朗较为特殊**，先是经历巴列维王朝激进狂飙式的世俗化"白色革命"，后又通过1979年霍梅尼"伊斯兰革命"建立了现代伊斯兰共和神权政体。①

（三）伊斯兰社会主义②

伊斯兰社会主义是在俄国十月革命和科学社会主义影响下，一些穆斯林国家为谋求民族解放和复兴，在寻找适合自身社会经济发展的独特道路过程中，由一些穆斯林领袖**兼容、调和伊斯兰教教义与社会主义思想的基础上而创造出的一种宗教与社会学说、思潮**。它出现于20世纪20年代末，40年代得到进一步传播和发展，具有鲜明的伊斯兰特色，强调实行既不同于科学社会主义也不同于资本主义的"第三条道路"，是伊斯兰教教义和社会主义的相互结合、相互利用，且主要借鉴了苏联发展模式。

1. **诞生与发展**。俄国十月革命的胜利使灾难深重的穆斯林民众看到了希望，不久科学社会主义思想率先传入印度次大陆。最早受其影响的是20世纪印度最杰出的穆斯林诗人、哲学家和政治家伊克巴尔，他在著作中称马克思为"未受启蒙的摩西"、

---

① "世俗与宗教角力：转型的阿拉伯国家不会全面伊斯兰化"，2012年7月23日，发布者：穆青资讯，来自：《东方早报》，http://www.muslem.net.cn/bbs/portal.php?mod=view&aid=8796。（上网时间：2012年7月27日）

② 材料引自："伊斯兰社会主义"，http://baike.baidu.com/view/962351.htm?fr=aladdin。（上网时间：2014年10月3日）

"未遇难的耶稣",相信其著作有经典般鼓舞人心力量。伊克巴尔称颂十月革命消灭了剥削和社会不公,铲除了垄断物质财富的"伪神",实践了伊斯兰教清真言("万物非主,唯有真主,穆罕默德是安拉的使者")中的"万物非主"。但他认为,科学社会主义提倡无神论,不能验证清真言的下半部分"唯有真主",因此十月革命仅具有否定性价值,肯定性价值只能求助于伊斯兰教。伊克巴尔的论点为伊斯兰社会主义理论奠定了基调,其后在印度次大陆和一些阿拉伯国家先后出现4个伊斯兰社会主义思想流派:**欧拜杜拉·辛迪理论**。欧拜杜拉·辛迪是印度伊斯兰学者,曾赴苏联访问,归国后开始提出伊斯兰社会主义理论。他认为,社会主义革命的核心问题是实现经济公正,实现这一目标只能通过伊斯兰革命。首先要有一个伊斯兰革命党,领导穆斯林大众对不义的统治者"圣战"夺取政权,建立一个伊斯兰社会主义政教合一政体。**哈菲兹·拉赫曼·希瓦维理论**。哈菲兹·拉赫曼·希瓦维是印度伊斯兰学者,他继承沙·瓦利乌拉关于建立"正义之国"的思想,认为伊斯兰社会主义的核心是公正地分配社会财富,这种经济制度只能借助伊斯兰法治来实现。他认为,伊斯兰教天课制度正是为了消除贫富不均,改变不合理的分配制度。严格遵循天课制度即可缩小贫富差别,而无需消灭私有制和阶级差别。**阿卜杜勒·哈吉姆理论**。阿卜杜勒·哈吉姆是巴基斯坦伊斯兰学者,曾任拉合尔伊斯兰文化研究所所长,著有《伊斯兰教与共产主义》等著作。他强调伊斯兰教意识形态的独立地位,认为共产主义否认人的精神价值,在思想体系上与伊斯兰教不相容,但穆斯林国家在经济改革中可借用科学社会主义的某些因素。**穆斯塔法·沙巴里理论**。第二次世界大战后,阿拉伯国家也出现协调伊斯兰教与社会主义的思潮,主要代表人物是叙利亚学者穆斯塔法·沙巴里。他于

1944年发表《伊斯兰社会主义》一书，全面提出伊斯兰社会主义的理论观点并广泛流行于阿拉伯国家，被誉为这一领域里的杰作。

早期理论家还有希赫兹·拉赫曼·西赫瓦维。他认为，《古兰经》一方面承认经济不平等，另一方面反对少数人垄断财富，因此他主张进行伦理说教，使富者和贫者认识到财富、天赋、贫穷等都是安拉的考验，应使他们或是甘心情愿施舍、纳税，或是勤奋忘我劳动；人们应"攀登社会的阶梯"，"弥合阶级差别的鸿沟"，以达到经济上的公正与平等；建议试行合作制度，替代资本主义的银行业以禁止高利贷；主张规定私人财产的限额和范围，矿产、交通运输等公共事业应由国家控制，允许个人占有工业，但资本家和工人之间的经济关系应由国家牢牢地控制，以消灭一切可能的剥削并保证劳动福利。西赫瓦维的经济思想初步勾勒出了伊斯兰社会主义经济思想的理论框架：第一，强调遵循《古兰经》的训诫、原则、精神；第二，强调国家对经济命脉的掌握和控制；第三，反对贫富两极分化，强调对私人资本的制约、限制，但不主张剥夺私人财产的所有权，主张维护有限定的私有制；第四，反对剥削，反对劳资对立，反对阶级斗争，主张劳资合作。

1928年，哈桑·班纳创建了埃及穆斯林兄弟会，该组织迅速在北非及中东地区发展成为一种宗教政治团体，宣称信奉伊斯兰社会主义。提出并阐述这一理论的主要人物是穆斯林兄弟会理论家格罕扎里，他在1944年发表的《伊斯兰教和社会主义制度》、1950年出版的《伊斯兰社会主义以及向资本主义和共产主义的挑衅》等文中，系统论述了伊斯兰社会主义的主要内容。

第二次世界大战到20世纪60年代是伊斯兰社会主义经济

理论更为丰富、更为系统并获得穆斯林世界广泛认同的时期。这一时期，部分穆斯林国家把这种思想理论付诸社会实践，形成伊斯兰社会主义运动。

2. **主要思想主张**。伊斯兰社会主义强调，《古兰经》和圣训中的思想与社会主义中追求社会平等和财富再分配的原则存在相通之处，把建立一个人与人之间平等的穆斯林社会作为终极奋斗目标。

在不同历史时期和不同国家，伊斯兰社会主义的理论观点和政治主张各异，没有形成统一的理论体系。但也有一些共同性的理论观点和实践：一是伊斯兰社会主义源自《古兰经》和伊斯兰教教义——主张消除剥削、压迫，创建一个平等、公正、合理的社会制度。二是一切土地和财富皆为安拉所创，皆为安拉所有，任何阶级、集团、个人皆有同等的权利，反对少数人垄断社会财富和对多数人进行剥削和压迫。国家通过天课制度、税收政策、保障福利、尽力缩小贫富差别，以实现社会与经济公正。三是将主要生产资料（即工厂、矿山、铁路、森林、银行等）国有化和实行土地改革作为实现伊斯兰社会主义的主要措施，并允许一定限度内的私有制的存在。四是将中产阶级及其知识分子视为伊斯兰社会主义的阶级基础和领导力量，主张进行阶级合作，提倡社会各成员间的团结互助，消除人与人之间的对立，创建一个平等、和睦的大家庭。五是将实现穆斯林国家的团结和统一，平等互助，互不干涉内政，共同反对霸权主义，作为处理各国相互关系最重要的准则。[①]

伊斯兰社会主义30多年的社会实践，因各国国情不同，实

---

① 中国伊斯兰百科全书编辑委员会编：《中国伊斯兰百科全书》，四川出版集团，四川辞书出版社，2007年4月第2版，第689页。

施伊斯兰社会主义的国家大体有 4 种类型：一是埃及纳赛尔、利比亚卡扎菲、阿尔及利亚本·贝拉和布迈丁的民众社会主义，以民众为社会的主体，将伊斯兰教教义与民族主义、阿拉伯社会主义相结合。二是突尼斯布尔吉巴的宪政社会主义，将伊斯兰教教义与布尔吉巴主义和宪政制度相结合。三是叙利亚阿弗拉克、伊拉克卡塞姆的"复兴党"社会主义。四是南也门的马克思主义社会主义。

3. 70 年代以后逐渐退潮。主要原因在于伊斯兰社会主义经济改革的预期目标并未达到，这些国家没有实现现代化，仍然属于第三世界发展中国家，广大人民群众的生活仍然贫困。据国际复兴与开发银行统计，1960—1973 年，按人均国民生产总值平均每年的增长率埃及为 1.5%，阿尔及利亚为 1.7%，巴基斯坦为 3.4%；1973 年，按人均国民生产总值埃及为 250 美元，阿尔及利亚为 570 美元，巴基斯坦为 120 美元。

（四）穆斯林世界的全盘西化政策以失败告终

1967 年阿以战争中阿拉伯国家大败、1973 年 10 月第四次中东战争[①]没有取回在"六日战争"中失去的土地、1982 年以色列入侵黎巴嫩、1983 年萨布拉（Sabra）与夏蒂拉（Shatila）大屠杀等事件接踵而至，导致民众对阿拉伯民族主义幻想破灭——未能实现阿拉伯世界与西方平起平坐的期望，未能给巴勒斯坦人民伸张正义，阿拉伯世界面临深刻的生存、政治合法性和宗教信仰认同三重危机。鉴此，从 70 年代末起，伊斯兰教开始从被民族主义和世俗主义边缘化、被压制的状况中走向复

---

① 又称赎罪日战争、斋月战争、十月战争。

兴。1979年伊朗"伊斯兰革命"产生巨大威力，"伊斯兰认同"能够动员民众推翻伊朗国王，于是"伊斯兰认同"开始横扫阿拉伯世界，并将此当作构筑穆斯林大团结并同削弱伊斯兰教和穆斯林的势力作斗争的唯一方式，为政治伊斯兰的兴起扫清了道路。另外，20世纪60年代后，随着中东石油的大开发，石油美元使沙特等海湾国家迅速富裕起来，为伊斯兰宗教事业发展提供了巨额资金。

失败的实质原因在于：其一，神权政治与世俗主义有别。伊斯兰教强调天启、服从。在神权政治下，统治者建立的政治制度必须基于宗教法，宗教教义及其规则是神权政治的核心。在世俗主义制度下，实行政教分离。西方社会强调人是目的，所有社会制度特别是宗教，都要依个人利益来安排，要求科学、艺术、政治和哲学独立于宗教，政治制度基于科学基础，受到法律保护。**其二，伊斯兰政治与基督教政治有别**。在先知穆罕默德生前，伊斯兰教实际上已拥有一个政教合一的政权，穆罕默德不仅创建了穆斯林信众，而且缔造了国家，他是拥有最高权力的统治者。因此，从伊斯兰教诞生之日起，政教关系密切。反观基督教，在其诞生后的数世纪里，基督徒一直是个深受迫害的少数族群，直到313年罗马皇帝君士坦丁（Constantine，306—337年）颁发《米兰敕令》（Edict of Milan），使基督教合法化，而其本人也受洗皈依了基督教，才实现对国家权力的控制。但在相当长的历史时期，基督教世界的精神、世俗两大权威——教会和国家一直相互独立地存在着，没有合二为一。西方的政教分离是西方应对宗教宽容与政治秩序困境的一个政治解决办法，因而出现世俗主义、现代主义、自由主义、实证主义、民主等思想。①

第二节 伊斯兰现代主义代表人物

近现代，效仿西方现代化以实现民族富强和宗教复兴是穆斯林世界的主旋律。这一时期，穆斯林思想的引领者是高举伊斯兰现代主义的旗手们，他们大都为现代派宗教思想家，进行新的尝试来协调伊斯兰教和现代性，论证了"伊斯兰与现代科学和西方思想精髓的相容性"，"并为接受现代思想和体制，无论是科学、技术体制，还是政治体制（宪政和代议制政府）"，提供了一个"伊斯兰教的理论基础"。② 他们主张根据时代与社会条件的变化，以新的观点来重新解释伊斯兰教教义，改革陈规陋习，不仅接受现代性，而且接受西方体制，尤其强调教育和吸收包括西方文化在内的各国先进科学文化，以增强自身活力，适应时代与社会发展新潮流。

一、"泛伊斯兰主义之父"哲马鲁丁·阿富汗尼③

阿富汗尼全名哲马鲁丁·阿富汗尼（Jamal al-Din al-Af-

---

① Burcu Kaya Erdem, "Adjustment of the secular Islamist role model (Turkey) to the 'Arab Spring': the relationship between the Arab uprisings and Turkey in the Turkish and world press", *Islam and Christian-Muslim Relations*, Vol. 23, No. 4, October 2012, pp. 435–452.

② 塞缪尔·亨廷顿著，周琪、刘绯、张立平、王圆译：《文明的冲突与世界秩序的重建》（修订版），新华出版社，2010年1月第1版，第53页。

③ 材料引自：中国伊斯兰百科全书编辑委员会编：《中国伊斯兰百科全书》，四川出版集团，四川辞书出版社，2007年4月第2版，第741—742页。

ghani），19世纪生活在西方殖民铁蹄下的一位伟大伊斯兰导师和政治运动领袖，目睹过英国殖民者对印度的侵略暴行，亲身感受到各国穆斯林在西方列强奴役下贫困、愚昧、落后的处境，从而萌生出统一穆斯林世界、共同反抗欧洲列强进攻的伊斯兰现代主义思想，并为此奋斗终生。

（一）泛伊斯兰主义的奠基人

1838年，阿富汗尼出身于伊朗哈马丹，在阿富汗喀布尔以东的艾萨达巴德城长大。少年时代，他从父学习阿语，钻研经训，才华出众。青年时代，他曾在阿富汗和波斯各地求学，18岁赴印度学习，后游历阿拉伯诸国，目睹殖民主义者的侵略暴行。1857年，他到麦加朝觐，以此在各国朝觐者中间宣传"伊斯兰世界大同盟"思想，并在麦加发起成立了由各国穆斯林参加的"温姆·古拉"（Umm al-Qura）协会，并创办《温姆·古拉》杂志，**提出将宗教改革和社会改革相结合，呼吁全世界穆斯林团结联合起来，建立一个统一的伊斯兰国家，抵制西方殖民主义的侵略**。1866年，阿富汗尼移居阿富汗，一度被国王穆罕默德·阿扎姆汗任命为首相，不久遭新任国王敌视，颠沛流离到过印度。1871年，他客居开罗，在爱资哈尔大学任教，同时进行泛伊斯兰主义的宣传活动，吸引大批青年知识分子，包括其得意门生穆罕默德·阿布笃。埃及8年是他最富有成果的岁月。

1879年12月，他因参与反英政治运动被埃及当局驱逐出境。后迁居印度，因受英国殖民当局严密监视，他不便参与政治活动，就以讲演、著述形式宣传其主张，呼吁印度人民克服宗派情绪，加强内部团结。其间，他用波斯文发表了一部长篇论著《驳唯物论者》。1882年，埃及发生阿拉比领导的起义，阿富汗尼因同情、支持起义被印度政府拘留，直到起义失败后才获准离开印度，经伦敦于1883年抵达巴黎。旅居巴黎期间，他全力投入泛伊斯兰主义的宣传，1884年同弟子穆罕默德·阿布笃创办反英阿拉伯文周刊《团结报》，号召全世界穆斯林团结起来，共同对付西方殖民者的统治。报纸仅出18期即被查封。

《团结报》停刊后，1885年，阿富汗尼应伊朗国王纳绥尔丁（Shah Nasir al-Din）的邀请，曾短期出任国防部长。后因国王对他猜忌，他于1886—1887年不得不迁居俄国的莫斯科和圣彼得堡。1889年，伊朗国王再次请他担任首相，主持宗教事务和社会改革。但他在1891年号召穆斯林拒买英国商品而引发"烟草叛乱"（Tobacco Revolt），伊朗国王又将其驱逐出境。1892年，阿富汗尼应奥斯曼帝国苏丹阿卜杜勒·哈米德二世之邀前往伊斯坦布尔，被冠以"伊斯兰长老"的称号。哈米德二世利用阿富汗尼推行泛伊斯兰主义，企图获得世界穆斯林的支持，以维护奥斯曼帝国摇摇欲坠的统治。但1896年，阿富汗尼的追随者暗杀了他们认为对英国过于软弱的伊朗国王纳绥尔丁，哈米德二世一度将阿富汗尼软禁，并在奥斯曼帝国境内禁止阿富汗尼追随者的传播与活动。1897年，阿富汗尼在伊斯坦布尔去世。

（二）主要思想主张

阿富汗尼在大英帝国统治下的印度受教育，足迹踏遍整个中东，曾前往巴黎与伦敦，对伊斯兰与西欧文化都有极为深刻的理解，洞察到穆斯林世界的内在虚弱与欧洲列强的肆意入侵，他痛心疾首，强烈的危机感和使命感促使他思索穆斯林世界振兴之路。**他大声疾呼：为了抵抗外部的侵略，一方面全世界穆斯林应超越种族与文化的差异，依据泛伊斯兰精神团结一致来共同捍卫穆斯林共同体；另一方面，应该革除传统伊斯兰的旧弊端，容许"创制"，吸收西欧先进科学技术与文化，发奋图强。通过对外团结与对内改造的双重途径，重建穆斯林共同体统一国家的荣光。**①

1. **提倡穆斯林大团结（泛伊斯兰主义），赶走侵略者和结束殖民统治。**阿富汗尼看到昔日强大的奥斯曼帝国被西方列强肆意肢解、任意宰割，看到昔日强大的印度莫卧儿帝国被英国击溃占领，看到穆斯林世界其他地区（如阿富汗、伊朗）同样遭受外敌入侵，看到穆斯林世界变得支离破碎、四分五裂……非常痛心，他由此联想到历史上穆罕默德时代、四大哈里发时代、伍麦叶王朝、阿巴斯王朝、奥斯曼帝国鼎盛时期，穆斯林是何等的强大！由于穆斯林的分裂、内耗才使外敌有可乘之机，被各个击破，分而治之。因此，他向哈米德二世建言，"只有伊斯兰教，而不是种种改革能控制正在分崩离析的帝国"。他认为，**泛伊斯兰团结可与民族主义共处，将伊斯兰教从一种大众信仰的宗教转变成团结穆斯林反对西方的一种政治意识形态**——他号召全世界穆斯林不分民族、不分教派、不分地区、不分国家，携手重建一个统一穆斯林国家，共同拥立一位有作为能担当重任的哈里发，在他统一领导下，政治上反抗欧洲殖民主义侵略和奴役，求得民族解放，国家独立；经济上反对欧洲殖民主义对穆斯林世界资源的掠夺，使穆斯林摆脱殖民统治者压榨，实现经济独立；文化上消除殖民主义影响，抵制西方

---

① 张锡模：《圣战与文明：伊斯兰与世界政治首部曲》（公元610—1914年），玉山社出版事业股份有限公司，2003年2月版，第378页。

腐朽文化，但吸收其先进科学技术，以推动穆斯林社会经济发展，改善人民生活。

2. 强调宗教和科学不矛盾，伊斯兰教能够兼收并蓄先进的科学文化，通过改革而达到现代文明。阿富汗尼认为，伊斯兰教教义、教法和文化形态适用于任何时代，但需要对非伊斯兰化的世俗观念和陈规陋习进行改革，这种改革应与社会改革相结合。他认为，应从教法入手进行宗教改革，为此引证《古兰经》指出，伊斯兰教是善于吸取新知识和不断变革的宗教，"创制"新教律的大门是敞开的。阿富汗尼认为，穆斯林世界近代以来的落伍，一个重要原因就是穆斯林思想僵化，观念保守，尤其是学者们因循守旧，缺乏开拓进取精神，匆忙宣布"创制"法律大门已经关闭，从而扼杀伊斯兰教适应机制，把充满生机与活力的伊斯兰教引向一个死胡同。他认为，真主赋予人以理智和理性，并以此优越于其他任何动物。人理应利用好理性，并让它服务于人。中世纪的学者们对经训的注解以及根据经训原则，通过公议和类比程序所"创制"的法律，正是利用理性的最好证明。然而，那时候的学者只是根据那个时代的条件及其认识水平来解释经训、"创制"法律。经训是取之不尽、用之不竭的宝藏，每个时代的学者应根据时代的需要，刻苦钻研，努力开发和利用这个宝藏，而不应满足于过去的学者已有成果和现成东西。因此，阿富汗尼提倡**应该在经训总原则指导下，重开"创制"之门，研究新现象，解决新问题**，使穆斯林政治体制、经济体制不断完善。

阿富汗尼曾游历过英、法、俄，精通波斯语、英语、法语、俄语、阿拉伯语五种文字，涉足过数学、工程学、医学、解剖学等现代科学领域，对西方思想不陌生，他批判过伏尔泰和卢梭的启蒙主义导致了法国大革命后的内乱，批判过达尔文的进化论是西方弱肉强食的理论工具,其哲学与科学素养远远超过同时代的很多人。因此,他大力倡导穆斯林世界应努力学习西方先进科学技术和文化,掌握新的思想方法,大力发展教育,提高穆斯林文化水平,增强穆斯林经济和军事实力,改变穆斯林国家贫穷落后的状态,以便与咄咄逼人的西方相抗衡。在这方面,他既批判印度现代改良派代表人物赛义德·艾哈迈德汗的自然主义和盲目崇拜西方的倾向,又批评某些穆斯林学者以坚定信仰为名拒绝西方先进科学技术的做法。他声称,泛伊斯兰团结以及得到现代科技、理性行为支持的"圣战"可以扭转西方从非洲到印度的挺进,敦促在伊斯兰传统教育中恢复理科教育。

(三) 阿富汗尼路线有两面性

在抵御外侮、呼吁穆斯林大团结这一点上,他得到穆斯林政权的青睐,后者企图将此吸纳到"官方伊斯兰"之内以维护其专制政权并强化统治。但是,在要求穆斯林社会进行改革这一点上,他的主张又具有动员穆斯林平民要求改造体制的"大众伊斯兰"能量,这不可避免地会与专制政权相冲突。阿富汗尼最著名的思想是:"如果政府太过妥协退让,穆斯林大众就必须挺身而出同基督教帝国主义作斗争。""官方伊斯兰"与"大众伊斯兰"的差异,再一次突显出哈瓦利吉派与什叶派在伊斯兰早期历史中以尖锐方式所暴露的问题:尊崇领导人原理与信徒平等的同胞原理这两者之间的潜在矛盾。理论上看,伊朗国王纳绥尔丁被刺,可说是早期哈瓦利吉派刺杀阿里的翻版。[1]

---

[1] 张锡模:《圣战与文明:伊斯兰与世界政治首部曲》(公元 610—1914 年),玉山社出版事业股份有限公司,2003 年 2 月版,第 379—380 页。

阿富汗尼提倡的伊斯兰现代主义思想，通过其学生传播到世界各地，如印度、埃及、阿富汗、苏丹、土耳其和俄国，形成第一次反抗西方殖民主义的穆斯林解放运动。阿富汗尼去世后，不少穆斯林作家开始拣起他的泛伊斯兰、坚决反西方思想，人们开始广泛阅读他的著作。阿富汗尼的思想是埃及穆斯林兄弟会诞生的思想基础，1928年埃及穆斯林兄弟会创立。他的最大贡献是激发穆斯林的自我尊严与巩固摇摇欲坠的"伊斯兰认同"，其穆斯林大团结主张在激励各国穆斯林（尤其是埃及和印度）反抗殖民统治、争取民族解放方面起到一定作用。

然而，他生活的年代正处穆斯林世界衰落期，印度莫卧儿王朝已寿终正寝，奥斯曼帝国也奄奄一息。各地总督、国王或酋长们，有的虽赞成他的主张，但无能为力，爱莫能助；有的被殖民主义者"封官许愿"，做着国王梦、总督梦……对他的主张毫无兴趣；有的只是出于一己私利，暂时利用他的声望和号召力，一旦失去利用价值，便一脚踢开。他先后受到过埃及国王、波斯国王、土耳其苏丹的利用和欺骗。

二、伊斯兰现代主义改革运动灵魂穆罕默德·阿布笃

阿布笃全名穆罕默德·阿布笃（Shaykh Muhammad Abduh），是阿富汗尼的弟子，也是继阿富汗尼之后近代伊斯兰现代主义改革运动灵魂人物。他生活的时代，埃及正处在外国殖民主义和本国封建主义的双重压迫之下，因此终身致力于以伊斯兰教改革为中心的社会改革与伊斯兰复兴运动。

（一）从埃及政府的反对者转变成埃及大穆夫提[①]

1849年，阿布笃生于埃及布赫拉省舍乃拉村（Shanara）一个穆斯林农民家庭，天资聪颖，自幼熟读经训。青年时，受叔父卡德尔的苏菲主义思想影响，注重修身养性及过俭朴独居的禁欲生活。自1862年起，他先后在坦塔艾哈迈迪耶大学和开罗爱资哈尔大学攻读伊斯兰经典、教义、教法、历史、阿拉伯语和自然科学，以善于独立思考著称。1871年，他结识来开罗访问和讲学的阿富汗尼，因仰慕其渊博学识和超人胆略，便拜他为师学习哲学、新闻学、写作、研究方法等。在校学习期间，他在《金字塔报》上发表多篇文章，呼吁普及教育，振兴民族文化，学习现代科学技术，使埃及走上昌盛之路。1877年，他从爱资哈尔大学毕业后留校任教。1880年，他以主编的《埃及现实报》为园地，宣传复兴伊斯兰教，倡导宗教和教育改革；介绍西方的先进科学技术；号召穆斯林联合起来反对西方殖民主义侵略。1881年，他因支持阿拉比领导的埃及民族党人发动的反英起义，事败后被英国殖民当局流放叙利亚3年。1884年，他应阿富汗尼之邀转赴巴黎，一起创办《团结报》，致力于泛伊斯兰主义、反对西方殖民者对穆斯林世界的侵略和封建君主制宣传活动。

阿布笃渐渐意识到，伊斯兰复兴事业如果得不到本国政府支持，很难得到发展，于是调整策略，不再公开反对本国政府。1888年，他重返埃及，任教于爱资哈尔大学。1895年起，阿布

[①] 材料引自：中国伊斯兰百科全书编辑委员会编：《中国伊斯兰百科全书》，四川出版集团，四川辞书出版社，2007年4月第2版，第392页。

笃以政府代表身份任该校校务委员会委员，致力于教育制度、管理体制、教学内容和方法的初步改革，使爱资哈尔大学从此发展成为新型的伊斯兰高等学府。1899年，以其渊博学识和卓越才能，阿布笃被任命为埃及大穆夫提，成为伊斯兰教法权威解释者。他利用政府给予他的职位和合法身份开展教育、社会改革和宗教复兴活动。为打破教法的僵化性，他不顾传统派宗教学者的反对，发布了1000多条法律见解（"法特瓦"），某些颇具争议，还就法制改革问题作了大量的调查。1905年7月他因病去世，埃及政府在爱资哈尔大清真寺里为他举行隆重的葬礼。

（二）主要思想主张

1. 主张"双重真理说"，调和宗教和理性，以理性论证信仰。在解决宗教与科学的矛盾上，阿布笃采取了调和的态度。一方面，他把万物看作安拉的创造物，其规律由安拉所掌握；另一方面，他又鼓励人们探索自然的奥秘，认识安拉的万能，视宗教为科学的"益友"。他继承穆尔太齐赖派的唯理论观点，宣称理性为伊斯兰教所固有，因而首要的在于恢复理性的地位。[1] 他认为："理智对于伊斯兰教来说，才是公正的天平，一切感觉与认知要以它来衡量，各种想象与认知要以它来辨识，真理的盘子重了，则幻想的盘子就轻。"[2]

在提倡理性的过程中，阿布笃**注意度的把握，既反对传统僵**

---

[1] 金宜久主编：《伊斯兰教史》，中国社会科学出版社，1990年8月第1版，第483页。

[2] 陈嘉厚主编：《现代伊斯兰主义》，经济日报出版社，1998年3月版，第116页。

化派，也反对西化派。他认为，僵化派抱残守缺，因袭传统，把理性看成叛教，把逻辑视作伪信，把固执当作虔诚；而西化派盲目否定民族历史与文化，言必称西方，实际上是想把自己的祖国化成西方的一部分。阿布笃断定，僵化派和西化派虽然表现形式不同，但本质上都一样，都是盲目派或者说是模仿派，一个仿古，一个仿欧。这两派都会断送穆斯林的前程和未来，都不可取。**可取之路只有一条，那是一条不偏不倚的"中正之道"——在伊斯兰信仰指导下，用理性去思考，去奋斗**。他说："如果安拉赐给穆斯林一位通晓伊斯兰教并以其教规去管理他们的统治者，那你一定会看到，穆斯林将站立起来，一手拿着《古兰经》和先贤的定制，一手拿着别人的发明去和欧洲人竞争，并将胜过他们。"[①]也就是说，**既要坚持伊斯兰信仰，又要吸收欧洲科学技术，最后战胜欧洲殖民主义者，走繁荣昌盛之路**。

阿布笃把从老师阿富汗尼那儿继承下来的提倡理性主张，具体运用到《古兰经》注释中。他通过对《古兰经》新的注释表明：以理性的权威来判断真理与谬误、有益与有害、理性与宗教的关系，涉及经训的地位问题。对经训中明显不合理性的内容，他提出两种解决方法：或根据上下文作符合理性的解释，或宣布为"奥秘"，不予探究。然而，他并不主张以理性来审判一切。他认为，《古兰经》是一部指导世人的宗教经典，而不是自然科学书籍，天启是不谬的，理性是易错的，理性离不开天启的指导，需要天启的核准、修正和补充。他重申理性在信仰中的作用的观点和改革主张，在当时具有一定进步意义。[②] 他在

---

① 陈嘉厚主编：《现代伊斯兰主义》，经济日报出版社，1998年3月版，第117页。
② 金宜久主编：《伊斯兰教史》，中国社会科学出版社，1990年8月第1版，第483页。

《古兰经》注释中，一方面剔除前人由于时代局限性而作的牵强附会注释；另一方面也有他本人根据自己判断所作的新解释。这些新注释大部分经受住时间的考验，被认为是正确的。只有一少部分也有牵强附会地方。不过，由于他的理论基础建立在信仰之上，有着明显的不彻底性。

2. **力主教育改革，注重培养复合型人才**。阿布笃一生绝大部分时间是在从事教育与教学工作，为改革教育体制，发展教育事业，付出了巨大心血，做出杰出贡献。阿布笃认为，在传统伊斯兰教育体制下，只注重灌输宗教知识，而不讲授现代科学文化知识，结果学生只会念经、背教条而不能解决穆斯林社会的实际问题。而在世俗学校里，只教现代科学文化知识，不讲宗教信仰和宗教道德，培养出来的学生只懂科学和技术，而缺乏道德修养和宗教精神，最后变成自私自利之人，无益于国家和民族。因此，他力主教育改革，提倡在学校里同时开设两类课程：宗教课程和现代科学技术课程，**把学生培养成既有宗教精神和道德修养又有现代科学文化知识的复合型人才**。1892年，他乘新旧总督交替之际，向政府提出教育改革方案，1895年有了结果：他被任命为政府代表，参与爱资哈尔大学行政领导工作。在他的努力下，这所古老大学面貌焕然一新，不但师资待遇和学生生活条件有了改善，而且还首次新增数学、代数、几何、语法、伊斯兰教史、医学等新学科，使爱资哈尔大学向现代化一流大学迈进一大步。后因守旧的宗教学者的阻挠，改革工作未能深入下去。

3. **侧重穆斯林社会的自我改造**。阿布笃认为，埃及民族的屈辱遭遇是封建统治者造成的。统治者离经叛道，用世俗法律代替神圣法典，导致目无纲纪；宗教家热衷于宗派纠纷，忽视对民众的经训教育；苏菲派导师以假乱真，把信众引入歧途。总之，最根本的原因就在于伊斯兰教丧失了早年的纯洁性，因而首先需要恢复纯真的伊斯兰教。所谓纯真的伊斯兰教，他指的是穆罕默德时代的伊斯兰教，包括它的基本信仰、宗教制度、礼仪习俗。他主张，凡违反原旨教义的，应予革除。基于这种观念，以他为首的伊斯兰现代主义者，对圣徒、圣墓崇拜以及一夫多妻制、蓄奴制等封建习俗给予一定的批判；提倡简化宗教礼仪，由此形成以原旨教义为基础的宗教教义。他所提倡的原旨教义，并不是要把社会拉回到中世纪去，而是使宗教能够适应现代社会的发展。[①]因此，阿布笃积极谋求穆斯林社会的改革，**以期使近代的欧洲文明能与固有的伊斯兰信仰相容**。1888年返国后，他致力于宗教、教育与社会改革，如利息的解禁、一夫一妻原则化、解除禁食"异教徒"屠宰之动物肉品的禁令，以及对"沙里亚法"进行再诠释等。与阿富汗尼相比较，阿布笃侧重的，与其说是抵御西欧的侵略与号召穆斯林团结，不如说是穆斯林社会的自我改造——宣称埃及人民的真正贫困在于"愚昧无知"。这种倾向使他在埃及更易获得欧化派与民族主义派[②]等政权主流派的支持，但却引起"乌里玛"集团等伊斯兰力量的反对。[③]

阿布笃的学说对推动埃及伊斯兰教的改革运动和促进文化教育事业的发展，起过积极作用，同时对整个穆斯林世界产生了深远的影响。逝世时，他的《古兰经》注释工作还没有完成，由其

[①] 金宜久主编：《伊斯兰教史》，中国社会科学出版社，1990年8月第1版，第482—483页。

[②] 阿布笃在鼓吹伊斯兰现代主义时，事实上已包含复兴古老的阿拉伯民族文化，逐步摆脱殖民统治的民族主义的内容。

[③] 张锡模：《圣战与文明：伊斯兰与世界政治首部曲》（公元610—1914年），玉山社出版事业股份有限公司，2003年2月版，第380页。

学生拉希德·里达继续完成，并在他主编的《光塔》（al‑Manarah）月刊杂志上陆续发表。阿布笃留下许多著作，如《伊斯兰哲学》（又译《论认主独一》）《伊斯兰教、基督教与学术文化》《古兰经注》（1—7章）《论伊斯兰兼驳其批评者》《辞章之道注释》等。其中，《伊斯兰哲学》由马坚教授译成汉文出版。

三、埃及复兴运动领袖拉希德·里达

拉希德·里达（Rashid Rida）全名穆罕默德·拉希德·里达，是埃及著名伊斯兰学者、宗教和社会改革家。他是阿布笃弟子，传承阿富汗尼、阿布笃的改革思想。他参与过叙利亚和埃及政治事务，如费萨尔一世在叙利亚执政期间，他曾被选为叙利亚国民大会主席。

（一）阿富汗尼、阿布笃师徒的追随者和继承者[①]

1865年，拉希德·里达生于黎巴嫩北部地区的盖莱孟。青年时代，他在的黎波里求学，弃绝尘世，专事苏菲功修，后读到阿富汉尼和阿布笃在巴黎创办的《团结报》，深受其中呼吁"建立伊斯兰世界大同盟、恢复伊斯兰尊严和解放受殖民主义奴役各国人民"文章的革新思想影响。

他对阿富汗尼选用《古兰经》经文并加以相应注释来论证现实社会问题的做法十分钦佩，认为远超前辈经注家见解，遂致函阿富汗尼表示追随他学习、工作的愿望。但不久阿富汗尼

---

① 马忠杰："穆罕默德·拉希德·里达"，http：//baike.baidu.com/link？url=TjnHKGq_EYHTJnBidDGFNxgp81Sb4kRh0tclNfpq8Vtw3SQ4QbisL_djFSehmS3j。（上网时间：2014年2月10日）

去世，他又同阿布笃联系，了解其关于伊斯兰改革的主张和尝试。1897年，在的黎波里完成学业后，他前往开罗拜会阿布笃。1898年，在阿布笃的帮助下，他在开罗创办《光塔》杂志并任主编，发表多篇专论传播改革思想和主张。1899年5月，阿布笃接受他的建议，开始在爱资哈尔大学用新观点讲解《古兰经》，他认真听讲并作笔记，后根据自己的理解及结合现代知识加以整理和发挥，提出自己的新见解。至1905年阿布笃逝世前6年时间里，拉希德·里达整理《古兰经》讲解五卷，并独自进行注释，自1900年起在《光塔》月刊上连载，形成《光塔古兰经注》（Tafsir al - Manarah）。1920年，法国进驻叙利亚后，他离开大马士革，定居开罗，整理出版了阿布笃的《伊斯兰哲学》《伊斯兰教、基督教与学术文化》等诸多著述，并编撰了《穆罕默德·阿布笃传》。他本人主要著作《光塔古兰经注》，又称《拉希德古兰经注》，是当今世界上观点最新颖的《古兰经》注本之一，共12册（未完），于1927年出版于开罗。

1935年，拉希德·里达卒于叙利亚。

（二）主张伊斯兰教与现代世界发展潮流相结合，教义与科学相协调

其一，坚信伊斯兰教包含所有今生、后世幸福所必需的原则，深信《古兰经》不是世俗法典、医典、人类史书，更不是件艺术作品，而是人类社会的指南，指导人们获得今、后两世幸福。其二，关注穆斯林国家的落后局面，敦促阿拉伯人仿效西方进步成果，主张在民主政治基础上改造阿拉伯社会，促进穆斯林新的觉醒。其三，为实现政治和文化复兴，需要统一穆斯林共同体，设置一个真正的哈里发作为伊斯兰最高阐释者，

其特权将使他有能力让伊斯兰与现代社会相适应。其四，为有效地与西方资本主义渗透作斗争，穆斯林不得不接受取利的政策。而先知穆罕默德严禁取利（赚取利息）的做法。①

（三）最终回归伊斯兰原教旨主义

拉希德·里达因警惕其师倾向接受殖民政府体制并过度和欧化派、民族主义派接近的危机感，转而倾向 14 世纪伊斯兰思想家伊本·泰米叶与 18 世纪瓦哈比派的原教旨主义思想立场，从而成为 20 世纪埃及穆斯林兄弟会的先驱。② 以拉希德·里达为代表的伊斯兰民族主义者，主张伊斯兰教是阿拉伯民族的特性，鼓吹从宗教内部寻求国家与民族复兴的动力。③

四、印度伊斯兰现代主义运动代表人物艾哈迈德汗和伊克巴尔

与西亚和北非相比较，印度最早沦为大英帝国直接统治的殖民地，因而伊斯兰现代主义的发展更为蓬勃，代表人物有赛义德·艾哈迈德汗、阿拉马·穆罕默德·伊克巴尔、赛义德·

---

① "拉希德·里达"，王立秋译自《大英百科全书》在线版，http://www.reviewofislam.com/archives/911。（上网时间：2014 年 2 月 10 日）

② 张锡模：《圣战与文明：伊斯兰与世界政治首部曲》（公元 610—1914 年），玉山社出版事业股份有限公司，2003 年 2 月版，第 381 页。

③ 金宜久主编：《伊斯兰教史》，中国社会科学出版社，1990 年 8 月第 1 版，第 483—484 页。

艾米尔·阿里①等人。本书主要介绍前两人。

（一）印度现代改良派领军人物艾哈迈德汗②

艾哈迈德汗全名赛义德·艾哈迈德汗（Sayyid Ahmad Khan，1817—1898年），近代印度伊斯兰现代主义改革家、哲学家和教育家。1857—1859年印度民族大起义失败后，印度穆斯林资产阶级知识分子中间出现一股改良主义思潮。其中，著名的代表

---

① **"全印伊斯兰教协会"创始人艾米尔·阿里**，全名赛义德·艾米尔·阿里（Sayyid 'Amir Ali, 1849—1928年），印度穆斯林教法学家、社会活动家。他创建的"全印伊斯兰教协会"是印度第一个穆斯林政治组织。**生平**：他生于加尔各答郊区一个什叶派穆斯林贵族家庭，青少年时代受教于英语学校，精通英语、波斯语和乌尔都语，后入加尔各答大学，1868年获法学、史学硕士学位，并获印度政府颁发的奖学金，赴英国伦敦留学，继续攻读法学，1873年取得高级律师资格。学成归国后，他一度从事政治活动，于1876年创建"全印伊斯兰教协会"，有50多个分支机构。1890—1904年，他出任加尔各答高等法院法官，退休后居住英国，在伦敦创建"英国红新月会"，出版宗教刊物，宣传伊斯兰教教义和文化。1909年直至去世，他长期担任英国皇家枢密院法律委员会委员。**主要思想主张**：宗教思想上，艾米尔·阿里提倡在遵循基本信仰的前提下，根据不断变化的时代条件，对伊斯兰教精神加以进化论和理性主义的解释；反对因循守旧、墨守传统，曾对蓄奴制、一夫多妻制、苏菲神秘主义等展开批判。法学思想上，他主张以灵活变通的观点解释四大法源，使伊斯兰教法实体适应英国司法制度和审判程序，曾为流行于英属印度的伊斯兰教法的发展做出过贡献。政治思想上，他一度倾向于正统观念，反对政教分离。1924年，他曾与阿加汗联名致书土耳其政府，要求保留哈里发制度。主要著作有《撒拉逊简史》（Short History of the Saracens）《伊斯兰教之精神》《穆罕默德生平和学说评考》（The Critical Examination of the Life and Teachings of Mohammad）等。（引自："艾米尔·阿里"，http://baike.baidu.com/view/24805.htm。上网时间：2014年10月3日）

② 材料引自："赛义德·艾哈迈德汗"，http://baike.baidu.com/view/1054791.htm。（上网时间：2014年10月3日）

人物有艾哈迈德汗，他领导的现代主义运动成为印巴次大陆伊斯兰教界最有影响的社会运动之一。

1. 与殖民者合作的改良派人生。艾哈迈德汗生于德里一个穆斯林封建贵族家庭，自诩为圣裔。其父为莫卧儿王朝高级官员。幼年受过传统伊斯兰教育，其父死后他曾一度辍学做工。他博学多才，谙熟伊斯兰教教义、教法和历史，精通乌尔都语、阿拉伯语、波斯语和英语。

1838年，艾哈迈德汗在英属东印度公司供职，与此同时，仍与有名无实的莫卧儿皇帝保持着联系，任地方法官。1847年，他出版《伟大的遗迹》。

1857—1859年，印度民族大起义期间，他忠实地效力于英国主子，曾因营救英国殖民官员有功，擢升为印度行政委员会委员，被英王赐封为爵士。起义失败后，他成为印度穆斯林民众的领袖，于1859年7月28日在德里大清真寺发表讲话，代表1.5万名印度穆斯林，对英国女王维多利亚宣布大赦表示感谢。

他的政治生涯大致分为三个时期：1859—1870年，他极力缓和印度穆斯林民众的反英情绪，号召穆斯林民众与英国人合作，做英王保护下的"顺民"；1871—1884年，他强烈谴责日渐高涨的泛伊斯兰主义和哈里发运动，认为这是危险的"政治冒险"，宣称英国在印度的统治是"迄今世界上最美好的现象"；1887—1898年，随着印度民族主义组织印度国民大会的成立，他转向穆斯林政治分离主义，认为印度穆斯林人数较少，文化落后，政治不成熟，经济贫困，如果与国民大会合作，势必被强者吞没。[①]

[①] 金宜久主编：《伊斯兰教史》，中国社会科学出版社，1990年8月第1版，第506页。

致力于改革传统伊斯兰教育。艾哈迈德汗深受西方科学文化的影响，创办杂志、学校等，用来宣传宗教和社会改革主张，培养在印度复兴伊斯兰教的人才，对推动印度伊斯兰复兴运动的兴起产生重大的影响。他认为，印度穆斯林之所以受剥削、被奴役，根本原因在于文化落后，愚昧无知。因此，只有改善教育、提高文化，才是改变现实困境的唯一出路。1858—1863年，他先后在穆拉达巴德和加济布尔开办英语学校，普及世俗教育和传授西方科学文化。1864年，他发起成立科学协会，翻译出版西方教科书，发行乌尔都语和英语两种文字的科学杂志，向印度穆斯林知识界介绍西方科学。同年，他在加济布尔创建一所现代学校。1868年，在他的积极倡议下，印度北部几个地区成立了穆斯林教育委员会。为发展穆斯林的高等教育，1867—1870年，他亲赴英国进行考察，深受西方科学文化的影响。他回国后建立了一个委员会，创办《道德与情操》杂志，宣传宗教和社会改革的主张，力图使教义的个别原理适合于西方的哲学思想。1875年，他在阿里迦（Aligarh）创办了"盎格鲁—伊斯兰东方学院"（以剑桥大学为蓝本，即今阿里迦伊斯兰大学前身）。该学院是一个跨宗派的教育机构，招收逊尼派、什叶派的学生，同时录取一定比例的印度教学生。它注重解放思想，发展人文科学，培养科学的实证观和实用主义的政治才干，以造就一批新一代的穆斯林知识精英，充实到英国殖民统治下的文官政府中去，为印度穆斯林分离主义运动培养了大批领导骨干。1886年，为在印度穆斯林中间普及西学，他倡导建立了"伊斯兰教育协会"，组织穆斯林学者进行西方哲学思想和科学文化的研究，**力图把伊斯兰教教义和西方科学文化结合起来，使伊斯兰教适应变化了的时代**。该组织以乌尔都语翻译、出版了大量西方科学著作，并要求以乌尔都语为学校的第二教育语言。①

2. **主要思想主张**。艾哈迈德汗的宗教哲学思想，力图调和宗教与科学、理性与信仰，使理性为宗教信仰服务。**其一，在宗教哲学思想上，运用理性主义对《古兰经》和伊斯兰教教义进行大胆的再诠释**。青年时代，他曾就学于德里的瓦利乌拉学校，接受了沙·瓦利乌拉复兴伊斯兰教的思想和思辨哲学。他没有停留在伊斯兰原旨教义上，而是以思辨哲学和理性主义为基础，重新解释原旨教义。他认为，宗教作为一门学科，其宗旨是确立伦理准则，它的本质是真理而非信仰。宗教是真理，当然可借助理智加以认识，并与自然法则相一致。这样，**理智和科学就成为他的宗教观的两根支柱**。正是从理性和科学的观点出发，他提出了经注学的 15 点原则，**在重申伊斯兰信仰的同时，极力调和宗教同理性和科学的矛盾**。例如，他宣称《古兰经》里没有任何违反自然法则的内容，后经废止前经（停经）的观点不能成立，经中所言末世说、天使说、恶魔说和宇宙说不能违反科学实际，只能用科学的术语加以解释等。② 他认为，自然界、有机界和人类都受自然规律的控制，"人的行为和思想甚至信仰都是自然规律所有各种不同的锁链"，这些规律是由"第一原因"即真主所创造的。真主是宇宙万有的创造者和设计者，既不受时空限制，也不受任何精神意志的束缚。理性是检验和判断科学知识的标准，但对宗教信条除用理性知识判断外，

---

① 金宜久主编：《伊斯兰教史》，中国社会科学出版社，1990 年 8 月第 1 版，第 506—507 页。

② 金宜久主编：《伊斯兰教史》，中国社会科学出版社，1990 年 8 月第 1 版，第 507 页。

还需要用真主的启示（《古兰经》）来判断。他的这些观点使他在一系列问题上脱离传统教义的束缚。他认为，9世纪以后编纂的圣训，大多是不可信的，应断然加以拒绝。

其二，主张对宗教和社会的改良。1857—1859年印度反英大起义失败后，以艾哈迈德汗为代表的印度伊斯兰现代主义派思想家，**逐渐倾向在现行体制内推动伊斯兰改造以提升穆斯林的地位，而非动员穆斯林力量推翻殖民体制**。[①] 他从起义结果中得出结论，即在特定环境下，反抗占有压倒性优势的军事力量不现实，也不合时宜。他提出，"'圣战'是捍卫伊斯兰信仰的战争，但'圣战'是有条件的，无条件的'圣战'是非法的。只能对'不信道而且妨碍主道的人们'发动'圣战'。"[②]

艾哈迈德汗认为，穆斯林社会之所以一蹶不振，是因为缺乏自强和革新精神，固守陈规陋习。人们仅看到西方文化对自己生存及信仰的威胁，而看不到西方现代文明的价值。只有对西方现代文明采取现实主义和科学的态度，学习和吸收现代科学文化中有益于伊斯兰文化的先进思想，对传统的宗教和社会制度进行改革，发展科学文化教育，用科学文化武装穆斯林民族，逐步加强实力，才能摆脱落后挨打的困境，复兴穆斯林社会。所以，艾哈迈德汗反对蓄奴制，认为这不符合自由、平等的原则，并非伊斯兰教所提倡；主张废除一夫多妻制，认为这一制度下男女无平等可言，不合理。

[①] 张锡模：《圣战与文明：伊斯兰与世界政治首部曲》（公元610—1914年），玉山社出版事业股份有限公司，2003年2月版，第381页。

[②] 王旭："毛杜迪的圣战观念和伊斯兰革命理论"，更新时间：2013年2月17日，http://lunwen.1kejian.com/zongjiao/120104_2.html。（上网时间：2014年2月11日）

3. 改革思想局限性。艾哈迈德汗不主张用科学和理性的观点来审判一切，而只限于改革、摈弃教义、制度和礼仪习惯中明显不合时宜的内容，以适应时代的需要。他的不彻底性——以接受殖民体制为前提的穆斯林社会改造运动，导致原为盟友的努玛尼·希伯里转向诉诸于伊斯兰原教旨主义来反对"阿里迦运动"，并逐渐在政治上与"乌里玛"集团合流。鉴此，印度伊斯兰现代主义所具有的两面性——即接受统治体制的"官方伊斯兰"与要求变革体制的"大众伊斯兰"之间的矛盾再度凸显。①

他的主要著作有：《德里的遗迹》《圣徒之言》《对圣经的评论》《论印度政治现状、演说和书信集》《印度大起义的缘由》等，1888年他荣获"印度之星"勋章。

（二）印巴次大陆"两个民族"理论鼻祖伊克巴尔

伊克巴尔全名阿拉马·穆罕默德·伊克巴尔（Allama Muhammad Iqbal，1877—1938年），阿拉马意为"学者"，现代穆斯林最伟大的思想家之一，其哲学思想可与现代西方最有名哲学家相媲美。其著作《伊斯兰教思想之重建》（Reconstruction Of Religious Thought in Islam）被誉为伊斯兰现代主义代表作之一，在穆斯林知识阶层中有广泛影响。

1. "两个民族理论"鼻祖。伊克巴尔1877年11月9日出生于旁遮普省的锡亚尔科特城一笃信伊斯兰教的商人家庭。1897年，他毕业于拉合尔公立学院，1899年在旁遮普大学获文

---

① 张锡模：《圣战与文明：伊斯兰与世界政治首部曲》（公元610—1914年），玉山社出版事业股份有限公司，2003年2月版，第382页。

学硕士学位。1905年,他在英国牛津大学研究西方哲学,后又在德国慕尼黑大学研究哲学和法律,主攻波斯神秘主义,获哲学博士学位。1908年回国后,他担任律师并加入拉合尔律师公会。1911年,他在拉合尔国立学院担任哲学、英国文学教授,不久辞职,悉心从事政治活动、哲学研究和文学创作。

1930年,伊克巴尔被选为全印穆斯林联盟①(the Muslim League)主席。他在阿拉哈巴德穆斯林联盟年会上发表演说时宣称,伊斯兰教不仅是理想的伦理准则,而且是一种以法制为基础的社会结构,它的宗教秩序同它所创造的社会秩序密不可分。**他主张将反殖民与改造穆斯林社会再结合的"穆斯林人"民族主义思想**。因此,他明确提出了在印度建立一个"统一的穆斯林国家",并为这个新国家确定了边界。他说,"我愿意看到旁遮普、西北边境省、信德、俾路支斯坦合并为一个单独的国家",认为这将是印度的穆斯林,至少是西北部的穆斯林的"最终结局"。② 伊克巴尔以宗教信仰为标准,提出南亚次大陆应按不同信仰划分为印度教民族和穆斯林民族,被誉为首个提出印度穆斯林建立独立国家的人。他的"两个民族理论"成为巴基斯坦立国依据。他在《自我的秘密》中阐述的"自我"哲学,极大地鼓舞了印度穆斯林在现实生活中去实现自身的价值,为民族的独立和自由而斗争。③ 翌年,他作为全印穆斯林联盟的

---

① 1906年,在英国殖民者的策划下,孟买和达卡分别成立了两个互相对立的组织,即印度国民大会党和全印穆斯林联盟,从此,印度民族主义运动分裂。穆斯林联盟是个代表印度伊斯兰教封建主和资产阶级上层利益的政党。

② 金宜久主编:《伊斯兰教史》,中国社会科学出版社,1990年8月第1版,第512页。

③ "旁遮普族",http://baike.baidu.com/view/163439.htm?fr=aladdin。(上网时间:2014年10月3日)

代表出席在伦敦召开的英印谈判圆桌会议,此后大力进行巴基斯坦建国的理论宣传活动。

伊克巴尔一直希望赴麦加朝觐,拜谒穆罕默德陵墓,但晚年一直疾病缠身,未能如愿,1938年4月21日在拉合尔去世。巴基斯坦立国后,将他的诞辰(11月9日)定为"伊克巴尔日",每年举行纪念活动。

2. **主要政治思想主张**。[①] 伊克巴尔的哲学思想,深受西方哲学思想和文化的影响,**力图把伊斯兰教思想与现代科学文化结合起来**。他以理性主义、人道主义的原则,对《古兰经》和伊斯兰教教义进行了新的解释,主张改革伊斯兰教,以适应穆斯林社会发展的需要。

(1)在伊斯兰教改革问题上,认为伊斯兰教本质上是一种文化运动,它充分体现了进化和发展的观点,而发展的动力则在于真主"启示的力量"。在他看来,穆斯林社会复兴的源泉就在于伊斯兰文化所固有的"终极精神基础",由于现代科学技术把社会生活推进到一个新水平,必须用现代科学知识重新考虑和研究伊斯兰教的整个体系,变更人们传统的陈腐观念,使思想适应变化了的环境,促进"伊斯兰教的重建"。

其代表作《伊斯兰教思想之重建》正是强调恢复科学、理性主义传统,重建伊斯兰教思想,以适应现代生活的需要。[②] 该书原为1929年伊克巴尔在印度海德拉巴德和阿里迦所作6次讲

[①] 材料主要引自:中国伊斯兰百科全书编辑委员会编:《中国伊斯兰百科全书》,四川出版集团,四川辞书出版社,2007年4月第2版,第660页。

[②] "伊斯兰宗教思想之重建",http://baike.baidu.com/link?url=KPybe6jVWoZAemCmR7LuRwmEgCZaY3TazqLt9xj-vSO7UK8WRat_d4H3vgG5tg2q。(上网时间:2014年10月3日)

演的讲稿，1930年汇集成书以英文在拉合尔出版，1934年英国剑桥大学出版修订本，1944年和1962年两次再版，1957年出乌尔都文版。全书共7章，内容涉及政治、历史、法律、文化等。在书中，伊克巴尔对伊斯兰文化传统的形成过程作了回顾和分析，提出许多新观点、新思想，阐述了改革和调整伊斯兰教思想的若干基本原则，并就伊斯兰教思想的形态、本质和功能作了新的解释。伊克巴尔认为，伊斯兰教不仅是一种思想信仰，而且是人生的全部体现，包括宗教思想、宗教情感、宗教行为三方面。他从重建伊斯兰教思想原则的角度，将宗教生活划分为信仰、思想、发现三个时期：信仰只对一个民族的历史产生影响；思想表现为对信仰的理解，即为信仰寻求哲学基础；发现即心理学基础，表现为领悟启示法则后的自由。他还认为，伊斯兰教思想的重建需确立三个基础：对宇宙生成作精神而非物质的解释、个体精神自由和以宗教精神为人类社会的指导原则。

伊克巴尔认为，历史上，伊斯兰教内部由于对唯理主义的穆尔太齐赖派的压制、苏菲神秘主义派别的兴起及外族的入侵，导致其活力的丧失，思想日趋保守、僵化。**要复兴伊斯兰文化传统，必须重新肯定理性的地位和能动作用。为此，需要对伊斯兰教法四大法源进行灵活的解释**：《古兰经》作为律法的基础，应予遵循，但它仍为后人的立法留有广阔的余地，应根据时代条件的变化，对经义作新的解释。圣训虽为重要法源，但它只揭示隐含于个例中的原理，而未就不同民族的特殊性做出规定，故不应墨守陈规，而应予灵活运用。公议虽为最重要的法源，但它从未在任何国家形成永久性制度，故应在穆斯林国家建立有各党派、各阶层代表参加的立法议会，作为当代公议的体现。关于类比，历史上教法学家虚构的教法"创制之门关闭"之说，使教法思想日趋僵化，今人有权根据类比原则重开教法"独立判断"的大门。

另外，伊克巴尔以人道主义的观点，批判了苏菲主义所主张的苦行禁欲、消极避世和自我克制的学说，提出了"痛苦的生活胜过永恒的安息"的论点。

（2）在宗教与哲学关系上，强调两者不能割裂，而是相互结合。伊克巴尔既宣称哲学能够判断宗教，又承认哲学必须以宗教为中心；既强调理性的地位，又认为经验和理性不能取得完全的认识，还必须靠直觉才能认识全体。

（3）其绝大多数著作旨在复兴伊斯兰教。伊克巴尔一生用波斯语和乌尔都语写有多部诗集，是 20 世纪印度最杰出的穆斯林诗人。他的波斯语代表作《伊斯兰教的兴起》（Rise of Islam），力图将印度穆斯林从当时盛行的殖民地思维和穆斯林自身狭隘私利的思想中解放出来。他的第三本乌尔都语诗集《The Blow of Moses' Staff》（1936 年）的副标题是"向当代宣战"，相当于是他的政治宣言，意在将穆斯林从现代文明带来的种种罪恶中拯救出来，正如摩西当年拯救以色列人一样。[1]

他所追求的伊斯兰理想社会的蓝图是：应以伊斯兰教的"认主独一论"为指导，建筑在由"个体自我"发展到"集体自我"的基础上。在这个社会中，凡民族、种族和社会等级的藩篱将被取消，私有制度将被消灭，君主和官员由人民选举，人们将自由发展各自的个性和才能，建立公正良好的社会秩序。他对殖民主义进行了揭露和批判，指出在西方文明的背后是"酗酒、淫逸、失业、贫穷"。资产阶级政府"唱的是平等，喝

---

[1] "Allama Mohammad Iqbal", http：//www.yespakistan.com/iqbal/works.asp.（上网时间：2014 年 10 月 3 日）

的是人血"，发出"资本统治的帆船何时沉没"的悲愤之声，并预言"资本主义时代已经过去"，"新的世界正在诞生"。20世纪30年代，他在《侍酒歌》一诗中表达了对中国革命事业的同情和支持。

伊克巴尔善于用古典诗歌形式反映现实社会生活，其诗歌主题思想，大多是对人的本质、使命和人与社会之间关系进行哲理探讨，表达了他的爱国主义思想和对劳动人民的同情。

五、土耳其"努尔库运动"领袖努尔西

努尔西全名赛义德·努尔西（Said Nursi，1876—1960年），库尔德人，土耳其著名宗教学者，土耳其伊斯兰复兴运动"努尔库运动"（或称"追求光明运动"，是中东最早的现代意义上的民间伊斯兰复兴运动）创始人，其对宗教的理解，对科学的认识，对政教关系的重新界定，在现代土耳其社会与政治领域具有深刻而广泛的影响。

（一）"努尔库运动"领袖

支持凯末尔革命。1919年，英国占领伊斯坦布尔之后，努尔西出版小册子，揭露英国人的卑劣行径，支持凯末尔领导的民族解放运动。奥斯曼帝国解体后，土耳其建立了世俗政权。凯末尔政府考虑到努尔西在反抗英国侵略中的作用，邀请他来到首都伊斯坦布尔，并吸纳他为国会议员。

"努尔库运动"诞生。努尔西进入国会后，开始宣传伊斯兰教思想，这使凯末尔大为不悦。1925年，谢赫·赛义德发动了第一次反对凯末尔主义的库尔德人叛乱，尽管努尔西没有直接参与，但当局十分担心努尔西领导的力量支持库尔德人，因此

以宣扬极端伊斯兰思想、开展非法宗教活动为由，流放和囚禁努尔西长达23年之久。期间，努尔西写成了《光明集》一书，着力强调穆斯林的宗教意识。

努尔西从青年时代起就培养大批学生。随着《光明集》以手抄本的形式在民间秘密传阅，追随其思想的人越来越多，逐渐形成队伍庞大、有广泛号召力和影响力的群众运动。运动的参加者有学生、教师、宗教学者、新闻记者，也有军人、商人和以个人身份加入各党派的政治家等。在20世纪40年代一次庭审中，法官称学习《光明集》的人为"努尔库"，意指"追求光明的人"，从此便有了"努尔库运动"。

1946年，土耳其从一党制转入多党制，社会政治环境得到缓和，1949年努尔西获释。1950年，上台执政的民主党对宗教政策持宽容态度，"努尔库运动"获得新的发展。1952年，土耳其大国民议会通过了恢复努尔西文学作品名誉的决议，"努尔库运动"实现了合法化。受益于民主党执政的努尔西在广泛拓展活动空间的同时，逐渐改变了与当局隔绝的态度与立场，转而支持民主党的统治，并在50年代的多次大选中动员"努尔库运动"成员投票支持。正是在50年代，"努尔库运动"的主要传播组织"读经小组"（dershane，音译为"德尔沙尼"）的数量迅速增加。但是，1960年5月，民主党下台，土耳其出现第一次军人干政，"努尔库运动"再次受到打击而陷入低潮。

随着美苏冷战的炽热化，站在北约阵营一边且与苏联南部地区拥有相似甚至相同的民族—宗教属性的土耳其自然成为一支反苏反共的重要力量。因为在美国看来，"伊斯兰教是治疗共产主义的良药"。60年代，中右的土耳其民族主义者将努尔西思想整合进统治阶级的意识形态，以通过民族主义—伊斯兰主义的调和来反对共产主义意识形态和日益增长的伊斯兰原教旨主义的威胁,这使"努尔库运动"实现长足发展。这也是后来"努尔库运动"的境外活动以前苏联地区为主的重要影响因素之一。

"努尔库运动"分裂。1960年努尔西去世,直接导致了"努尔库运动"的分裂,产生了一些新派别。其中主要有:卡拉亚尔—亚合亚吉尔派、抄写者、叶尼·阿斯亚派、曼德—赞赫拉派、曼赫迈特·吉尔金吉派、"新努尔库运动"。[①]

(二) 主要思想主张[②]

18世纪以来,资本主义生产方式在全球扩展,从物质、精神以及生活方式上全面冲击穆斯林世界。如何看待来自西方的东西,如何解决新旧矛盾冲突问题,**如何协调现代化与伊斯兰信仰之间的关系问题**,严峻地摆在广大穆斯林面前要求做出回答。**宗教学者出身的努尔西在这方面进行了积极尝试**。伊斯兰教是他思想的基础,但他同时肯定近代以来西方文明中的优秀成果,希望在保持穆斯林本色的前提下学习西方先进科技和文化。

1. **赞成自由与民主**。1908年土耳其立宪革命时期,努尔西在全国各地发表了许多演讲,其中很多内容涉及自由与民主问题。他认为,自由是信仰的前提,立宪主义则能保证自由的实现,但这种自由和立宪并非完全西方意义上的,因为真正的进

[①] 敏敬:"从努尔西到努尔库运动——土耳其文化伊斯兰概说",《西亚北非》,2004年第2期。

[②] 材料引自:敏敬:"从努尔西到努尔库运动——土耳其文化伊斯兰概说",《西亚北非》,2004年第2期。

步与文明必须与伊斯兰的各项美德结合起来。基于此，努尔西把支持立宪主义视为一项宗教义务，认为只要是在"沙里亚法"范围内，它就是穆斯林赞颂真主的一种方法。换句话说，穆斯林要坚持自己的信仰，就得依赖于物质进步，而自由和立宪是取得进步的途径之一。因此，为自由和立宪而战，是所有人义不容辞的责任。

在论述民主问题时，努尔西特别强调伊斯兰的协商原则，认为要解决穆斯林世界的问题，就必须坚持此原则。他充分认识到，现代社会已进入"集体性质"时代，已非个人时代；集体性产生"集体人格"，"集体人格"具有善与恶的无限潜力；哈里发的个人能力有限，为了确保公正，维护信仰，他应该通过代表大会（议会）这样的机构来有效发挥职能，而不是使用独裁、专制的手段来压制集体智慧。但是，凯末尔领导的世俗化改革，使努尔西伊斯兰式的自由与民主设想在国家政治制度这一层面成为空想。

2. 提倡科学，重视理性。努尔西认为，科学对人类有巨大的裨益。第一，它能积累财富，消灭贫困，排除物质条件对人思想行为的约束。物质条件缺乏会消磨人的意志，合理的财富会给人带来诸多方便，穆斯林要坚持信仰，就应该合理追求幸福。第二，科学能启迪智慧，使人思想通达。他指出，穆斯林最大的敌人是无知、内争和贫困。无知使人视野狭隘，使个人利益超越集体利益，局部利益凌驾于整体利益之上，最终导致社会混乱，政令不一；无知还使穆斯林内部派别丛生，内讧不止，人们对宗教的理解偏执一隅，全部精力都白白消耗在无谓的争论上。第三，科学能增进人对宇宙万物的认识，从而增强人的信仰。努尔西认为，近代科学研究成果表明，宇宙万物均按一定规律生长运行，如此庞大严密的体系，肯定存在一个创造者和维持者，那就是造物主。努尔西反对把《古兰经》视为科学研究的源泉，但肯定科学发现可以反过来揭示《古兰经》中所包含的真理，有助于加深对《古兰经》的理解。科学越发展，时代越久远，人们对《古兰经》的理解就愈加深刻。

努尔西突破其他穆斯林改革思想家对科学的单纯工具性的认识，从教义学的高度提出看法，认为既然科学发现能够与《古兰经》一起提供对伊斯兰教的完整理解，那么它也应属于"真主的德性之一"①。此举旨在协调科学与宗教之间的关系，但他把科学提高到信仰的高度，从根本上排除了穆斯林的怀疑态度，为人们追求科学扫清了思想障碍。

承认科学精神，就必须大力发展教育，因此努尔西积极提倡教育改革。他主张：**第一，宗教教育必须与现代科学教育相结合**。单纯的宗教教育或世俗教育，都不能给穆斯林社会带来真正的幸福。理想的学校教育应该把宗教、世俗和苏菲派传统三者结合起来，确立相互借鉴的机制。**第二，教育要尊重理性**。科学精神与理性思维密不可分，不能为强调各种教育的结合而抹杀学科界限，允许学生有学科专长，并有自己的见解。他反对传统教育"学院式的专制"，极力主张通过教育机构内部思想和制度上的"民主"激励学生奋发向上。

努尔西特别重视科技成果的实际功用及其社会意义。早在20世纪40年代，他就鼓励学生采用最先进的油印机印刷自己的著作，以扩大影响力。在早期著作《光明信息的种子》中，他还谈到，世界的概念已是"地球村"了。他为此专门撰文，探讨刚刚问世的无线电技术的意义，并预言无线电在未来将成为宣传宗教的有力手段。

---

① 德性，或称属性，伊斯兰教义学用语，指真主的各种大能和美称。

3. **提倡宗教对话和团结**。努尔西一生致力于恢复伊斯兰信仰价值,抵制物质至上和无神论思想对穆斯林社会的影响。在他看来,信仰是首位的,宗教差别是第二位的,认为不同宗教以及不同教派之间存在对话的可能。1953年,他访问了伊斯坦布尔的希腊正教大主教,尝试推动不同宗教间的信仰交流和对话。努尔西还以《古兰经》作为团结的依据,呼吁长期对立的逊尼派和什叶派停止内讧,实现团结:"逊尼派,信仰真理的人们,阿拉维人,以热爱先知家族为道的人们,赶快结束你们之间无谓、不忠、不公、有害的争吵吧……你们是唯一主的信仰者,你们必须抛弃有害团结的东西,你们之间至少存在一百条神圣的纽带,要求你们兄弟相恤,团结一致。"

4. **反对政党政治**。努尔西认为,政治是不同身份、利益和集团展开矛盾冲突的领域,而伊斯兰是全社会的共同基础,不能被利用为争取某一特殊利益的工具。如果宗教与党派认同起来,它就不能代表真正的伊斯兰教。因此,他反对伊斯兰政党之类的提法,甚至认为这样的政党是"非伊斯兰的"。

他主张恢复"沙里亚法"在公共领域的指导作用,以逐渐提高群众性觉悟为根本途径。这一过程要经历三阶段:首先是提高穆斯林个人的自觉意识;其次是每日生活伊斯兰化;最后是在全社会恢复"沙里亚法"。其中,第一阶段是实现目标的最重要前提。他的思想避开了政教关系这一敏感话题,传达给穆斯林这样的信息,即信仰的最终确立与否,不在于社会制度,而在于个人。基于这种认识,努尔西的追随者与土耳其政府基本保持了较和谐的关系。因此,人们把"努尔库运动"更多地视为一场信仰运动,而非政治运动。

5. **秉持伊斯兰民族主义观**。他将《古兰经》作为思想的指导,接受了苏菲主义思想,并寻求共同的穆斯林兄弟情谊。他认为，穆斯林世界的地域广阔，人口众多，但穆斯林世界应该是一种多样性的统一，因为穆斯林是一个民族，不应存在种族主义，之所以在穆斯林内部划分出民族、族群，是为了相互识别。

第三章　当代——1979年至今穆斯林世界应对"全球圣战主义"时期

《古兰经》云："我这样以你们为中正的民族，以便你们作证世人，而使者作证你们。"（2：143）先知穆罕默德说："万事以中正为佳。"柏拉图在《理想国》中说道："只有正确的哲学才能为我们提供分辨什么是对社会和个人正义的东西。"

从20世纪70年代起至今，随着伊斯兰原教旨主义—激进主义—"全球圣战主义"的逐步升级，穆斯林中的激进势力日渐坐大，他们秉持"圣战"思想，坚持不调和、不妥协立场，不仅绑架了穆斯林社会，而且使穆斯林社会处于撕裂状态。他们既反对本国统治者，又反对美西方，这是1400年来穆斯林激进势力走向全球最猖獗时期，西方国家"恐伊症"日盛，2001年"9·11"后美西方发动全球"反恐战争"。

21世纪，世界依然处于和平与发展的时代，而穆斯林世界面对的最大时代主题是如何破解激进势力在世界各地掀起的一波又一波暴恐浪潮。从20世纪90年代起，温和穆斯林宗教人士、思想家们已经高高举起"中正"思想大旗，捍卫正信，应对激进势力的挑战。**这是一个"中正"势力与激进势力展开博**

弈、争取穆斯林民心的时代，秉持"中正"思想推进穆斯林"去激进化"实践，必须成为穆斯林世界高奏的当代主旋律。

第一节 伊斯兰哲学兼收并蓄之道的新方向——走向"中正"思想

经过几十年全盘西化、世俗化实践，大多数穆斯林国家并未出现经济发展、文化繁荣、国强民富的局面，反而长期积弱。20 世纪 70 年代，西化国家经济发展都不同程度地出现经济失调、贸易入超、财政赤字、债台高筑、通货膨胀、社会不稳等问题，"舶来品"——西方社会经济制度，在运用于穆斯林国家时遭到失败。还有些穆斯林国家效仿苏联发展模式实行社会主义，先后出现纳赛尔的社会主义、复兴党的社会主义等。但经历了一个时期之后，这些穆斯林国家经济上遭受这样或那样的挫折，社会主义也行不通。西方的不行，东方的也不行，广大中下层人民难以摆脱贫困状态，不少穆斯林国家仍被列入最不发达国家之列。一些伊斯兰学者和穆斯林知识分子认为，这种局面是实行西化、世俗化的结果。要想摆脱困境，出路只有一条，那就是回到伊斯兰教中去。从 20 世纪 70 年代起，伊斯兰教开始从被民族主义、世俗主义边缘化、被压制的状况中走向复兴，最终酿成声势浩大的世界范围伊斯兰复兴运动。

一、从泛伊斯兰主义到"全球圣战主义"

始于近代的泛伊斯兰主义思潮，逐步演变成新泛伊斯兰主义，为 20 世纪 70 年代伊斯兰复兴运动提供了肥沃的土壤。而伊斯兰复兴运动又逐步走向全球，穆斯林世界日趋宗教化，为"全球圣战主义"（global jihadism）的诞生创造了一定的条件。

（一）泛伊斯兰主义

近代历史上的泛伊斯兰主义，系特定历史环境下的产物，是穆斯林国家反抗西方殖民统治、争取民族独立的一种思想武器。19世纪下半叶，西亚、北非、南亚和东南亚的穆斯林国家大部分沦为西方列强的殖民地，昔日强极一时的奥斯曼帝国（1299—1922年），在西方列强打击下日趋没落。泛伊斯兰主义正是各国穆斯林救亡图存所做的政治选择之一。

1. **泛伊斯兰主义**。[①] 泛伊斯兰主义，亦称大伊斯兰主义，主张伊斯兰不仅仅是宗教信仰，而且是一套政治体制的意识形态，呼吁穆斯林从伊斯兰信仰中寻根，并在政治上统一思想，是近现代穆斯林社会思潮与社会运动之一。

基本思想。泛伊斯兰主义强调全世界信奉伊斯兰教的各族人民基于共同的历史文化传统、共同的利益、愿望和要求，团结起来捍卫、复兴伊斯兰信仰。

两大倡导者均告失败。一是泛伊斯兰主义奠基人阿富汗尼。他认为，政治分裂是穆斯林世界衰落的根本原因，因此首先需要实现穆斯林世界的政治统一，在统一的哈里发领导下进行宗教和社会改革。他曾寄望麦加的圣裔谢里夫·侯赛因，并拟以伊拉克库法为"哈里发国家"的首都。1857年，阿富汗尼开始在麦加朝觐者中宣传"伊斯兰世界大联盟"思想，并在麦加成

[①] 材料引自："泛伊斯兰主义"，http：//baike.baidu.com/link？url=QH69wmL劳动 0O7krvDu1lyHLBANfuw9CrTXq9tfu1TmwOf1RzmfJ3ExHPGqALfqQscZFK_ MUJdrPMZ6diomydGeqt_ 。（上网时间：2015年6月7日）

立了"温姆·古拉"协会，企图拥立一个哈里发，领导"圣战"。该协会后来被奥斯曼帝国苏丹哈米德二世取缔。阿富汗尼终生致力于泛伊斯兰主义的宣传鼓动，他的足迹遍及阿富汗、印度、伊朗、伊拉克、俄国、土耳其、埃及、阿拉伯半岛等地，影响非常广泛。1871年，阿富汗尼客居埃及，任教于爱资哈尔大学，其思想对弟子穆罕默德·阿布笃等一批进步穆斯林青年产生很深的影响。1884年，阿富汗尼同流亡巴黎的阿布笃一起创建了"团结协会"并创办了阿拉伯文周刊《团结报》，号召全世界穆斯林团结起来，共同对付西方殖民者的统治。阿富汗尼的泛伊斯兰主义带有强烈的反殖色彩，同时又主张保存封建制度，其活动仅限于上层社会，同下层百姓缺乏联系，故以失败告终。

二是奥斯曼帝国苏丹。自赛利姆一世（1512—1520年在位）起，哈里发制已不复存在，统治者多称苏丹。19世纪60—70年代，苏丹阿卜杜勒·阿齐兹和苏丹哈米德二世开始自诩为全世界穆斯林的哈里发，并将哈里发制载入1876年《奥斯曼宪法》，企图利用帝国境内各族穆斯林民众共同的宗教信仰、典制习俗和宗教感情来加强苏丹的权威，维护其摇摇欲坠的统治，并以虚假的统一同欧洲列强抗衡。但哈米德二世的泛伊斯兰哈里发运动，从一开始就遇到巨大的障碍，不仅什叶派历来不承认其地位，而且阿拉伯半岛的瓦哈比派以及摩洛哥、桑给巴尔、阿曼、菲律宾苏禄群岛等地各自为政的苏丹都不予承认，麦加的圣裔谢里夫·侯赛因、苏丹的马赫迪还企图争夺哈里发地位。为此，哈米德二世向世界各地派遣大批代理人，联络各地的教派首领、毛拉、圣裔、苏菲派导师、圣地领袖、各地苏丹等，并以重金收买印度、阿富汗、爪哇、苏门答腊等地的穆斯林王公贵族子弟，进行专门培训。他还派特使同伊朗国王秘密磋商，以加强逊尼、什叶两派的团结。条件是奥斯曼苏丹承认伊朗国王为全世界什叶派信众的领袖，伊朗什叶派承认奥斯曼帝国苏丹为世界穆斯林的哈里发。但泛伊斯兰主义未能挽救奥斯曼帝国的危亡，哈里发制亦随着土耳其资产阶级民主革命的胜利而被废除。

泛伊斯兰主义的成果——成立"世界穆斯林大会"。 1924年，奥斯曼帝国土崩瓦解，土耳其共和国诞生，整个穆斯林世界失去了中心。1926年，第一届"世界穆斯林大会"在麦加召开，沙特和埃及国王都借此谋取哈里发衣钵，但谁也未能如愿。1931年，在耶路撒冷召开了第二届会议，会议也无成果。以后十几年几乎都没有什么活动，直到1949年，新独立的巴基斯坦给予极大的热情，才在卡拉奇召开了第三届会议。1951年，再度在卡拉奇召开第四届会议，宣告正式成立"世界穆斯林大会"组织，建立最高理事会及其隶属的清真寺最高委员会、总秘书处等常设机构，总部设在卡拉奇。1962年，第五届巴格达会议上通过章程，成员代表来自穆斯林国家和美国、英国、印度、法国、意大利、荷兰、澳大利亚、日本等67个国家，经费由各国分摊。这是一个非政府的宗教—政治性组织，**宗旨是在世界各地宣扬泛伊斯兰主义思想，抵制西方马克思主义无神论和世俗化的影响。**

2. **新泛伊斯兰主义**。泛伊斯兰主义与哈里发运动虽遭失败，但这一宗教社会思潮仍有广泛影响。继阿富汗尼之后，巴基斯坦著名的宗教理论家伊克巴尔提出**新泛伊斯兰主义**——在当代条件下，泛伊斯兰主义组织形式只能是松散的、自由协会式的国家联盟，即在尊重各国主权与领土完整的基础上建立一个穆斯林国家联合体。第二次世界大战后，新泛伊斯兰主义运动在政治主张、活动方式和组织建设上已不同于过去的泛伊斯兰主义。世界上出现三个泛伊斯兰国际组织："伊斯兰大会"（1955年）、"伊斯兰世界联盟"（1962年）、"伊斯兰会议组织"（1971年，2011年6月改名为"伊斯兰合作组织"），促进了新泛伊斯兰主义在世界各地的传播。

三个发展阶段。第一阶段：二战后至50年代末，世界性组织初建阶段，形成以卡拉奇、开罗为总部的"世界穆斯林大会"和"伊斯兰大会"，典型口号是"世界穆斯林是一个穆斯林民族"。第二阶段：60年代，以麦加为总部的"伊斯兰世界联盟"成立，强调它的宗教性并反对外来的意识形态，"全世界穆斯林联合起来"成为这一时期的最强音。第三阶段：第三次中东战争失败后，总部设在沙特吉达的政府性"伊斯兰会议组织"建立及活动频繁，从"收复圣城"到关注整个穆斯林世界的政治宗教问题，同时民间的"世界穆斯林大会"和"伊斯兰世界联盟"继续为联系世界各地穆斯林发挥作用。

在新泛伊斯兰主义旗帜下，穆斯林各国各行其是。二战前，独立的穆斯林国家只有土耳其、沙特、阿富汗、伊朗四个国家。二战后，亚洲、非洲一大批穆斯林国家获得了独立、解放。"伊斯兰会议组织"成立时已有36个成员国，到1990年发展到46个成员国，现为57个成员国。新泛伊斯兰主义有明确的政治使命和基本纲领，即实现穆斯林国家的团结和协作，维护共同利益，促进共同发展等。严格地说，新泛伊斯兰主义没能形成统一的社会运动。在坚守信仰、净化穆斯林社会、维护和实现穆斯林世界的团结和统一等大原则上，各国一般可达成共识。但出于自己的政治地位、宗教立场，在具体的政治、宗教目标上，各国又各行其是。譬如，埃及总统纳赛尔想的是"三个圈子"，即以埃及为中心的不同范围的同心圆——阿拉伯圈子（泛阿拉伯主义）、非洲圈子（泛非主义）和同教圈子（泛伊斯兰主义)。作为民族国家的元首,他考虑的重心在泛阿拉伯主义,而不是泛伊斯兰主义。沙特国王费萨尔(1964—1975年在位)站在沙特立场上,强调宗教性,注重穆斯林兄弟情谊,抵制泛阿拉伯主义。宗教和知识界人士不对某国的政治经济负责,根本无须考虑各国民族利益,津津乐道的是"伊斯兰一体化"。

战前,泛伊斯兰主义运动虽有"世界穆斯林大会"的活动,但缺乏资金,也没有常设机构、活动中心,泛伊斯兰主义主要体现在一些民间德高望众的伊斯兰宗教学者活动上,寄托于没落的封建主的支持。而新泛伊斯兰主义形成三大世界性组织、大小不一的活动中心,这些组织和中心,无论是官方的还是民间的,都得到新独立的穆斯林国家经济上的全力支持,特别是70年代以来,获得盛产石油的利比亚以及沙特等海湾国家的石油美元的支持,资金充裕。新泛伊斯兰主义既有来自官方的自上而下的倡导,也有穆斯林民众自下而上的支持。上下联动使新泛伊斯兰主义显得颇有生气。

(二)伊斯兰复兴运动

因其主张复兴伊斯兰教原初精神,又称伊斯兰原教旨主义运动。**原教旨主义是指伊斯兰教中要求遵守伊斯兰教基本教义,并用这些教义来约束和规范穆斯林社会与生活的思潮或运动**。这种要求返回经典、正本清源、摒除芜杂的主张,也有称宗教复古主义。伊斯兰复兴运动就其广度和深度来说,是伊斯兰文明向西方作调整的最新阶段,它是在伊斯兰教而不是西方意识形态中寻求"解决办法"的努力。它体现了对现代性的接受,对西方文化的摒弃,以及重新把伊斯兰教作为现代世界中生活的指导来信奉。

内外原因。从内部看是穆斯林国家社会经济矛盾加深的结果。穆斯林国家在专制统治下,上层照搬西方模式,实行经济自由化政策,利用特权聚敛财富,投机商乘机巧取豪夺。广大中、下层穆斯林获利甚少,特别是大量农民破产,涌入城市沦为贫民。大批青年失业,两极分化日趋尖锐,社会失去平衡,世俗化、现代化与原有的社会传统严重失调,造成十分尖锐的社会矛盾。广大穆斯林普遍感到前途无望,希望从伊斯兰教教义中寻找出路改革社会现状。原教旨主义在这些国家拥有广阔市场,得以迅速发展。**从外部看是国际形势剧变的产物,是对现存国际政治经济秩序的挑战**。二战后,美、英等国支持以色列侵略扩张,使大片阿拉伯领土沦丧,几百万巴勒斯坦人失去家园,沦为难民,流落他乡;黎巴嫩内战、两伊战争都有帝国主义、霸权主义插手,造成战争长期不息;前苏联推行霸权主义政策,公然武装入侵阿富汗,使广大穆斯林深受其害。冷战结束,苏联解体,美国成了世界唯一的超级大国,推行霸权主义和强权政治肆无忌惮。强权政治和霸权主义干涉与渗透,激起广大中东穆斯林民众挣脱外部枷锁、重振伊斯兰雄风的强烈愿望。[1]

两大思想源泉。一是 9—11 世纪的罕百里教法学派及 14 世纪该派著名教法学家伊本·泰米叶。他们的主要思想是,坚持伊斯兰教的一神信仰,反对世俗化和腐败现象,维护伊斯兰教的纯洁性。二是早年四大哈里发时期的社会实践和历史经验。这一时期备受当代伊斯兰原教旨主义者的重视,因为四大哈里发为先知穆罕默德的同代人和直传圣门弟子,他们当政时期,国家刚诞生,人际关系较为平等,以他们为楷模,足以反衬当

---

[1] 向祖文:"论伊斯兰原教旨主义",《世界经济与政治》,1996 年第 12 期,http://euroasia.cass.cn/news/146180.htm。(上网时间:2015 年 6 月 7 日)

今不合理的社会现实。①

发展阶段。在伊斯兰史上，伊斯兰复兴运动是一种周而复始的宗教现象，每当社会向前发展，出现了信仰松弛、道德沦丧、消极腐败等为伊斯兰教所谴责的现象时，伊斯兰教界内部就会兴起宗教复兴思潮，伴之以复兴运动，如 14 世纪由伊本·泰米叶倡导的宗教复兴运动，18 世纪阿拉伯半岛的瓦哈比运动，等等。

进入近现代，伊斯兰复兴运动分为两个时期。一是 1928 年埃及穆斯林兄弟会创立到 20 世纪 60 年代末。以哈桑·班纳为首的埃及穆斯林兄弟会以伊斯兰教为旗帜，同帝国主义、殖民主义和本国的封建主义做斗争，提出包括平等、公正、反对剥削、压迫、改善人民生活等在内的各种社会、政治、文化主张。期间，伊斯兰复兴运动曾同以纳赛尔为首的埃及民族主义者有过短暂合作，后因政见不同，合作关系破裂。1954 年，埃及政府取缔穆斯林兄弟会，许多领导人被捕。此后，其他国家的兄弟会组织也多被迫转入地下。**二是 20 世纪 70 年代至 21 世纪初**。伊斯兰复兴运动在 20 世纪 70 年代重新兴起，它认同历史上一切宗教复兴运动，视为它们的继续和发展，但在广度或深度上都大大超越历史上的伊斯兰复兴运动。伊朗宗教领袖**霍梅尼宣布，"不要东方，不要西方，只要伊斯兰"；埃及穆斯林兄弟会喊出了"伊斯兰是一切的解决办法"的口号**。他们都主张通过伊斯兰道路来改善穆斯林世界的落后面貌。1979 年，伊朗发生推翻巴列维政权的"伊斯兰革命"，在阿拉伯世界和伊朗等地相继出现数以百计的公开或秘密的伊斯兰政党、派别和组织，一些被取缔的伊斯兰政党、组织，包括穆斯林兄弟会相继恢复活

---

① 吴云贵：《伊斯兰教法概略》，中国社会科学出版社，1993 年 2 月版，第 292 页。

动,这些非官方的宗教组织成为伊斯兰复兴运动的鼓吹者、领导者和组织者。[①] 另外,70年代的石油繁荣也刺激和推动了伊斯兰复兴运动,它大大地增加了许多穆斯林国家的财富和权力,并改变了它们与西方之间存在的支配和从属关系,由对西方文化的狂热转向倾心于自己的文化。沙特、利比亚等一些穆斯林国家利用石油财富在非穆斯林社会中支持穆斯林坚持伊斯兰教的地位和重要性。

思想主张。一是持强烈的反西方立场。当代伊斯兰原教旨主义者坚信,是西方的殖民统治致使大多数穆斯林国家经济文化落后,在世界上的地位下降,而且穆斯林世界西方化趋势对伊斯兰教构成严重威胁,社会腐败了,所以反对包括世俗化、民族主义、资本主义等一切西方"舶来品"。**霍梅尼主义是这场伊斯兰复兴运动的典型代表**。1979年伊朗伊斯兰革命推翻了支持现代化、反教权和神权的伊朗国王穆罕默德·礼萨·巴列维,经过全民公投,霍梅尼成为国家最高领袖。他掌权后,在国内,全面禁止西方文化,禁绝所有西方的文化娱乐,关闭舞厅和酒吧,音乐和影视等娱乐不得违背伊斯兰价值标准。在对外关系上,霍梅尼反对伊朗与东方集团或西方集团建立亲密关系,认为穆斯林世界应该自成一角或汇合成一个单一、团结的势力。二者中,霍梅尼对西方的仇恨尤烈,西方被视为魔鬼的家园,美国被视为最大的"撒旦",是伊斯兰民族的首要压迫者和敌人;以苏联为首的东方集团也被视为异己、甚至敌对的力量。霍梅尼主义认为,正是东西方的帝国主义将不公正的世界秩序

---

① "伊斯兰复兴运动", http://baike.baidu.com/link?url=Eprtp2i5FU4VTZ7_-vzgWTVe2u-AaFM-7dhFJlaW9rTSPrsBZ3Z4a53acxRAtZulcCDljzgGON3lYHc0e9rOOa。(上网时间:2015年6月7日)

第三章　当代——1979 年至今穆斯林世界应对"全球圣战主义"时期

强加于穆斯林国家，并使穆斯林世界分裂成许多国家，因此必须解放被占领的家园，以恢复穆斯林世界的统一。[①] **二是建立一个独立自主、平等、正义、没有剥削和压迫的理想的政治制度。**当代伊斯兰原教旨主义者坚信，必须以渐进的合法斗争或暴力夺取政权的方式，推翻本国"不义"的统治者，建立一个以《古兰经》、圣训为基础的"名副其实的伊斯兰国家、伊斯兰制度、伊斯兰秩序"。他们认为，实现上述政治目标，需要漫长过程，在此过程中，应创造条件逐步实现国家政治、社会和个人生活的"伊斯兰化"——即强调穆斯林个人要忠于信仰，谨守教规，以教法和宗教道德来规范自己的言行；虔诚、博学的穆斯林学者要以经训为据，创造性地解决各种社会问题，特别是经济体制、经济理论、发展模式、发展道路问题；坚信穆斯林各民族有一条既非东方、亦非西方的独立发展道路。**他们认为，伊斯兰教主张现代化，反对盲目照搬西方道路，现代化不等于西方化。**

运动主体。伊斯兰复兴运动规模巨大，社会各个阶级、集团皆受牵动，持各种不同立场、观点、动机的人群纷纷卷入其中：既有以穆斯林兄弟会为首的传统派，又有主张合法斗争的温和派，也有从事恐怖活动的激进派。**传统派**反对使用暴力手段，对外主张独立自主，对内主张发展民族经济和文化，强调用伊斯兰精神教育国民，振兴民族。他们深入社会底层，到贫穷落后的乡村和街区，利用清真寺广泛宣传伊斯兰教的平等、互助思想，不断扩大伊斯兰教的影响。**温和派**力图以合法的身

[①] "霍梅尼主义是什么"，http：//zhidao.baidu.com/link?url = RryemaqP49N08VV7 - uOJHBBmIgRp08t6bHfXXVSeY81dU2M1JThOPVf3y5b9IPagkoLZPeOz83qx7ezv2vbu0K。（上网时间：2015 年 6 月 7 日）

份进入议会和政权机构,在现行政治体制的框架内进行变革,以期实现伊斯兰社会的理想。冷战结束后,流行全球的政治改革与民主化之风也吹进穆斯林世界,迫使中东的威权主义者以及专制的君主们放松对社会的控制,将更多的阶层纳入政治秩序、扩大政治参与。**激进派**是穆斯林民众面对不断恶化的政治、经济和社会文化环境而强烈要求回归伊斯兰传统,并以鼓吹"圣战"、诉诸武力手段而施加政治影响的激进势力,行为主体是政治上不得志的知识分子、青年学生和出身下层社会的年轻人。他们迫切希望改变社会现状,改变自己受压制的社会地位,热衷于绑架、暗杀、爆炸、劫机等恐怖活动,把政府设施作为特定攻击目标,袭击政府官员,同时绑架和暗杀外国游客、侨民、新闻记者、外交官。他们力图通过这种恐怖手段迫使西方国家放弃对本国政府的支持,切断外国财政援助,使本国政府陷入更深刻的政治经济危机。[①]

伊斯兰复兴运动最主要的政治力量来自青年学生。有两方面因素:第一,青年学生在衰败的资本主义与半封建主义的混合经济中,地位最不稳固,前途至为暗淡。一方面,由于资本主义工业化的需要,许多穆斯林国家大力发展教育,造就了一大批新一代的高中及大专学生。过去,大学生大多来自西化精英阶层,但20世纪70年代后,越来越多城市小资产阶级、小地主的子弟有了上大学机会,他们较少西化,较多保存传统宗教信仰及习惯,而且往往因为受到西化精英的排挤而更自觉地强化传统身份,连一些女大学生也以戴面纱为荣。另一方面,这些学生在毕业后不容易找到较好工作。在阿尔及利亚,由于

---

① 向祖文:"论伊斯兰原教旨主义",《世界经济与政治》,1996年第12期,http://euroasia.cass.cn/news/146180.htm。(上网时间:2015年6月7日)

好工作往往被说法语的上层阶层所垄断，原教旨主义成为不少只说阿拉伯语的中下层学生的斗争旗帜。此外，还有一大批没能升上大学的中学生，他们更陷于一种进退维谷的境界。第二，80年代以来如雨后春笋般涌现的经文学校成为原教旨主义温床。在巴基斯坦，1982—1992年，人口增加了33%，但基本设施只增加6.9%，许多人都没有受教育的机会。许多原教旨主义者借着雄厚财力（许多人从事毒品买卖）建立了不少经文学校，并得到当时的统治者齐亚·哈克将军的赞助。1971年，巴基斯坦只有900所经文学校，但到了齐亚将军统治晚期，已增至8000所，另有25000所没有注册。这些提供免费食宿的经文学校成为穷人子弟受教育的唯一机会。这些学校以严厉校规整治学生，长年禁止外出并只能在校诵经，许多学生一直到成年都不让见女性。这种封闭教育方式培育了一大批缺乏独立思想的狂热宗教信徒。

两大特征。第一，**走向国际化**。伊斯兰教具有普世性，此轮伊斯兰复兴运动进一步发挥了伊斯兰教的普世性和超国家、超民族性，成了一种国际性政治思潮，遍及整个穆斯林世界。20世纪80年代中期以前，伊斯兰复兴运动主要集中于西亚和北非的少数国家，伊朗和埃及是其活动中心。80年代中期以后，伊斯兰复兴运动愈演愈烈，逐渐形成从中亚经伊朗至阿拉伯再到北非马格里布的原教旨主义动荡弧地带，南亚、东南亚也包括其中，呈现出前所未有的多中心化和国际化趋势。**第二，波及全方位**。政治上，提出"宗教政治化、政治宗教化"主张。主要表现为：一是净化信仰，消除腐败，把生活中出现的种种问题都归结为信仰问题，笃信"宗教兴则民族兴"理念，主张强化信仰来解决现实的社会政治问题。二是重建伊斯兰国家。伊斯兰原教旨主义势力在使用暴力手段的同时，注意利用民主和自由等口号,重视做下层群众工作,扩大社会基础,以最终建立一个教权至上的政教合一神权政体。**经济上,提倡按照经训原则,建立新的伊斯兰经济秩序和伊斯兰共同市场**。主张公平分配,反对高利贷非法收入,建立"无利息银行",将天课作为税收来源。**法律上,提出必须恢复伊斯兰法制**。认为当代穆斯林世界在政治、经济和社会生活中出现的种种问题,根本原因是以世俗法制代替宗教法制,因此必须以伊斯兰教法为国家和社会的根本大法——只有真主才是统治者和立法者。**社会生活中,强调伊斯兰传统和价值观**。大力推行伊斯兰宗教教育,弘扬伊斯兰文化,要求舆论工具及新闻媒介宣传国家的伊斯兰属性。宗教语言、宗教情感、宗教象征在日常生活里被广泛运用,许多穆斯林包括青年知识分子,又以穿起伊斯兰传统服装为荣,并醉心于研究伊斯兰教教义。[①]

后果。伊斯兰复兴运动不仅冲击以中东地区为核心的穆斯林世界,到1995年,除伊朗外,每个穆斯林人口占优势的国家在文化、社会和政治上都比15年前更伊斯兰化,它还超越意识形态界限,向非穆斯林国家蔓延。不过,伊斯兰复兴运动主张复古倒退,无法根本解决现代穆斯林社会面临的各种问题。他们没有认识到近现代穆斯林世界的衰落在于其政治和经济制度的落后,反而归结为宗教信仰上违背了伊斯兰教原初教义和穆罕默德时代的行为准则,从而得出只要在宗教上回归到伊斯兰原初教义和穆罕默德时代的社会,就能一劳永逸地使穆斯林彻底摆脱困境。实际上,政治与宗教的二元分离是现代化的必要前提,伊斯兰复兴运动的致命弱点在于,它不是在摆脱而是在

---

① 向祖文:"论伊斯兰原教旨主义",《世界经济与政治》,1996年第12期,http://euroasia.cass.cn/news/146180.htm。(上网时间:2015年6月7日)

强化政治与宗教的共生关系，严重脱离当今社会发展的现实。①

（三）"全球圣战主义"

1979年，穆斯林世界发生三件大事，即伊朗"伊斯兰革命"、激进分子占领沙特麦加大清真寺、阿富汗战争爆发，标志着伊斯兰原教旨主义势力正式登上国际政治舞台，并成为一股不能小视的力量，且比历史上任何一次伊斯兰复兴运动影响都深远。其中，特别是阿富汗战争揭开了穆斯林激进势力掀起"全球圣战主义"浪潮的序幕——80年代，各国穆斯林圣战者（日后被统称为"阿富汗阿拉伯人"）响应"讨伐异教徒"口号，蜂拥至阿富汗，投身抗击苏军的"圣战"行列。

1. **"圣战主义"思想**。在阿富汗战争中，各国圣战者衍生出"圣战、殉教"文化——将"圣战"神学观转变成捍卫伊斯兰教和穆斯林事业的"圣战主义"思想，造成"圣战"观军事化，并强化了他们靠组织能力直面和打败异教徒的信心。90年代，"圣战、殉教"文化又传播到波斯尼亚、车臣、伊拉克等国家和地区。

基本主张。圣战者从"认主独一"宇宙观出发，认为宇宙万物皆为安拉所创，人类社会秩序为安拉所定制，相信精神与物质、政治与宗教、国家体制与宗教法制无从分割，皆以独一的安拉启示为据，系安拉意志之体现，国家与人类社会只有遵循源自安拉启示的、神圣的伊斯兰教法，才能不偏离正道，建立一个公正、理想的国家政权和社会制度，保障穆斯林大众今生和后世的福利，

---

① 向祖文："论伊斯兰原教旨主义"，《世界经济与政治》，1996年第12期，http://euroasia.cass.cn/news/146180.htm。（上网时间：2015年6月7日）

国家与社会才能兴旺发达、长治久安。因此，他们秉持"圣战主义"思想，在意识形态上，竭力排斥一切不符合经训、教法的思想学说，力求以伊斯兰教原旨教义作为衡量一切、是非的标准；在政治上，彻底否定世俗、政教分离的国家体制，特别强调夺取政权——或是依靠国家权力来实现伊斯兰教法统治，或是颠覆、破坏和推翻世俗政权并建立政教合一的伊斯兰国家；在社会生活中，反对西方化、世俗化，全盘推行伊斯兰化，反对法制世俗化，实行法制伊斯兰化；宣扬进行"圣战"，主张诉诸行动；否定现存国际秩序，建立伊斯兰世界体系。

2. "哈里发学说"[①]。在阿富汗战争中，各国穆斯林圣战者

---

① **中世纪伊斯兰政治观**，系由马瓦尔迪（al-Mawardi，1058年去世，重要的伊斯兰政治思想家）、安萨里、伊本·泰米叶等学者所系统阐述，**以王权与教权的结合为主要内容，它的核心是"哈里发学说"**。主要有5种不同观点：**一是"正统哈里发学说"**。由后世学者在总结四大哈里发时期的国家体制基础上提出，认为政教合一的"哈里发制"是唯一公正、合法的政治制度，国家主权仅属安拉，教法为最高指导原则；国家即以穆斯林大众联合而成的共同体"乌玛"，尊重民意、维护民众的利益为国家的根本宗旨；以穆斯林大众推举方式产生哈里发，为安拉使者在世间的代理人，凡德高望重、主持正义、信仰虔诚的穆斯林可任此职。**二是阿巴斯时代的"哈里发学说"**。马瓦尔迪等为驳斥哈瓦利吉派、穆尔太齐赖派和什叶派政治观点而提出。既坚持"正统哈里发学说"某些原则，又据新的时代条件作了某些新的解释，**以王权与教权相结合为特色**。其修改包括：以君主与臣民间的契约制来代替哈里发推举制，可以废黜不义暴君方式取得哈里发位置，哈里发需精通教法，民众必须绝对服从，不得犯上作乱等。这一时期的"哈里发学说"最为系统、完整。**三是"象征哈里发学说"**。安萨里为协调有名无实的阿巴斯王朝哈里发与握有实权的地方苏丹政权（强侯）的关系而提出，认为哈里发仅为权威的象征，但为了穆斯林大众的最高利益，仍须坚持义务性的"哈里发制"；教法"命人行善，止人作恶"的宗旨须以强权为保障，这一强权制度即苏丹制，但苏丹为哈里发的臣属，苏丹只要在名义上宣誓效忠哈里发，即为合法；哈里发不一定精通律法，在教法事务上应尊重教法学家的意见。**四是"没有哈里发的哈里发学说"**。伊本·泰米叶在阿巴斯王朝灭亡后所提出，并对这一学说加以全面修正："哈里发制"不复为义务性制度，代行安拉权力的职责，

第三章 当代——1979年至今穆斯林世界应对"全球圣战主义"时期

在头脑中播下"全球圣战主义"种子。既然阿拉伯人可以来援助阿富汗同胞,那他们为什么不能为塔吉克人、克什米尔人、菲律宾人、波斯尼亚人、车臣人、伊拉克人而战呢?由他们组成的"阿富汗阿拉伯人"是伊斯兰大团结的先锋队,抛弃了民族主义,期盼建立统一整个穆斯林"乌玛"的"哈里发国家"。早期伊斯兰政治思想没有发展出一整套民族—国家观念,民族—国家观念是西方列强在奥斯曼帝国解体基础上强加给中东和北非地区的。近现代以来的各股政治伊斯兰思潮都在寻求重建一个辉煌的过去——历史上的四大哈里发时期(632—661年),这是许多穆斯林激进运动视为伊斯兰史上曾经存在过的一个真正伊斯兰社会的时期。[①]

"基地"组织、"伊斯兰国"(IS,又称 Daesh/达阿什)等激进"萨拉菲派"组织都寻求一个共同的终极目标,那就是重建历史上的"哈里发国家",废除穆斯林土地上的边界,根据

(接上页)自先知去世后便转移至教法学家,他们有权重释教法,以适应新情况;握有实权的苏丹虽非哈里发,但据圣训,有权实施教法、维持社会治安;一个时代可同时有几个各自为政的哈里发,哈里发不一定出身于古莱什部落,无须有高尚的品德、渊博的知识,这些严格要求有悖伊斯兰精神,以契约制代替哈里发推举制。**五是"苏丹即哈里发学说"**。奥斯曼帝国时期的政治学说,以君权神授论为基础,认为苏丹制与"哈里发制"实为一个,只是称谓不同。苏丹是安拉在大地上的"影子",为世间的"绝对主宰"、"世界的统治者"。奥斯曼帝国末期一度以泛伊斯兰主义为理论依据,宣称苏丹为"信仰者的统帅"、"全世界穆斯林的哈里发",号召以"圣战"抗击西方殖民者。("伊斯兰政治观",http://baike.baidu.com/view/959016.htm。上网时间:2014年10月3日)

① Ludovico Carlino, "Shared Ideologies: Islamist groups' common objectives", *Jane's Intelligence Review*, May 2015. 作者是《简氏情报评论》国别风险分析与预测小组的中东北非问题专家。

"沙里亚法"治国（特别是在刑法、民法方面）。这些组织坚信，通过废除民族—国家边界后，穆斯林社会将再度成为一个真正的"乌玛"，将自动实现穆斯林对全球的统治目标。

在实现终极目标的方式上，"基地"组织与"伊斯兰国"存在分歧。"基地"组织是先使穆斯林激进化，然后再去推翻当权者。对"基地"组织而言，民众支持是建立一个理想"哈里发国家"的前提条件，这就意味着全体逊尼派穆斯林必须先激进化。本·拉登、扎瓦希里一向自认为是反对现政权、倡导无疆域全球"圣战"运动的先锋，其行动最终将唤醒逊尼派穆斯林起来反抗不公的阿拉伯统治者。与此同时，"基地"组织强调，通过攻击"远敌"（美西方）来削弱"近敌"（当地政权），即袭击西方国家及其在穆斯林世界的利益，从而最终迫使西方放弃对阿拉伯现政权的支持。"基地"组织各地区分支的职责是，动员民众推翻"近敌"，并向"远敌"发动袭击。2011年"阿拉伯半岛'基地'组织"在也门宣布建立伊斯兰国家时，遭到本·拉登的批评，因为他认为建国的必要条件还没有达到。另外，本·拉登致力于挑起西方军事干预阿富汗，迫使西方部署地面部队，将其精疲力竭后，一旦要建立"哈里发国家"的话，这些部队将难以用来对付"哈里发国家"。

"伊斯兰国"认为，自己以先知穆罕默德为榜样，先建立一个由忠实追随者组成的小社团，占领一片土地，然后通过武力向外扩张。"伊斯兰国"宣称，2014年6月宣布成立的"哈里发国家"是"走在先知的道路上"，旨在防止任何暴政利用安全机器"打垮伊斯兰运动"，并最终向暴政发动更大规模的袭击行动。"伊斯兰国"的目标是，先巩固叙利亚和伊拉克的"哈里发国家"，然后对外扩张。"伊斯兰国"认为，自己可以动用武力反对各种对手，如外国人、什叶派穆斯林，甚至还有反对"伊斯兰国"统治的逊尼派穆斯林。"伊斯兰国"敦促各"圣战"组织步其后尘，在中东和北非各地制造动乱。随着动乱的蔓延，"近敌"将陷入动荡局面，从而让"伊斯兰国"填补权力真空，最终实现领土的扩张。"伊斯兰国"远期目标是，全球穆斯林向巴格达迪宣誓效忠："随着哈里发的权威扩张，其军队所到之处，所有酋长国、组织、国家、团体的合法性俱将无效。""伊斯兰国"规划着数年后占领西亚、北非、西班牙、中亚、印度次大陆全境乃至中国新疆。

二、20世纪90年代以来的"中正"思想

90年代，"圣战"热点丛生，主要有四次重大冲突：始于1992年的阿尔及利亚内战，由参加阿富汗抗苏"圣战"的"阿尔及利亚阿富汗人"为核心的激进势力发动，10年间造成20万阿尔及利亚人丧生，100万人流离失所，还有许多人失踪。[①] 1992—1995年爆发的波黑战争，来自沙特阿拉伯、巴基斯坦、阿富汗、约旦、埃及、伊拉克和巴勒斯坦的外国穆斯林圣战者赴波斯尼亚中部和北部打击异教徒。1994—1996年、1999—2002年两次车臣战争爆发，来自阿富汗、巴基斯坦、波黑、中东地区的外国圣战者进入车臣开展反俄"圣战"。1997—1999年科索沃战争期间，数百名至数千名来自中东和比利时、英国、德国、美国、法国等国圣战者加入科索沃解放军，同塞族军队作战。同一时期，即从1992年起，"基地"组织恐怖网迅速壮大，将"圣战"推向全球，开始针对西方、主要是美国人发动

---

① Kamel Daoud, "The Algerian exception", *International New York Times*, May 30–31, 2015.

恐怖袭击。其中，1993年第一次美国纽约世贸中心爆炸案、1998年美国驻肯尼亚和坦桑尼亚两座大使馆爆炸案是典型代表。进入21世纪，2001年发生"9·11"恐怖袭击后，激进分子在全球的暴力恐怖活动愈演愈烈。在这样一种背景下，**从90年代起，穆斯林世界有识之士秉持"中正"思想，力图从宗教思想层面反击"圣战主义"思想，振兴伊斯兰文明。**

（一）"中正"思想源于《古兰经》、圣训

伊斯兰教是坚守中道的宗教。中道就是中正之道，是伊斯兰教的正道。"中正"一词是阿拉伯语"瓦索托"的汉译，具有不偏不倚之意。伊斯兰教提倡的中道，主要是指凡事都要持中正、均衡的原则，当行则行，行止有度，不要过分，反对偏激和极端。伊斯兰教基本教义中有大量坚守中道、反对极端的思想。《古兰经》云："**我这样以你们为中正的民族，以便你们作证世人，而使者作证你们。**"（2：143）"真主的确不喜爱过分的人。"（5：87）中正意味着端正。《古兰经》首章，穆斯林每天拜功中都要反复诵念的"法蒂哈"中，"求你引导我们上正路，你所佑助的路，不是受谴怒者的路，也不是迷误者的路。"（1：6—7）。这里的"正路"，乃中国穆斯林经堂语中讲的"端庄之路"，即"中道"；而"受谴怒者"和"迷误者"的路，则是过激或怠慢的极端之道。既不可不及，也不可太过。"受谴怒者"就是那些在明知真理之后又背离真理以致遭真主怒恨的人。"迷误者"就是那些在自己的信仰中过度以致迷误的人。**先知穆罕默德说："万事以中正为佳。"**"你们谨防宗教上的过激，你们之前的民族就因为宗教上的过激而灭亡。"著名伊斯兰学者阿卜杜拉有一段名言："真主的教门是在两个极端之间的中庸，是在

两种迷误之间的正道；是在两种虚安之间的真理。"①

（二）"中正"思想在当代的主要内涵②

一是开展教法创制，实现宗教维新，摆脱长期形成的保守僵化思想的束缚。在此过程中，需要避免两种过激思想倾向：一是极端的保守思想，一是极端的变更思想。一方面，长期以来，阿拉伯国家普遍为保守僵化思想所困，缺乏文化创新的活力，尤其在宗教思想领域，甚至是谈"新"色变。另一方面，一些人又试图以维新的名义变更伊斯兰文化的基本属性，动摇甚至废除伊斯兰文化的根基，他们要变更穆斯林民族的朝向和经典，让他们不再朝向麦加，不再尊奉《古兰经》，而是追随西方，甚至克尔白天房的石料也要以欧洲的舶来品更新。

伊斯兰教要不要维新？伊斯兰文化要不要更新？回答是肯定的，因为文化更新和宗教维新，既是《古兰经》和圣训中所倡导的一项基本精神，也是伊斯兰教和伊斯兰文化历久弥新、充满活力的奥秘所在。圣训曰："**真主每过百年都会为这个民族派遣维新家维新宗教**。"（艾布·达吾德）这段圣训实际上明确表达了伊斯兰教需要不断地得到维新。"中正"思想强调，要实现当代伊斯兰文化的更新与重构，**需要不断更新的，不是真主的法度，不是《古兰经》**，而是穆斯林对真主法度的执行与实

---

① 云南省伊斯兰教协会会长马开贤："强化伊斯兰教中道思想，正确阐释伊斯兰教经典，积极推动云南省伊斯兰教事业健康发展"，郭承真主编《伊斯兰教中道思想研讨会文集》，宗教文化出版社，2015年12月第1版，第69—70页。

② 材料引自：丁俊："远离极端 走向中正——当代伊斯兰中间主义论伊斯兰文明的重建"，郭承真主编《伊斯兰教中道思想研讨会文集》，宗教文化出版社，2015年12月第1版，第91—93页。

践，是对《古兰经》的理解，要正确理解真主所创造的宇宙万象及其规律，正确理解真主所制定的"沙里亚法"。明确这一点很重要，因为那些反对文化更新与宗教维新的人，往往会理直气壮地诘问：难道要变更真主的法度，更新永恒的《古兰经》吗？

伊斯兰文化的更新与伊斯兰教的维新，既是全体穆斯林的共同使命，同时也是当代穆斯林世界最为迫切的当务之急，使穆斯林与时俱进，跟上时代的发展。"中正"思想还强调，**当代伊斯兰文明的重建与文化的更新，需要从内部进行，而不能由外力强加**。最为直接的方法和途径，就是重启教法"创制"这一更新机制，使其有效运转，从而为伊斯兰教和伊斯兰文化注入活力，使其长盛不衰；还要高度重视教育在文化更新中的作用，只有成功的教育才能培养出大批具有健全人格和文化更新能力的青年一代。

二是吁请广大穆斯林敞开心胸，从狭隘封闭走向宽容开放。"中正"思想认为，宗派主义和门户之见，是蒙昧时代的不良习气，与伊斯兰教所倡导的宽容仁爱精神背道而驰。真正的穆斯林，应当是尊重异己、接纳他者的人，是宽容开放、包容万象的人，是胸襟博大、心怀天下的人。这是因为：首先，伊斯兰教信奉宗教与文化的多样性是真主的常道。在这种多样性中，体现了真主的意志和睿智，任何人都不可使其强求一统。其次，对于背信与迷误的公正裁决，并不是今世的事，也不是人的权利，而是后世的事，是真主的权利。第三，伊斯兰教强调全人类是同一个祖先的后裔，共同享有人的尊严，人类生而平等，并无高低贵贱之分。第四，穆斯林确信，真主在人世间的公正与仁慈是普惠的，无论人们信仰什么宗教，是穆斯林还是非穆斯林，都同浴阳光的温暖，同享真主的恩惠。

要建设中正和谐、宽容开放的当代伊斯兰文化,穆斯林必须从三个方面展现出宽容开放的精神:首先,要正确对待自己及自己所属的教派或团体,即要客观公正地评价自己,而不能自以为是,认为真理总在自己手里,而别人则总在错误甚至迷误中,要有自我批评的精神,要有虚心学习的精神,要善于倾听别人的意见,敢于承认自己的不足与错误。其次,要宽容对待教内的他者,确信穆斯林同信一个真主、一部经典,同尊一位先知,同向一个朝向。在此基础上,要包容不同派别、不同地域、不同国度穆斯林间的差异,并与不同派别开展理性的对话,求同存异,而不能随意否定他者,更不能将教内的异己断为叛教或异教。第三,要宽容地对待教外的他者,确信全人类同宗同祖,宗教与文化多元是正常的现象,并与各宗教、尤其是有经之人开展宗教对话,为人类的尊严与福祉而携手合作,共同努力。

2014年5月14日,中国伊斯兰教协会在新疆乌鲁木齐举行伊斯兰教中道思想研讨会,发出"坚守中道、远离极端"的倡议,引导穆斯林群众正信、正行,抵制极端。**当代中国伊斯兰教的特点是弘扬中道、彰显正气。**

第二节 "中正"思想代表人物

20世纪90年代以来,穆斯林世界以格尔达维为代表的宗教界有识之士,高举"中正"思想大旗,捍卫正信,反击激进主义,指出"当代暴力圣战者偏离了他们所遵循的伊斯兰中正传统"。[①] 共同点有二:一是在争夺穆斯林灵魂的思想战中,他们

[①] Michael Ryan, "The Salafist Challenge to Al Qaeda's Jihad", The Jamestown Foundation, *Terrorism Monitor*, Volume VIII, Issue 44, December 2, 2010.

成功地教育了穆斯林大众，在确保主流穆斯林保持温和、宽容性方面功不可没。二是他们都强调文明的多样性以及不同文明之间的对话，尤其是与西方文明的对话，主张伊斯兰与民主不冲突。"中正"思想成为穆斯林世界主流价值取向，顺应了世界和平与发展的历史潮流。但是，在这些"中正"思想代表人物中，我们还要看到，他们自身带有两面性，也持一些激进言论。

一、当代"中正"思想引领者格尔达维

格尔达维全名优素福·格尔达维（Yusuf al-Qaradawi），当今穆斯林世界最著名的伊斯兰百科全书式大学者、"中正"思想领头人、圣训学家、教法学家、宗教维新家、教育家，在穆斯林世界乃至西方国家影响广泛。

（一）当代"伊学"泰斗

少年教职人员。1926年9月9日，格尔达维生于埃及农村。其父是农民，母亲生于商贾之家。2岁时，父亲去世，留下他和母亲相依为命，是热心慷慨的叔父将他抚养成人。5岁时，他被叔父送往当地私塾接受伊斯兰传统教育，7岁进入公立学校学习算术、历史等现代科目，同时在私塾背诵和研习《古兰经》。9岁，他便能通背《古兰经》。因其吟诵《古兰经》优美动听，小格尔达维渐渐地在本村人眼中俨然成了"谢赫优素福"。14岁，他已正式在当地清真寺任伊玛目。

爱资哈尔大学梦。从公立学校毕业后，按理该参加工作，替抚养他多年的叔父减轻生活负担，叔父也劝他去学本领糊口。然而，少年格尔达维求知若渴，一心想进爱资哈尔大学追梦。与叔父多次交流后，他如愿以偿，先考入坦塔初级经学院。期

间，母亲去世。四年后，他升入坦塔中级经学院，毕业后前往开罗进入爱资哈尔大学伊斯兰信仰系。1953年，他从该系毕业，位列第108名。尔后，他报考两年制阿语专业，在500多学生中名列前茅，获得高级教师资格证书。1957年，他报考阿拉伯国际大学研究院，获得语言文学系高级资格证书。期间，他还报考伊斯兰信仰系圣训和经注专业研究生。该专业考试异常困难，一年后仅有他一人坚持下来。1960年，他学满三年后肄业。接着，他开始着手博士论文《伊斯兰天课》。此时正值埃及大动荡，1973年他才获博士学位。

笔耕不辍著述路。格尔达维认为，与埃及穆斯林兄弟会的联系使他关注穆斯林世界重大事件，并确立以全面复兴伊斯兰信仰为使命的生活目标。1954年，兄弟会被迫解散，不久格尔达维即被捕。期间，他发现各阶层穆斯林对伊斯兰的理解存在一定差异和误区，而要得到阐明和澄清，必须通过广泛的学术研究和著述来实现。于是，他毅然选择以著书立说来服务伊斯兰，先在《伊斯兰讲坛》和《爱资哈尔校刊》等杂志上发表文章，尔后走向著述道路。

格尔达维研究所有伊斯兰学科：经注、圣训、法学、原理、信仰、历史、苏菲派和伦理等；特别花时间研究"法特瓦"；重视从文学、历史、哲学、教育学、心理学、社会学、经济学等人文学科汲取营养；重视阅读其他宗教、当代各信仰派别以及伊斯兰反对者们的著作。迄今，其著140余部，最著名的当属：《伊斯兰中的合法与非法事物》《现代协商制度》《世界与霸权》《中正论及其面貌》《当代法学决议》《伊斯兰之窗》《天课论》《行动中的伊斯兰教育》《伊斯兰中的优先选择》《信仰与人生》《伊斯兰总体特色》《觉醒》《我们怎样与〈古兰经〉交往》《伊斯兰——最终的需求》《我们时代教法决议要改变的若干原因》《论圣战》等。他的许多著作被视为当代伊斯兰法学权威，有的再版数十次，不少被译为英、法、马来等多种文字。他的学术论文、讲座、演讲和讲课，更是难以计数。①

客居卡塔尔潜心教育事业。因受埃及政府打压，格尔达维一直客居卡塔尔：1961年前往卡塔尔任教；1973年博士毕业后受聘于卡塔尔大学，负责筹建该校伊斯兰研究系并任系主任；1977年创建卡塔尔大学伊斯兰法学系并任系主任至1990年；1990—1991年曾被借调到阿尔及利亚大学工作。返回卡塔尔后，他又创建卡塔尔大学圣训与圣史研究中心，并任中心主席至今。

（二）穆斯林兄弟会创始人哈桑·班纳的追随者

当年，班纳在开罗时，格尔达维正是坦塔经学院学生。班纳多次到该院发表演讲，格尔达维每场必到。他满怀激情地追寻班纳足迹，前往其所到之处聆听演讲，几乎读遍班纳的所有文章。后来，他谈到自己对班纳的印象："无论讲话还是为文，真主都赋予他深入浅出地影响他人心智的能力。他是一位集天赋和后天博学于一身的导师与演讲家：博学多识，主办《流星》月刊，在经注、信仰、圣训术语、伊斯兰历史遗迹、伊斯兰原则（如社会制度）等方面均有论述精辟的文章问世。"②

满腔热忱地投身兄弟会事业，四度被羁押。少年格尔达维正

---

① 丁俊："格尔达维的中间主义思想研究"，《阿拉伯世界研究》，2009年5月，第68页。

② "Muslim Brotherhood godfather Sheik Yusuf al–Qaradawi is troubling face of Egypt's possible future", Feb. 20, 2011, http://articles.nydailynews.com/2011-02-20/news/28634943_1_muslim-brotherhood-qaradawi-al-jazeera.（上网时间：2011年4月7日）

处世界发生巨大变革时代。后来，他曾追忆当年亲身经历和感受：
"全球范围看，首先是第二次世界大战给人们的物质、思想、道德生活造成巨大影响。随之而来的是埃及乃至整个阿拉伯世界的觉醒，开始反抗殖民、特别是英国对埃及的殖民统治。同时，以色列对巴勒斯坦和阿拉伯领土的图谋日显，最终建国。"于是，少年格尔达维开始满腔热血地投身历史洪流：创作诗歌，发表演讲，参与领导示威游行，挨过军警棍棒，在警局过过夜。他说："与兄弟会的交往，使我从爱好诗歌和文学转向致力于正确理解和信仰伊斯兰，并为之奋斗一生。与兄弟会的联系也使我四度入狱。第一次是1949年，监禁约10个月。第二次是1954年1月，监禁两个半月。第三次是1954年11月，长达20个月。第四次是1962年6月，在单人牢房度过50个日夜。"[1]

多次拒任兄弟会最高领袖。格尔达维对兄弟会的一系列政治主张多有反思和批判，明确反对兄弟会的激进思想和做法："我不赞同班纳某些观点，如他反对多党制。我对库特卜的很多观点也持保留意见。"[2] 2002年以来，他多次拒绝兄弟会邀其担任最高领袖之请，称"任何运动都可能束缚我的手脚，即使是庇荫我成长的兄弟会，更愿意作为整个埃及的引路人，而不是某个特定组织领袖"。[3]

---

[1] "Muslim Brotherhood godfather Sheik Yusuf al – Qaradawi is troubling face of Egypt's possible future", Feb. 20, 2011, http：//articles. nydailynews. com/2011 – 02 – 20/news/28634943_ 1_ muslim – brotherhood – qaradawi – al – jazeera. （上网时间：2011年4月7日）

[2] 丁俊："格尔达维的中间主义思想研究"，《阿拉伯世界研究》，2009年5月，第70页。

[3] Madeleine Bunting, "Madeleine Bunting meets Sheikh Yusuf al – Qaradawi in Qatar", The Guardian, Oct. 29, 2005.

"阿拉伯之春"中曾回埃及。2011年2月18日，格尔达维重回埃及，受到英雄般欢迎。他在开罗解放广场向数百万民众发表公开讲话，号召民众支持革命，"革命尚未结束，不要让任何人窃取革命果实"，要求军政府立即释放被关押的数千名政治犯，解散效忠前总统穆巴拉克的内阁及解除对加沙地带的经济封锁。① 为此，他被一些观察家视为"埃及的霍梅尼"。

支持叙利亚反政府抗议运动。2011年3—4月，格尔达维在半岛电视台、CNN阿语频道上谴责巴沙尔·阿萨德政权无视清真寺的圣洁，在德拉的奥迈里（Al-Omari）清真寺前屠杀示威者；抨击叙利亚宪法，指出"阿拉伯复兴党的命运已随着萨达姆政权倒台而终结，极权主义政党统治的时代已告结束"；呼吁释放监狱在押犯，寻找逾1.5万名失踪者下落，准许成千上万的流亡者回国；最后批评叙利亚的法律规定——只要是穆斯林兄弟会成员就可以判处死刑，"此法律在世界上绝无仅有"。②

（三）"中正"思想旗手

一方面，格尔达维将复兴与革新融会贯通，思想与运动紧密结合，既吸取传统精华，又不拒绝现代文明，在穆斯林世界稳定与时代变革之间寻求平衡。其"中正"思想涵盖四大主题。

一是致力于文明对话，强调文明多样性。2009年11月11

---

① Dan Murphy, "Egypt revolution unfinished, Qaradawi tells Tahrir masses", Feb. 18, 2011, http://www.csmonitor.com/World/Middle-East/2011/0218/Egypt-revolution-unfinished-Qaradawi-tells-Tahrir-masses.（上网时间：2011年4月7日）

② "Hamas", April 11, 2011, http://www.terrorism-info.org.il/malam_multimedia/English/eng_n/html/hamas_e141_a.htmOverview.（上网时间：2011年4月27日）

日，格尔达维在首次访华期间接受中央电视台阿语频道采访。他指出，**伟大的真主以多样性为基础创造了宇宙**。伊斯兰教不允许强制人们信仰一种宗教并反对其他宗教，这是真主意欲的事实。"我不同意美国著名思想家亨廷顿在《文明的冲突与世界秩序的重建》中的观点。亨廷顿在书中指出，各种文明必然相互冲突，担心伊斯兰文明、中华文明相互接近、联合，然后威胁到西方文明，我反对该观点。**各种文明并不必然相互冲突，各种文明可以相互交融、相互获益、相互作用**。（历史上）印度人、波斯人、突厥人参与到伊斯兰文明中。**伊斯兰文明借鉴先前各种文明，是各种文明之集大成**。"

二是主张中正和谐，公正宽容。格尔达维称："人们认为相对应的事物相冲突，不可合二为一，如物质性和精神性、个人与集体、理智与启示、今生与后世、理想与现实。中正和谐就是将信仰与科学融于一体，将理性与经典协调一致，将今世与后世紧密相连，吸纳各种有益的新鲜事物，继承一切优良传统，**在目标与全局性问题上坚持原则，在方法与细节问题上灵活务实，使伊斯兰根本大法的恒数与时代的变数平衡协调，不忘历史，紧跟时代，展望未来**。"他主张进行"温和宗教宣传和简易教法决议，倡导文明对话、宽容异己以及循序渐进的变革；强调开展有条件的创制和有原则的创新，不过分、不夸大；讲团结，不分裂"。[①] 他在卡塔尔开办"格尔达维中庸振兴中心"，弘扬"中正"思想。

三是鼓励教法创制和宗教维新。他认为，没有与时俱进的教法创制，就没有今天的伊斯兰教法，"教法创制既是伊斯兰的

[①] 丁俊："格尔达维的中间主义思想研究"，《阿拉伯世界研究》，2009年5月，第69页。

天职，也是时代必需"。时空的变迁和社会的发展，"要求我们重新审视历史上曾经有过的一些观点或被采纳的意见。如果我们仍沿用那些观点，就会危害穆斯林，损坏伊斯兰形象。"格尔达维认为，生活在非穆斯林国家的穆斯林少数族群，在诸多问题上有特殊性，应考虑当地情形，相关教法应有灵活度，不能将伊斯兰法律强加于当地社会，他们还应服从当地法律和制度，哪怕它们与伊斯兰教法相左。[①]

四是阐明伊斯兰拒绝恐怖主义。格尔达维在《论圣战》一书中，阐明伊斯兰拒绝恐怖主义，拒绝暴力，号召和平，尊重人类的兄弟情谊。他宣称，"伊斯兰将人类视作一个家庭或者是一个家族。养育他们的主宰是真主，真主创造了他们；每个人都是一个家庭的孩子，都是独一真主的仆人。因此，人们不必相互战争。伊斯兰教只允许保卫国土、圣地的战争。如果没人侵犯我们，我们则应向他们伸出橄榄枝。""至于无缘无故杀人的恐怖主义，在伊斯兰教中则是非法的。即使在正式的战争中，穆斯林也不杀老弱妇孺。"他公开谴责"9·11"事件以及发生在埃及、阿尔及利亚、沙特、印尼等国针对无辜平民的恐怖袭击，认为各种打着伊斯兰旗号伤害无辜的恐怖行径和暴力活动都与伊斯兰教和平宽容的价值观背道而驰。

另一方面，格尔达维**坚定地反以（色列）、反美**。在20世纪90年代中期哈马斯主导的爆炸浪潮中，他是支持巴勒斯坦人开展自杀式袭击的首批宗教学者之一。他认为，以色列人不是平民，而是参加一场反巴勒斯坦人占领战争中的战士，"自爆身亡的巴勒斯坦人是为了保卫自己的家园。当他攻击一名占领军

---

① 丁俊："格尔达维的中间主义思想研究"，《阿拉伯世界研究》，2009年5月，第71页。

时，他攻击的是一个合法的目标。巴勒斯坦人有权保卫自己被不公正赶出的家园及其财产……巴勒斯坦人有权以一切手段抵抗侵占其家园的殖民主义。这是神圣法律、国际法、人类价值观赋予的一种合法权利。"[①] 巴勒斯坦妇女可以参加"圣战"，它是合法而必要的防御性"圣战"，"目的是保卫领土、国家和荣誉"。[②] 2009年1月，他公开表示，"祈求真主杀死所有犹太人。"此外，2004年，他发布"法特瓦"，呼吁穆斯林袭击驻伊美军，"伊拉克的所有美国人都是战斗人员，穆斯林应该袭击他们"，因此他被美政府拒绝入境。一些西方国家也因其支持巴勒斯坦事业而拒绝为他办理入境签证。

直言布什政府有五大缺点阻碍美与伊斯兰对话。2007年2月17—20日，第五届"美国与伊斯兰世界论坛"在多哈开幕，有230多位美国政治家及思想家与会，至少有34个穆斯林国家派代表赴会。格尔达维在开幕式上直言：布什政府有五大缺点阻碍美与穆斯林的对话，那就是"暴虐、傲慢、愚昧、贪婪与怨恨"，呼吁华盛顿放弃以武力统治世界的思想，拒绝"有一种文明优越于其他文明"的观点。格尔达维强烈批评美政府是敌视穆斯林的始作俑者，"美国在'红色威胁'瓦解后把伊斯兰当作第二个敌人的时候，它就成为敌视伊斯兰的始作俑者。"他痛斥美国对外政策的矛盾，"一方面，美国支持全世界的民主；另

---

① Haim Malka, "Must Innocents Die? The Islamic Debate Over Suicide Attacks", *Middle East Quarterly*, Spring 2003. 作者是美国布鲁金斯学会Saban中东政策研究中心研究员。

② "Qaradawi's Ominous Return to Egypt", Feb. 17, 2011, http://www.investigativeproject.org/2603/qaradawi-ominous-return-to-egypt. （上网时间：2011年4月7日）

一方面，当巴勒斯坦一个民主政府被选出来时，它又敌视这个民主政府（指2006年3月以来的哈马斯政府）。"

赞许爱资哈尔大学中止与梵蒂冈宗教对话做法。2011年元旦庆祝活动前夜，埃及亚历山大市一基督教堂遭汽车炸弹袭击，23人死亡，90多人受伤。教宗谴责这一暴力行径，要求外国势力保护埃及基督徒。爱资哈尔长老艾哈迈德·泰伊伯批评教宗的无理要求，责其干涉埃及内政。1月20日，爱资哈尔大学伊斯兰研究院决定中止该院与梵蒂冈的宗教对话（双方每年举行两次宗教对话）。对此，格尔达维深表赞许。1月23日，在卡塔尔半岛电视台《教法与生活》节目中，他说："当爱资哈尔决定中止与梵蒂冈的关系时，爱资哈尔发出了它该发出的声音。在梵蒂冈教宗不断发出诋毁伊斯兰言论以来，我们所有人都期待爱资哈尔做出这样的决定。"他谴责教宗，"怎么说出这样的话，甚至煽动中东基督徒制造事端，呼吁外国势力对中东基督徒加以保护。这些言论完全是在无理干涉中东国家和人民的内部事务。"[①]

（四）为伊斯兰教的发展殚精竭虑

格尔达维通过在各大、中、小学授课的方式服务于伊斯兰教育事业；通过在广播、电视节目中回答问题、评论时事服务于伊斯兰传媒事业；通过在清真寺的宣讲服务于穆斯林大众；通过在国内外各大学、机构、社团的讲座及出席国内外伊斯兰学术研讨会，讲解和传播伊斯兰。

[①] "格尔达维博士：支持艾资哈尔中止与梵蒂冈的对话"，2011年1月28日，发布者：麦子。原作者：伊光编译，来自：伊斯兰之光。（上网时间：2011年4月7日）

第三章 当代——1979年至今穆斯林世界应对"全球圣战主义"时期

兼职于诸多世界性学术和宣教机构。格尔达维重视"乌里玛"在穆斯林生活中的重要性,致力于将"乌里玛"重塑为引领21世纪穆斯林的先锋。因此,他在许多机构兼职,如麦加伊斯兰世界联盟教法委员会、约旦皇家伊斯兰文化研究协会、牛津伊斯兰研究中心、国际穆斯林学者联盟(the International Union of Muslim Scholars,主席)、伊斯兰会议组织教务委员会(专家)、欧洲伊斯兰教法决议与研究委员会(the European Council for Fatwa and Research,主席)以及许多伊斯兰银行的教法监督委员会(主席)。

收获众多荣誉。1990年获伊斯兰发展银行经济奖;1992年获费萨尔国王世界伊斯兰研究奖;1996年获马来西亚国际伊斯兰大学学术贡献特别奖;1997年获哈桑国家法学奖(年度伊斯兰奖)。

穆斯林世界家喻户晓。格尔达维重视通过电视、网络等科技手段传播思想,善于同媒体打交道,成为阿拉伯世界最著名的伊斯兰宗教学者之一,代表了阿拉伯穆斯林社会的主流。他在卡塔尔半岛电视台《教法与生活》节目中担任主讲,每周吸引4000多万观众。他倡导的"中正"思想被誉为"伊斯兰的基本原则和核心价值观",是当代穆斯林世界主流思潮之一,得到穆斯林世界知识阶层(尤其是越来越多的年轻人)和其他社会阶层普遍好评。"在穆斯林国家的政治、经济、思想、文化等不同领域,不同宗教派别、学术流派以及宗教学者、思想家、政治家、青年知识分子、大学生中,他赢得不同程度的支持或赞同。"[①] 黎巴嫩伊斯兰学者委员会秘书长谢赫费萨尔·毛塔维称,

---

① 丁俊:"当代伊斯兰'中间主义'思潮评述",《阿拉伯世界研究》,2003年第2期,第38页。

"格尔达维对当代伊斯兰文明的贡献无以言表,他应是当今穆斯林世界当之无愧的导师,全世界穆斯林的伟大旗手。"印尼伊斯兰法学理事会会长努尔·希达亚特称,"格尔达维是印尼人民最尊敬的学者,他的思想和教法决议影响了当代东南亚穆斯林社会的发展进程,尤其是印尼和菲律宾穆斯林社会感受最深。"[1]格尔达维在西方也有相当大影响,2005、2008年两度被美国《外交政策》杂志和英国《前瞻》杂志评为全球最有影响的20位思想家之一。[2]

二、沙特"觉醒"运动领袖奥达赫[3]

奥达赫全名谢赫萨尔曼·本·法赫德·本·阿卜杜拉·奥达赫(Sheikh Salman bin Fahd bin Abdullah al-Awdah),是沙特

---

[1] 丁俊:"格尔达维的中间主义思想研究",《阿拉伯世界研究》,2009年5月,第72页。

[2] 周丽娅:《优素福·格尔达维"中正"思想初探》,西北大学硕士学位论文,2009年4月,第8页。

[3] 材料引自:"Salman al-Ouda", http://en.wikipedia.org/wiki/Salman_al-Ouda; SALMAN AL-AWDA, "LETTER FROM BEHIND BARS, 1995", HTTP://WWW.GEOCITIES.COM/SAUDHOUSE_P/LETTER2.HTM; "Awda, Salman al-(1955 -) - PERSONAL HISTORY, INFLUENCES AND CONTRIBUTIONS, BIOGRAPHICAL HIGHLIGHTS, PERSONAL CHRONOLOGY: Arrest and Imprisonment - Saudi, Islamic, Awda's, Government, and Regime", http://encyclopedia.jrank.org/articles/pages/5548/Awda-Salman-al--1955.html#ixzz1QStPLhig。(上网时间:2013年12月13日)

保守宗教政治运动"觉醒"运动①（al-Sahwa）领袖，曾以强硬派和坚定支持"基地"组织著称。1994—1999年末，奥达赫身为宗教异见者而被捕入狱，出狱后立场温和化，变成沙特政权的喉舌，其宣教录音带随处可见，在一些电视秀上频频露面，给报纸写专栏文章，著书立说近50部，是沙特境内外颇具影响力的宗教人士。

（一）历经两种不同的宗教政治人生

求学。1955年12月15日，奥达赫生于沙特中部盖西姆省（Al-Qassim）布赖代市（Burayda）附近的巴士尔（al-Basr）。他在巴士尔度过少年时代。之后，他前往布赖代求学，师从当地知名伊斯兰学者谢赫阿布德·阿齐兹·伊本·巴兹（Abd al-

---

① "觉醒"运动于20世纪60年代在沙特兴起，80年代后走向鼎盛时期，由沙特知识界、宗教界异见者组成，在大专院校等教育系统影响很大，是沙特历史上最强大的社会运动之一。该运动一贯反对沙特政府与美国建立紧密的战略关系，对美国外交政策极不信任，并怀疑美国在设法重塑沙特的宗教机制以及国家与宗教的关系。90年代，该运动强烈反对美军在海湾战争期间驻扎沙特。2003年伊拉克战争以来，它成为一个反对美国政策的平台，支持在伊拉克和其他地方对美"圣战"。在反美、维护沙特稳定、坚守伊斯兰教是沙特政治生活的核心等议题上，"觉醒"运动内部意见一致。但在支持沙特多元化方面，该运动内部存在着分歧。譬如，奥达赫参加了2003年举行的全国对话会议（National Dialogue），默许2003年12月其他"觉醒"运动成员呼吁创建君主立宪制的改革请愿书，同年还私下会晤什叶派宗教人士谢赫哈桑·萨法尔（Hassan al-Saffar）。2004年，该运动另一重要成员艾伊德·卡尼（Ayidh al-Qarni）甚至走访了什叶派聚居区及其领导人。但"觉醒"运动另一掌门人萨法尔·哈瓦里拒绝参加与沙特什叶派的任何对话活动。实际上，早在1999年，奥达赫与萨法尔·哈瓦里就已经分道扬镳：奥达赫致力于改善与王室政权的关系，而萨法尔·哈瓦里坚持原先立场——即主权只归真主。（Toby Craig Jones, "The Clerics, the Sahwa and the Saudi State", *Strategic Insights*, Volume IV, Issue 3, March 2005.）

Aziz ibn Baaz)、穆罕默德·伊本·乌泰敏（Muhammad ibn al Uthaymeen)、阿卜杜拉·阿布达尔·拉赫曼·吉布伦（Abdullah Abdal Rahman Jibren)、谢赫萨利赫·布利海（Sheikh Saleh Al-bleahy）等人，学习瓦哈比派教义，攻读阿语语法、罕百里教法学派、圣训。从盖西姆沙里亚法和宗教原理学院毕业后，他曾在盖西姆技术学院任教，期间撰写了《不要做错》（Do No Wrong）一书。他在伊玛目穆罕默德·伊本·沙特伊斯兰大学先后获得伊斯兰法学学士、硕士、博士学位（2003年获圣训学博士学位）。1990年后，他每周在布赖代大清真寺给民众上宗教课。

因反政府活动而锒铛入狱。1990—1991年，伊拉克入侵科威特，美国主导国际联军攻打伊拉克。1990年，沙特大穆夫提阿布德·阿齐兹·本·巴兹①发布"法特瓦"，允许沙特政府邀请美军进驻沙特保护其免受伊拉克进攻，奥达赫质疑沙特军方大量采办美国军火保卫国家的能力。战争期间，奥达赫两次发起请愿活动，**要求国王推进彻底伊斯兰化的政治改革**：第一次是1991年5月提出"诉求信"（Letter of Demands），得到沙特400余名宗教人士、商人、社会名流的签名，特别要求政府设立舒拉委员会。第二次是1992年提出"建议备忘录"（Memorandum of Advice），也得到百余名宗教学者的签名，要求设立舒拉委员会，在宗教指导下进行新闻审查，评估沙特所有法律，以确保与"沙里亚法"相一致。两次请愿活动都表达了对沙特王室的忠诚，同时反对沙特政府内缺乏代表性。期间，奥达赫的宣教录音带广为流传。海湾战争结束后，美军长期驻扎沙特，

---

① 1999年，阿布德·阿齐兹·本·巴兹归真，2001年由本·乌塞曼（bin al-Uthayman）出任沙特大穆夫提，官方"乌里玛"开始失去民众的大力支持。

沙特反对派进一步发声。1993年，沙特反对派团体"捍卫合法权益委员会"（CDLR）宣告成立，奥达赫是其领袖之一。这是沙特境内首个公开挑战王室的反对派组织，谴责沙特政府和官方"乌里玛"没有尽力保护穆斯林的合法权益。

1994年，奥达赫因拒绝停止政治活动以及宣扬反政府内容而被捕判处5年徒刑。盖西姆省布赖代市的大批追随者也被捕入狱，其中包括"觉醒"运动另一掌门人萨法尔·哈瓦里（Safar al–Hawali）。时任沙特大穆夫提本·巴兹发布"法特瓦"称，除非奥达赫悔改过去的反政府行为，否则他将被禁止上大殿宣教、开会、录制录音带。90年代，奥达赫的思想影响已超越国界，尤其对本·拉登影响很大。本·拉登同意奥达赫的观点——沙特王室政权腐败，迎合美国；官方"乌里玛"服从于政权的利益；世俗意识形态与文化污染源于西方。1994年，本·拉登在致沙特大穆夫提本·巴兹的公开信《与犹太人实现和平的"法特瓦"无效》中，专门引述奥达赫1990年"法特瓦"对本·巴兹的批评。1997年3月，本·拉登接受CNN记者彼得·阿内特的专访时，承认他深受"觉醒"运动两位领袖奥达赫及萨法尔·哈瓦里的影响，宣称"正是他们被捕入狱使他继承其衣钵，履行伊斯兰'劝善戒恶'职责"。在这次专访中，本·拉登重复奥达赫对西方双重标准的批评——支持人权的同时军事干涉穆斯林国家。他认可奥达赫的立场，即受攻击的穆斯林有权发动自卫性"圣战"。奥达赫被捕入狱还激发境内追随者斗志，1996年6月，激进分子用卡车炸弹袭击沙特宰赫兰美军营，炸死19名美军士兵。

摇身变成沙特政府的喉舌。1999年末，奥达赫出狱，条件是要么在公开场合说话要立场温和，要么根本就不许公开露面。他选择了前者并为国家效力。历史正好赋予了他这样一个机遇：

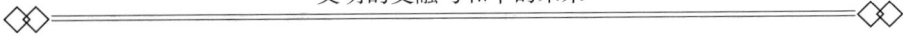

2001年发生"9·11"恐怖袭击后，整个"觉醒"运动遭到质疑，因为其倡导的"圣战"观，允许以暴力手段解决政治冤苦。与此同时，沙特政府及瓦哈比派宗教机构遭到美国的严厉批评，指责其通过教育和宣教项目孕育恐怖主义文化。"觉醒"运动领袖们决心向政府证明自己的清白，而沙特政府也想向世界证明自己的无辜，于是两者达成一致。奥达赫、萨法尔·哈瓦里[①]等"觉醒"运动领导人调整对沙特政府的批评立场，通过谴责激进分子和邀请他们参加沙特内政部2004年年中启动的针对危安犯的"去激进化"项目，实现了自身利益与政府利益的结合，并打破官方"乌里玛"对宗教解释权的垄断。

2001年，奥达赫开始担任人气颇旺的"今日伊斯兰"（Islam Today，有阿拉伯语、英语、法语、汉语四种语言）网站英语部主任。除著书立说，奥达赫每周通过互联网和电视授课、发表演讲，在MBC电视台（在中东拥有广泛收视率的电视频道）有一档谈话节目，拥有广泛观众群。2006年，他在英国伦敦东区向2万名穆斯林青年发表演讲，名声更加远扬。一名英国伊玛目称，"奥达赫博士深受年轻人喜爱"，其网站拥有160万粉丝。此后，奥达赫成为支持沙特政府的最重要宗教发言人，支持与其他宗教和平共存，宣称这是深刻认识伊斯兰教教义的结果。

（二）具有两面性的宗教政治主张

1. 温和层面，明确反对在沙特境内以暴力解决问题。2003

[①] 2003—2004年，萨法尔·哈瓦里数次出面调解沙特激进分子与政府间的紧张关系，规劝激进分子——"阿拉伯半岛'基地'组织"开展"圣战"在宗教上不具合法性——向政府投降，从而换取政府的有限大赦。

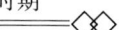

年5月12日，利雅得发生一系列针对西方目标的爆炸案、枪击案，奥达赫不仅与其他50名宗教人士一起发表谴责该起恐怖袭击案的共同声明，还在"今日伊斯兰"网站上发表题为《利雅得爆炸案与要求我们做什么》一文，称"我们都在同一条船上。船体上任何一个裂口都会让我们溺水而亡……不论暴徒以什么为借口，我们的责任感要求我们谴责所发生的一切"。不过，奥达赫仍对引发这类暴力的挫折感持同情态度，重申了他原先对沙特政府的批评，呼唤改革。他说，"必须制造有助于温和化的氛围，需要正义，尊重人权，所有人机会平等。我们必须有权自由地发表自己的观点。"

2004年12月，奥达赫等35名"乌里玛"联合签署声明，痛斥流亡伦敦的沙特政治异见者萨德·法基赫①（Saad al-Faqih）组织针对沙特政府的民众不服从示威活动。同月底，发生针对沙特内政部的恐怖袭击，41名宗教人士在奥达赫主持的"今日伊斯兰"网站上发表联合声明，反对威胁沙特国家安全、稳定、团结的一切行为，并指出以宗教名义制造的爆炸、破坏活动"玷污了伊斯兰教形象"。奥达赫等"觉醒"运动领袖依旧认为，王室政权的继续存在，不仅最符合沙特稳定的利益，也向他们提供了传播其宗教思想的权利。②

批评本·拉登。 2007年9月，奥达赫在电视中首次公开批

---

① 沙特反对派团体"捍卫合法权益委员会"创始人之一，后成为"改革运动"（Harakat al-Islah）领袖，1990年代中期起一直流亡英国，长期致力于推翻沙特王室政权。

② Toby Craig Jones, "The Clerics, the Sahwa and the Saudi State", *Strategic Insights*, Volume IV, Issue 3, March 2005. 作者是国际危机组织海湾问题专家，关注沙特阿拉伯及中东地区的内政问题。

评本·拉登。他质问,"我的奥萨马兄弟,你究竟制造了多少血案?究竟有多少无辜的百姓、老弱妇孺被'基地'组织杀害、驱散或逐出家园?当你背负成千上万的血债时,何能笑对全能的真主?"①

强调伊斯兰与西方的对话。2002年,奥达赫与153名沙特教授、宗教学者、商人、作家等一起联合签署《我们怎样才能共处?》声明,**呼吁对话是"暴力和毁灭之外的唯一选择"**。该声明还指出,恐怖主义不是出自意识形态,而是源于人们经受不公正的境遇——既无政治管道,也没有诉诸国际人道主义法律来解除苦难。声明强调,**伊斯兰与西方之间可以展开富有成效的对话,因为两者道德观上有共性**。其中,包括不论信仰何种宗教、属于哪个种族群体,个人拥有与生俱来的生命权、宗教信仰自由、人类关系中的道义与公正、环境保护、个人要为其行为负责,等等。

重新界定伊斯兰教,缓解西方读者认为伊斯兰教是宣扬暴力的关切。2007年2月17日,奥达赫在电视节目中解读"情人节",称"我们没有觉得需要这个节日,因为对我们的社会价值观而言,它是外来的;但我们肯定需要爱,爱是我们每个人不可或缺的组成部分,也是我们信仰不可或缺的组成部分,穆斯林社会比以往任何时候都更需要爱"。

2. 激进层面,宣扬宗教与国家间建立伙伴关系。"觉醒"运动以瓦哈比派教义为指导思想,认为真正的伊斯兰政府应基于"乌里玛"与国家之间的平等伙伴关系,伊斯兰教法只能源

---

① Britta Sandberg, "Bin Laden's Dissidents: Turning their Backs on Jihad", http://www.spiegel.de/international/world/bin-laden-s-dissidents-turning-their-backs-on-jihad-a-565750.html. (上网时间:2013年12月9日)

于《古兰经》和圣训。**其政治立场鲜明，即以伊斯兰宗教思想来解决当代问题。** 在奥达赫看来，"觉醒"运动特别体现了个人践行《古兰经》要求"劝善戒恶"职责的理念，**不能为了取悦政府和官方"乌里玛"，就取消该职责**。詹姆斯·贝克公共政策研究所（James A. Baker Institute of Public Policy）高级研究员马蒙·凡迪（Mamoun Fandy，生于埃及）1999 年出版发表了其著《沙特阿拉伯与异见政治》（Saudi Arabia and the Politics of Dissent）。在大量阅读奥达赫入狱前的宣教录音带后，他发现：一方面，奥达赫辩称，由于沙特政府搞独裁，不许反对派发声，可能会步埃及、阿尔及利亚的后尘而陷入暴力的泥潭。另一方面，如果沙特政权坚持宗教与国家间的伙伴关系是其统治合法性的话，奥达赫就会接受沙特政权。在他眼里，**宗教与国家间的伙伴关系是一种代议制模式，可以避免沙特政权的腐败**。据马蒙·凡迪称，奥达赫在题为"国家为什么会分崩离析"的宣讲中，倡导政府基于"舒拉"（协商）原则，该原则既不是民主也非极权。他赞赏西方政府的稳定性，但认为穆斯林政府必须遵守"沙里亚法"，从而确保社会稳定和自由行使个人权利，只有这样才不会有那么多腐败。

这种政教关系理念深受其出生环境的影响。奥达赫在布赖代市附近的农村长大，和整个盖西姆省一样，当地贫穷、不发达。布赖代市一向以保守瓦哈比派阵地著称，坚决反对政府资助的一些发展项目，如 20 世纪 60 年代初推行的女孩教育，担心此举会对当地文化价值观产生影响。因此，奥达赫从事宣教工作伊始，就宣扬反对全球化和发展带来文化挑战的思想，同时反对沙特王室垄断国家权力以及不投资盖西姆省的经济发展。

主张驱逐什叶派。奥达赫在宣教中，主张沙特人和瓦哈比派的优越性，外国人及其行为是文化污染，支持在沙特境内搞文化排他主义，排斥非瓦哈比派公民、特别是什叶派，认为应将他们驱逐出境。

宣称在沙特以外地方暴力仍是合法手段。奥达赫认为，被压迫民众别无选择，只能采取自卫性"圣战"。2004年11月5日，美军在伊拉克费卢杰采取军事行动前夜，奥达赫与其他25名谢赫一起联名发布"致伊拉克人民的公开信"，呼吁伊拉克人参加反对美国入侵者占领的自卫性"圣战"。同时，尽管他一再呼吁穆斯林团结起来和采取共同防御行动，但并不鼓励外国人特别是沙特人直接参加伊拉克战斗，因为这会播下混乱的种子。

支持黎巴嫩"真主党"对以色列作战。虽然"真主党"是什叶派力量，但他支持"真主党"2006年夏天对以作战。他在"今日伊斯兰"网站上写道，"这不是表达我们与什叶派分歧的时刻，因为我们都面临更大的敌人——犹太人和犹太复国主义罪犯。"对政治暴力的这种模糊立场也反映在他对恐怖主义的看法上，虽然他原则上反对恐怖主义，但允许将武力作为最后手段，"恐怖主义是一种战争形态，针对无辜民众是为了在人群中制造恐惧……当然伊斯兰教法严格禁止攻击平民……伊斯兰教明确禁止恐怖主义。"但他没有明确反对可能有平民在场的自杀式炸弹袭击，2001年，奥达赫在接受《纽约时报》记者道格拉斯·杰尔（Douglas Jehl）访谈时，称在耶路撒冷发生的自杀式袭击，"不论袭击是否针对平民，事实上他们都处在以军占领地区。有哪条国际法否决民众以他们力所能及的方式抵抗占领的权利？"

主张伊斯兰教优于西方人权。奥达赫认为，西方在人权上持双重标准，其理论与实践不符。如在法国、德国，穆斯林移民受歧视；西方大国漠视巴勒斯坦、波斯尼亚的穆斯林权益，等等。

主张文化纯粹派。奥达赫反对妇女驾车,认为这么做会暴露羞体。他认为,妇女弱小、感性,在家是得到幸福感的唯一方式。他还反对堕胎,反对沙特参加1994年联合国人口与发展大会,因为大会假借宣传人权名义削弱了伊斯兰价值观。西方推崇计划生育,会鼓励婚前性行为,意在减少穆斯林人口的增长;呼吁男女平等,与伊斯兰继承法相冲突,后者主张男性继承权。他赞成对卫星电视节目和地方媒体的审查制度,同时呼吁赋予他及其他保守派宗教改革者的言论自由。

三、突尼斯"复兴运动"党魁格努西

格努西全名拉希德·格努西(Rachid Ghannouchi),系突尼斯"复兴运动"(Ennahda)创始人及其领袖。放眼阿拉伯世界,格努西被广泛视为最温和的伊斯兰政治家、理论家和学者,颇受突尼斯人敬重。2016年,"**复兴运动**"**大举推进政教分离实践——将该党要实现的政治使命与从事的宗教、社会、文化活动相分离。**

(一)流亡领袖归国挂帅新政

深受阿拉伯世界各种政治思潮熏陶。1939年,格努西生于突尼斯南部艾勒哈玛一逊尼派穆斯林家庭。早年,他在加贝斯和突尼斯市读小学和中学。青年时代,他先后在突尼斯、埃及开罗、叙利亚大马士革等地求学。1964年,他赴埃及农学院求学时,受高涨的埃及泛阿拉伯民族主义思潮影响。后因突、埃两国关系恶化,被驱逐出境,遂去叙利亚大马士革大学文学院攻读哲学,1968年获学士学位。在叙期间,他着迷于穆斯林兄弟会的宗教政治。1968年,他赴法国巴黎大学参加旅法伊斯兰

大学生协会活动，开始对"萨拉菲主义"产生兴趣。1969年，结束海外游学回到突尼斯后任中学教师，积极参加宗教文化组织"拯救古兰经协会"的活动。1972年，他参与创办伊斯兰《知识》杂志并任主编。因呼吁建立基于"沙里亚法"的国家，1979年，该杂志被当局查封。[①] 1981年6月，格努西创立"复兴运动"，任主席至今。

这一时期，格努西推崇伊斯兰原教旨主义，主张在突尼斯按《古兰经》的原则，合理分配社会财富，改革教育和宗教，恢复伊斯兰文化的优秀传统，反对西方政治和腐朽文化对穆斯林国家的渗透，建立伊斯兰化的政治、法律及文明实体。

流亡英伦22载。1989年，本·阿里政权取缔"复兴运动"，格努西凭借苏丹政府提供的外交护照流亡英国，并于1993年获允政治避难。因被控反国家阴谋罪，他在突尼斯被缺席判处无期徒刑。其间，有数千名"复兴运动"成员或者被捕入狱，或者流亡他乡。2011年1月初，本·阿里政权被推翻后，过渡政府宣布允许被取缔政党注册为合法组织，大赦政治犯，格努西于1月30日从伦敦返回突尼斯，结束长达22年的海外流亡生活。不久，"复兴运动"在突尼斯合法化。

"双面人"特质突出。"复兴运动"成员均具有两面性：如西服革履的成员瞬间便可换上部族服装，操起宗教语言。格努西也不例外：一方面，他以土耳其总理埃尔多安为榜样，秉持温和伊斯兰治国理念；另一方面，他与穆斯林兄弟会走得很近，

---

① "Tunisia's Islamist leader strives to present a moderate image", Oct 25, 2011, http://www.theglobeandmail.com/news/world/africa-mideast/tunisias-islamist-leader-strives-to-present-a-moderate-image/article2213696/.（上网时间：2011年11月7日）

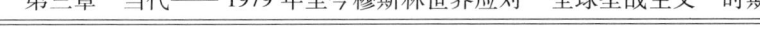

是欧洲伊斯兰教法决议与研究委员会成员,在国际穆斯林学者联盟担任要职,这两个机构均受格尔达维领导。格努西还是总部设在沙特、与穆斯林兄弟会关系密切的"世界穆斯林青年大会"(the World Assembly of Muslim Youth)创始人之一。实际上,2011年10月突尼斯大选期间,格努西一再向民众发出宗教色彩浓厚的召唤,"当你去投票的时候,真主将与你同在。真主希望你投票支持捍卫你信仰的党派。"①"复兴运动"支持者在大选集会上高唱宗教歌曲,经常鼓励其他民众投票支持"真主的政党"。其领导人演说内容频频引自《古兰经》,经常谈到今后要保护践行伊斯兰的权利。② 突尼斯自由派不由得担心,一旦"复兴运动"执政,是否将变脸显现保守本色?

新政面临两大挑战。一是践行伊斯兰民主理念面临考验。格努西为参与突尼斯政治生活抗争了32年,其中22年流亡英国。本·阿里政权被推翻后,他第一次有机会成为突尼斯体制内的参与者而不是体制外的反对者,首次有机会将缔造伊斯兰民主的理念付诸实践。这考验他的政治谋略以及政治伊斯兰的灵活性。**二是说服突尼斯世俗小党派与"复兴运动"组成联合政府。**这些世俗党派一直将格努西视为闭门造车的原教旨主义者,而他对"哈马斯"(穆斯林兄弟会巴勒斯坦分支)的同情

---

① David D. Kirkpatrick, "Vote affirms Tunisia's place at forefront of Arab Spring", *International Herald Tribune*, October 25, 2011.

② David D. Kirkpatrick, "From Tunisia's victors, an inclusive embrace", *International Herald Tribune*, October 26, 2011.

也引起人们的担忧。①

推举年轻人走到前台。1月30日，格努西回国时表示，"我自己不会竞逐总统职位"，无意担任任何政府职位，无论是总统、部长还是议员，因为"年轻一代更适合这些职位"，自己期望过一种理性思考和执教的生活。② 但他是从幕后执掌"复兴运动"。

格努西个头矮小、头发灰白、说话声音柔和，身穿西服和开领T恤衫，妻女都戴面纱。

（二）政权观

其一，走土耳其式伊斯兰民主道路。格努西主张温和伊斯兰理念并坚持在民主架构内活动，将土耳其"正义与发展党"作为榜样，誓言将突尼斯建成一个繁荣、民主的穆斯林国家。他2011年初流亡回国后首次接受媒体采访时称，"我不是霍梅尼或塔利班，我更接近埃尔多安。"③ "为什么我们必然会走塔利班或沙特道路？还有其他成功的伊斯兰模式可以仿效，譬如土耳其、马来西亚、印尼模式，这些国家将伊斯兰与现代性相

---

① "Tunisia's Islamist leader strives to present a moderate image", Oct 25, 2011, http://www.theglobeandmail.com/news/world/africa－mideast/tunisias－islamist－leader－strives－to－present－a－moderate－image/article2213696/.（上网时间：2011年11月7日）

② "Tunisian Islamist leader Rachid Ghannouchi returns home", January 30, 2011, http://www.bbc.co.uk/news/world－africa－12318824.（上网时间：2011年11月7日）

③ "Tunisian Islamist Rachid Ghannouchi said he was 'closer to Erdogan'", January 30, 2011, http://adawla.blogspot.com/2011/01/tunisian－islamist－rachid－ghannouchi.html.（上网时间：2011年11月7日）

第三章 当代——1979年至今穆斯林世界应对"全球圣战主义"时期

结合。"① "我们不断学习土耳其经验——**如何在伊斯兰和现代性之间实现和谐**",不寻求在突尼斯实施"沙里亚法"。同年10月,他在给英国《卫报》撰写的评论中称,"我们一直倡导在政治伊斯兰框架下的民主,认为这是防止不公和独裁的最佳制度。"② 同月,他在接受路透社采访时重申,"'复兴运动'不是一个宗教政党,尊重民主和现代性,能在现代性和伊斯兰之间找到平衡,不会将任何伊斯兰道德准则强加给突尼斯社会以及赴突尼斯海滨旅游的数百万西方游客。党员只是从伊斯兰中汲取价值观。"③ 大选期间,格努西还一再保证要捍卫妇女权益,包括教育和就业机会的平等,不会强迫妇女戴头巾,"现代性和妇女着装自由的价值观始自突尼斯首任总统布尔吉巴,在这些价值观上我们不会倒退,将得到一如既往的保护。"④ 法国政治伊斯兰问题专家奥利维尔·罗伊(Olivier Roy)披露,"流亡英国期间,格努西的思想发生改变,他一直在思考如何赢得更广泛的民众而不仅仅是伊斯兰分子,以及其他民主派(可能不支

---

① Anthony Shadid and David D. Kirkpatick, "Arab world turns to defining role of Islam", *International Herald Tribune*, October 1 - 2, 2011.

② "Tunisia's Islamist leader strives to present a moderate image", Oct 25, 2011, http://www.theglobeandmail.com/news/world/africa - mideast/tunisias - islamist - leader - strives - to - present - a - moderate - image/article2213696/. (上网时间:2011年11月7日)

③ "Don't fear us: Tunisian Islamist leader", Reuters, Oct 3, 2011, http://english.ahram.org.eg/NewsContent/2/8/23231/World/Region/Dont - fear - us - Tunisian - Islamist - leader.aspx. (上网时间:2011年11月7日)

④ "Don't fear us: Tunisian Islamist leader", Reuters, Oct 3, 2011, http://english.ahram.org.eg/NewsContent/2/8/23231/World/Region/Dont - fear - us - Tunisian - Islamist - leader.aspx. (上网时间:2011年11月7日)

持他有关伊斯兰国家的理念)。"

在政体上,格努西主张实行议会制而不是总统制,总统只是国家象征。① 他认为,"我们希望修改宪法,原宪法是为被神化的统治者量身定制,统治者高于议会法律,无需对任何人负责。"②

主张伊斯兰主义社会化和温和化。格努西认为,清真寺、经文学校、慈善机构都是伊斯兰社会基本要素。伊斯兰应该是"活生生的伊斯兰",而不是"博物馆中的伊斯兰"。在政治参与方式上,他排斥以暴力手段夺取政权的激进道路,转而注重参与民主选举的和平渐进道路。早在1991年,他接受埃及反对派报纸《人民报》记者采访时就指出,伊斯兰运动不该鄙视让自己成为一个党派,只有人民才能拥戴它掌握的政权,并以社会的名义,伊斯兰和穆斯林的名义,成为合法代言人。

其二,主张建立联合政府。格努西称,"复兴运动"内部不存在原教旨主义元素,而是强调民主、共识政治和家庭观念(包括降低突尼斯高离婚率),承诺尊重突尼斯世俗公民社会,继续捍卫突尼斯妇女权益。格努西反驳该党走到前台后将走向原教旨主义的说法,称"复兴运动"是一个高度包容性政党,"我党每个人都接受民主原则,认为伊斯兰和民主可以和谐共

---

① Brian Ulrich,"Ghannouchi on Religion and State",August 9,2011,http://americanfootprints.com/wp/2011/08/ghannouchi-on-religion-and-state/.(上网时间:2011年11月7日)

② "Tunisian Islamist Rachid Ghannouchi said he was 'closer to Erdogan'",January 30,2011,http://adawla.blogspot.com/2011/01/tunisian-islamist-rachid-ghannouchi.html.(上网时间:2011年11月7日)

生，也没有任何人反对性别平等。"①

格努西认为，过渡阶段突尼斯需要建立一个具有广泛代表性的联合政府，并在未来几年建立广泛共识。大选获胜后，"复兴运动"要员强调该党不会垄断权力，负责竞选活动的阿卜杜勒哈米德·耶拉兹（Abdelhamid Jlazzi）称，"我们向投资者和国际经济伙伴保证，将不遗余力地争取建立一个稳固的政治联盟。"② 实际上，选举制度坚持制衡原则，即任何一个政党很难在选举中获得绝对多数，"复兴运动"必须寻求与世俗党派组成联合政府。"复兴运动"还与 2005 年成立的"十月十八日运动"（the October 18 Movement）中的其他反对党合作，推动突尼斯实现民主转型。10 月 25 日，"复兴运动"与竞争对手——属于中左党派的"争取工作和自由民主论坛"（Ettakatol, the Democratic Forum for Labor and Liberties）、"保卫共和大会"（the Congress for the Republic，由人权活动家蒙塞夫·马佐基/Moncef Marzouki 建立）会商组建民族团结政府事宜，于 2011 年 12 月 22 日组建，蒙塞夫·马佐基出任总统。③

指出埃及和突尼斯伊斯兰政党执政的两大不同之处： 2013 年 7 月 3 日，埃及军人政变推翻总统穆尔西后，格努西指出，两国伊斯兰政党有不同的执政理念：一是"复兴运动"赢得

---

① "Tunisia's Islamist party leader seeks to allay fears of extremism", October 21, 2011, http://www.guardian.co.uk/world/2011/oct/21/tunisian-exile-rejects-claims-fundamentalists. （上网时间：2011 年 11 月 7 日）

② "Muslim Brotherhood Claims Victory In Tunisia", October 26, 2011, http://www.newenglishreview.org/blog_display.cfm/blog_id/38694. （上网时间：2011 年 11 月 7 日）

③ "Tunisian Islamists ready for coaltition talks", October 25, 2011, http://www2.canada.com/story.html?id=5602493. （上网时间：2011 年 11 月 7 日）

2011年大选后与世俗派政党组建联合政府，起草新宪法和选举法律框架过程中寻求与各派达成共识，而穆尔西力图使埃及穆斯林兄弟会垄断国家权力。二是在宪法中不提及"沙里亚法"或伊斯兰国家无伤大体，而埃及伊斯兰分子则坚持非要如此不可。"复兴运动"选择了别的用词，"**伊斯兰教是国教，正义、自由和平等是伊斯兰价值观，它们已写入宪法中**。任何人如果想推翻政府的话，他们无需等待数年，他们只需等待数月，通过投票箱以民主的方式就可推翻本届政府。"①

其三，主张将极端派纳入体制来加以限制。格努西宣称，在民主体制内向极端分子提供一席之地可约束其极端行为。2011年10月中旬，"萨拉菲派"示威抗议上映动画片"波斯波利斯"（Persepolis），一度引发紧张局势。就此，格努西称，"**民主能缓冲极端主义**。如果允许通过政治渠道发声的话，'萨拉菲派'行为可得到约束。突尼斯社会已经打下温和宗教传统的坚实基础，拒绝接受源自沙特阿拉伯的极端宗教思想。"②

坚决反对恐怖暴力。2013年10月30日，在苏塞（Sousse）一家海边旅馆发生10多年来突尼斯首例自杀式袭击后，格努西在英国《卫报》上撰文称，"这类袭击行动不仅旨在使突尼斯实现自由、尊严的梦想夭折，而且也使整个'阿拉伯之春'梦想破碎。"③ 2014年6月，他又明确指出，"**伊斯兰运动不能靠武**

---

① Carlotta Gall, "Leading Islamist in Tunisia retains optimism", *International Herald Tribune*, August 5, 2013.

② "Tunisia's Islamist party leader seeks to allay fears of extremism", October 21, 2011, http://www.guardian.co.uk/world/2011/oct/21/tunisian-exile-rejects-claims-fundamentalists. （上网时间：2011年11月7日）

③ Carlotta Gall, "Bomb attack and attempt deal a blow to Tunisia", *International New York Times*, November 1, 2013.

力还击，而是要靠进一步拥抱多元主义、宽容和妥协。治愈民主失败的药方只能是更加民主，因为裹着宗教外衣的独裁是最糟的独裁。"①

其四，继续保持同西方交往。② 西方担心，通过民主选举上台的伊斯兰分子可能严格推行"沙里亚法"并断绝与西方的关系。为此，格努西声明，与西方保持良好关系符合突尼斯各方利益，"我长期生活在欧洲，与西方官员和外交官会面时，我收到这样的信号，即他们将欢迎'复兴运动'赢得大选。我们将保持与欧洲的传统伙伴关系，为获得贸易优惠国地位，还会寻求提升双方关系。"

鉴于突尼斯经济增长缓慢、年轻人失业严重等现象，格努西表示，"复兴运动"对外政策出发点是解决年轻人就业问题，"我们将努力扩大伙伴关系，打开美国、拉丁美洲、非洲和亚洲、阿拉伯市场。通过吸引外资促进增长，创造就业机会是最重要议题。'复兴运动'将致力于通过鼓励投资科技产业发展知识经济。"他向潜在投资者发出信号，"我们将铲除腐败，通过立法刺激投资。我们将正视国家机构中泛滥的腐败问题。"

西方游客是突尼斯主要收入之一，但西方游客穿着暴露、饮酒可能引发与虔诚穆斯林的紧张关系。格努西表示，"我们将像土耳其那样，推出多元化旅游产品，不禁止酒店提供酒水或游泳池服务，但我们将鼓励酒店同时为严守教规的穆斯林提供

---

① David D. Kirkpatrick, "Jihadist rise reverses the hopes of Arab Spring", *International New York Times*, June 20, 2014.

② 材料引自："Don't fear us: Tunisian Islamist leader", Reuters, Oct 3, 2011, http://english.ahram.org.eg/NewsContent/2/8/23231/World/Region/Dont-fear-us-Tunisian-Islamist-leader.aspx。（上网时间：2011年11月7日）

接触不到酒精的服务。"

其五，坚决支持巴勒斯坦解放事业。2011年12月，据哈马斯的媒体报道，格努西称"巴勒斯坦各派实现和解是解放巴勒斯坦土地的最理想办法。特别在目前情况下，巴勒斯坦事业迫切需要各派和解。""阿拉伯之春"及民众觉醒符合巴勒斯坦事业之利益，"突尼斯人民将为巴勒斯坦事业提供支持。"[①]

具有强烈的反犹情结。格努西与巴勒斯坦渊源很深。1988—1992年间，巴勒斯坦伊斯兰委员会时常在美国举办会议。1989年12月22—25日，在芝加哥举行主题为"巴勒斯坦、起义和伊斯兰复兴前景"大会，格努西参会并发言。其他发言人包括巴勒斯坦"伊斯兰圣战组织"精神领袖阿布德·阿齐兹·奥达（Abd Al-'Aziz Al'Awda）以及"伊扎布特"成员穆罕默德·乌马尔（Muhammad 'Umar）。2002年，格努西与"哈马斯"已故精神领袖亚辛、埃及穆斯林兄弟会总训导师穆斯塔法·马什胡尔（Mustafa Mashhour）、叙利亚穆斯林兄弟会领导人艾桑·阿塔（Esam Al Atar）联署声明，"犹太复国主义阴谋摧毁整个穆斯林共同体，巴勒斯坦男男女女的身体是反对这一阴谋的盾牌"。2003年后，格努西反对阿以和平进程。他曾称犹太人策划了"世界范围反伊斯兰阴谋"，如果没有犹太人煽动伊斯兰与西方之间的不信任感，伊斯兰与西方本可以共处。他告诫西方小心犹太人，"我们伊斯兰分子希望西方不要被犹太人的伎俩所迷惑。"同年，格努西在一家伊斯兰网站撰文指出，"犹太复国主义是一股猛攻'乌玛'心脏的力量，而伊斯兰事业

[①] "Ghannouchi Says Reconciliation The Way To 'Liberate The Palestinian Lands'", December 22, 2011, http://globalmbreport.com/? p=5519. （上网时间：2012年1月7日）

是反制犹太复国主义的力量,代表将人类文明从对金钱的崇拜中拯救出来的希望,将巴勒斯坦从犹太复国主义者手中拯救出来也是解放全球的希望。巴勒斯坦事业不是简单地重新夺回被侵略者占领的小片土地,它也不仅仅关乎和平与战争,其意义更加深远。打击巴勒斯坦土地上的犹太复国主义就是打击新堡垒里的敌人,这个新堡垒建于世界的中心、位于'乌玛'心脏地带。西方文明似乎执意把其影响扩展到这一心脏地带,摧毁那里存留下来的反抗精神,最终达到彻底摧毁人类对一个文明重生所抱有的希望。"①

(三)突尼斯道路——伊斯兰分子审时度势,在伊斯兰精英与世俗精英之间达成脆弱的共识之路,是"中正"思想最新的成功实践

2012年,"复兴运动"在突尼斯历史上举行的首次民主选举中获胜组阁。随后一段时间,一些民众认为,"复兴运动"放任"萨拉菲派"在突尼斯搞宗教警察那种维持治安做法,加上面临的经济困境和恐怖活动上升,对"复兴运动"领导人的信任度下降,世俗派反对伊斯兰分子的活动随之增长,"复兴运动"不得不在乱局中治国理政。在2014年大选中,"复兴运动"被世俗派政党"突尼斯呼声党"(Nidaa Tounes)击败,自动放弃权力。同年12月,"突尼斯呼声党"领袖贝吉·卡伊德·埃塞卜西(Beji Caid Essebsi)当选为突尼斯总统,此后他一直是格努西(坚持不担任公职承诺)的亲密盟友,确保了"复兴运

---

① "Muslim Brotherhood Claims Victory In Tunisia", October 26, 2011, http://www.newenglishreview.org/blog_display.cfm/blog_id/38694.(上网时间:2012年1月7日)

动"在突尼斯政治中拥有重要的一席之地。从民主角度而言，该做法属异端，但却是确保突尼斯稳定、避免暴力的有效途径。格努西以国家利益的名义，同工会、中间派、民族主义分子、进步人士进行对话。他在接受一家法国报纸的采访中解释了自己为什么能打破穆斯林世界伊斯兰分子的强硬传统——"留在将要倒塌的房子里有什么好处？"2015年10月9日，诺贝尔和平奖颁发给由突尼斯劳工总联合会、突尼斯工业、贸易和手工业联盟（the Tunisian Confederation of Industry, Trade and Handicrafts）、突尼斯律师行业组织（the Tunisian Order of Lawyers）、突尼斯人权联盟（the Tunisian Human Rights League）等四个主要公民社会组织发起的"全国对话大会"（the National Dialogue Quartet）的意义正在于此。①

"复兴运动"与时俱进地推进政教分离实践。② 2016年5月21—23日，"复兴运动"举行党代会，贝吉·卡伊德·埃塞卜西总统出席了开幕式。他站在格努西身边，敦促数千名"复兴运动"支持者参与缔造享有主权的现代社会，他的"伊斯兰教从来都不与民主相矛盾"一席话赢得全场热烈的掌声。在这次党代会上，格努西的政教分离路线获得1058名党代表中的800名代表支持。对"复兴运动"而言，这是一个历史性转折，因为"复兴运动"正在推进政教分离实践。格努西指出，"这是我党的最重大变化之一，将党要实现的政治使命与从事的宗教、社会、文化活动相分离。党已经成熟起来，突尼斯也有了新的

---

① Kamel Daoud, "The Tunisian non-example", *International New York Times*, October 28, 2015. 作者是法国 "Quotidien d'Oran" 评论员。

② 材料引自：Carlotta Gall, "Tunisian party vote seen as turning point", *International New York Times*, May 25, 2016。

宪法——保障宗教自由，呼吁政治与市民社会相分离——这一切使得改变党的路线成为可能。"来自杰尔巴（Djerba）岛的成员穆罕默德·克拉德（Mohammad Krad）在会后说，"以前，我们害怕失去自己的身份。如今，我们拥有一部宪法，明确规定我们是阿拉伯穆斯林，所以我们没有必要在政治中重申这一点。"

2016年，"复兴运动"与贝吉·卡伊德·埃塞卜西总统领导的"突尼斯呼声党"分裂，但"复兴运动"仍是突尼斯保持政治稳定的举足轻重力量，在议会中占有绝大多数议席。鉴此，格努西一再呼吁支持者要将国家稳定与安宁置于党派利益之上。目前，"复兴运动"着眼于2017年5月举行的地方性选举。

在穆斯林世界，突尼斯道路不能成为放之四海皆准的榜样。因为其特殊性在于：极权没了，政权弱势，"复兴运动"没有过分激进，存在强大的中产阶级力量，没有石油，外国资助少，不存在明显的种族或教派紧张关系（不像伊拉克或也门），没有一支强大的军队（不像埃及或阿尔及利亚）。但是，它对解决中东大乱局仍具启迪意义。

四、巴基斯坦国际"《古兰经》的道路"创始人卡德里[①]

卡德里全名穆罕默德·塔希尔·卡德里（Muhammad Tahir-ul-Qadri），巴基斯坦苏菲派伊斯兰学者、前旁遮普大学国际法教授、国际"《古兰经》的道路"（Minhaj-ul-Quran International）创始主席，被称为"有政治诉求的苏菲"，他是巴基斯

---

① 材料引自："Muhammad Tahir-ul-Qadri", http://en.wikipedia.org/wiki/Muhammad_Tahir-ul-Qadri。（上网时间：2013年12月13日）

坦苏菲派中少数有政治诉求的人。在巴基斯坦，苏菲派势力很强大。

（一）法学高材生

卡德里1951年2月19日出生，师从多位伊斯兰学传统权威，包括阿布·巴拉卡特·艾哈迈德·卡德里·奥瓦里（Abu al-Barakat Ahmad al-Qadri al-Alwari）。他在拉合尔的旁遮普大学学习法律，1974年毕业并获得法学学士学位，因学习成绩优异获金奖。1978—1983年，他在旁遮普大学教法律课。1986年，他从该校获伊斯兰法（刑法及其分类学、法学思想）博士学位，导师是巴西尔·艾哈迈德·西迪丘（Bashir Ahmad Siddiqui）及贾维德·伊克巴尔（Javaid Iqbal）。之后，他担任旁遮普大学法学教授，教授英美法、伊斯兰法。

（二）创建国际"《古兰经》的道路"[①]

卡德里通过分析当代穆斯林组织的工作现状后，发现这些穆斯林组织工作很有局限性，不具有全球视野，缺乏协调与合作。而穆罕默德传播的伊斯兰教是全面的、全球性的，因此有必要创建一个组织**弘扬穆罕默德的全球观，即其指导思想应具全面性、纯正性、现代性和科学性，强调复兴精神、道德、教育与社会价值观**。于是，1981年10月，卡德里创建了以苏菲主义为指导思想的国际非政府组织国际"《古兰经》的道路"，以苏菲派视角温和阐释伊斯兰教（《古兰经》和圣训），旨在弘扬

---

① 材料引自："Minhaj-ul-Quran", http://en.wikipedia.org/wiki/Minhaj-ul-Quran_International。（上网时间：2013年12月13日）

伊斯兰教中正之道、优质教育、宗教间对话及和睦关系，强调改善社会、文化和宗教条件，增强民众对自己的权利与义务的认识，展示伊斯兰教的务实、理性、科学之面孔。

1987 年，该组织精神领袖、苏菲派圣徒塔希尔·阿劳丁·卡德里·吉拉尼（Tahir Allauddin Al－Qadri Al－Gillani）在拉合尔举行该组织总部落成仪式。过去 30 多年时间里，该组织已扩张到 90 多个国家，在亚洲、中东、欧洲、北美、澳大利亚、非洲设立教育和社区中心，在伦敦、巴黎、法兰克福、米兰、巴塞罗那、奥斯陆、哥本哈根、阿姆斯特丹、都柏林、纽约、多伦多、悉尼、香港、东京等城市设立办事处，在拉合尔总部设立"外交政策董事会"，负责协调和扩大该组织在世界各地的网络。因其促进和平、宽容、宗教间和睦和教育，反击极端主义和恐怖主义，与年轻穆斯林接触使其走向宗教温和化，支持妇女权益和人权，提供社会福利服务等。2011 年 3 月，联合国经社理事会开会期间，正式给予国际"《古兰经》的道路"特别咨商地位。

该组织欧美各分部职能是，**在不同文化、种族、宗教群体之间，通过社会交往、跨宗教对话、传播宽容和尊重他人及一体化政策等思想观念推进社会和谐，坚决反对激进主义**。1984 年初，该组织在挪威、丹麦设立中心，其开展的各类与社区有关的项目得到挪威政府的资助。欧洲的第一个国际"《古兰经》的道路"中心设在丹麦哥本哈根，内设各类论坛，如青年团、妇女联合会、费加那（Farghana）教育机构等。丹麦分部举行了题为"宗教与激进主义"的国际大会，丹麦安全情报部门负责人雅各布·伊鲁姆（Jakob Ilum）到会做嘉宾发言。1986 年，国际"《古兰经》的道路"开始在英国开展教育、慈善、人权等方面工作，并在伦敦温布利体育场举行第一次国际大会，此

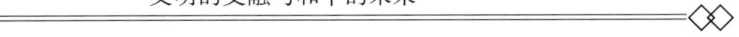

后在英国各地开设了 10 个社区中心。英国分部宣称有 5000 名定期参加活动的成员，支持者达上万人。2010 年 8 月，"《古兰经》的道路"英国分部在沃威克大学（Warwick）主办穆斯林青年反恐怖主义夏令营。2011 年 9 月 24 日，"《古兰经》的道路"英国分部在伦敦温布利体育场召开"人类和平大会"，卡德里及与会发言者代表一些宗教人士、学者、政界代表、来自各国的 1.2 万名与会者发表了《2011 全球和平与抵制极端主义伦敦宣言》（London Declaration for Global Peace and Resistance against Extremism 2011），谴责种族主义、宗教间不宽容、极端主义和恐怖主义。这是一份明确谴责各种形式极端主义和恐怖主义的跨宗教文献，"**因为所有宗教的核心，都是坚信无辜生命的神圣不可侵犯性。**"《宣言》称，"近年来，恐怖主义的滥杀无辜造成平民和其他非作战人员的丧生大大超越作战人员，这是非伊斯兰教、非犹太教、非基督教的，事实上与所有宗教的教义不相容。"《宣言》还明确谴责反闪米特主义（亲犹太主义）、"恐伊症"等各种形式的种族主义、畏惧和憎恨外国人，等等。在国际"《古兰经》的道路"通过互联网征集该《宣言》的民众签名前，埃及爱资哈尔大学大伊玛目等要人已联合签名。联合国秘书长潘基文、伊斯兰合作组织秘书长埃克梅莱丁·伊萨诺格鲁（Ekmeleddin Ihsanoglu）、英国首相卡梅伦、坎特伯雷主教罗恩·威廉斯（Rowan Williams）等人纷纷给大会发来支持贺信。

影响力不小。一是教育层面。在巴基斯坦，国际"《古兰经》的道路"教育网络众所周知，下设 1000 所教育机构，其中包括在各地建立图书馆，以及 2005 年特许在拉合尔创办道路大学（Minhaj），由卡德里出任该校董事会主席。二是慈善层面。卡德里创建了国际慈善救济组织"道路福利基金会"（Minhaj

Welfare Foundation），在英国登记注册，致力于向穷人和自然灾害受难者提供紧急援助、医疗保健、慈善服务和教育等。三是宣传层面。过去 25 年里，该组织分发了 30 万册卡德里的著作，制作并分发了数百万份以他的演讲为内容的录音带、CD、DVD。在私人国际电视台 QTV，播放卡德里的主要演讲，世界各地有数百万民众聆听。过去 10 年里，国际"《古兰经》的道路"成功利用互联网宣传和平、平衡的伊斯兰观，是巴基斯坦境内发起与宗教少数族裔开展宗教对话的第一个组织。卡德里也是强调、提倡公民权益的"穆斯林—基督徒对话论坛"主席。在该论坛上，基督教主教、穆斯林教职人员、学者并肩工作。

（三）积极投身政治活动

创建"巴基斯坦阿瓦米党"（Pakistan Awami Tehreek）。1989 年 5 月 25 日，卡德里创建该党，旨在消除巴基斯坦政治中的腐败现象，推动民主文化，倡导经济稳定，改善本国人权状况以及提升妇女在巴基斯坦的地位等。1990 年，他参加全国大选。1991 年，"巴基斯坦阿瓦米党"与一什叶派政党携手力推"政治工作伙伴关系"理念。1989—1993 年，卡德里一直是反对党领导人之一。他还当选为国民议会议员，但于 2004 年 11 月 29 日宣布辞去议员。2005—2012 年，卡德里在加拿大多伦多自我流亡了 7 年。

发起"民主革命"大游行。2012 年 12 月，卡德里回到巴基斯坦，发起通过选举改革实现"民主革命"的政治行动。2013 年 1 月 14 日，他召集万余人一起从拉合尔出发长途大游行，大声疾呼消除封建主义，反对政府腐败，推行真正的民主、法治以及贯彻执行《宪法》。同一天，在伊斯兰堡"解放广场"，有上万人静坐示威。当游行队伍到达伊斯兰堡后，卡德里在议会前向示威者发表演说，称"这里没有议会，只有一群掠夺者、窃贼和土匪……我们的立法者就是犯法者"。四天静坐示威后，巴基斯坦政府与卡德里达成《伊斯兰堡长征宣言》（the Islamabad Long March Declaration），政府承诺进行选举改革和增加政治透明度。虽然卡德里宣布"百万人大游行"，实际上在伊斯兰堡示威者只有2.5万人。有批评家指出，这些示威游行是巴基斯坦军方为推迟选举、削弱民选政府影响而策划的阴谋，因为卡德里与军方关系密切，持有双重国籍，拥有境外资金。巴基斯坦最高法院的律师则称，卡德里的政治诉求与巴基斯坦宪法相冲突，难以实施。

（四）反激进主义旗手

发出温和穆斯林声音。2006年，卡德里参加了在土耳其伊斯坦布尔举行的欧洲穆斯林大会，该会专门讨论欧洲穆斯林面临的认同、公民的权利与义务、挑战与机遇等问题。同年，他还参加了世界各地举行的一些研讨会，就"和平、一体化、人权"等议题发言。2011年7月，他受邀在澳大利亚悉尼新南威尔士州议会上，就恐怖主义和一体化议题发言。此外，他还在澳大利亚媒体上讨论伊斯兰教、恐怖主义和美军从阿富汗撤军等话题。11月30日，卡德里在伊斯坦布尔"阿富汗和平未来"大会上发言。2012年2月22日，卡德里对印度开始为期4周的访问，他发出传递和平的讯息，"恐怖主义在伊斯兰教教义中没有一席之地"，敦促巴基斯坦和印度政府削减国防开支，把钱投到改善穷人的生活上。

发布**《谴责恐怖主义和自杀式袭击法特瓦》**。[①] 2010 年 3 月 2 日，卡德里在英国伦敦通过"《古兰经》的道路"出版社（Minhaj‑ul‑Quran Publications）公开发行长达 600 页的乌尔都语版（512 页英语版）《谴责恐怖主义和自杀式袭击法特瓦》[②]，并举行新闻发布会解释这份"法特瓦"。在该"法特瓦"中，卡德里**援引《古兰经》和圣训，证明恐怖主义和自杀式袭击是"非正义的恶行，属非伊斯兰之举"**，直接批驳"基地"组织和阿富汗塔利班信奉的激进意识形态。这是迄今为止全球层面最全面反击恐怖主义的"法特瓦"。在发行仪式上，卡德里从学术角度批驳一切形式的恐怖主义，宣称"恐怖主义就是恐怖主义，暴力就是暴力，在伊斯兰教教义中没有一席之地，没有任何合法性，也没有任何的借口"。他甚至宣布，**根据伊斯兰教法，恐怖主义就是"卡菲尔"**。卡德里告诉美国《外交政策》杂志，"我正在努力将（恐怖分子）带回到人本主义上来，这是一场反抗暴行并将他们带回到正道上的'圣战'，一场理性的'圣战'。"英国苏格兰场反恐高官以及军情五处官员参加了发行仪式。

该"法特瓦"由美国著名伊斯兰学者约翰·埃斯波西托作序，乔尔·海沃德写导论，他们两人都赞同卡德里的学术观点，即恐怖主义是"恶行"，必须遭到揭露、批驳和谴责。

该"法特瓦"引起国际社会的广泛关注，国际媒体纷纷进行报道。据 CNN 称，专家们认为，该"法特瓦"是一个和平的"法特瓦"，沉重打击了恐怖分子的招募行动。美国务院宣称，

---

① 材料引自："Fatwa on Terrorism"，http：//en. wikipedia. org/wiki/Fatwa_ on_ Terrorism。（上网时间：2013 年 12 月 13 日）

② 书号：London：Minhaj‑ul‑Quran，2011. ISBN 978‑0‑9551888‑9‑3。

"这是从恐怖分子手中夺回伊斯兰教迈出的重大一步。"埃及爱资哈尔大学也正式声明认可该"法特瓦"。2011年1月,世界经济论坛年度大会讨论了该"法特瓦"。同年6月,教皇本笃十六世表示赞赏这份"法特瓦"倡导和平、和睦以及不同宗教间对话的精神。

尊重《麦地那宪章》。卡德里认为,巴基斯坦作为一个以穆斯林为主体的伊斯兰国家,应当尊重自由、法治、普世人权(包括宗教自由)、社会福祉、妇女及少数民族权益等;《麦地那宪章》"宣布麦地那国家是一个政治实体",并宣布"是穆斯林共同体(乌玛)不可分割的组成部分"。卡德里坚信,《麦地那宪章》"是一部宪法,一部人定法,在穆斯林历史上保障基本人权"。但他没有宣称其"高于真主法"。

五、前埃及大穆夫提谢赫戈马[①]

戈马全名谢赫阿里·戈马(Sheikh Ali Gomaa),苏菲派,埃及第18任大穆夫提,以伊斯兰教法见长,是国际上最令人敬重的伊斯兰法官之一。戈马以发布进步"法特瓦"著称,倡导温和伊斯兰,谴责激进主义,既是进步人士心目中的偶像,也是激进分子的仇恨对象。

(一)宗教学者生涯

求学、任教于爱资哈尔大学。1952年3月3日,戈马生于开罗以南75英里的上埃及贝尼苏韦夫省(Bani Suwaif)。1969

[①] 材料引自:"Ali Gomaa", http://en.wikipedia.org/wiki/Ali_Gomaa。(上网时间:2013年12月30日)

年，中学毕业后，他入学开罗的艾因·沙姆斯大学（Ain Shams），空余时间钻研圣训和马立克教法学派理论。1973年，获得商学学士学位后，他入学爱资哈尔大学，攻读第二个学士学位。到1988年，戈马已先后获得教法学学士、硕士、博士学位。

从获得硕士学位到任命为埃及大穆夫提之前，戈马一直在爱资哈尔大学伊斯兰与阿拉伯语系任教，从一名年轻助教成长为一名博学的教授，其间曾任伊斯兰教法系主任。除了在爱资哈尔大学任教外，1998年起他在开罗的苏丹哈桑清真寺（Sultan Hassan Mosque）恢复开放式大课传统，每周六天从日出到正午，给学生们上课，旨在保护以阅读经典为特色的传承伊斯兰知识传统。在该清真寺，他还主持主麻日聚礼，给礼拜民众上伊斯兰教法课，并回答他们的提问。1997年5月起，他参与了埃及政府针对监狱"伊斯兰组织"在押激进犯开展的为期三年多的"修正意识形态"（ideological revision）工作，同犯人进行辩论和对话，最终使他们接受"非暴力倡议"和谴责暴力。

戈马能讲一口流利英语，已婚，有三个子女。

担任埃及大穆夫提。2003年9月28日，埃及总统穆巴拉克任命戈马为埃及大穆夫提。2013年2月11日，戈马卸任。在大穆夫提任上，他负责就穆斯林民众提出的任何问题发布宗教法律意见，每周发布约5000条"法特瓦"。在重大问题上，他发布正式意见，许多程序性问题则由其他穆夫提通过电话、互联网予以答复。

担任大穆夫提后，戈马定期出现在电视媒体上：在每周二晚间节目中讨论时事，回答观众的提问；在每周五节目中阐述伊斯兰教法和《古兰经》经文等。此外，他在《金字塔日报》（Al Ahram，政府喉舌）上发表每周一次的专栏文章，内容涉及广泛,如阐释伊斯兰教法原理,在丹麦漫画危机中呼吁民众保持冷静,驳斥激进主义,等等。他是伊斯兰学者致基督教领袖公开信《你我同处一个世界》的签名人之一,该公开信以呼唤和平与理解为主旨。

(二) 主要宗教政治观点

伊斯兰与自由民主不冲突。戈马指出,伊斯兰教没有呼吁建立神权国家,也从未以神权国家著称,伊斯兰与自由民主不冲突。"我认为,自己是一名自由派,也是一名穆斯林,但这并不意味着我是一名世俗派。埃及历史经验已将自由主义与伊斯兰完美结合在一起。"埃及是一个宗教氛围浓郁的社会,"在我们的民主政治制度中,必须有伊斯兰教的一席之地";但同时,穆斯林必须坚信,"伊斯兰教法保证思想和言论自由以及男女享有平等权益"。他还指出,埃及《宪法》第2、7条款没有自相矛盾——前者规定伊斯兰教是国家的官方宗教,立法必须基于伊斯兰教法各项原则;后者保障埃及社会在法律面前人人平等。

谴责激进主义。戈马是主流逊尼派中最直截了当反对激进主义的宗教人士之一,禁止以暴力方式传播伊斯兰教。他宣称,激进分子没有在真正的伊斯兰学习中心接受过教育,"恐怖分子是罪犯"。"恐怖主义不可能诞生于宗教。恐怖主义是腐败思想、铁石心肠、傲慢自我、破坏、妄自尊大的产物,虔诚信教的灵魂不搞恐怖主义。"[①] "恐怖主义源于僵化,僵化源于拘泥于字面解释。每个概念都是一个圈内圈,让一个人离开中心点哪怕

---

① "Islamic terrorism", http://en.wikipedia.org/wiki/Islamic_terrorism.(上网时间:2013年12月26日)

第三章 当代——1979年至今穆斯林世界应对"全球圣战主义"时期

一寸都是胜利。我们体会到,从恐怖主义走向极端主义或从极端主义走向僵化要容易得多,但要让这些人彻底从恐怖主义走向正常人生很难。"[1] 他明确宣示,伊斯兰分子属于主流伊斯兰范畴,但激进主义"不仅与法律背道而驰,而且注定在政治上边缘化"。戈马深信,**激进主义的最好解药是,"传统沙里亚法观,加上伊斯兰教法知识"**。

针对埃及发生"阿拉伯之春",提倡以法治、对话方式改变现状。2011年1月25日,埃及爆发要求穆巴拉克总统下台抗议活动。戈马立场鲜明:一是赞同年轻示威者和平提出他们的合法诉求,反对警察针对和平示威者付诸于暴力,屏蔽互联网等。但为了避免更多无辜生命沦为秘密警察暴行的牺牲品以及避免国家陷入动乱,应让立法机构去倾听这些年轻示威者的诉求。"暴力总是不幸的,看到自己的祖国走向动乱,感到无比的痛苦和悲伤,强烈谴责针对示威者的袭击行为。"他呼吁全体埃及人"捍卫伊斯兰法律五大目标:保护生命、财产、尊严、家庭、理性以及宗教",国家的和平与安宁只能通过法治才能实现。二是如果对和平示威者造成伤害的话,他将辞职,并拟好了辞职信。三是倡导对话,邀请了一些发起埃及街头革命的青年领袖到他办公室,讨论他们的诉求。2月4日,穆巴拉克宣布下台。此前一天,30名年轻人还在戈马的办公室与他进行真诚的对话,讨论宪法、民主及其根本、诉求、正义、未来计划等诸多议题。四是埃及若要走出当前危机,必须提出明确、切实可行的改革方案和修订《宪法》。"结束旧政权,仅仅是构建一个真正健康、生机勃勃社会万里长征第一步,必须进行经济、社会改革。"

---

[1] Lawrence Wright, "The Rebellion Within: An Al Qaeda mastermind questions terrorism", *The New Yorker*, June 2, 2008.

主张死刑不适用于叛教罪。2007年，戈马告诉《华盛顿邮报》，穆斯林不能自由改变自己的信仰，"也就是说，伊斯兰教禁止一名穆斯林改变其宗教信仰，叛教是一项罪行，必须遭受惩罚。"但他反对对叛教者处以死刑。2009年，他在自己的网站www. aligomaa. net 上重申死刑不适用于叛教罪。2011年，戈马又一次明确声明，伊斯兰教不主张对叛教者处以死刑，这一立场一直延续至今。

捍卫妇女权益。戈马专门发布"法特瓦"，坚持在伊斯兰教中男女享有平等的政治权利，其中包括女性可以担任一个温和国家总统的权利。2006年11月，戈马发布"法特瓦"，不再允许女孩割礼习俗，该"法特瓦"与埃及法律禁止女孩割礼的规定相符。2007年6月24日，一个11岁女孩死于割礼事件后，他再次发布"法特瓦"，规定女孩割礼不仅属于"非伊斯兰"习俗，而且下令禁止。

在西方和非穆斯林国家，允许穆斯林从事售卖猪肉和酒的工作。因为："哈乃斐教法学派允许穆斯林在非穆斯林国家签订错误的劳动合同。"另外，先知穆罕默德没有禁止他的叔叔阿巴斯·伊本·阿布迪尔·穆塔里卜（Al-'Abbas Ibn'Abdil-Muttalib）在麦加从事高利贷经营活动，因为当时麦加还不是一座穆斯林城市。

此外，戈马认为，穆斯林在家中拥有或摆放塑像属"非伊斯兰行为"，但他明确反对破坏摆放在公共场所的历史文物，认为这是犯罪行为。他对阿富汗塔利班破坏巴米扬大佛之举深感痛惜。

第二部分　实践篇

第二部分实践篇，由第四、五、六章组成，突出国际社会尤其是穆斯林世界捍卫、追寻和平的主题，总结、归纳当今世界主要国家的"去激进化"实践经验以及激进组织头目洗心革面、重返社会的故事。

第四章　他山之石——各国"去激进化"举措

巴基斯坦公民社会团体"库迪"（Khudi）的座右铭："最强大、最可靠的行动出自于普通公民。"反击激进主义的主战场就是争取穆斯林民心。

迄今，深受恐怖活动之苦、之害的世界各国政府纷纷探寻、研究、实施各种"去激进化"举措，虽然五花八门，但其中不乏真知灼见和成功实践，值得我们借鉴学习。

第一节　穆斯林国家

1997年，海湾合作委员会、大马士革宣言集团（the Damascus Declaration group）、伊斯兰会议组织通过决议，谴责恐怖主义。1998年1月，阿拉伯国家草签反恐怖主义协议，意味着阿拉伯国家内政部长1997年1月达成的联合反恐怖战略成为法律。1999年5月，该协议得到签署，同年7月批准生效。具体内容是：增加司法、安全、情报合作，加强边界管制，防范越境者，在入境口岸加强检查，方便引渡恐怖分子，拒绝向恐怖分子/恐怖组织提供庇护，在阿拉伯刑事警察局建立数据库等。但该协议对任何一个阿拉伯国家不具有约束力，且缺乏执行该法律的机制。① 2000年3月7日，该协议第一次得到贯彻执行。利比亚政府向埃及引渡了一名激进分子要犯，此人在1993年埃及军事法庭被判处死刑。同月，约旦政府向利比亚引渡了7名2000年1月在约旦被捕的激进分子。同年12月，在伊朗德黑兰举行的伊斯兰国家首脑会议上，有关国家政府再次谴责恐怖主义。总体而言，穆斯林世界除了这些鲜见的行动，一直拒绝谴责恐怖主义和暴力活动，反而支持了以伊斯兰名义从事恐怖主义和暴力活动的激进组织。②

2001年"9·11"事件改变了这一切。当时，埃及、沙特、土耳其等穆斯林大国宗教领导人站出来，谴责"9·11"恐怖袭击。埃及爱资哈尔大清真寺温和派领袖穆罕默德·赛义德·坦塔维教长称其为"愚蠢之举，在审判日应遭天罚"。沙特大穆夫提阿卜杜勒·阿齐兹·谢赫（Grand Mufti Sheik Abdul Aziz Al-Sheikh）说，"劫持飞机、恐吓平民、滥杀无辜……应彻底禁止。"土耳其重要的穆斯林进步人士努里·奥兹特克说，"呼吁'圣战'的这些人是杀人犯，不能为他们去'圣战'。"绝大多数穆斯林认为，这些行径极其恶劣，违反了伊斯兰教法。生活在西方国家的穆斯林谴责针对美国发动的"9·11"恐怖袭击。③

随着"圣战"思想日渐侵蚀穆斯林社会，激进分子在追求

---

① Hillary Mann, "Arab Anti-Terror Effort: Assessing an Arab League Initiative", *POLICYWATCH*, Number 294, January 13, 1998.

② Sreedhar, paper on IDSA workshop "Terrorist Organizations and Financial Flows", July 13, 2002.

③ "Islamic terrorism", http://en.wikipedia.org/wiki/Islamic_terrorism.（上网时间：2013年12月26日）

"小圣战"的过程中,忘记了"大圣战"("大圣战"是为善而开展的内心斗争)。主流温和穆斯林必须从一小撮激进分子魔爪中拯救和平伊斯兰事业,向穆斯林社会内部的各种仇恨、不宽容宣战,倡导通过和平、对话方式解决穆斯林世界内外冲突。①

一、沙特:发起争夺灵魂的思想战

2001 年后,沙特推行软硬兼施战略,有效遏制了恐怖活动。

(一) 严打恐怖主义

2001 年"9·11"袭击后,沙特大穆夫提阿卜杜勒·阿齐兹·谢赫公开发表声明,"'沙里亚法'不赞成这类行动"。2003 年 5 月 12 日,发生利雅得爆炸案后,沙特"萨拉菲派大学者委员会"(Salafi Committee of Major Scholars)宣布,这类"恐怖主义"行为违背"沙里亚法",是在支持伊斯兰教的敌人。②翌日,阿卜杜拉亲王在沙特电视台上向全国发表讲话:"我们不会姑息恐怖主义或者赋予其合法性,也不会给弘扬恐怖主义的意识形态或者宽恕恐怖主义的信仰一席之地。我们特别要警告那些试图以宗教名义使这些犯罪合法化的人。我们将视这么做的人为恐怖分子的合伙人,他们的命运是一样的。"从 5 月起,沙特政府在境内采取严打行动:拘捕数百名支持恐怖主义的激进宗教人士;解聘 353 名清真寺中"不称职"的伊玛目;暂停

---

① "Islamic Perspectives on Peace and Violence", Special Report, United States Institute of Peace, January 24, 2002.

② "Islamic terrorism", http://en.wikipedia.org/wiki/Islamic_terrorism. (上网时间:2013 年 12 月 26 日)

1367名教职人员（517名伊玛目、90名周五聚礼领拜人员、750名宣礼员资格，下令他们参加由宣教指导部为提升清真寺管理人员水平而举办的"神学培训"班；① 关闭部分伊斯兰非政府组织海外分支；到2008年中期，宣教倡导部利用地理信息系统（Geographic Information Systems）实现对境内所有清真寺日常宗教活动的监控覆盖。

2005年2月，时任阿卜杜拉国王外交政策顾问阿德尔·朱贝尔（Adel al‐Jubeir，后任沙特驻美大使）在一次新闻发布会上介绍了沙特政府的反恐战："过去几年里，沙特与全球伙伴通力合作，致力于铲除恐怖主义的根源。"该努力在**两条战线同时展开：首先，毫不留情地追击恐怖分子**。沙特击毙或抓捕恐怖组织头目，缴获武器和查找武器藏匿处。沙特安全部队击毙或活捉了2003年列出的恐怖分子通缉名单上26人中的25人，这其中包括'基地'组织沙特分支多名负责人。**其次，追击恐怖分子的资助者**。2005年，阿卜杜拉国王设立财务调查小组，花大力气确认和切断涉嫌支持恐怖主义的资金来源，并颁布了世界上最严厉的资金管制机制。**最后，严打网络激进思想宣传行为**。互联网已成为"虚拟训练营"（virtual training camp），成为激进化、培训、招募的基地，恐怖分子在网上可以找到训练手册和制造炸药信息，2007年，沙特部长理事会（the Saudi Council of Ministers）批准通过《打击网络犯罪法》（Law to Fight Cyber‐Crime）。该法第7条（1）规定：任何人只要帮助恐怖组织在网上创建网站，为这些恐怖组织领导人提供通讯便利，传

---

① "Sheikh Khudair renounces his religious edicts", First Published：2003‐11‐18, http：//www.middle‐east‐online.com/english/? id=7851. （上网时间：2013年12月26日）

播这些组织的激进思想，或提供制作炸药信息，就将被判处最高徒刑或最高罚款 130 万美元。

2005 年阿卜杜拉登基后，清洗教职队伍中的激进分子；禁止清真寺举行未经许可的宗教研讨会，警告教职人员不要煽动年轻人参加"圣战"，禁止使用偏激宗教言词；严格监管伊斯兰非政府组织活动；引导媒体明确将自杀式袭击定为恐怖主义行为。2007 年 10 月，沙特大穆夫提阿卜杜勒·阿齐兹·谢赫发布"法特瓦"，禁止沙特年轻人赴海外发动"圣战"。两个月后，沙特政府以涉嫌暗杀大穆夫提图谋罪名，逮捕了一些"基地"组织成员。

（二）发起反击激进主义意识形态的"思想战"

其一，**媒体行动**（Media Campaign），**大力倡导伊斯兰教是一个和平、慈善、宽容的宗教，努力扭转公众对恐怖组织的同情**。通过发动这场全面媒体战宣扬温和伊斯兰教，报纸、公共电视台、电台和广告栏向沙特人揭露前激进分子讲述的故事"圣战经历，欺骗行为"——无视真正的伊斯兰教如何使他们易受激进组织的招募。[①] 自 2001 年底以来，沙特最高宗教当局"高级乌里玛委员会"及其他宗教、法律界人士一直积极参与媒体行动，从道义、宗教层面发声谴责恐怖主义。

其二，**"安宁行动"**（Tranquility Campaign），**即在网上与激**

[①] Fahad Nazer, "The Rise in Extremism – Part I: Saudi Arabia battles holy warriors from the pulpit", *Yale Global*, March 30, 2007.

进分子对话，进而使其放弃激进思想。① 该行动由志愿者于2004年7月发起，成功说服一些激进分子放弃激进思想后，沙特宗教基金和宣教指导部（the Saudi Ministry of Religious Endowments and Islamic Affairs）开始介入该行动，支持与激进分子开展网上宗教对话倡议，将其冠名为"安宁行动"。对话者绝大多数为16—30岁的沙特人。

该行动由一些特别小组构成：**科学小组**由宗教人士和学者、心理学家、社会学家组成，参与同激进分子的对话行动；**心理社会小组**由心理学家和社会学家组成，负责研究狂热、激进团体的心理、社会因素——如何使过着和平生活的正常人转变成激进暴恐分子，并向深受激进问题困扰的家庭提供咨询；**监控小组**负责监控所有网络论坛、网站、聊天室和其他在互联网上传播的材料；**出版小组**负责在网络论坛、聊天室和电子新闻团体上发布"法特瓦"、意见、建议和磁带。此外，还设有其他一些小组，如设计小组、网站服务小组、公关小组、监管和策划小组。②

有60余名（包括11名女性）熟练使用互联网的宗教学者和教职人员、心理学家、社会学家等进到激进分子的网站、聊天室和论坛，与他们交流，劝其放弃激进思想。参与"安宁行动"的宗教学者和教职人员每天碰头，就时间表、话题展开讨论并达成一致意见。每个人要对其进入的网站及对话人情况进

---

① 材料引自：Y. Yehoshua, "Reeducation of Extremists in Saudi Arabia", *MEMRI*, Inquiry and Analysis, No. 260, January 18, 2006, http://www.memri.org/bin/articles.cgi?Page=archives&Area=ia&ID=IA26006。（上网时间：2013年12月26日）

② Abdullah F. Ansary, "Combating Extremism: A Brief Overview of Saudi Arabia's Approach", *Middle East Policy*, Vol. 15, No. 2, Summer 2008.

第四章 他山之石——各国"去激进化"举措

行通报。

2005年7月,"安宁行动"发起者及负责人哈立德·穆萨瓦（Khaled Al-Mushawwah）向《麦地那日报》透露其与激进分子网上交流经历,"我们**只与那些表达同暴力、恐怖为伍但尚未参与暴恐行动的人进行对话,为的是防止他们今后制造恐怖活动**。因为他们表达要同暴力、恐怖为伍,就可能成为未来恐怖分子。我们发现,'基地'组织有130个活跃网站,宣传'塔克菲尔'思想。我们认真研究每个网站,如主要宣传的思想是什么,网上募人和动员原则是什么等,然后将这些网站分门别类,以便有的放矢地与激进分子对话。通常,我们进入一般的网上论坛,但也进入信奉'塔克菲尔'思想的特殊论坛和'基地'组织论坛。然后,我们提出一个特别话题引导大家讨论。当我们吸引住一些持激进思想的人在聊天室与我们对话时,就有了说服他们的更多机会,因为畅所欲言,不受外界干扰。"

哈立德·穆萨瓦指出,"与激进分子对话,光靠宗教还不行,因为他们甚至视宗教学者为'异教徒'。我们先从心理学、社会学入手。我们都希望拯救偏离正道的人,因此我们自己必须先进行开展对话的心理学培训,必须考虑到激进分子所处的社会环境。我们从心理学、社会学专家那里得到许多帮助,将相关案例、对话中发现的激进分子心理活动情况交给他们研判。"

据哈立德·穆萨瓦称,该行动导致网上减少了对"塔克菲尔"思想的传播。"安宁行动"宣布,截至2007年3月初,通过与近1600名在网上传播激进思想的激进分子对话,来自沙特和其他国家的约690人放弃"塔克菲尔"思想,其中包括一些"基地"组织高级成员。如"基地"组织沙特"沙里亚法委员会"高级成员阿布德·阿齐兹·安兹（Abd Al-Aziz Al-Anzi）

2005年5月被捕,他曾宣称沙特和沙特宗教学者都是"异教徒",通过网上对话行动,他放弃了"塔克菲尔"思想,而且不再在互联网上露面。参与网上宗教对话的激进分子70%来自海湾地区,20%来自其他阿拉伯国家,还有一些来自西方国家。沙特宗教基金和宣教指导部资助培养更多女教职人员,定期在清真寺宣讲,有11名女教职人员直接参与该行动,主要负责同持激进意识形态的妇女、丈夫持这种激进思想的妻子对话。她们同200名持激进思想的妇女对话,成功说服150人放弃激进思想。[1]

"安宁行动"建立了一个全球阿拉伯语、英语双语网站,从"沙里亚法"角度解释"塔克菲尔"等激进思想的错误之处,弘扬正确的伊斯兰观。它还出版由高级宗教学者撰写的书籍、研究文章、"法特瓦"等宣传教育材料,拟建立一个涉及上述主题的音频数字图书馆以及一个采访放弃激进思想的激进分子视频图书馆。"基地"组织黑客曾数次攻入"安宁行动"的电脑,植入病毒,并窃取相关材料。

为配合实施"安宁行动",沙特宗教基金和宣教指导部设立媒体宣教委员会(the Media Preaching Commission),由学者和媒体人士组成,负责监控激进思想和违反伊斯兰原则的行为。该部还设立一条秘密热线,专门接听亲朋好友中有受激进思想影响的家庭打来的电话,并提供相关咨询和提出应对建议。

其三,"宗教权威行动"(the Religious Authority Campaign),宗教部门成为沙特同激进意识形态作斗争中的战略资产。一是高级宗教人士和教法专家从道义、宗教层面公开谴责恐怖主义。

---

[1] Abdullah F. Ansary, "Combating Extremism: A Brief Overview of Saudi Arabia's Approach", *Middle East Policy*, Vol. 15, No. 2, Summer 2008.

第四章 他山之石——各国"去激进化"举措

1996—2006年期间,"高级乌里玛委员会"强调,颠覆、爆炸、杀人、破坏公共财产等行为是严重的犯罪,必须根据"沙里亚法"予以震慑性惩罚。该委员会发布"法特瓦",谴责恐怖主义行为,宣称此行为破坏国家安全、滥杀无辜、恐吓和平的民众、破坏财产。2007年10月,该委员会还设立官方"法特瓦"网站www.alifta.com,使民众能迅速浏览权威宗教学者发布的"法特瓦",也使穆斯林能就各类议题提出疑问。**二是**设在麦加的世界伊斯兰联盟伊斯兰教法委员会2002年1月5—10日举行第16届大会,强调激进主义、暴力、恐怖主义与伊斯兰教无关。2005年12月7—8日,伊斯兰首脑会议举行,大会强调谴责一切形式恐怖主义的必要性。**三是**沙特大穆夫提阿卜杜勒·阿齐兹·谢赫2007年10月1日发布"法特瓦",禁止沙特年轻人赴境外参加"圣战","没有得到统治者批准发动的'圣战'是严重的违法行为"。内政部长纳伊夫·本·阿卜杜勒阿齐兹亲王(Nayef bin Abdulaziz)敦促沙特宗教人士加强意识形态领域工作,阻止沙特年轻人赴伊拉克参加"圣战"。**四是**沙特国王阿卜杜拉在"伊斯兰世界联盟"第19届大会开幕式上,呼吁所有与会者反对走上歧途的穆夫提煽动仇恨、杀人、自杀式袭击行动和离经叛道行为。他将这类穆夫提冠名为"卫星、网络谢赫"(satellite and Internet sheikhs),其行为构成最大的罪,比偶像崇拜还要严重。[1]

其四,全国团结行动(National Solidarity Campaign),作为"打击激进主义、弘扬伊斯兰正信、讲求宽容与温和的重要性"战略的一部分。2003年4月7日,沙特设立阿卜杜勒·阿齐兹

---

[1] Abdullah F. Ansary, "Combating Extremism: A Brief Overview of Saudi Arabia's Approach", *Middle East Policy*, Vol. 15, No. 2, Summer 2008.

国王全国对话中心（the King Abdul Aziz Center for National Dialogue），旨在巩固全国团结，弘扬尊重他人、宽容、温和、言论自由、公共利益等道德原则，在境内外宣传伊斯兰教的真实形象，解决社会、文化、政治、经济和教育等问题，加强公民社会作用，确保平等、正义。从2003年起，沙特每半年举行一次由社会各界参与讨论的全国对话大会，重大议题包括全国团结和"乌里玛"的作用，激进主义与温和伊斯兰，建立和加强沙特社会的文化对话，年轻人的问题及其期待，与世界各种文化交流的国家愿景，等等。

2005年2月，沙特政府一些部委和机构纷纷举办研讨会、展览、讲座、诗歌比赛，散发数以百万计小册子、杂志、磁带、CDs、图片等，反击激进主义，弘扬"中正"思想。2007年，宗教基金和宣教指导部发起反对恐怖主义的"盾牌行动"（Shielding Campaign），旨在保护年轻人反对激进思想的行动。该部公关部门还于当年10月11日首发"盾牌系列丛书"，其中包括内政部长纳伊夫与沙特伊玛目涉及激进思想的对话会副本。①

其五，校园防御行动，由沙特大专院校、教育机构与政府联手推出，旨在教导学生清醒认识激进意识形态的威胁。 如设在利雅得的伊玛目穆罕默德·伊本·沙特伊斯兰大学开办了一个卫星频道来反击激进主义。校长苏莱曼·阿巴尔·哈伊尔博士（Suleiman Abal Khail）表示，开办该频道是为了根绝沙特社会、尤其年轻一代的激进思想观念，弘扬和灌输提倡宽容、怜悯、温和、爱、和平等真正的伊斯兰价值观，使年轻一代认识

---

① Abdullah F. Ansary, "Combating Extremism: A Brief Overview of Saudi Arabia's Approach", *Middle East Policy*, Vol. 15, No. 2, Summer 2008.

到误入与伊斯兰教无关的激进分子之手的危险。[①] 据英国媒体 2007 年 4 月 2 日报道，沙特在全国的学校和清真寺设置一项反激进主义课程，为期 10 周，旨在帮助"基地"组织成员消除深深植根于他们头脑中的"塔克菲尔"思想。

推进教育制度改革。"9·11"后，国际社会认为，沙特传统教育是在传播仇恨非穆斯林的思想，涉及教义方面的教科书普遍含有仇恨外国人，包括基督徒和犹太人的思想。为此，沙特政府出台改革举措：2003—2004 年的新版教科书删去有关"圣战"和仇恨基督教和犹太教的内容，强调穆斯林与基督徒、犹太人共存的思想；让沙特年轻人认识到伊斯兰教有各种不同的解释，应该弘扬更加多元的伊斯兰观，反对激进宗教人士的观点；教育部要求强化科技与职业培训教育，引进新教学方式启发学生思考，而不是简单的死记硬背学习方式；将沙特大学数目从 8 所增至 25 所，关闭了保守的师范学院，对教师进行培训，有些教师是激进分子，政府或者将其调离岗位，或送往法赫德国王大学进行"思想改造"，并解聘拒不悔改者；从 2005 年起，提供海外留学奖学金，每年将数千名沙特年轻人送到 30 余个国家学习英语、科技、工程、医药、数学等诸多学科。这样不仅使年轻人获得就业技能，而且通过体验外国文化和现代社会生活而持开放思想。不过，在历史、经济以及比较宗教、比较政治学、比较哲学等方面，沙特学生寥寥无几，一些沙特

[①] "Saudi university to launch satellite channel to combat terror", Associated Press of Pakistan, http://www.app.com.pk/en_/index.php?option=com_content&task=view&id=59508&Itemid=2.（上网时间：2013 年 12 月 26 日）

教育家甚至视其为危险学科。①

此外，许多青年因缺乏正当社会活动而误入歧途，政府组织了运动会、汽车赛、骆驼赛和沙漠观光等活动，同激进组织宣传激进思想的夏令营及宗教静修活动争夺青年。

但现实是，保守宗教阶层仍是统治阶级的组成部分，人气最旺的"推特"声音来自宗教领袖，他们仍掌管司法事务，判处持自由思想的博客鞭刑，无视自己输出的意识形态给世界带来的麻烦。②沙特社会仍充斥着教职人员煽动反穆斯林少数教派尤其是什叶派的仇恨和不宽容氛围，发出关切宗教或政治声音的沙特人要么丢了工作，要么他们撰写的书被禁。③截至2015年11月，约有1000名沙特年轻人加入"伊斯兰国"作战。

二、约旦：阿拉伯世界的熔炉

约旦是阿拉伯世界比较温和的国家，约旦人一向以拥有丰富的大杂烩文化（cultural melange）而自豪，因此，约旦虽然身处恐怖活动重灾区，但重大恐怖活动少。

---

① Fahad Nazer, "The Rise in Extremism – Part I: Saudi Arabia battles holy warriors from the pulpit", *Yale Global*, March 30, 2007; Janet Breslin Smith and Caryle Murphy, "The struggle to erase Saudi extremism", *International New York Times*, November 21, 2014.

② Thomas L. Friedman, "Letter from Saudi Arabia", *International New York Times*, November 26, 2015.

③ Janet Breslin Smith and Caryle Murphy, "The struggle to erase Saudi extremism", *International New York Times*, November 21, 2014.

（一）约旦长期是"阿拉伯世界的熔炉"

过去几十年，约旦始终张开怀抱欢迎、接纳来自伊拉克、苏丹、巴勒斯坦、叙利亚等国逃离战乱的难民，甚至还有来约旦打工的埃及、巴基斯坦、菲律宾等国人。因此，2016年上半年约旦进行全国人口普查后发现，全国950万居民中几近1/3不是约旦人，而是外国人。尤其是外国难民使约旦寂静的首都安曼成为一座难民之城。1948、1967年两次阿拉伯—以色列战争导致大量巴勒斯坦难民涌入约旦，如今他们都已成为约旦公民。虽然有约旦人抱怨新来的叙利亚难民压低了他们的薪水，但其他约旦人都称这些难民使安曼变成一个更宜居的城市。譬如，伊拉克人沙哈德·达乌德（Shahad Dawood）1991年第一次海湾战争爆发时才两岁，她家拥有一家生产化妆品的工厂，一家人逃到安曼后把企业迁到约旦，如今已在安曼一处富人区盖房落地生根，她说"即使境况变好了，我也不会再回到伊拉克"。苏丹人穆尼拉·格内姆（Munira Ghanem）20年前和丈夫一起来到安曼，先在美容店打工，后来自己开了一家用海纳粉（Henna）作颜料的纹身店：给爱美女士的胳膊、肩膀、后背纹上花朵或树叶，现在顾客盈门。巴勒斯坦人阿拉·阿布·库塔（Alaa Abu Quta）的父亲1967年逃到安曼结婚生子，如今他的孩子们早已成了约旦公民，在安曼开的汽车维修店生意兴隆。叙利亚艺术家奥马尔·阿瓦德（Omar Awad）2012年逃到安曼开的甜品店成了安曼人消费的新奢侈品店，周五人们会排起长队买他的点心，他还在甜品店隔壁开了家餐馆。巴勒斯坦制片人阿内玛里艾·杰希尔（Annemarie Jacir）曾在利雅得、拉马拉、耶路撒冷等地工作过，2010年来到安曼，他说"在阿拉伯世界，你还能从哪里找到这种大混合？""阿拉伯世界的熔炉"正是安曼的独特魅力所在。①

（二）约旦虽是全球"反恐战争"的组成部分，但也是少数真正发动思想战反击激进主义思想的阿拉伯国家

1. **坚决打击"伊斯兰国"**。约旦情报总局（GID, General Intelligence Directorate）是该国反恐主责单位，从20世纪70年代起就同"圣战"组织作战，但对"圣战"组织主要采取遏制和安置政策。"伊斯兰国"兴起后，约旦政府认为遏制和安置政策不再适用，推出新政策，包括加强边界全线（与伊拉克边界长190公里，与叙利亚边界长375公里）的军事部署，防范"伊斯兰国"分子的渗透，或其同情者穿越约旦进入叙利亚或伊拉克；加强军队和执法部门的作战训练，为期1—2个月的训练课目包括使用夜视装备、加强狙击技能等；针对叙利亚和伊拉克的"伊斯兰国"加强情报收集，对境内该组织的支持者加强内部监控和情报收集；在约旦民众和安全部队中开展宣传"温和伊斯兰"行动（平民和军人都可能受到激进思想的影响）。2014年9月23日，约旦皇家空军和国际联军一起针对"伊斯兰国"叙利亚基地展开空袭行动。②

2. **弘扬正信，反击激进主义**。2004年11月9日（斋月期间），首席大法官伊兹·埃丹·塔米米（Izz–Eddine Al Tamimi）在阿卜杜拉二世国王参加的一次宗教仪式上发表宣讲，强调伊

---

① Somini Sengupta and Rana F. Sweis, "An Arab world melting pot", *International New York Times*, June 17, 2016.

② Mohammed Najib, "The Professionals: Jordan responds to the Islamic State threat", *IHS Jane's Intelligence Review*, Vol. 26, Issue 12, December 2014.

第四章 他山之石——各国"去激进化"举措

斯兰教真谛之宽容性,反对激进主义。随后,政府将其宣讲内容录制成录音带广为散发,并发表声明,"基于宗教和道义,我们谴责当代恐怖观"。为将"萨拉菲派"激进思想的传播降低到最小限度,阿卜杜拉二世国王在这次宗教仪式上发表"安曼咨文"(Amman Message),发起弘扬温和伊斯兰、将暴力激进意识形态和行为界定为"非伊斯兰"的培训项目,将"穆斯林是何人?允许宣布某人为'异教徒'吗?何人有权发布法特瓦?"三个问题提交给世界上24名高级伊斯兰宗教学者,他们代表着伊斯兰教各大派别。此举旨在宣示激进主义不属于真正的伊斯兰教,"约旦不反对宗教,但反对利用宗教给激进行为赋予合法性的激进分子。没有激进主义,就没有恐怖主义行为。"约旦还呼吁就此议题召开地区性伊斯兰大会。[1]

2005年11月9日,位于首都安曼的3家豪华饭店遭自杀式袭击,导致60多人死亡、数百人受伤。11月24日,阿卜杜拉二世任命国家安全局局长马鲁夫·巴希特为新首相,要求他向激进主义全面开战。在致巴希特的委任信中,阿卜杜拉二世说,"我们需要采取一种全面战略对抗'塔克菲尔'文化,不仅在安全范畴,还要从意识形态、文化和政治领域对抗那些为达到目的而采用毁灭和破坏手段的人。"他呼吁发起一场"无情的战争",打击"所有滋生激进、倒退、孤立和黑暗思想的恐怖分子"。[2]

---

[1] Mohammed Najib, "The Professionals: Jordan responds to the Islamic State threat", *IHS Jane's Intelligence Review*, Vol. 26, Issue 12, December 2014.

[2] "约旦任命新首相全面拉响反恐战",《青年报》,2005年11月26日,http://www.why.com.cn/epublish/node4/node2403/node2407/userobject7ai24520.html。(上网时间:2014年1月23日)

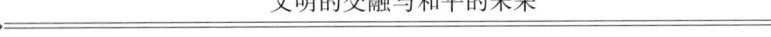

由政府掌控宗教教育并致力于教育现代化。教育部牢牢控制着学校的全部宗教课程，所有学生只学习教育部提供的宗教课本，学生们每天有一节宗教课。在清真寺，政府严格管理，只许晚上、周末开办宗教课。按中东标准，相对来讲，约旦教科书没有故意夸大的语言，但某些教授伊斯兰文化的课本里仍宣扬阴谋论——西方阴谋分裂穆斯林世界，纵容犹太人摧毁伊斯兰教，号召回归伊斯兰教，等等。为此，2005年，由教育工作者和宗教领袖组成"重新评估委员会"，**强调回击激进主义的最好办法是，指出伊斯兰教是一个"开放的信仰"，鼓励学生们接受新思想，同时增进他们对伊斯兰教的了解**。约旦教育部长哈立德·图坎（Khaled Touqan）告诉《国际先驱论坛报》记者，"我们希望培养出有知识的年轻人，他们不会盲目信仰宗教。我们希望他们三思而行，教育他们暴力违背伊斯兰教真谛。"教育工作者们一直在改写教科书，重新评估课程设置，废弃旧教学方法，培养学子们更开放、更富于思考的大脑，并向其灌输反激进主义理念。约旦耶尔穆克大学（Yarmouk）伊斯兰法学院院长、"重新评估委员会"成员阿卜杜勒·纳赛尔·阿布勒·巴塞尔（Abdul Nasser Abul Basal）说，"如果缺乏良好的基础教育，就会增加年轻人心中的困惑。教育最终应成为解决年轻人感性冲动的办法。"新课程鼓励学生们开展自由辩论，就民主、人权等一度禁忌的话题进行提问，规劝他们采取和平方式解决中东难题。[①]

3. 以各种行政、司法手段疏导穆斯林社团，使其不会挑战现行政治体制。政府允许穆斯林兄弟会合法组织起来，通过官

[①] Hassan M. Fattah, "Jordan opens the book in study of Islam", *International Herald Tribune*, June 13, 2005.

方渠道表达自己的意见。政治上包容伊斯兰分子，使之成为政治体制链条上的一环是应对激进主义的最有利方式。[①] 此外，政府还出台《管理公民社会组织法》，鼓励温和伊斯兰团体发展壮大，允许他们通过公共宗教空间讲经、授课，发布"法特瓦"，为其在各地建立分支开绿灯。另一方面，严格禁止激进组织在体制外动员群众。如严格限制其生存空间，不能使用清真寺等重要宗教场所，甚至干脆关闭它们。

三、突尼斯："复兴运动"开启政教分离的创新实践

虽然突尼斯是发生"阿拉伯之春"的首个国家，但也是迄今唯一硕果仅存的国家。伊斯兰政党"复兴运动"和公民社会力量"全国对话大会"通过对话，和平实现国家的民主过渡，使激进势力难有发展的空间和社会土壤。2016年5月21—23日，"复兴运动"举行党代会，与时俱进地推进政教分离实践——将党要实现的政治使命与从事的宗教、社会、文化活动相分离，这可能给中东地区带来从动荡走向和平的一线曙光。

（一）"复兴运动"2011年大选获胜上台掌权，接受民主原则

1956年，突尼斯摆脱法国殖民统治获得独立，此后一直推行世俗制度，不鼓励妇女戴面纱或男人蓄须。从1979年起，突尼斯政府开始逮捕伊斯兰分子。1981年，反独裁统治的"复兴

[①] Mohammed M. Hafez, *Why Muslims Rebel: Repression and Resistance in the Islamic World*, Viva Books Private Limited, New Delhi, 2005, pp. 205–207.

运动"① 宣告成立，并与埃及穆斯林兄弟会结盟，遭突尼斯独立领袖、时任总统哈比卜·布尔吉巴（Habib Bourguiba）镇压。1987年，本·阿里出任总统，允许"复兴运动"参加1989年议会选举。结果，该党赢得17%的选票，得票率仅次于执政党（但分析人士认为，1989年大选存在严重舞弊行为，"复兴运动"实际得票率达30—35%），本·阿里旋即镇压并取缔"复兴运动"。20余年里，因被控涉嫌颠覆政权图谋，数千名"复兴运动"成员或流亡海外或被捕入狱。②

2010年12月18日，突尼斯发生一起"暴力执法"事件：大学毕业后找不到工作的穆罕默德·布瓦齐齐（Mohamed Bouazizi）在赖以谋生的摊位被取缔后自焚，他浑身着火的照片很快传遍互联网，由此引发的抗议活动迅速蔓延全国。10天内，统治突尼斯23年之久的本·阿里政权垮台。2011年1月，"复兴运动"领导人纷纷回国，3月成为合法政党。当时《洛杉矶时报》就报道，"革命为'复兴运动'等长期遭镇压的伊斯兰组织开辟了从地下直接走上前台的道路，'复兴运动'领导人正着手迅速扩大自身影响。"③ 同年10月23日，突尼斯举行历史上首次民主选举，有100多个党派参加，但"复兴运动"凭借雄厚资金和组织实力以及在内陆贫困地区拥有强大民众基础，

---

① "复兴运动"党纲：自由、公正、发展。

② "Factbox: Who is Tunisia's Islamist leader Rachid Ghannouchi?" Jan 30, 2011, http://blogs.reuters.com/faithworld/2011/01/30/factbox-who-is-tunisias-islamist-leader-rachid-ghannouchi/. （上网时间：2011年4月7日）

③ "Rachid Ghannouchi returns to Tunisia after exile", Jan 30, 2011, http://www.globalpost.com/dispatch/africa/110130/rachid-ghannouchi-tunisia. （上网时间：2011年4月7日）

第四章 他山之石——各国"去激进化"举措

赢得近40%选票，获90席，成为新制宪议会第一大党。①

突尼斯1100万人口中，虽有98%为穆斯林，但并不是一个宗教狂热国家。② 2011年2月19日，抗议者要求政教分离，因为"政治摧毁宗教，宗教摧毁政治"。当"复兴运动"支持者得知大选胜利后高呼"真主至大"时，不少突尼斯人开始担忧：伊斯兰势力复兴是否对现代自由价值观构成威胁、突尼斯是否会沦为下一个伊朗？为此，"复兴运动"执委会成员兼发言人阿布达拉·朱阿里③（Abdallah Zouari）明确宣示，"我们希望建立一个自由、开放、温和的社会，每个公民享有同等权利。我们不赞成世俗派，他们想强迫他人都成为世俗派；同样，我们也反对'萨拉菲派'，他们想强迫他人都成为虔信穆斯林。"④ "复兴运动"党魁拉希德·格努西也一再强调，"复兴运动"内部不存在原教旨主义元素，而是强调民主、共识政治和家庭观念（包括降低突尼斯高离婚率），承诺尊重突尼斯世俗公民社会，继续捍卫突尼斯妇女权益。他反驳该党走到前台后将走向原教旨主义的说法，称"**复兴运动**"**是一个高度包容性政党，"我党每个人都接受民主原则，认为伊斯兰和民主可以和谐共**

---

① "Update on the Guardian's 'moderate' Tunisian Islamist, Rashid Ghannouchi", October 26, 2011, http://cifwatch.com/2011/10/26/update-on-the-guardians-moderate-tunisian-islamist-rashid-ghannouchi/. （上网时间：2011年11月7日）

② Thomas Fuller, "After the revolt, Tunisians debate Islam's role", *International Herald Tribune*, February 22, 2011.

③ 阿布达拉·朱阿里曾坐牢10余年。

④ Scott Sayare, "Revived Islamist party's muscle provokes worries in Tunisia", *International Herald Tribune*, May 16, 2011.

生,也没有任何人反对性别平等。"①

(二)"复兴运动"与"全国对话大会"(the National Dialogue Quartet)等通过全国对话,实现民主过渡

2012年8月,数千人上街游行,抗议伊斯兰分子提出的一项倡议,即取消1956年《宪法》赋予男女平等的条款,以及法国殖民统治遗留下来的世俗政治传统。2013年9月,世俗反对派因两名政治领袖先后被害——2013年2月6日,世俗反对派领袖、著名维权律师肖克里·贝拉伊德(Chokri Belaid)被枪杀;7月25日,左翼政治家、反对党"人民运动党"主席穆罕默德·布拉赫米(Mohamed Brahmi)因欢呼埃及7月3日军人政变推翻总统穆尔西后重新回到"自由和纳赛尔的道路上来"在首都遭枪杀——举行大规模示威抗议活动,要求"复兴运动"政府下台。起初,"复兴运动"政府拒绝在通过新宪法之前放弃权力,与反对派展开数月政治争吵,政局再度动荡起来——恐怖袭击、民众游行、经济恶化。在突尼斯劳工总联合会(the Tunisian General Labor Union)斡旋下,双方于9月29日举行谈判,决定"复兴运动"将权力移交给一个独立看守政府,由其领导突尼斯2014年10、11月举行的议会和总统选举,重启民主过渡进程。其间,"复兴运动"政府官员一再发表声明称,愿意通过政府辞职方式来打破政治僵局。② 10月5日,"复兴运

---

① "Tunisia's Islamist party leader seeks to allay fears of extremism", October 21, 2011, http://www.guardian.co.uk/world/2011/oct/21/tunisian-exile-rejects-claims-fundamentalists. (上网时间:2011年11月7日)

② Carlotta Gall, "Islamist party in Tunisia agrees to hand over power", *International Herald Tribune*, September 30, 2013.

第四章 他山之石——各国"去激进化"举措

动"为首的执政联盟绝大多数成员（中左派"保卫共和大会党"/Congress for the Republic 除外）以及世俗反对派政党同意开启对话进程——由一个专家治国机构取代现政权。新的和平路线图要求"复兴运动"主导的国会在一个月内完成宪法制定，成立监督大选的委员会，并通过选举法。在签署和平路线图仪式上，突尼斯总统蒙塞夫·马佐基说："我对突尼斯未来感到乐观，对话进程将引导国家走向自由、透明的选举。突尼斯人民和我们的国外友人注视着我们，我们不能令他们失望，这是历史责任。"① 12月中旬，"复兴运动"为首的执政联盟与反对派正式达成协议，新大选举行前，由看守政府主政，任命曾在私营部门任机械工程师、执政联盟工业部长的迈赫迪·乔马（Mehdi Jomaa）为看守政府总理并负责组阁。② 自"阿拉伯之春"以来，利比亚、叙利亚、也门国家崩溃，埃及军方强人重掌大权，"伊斯兰国"在叙利亚和伊拉克强势崛起，突尼斯则较成功地实现向民主的过渡，让人们看到了在中东实现和平的希望。

"全国对话大会"获得诺贝尔和平奖。突尼斯很幸运，因为境内没有哪个组织一支独秀足以独揽朝纲。与埃及不同，突尼斯军方在本·阿里执政时期一向弱小，故此时难以干政；而前政府官员或民主反对派力量也未强大到可以推翻"复兴运动"政权。考虑到穆斯林兄弟会政权在埃及遭废黜，突尼斯伊斯兰分子不愿重蹈其覆辙。因此，在上述对话进程中，由突尼斯劳工总联合会、突尼斯工业、贸易和手工业联盟、突尼斯律师行业组织、突尼斯人权联盟等四个主要公民社会组织发起的"全

---

① The Associated Press, "Feuding Tunisian parties advance plan for elections", *International Herald Tribune*, October 7, 2013.

② "Tunisia's Reawakening", *International New York Times*, December 20, 2013.

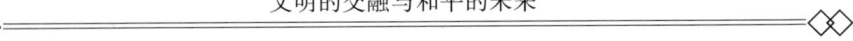

国对话大会",代表了社会各行各业和不同价值观——工作生活和福利、法治和人权原则,成为确保实施和平路线图的可靠第三方力量。2015年10月9日,"全国对话大会"因其面对危难时,选择了一条与其他国家不同的道路,避免了暴力冲突而集体被授予诺贝尔和平奖。获奖后,"复兴运动"党魁格努西在"脸谱"上向"全国对话大会"道贺并留言,"该奖意味着对'全国对话大会'和突尼斯国家和平努力的认可。感谢真主,突尼斯儿女的和平努力,成功防止了周边邻国那种为了争权夺利而造成的杀戮和战争。"劳工总联合会秘书长霍西尼·阿巴希(Houcine Abassi)称,"该奖来得正是时候,因为突尼斯仍面临着各种安全挑战。"人权联盟主席阿布德塞塔尔·本·穆萨(Abdessattar Ben Moussa)表示,"和平奖证明,对话而不是暴力,是解决危机的唯一办法。"在上传到"脸谱"的一段视频中,总统贝吉·卡伊德·埃塞卜西宣称,和平奖意味着谈判胜过暴力,"除了对话,突尼斯别无选择。除非并肩战斗,否则我们无法打赢反恐战。"挪威诺贝尔委员会主席卡西·库尔曼·菲维(Kaci Kullmann Five)在奥斯陆表示,突尼斯"全国对话大会"2013年取得的成就"为公民、政党、政府间的和平对话扫清了障碍,有助于找到超越政治宗教分歧、基于共识达成解决各种挑战的方案"。[①]

(三)政府规范管理激进清真寺

本·阿里政府被推翻后,许多忠于他的宗教人士被清理出

[①] Sewell Chan, "Quartet in Tunisia given Nobel Peace Prize", *International New York Times*, October 10–11, 2015.

清真寺，一时间，清真寺伊玛目短缺，一些激进"萨拉菲派"伊玛目抢占清真寺阵地。突尼斯政府对教职人员和清真寺的控制很严，2015年斋月，关闭了80座清真寺，解雇了两名伊玛目。但许多"萨拉菲派"伊玛目抵制政府取缔他们的努力，有些伊玛目甚至拿起武器进行抵抗。突尼斯总理哈比卜·埃西德（Habib Essid）为首的政府，由"突尼斯呼声党"领导，将控制突尼斯5000座清真寺的斗争视为一场"长期的战斗"。哈比卜·埃西德称，"我们辞退一座清真寺的激进伊玛目，第二天就有另一名激进伊玛目取而代之，但我们不会轻言放弃。""复兴运动"支持政府对清真寺的规范管理，宣称"我们一致同意不许任何人宣传暴力思想"。不过，"复兴运动"也警告政府，严打行动会使信教群众步入地下，妨碍温和派反击激进意识形态的努力。[①] 为此，突尼斯政府对教职人员进行培训，规定任何政党不得有宗教色彩，还限制年轻人赴中东部分地区的旅行，议会通过新的《反恐法》等。

（四）"复兴运动"开启政教分离的创新实践

自2011年以来，短短数年间，"阿拉伯之春"走过了三个阶段。阶段一：年轻人通过新社会媒体掀起"街头革命"，推翻了突尼斯和埃及的强人统治，长期同世俗独裁政权进行血腥抗争的政治伊斯兰势力走上主流政治前台。世人目睹"信息技术让游行的效率和规模远远大于传统游行……呈现出网络结构，且具独特的'雪崩'特性"。这场革命也随之被西方评论家界定

[①] Carlotta Gall, "A political divide still haunts Tunisia", *International New York Times*, July 25–26, 2015.

为"新社会媒体革命",或"脸谱革命"、"推特革命"。阶段二:政治伊斯兰势力执政失败下台。在埃及,2013年7月3日发生军事政变,国防部长塞西推翻了当选仅一年的来自穆斯林兄弟会的民选总统穆尔西。在突尼斯,2013年9月,"复兴运动"同世俗派领袖贝吉·卡伊德·埃塞卜西达成协议,即"复兴运动"决定将权力移交给一个独立看守政府,由其领导突尼斯2014年10、11月举行的议会和总统选举,重启民主过渡进程。在2014年的大选中,"复兴运动"被贝吉·卡伊德·埃塞卜西领导的"突尼斯呼声党"击败,自动放弃权力,基于"精英共识"(an elite consensus)创新倡议产生新政府。阶段三:突尼斯"复兴运动"2016年5月21—23日举行党代会,推进政教分离实践,将党要实现的政治使命与从事的宗教、社会、文化活动相分离,使"复兴运动"成为一个纯粹的政治组织,不再有公开的宗教使命——宣教,**发起"二次革命"并诞生了"穆斯林民主派"(Muslim Democrats),宣告挥别20世纪20年代埃及穆斯林兄弟会开启的政治伊斯兰传统**。用"复兴运动"革新派领导人赛义德·富加尼(Said Ferjani)的话来讲,"当我们的身份和目标受到极权国家(本·阿里政权)威胁时,伊斯兰主义一直行之有效。如今,在新的宪法框架下,'复兴运动'是一个公开的合法政党,可以参加国家领导人的竞选,伊斯兰主义标签已经弊大于利。""复兴运动"党魁格努西在接受媒体采访时直言,"我们没有任何理由将自己与其他穆斯林区别开来",他还倡导穆斯林各教派一律平等。[①]

目前,在突尼斯和整个阿拉伯世界,自由派、世俗派、伊

---

① Hussein Ibish, "Tunisia's new revolution", *International New York Times*, June 3, 2016. 作者是设在华盛顿的阿拉伯海湾国家研究所高级研究员。

斯兰主义的批评者们对"复兴运动"开启的政教分离实践持怀疑态度，在突尼斯首都甚至引来"复兴运动"主要政治对手们的一阵大笑，他们支持同"复兴运动"展开对话、合作以及建立联合政府，但他们认为"复兴运动"不会真正将"后伊斯兰主义"（post-Islamism）实践付诸行动。然而，他们必须看到，这是"复兴运动"在民主体制下所作的公开表态，不是秘密想法，"复兴运动"已经认识到突尼斯社会不会接受旧式伊斯兰主义，**"复兴运动"必须成为"穆斯林民主派"——这也是穆斯林世界伊斯兰主义的未来发展方向**。"复兴运动"已经成为阿拉伯世界首个"后伊斯兰主义"政党，其政教分离实践将攸关整个地区乃至整个世界的利益。[①] 1400年来，穆斯林共同体始终走在先知穆罕默德开创的政教合一的道路上，而"复兴运动"这次开启政教分离路线，是伊斯兰分子为了赢得、巩固政治权力乃至实现长期执政而做出的一次与时俱进的创新尝试，这是一次理论创新和道路创新，有可能成为阿拉伯世界走出大乱局和穆斯林世界未来发展方向的一盏"指路明灯"。

四、摩洛哥：温和伊斯兰政党融入现行政治体制[②]

在摩洛哥，针对旅游业、安全部队的袭击事件曾零星发生，如2011年4月在马拉卡什一家餐馆发生爆炸案，造成17人丧生，绝大多数为法国人。总体而言，与阿尔及利亚、埃及、利比亚等北非国家相比，激进组织未在摩洛哥立足，恐怖活动少。

---

① Hussein Ibish, "Tunisia's new revolution", *International New York Times*, June 3, 2016.

② 材料引自：Anoushka Kurkjian, "Tenuous calm: Terrorism threat level rises in Morocco", *Jane's Intelligence Review*, Vol. 27, Issue 12, December 2015。

（一）安全情报机构反恐得力

包括领土监视总局（General Directorate for Territorial Surveillance，DGST）在内的摩洛哥国内安全部队和情报精英是北非地区最有效的机构，他们与西方国家特别是法国和西班牙同行开展情报合作。2014年11月起，摩洛哥加入打击"伊斯兰国"的国际联盟，因为有摩洛哥青年赴叙利亚和伊拉克参加"伊斯兰国"。他们先是前往"伊斯兰国"利比亚分支训练营受训，然后再奔赴叙利亚和伊拉克。据不同渠道统计，2014—2015年，约有1500名摩洛哥人赴叙利亚和伊拉克参加"伊斯兰国"队伍，其中250人被击毙。他们当中一些人回国后发起募人行动，以便帮助补充"伊斯兰国"在叙利亚和伊拉克的作战力量；与此同时，他们还鼓励一些小团伙针对国内目标发动袭击。"伊斯兰国"在卡萨布兰卡等北方城市的穷人中有不少支持者。

旅游业是摩洛哥的经济生命线，2014年旅游业直接创造了77.5万个工作岗位，占总就业率的7.1%（2015年还要上升2.7%），为此，摩洛哥政府加大安保力度，加强监控，逮捕激进分子，致力于防范恐怖袭击的发生。譬如，实施预防战略"哈达尔行动"（Operation Hadar），在首都拉巴特及阿加迪尔（Agadir）、卡萨布兰卡、非斯、马拉卡什、丹吉尔（Tangier）等大城市加大军警安保力度，之后还将该行动辐射到南部省份。2015年3月20日，摩洛哥宣布成立相当于美国联邦调查局的新安全机构——司法调查总局（the Central Bureau of Judicial Investigation，BCIJ），隶属领土监视总局，主责反恐行动。

（二）温和伊斯兰政党崛起成为一支反击激进主义信得过的伊斯兰力量

执政的正义与发展党（PJD）不仅与王室结盟，而且向卡萨布兰卡、非斯等城市保守中产阶级提供了一条合法宣泄心中冤苦的渠道。2015年9月4日，在地方选举中，该党保持了对所有摩洛哥大城市的控制权。与此同时，由于在正义与发展党的城市大本营里激进观点日盛，摩洛哥政府在该党内派驻要人代表，如该党主席、总理阿布德里拉赫·本基拉纳（Abdelilah Benkirane），以此来反击激进观点。阿布德里拉赫·本基拉纳和其他政界、宗教界要员敦促摩洛哥年轻人走渐进改革之路，接受伊斯兰温和派主张，而不是"伊斯兰国"的激进意识形态。摩洛哥政府也将埃及、利比亚等国的动荡当作一面镜子，警告摩洛哥人不要参加"伊斯兰国"及其地区分支。宗教机构处在政府发动的宣传攻势——"强调暴力激进主义会带来高昂社会、经济代价"的第一线。

不过，正义与发展党是否享有反击激进主义的权威这一点令人质疑，因为阿布德里拉赫·本基拉纳等该党要员的认同排序是：首先是保皇党人，其次是摩洛哥人，最后才是伊斯兰分子。此外，摩洛哥政府一直不许主流伊斯兰运动——正义与博爱（Al Adl Wa Al Ihssane）建立政党，因为它拒绝承认国王是"信士的统帅"（Commander of the Faithful）。

五、巴基斯坦：公民社会行动起来反击激进主义[①]

自2001年以来，在巴基斯坦，宗教激进主义触发的暴力活动，特别是自杀式袭击层出不穷。据"南亚恐怖主义门户网站"（South Asia Terrorism Portal）综合报纸、政府报告等信息源统计，从2003年至2016年1月，有近6万人丧生。据2014—2015年度《巴基斯坦经济观察》（the Pakistan Economic Survey）估计，从2005—2015年间，恐怖活动造成的经济损失高达1000亿美元。与此同时，仇恨言论在电视、电台、社交媒体上泛滥。如2007—2009年，开伯尔—普什图赫瓦省（Khyber Pakhtunkhwa）斯瓦特的塔利班头目毛拉纳法兹鲁拉赫（Fazlullah）开办了FM调频节目——以"毛拉电台"著称，宣传他的激进思想，而此人从未接受过正规的宗教教育。如今，电视上也常有貌视满腹经纶的人宣传类似观点，但绝大多数也没有接受过伊斯兰教育。这些节目主要攻击宗教少数族群，如什叶派、基督徒，甚至包括不接受激进思想的逊尼派。

这15年时间里，巴基斯坦经历了深层的政治、经济、社会动荡。人们害怕暴力势头持续下去的话，将无法推进族群间和解，动荡将常态化。鉴此，从巴基斯坦政府到省政府到公民社会三个层面上，都行动起来同暴力激进主义作斗争。

（一）巴政府层面

1999年，穆沙拉夫发动军事政变上台执政，他主张"振兴

[①] 材料引自：Anita Weiss, "Can Civil Society Tame Violent Extremism in Pakistan?" *Current History*, Vol. 115, No. 780, April 2016。

温和伊斯兰"——鼓励践行温和伊斯兰，反对当时甚嚣尘上的激进观。

2014年12月16日，塔利班袭击白沙瓦的陆军公立学校（Army Public School），造成140余人丧生，绝大多数受害者是军人的孩子，因为该校由军方开办，成了激进分子的袭击目标。为此，巴政府采取措施，镇压灌输"圣战"等激进思想的经文学校，在周五主麻日聚礼11：00—14：00时，关闭伊斯兰堡的手机网络，使激进宗教人士无法利用该系统传播激进思想。[1] 此外，巴政府还加快司法审判程序，允许对涉恐要犯执行死刑。2015年6月，欧盟称，自2014年12月以来，至少有150名犯人已被巴政府执行死刑。但巴政府极少付出"去激进化"努力，如再教育恐怖分子或向他们提供就业机会，而是将他们交到擅长搞"去激进化"项目的非政府组织手里。

（二）省政府层面

只有旁遮普省建议改革学校课程，教授更温和的伊斯兰观，但此举遭到充满仇恨的抗议。

（三）公民社会层面

1. 沉默的大多数草根民众自发行动起来反击激进主义。许多民众决心结束暴力，改变动荡现状，个人、社团、社区非政府组织纷纷行动起来，反击激进主义和恐怖主义。但外界对其了解甚少，连当地媒体也极少报道这类活动。

---

[1] Rod Nordland, "Pakistan deals blow to jihadists, but their ideology stays rooted", *International New York Times*, December 18, 2015.

在不少地方上，许多巴基斯坦人正在为恢复和平和从激进分子手中夺回文化与社会而斗争——激进分子试图推行他们的统治，如在斯瓦特河谷的塔利班要求妇女一身裹着蓝袍，禁止在苏菲派圣陵跳舞，甚至炸掉圣陵。在巴基斯坦每个省会城市（卡拉奇、拉合尔、奎达、白沙瓦）及其外围地区，有的团体正在教会穆斯林妇女懂得她们的合法伊斯兰权益是什么，有的帮助制作简短影视片和搭建街头舞台传播和平理念，在巴基斯坦全境组织抗议恐怖袭击的示威活动，等等。

在卡拉奇，有一个学生团体厌倦了校园墙上诋毁什叶派和艾哈迈迪亚教派（Ahmadiya）等少数宗教群体的涂鸦，就组织成员提着颜料桶和刷子，绘制和平鸽、鲜花等壁画，弘扬宽容理念，而不是仇恨言论。此举赢得广泛支持，如今约有200余名艺术家、手艺人、工人参与其中。他们打算重画货栈、学校、高架桥、地下通道等数百处公共场所的墙壁，以便"从充满仇恨的涂鸦中夺回卡拉奇"。目前，该学生团体已经同卡拉奇的其他非政府组织结盟，如帮助贫民窟儿童的"Slumabad"、"我是卡拉奇人"和平运动等。

在信德省内陆的索姆罗村（Soomro），村民们对暴力激进主义厌恶至极，索性就在村子四周砌起围墙，开挖自己的自来水、排污系统，修改当地学校课程，倡导和平理念与合作对话。在旁遮普省的锡亚尔科特（Sialkot），当地人路遇一伙暴徒袭击一对基督徒夫妇时，挺身而出，使这对夫妇免受伤害。当地人发誓，以后将会阻止针对少数族群的这类袭击事件。

2. **公民社会团体行动起来反击激进主义**。以下三大团体已经成功地将当地人动员起来，在反击暴力和激进主义方面取得进展。**一是公民社会团体"库迪"（Khudi），倡导对话与辩论。**"库迪"座右铭是，"最强大、最可靠的行动出自于普通公民"。

第四章 他山之石——各国"去激进化"举措

在巴基斯坦,鲜闻这种声音。2010年,由"英国第一家穆斯林反激进主义智库"奎利姆基金会①(the Quilliam Foundation)执行主任马吉德·纳瓦兹(Maajid Nawaz)等人在巴基斯坦创建"库迪",成立伊始即宣布自己是一场"反击激进主义社会运动,致力于在巴基斯坦弘扬民主文化",聚焦年轻人、教育、思想领域工作。

"库迪"不是一家智库,而是提倡实践活动,积极开展对话,特别是与年轻人的对话。针对宗教不和现象,它呼吁宽容以对:"在'库迪',我们认为,宗教信仰是个人的事情,每个人都会从他们的宗教权威那里获得教导。因此,我们的志愿者和朋友们信奉不同的宗教或教派,从保守派到自由派应有尽有。关键在于,我们坚持尊重每个人信仰有别的原则"。

为此,"库迪"在巴基斯坦全国大专院校举办讨论会,议题有"各色人等利用宗教来实现其政治目的导致了宗教狂热主义在巴基斯坦的兴起"、《联合国宽容原则宣言》(the United Nations Declaration on Principles of Tolerance)以及年轻人参加地方选举的重要性等。它还在阿伯塔巴德(Abbottabad)、杰赫勒姆(Jhelum)、海尔布尔(Khairpur)、奎达等城市以及斯瓦特河谷举办类似活动。"库迪"还举办有关民主治理、外交政策、青年行动、激进主义、社会发展等议题的研讨会,与会者可以直抒胸臆,畅所欲言。这些研讨会强化了"库迪""在民主社会里开展辩论的价值"之宗旨,通过创造年轻人讨论分歧的空间,使他们能够清楚地知道谈判是如何化解冲突的秘诀。

二是"巴恰汗教育基金会"(the Bacha Khan Educational

---

① 该基金会旨在"挑战激进观,倡导与普世人权水平相一致的多元、民主价值观"。

259

Foundation），**倡导改变思维方式**。由普什图领导人汗·阿卜杜勒·加法尔·汗（Khan Abdul Ghaffar Khan，1890—1988年）倡议发起，在巴基斯坦很不寻常。加法尔·汗以"边疆甘地"（Frontier Ghndhi）或"巴恰汗"（King of Chiefs，意即"首领之王"）闻名遐迩，为了建设一个没有压迫、贫穷、愚昧的社会，他在西北部的查萨达（Charsadda）创建了"自由经文学校"（Azad Madrassas），男女生在一起接受传统教育，同时也接受英语、现代科目的教育。当时，在周边地区迅速兴办了数百所这类学校，但英国殖民当局视其为威胁而下令禁止。此举导致加法尔·汗参政，并发起反对英国统治的非暴力抗争运动。

由于巴基斯坦的西北边境地区治安形势恶化，社会发展停滞不前，地震、洪水、干旱等自然灾害接连不断，宗教激进主义泛滥，"削弱了当地社会结构，妇女和女童身处边缘化境地，得不到基本的服务和就业机会"。鉴此，2003年，非政府组织"巴恰汗信托"（the Bacha Khan Trust）在巴基斯坦和阿富汗建立起来，致力于宣传和平、民主、人权和发展等思想。2007年3月，"巴恰汗教育基金会"宣告成立，并在白沙瓦、查萨达开办了两所学校。截至2016年3月，"巴恰汗教育基金会"在开伯尔—普什图赫瓦省以及联邦直辖部落区的边缘地区共开办了14所学校，约有5000名在校生。在这些学校，除了教授一般课程外，还教授聚焦和平、文化认同、个人人权、集体福祉等"巴恰汗教育基金会"特设的课程，注重培养学生们的分析思维、解决问题能力和社会技能，鼓励学生们与当地社区互动。此外，学校还开设缝纫、木工、制革等劳动技能课，因此学生辍学率不到5%，而其他学校为50%，小学女校甚至高达72%。

"巴恰汗教育基金会"执行主任哈迪姆·侯赛因（Khadim Hussain）指出，基金会开办的这些学校还通过教授普什图书法、艺术、文学和诗歌，极大地激发了学生们的文化自豪感和认同，在向下一代普什图人灌输加法尔·汗的和平、非暴力思想上至关重要，这与学生们常听到的塔利班支持者和其他激进分子的暴力言论迥异，从而有助于给该地区最终带来和平、社会稳定和经济繁荣。

在巴基斯坦政府开办的穷人孩子学校，缺失"巴恰汗教育基金会"倡导的改变思维的教育模式，这些公办学校掌握的资源有限，很少提供劳动技能课，学生们也不了解自己的文化，极易受激进思想煽动，因此也对国家没有特殊的忠诚感。

三是"农村援助项目网络"（the Rural Support Programs Network，RSPN），旨在全国范围反击暴力激进主义。这是巴基斯坦最大的发展网络，得到美国国际开发署和其他捐赠者的资助，强调除贫、提高生活质量等目标，惠及全国 3800 万农村人口。该网络宗旨是"穷人固有自助的潜力，如果组织起来并得到技术、资金帮扶的话，可以更好地善用有限资源"。由于该网络在政府彻底不作为的地区提供关键服务，因此与巴基斯坦政府关系好，当政府镇压非政府组织时，它几乎不被波及。

该网络名下的每项农村援助项目都依靠当地社区去抓落实，旨在提升当地组织领导人的能力，使草根机构有能力建设和改善社区的下水道、滴灌等基础设施。在有些地方，援助项目还关注妇女问题，方便妇女增加收入、获得小微贷款和教育等。退休政府官员、现在"农村援助项目网络"工作的埃贾兹·拉希姆（Ejaz Rahim）称，这是一种草根团体自力更生发展的模式，强调参与者要改变对自身及其在当地社区中作用的看法，实现自给自足，获得强大的自信心——坚信依靠自己的行动，可以改变自己的人生以及所在社区的未来。

发展是手段，目的是通过改变当地社区来阻止激进主义和暴力的蔓延。

六、哈萨克斯坦：反恐、反激进齐头并进

苏联解体后，在哈萨克斯坦，各类宗教传教人员蜂拥而至，各种"救世主"和"预言家"们的书刊资料和音像制品泛滥成灾，怂恿人们相信他们的说教是唯一的真理。2011—2012年，宗教激进和恐怖势力抬头，策划实施了多起骇人听闻的袭击事件。之后，哈萨克斯坦政府采取一系列措施加强打击恐怖主义和宗教激进主义。

（一）实施反恐战略

一是增设机构。2013年1月，纳扎尔巴耶夫总统签署法律，成立归各省省长直接负责的省级反恐委员会。在中央层面上，2013年年中，总统下令创建"反恐中心"，授予广泛的行政权力。该中心由纳扎尔巴耶夫主责，由各部部长和情报部门首脑组成。早些时候，在国家安全委员会内部已设立类似机构，但只有磋商职能。**二是实施国家反恐战略**。2013年10月，哈萨克斯坦政府实施2013—2018年国家反恐战略。在反恐资金方面，2013年10—12月、2014年全年分别拨款8750万美元、1.312亿美元，2015年拨款1.42亿美元。在打击恐怖融资上，2014年6月10日，哈萨克斯坦政府通过立法，严格管控金融机构，以防恐怖融资。在打击激进组织上，2011年11月，塔拉兹袭击后，哈萨克斯坦政府宣布取缔"哈里发战士"（Jund al-Khilafah, JaK）。2014年11月3日，哈萨克斯坦政府通过立法，禁止与激进组织有联系的人出境。随着越来越多的哈萨克斯坦人投入"伊斯兰国"怀抱，2015年2月18日，纳扎尔巴耶夫总

统宣布,"哈萨克斯坦谴责各种形式的恐怖主义和激进主义,并向这两大恶魔宣战。"2013 年,哈萨克斯坦政府缴获了 1.1 万份激进宣传品,1200 份宣传激进思想的电子设备。仅 2014 年,哈萨克斯坦政府就关闭了 700 多个激进分子使用的哈语网站。[1]

(二)实施反激进战略

一是倡导以宗教对话压缩激进主义空间。纳扎尔巴耶夫总统认为,恐怖主义的滋生既有经济因素,也有宗教文化因素。为此,2011 年 5 月,哈政府设立了宗教事务局,该局原先属于文化与信息部下面的一个委员会。由于宗教事务局卷入一系列试图关闭非营利宗教团体的丑闻,2014 年 8 月哈政府对其进行重组,重新成为文化与体育部下属的一个委员会。[2] 同年,纳扎尔巴耶夫召开了世界与传统宗教领袖大会。会上,他作了主旨讲话。他说,不同宗教间的对话,能为当今世界创造出一片和谐、透明与友善的天空,最大程度压缩激进主义的存活空间。**二是依法清理规范宗教组织及其场所**。哈萨克斯坦政府出台《宗教活动和宗教组织法》,据此彻查全国所有宗教组织和场所,重新登记注册,坚决取缔外国人及其代理人在哈萨克斯坦境内开办的宗教场所。经重新审查,该国宗教组织锐减三分之一,非法宗教活动遭受严重打击。[3]

---

[1] George Voloshin, "Imminent Threat: Kazakhstan vows to crack down on terrorism", *IHS Jane's Intelligence Review*, Vol. 27, Issue 4, April 2015. 作者是法国的前苏联问题政治分析家。

[2] George Voloshin, "Imminent Threat: Kazakhstan vows to crack down on terrorism", *IHS Jane's Intelligence Review*, Vol. 27, Issue 4, April 2015.

[3] 赵宇:"'温柔的独裁者'纳扎尔巴耶夫",《作家文摘》,2014 年 6 月 17 日,摘自《瞭望东方周刊》,2014 年第 21 期。

没有全面宗教对话和重新安置好前激进分子的话，高压政策不能遏制激进主义势头。前往叙利亚加入"伊斯兰国"的哈萨克斯坦人不少。2013年10月，"优兔"上的视频显示，仅叙利亚北部一地就有近150名哈萨克斯坦公民。2015年2月，哈萨克斯坦国家安全委员会官员称，该国公民主要集中在阿勒颇郊区，同以车臣人阿布·奥马尔·希萨尼（Abu Omar al-Shishani）为首的前苏联人一起作战。2014年7月，在新媒体上出现的视频显示，一些哈萨克斯坦激进分子在叙利亚作战。4个月后，新媒体又一次展示在叙利亚的哈萨克斯坦激进分子视频。[1]

七、印尼：传统穆斯林组织高奏宽容、多元化之主旋律

13世纪左右，伊斯兰教传入印尼，当时印度教、佛教是主要宗教，因此，**印尼伊斯兰教实现与当地宗教信仰和传统相结合**。2015年3月29日，由中国国家宗教局主办的以"中道圆融——凝聚善愿的力量"为主题的宗教分论坛在博鳌亚洲论坛会议中心举行，印尼伊斯兰教法学者委员会中央委员会主席丁·汕苏汀在分论坛上明确表示，印尼是当今世界穆斯林人口最多的国家，拥有2.2亿人口，数百个民族，近90%是穆斯林，团结和多样性是印尼社会共同奉行的原则和共识。[2]

印尼一贯强调非暴力、包容和接受其他宗教，政府是世俗、

---

[1] George Voloshin, "Imminent Threat: Kazakhstan vows to crack down on terrorism", *IHS Jane's Intelligence Review*, Vol. 27, Issue 4, April 2015.

[2] 此系首次在博鳌亚洲论坛中增设宗教板块。分论坛配合年会"亚洲新未来：迈向命运共同体"主题，邀请了6位来自中国内地、香港、台湾的佛教、伊斯兰教、基督教领袖及印尼伊斯兰教领袖作为嘉宾，阐释提倡"中道圆融"思想，推动文明对话，共商宗教和谐。

稳定、民主的，基督徒、印度教徒、佛教徒等少数宗教族群影响也不小。印尼穆斯林群体分为三大派：一是以"伊斯兰教士联合会"（Nahdlatul Ulama，简称"伊联"，5000多万成员，在全国有360个分部）代表的传统派，它是当今世界最大的穆斯林组织。二是以"穆协"（Muhammadiyah，2800万成员）为代表的现代派。三是在政治、意识形态上主张世俗政治的世俗派。激进分子只占穆斯林人口的一小撮。

（一）"伊联"秉持宽容伊斯兰观

1926年1月，由一群来自东爪哇的传统派"乌里玛"成立"伊斯兰教士联合会"，Nahdlatul Ulama 阿拉伯文含义是"乌里玛的觉醒"。"伊联"主要是一个由宗教学者和经文学校构成的网络。**特点有二：一是主张爪哇传统文化与伊斯兰信仰相结合。**他们反对现代派的净化伊斯兰运动，代表了传统爪哇农村穆斯林的宗教利益。**二是政治上主张走"中间道路"，强调与当政者的务实合作。**"伊联"参加了1955年、1971年的印尼大选。1973年，苏哈托为巩固统治，把全国政党精简成三个，"伊联"同其他三个穆斯林政党合并成建设团结党。

苏哈托"新秩序"时期，伊斯兰势力在主流政治进程中被边缘化，许多穆斯林领导人切身体会到，只有当伊斯兰势力坐拥国家权力，才能确保伊斯兰在政治及决策中的法定地位。因此，1998年5月21日苏哈托倒台后，伊斯兰势力表现出强烈的参政愿望。在1999年6月的全国大选中，"伊斯兰教士联合会"成立了四个政党：民族觉醒党（PKB）、信徒复兴党（PKU）、伊斯兰教教士党（PNU）、SUNI，但只有民族觉醒党得到"伊联"中央执行委员会的正式支持，由阿布杜拉赫曼·瓦希德（Abdurrahman Wahid）领导。1999年10月，阿布杜拉赫曼·瓦希德当选为印尼第四任总统。此次大选中，**民族觉醒党高举"建国五基"**（即民族主义、国际主义/人道主义、民主、社会正义、信仰真主）**旗帜，强调国家的利益大于宗教利益**：一是只承认"建国五基"为党的意识形态基础；二是承认多元化是民主印尼向前发展、维护国家统一的关键；三是承认宗教（主要是伊斯兰教）是指导政治实践的价值观、行为准则。以上三点反映了民族觉醒党对宗教利益与国家利益相结合的深刻认同与承诺。其他印尼伊斯兰政党也都纷纷表示，不仅要为穆斯林族群而且为整个国家的利益服务，这说明印尼有真正群众基础的伊斯兰运动不会走封闭和激进主义的"羊肠小道"。

（二）"伊联"制作影视作品迎击"伊斯兰国"激进宣传[①]

由于来自海湾国家的资金源源不断地流入印尼，支持在印尼宣传沙特阿拉伯的瓦哈比派思想，许多印尼穆斯林在小型《古兰经》研习班上被思想灌输而激进化，一些寄宿经文学校成为激进主义的温床。这些年，印尼也恐怖威胁不断，如2002、2005年的巴厘岛爆炸案，2003、2009年的雅加达万豪酒店爆炸案。印尼最臭名昭著的"伊斯兰祈祷团"（Jemaah Islamiyah）虽已被政府镇压下去，但余孽仍存。此外，"伊斯兰捍卫者阵线"（the Islamic Defenders Front）等激进组织偶尔也袭击酒吧、

---

① 材料引自：Joe Cochrane, "Muslims in Indonesia challenge ISIS beliefs", *International New York Times*, November 27, 2015。

第四章 他山之石——各国"去激进化"举措

少数宗教族群及其礼拜场所。另据设在雅加达的冲突政策分析所（the Institute for Policy Analysis of Conflict）主任西德尼·琼斯（Sidney Jones）指出，2012年至2014年初，至少有50名印尼人经土耳其前往叙利亚作战。

早在2003年雅加达发生爆炸案后，"伊联"就在日惹的一所经文学校中发起了一场全球行动，谴责激进主义与不宽容行为。这所经文学校是以一位本地圣人的名字命名，他曾在16世纪呼吁一种多元主义、宽容的伊斯兰教形式。

"伊斯兰国"崛起后，"伊联"制作了一部题为"主赐东印度伊斯兰教"（Rahmat Islam Nusantara）的影片，从宗教角度直接批判"伊斯兰国"激进意识形态。该影片讲述伊斯兰教传入印尼及其演变的故事，时长90分钟，于2015年11月26日在日惹的中爪哇城首度上映，并已译制成英语版和阿拉伯语版在全球发行。影片的每个镜头都阐明"伊斯兰国"对《古兰经》和圣训的解释是错误的、不合法的。在影片中，回响着已故印尼总统阿布杜拉赫曼·瓦希德唱颂的一首爪哇灵性诗，"许多背诵《古兰经》和圣训的人，热衷于谴责他人是'异教徒'，却对自己背信真主视而不见，他们的心灵仍深陷于污秽之中。""伊联"最高委员会总书记叶海亚·乔里尔·斯塔克夫（Yahya Cholil Staquf）说，"我们直接挑战'伊斯兰国'的理念——伊斯兰教必须千篇一律，拒绝遵行他们理念之人就是'异教徒'，必须格杀勿论。"设在雅加达的国立伊斯兰大学前校长、伊斯兰学者阿兹尤马迪·阿兹拉（Azyumardi Azra）指出，"中东伊斯兰教的问题在于存在着宗教种族主义，他们认为唯有阿拉伯人才是真正的穆斯林，其他种族的穆斯林一概不是。""伊联"精神领袖穆斯塔法·比斯里（A. Mustofa Bisri）坦言，"狭隘伊斯兰观在蔓延，形势严峻，穆斯林中高调发声的群体——激进组织虽然是大错特错，却依然通过宣称秉承真主的旨意行事，以此赋予其暴行正当性。正统逊尼派的伊斯兰观是，宗教的每个方面、每个措词都应该浸透着爱和怜悯，增进人性的尽善尽美。"设在雅加达的"赛特拉争取民主与和平研究所"（Setara Institute for Democracy and Peace）执行委员会副主席博纳尔·泰戈尔·奈波斯波斯（Bonar Tigor Naipospos）说，该影片也适用于教育印尼本国激进分子，"'伊联'想向印尼社会宣示：请看，我们是伊斯兰（民族），我们拥有普世价值观，但我们也尊重当地文化。我们与中东伊斯兰教不同。"

2015年末，"伊联"在印尼设立一家预防中心，培训讲阿拉伯语的男女生在"伊联"宗教学者（同西方学界保持磋商）的指导下，同激进意识形态作斗争。

（三）"伊联"在国外宣扬印尼非暴力、多元化伊斯兰传统

从北美洲到欧洲到亚洲，在互联网上，在饭店举办的大会和研讨会上，"伊联"发起一场反击"圣战主义"的全球行动，其核心是弘扬宽容的理念。"伊联"在美国的温斯顿塞勒姆（Winston–Salem）成立了一家非营利团体"Bayt ar–Rahmah"，致力于在此举办各种国际会议和研讨会，宣扬印尼非暴力、多样性的伊斯兰传统。在奥地利，"伊联"与维也纳大学合作，收集和分析"伊斯兰国"发布的宣传材料，并对这些宣传在网上、举办的各种大会上做出相应的回击。当下，世界各国领导人都呼吁穆斯林带头向"圣战主义"宣战，"伊联"的行动恰逢其时，不啻为应对"圣战主义"的一剂解药。

八、其他国家

（一）阿联酋：容忍多元文化存在

在迪拜，80%的人口都是外国人，来自200多个国家。这个靠经济驱动、社会自由化的穆斯林国家对年轻人产生潜移默化的影响。对他们来讲，**宗教更多是一种个人选择，民族认同大于宗教认同**。从某种意义上讲，如果迪拜能提供更多的经济机遇，坚持法制，容忍多元文化的存在，那么它将是阿拉伯世界其他国家今后发展的榜样。迄今，该地区其他国家充斥宗教激进主义，但迪拜例外，在饭店和大型商场的入口，甚至没有安装金属探测器，而这是中东、北非许多国家的常态。迪拜像是冷战时期的维也纳，成为各方趋之若鹜的游乐场，在此人们感受到多元化、宽容、机遇，这有助于孕育温和的政治和社会生态。①

力争实现当今世界名列前茅的幸福、宽容感。2016年2月8日，迪拜统治者兼阿联酋总理谢赫穆罕默德·本·拉希德·马克塔恩（Sheikh Mohammed bin Rashid al-Maktoum）在"推特"上宣布，在立国44年历史上，将重组政府，增设幸福（Happiness）、宽容（Tolerance）两个新政府部门，并任命两位新部长——"幸福国务部长负责增进社会上的好人好事和国民满意度；宽容国务部长负责推动宽容成为阿联酋社会的基本价值观"。阿联酋政治学家阿卜杜勒哈利克·阿卜杜拉（Abdulkhaliq

---

① Michael Slackman, "Dubai spawns a freewheeling Muslim culture", *International Herald Tribune*, September 23, 2008.

Abdulla）说，"政府感到迄今我们已向民众提供了教育、医疗等基本服务，现在我们应该致力于更高的目标。"由于阿联酋经济发展充满活力，奉行开放的移民政策，广纳国际人才，来自埃及、伊拉克、黎巴嫩、叙利亚的专业人士在阿联酋发家致富，与动荡的祖国同胞相比，他们的幸福度很高。据2015年的《世界幸福报告》排名，阿联酋位居第20名，在英国之上，在比利时之下。瑞士位居第一，美国位居十五，以色列位居十一。阿联酋是阿拉伯国家中幸福度最高的国家；埃及由于存在普遍的贫困，排名135；叙利亚被内战撕裂，排名156。[①]

（二）科威特：规范管理宗教人士

面对穆斯林反对派力量的上升，政府成立"法特瓦"委员会，专门负责协调、批准"法特瓦"的发布。司法部、宗教基金和宣教指导部向清真寺教职人员颁布规章制度，限制教职人员的个人影响力。

（三）埃及：重申国家对伊斯兰宗教教育的主导权

2015年，塞西政府向清真寺安插与政府立场保持一致的伊玛目，并由他们负责主麻日礼拜。埃及知识界支持塞西的做法，并且呼吁国家发动一场自上而下审视"民众如何认识伊斯兰"运动，因为广大民众缺乏教育或文化进步。[②]

[①] Ben Hubbard, "Emirates aim to top world in happiness, too", *International New York Times*, February 11, 2016.

[②] David D. Kirkpatrick, "Questions swirl within Islam after Paris killings", *International New York Times*, January 10 – 11, 2015.

（四）阿尔及利亚：政治管控与经济发展"双管齐下"

其一，为了稳定和政治控制，国家垄断清真寺的修建，并由宗教事务部控制公共清真寺。伊玛目由国家培训、任命、付薪水，由宗教事务部向他们颁发伊玛目证书。宗教事务部还负责管理宗教财产、提供中学宗教教育和培训、建立专门伊斯兰经学院。政府通过宗教支出控制这些活动。其二，注意伊斯兰信仰与经济发展的良性互动。20世纪70年代，阿尔及利亚经济不错，激进分子很难集合民众搞示威抗议活动，因为骚乱的成本太高。百姓宁愿去工作，享受较好的生活水平。而80年代经济恶化后，激进分子日益得到民众的支持。只要经济保持快速增长，人民宁可享受经济繁荣；一旦经济蛋糕缩小，他们就开始上街举行反政府抗议活动。结果，政府增加宗教开支。1998—2000年，政府的头等大事是创造120万个就业机会，建造了80万套住房。[1]

（五）苏丹：奉行包容政策

苏丹境内有许多伊斯兰团体，但并没有走向激进化，因为他们有发表意见的政治空间、渠道，苏丹有15种政治类阿文报纸。开放参政议政活动空间，意味着给了伊斯兰运动除暴力抗争改变现状以外的另一条道路——可以在体制内与政府讨价还价和展开较量；也为伊斯兰运动内部的温和派与激进派展开辩论提供了可能，促使运动自身从内部分化，减少激进派掌握的

---

[1] Abdelaziz Testas, "The Roots of Algeria's Religious and Ethnic Violence", *Studies in Conflict & Terrorism*, Volume 25, Number 3, May–June, 2002.

物质和组织资源,增强温和派的声音。这样做,推动了伊斯兰运动逐渐放弃暴力,走和解道路,而且减少民众对暴力抗争事业的支持。①

(六)肯尼亚:启动"去激进化"项目

2014年,肯尼亚政府在首都内罗毕修建设施,启动由前激进分子参加的自愿"去激进化"及技能培训项目,与印尼、沙特阿拉伯的相关项目类似。针对从索马里返回的激进组织和招募网络"穆斯林青年中心"(the Muslim Youth Centre)成员,肯尼亚政府还特别汲取也门2002年实施的"去激进化"项目教训——在押犯与宗教人士之间开展宗教对话。②

(七)塔吉克斯坦:遏制新一轮伊斯兰宗教热潮③

塔吉克斯坦与阿富汗边界通行方便,有些塔吉克人前往阿富汗参加宗教知识培训。塔吉克总统拉赫蒙(Emomali Rakhmon)在2011年4月发表的讲话中称,"我们发现,近年来,激进运动试图影响我们孩子的世界观。学术机构开始出现各类激进组织,招募毫无阅历的年轻人。"伊斯兰教在塔吉克斯坦蓬勃发展,男子蓄胡、女子戴头巾成为时尚。集市上,礼拜毯、宗教录音带、装饰着穆斯林圣地的花哨闹钟,随处可见。

---

① Mohammed M. Hafez, *Why Muslims Rebel: Repression and Resistance in the Islamic World*, Viva Books Private Limited, New Delhi, 2005, pp. 28–29、31.

② Jay Bahadur, "On the Edge: Kenya's formidable security challenges", *Jane's Intelligence Review*, June 2014.

③ 材料引自:Michael Schwirtz, "Tajikistan takes aim at new Islamic fervor", *International Herald Tribune*, July 18, 2011。

塔吉克斯坦政府坚决遏制宗教热。2011年，要求在埃及、叙利亚、伊朗等国大学的学经学生回国；警方关闭私人清真寺和伊斯兰网站；政府检查员监控周五聚礼，一旦穆夫提偏离政府路线就进行干预。6月，立法机构采取大手笔举措，通过**"父母教育、抚养子女责任法"**（简称"父母责任法"），禁止18岁以下青少年上清真寺做礼拜。如果孩子们悄悄离校去参加礼拜，父母要担责任，如高额罚款或在监服刑一段时间。

包括美国在内的西方国家政府谴责上述举措。一名美国外交官2011年7月称，塔吉克政府"系统、持续、极其恶劣地侵犯宗教自由"。但在许多塔吉克人中，包括虔诚信仰的教民中间，的确存在着对激进主义的恐惧，他们支持"父母责任法"，"政府正在努力确保外国恐怖组织灌输的歪曲的伊斯兰教教义不会影响到年轻人。这种威胁时刻存在，特别是我们有这样的邻国"。

塔吉克斯坦宗教事务委员会（the Religious Affairs Committee）副主席穆赫多罗夫（Mavlon Mukhtorov）坚持认为，许多塔吉克人刚刚虔诚起来，需要指导和约束。"通过该法，父母们要履行起养育子女的责任。学龄儿童应在校学习。如果他们去清真寺做礼拜，把学业撇在一边，他们就不会学习。'责任法'不会阻止学生们在塔吉克斯坦政府开办的经文学校或大学的经学院学习伊斯兰知识。"塔吉克斯坦有760万人口，约有20所经文学校，政府计划开办更多的经文学校。节日里，允许所有孩子上清真寺做礼拜。

（八）马来西亚：严管激进网络宣教

目前，网络已经成为东南亚恐怖组织招募人员、募集资金、扩大影响的主要渠道。马来西亚政府认识到打击穆斯林激进势力利用网络进行势力扩张的重要性，一方面加强对网民、尤其是未成年网民的正面引导力度，加大对伊斯兰教教义的宣传力度，引导民众正确认识伊斯兰教；另一方面，加强了对网络的监控力度，对宣传恐怖主义思想内容的视频、信息严加管控，并找到源头进行坚决打击。同时，政府对于因涉嫌恐怖罪名被关押但即将刑满释放人员进行帮助，为其尽快融入社会、谋生提供支持。①

第二节　非穆斯林国家

在非穆斯林国家，穆斯林为宗教少数族群。2001年"9·11"事件后，美国发动全球"反恐战争"，迄今恐怖主义的幽灵不但没有被消灭，反而在美国、英国、西班牙、法国、比利时、德国等国先后接踵发生重大恐怖袭击事件，恐怖活动开始深刻影响到非穆斯林国家民众的日常生活与社会安宁。鉴此，各国在依法反恐的主旋律下，也开始从软硬两方面摸索穆斯林"去激进化"的方式方法。

一、美国：世俗主流社会与穆斯林族群共同推进"去激进化"行动

（一）主流社会做出改善与境内外穆斯林关系的努力

一是总统奥巴马向境内外穆斯林伸出橄榄枝。 小布什时期

---

① 蒋天："东南亚国家防范 ISIS 本地扩张"，《中国青年报》，2014年9月19日。

的美国将"伊斯兰激进势力"视为国家安全的主要威胁，同穆斯林世界的关系总体恶化。2009年1月20日，奥巴马宣誓就任美国总统，改善在穆斯林世界的形象，稳定中东局势，成为其外交的当务之急。同年4月6日，奥巴马第一次中东之行就访问土耳其，表示要与穆斯林世界建立伙伴关系。他承认，美国与土耳其等穆斯林国家的关系在过去几年出现了紧张，明确表示"美国没有而且永远不会向伊斯兰开战"。接着，6月4日，奥巴马在埃及开罗大学做了题为"开创美国外交史"的演讲，声称，"殖民主义剥夺了许多穆斯林的权利与机会"，并歉疚地表示美国对"9·11"事件的反应"使我们做出与我们的理想相悖的行动"。他再次表示，"我来到开罗是寻求美国与全球穆斯林关系的新开端，是基于相互利益和相互尊重，是基于美国与穆斯林世界并非彼此排斥且无须相互竞争这一事实。相反，它们互相交叉，并分享共同的原则——正义与进步、宽容与人类尊严的原则。"美国要与穆斯林世界"相互倾听、相互学习、相互尊重并寻求共同之处"。借此机会，奥巴马向穆斯林世界伸出橄榄枝。然而，迄今美国与穆斯林世界的关系没有得到多少改善。[1]

奥巴马亲临清真寺，谴责反穆斯林偏见。2016年2月3日，奥巴马作为美国总统，首次走访清真寺——巴尔的摩的伊斯兰协会。走访中，他当众背诵了几段《古兰经》经文，并

---

[1] 吴冰冰："奥巴马的中东政策"，《奥巴马政府内外政策调整与中美关系》，和平发展报告系列，中国社会科学院和平发展研究所编，中国社会科学出版社，2015年8月第1版，第171页；王缉思、兰志敏："美国进入'韬光养晦'时代？"，《奥巴马政府内外政策调整与中美关系》，和平发展报告系列，中国社会科学院和平发展研究所编，中国社会科学出版社，2015年8月第1版，第112—113页。

赞扬美国穆斯林是美国历史的重要组成部分——杰弗逊和其他一些美国国父是穆斯林,他们保证穆斯林的信仰自由。穆斯林在美国社会无处不在,当中有医生、教师、将士和体育明星——对美国的未来至关重要。他说,"如果我们严肃对待宗教自由的话,那么我现在要对美国主体民族基督徒同胞讲——我们必须明白,攻击一个信仰就等于攻击我们的所有信仰。"他还说,美国穆斯林"是美国大家庭的一部分",含蓄地批评了一些共和党总统候选人(如特朗普呼吁暂时禁止穆斯林入境美国),警告国民不要做"偏见的旁观者","我们必须反对操纵偏见的政治,反对因其信奉伊斯兰教而攻击穆斯林"。最后,奥巴马提醒美国穆斯林,"你们并不孤独,你们的美国同胞与你们同在。"他也提醒其他美国人,"美国的多样性不是一种软弱,而恰恰是我们最强大之处。我们同属一个美国大家庭,我们将荣辱与共。"[①]

早在2014年秋天,奥巴马政府选择波士顿[②]、明尼阿波利斯、洛杉矶等三座城市作为反击激进主义项目试点城市,旨在找到应对包括反政府组织、白人至上主义者在内的各类武装分子招募成员的"灵丹妙药"。

二是加强媒体对伊斯兰教和穆斯林的正面宣传报道。20世纪90年代,《纽约时报》《基督教科学箴言报》《美国新闻与世界报导》《时代》等一些主流报刊开始出现积极、正面报导美国穆斯林的系列文章。1998年,CNN就一年一度穆斯林赴麦加朝觐盛况进行了现场专题报道。整个朝觐期间,CNN每天有两次

---

① Gardiner Harris, "Obama visits mosque and denounces anti–Muslim bias", *International New York Times*, February 5, 2016.

② 波士顿及其郊区生活着7万名穆斯林。

半小时现场动态报道，史无前例。CNN 向世界听众报道伊斯兰教及其圣地的情况有助于消除民众对伊斯兰教及穆斯林的偏见。华纳公司 1999 年出品的有关沙漠风暴题材影片《三个国王》（Three Kings），制作过程中聘请了穆斯林顾问，尽量使影片真实、不带偏见。

三是在穆斯林中间消除瓦哈比派影响。美国许多清真寺受瓦哈比派控制，但并不意味着在清真寺做礼拜的都是瓦哈比派信徒。所以，美国政府在电视上展示伊斯兰教的多样性以及非瓦哈比派穆斯林形象，如什叶派、苏菲派、巴尔干穆斯林、摩洛哥穆斯林等。不能每次电视上一涉及伊斯兰教，就看到沙特的画面，必须将沙特和瓦哈比派与伊斯兰教相剥离。美国政府将瓦哈比派教职人员清理出绝大多数州立监狱，因为这些教职人员在监狱里恐吓非瓦哈比派穆斯林。在美国监狱服务的教职人员必须代表伊斯兰教的多样性。

四是发动民众监督。"9·11"后，为防范境内发生"独狼"式袭击，阻止境外激进思想渗透，美国政府和地方政府敦促朋友、家人、邻里间，一旦发现可疑人物，马上向政府通风报信，指认被激进势力招募的人。[①]

2006 年前后，许多美国人担心逃离战乱流入美国的索马里难民。明尼阿波利斯执法部门不仅没有孤立这些难民，反而与索马里难民社区密切合作并建立起互信。这样，联邦调查局实施的接触项目使该市免于少数受"索马里青年党"蛊惑的索马

---

① Peter Baker and Eric Schmitt, "U. S. rethinks plan on homegrown threat", *International New York Times*, December 7, 2015.

里裔美国人的攻击。①

(二) 穆斯林族群行动起来改善自己的公共形象

其一，主流穆斯林团体开展正本清源活动。"9·11"前，美国—伊斯兰关系委员会、加州穆斯林公共事务委员会（the Muslim Public Affairs Council of California）、旧金山伊斯兰网络集团（the Islamic Networks Group of San Francisco）、加州伊斯兰教育委员会（CIE，the Council on Islamic Education）、伊斯兰媒体基金会（he Islamic Media Foundation）、伊斯兰信息社（IIS，the Islamic Information Service）等穆斯林团体，在纠正教科书里有关伊斯兰史的一些错误、在电视节目里改善穆斯林形象、举办伊斯兰问题研讨会、启动50项针对执法部门的培训项目等方面付出大量心血。1996年8月，美国—阿拉伯反歧视委员会（the American‐Arab Anti‐Discrimination Committee）与其他团体一道曾就主流社会的偏见举行过一场全国范围的抗议活动。此外，穆斯林民众通过加入当地组织，参加跨信仰活动来向邻里街坊展示他们的正面形象。

"9·11"后，许多美国穆斯林经历了一次公民意识的觉醒，通过新社会媒体，直面沉重的社会、政治问题。对许多美国穆斯林青年来讲，这个时代的斗争——了解他们身上乃至穆斯林社区所发生的一切，搞清楚该如何应对、如何控制恐惧、如何保持活泼精神和充满生命活力，已带来太多的心灵重负。**有穆**

---

① Haider Ali Hussein Mullick, "Don't let ISIS exploit San Bernardino", *International New York Times*, December 5–6, 2015. 作者是一名美国穆斯林，也是美军第五舰队预备役军官，在海军战争学院教授反恐课程。

斯林青年坦言,"你感到整个世界都在反对你,这令人筋疲力尽。"①

其二,**穆斯林族群开始同美国其他宗教权益、民权团体结盟,推动宗教间对话**。"9·11"后,与非穆斯林的关系成为穆斯林族群头等大事,他们邀请教堂、犹太教堂牧师访问清真寺并开展对话,也加入到以环保、和平解决冲突为宗旨的全国性团体中去。在大学校园,穆斯林青年还与其他社会行动运动如"黑人生命要紧"(Black Lives Matter)等结盟,注重分享因不平等和偏见各自所承受的痛苦。波士顿最大清真寺管委会主任优素福·瓦里(Yusufi Vali)认为,去激进化的办法应该是,让年轻穆斯林学习真正的伊斯兰原则,参加教堂、犹太教堂发起的联合项目。"呼唤和平与宽容的美国人"(Americans for Peace and Tolerance)创始人查尔斯·雅各布指出,"绝大多数波士顿穆斯林都是温和派,他们从未伤害过任何人。"②

其三,**穆斯林宗教人士和学者挺身而出,在神学战线上勇敢地向"伊斯兰国"激进意识形态宣战**。③ 他们一致认为,"伊斯兰国"等激进组织不仅对世俗市民社会构成威胁,也对伊斯兰信仰本身构成威胁。首都华盛顿的穆斯林领导人伊玛目苏海卜·韦布(Suhaib Webb)每月都在优兔、"脸谱"、Periscope或Snapchat等社交媒体上举办视频聊天活动,驳斥"伊斯兰国"

---

① Kirk Semple, "The strains of young Muslims in America", *International New York Times*, December 16, 2015.

② Scott Shane, "U. S. Muslims work to shed stigma tied to terrorism", *International New York Times*, June 17, 2015.

③ 材料引自:Laurie Goodstein, "West's theological fight with ISIS", *International New York Times*, May 10, 2016。

的激进思想宣传。家住加利福尼亚州伯克利的穆斯林学者谢赫哈姆扎·尤素福（Hamza Yusuf）专门作了题为"伊斯兰国的危机"宣讲，恳请穆斯林不要被"伊斯兰国"的"愚蠢男孩"所蒙骗，有数百万人浏览他的宣讲节录。在田纳西州开办了一家伊斯兰教育机构的谢赫雅西尔·卡迪（Sheikh Yasir Qadhi）2016年3月曾在欧洲最大的清真寺之一东伦敦清真寺的周五聚礼上炮轰"伊斯兰国"，宣称"没有一个教派的高级学者为'伊斯兰国'行为辩护"，近年来的恐怖袭击显然违背了伊斯兰教教义，因为"它们造成了更多的伤害而不是善行，给穆斯林社会带来了更多的炸弹、更多的无人机以及更多的混乱。究竟谁受益了？请动用真主给你的智慧好好想一想。这些激进组织对伊斯兰教形象的伤害大于西方所有国家外交政策之和"。加拿大人穆宾·谢赫（Mubin Shaikh）曾加入过激进组织，如今成了政府"去激进化"事务顾问，他说"这些最能刺痛'伊斯兰国'，因为是穆斯林清楚而响亮的发声"。

为此，"伊斯兰国"2016年5月在其电子杂志"达比格"（Dabiq）上针对美国、加拿大、英国、澳大利亚四国的11名穆斯林伊玛目和学者[①]发出死亡追杀令，称他们是"异教徒"，呼吁支持者对他们格杀勿论。一些被"伊斯兰国"点名追杀的穆斯林领导人表示，他们不打算退缩，已雇了保安，在办公地点

[①] 这11人当中，有的是苏菲派，有的是保守的"萨拉菲派"，有的甚至还是激进的"萨拉菲派圣战者"。如谢赫希沙姆·卡巴尼（Hisham Kabbani），他是一名黎巴嫩苏菲，现住密歇根，多年来一直警告激进主义的兴起；"萨拉菲派"伊玛目比拉尔·菲利普斯（Bilal Philips），他是一名加拿大皈依者，因涉嫌宣传激进主义思想，一些国家限制其入境；澳大利亚医生陶菲克·乔杜里（Tawfique Chowdhury），他创建了一些慈善团体，宣传正统伊斯兰观；伊玛目阿布·巴西尔·塔图西（Abu Basir al-Tartusi），他是叙利亚人，现在伦敦，曾发声支持"基地"组织。

配备了安保设施,有些甚至在家中存枪防卫。伊玛目苏海卜·韦布说:"遭'伊斯兰国'痛斥,我感到很荣幸,也很振奋,我视之为一生中取得的最伟大成就之一。"

二、英国:反恐的同时强调包容

新任伦敦市长沙迪克汗的故事,成为英国主流社会同化与接纳穆斯林的典范。2016年5月7日,现年45岁的巴基斯坦裔英国人沙迪克汗(Sadiq Khan)以赢得130多万选票的支持而就任伦敦市长,从寒门跻身英国政治精英行列。其父早年从巴基斯坦赴英国谋生,是一名公车司机,母亲是裁缝。沙迪克汗是位人权律师,34岁走上从政之路。当选伦敦市长后,5月11日,他在接受媒体采访时称,自己实现了英国梦,表明英国主流社会与260万穆斯林族群之间"只有强大的包容,才能帮助彼此;可以是穆斯林主流,同时融入西方文化"。"伊斯兰教可以与西方自由价值观完美相容。""伦敦人选择了团结,而不是分裂,拒绝恐惧政治(politics of fear)。"所以,他选择在伦敦南华克大教堂(Southwark)就职伦敦市长。他还指出,"生长在西方国家的穆斯林青年激进化,走上了暴力之路,这是问题,应该注重给予他们归属感,树立让他们学习的楷模。"[1]

沙迪克汗是21世纪时代主旋律——以开放反对孤立主义,以融入反对对抗,以所有人机会平等反对种族主义——的典型代表,他的当选具有重大现实意义,即来自穆斯林本身的声音——开放、多元、兼收并蓄是反击激进主义的最好武器。

---

[1] Steven Erlanger and Stephen Castle, "Mayor of London calls Trump 'ignorant' on Islam", *International New York Times*, May 13, 2016.

(一) 制定反恐战略

2001年以来,英国政府开始研究制定新的反恐战略,2003年基本成形。该战略包括4个环节,即预防、追击、保护和准备(Prevent, Pursue, Protect, Prepare),强调打防结合,重在预防。其中,预防环节主要目标是"防止、应对个人的激进化问题"。具体有三点内容:坚持改革,解决社会各种不良问题,如不平等、歧视等可能导致激进化的问题;打击推动、煽动恐怖主义的个人,逐步解决其生存环境问题;发动反恐"思想战",反击激进意识形态,尤其是帮助穆斯林抵抗这些思想的影响。[①]

推出新《反恐法》。2005年"7·7"爆炸案后,英国政府制订并提出新的《反恐法》草案,2006年3月获得通过,于4月13日《2006年反恐法案》正式生效。新法案全面强化反恐措施,规定任何鼓励和美化恐怖主义行为、接受和参加恐怖主义训练皆为非法,通过书店、网站散布激进宣传品以及任何策划、准备实施恐怖主义行动都以犯罪论处。如出售含有鼓励激进行为内容的伊斯兰教类书籍的人将以"分发恐怖主义出版物"的罪名被判刑,最高判处5年监禁。违法的机构或组织将被取缔。此外,草案还界定了一些以前不够量刑条件的"边缘恐怖行为"今后都将被视为犯罪行为。新法案还授权有关部门将审判前拘留恐怖嫌疑人的期限由14天延长至28天。[②] 为加强对国内穆斯林的监控力度,英国议会通过一项决议,批准负责国内

[①] Joint Terrorism Analysis Centre (JTAC), "Countering International Terrorism: The United Kingdom's Strategy", July 2006.

[②] 具体详见英国《2006年反恐法》(Terrorism Act 2000)。

情报工作的军情五处大幅扩编，年度经费增加至 4 亿英镑左右。这使军情五处情报人员比 2009 年前翻了一番，从此前的 2000 人扩大至近 4000 人。

严打激进势力。"9·11"后，英国出台立法，驱逐宣扬激进思想的教职人员，关闭与穆斯林激进主义有关的清真寺和场所。英国警方和军情五处将数千名认同"基地"组织目标的穆斯林纳入秘密监控范围，特别是那些英国籍巴基斯坦裔穆斯林，或者父辈与"基地"组织有染的英国籍穆斯林。2005 年"7·7"爆炸案后，8 月 5 日，布莱尔政府宣布一系列新的反恐措施：扩大内政大臣的权力，可以决定驱逐煽动激进主义的外国人，或是拒绝发给他们入境签证；政府有权关闭鼓吹仇恨的宗教信仰场所。布莱尔强调，"如果人们来到英国，就必须遵守我们的法律，尊重我们的生活方式。"他还明确表示，这些措施将适用于在英国寻求庇护或者已经得到庇护的人士。如果外国公民涉嫌参与激进主义网站或是组织，政府将考虑将这些人驱逐出境。

学校是激进思想传播的"重灾区"。2006 年 10 月 18 日，英国政府下发通知，要求大学里的教职员工承担"特殊任务"，尤其要留意那些具有"亚洲人长相"和穆斯林血统的学生。英国教育部要求高校遏制激进主义的蔓延传播，要求学校主动向政府相关部门报告信息。英政府还要求警察和地方行政长官摸清可能向年轻人传播激进观点的高校、中小学和宗教场所，要求高校就遏制激进主义的蔓延传播主动向政府报告信息。

此外，英国军情五处等机构抽调计算机专家，建立"网络虚拟监测中心"，在网上追踪、监控激进分子的联络、传播和散发激进思想材料等行为。从 2011 年起，从互联网上清除 7.5 万份激进宣传品，打击"基地"组织和"伊斯兰国"的激进宣传，并散发 20 万份宣传册，敦促民众不要前往叙利亚；社区中心向警方和安全部门通风报信。①

2014年，英国政府开始以"恐怖主义罪名"拘留从叙利亚回国的人。② 2015年5月，卡梅伦在大选中赢得第二任期后保证，他将寻求更大的新权力同英国穆斯林激进化作斗争，从而结束对激进主义的"消极容忍"现象。其方案包括：实施一项新制度，允许警察限制被视为激进人群的活动；查封用于宣传暴力或"圣战"的建筑物，包括有激进伊玛目的清真寺；更新保留电话、电子邮件及其他数据记录的法律，等等。③

（二）寻求穆斯林族群的积极合作

2005年7月下旬，首相、市长等要员先后与穆斯林领导人及社区代表会晤，强调反恐措施不针对特定人群。8月2日，英国内政部高官布莱尔斯女士前往奥德汉姆的穆斯林聚居区访问，并与宗教人士及青年代表对话。

2006年4月4日，英国反恐调查最高负责人彼得·克拉克在德国参加一次安全会议时表示，在打击穆斯林激进主义方面，英国主要依赖海外以及技术手段获得情报，最大困难就是无法从国内穆斯林社区内得到大量情报。接下来将与穆斯林社区建立联系，从那些抵制激进主义和反对激进分子的穆斯林中获取情报。

---

① Anthony Tucker–Jones, "Curing Prevent", *intersec*, Volume 25, Issue 4, April 2015.

② Alissa J. Rubin, "France intercepts citizens bound for Syria", *International New York Tines*, June 4, 2014.

③ Stephen Castle, "Cameron raises stakes against extremist Islam", *International New York Tines*, May 15, 2015.

因此，英国政府深化与穆斯林族群的关系。**其一，致力于同国内穆斯林组织建立更深层关系**。政府将"去激进化"措施更多聚焦在社区层面的项目上，它涵盖地方政府、移民、医疗、教育和监狱等。为此，英国政府与50个不同宗教团体、250余座清真寺开展合作，依靠它们去做潜在年轻激进分子"去激进化"工作，使他们不会走上转变成人体炸弹的道路。① 英国政府还在社区层面采取减少种族主义误解和行为的措施，如给予边缘化穆斯林族群发言权；建立一支更具包容性和代表性的警察力量，允许穆斯林加入警察队伍；搞"社区联防"，让辖区内的警察住在社区或经常到社区里走走，熟悉社区里的家家户户；派更多警员步行巡逻。穆斯林社区也增加了解其基本公民权利，以及警方基本执法程序。②

2007年英国交通大臣鲁思·凯利（Ruth Kelly）称，"我们的资助和接触战略必须向那些在反击激进主义斗争中发挥积极领导作用的穆斯林组织倾斜。"③

其二，出台培养本土教职人员计划。英国穆斯林青年群体走向激进化，外国教职人员起了举足轻重的作用。为此，"9·11"后，英国政府设法限制境外教职人员流入。2004年9月，内政部颁布实施"境外宗教人员"新条例，规定外国教职人员"须持有执照"，要掌握英语，在抵达英国一年内要对英国社会

---

① Anthony Tucker-Jones, "Curing Prevent", *intersec*, Volume 25, Issue 4, April 2015.

② Muzammil Quraishi, *Muslims and Crime: A Comparative Study*, Ashgate Publishing Limited, UK and USA, 2005, pp. 106、126-127、129.

③ Josh Kurlantzick, "Fighting Terrorism With Terrorists", *Los Angeles Times*, January 6, 2008.

有所了解。此外，在英格兰东南部城市伊令（Ealing）的穆斯林学院与伦敦大学伯克贝克学院（Birkbeck）合作培养本土教职人员。该学院课程强调在英国因地制宜开展宗教活动的重要性，还设有不同宗教间的对话、清真寺管理、社会学研究等课程，并设立教职人员专业硕士学位。位于爱尔兰东部莱斯特郡的马科菲尔德高级教育学院（Markfield Institute of Higher Education）是英国第二所培训穆斯林教职人员学校。

其三，向本国穆斯林赴麦加朝觐提供贴心服务。其做法在欧洲独一无二。一是政府派出医生和护士志愿者，一旦其公民在朝觐期间生病能及时得到医疗救助服务。由于麦加不允许非穆斯林进入圣城，这些医护人员也都是穆斯林。医护人员对这些朝觐过的穆斯林返回英国后，还要跟踪发病情况，以防传染病从麦加带回英国。二是外交部为朝觐者提供领事服务。一旦在朝觐期间丢失了护照，或者有朝觐者死亡，外交部的穆斯林官员能在吉达、麦加提供相关服务。外交部连同伦敦中央清真寺信托—伊斯兰文化中心（the London Central Mosque Trust & Islamic Cultural Center）向英国的朝觐公民发放《英国朝觐者指南》小册子，提供护照咨询，在麦加何处可以找到英国的领事、医护小组等信息。《指南》告诉朝觐者，"一旦出了什么事，英国的朝觐团将随时向你提供服务。"英国这种静悄悄但有意义的做法有助于拉近英国穆斯林同政府的情感联系。[①]

其四，开拓"反恐思想战"新途径。一是向名为"激进中间道路"等网站秘密提供资金，呼吁穆斯林持温和立场。这类网站大部分资金来自英国外交部和内政部，使用录像带和其

[①] H. D. S. Greenway, "Britain and the hajj", *International Herald Tribune*, November 29, 2006.

他宣传手段向年轻穆斯林宣传温和穆斯林立场,反击在大学和学院内流传的"圣战"录像片。二是借鉴沙特的做法,2007年开始通过宗教人士与被关押的激进分子就"圣战"问题进行辩论,对其进行感化,以改变激进分子的立场。三是通过教育干预预防穆斯林青年"激进化",主要是在学校针对易受激进意识形态影响的穆斯林青少年安排倡导宽容、理解和公民意识课程,培养学生积极向上、包容的品格,拥护民主价值观和人权。①

三、法国:以严打促"去激进化"

虽然法国人类学者杜尼亚·布扎尔(Dounia Bouzar)在巴黎创建反激进化中心,但是法国政府"去激进化"的主旋律仍以严打为主。

(一)禁止穆斯林妇女在公共场合戴面纱

2004年,法国通过首个反面纱法案,限制年轻女孩在公立中小学校戴面纱。2011年4月11日,法国开始实施"在所有公共场所不许戴面纱"的禁令:穆斯林妇女在公共场所戴面纱,将被强制摘掉面纱,并面临罚款150欧元或上法国公民课之处罚;如果发现男性强迫其家庭女性成员戴面纱,将罚款3万欧

---

① Anne Aly, "Moral Disengagement and Building Resilience to Violent Extremism: An Education Intervention", *Studies in Conflict & Terrorism*, Volume 37, Number 4, April 2014, p. 371. 在奥地利、荷兰、比利时,学生必修科目包括公民教育、世俗价值观、文化多元性。

元或判处一年徒刑。① 10多年来，保守穆斯林妇女戴鲜艳的丝巾或蒙黑面纱问题，一直是政府与不断增长的穆斯林人口之间紧张关系的爆发点。为了保持法国政教分离的传统，政界人士甚至进一步主张在工作岗位、教育机构、社区生活中，严禁戴面纱的穆斯林妇女出入。前法国总统萨科齐呼吁在大专院校禁止妇女蒙面纱。据统计，法国蒙面纱穆斯林妇女人数极少，全国不到2000人，也许只有500余人，其中许多人是皈依伊斯兰教的白人妇女。②

从2013年起，法国等欧洲国家日益担心主要恐怖威胁可能来自本国人，因为持欧洲护照者可以相对容易地游走于欧洲与叙利亚战场之间。截止2014年6月，来自欧洲的圣战者多达2000余人，其中400—500人出自法国。2014年1月时任内政部长曼纽尔·瓦尔斯（Manuel Valls，后任法国总理）称，"毋容置疑，从叙利亚回到欧洲的圣战者将是我们今后必须面临的最大危险。"此后，在法国，想办法去叙利亚打仗就罪名成立——**以图谋恐怖主义罪名定罪**。2014年1月有3名法国年轻人因试图前往叙利亚"圣战"而被捕，并被判处3—5年徒刑。6月，内政部长伯纳德·卡泽纳夫表示，他将与司法部协调，通过立法扩大逮捕、起诉"策划恐怖行动但未制造暴力"嫌犯的法律

---

① French Government Subjugates Muslim Women To Protect Secular Liberal Values, 11 April, 2011, http://hizb - america. org/culture/islamic - concepts/1742 - french - government - subjugates - muslim - women - to - protect - secular - liberal - values. （上网时间：2011年5月5日）

② Suzanne Daley and Alissa J. Rubin, "French laws against veils fueling bias, Muslims say", *International New York Times*, May 28, 2015.

基础。①

（二）首次启用1955年通过的国家紧急状态法

2015年11月13日晚，在法国巴黎人口最密集区，4名"伊斯兰国"武装分子针对餐馆、酒吧、剧场、体育场等7处场所制造连环恐袭案，造成129人死亡、352人受伤的惨剧。事发后，法国国民议会以551票赞成、6票反对、1票弃权通过在全国实施为期3个月的紧急状态法，允许政府解散管理清真寺和其他宗教场所的激进组织，屏蔽宣传恐怖主义的网站和社交媒体，对一些人进行电子侦控，警方无须手持搜查令即可在民宅、公司、协会、清真寺等地方随时搜捕恐怖嫌犯，可拘留恐怖嫌犯长达6天，等等。另外，荷枪实弹的士兵在街头巡逻，允许不执勤的警官携带枪支以防万一。②

法国穆斯林认为，紧急状态法被滥用。巴黎郊区塞纳河畔伊夫里（Ivry-sur-Seine）一座清真寺的伊玛目穆罕默德·巴拉菲勒（Mohamed Bajrafil）坦言，"今天正在发生的是，每一位穆斯林都被视作是潜在的恐怖分子。"里昂律师马立克·奈卡（Malik Nekaa）认为，警察的做法令穆斯林感到在法国被抛弃——掷出一张大网，搜查时经常不作任何解释，"这使人害怕，因为他们看到政府不能区别危险之人与否"。③ 法国主流社

---

① Alissa J. Rubin, "France intercepts citizens bound for Syria", *International New York Times*, June 4, 2014.

② Steven Erlanger and Kimiko De Freytas-Tamura, "Rattled countries tilt toward security", *International New York Times*, November 21-22, 2015.

③ Alissa J. Rubin, "France's emergency powers riling public", *International New York Times*, February 19, 2015.

会与穆斯林的关系在撕裂。

2016年1月,总统奥朗德宣布,法国同恐怖主义"开战",其中包括启动防止穆斯林青年激进化项目,阻止激进思想宣传。

四、奥地利:既反激进主义又保护穆斯林宗教权益[①]

1912年,为了同化许多因1908年兼并波斯尼亚、黑塞哥维那而来的穆斯林,奥匈帝国通过《伊斯兰法》。当时,奥匈帝国以罗马天主教徒为主,给予伊斯兰教与其他官方宗教一样的权益,国家保护伊斯兰习俗、教义和宗教机构。第一次世界大战结束后,奥匈帝国土崩瓦解,只有数百名穆斯林留在奥地利,《伊斯兰法》变得无关紧要了。

如今,奥地利的民族构成发生了巨大变化。据2014年维也纳大学的一份报告称,20世纪60年代后,随着许多巴尔干、土耳其劳工的到来,该国穆斯林人口开始增长。90年代,来自波斯尼亚、科索沃的难民流入。近年来,许多来自叙利亚、阿富汗、伊拉克的难民也在奥地利寻求避难。加上第二、三代穆斯林移民人口的自然增长,至2009年,约一半的奥地利穆斯林已是当地公民。2012年,奥地利有55万穆斯林人口,约占总人口的7%。与此同时,接受激进思想的穆斯林人数虽少,但呈增长势头,有官员称近200名奥地利穆斯林在中东参加"圣战"。

经过穆斯林领袖的多年游说努力,2015年2月,奥地利议会通过法案,修正该国长达百年之久的《伊斯兰法》,这是一项

---

① 材料引自:Soeren Kern, "Austria's Islamic reforms", *International New York Times*, April 8, 2015。

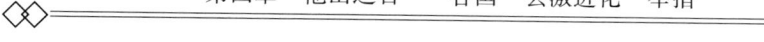

意义重大的成果——政府在反击激进主义的同时，保护穆斯林的宗教权益，促进本土温和伊斯兰与民主价值观相适应。奥地利伊斯兰教宗教团体参与拟定该修正案。

这项改革分两部分内容：**一是尊重伊斯兰教**。该修正案确定伊斯兰教的官方地位，并扩大穆斯林的权益，如允许他们放假过伊斯兰节日，在医院、监狱和武装部队里派驻教职人员和另设清真灶，在维也纳大学开设伊玛目培训项目——旨在强化欧洲的社会价值观。**二是反击激进主义**。该修正案明令禁止其他国家资助奥地利的宗教团体，禁止外国教职人员在奥地利清真寺担任领导职务，所有伊玛目必须讲德语，必须具备专业素质——完成维也纳大学的培训项目，或者具有同等培训资历，**强调国法大于教法**，要求穆斯林团体"对社会和国家持积极态度"，否则面临被关闭的风险。

上述禁令主要针对沙特阿拉伯和土耳其，这两国过去几十年来一直向奥地利输出各自版本的伊斯兰教。沙特阿拉伯被控资助"萨拉菲主义"的传播，在奥地利资助修建清真寺、开办学校和伊斯兰文化中心。土耳其总统埃尔多安一向敦促奥地利的土耳其裔穆斯林拒绝同化，截至2015年4月，至少有60名教职人员来自土耳其，受土耳其宗教事务部指派。

由于奥地利的基督徒和犹太教团体没有语言限制令，他们可能也接受外国资助，一些人认为上述反击激进主义措施具有歧视性，一些穆斯林团体甚至向奥地利宪法法院提起诉讼。与此同时，反移民的自由党（Freedom Party）反对该修正案，认定它无助于遏制激进主义。

五、西班牙：依法治教[①]

2004年发生马德里"3·11"爆炸案后，主流社会并不存在"恐伊症"。司法部的胡安·费莱罗·加尔格拉副司长指出，原因在于西班牙政府制定指导政府与宗教关系的法律文件，依法治教。

1978年制定的西班牙宪法规定，西班牙为多元民主国家，公认宗教自由和宗教平等为基本人权，保障自由信教权利。在宪法框架下，西班牙政府在宗教事务上，奉行以下两原则：**一是政教分离**。政府不能干涉宗教事务，宗教也不能干涉政治，教职人员作为公民参加政治生活。**针对移民群体，司法部一直强调"国家认同"，宗教信仰是第二位的。二是中立**。西班牙不是宗教国家，宗教是个人的事，但政府与宗教界保持合作，尊重宗教信仰。社会的宽容度较高，穆斯林妇女可以在公共场所戴头巾。

签署《合作协定》，专责政府与穆斯林组织的合作事宜。西班牙有两大正式登记的穆斯林组织：西班牙伊斯兰宗教实体联合会和西班牙伊斯兰团体联盟，它们共同组成"西班牙伊斯兰

[①] 2008年11月3—5日，中国现代国际关系研究院反恐中心代表团在西班牙首都马德里先后拜会了司法部协调与促进宗教自由司副司长胡安·费莱罗·加尔格拉（Juan Ferreiro Galguera）、ELCANO皇家学院"国际恐怖主义项目"高级研究员费尔南多·赖纳雷斯（Fernando Reinares）、国家反恐协调中心国际恐怖主义部负责人安吉尔·索托（Angel Soto）、外交部战略事务和恐怖主义司战略事务特别大使胡安·曼纽尔·巴兰迪卡（D. Juan Manuel de Barandica）等官员、学者和专家，就西班牙穆斯林族群的基本情况、政府与穆斯林的相互关系、恐怖主义威胁等问题进行了较深入座谈。本段材料主要源自这次学术交流。

委员会"（the Islamic Commission of Spain）。1992年11月10日，经部长委员会授权，司法部代表政府与"西班牙伊斯兰委员会"代表穆斯林族群签署《合作协定》，即第26号法令（1992）并获议会批准。该法令涵盖所有对穆斯林公民来讲至关重要的内容：宗教领袖和伊玛目的地位；因履行宗教和军事义务衍生而来的特殊权益；依法保护清真寺；夫妻根据伊斯兰法结婚的民事地位；在公共场所的精神指导；在学校的伊斯兰宗教教育；隶属于"西班牙伊斯兰委员会"的组织成员特殊财产和活动免税；庆祝穆斯林的宗教节日；在保护和传播西班牙伊斯兰历史和艺术传统方面，国家与"西班牙伊斯兰委员会"的合作，等等。

2005年3月10日，"西班牙伊斯兰委员会"发布反对本·拉登的"法特瓦"，宣称《古兰经》不支持本·拉登的恐怖主义，"必须遭到谴责"。

法律保障在公立、私立学校开设伊斯兰宗教课程。宪法第27条第3款、1985年7月3日第八基本法、1990年10月3日第一基本法规定，穆斯林学生有权在学龄前和中小学校（公立和国家补贴的私立学校）接受伊斯兰宗教教育。从2003年开始，在公立学校里，穆斯林学生可以自愿选择伊斯兰宗教课程，政府给宗教教师付工资。西班牙没有经文学校。

实施教职人员培训项目。欧盟将西班牙当作培训教职人员的试点，2008年6月启动，2010年结束，由西班牙向欧盟其他国家提供培训教职人员的路线图。

六、澳大利亚：依法反恐①

在"去激进化"问题上，澳大利亚政府针对穆斯林青少年开展教育干预行动，如提倡穆斯林青年民主参与，重视他们与主流社会的疏离感和边缘化状况，培养年轻穆斯林领袖，增强穆斯林青年社会竞争力。② 但主旋律是依法治恐。

2002年，澳大利亚通过新的《反恐法》，加大反恐力度。主流社会普遍存在着对阿拉伯和穆斯林裔澳大利亚人的不信任。在大力消除对穆斯林和中东裔澳大利亚人的恐惧，或者增加公众对伊斯兰文化的理解和欣赏，承认穆斯林对澳大利亚社会生活做出的贡献等方面，澳大利亚政府几乎没有作为。③

2014年秋，澳大利亚议会再次通过一系列反恐举措：判定即使在社会媒体上宣传恐怖主义也是犯法行为；禁止澳大利亚人赴海外参加"圣战"；允许政府没收和吊销护照。④

2015年12月3日，**澳大利亚通过新法律，授权政府吊销一些拥有双重国籍之人**——如果政府怀疑他们可能涉嫌恐怖主义，尽管他们没有受到任何犯罪的指控——**的澳大利亚国籍**。该法旨在防止拥有双重国籍的澳大利亚人赴境外参加、支持"伊斯

---

① 材料引自：Michelle Innis, "Antiterror laws let Australia to act against dual citizens", *International New York Times*, December 4, 2015。

② Anne Aly, "Moral Disengagement and Building Resilience to Violent Extremism: An Education Intervention", *Studies in Conflict & Terrorism*, Volume 37, Number 4, April 2014, p.371.

③ Eva Sallis, "Australia's dangerous fantasy", *International Herald Tribune*, July 12, 2005.

④ Thomas Fuller and Michelle Innis, "In terrorism, lone wolves prove deadly and elusive", *International New York Times*, December 17, 2014.

兰国"等激进组织后重返澳大利亚。据澳大利亚情报机构称，约有90名澳大利亚人在伊拉克、叙利亚与激进分子并肩战斗，约有30余人已离开战场回到澳大利亚。2015年2月，托尼·阿博特政府遂提出该法案，因为表达拥护"圣战"感情的人已对澳大利亚安全构成威胁。

新法适用人群包括为激进组织筹款、募人、训练新人的海外澳大利亚人，以及直接参加暴恐活动的澳大利亚人。移民局会根据情报部门的建议，决定吊销哪些人的澳大利亚国籍。如果被政府怀疑将前往伊拉克、叙利亚参战的话，此人将不得离境。2015年7—12月，已有199人被移民局阻止离境。

目前，奥地利、比利时、英国都修改法律，允许吊销涉恐嫌犯的本国国籍。

2016年3月23日，在比利时首都布鲁塞尔发生针对机场、地铁站的连环恐袭案，造成31人死亡、271人受伤的惨剧。事发后，澳大利亚反恐态度更趋强硬，澳总理谴责比利时恐袭案是"懦夫"行为。

七、印度：大力倡导文化多元性和包容性[①]

印度约有1.8亿穆斯林人口，穆斯林人数仅次于印尼、巴基斯坦。但与这两国不同的是，穆斯林在印度属少数族群，绝大多数贫穷，半文盲，集中在穆斯林聚居区，虔诚但没有"激进化"，除了印占克什米尔，其他地区的印度穆斯林极少涉足恐怖行为。即使在"基地"组织的辉煌岁月，其网络也鲜见印度穆斯林的身

---

① 材料引自：2005年6月6日中午与印度驻华公使白先杰便餐时一席谈；2006年印度著名安全问题专家班纳吉将军访问中国现代国际关系研究院时一席谈。

影。甚至连"伊斯兰国"都认为,印度穆斯林讨厌恐怖暴力。据印度情报部门透露,迄今只有 23 名印度穆斯林同"伊斯兰国"并肩战斗,另有 6 名死于战事。实际上,过去 20 年里,伴随着印度经济的成长,穆斯林的国家认同感也在加深。[①]

细究缘由,有以下特殊性使然:**从主流社会看,一是印度文化具有多元、包容性,使穆斯林总体上长期与印度社会和睦相处**。印度占主体地位的宗教是印度教,地位不可撼动。但印度又是一个印度教、基督教、伊斯兰教、锡克教、佛教等多种宗教文化、多种族并存的社会,一向倡导多元性,主张宽容和包容性以及不同宗教信仰之间的对话与和睦共存。譬如,锡克教就融进了许多印度教、伊斯兰教的东西。**二是现代印度是个民主社会,允许穆斯林发声**。不像有些国家镇压穆斯林反对派,从而激化矛盾。**三是印度奉行务实、灵活的外交政策**。政府和民众对待美西方以及其他问题的态度比较一致。不像阿拉伯国家,政府亲近美西方国家,民众支持巴勒斯坦事业,反对美国。两者之间必然产生矛盾,导致政府在民众中失去威信,这正是激进主义势力产生、发展的重要原因。

从穆斯林族群看,一是印度穆斯林主要属于信奉神秘主义的苏菲派,融进了许多当地文化元素。8 世纪,因穆斯林商人到古杰拉特邦、喀拉拉邦经商,伊斯兰教进入印度次大陆。之后,伊斯兰教在印度获得大发展不是靠剑,而是依靠苏菲派领袖赫瓦贾·穆因丁·契斯提(Khwaja Muinuddin Chishti)的人格魅力。在印度,一个"圣人"比一把"圣剑"更有效。契斯提 1236 年去世,其门徒在印度大众中继续传播伊斯兰教,发展为

[①] Manu Joseph, "Devout but no 'radicalized'", *International New York Times*, November 26, 2015.

契斯提教团。13世纪中叶，苏菲主义另一派苏哈拉瓦迪教团从东进入孟加拉；14世纪，在比哈尔，萨拉福丁·马纳里（Sharafuddin Maneri）创建了费尔道斯教团（the Firdausi Order）；15世纪末，卡迪里教团出现；17世纪初，出现纳格什班迪教团（the Naqshbandis Order），并成为莫卧儿王朝政治的一部分。苏菲派在印度次大陆传播伊斯兰教过程中，主张入乡随俗，如允许穆斯林妇女眉心点朱砂[①]。**二是印度的经文学校只是一个了解伊斯兰教的场所，没有成为伊斯兰原教旨主义的温床。**在印度存在这样一个普遍现象，许多人好学印度教、佛教、天主教、伊斯兰教等宗教的经典，如佛经、《圣经》《古兰经》等。**三是印度穆斯林不从根本上反西方。**虽然存在穆斯林激进势力，并发动了一些恐怖袭击活动，但主要针对印度政府和国家，而不是反美、反西方或者反对整个世界。

八、其他国家

（一）德国：建立国家与穆斯林族群间的长期对话机制

位于乌尔姆（Ulm）、1996年成立的"多文化之家"（the Multi-Kultur-Haus）和伊斯兰信息中心是传播穆斯林激进思想的场所。2005年12月，德国政府关闭了前者。

2006年，德国联邦政府建立"德国伊斯兰会议"（DIK），这是德国政府与境内穆斯林之间最重要的对话论坛，旨在推进政府与穆斯林族群间的和睦关系，致力于在一个多宗教、多文化国度里夯实共同基础，消除分歧，倡导基于自由民主制度基

[①] 朱砂（sindoor），一种大红色粉末，结婚标志，祈福之意。

础上的政治参与。为此,"德国伊斯兰会议"发起一项全面了解穆斯林族群情况的调研,向 6004 名穆斯林移民发放 180 个问题的问卷调查表。调研显示,41% 穆斯林感到,对德国的感情强于对祖籍国的感情。[①]

(二)俄罗斯:颁布严厉反恐法令,最高可判终身监禁

2004 年 7 月 26 日,俄罗斯总统普京签署一项反恐法令,加大对恐怖活动的惩罚力度,将恐怖分子的最高刑期从 20 年增加到终身监禁。根据该法令,有组织的恐怖犯罪,或导致大规模伤亡和其他严重后果的恐怖行为将受到严惩,元凶最多可被判处终身监禁。此外,那些针对核设施或核材料以及其他放射性材料发动袭击的恐怖分子也可以被判处终身监禁。这一法案是由亲克里姆林宫的统一俄罗斯党起草的,并在俄罗斯杜马以压倒多数通过。

另外,政府严厉控制清真寺数量,不许增加新寺。

(三)荷兰

2007 年夏天,荷兰政府宣布拨款 4000 万美元启动"去激进化"项目,其中包括培训教职人员和其他宗教领导人,推动跨文化对话。

---

① Abdur Rashid Siddiqui 书评,Sonja Haug, Stephanie Mussig and Anja Stichs 著,"Muslim Life in Germany: A Study Conducted on Behalf of The German Conference on Islam",*The Muslim World Book Review*,Volume 34,Issue 3,Spring 2014。

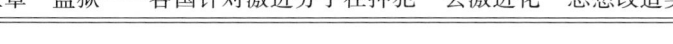

第五章　监狱——各国针对激进分子在押犯"去激进化"思想改造实践

现代西方存在主义理论大师让－保罗·萨特在其《什么是文学》中说："语言有力量。"① 当下，语言成了恐怖组织实现其战略目标的重要手段之一，国际社会反击恐怖组织宣传伎俩的最有效武器也可以是语言，即"以其人之道还治其人之身"②。

世界范围内，人们普遍以为经文学校是培养激进分子的"摇篮"。所以2001年"9·11"事件以来，美西方国家强调关闭或改造经文学校的重要性，以为这样就可以阻止激进分子的产生。实际上，监狱已成为孕育、培养新一代穆斯林激进分子的又一"摇篮"，对各国安全构成新威胁。为此，各国政府在纷纷出重拳打击恐怖主义的同时，在监狱也展开了一场别开生面的"去激进化"实践，通过课堂教育、心理辅导、亲情关爱等诸多手段，对激进分子在押犯进行思想改造，促其改头换面，

---

① "Words are loaded pistols." 直译："语言是上了子弹的手枪。"
② "Beat the terrorists at their own game."

重新做人。

穆斯林激进主义在各国监狱兴起。主要有三大原因：一是在监狱，犯人们感到绝望，伊斯兰教给他们带来希望。监狱成为激进思想瞄准的"主要靶子"之一。据前美国监狱系统高官艾德瓦尔德·凯恩称，"以我 30 年从业经验，认为监狱犯人是激进思想一个很好的受众群体，而且一些激进伊玛目向犯人散发激进思想读物。"西班牙伊斯兰委员会秘书长曼索尔·埃斯库杰罗也强调指出，穆斯林犯人是各国监狱最有影响的群体，他们当中许多人都参加了激进组织，对普通犯人思想激进化影响很大。**二是激进组织成员与各类刑事犯混押**。并非所有激进组织成员都以恐怖罪起诉，他们当中有非法移民、毒贩、恐怖分子、为激进组织招募新人的中间人。曾在一座监狱查获一份宣言："山里兄弟们用子弹和炸弹战斗，而我们则在监狱对'异教徒''圣战'，用心、语言和笔宣传伊斯兰。"① **三是牢房普遍人满为患，监狱管教人员不足**。这也为激进分子在监狱开展招募行动提供了极大空间。

在监狱穆斯林激进主义舞台上，有下列四类人：一是"手上沾满了鲜血"的恐怖分子骨干（hard core），他们的思想早已激进化并发动"武装圣战"（Militant Jihad），制造暴恐事件。该类人群积极宣传暴力意识形态，一向参与恐怖行动，他们是恐怖组织的战略家、招募者、恐怖活动制造者。二是受恐怖分子骨干影响的人群，通常包括在监狱重归伊斯兰信仰的穆斯林以及伊斯兰教新皈依者。他们因刑事犯罪行为而锒铛入狱，在狱中受"武装圣战"思想灌输，一旦出狱即可能成为未来的激

---

① Д. А. Нечитайло，РАДИКАЛЬНЫЙ ИСЛАМИЗМ В ТЮРЬМАХ，http://i-r-p. ru/page/stream-exchange/index-8597. html. （上网时间：2013 年 8 月 20 日）

第五章 监狱——各国针对激进分子在押犯"去激进化"思想改造实践

进分子骨干。三是为恐怖组织效力卖命者。他们是为了钱而不是为了"圣战事业"而投靠恐怖组织。一旦入狱,该人群易受"武装圣战"思想灌输。四是因持有"武装圣战"材料而被捕者。他们实际上没有参与恐怖活动,通常并不发自内心地信奉"武装圣战"思想。[①]

不少国家纷纷在监狱开展穆斯林犯人"去激进化"思想改造项目(De-radicalization Program),**旨在使制造暴恐事件的犯人"常人化"**。早年,各国在监狱对穆斯林激进分子刑讯逼供,反而使其进一步激进化,观点更极端,监狱和拘留中心成为孕育穆斯林激进分子的温床和恐怖组织的募人中心,他们不仅组织起来反抗监狱当局管理和抵制政府的镇压行动,而且一旦获释出狱就重返恐怖不归路,发动自杀式袭击或"殉教"行动,甚至连他们的亲属也走上恐怖不归路。[②] 阿拉伯世界和美西方通过与激进分子的较量认识到,不能仅靠武力和不断建造新监狱来反击恐怖主义,打赢争取心灵的思想战才是关键。还有,激进分子在监狱得到体面的对待、人格的尊重、人文关怀后,也会因心存感念而直接或间接脱离激进组织。**如果说人的心灵有一扇大门的话,那么情感就是开启这扇大门的钥匙。白居易说过这样一句话:"感人心者,莫先乎情。"**

自 1997—2007 年埃及两大激进组织头目在狱中发起"修正

[①] Anne Speckhard, "Chapter 11 – Prison and Community – based Disengagement and De – radicalization Programs for Extremist Involved in Militant Jihadi Terrorism Ideologies and Activities". (上网时间:2013 年 12 月 9 日)作者来自美国乔治顿大学医学院精神病学系。

[②] Nicole Stracke, "Perspectives on Terrorism – Arab Prisons: A Place for Dialogue and Reform", Volume I, Issue 4, http://www.terrorismanalysts.com/pt/index.php?option=com_rokzine&view=article&id=14. (上网时间:2011 年 1 月 30 日)

意识形态"（ideological revision）行动以来，不少穆斯林国家以及国内有大量穆斯林少数族群的国家，也在监狱针对参与恐怖活动的短刑期犯人纷纷推出"去激进化"思想改造项目，其中沙特多管齐下的"去激进化"项目成本最高，也门、印尼、巴基斯坦、马来西亚、土耳其、英国、美国、以色列、新加坡也启动类似项目。穆斯林犯人思想改造成了深受恐怖主义困扰国家的反恐新前线和防范恐怖主义战略的重要组成部分。**各国监狱"去激进化"项目主要通过宗教人士与穆斯林犯人进行长时间宗教讨论和对话，力求从思想上改造其"武装圣战"世界观；与此同时，由心理学家、精神病学家出面，通过心理疗法使穆斯林犯人"改过自新"，最终从正面重建与主流社会的联系。**①参与"去激进化"行动的宗教人士、专家如果充满人格魅力，成熟、有权威的话，对穆斯林犯人更有感召力。

总体看，这些犯人都有不同程度的涉恐罪行：有的支持恐怖组织，有的是恐怖组织成员，有的积极参与恐怖组织内勤，有的从行动层面支持恐怖主义（招募、训练、制造炸弹、运送行动人员）等。"去激进化"行动目标主体锁定短刑期在押穆斯林激进分子人群，各国对其称谓有所不同：也门、新加坡称犯人；沙特、以色列称危安犯；欧美称穆斯林犯人或犯人；印尼称涉恐犯人或涉"圣战"罪行犯人，巴基斯坦称武装分子。各国"去激进化"行动实施主体有所不同：有的是内政部或司法部（沙特、英国），有的是专门成立相关机构（也门、新加坡），有的是军方出面（美国、巴基斯坦），有的是激进组织狱

---

① Drake Bennett, "How to defuse a human bomb", *Boston Globe*, April 13, 2008, http：//www.boston.com/bostonglobe/ideas/articles/2008/04/13/how_ to_ defuse_ a_ human_ bomb/? page = 3. （上网时间：2011 年 1 月 30 日）

中头目发起（埃及、印尼）。相关国家的方法、授权、"去激进化"定义也不尽相同，但大体都在安全、社会、意识形态、政治四个层面展开。各国普遍达成的共识是，四个层面同时开展从接触到争取心灵的做法最行之有效。①

"去激进化"项目致力于使穆斯林犯人彻底放弃恐怖主义。若能如此，他们必须在道义层面上想明白，或者经过理性的利弊权衡，或者两者兼而有之。穆斯林犯人谴责恐怖主义的动机有二：一是希望通过不再参加恐怖活动而得到好处；二是不愿因继续参与恐怖活动而付出高昂代价。实际上，要想让他们彻底放弃恐怖主义实属不易，但部分"去激进化"举措还是可行的。部分犯人出狱后不再回归原来的组织，或者参与恐怖活动的程度降低。②

第一节 穆斯林国家

过去10多年时间里，埃及、也门、沙特、土耳其、印尼、巴基斯坦等国因本国遭恐怖袭击，以及在人满为患的监狱犯人思想激进化并被恐怖组织招募，先后在监狱开展"去激进化"行动，通过意识形态/神学层面的"再教育"，帮助犯人树立正确的伊斯兰观——如"伊斯兰教反对恐怖主义"、"暴力行为有损伊斯兰教形象"、"《古兰经》不允许杀害平民"、"执政当局不反对伊斯兰"等。此外，这些国家还通过向犯人提供社会、

---

① Muhammad Amir Rana, "Militants' rehabilitation", *SouthAsiaNet*, August 1, 2011.

② Boaz Ganor, "De-Radicalization in Israel's Prison System", *Studies in Conflict & Terrorism*, Volume 36, Number 2, February 2013, pp. 116–129.

心理咨询以及经济支持和职业培训等辅助手段,进一步强化"去激进化"成效。参与该项行动的人员有伊斯兰学者、专家、宗教人士、前激进分子等。①

一、埃及:在押激进组织头目自主发起"修正意识形态"行动

在阿拉伯世界,埃及监狱激进组织犯人最早发起"去激进化"行动,层次高、规模大、成效显著,这一切与在押激进组织头目拥有渊博的宗教学识、具有感召力的人格魅力、在组织内部倍受敬重有关。"修正意识形态"行动核心是批驳"基地"组织暴力意识形态,倡导与埃及政府和社会和平共处。

(一)在押"伊斯兰组织"、"伊斯兰圣战"头目自主发起"修正意识形态"行动②

20世纪70—80年代,埃及监狱成为秉持"圣战"思想的年轻同情者转变成激进分子的摇篮,"基地"组织头目扎瓦希里就是典型代表。他曾在狱中度过三年时光,从一名温和圣战者和政权反对派转变成恐怖骨干,并利用监狱为其组织招募新人。

1997年后,监狱从前恐怖组织募人中心变成"改过自新中心"。在押"伊斯兰组织"、"伊斯兰圣战"主要头目认识到,恐怖袭击造成巨大破坏,民众对其支持下降,**开始检讨、修正**

---

① Anja Dalgaard–Nielsen, "Promoting Exit from Violent Extremism: Themes and Approaches", *Studies in Conflict & Terrorism*, Volume 36, Number 2, February 2013.

② 材料引自:Rohan Gunaratna and Mohamed Bin Ali, "De–Radicalization Initiatives in Egypt: A Preliminary Insight", *Studies in Conflict & Terrorism*, Volume 32, Number 4, April 2009。

"圣战观"并放弃暴力，倡导与埃及政府和社会和平共处，对过去在埃及发动恐怖袭击造成许多无辜平民（如卢克索和西奈半岛海滨的外国游客）、**政府官员**、**游客伤亡的行为表示悔悟和道歉**。

激进组织为何发起"修正意识形态"行动？原因有三：一是埃及政府推行严打政策。激进组织高层头目在押、流亡或判处死刑，刑满激进分子得不到释放，这极大挫败了激进组织领导层。二是政府通过媒体和官方宗教机构，发动争取公众心灵的意识形态斗争。20世纪70年代，"伊斯兰组织"在埃及南方发展壮大的主要原因之一，正是该地区缺乏官方宗教领袖。三是"伊斯兰组织"不停制造流血事件造成平民伤亡，令埃及社会根本不同情激进事业。许多"伊斯兰组织"领导人承认，他们原先信奉的意识形态及暴力行为玷污了伊斯兰形象，使民众与他们疏远。

当外界质疑"伊斯兰组织"1997年发起的与埃及政府和社会实现**和解的倡议进程只是权宜之计**——旨在争取大批"伊斯兰组织"在押犯获释，然后重新恢复暴力活动时，"伊斯兰组织"舒拉委员会主席卡拉姆·穆罕默德·朱赫迪[1]（Karam Muhammad Zuhdi）批驳道，这种质疑"根本不应该存在。与犹太

---

[1] 卡拉姆·穆罕默德·朱赫迪1950年出生，是埃及"伊斯兰组织"创始人、舒拉委员会主席，并著有《在一个日新月异的世界里更新"沙里亚法"——现代视角看教法问题》（Renewing Sharia Law in a Changing World—A Modern Look at the Issue of Rule）一书。他因于1981年下达暗杀萨达特总统的指令而被判处无期徒刑。通过与爱资哈尔大学学者对话以及20余年牢狱生活，他对暗杀萨达特总统一事深表悔恨，声称如果时光能够倒流的话，他将尽自己最大努力去阻止暗杀事件的发生，因为该行动缺乏伊斯兰法律基础，"他们一心只想杀死美国人、基督徒、十字军"。2003年，他发表"停止暴力、奉行求实观点倡议书"，并于当年秋天获释出狱。

人或塞族人达成暂时协议属权宜之计的说法还能接受，因为以后我们会重新对其开战。但在穆斯林之间达成和平协议或和解的话，在签署时就不应心怀背叛该协议的想法。"在一次访谈中，朱赫迪声称，那些视"伊斯兰组织"和解倡议为权宜之计的人"是左翼分子，他们总想煽风点火……一旦我们说犯错误了，一旦我们发表宗教研究文章，那就不是权宜之计。一旦涉及宗教法律，就没有任何耍花招的空间"。朱赫迪还称，1981年萨达特遇刺身亡后，"伊斯兰组织"领导人就马上推动和解进程。但由谢赫沙拉维（Sheikh Al-Sha'rawi）发起的首次倡议行动以失败告终，因为当时"伊斯兰组织"内部存在意见分歧。"伊斯兰组织"二号人物纳杰赫·易卜拉欣·阿卜杜拉①（Nageh Ibrahim Abdullah）也强调"修正意识形态"行动是真诚的，具有重要意义。埃及知名律师蒙塔西尔·扎亚特（Montassir al-Zayat，扎瓦希里传记作者）认为，整个"修正意识形态"行动是真诚的。埃及开罗金字塔政治与战略研究中心（Al Ahram Centre for Political and Strategic Studies）学者迪亚·拉什万（Diaa Rashwan）称，这是"圣战"思想史上的一个历史转折点，沉重打击了"基地"组织暴力思想的基础。

起初，埃及政府对此持怀疑态度，不愿支持犯人的自发行动。之后，埃及政府决定给予有限度支持，即为"伊斯兰组织"在押领导人与成员进行多次、长时间会面提供方便。当2007年11月"伊斯兰圣战"也宣布加入这一进程后，埃及政府决定给

---

① 纳杰赫·易卜拉欣·阿卜杜拉是"阿斯尤特大学"埃米尔，"伊斯兰组织"二号人物，1981年暗杀萨达特总统主犯之一，1997年卢克索惨案后"伊斯兰组织"实行单方面停火行动的头目之一。2006年4月，他被埃及政府释放，重获自由。

予大力支持。**埃及内政部和国家安全机构召集在押激进组织头目举行内部研讨会及与穆斯林世界最著名高等学府爱资哈尔大学**①**宗教学者的对话会，纠正他们思想中的错误伊斯兰观。**爱资哈尔大学学者们主动响应政府号召，通过大众传媒、研讨会、辩论会等形式，提供反击激进主义的学识。爱资哈尔大学大谢赫穆罕默德·赛义德·坦塔维博士（Muhammad Sayyid Tantawi）宣称，爱资哈尔大学致力于引导人们走和平正道，以防步入暴力歧途。埃及政府还将支持"修正意识形态"行动的犯人与反对该行动的一小撮犯人分开，约有30名抵制分子被转移到其他监狱。②

不过，从2003年起担任埃及大穆夫提、亲自参加了"修正意识形态"行动的谢赫阿里·戈马坦言，"我们是有条件地接受意识形态修正，恐怖主义源于僵化，僵化源于拘泥于字面解释。每个概念都是一个圈内圈，让一个人离开中心点哪怕一寸都是胜利。我们体会到，从恐怖主义走向激进主义或从激进主义走向僵化要容易得多，但要让这些人彻底从恐怖主义走向常人化很难。"③

---

① 爱资哈尔大学也关注年轻人教育，从中学起就注重培养年轻学子们走温和道路。

② Nicole Stracke, "Perspectives on Terrorism – Arab Prisons: A Place for Dialogue and Reform", Volume I, Issue 4, http://www.terrorismanalysts.com/pt/index.php?option=com_rokzine&view=article&id=14. （上网时间：2011年1月30日）

③ Lawrence Wright, "The Rebellion Within: An Al Qaeda mastermind questions terrorism", *The New Yorker*, June 2, 2008.

（二）"伊斯兰组织""修正意识形态"行动来龙去脉

1. 组织发展情况。[①] "伊斯兰组织"是埃及穆斯林兄弟会分支，组建于20世纪70年代的"阿斯尤特大学"（Asyut，位于埃及中部，埃及穆斯林兄弟会精神领袖库特卜家乡穆沙镇坐落在此，该地区素以孕育激进分子的摇篮著称），谋求通过武力在埃及建立伊斯兰教法统治，袭击所有被其视为"异教徒"的世俗机构，包括世俗阿拉伯政权。该组织还攻击政府部长和官员、警官、世俗知识分子、科普特基督徒、外国游客。"伊斯兰组织"在埃及激进分子中不乏追随者，这些人不赞成埃及社会的世俗性质以及同以色列缔结和平条约。

90年代，埃及政府开始取缔"伊斯兰组织"、"伊斯兰圣战"等组织，逮捕其成员，切断其资金来源，成功阻止这些组织在埃及境内发动恐怖袭击。据人权组织称，穆巴拉克政权经常动用毒打等手段，有时甚至将"伊斯兰组织"头目家人当作人质。到90年代末，"伊斯兰组织"力量已遭削弱，有2万名支持者被押入狱，另有数千名成员被埃及安全部队击毙。

2. 开展"修正意识形态"行动情况。[②] 1997年5月，在埃及政治犯监狱的牢房里，在押"伊斯兰组织"头目发起"**修正圣战观**"（Revision of Jihad）**行动，谴责暴力行为**，并对"圣

[①] 材料引自：Rohan Gunaratna and Mohamed Bin Ali, "De–Radicalization Initiatives in Egypt: A Preliminary Insight", *Studies in Conflict & Terrorism*, Volume 32, Number 4, April 2009。

[②] 材料引自：Rohan Gunaratna and Mohamed Bin Ali, "De–Radicalization Initiatives in Egypt: A Preliminary Insight", *Studies in Conflict & Terrorism*, Volume 32, Number 4, April 2009。

战"观进行新诠释——**只有在自卫前提下,动用暴力才合法**。他们公开宣布撤销"讨伐异教徒"埃及政府的檄文。1999年7月,知名律师蒙塔西尔·扎亚特在"伊斯兰组织"与埃及政府之间进行调停,达成"非暴力倡议"(the Nonviolence Initiative),"伊斯兰组织"公开批评"基地"组织信奉的暴力意识形态及其行动,并与埃及政府达成停火协议。之后,"伊斯兰组织"几乎一直保持同政府的停火状态。[①]

通过与爱资哈尔大学学者认真对话,加上多年牢狱生活的深刻反省——原以为埃及社会将他们视为"英雄",实际上却遭埃及社会孤立和反对而"陷入绝望境地",绝大多数"伊斯兰组织"头目都撰写了数部谴责暴力意识形态著作,他们当中一些人甚至称被其暗杀的萨达特总统为"烈士"。2002年6月,在押头目开始接受媒体采访谴责恐怖主义及"塔克菲尔"思想。2003年,"伊斯兰组织"8名领导人出版阐述其"沙里亚法"观的专著,同声谴责"基地"组织在沙特、摩洛哥发动的自杀式恐怖袭击,敦促穆斯林青年不要参加"基地"组织的恐怖行动。卡拉姆·穆罕默德·朱赫迪还撰写了"停止暴力、奉行求实观点倡议书"。时至2007年,"伊斯兰组织"高级理论家们绝大多数都已出狱,并撰写了25卷本《修正观念》(Corrections of Concepts)系列丛书,探讨一些关键伊斯兰教教义问题,如"塔克菲尔"思想——宣布一名穆斯林是"背教者",就可以将其杀害;袭击平民和外国游客;向不实行"沙里亚法"的穆斯林统

[①] Nicole Stracke, "Perspectives on Terrorism - Arab Prisons: A Place for Dialogue and Reform", Volume I, Issue 4, http://www.terrorismanalysts.com/pt/index.php?option=com_rokzine&view=article&id=14.(上网时间:2011年1月30日)

治者发动"圣战"等。①

"修正意识形态"行动给埃及政府和社会带来巨大影响。埃及政府停止了全国范围对"伊斯兰组织"的镇压行动，大批狱中服刑成员重获自由；2000年，埃及政府释放了许多该组织成员。2003年秋天，埃及政府再次释放许多"伊斯兰组织"成员，其中就有该组织创始人、舒拉委员会主席卡拉姆·穆罕默德·朱赫迪，他对自己与"伊斯兰圣战"1981年合伙暗杀萨达特总统一事深表悔恨。2006年4月，埃及政府释放近1200名"伊斯兰组织"、"伊斯兰圣战"成员，包括"伊斯兰组织"二号人物、主要思想家纳杰赫·易卜拉欣·阿卜杜拉。继续服刑成员的牢狱生活也得到极大改善。"修正意识形态"行动使"伊斯兰组织"媒体、政治形象得到改观，一些对激进组织持敌对立场的公共政治人物甚至呼吁政府允许"伊斯兰组织"拥有自己的合法实体。据埃及"金字塔政治与战略研究中心"学者迪亚·拉什万称，埃及监狱的"去激进化"行动使暴力活动陷入困境，自1997年卢克索恐怖袭击案后，尼罗河谷一直未发生恐怖行动。

3. **修正五大观念**。一是"沙里亚法"观。与其他许多武装伊斯兰组织一样，"伊斯兰组织"一直致力于建立以"沙里亚法"治国理政的国家，并对此持毫不妥协立场。这成为开展"修正意识形态"行动的最大障碍之一，他们必须在此问题上做出妥协。最后，"伊斯兰组织"头目找到放弃原先立场、停止实现该目标斗争的**创新解决办法**——"即便统治者没有实行'沙

---

① "Deradicalization Programs: Changing Minds?" December 17, 2007, http://fp-watch.blogspot.com/2007/12/deradicalization-programs-changing.html. （上网时间：2011年1月30日）

第五章 监狱——各国针对激进分子在押犯"去激进化"思想改造实践

里亚法'，只要他秉持人定法律不优于真主法度之立场，他就不被视为'异教徒'"。这样，即使统治者不实行"沙里亚法"，容忍其继续统治也情有可原。

二是"圣战"观。根据新修正的解释，"圣战"指的是只针对外部敌人动用武力。伊斯兰运动应该通过宣教或贯彻伊斯兰道德、法律准则来应对穆斯林内部挑战。"伊斯兰组织"头目之一阿里·穆罕默德·阿里·谢里夫[①]（Ali Muhammad Ali Al-Sharif）称，"'圣战'是宗教指令，教法上只在消除穆斯林共同体（乌玛）内部冲突以及消除地球上的多神教时才允许发动'圣战'。凭借'圣战'德行，穆斯林国家曾从一个小乡村演变成世界上最伟大的国家。但在我们这个时代，'圣战'成了一件反抗不公的工具，许多年轻穆斯林反抗他们的国家及其制度，借口这就是'圣战'，结果却制造了巨大灾难，使祖国一直走向衰落。年轻人应该为'宣教'而战，却没有进行'宣教'。他们为在押犯而战，结果在押犯越来越多。他们应该认识到，只要战斗的结果不好，在宗教上这场战斗就不对。宗教禁止发动这类战斗。"

三是"塔克菲尔"观。在开展"修正意识形态"行动前，"伊斯兰组织"领导层谴责不认同其意识形态的穆斯林——不论个人还是社会为"异教徒"。"伊斯兰组织"经常发动"讨伐异教徒"行动，认为穆斯林统治者已成为"异教徒"，甚至受其统治的人民也是"异教徒"，因为他们没有通过参加"伊斯兰组织"等团体去改变政权。"伊斯兰组织"重要思想家谢赫奥马尔·阿布德·拉赫曼（Sheikh Omar 'Abd Al-Rahman）发布"法特瓦"，谴责萨达特总统是"异教徒"。"伊斯兰组织"基层

[①] 阿里·穆罕默德·阿里·谢里夫是涉嫌参与暗杀萨达特事件主犯之一。

成员视整个埃及社会为"异教徒",因为与真主法度不相容。

开展"修正意识形态"行动后,"伊斯兰组织"禁止"塔克菲尔"思想。其头目之一纳杰赫·易卜拉欣·阿卜杜拉说:"我要告诉每个穆斯林弟兄:你成为一名伊斯兰组织成员之事实,并不意味着你有权宣布某人是'异教徒'。**关于谁是'异教徒'、谁不是'异教徒'的决定,应该由宗教人士去定夺。**我们无权谴责一个人为'异教徒'……我们不能谴责所有穆斯林……警察、军队、国家安全和国内安全机构、政府机构为'异教徒'。我们不能谴责任何一名公务员为'异教徒'。个人工作职位从来都不是判定其为'异教徒'的凭证。"

四是"杀害平民"观。由于恐怖袭击造成平民伤亡,"伊斯兰组织"等组织越来越得不到埃及社会的支持。这种平民伤亡在宗教上的正当性愈益成为一个焦点议题。"基地"组织称,基于14世纪伊斯兰学者伊本·泰米叶发布的"法特瓦"——为了杀死敌人,在必须把穆斯林当成"人体盾牌"的情况下,允许杀害穆斯林平民。依此类推,就更有理由杀害非穆斯林平民。

为拯救自身形象和提升社会支持度,"伊斯兰组织"头目转变杀害平民立场,称伊斯兰教禁止这种滥杀平民行为,不论受害者是穆斯林还是"异教徒"。阿里·穆罕默德·阿里·谢里夫重申,只有为了传播宗教这样伟大的事业,才必须去杀人和开战。即便那样,伊斯兰军队也只是在战场上同敌方军队厮杀,永远都不会向身居公共场所的平民开刀。他说:"只有在'异教徒'制造敌意、挑衅穆斯林时,才能允许穆斯林拿起武器对付他们。不能仅仅因为'异教徒'不信伊斯兰教,就视其为敌人。他们在家中或工作场所时,不该受到伤害。换言之,只要'异教徒'不阻挡穆斯林践行伊斯兰教,就应该允许他们与穆斯林和谐共存。不能因为他们是'异教徒',就该被判处死刑。伊斯兰教是一个宽宏大量、慈悲为怀的宗教，真正倡导多民族共处。"

五是"恐怖袭击"观。"伊斯兰组织"在"修正意识形态"行动中的突出表现是，严厉谴责2005年4月7日发生在爱资哈尔大学附近的恐怖袭击事件，该袭击造成3名西方人丧生，许多人受伤。"伊斯兰组织"发表声明称，无论其动机如何，都不应成为付诸暴力的正当理由。虽然这类行动有着良好动机，如宣泄源于伊拉克、巴勒斯坦等地穆斯林受镇压、迫害而产生的挫折感和被征服感，但袭击行动"不负责任，玷污了伊斯兰声誉，将我们和平的国家抛入无政府乱象的恶性循环"。该组织在声明中还强调，这类袭击侵犯了外国人允许进入"伊斯兰土地"后理应得到安全和庇护的伊斯兰权利，袭击行动破坏房屋、汽车、商店等财产是"大罪"，恐怖袭击使伊斯兰的敌人更有理由干涉穆斯林内部事务，甚至侵蚀"伊斯兰认同"并改变伊斯兰教的基础。

虽然"伊斯兰组织"并不禁止杀害以色列游客，但2004年10月恐怖分子袭击西奈半岛度假胜地塔巴（Taba）的以色列游客后，"伊斯兰组织"还是发表声明，谴责"塔巴爆炸案不分青红皂白，选错了受害者，选错了时间和地点"。从"沙里亚法"角度看，爆炸案没有正当性，完全缺乏政治意识，袭击案结果适得其反。

（三）"伊斯兰圣战""修正意识形态"行动来龙去脉

1. 组织发展情况。[①] 1979年，"伊斯兰圣战"兴起，成为

---

① 材料引自：Rohan Gunaratna and Mohamed Bin Ali, "De–Radicalization Initiatives in Egypt: A Preliminary Insight", *Studies in Conflict & Terrorism*, Volume 32, Number 4, April 2009。

埃及穆斯林兄弟会最新、最激进分支。初创成员来自开罗郊县布拉克（Boulaq）、纳海（Nahia）、克达萨（Kerdasa），精神导师是穆罕默德·阿布德·萨拉姆·法拉叶（Muhammad'Abd al-Salam Farraj），军事领导人是1980年初加入该组织的埃及军官阿布德·阿布德·拉提夫·祖莫尔（Abbud Abd el-Latif al-Zumor）上校。起初，该组织以"圣战组织"（Tanzim Al-Ji-had）冠名，与"伊斯兰组织"一样，主要目标也是推翻埃及政府，建立伊斯兰国家，后来又增加袭击埃及境内外的美国、以色列目标。

1979年至1981年年中，"伊斯兰圣战"将20世纪60—70年代在埃及成立的其他一些秘密组织骨干及成员网罗进自己的队伍：60年代中期，由扎瓦希里成立的组织；1975年，由亚海·哈塞姆（Yahya Hashem）创建的组织；1977年，由萨利姆·拉哈尔（Salem al-Rahal）建立的组织。实际上，1981年7月之前，"伊斯兰圣战"只由两部分构成，即精神导师法拉叶为首的组织及萨利姆·拉哈尔为首的组织。1981年7月，萨利姆·拉哈尔被埃及政府驱逐出境，其领导权交到卡马尔·赛义德·哈比卜（Kamal al-Sayed Habib）手中。在塔里克·祖莫尔（Tarek al-Zumor）引荐下，卡马尔·赛义德·哈比卜与精神导师法拉叶相识，双方组织于当年合并。[①] 此外，哈立德·伊斯兰伯利中尉（Khalid al-Islambouli，其兄弟是"阿斯尤特大学"一个伊斯兰学生组织头目，也是"伊斯兰组织"成员，1981年10月阅兵中成功刺杀萨达特）因见过精神领袖法拉叶而于1981年初加入"伊斯兰圣战"；1980年，后任"伊斯兰组织"舒拉

[①] Guenena Nemat, "The 'Jihad': An Islamic alternative in Egypt", Cairo Papers in Social Science, Vol. 9, Monograph 2 (Summer), pp. 52-53.

第五章 监狱——各国针对激进分子在押犯"去激进化"思想改造实践

委员会主席的朱赫迪经人引荐认识法拉叶。随后，法拉叶、朱赫迪与"伊斯兰圣战"其他领导人纳比尔·阿布德·马吉德·马格拉比（Nabil Abd al-Maguid al-Maghrabi）、福阿德·达瓦里比（Fouad al-Dawalibi）、阿布德·阿布德·拉提夫·祖莫尔组建了"伊斯兰圣战"舒拉委员会。1980年秋末，"伊斯兰圣战"正式完成其组织、决策结构的设立，并组建了上埃及、下埃及分支机构，还在埃及所有城市设立基层组织。

1979年，萨达特总统与以色列签署和平协议，结果1981年被"伊斯兰组织"、"伊斯兰圣战"联手刺杀身亡。此后，数千名埃及伊斯兰分子遭穆巴拉克政府追捕通缉，扎瓦希里因被控走私武器而被判刑。赛义德·伊玛目·谢里夫（Sayyed Imam Al-Sharif，以下称谢里夫）也因暗杀事件遭缺席审判，1984年宣判无罪。同年，扎瓦希里刑满释放后，与其他一些埃及圣战者前往巴基斯坦白沙瓦。1982年，谢里夫逃离埃及前往阿联酋，并在当地行医。1983年，他前往巴基斯坦白沙瓦，化名"法德尔医生"在科威特红新月会开办的医院救治在阿富汗"圣战"的圣战者伤员。1987年，在白沙瓦，谢里夫、扎瓦希里携手重建流亡在此的"伊斯兰圣战"，谢里夫成为该组织埃米尔。他通晓《古兰经》、圣训，负责思想工作，而扎瓦希里主管战术行动。有人称，"扎瓦希里冲锋在前，但真正的领袖是法德尔医生"。

1989年，苏联从阿富汗撤军后，本·拉登、扎瓦希里及其"伊斯兰圣战"大部分成员从阿富汗迁往苏丹，本·拉登从苏丹飞往沙特。1993年9月10日，谢里夫携妻儿抵达苏丹，扎瓦希里亲赴喀土穆机场迎接。然而，在苏丹期间，两人关系恶化。谢里夫反对"伊斯兰圣战"成员参加"伊斯兰组织"袭击埃及政府和外国游客的恐怖活动，称"这种暴力活动毫无意义"，而是主张对国家机构进行缓慢和持久的渗透。1993年8月"伊斯兰圣战"暗杀埃及内政部长哈桑·阿尔菲（Hasan al–Alfi）未遂，两个月后暗杀埃及总理阿提夫·西德基（Atef Sidqi）未遂，经历两次不成功的袭击后，"伊斯兰圣战"成员要求其头目辞职。此时，许多成员吃惊地发现，谢里夫是他们的埃米尔。谢里夫于是"主动放弃领导职位"，扎瓦希里继任"伊斯兰圣战"头目。

1994年，也门爆发内战，谢里夫举家迁到首都萨纳，随后前往萨纳以南山城伊卜（Ibb），开始在希法医院（al–Shiffa）担任外科医生。2001年9月11日，美国遭受恐怖袭击后，也门秘密警察"政治安全机构"于10月28日对谢里夫进行讯问。不久，他自首，在"没有受到指控、没有审判、见不到律师"的情况下在萨纳监狱被关押达三年之久。2004年2月28日，谢里夫被移交给埃及并被判处终身监禁，关押在托拉监狱（Tora，主要关押政治犯）。

2. 开展"修正意识形态"行动情况。自2007年2月起，谢里夫效仿2002年"伊斯兰组织"领导层与其追随者开展近10个月讨论互动的做法，通过报告会、问答方式，在监狱与成员会面。"伊斯兰组织"头目参加"伊斯兰圣战"在狱中开展的上述活动，分享其"去激进化"经验。如"伊斯兰组织"舒拉委员会主席朱赫迪和二号人物纳杰赫与谢里夫数次共同参加"伊斯兰圣战"内部会议，鼓励其"去激进化"进程并答疑。同年11月，谢里夫决定步"伊斯兰组织"后尘，发起"伊斯兰圣战"全面"去激进化"修正行动，也在意识形态领域运用伊斯兰神学谴责向国家、社会和其他目标发动暴力行动的"非法性",并实现与埃及政府和社会的和解。①

2007年,谢里夫发表新著《**指导埃及和世界"圣战"文献**》(Document for Guiding Jihad in Egypt and the World)——又名《在埃及和世界上开展"圣战"行动的合理性》(Rationalizing Jihadist Action in Egypt and the World)——**修正自己长期奉行的"圣战"观,攻击"基地"组织,呼吁停止在西方和穆斯林国家开展"圣战"活动**。根据伊斯兰教法,谢里夫将大多数恐怖主义活动定为非法行径,将发动"圣战"可能性局限在极少条件下——合法宣布"圣战"的必备条件是:能够提供庇护的地方;开展行动的适当财源,避免采取偷窃或绑架方式筹集资金;向家庭成员提供保护的手段;经准确辨别而挑选出来的敌人,以防错杀无辜。"用炸弹袭击旅馆、居民楼和公共运输系统"是不被允许的行为。此外,"圣战"行动必须获得圣战者父母、债权人和合格伊斯兰学者的允许。谢里夫警告说:"你们这些年轻人不要被互联网上的英雄和用麦克风发表演说的领袖所蒙骗。在你们之前,他们已将其他许多人送进了地狱、坟墓和监狱。"

即使某个人满足了这些条件,成为有能力的合适人选,"圣战"也许并不需要他。同"不信教者"隔离开来而非进行"圣战"是值得称颂之举。同样道理,如果敌人比穆斯林强大得多,"真主准许与'异教徒'签订和平与停火协议,无论用金钱交换与否——所有这些都是为了保护穆斯林,同那些将他们推入险境的人形成鲜明对照"。

---

① Rohan Gunaratna and Mohamed Bin Ali, "De-Radicalization Initiatives in Egypt: A Preliminary Insight", *Studies in Conflict & Terrorism*, Volume 32, Number 4, April 2009.

谢里夫对可能成为"圣战"靶子的人加以范围限制。不公正的穆斯林统治者被排除在外。他引用穆罕默德对穆斯林的告诫："反抗苏丹的人将被当成'异教徒'处死。"非穆斯林不会成为理所当然的攻击目标，除非他们主动攻击穆斯林。"伊斯兰教法中没有关于杀死犹太人和基督徒的内容。某些人称他们是'十字军'，但他们是穆斯林的兄弟……对邻居友善是一项宗教义务。"穆斯林国家的外国人实际上可能是穆斯林，或许是应邀来当地工作的。而工作是"一种协议"，使他们不会成为"圣战"靶子。

对于居住在非穆斯林国家且急于开展"圣战"的穆斯林，谢里夫表示："我要说的是，虽然与这些人居住在一起并不光彩——如果他们是'不信教者'的话，但如果他们允许你进入他们的房屋和他们同住，如果他们为你和你的钱财提供安全保障，如果他们给予你工作或学习的机会或用体面的生活和其他善举为你提供政治庇护——那么通过杀戮和毁灭出卖他们同样是不光彩的。这不符合先知的惯例。"

尽管"恐吓敌人是合法义务"，但谢里夫认为"合法的恐怖"必须遵循伊斯兰教法。他认为，在伊拉克"圣战"中，逊尼派与什叶派的冲突是个麻烦，因为"伤害同样信仰伊斯兰教却持不同信条的人是被禁止的"。进行不合法杀戮的范例包括"基地"组织对纽约、伦敦和马德里的恐怖袭击。这些做法是错误的，因为它们针对的是特定的民族，这种行为是伊斯兰教禁止的。

《指导埃及和世界"圣战"文献》发表数周后，扎瓦希里写了一封近200页的"长信"，以不点名方式反击谢里夫的观点，并于2008年3月上传到互联网上。据开罗金字塔政治与战略研究中心学者迪亚·拉什万称，"基地"组织领导层"以这种

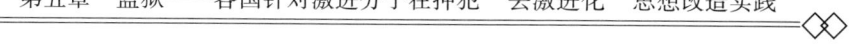

方式对内部不同意见做出回应在历史上尚属首次"。在信中，扎瓦希里声称："……我们有权利以'异教徒'对待我们的方式回敬他们。我们用炸弹袭击他们，因为他们轰炸我们，即便我们杀了不该杀的人。"

住在伦敦的埃及政治避难者、开办阿尔马克雷泽历史研究中心（Almaqreze Centre for Historical Studies）的哈尼·西巴伊（Hani al-Siba'i）告发谢里夫与今日"圣战主义"已不相干，缺乏真正影响力，其著《指导埃及和世界"圣战"文件》是其遭政府虐待、镇压后的无原则投降行为。为此，谢里夫辩称，这么做不是因为遭到严刑拷打，而是"身在埃及监狱常年思想反省和思辨的结果"。①

二、也门：政府成立"宗教对话委员会"主导"去激进化"行动

也门模式的核心是，政府基于《古兰经》固有的和平思想同恐怖主义作斗争，但目标只是确保激进分子不在也门境内发动恐怖攻击。

（一）政府专门成立"宗教对话委员会"，开展"犯人思想改造"行动

2002年9月15日，萨利赫总统建立以"宗教基金和宣教指导部"部长哈穆德·希塔尔大法官（Hamud al Hitar）为主席、

---

① "Deradicalization Programs: Changing Minds?" December 17, 2007, http://fp-watch.blogspot.com/2007/12/deradicalization-programs-changing.html.（上网时间：2011年1月30日）

4名"乌里玛"（宗教学者）组成的五人"宗教对话委员会"（Religious Dialogue Committee），**启动以《古兰经》和圣训为理论指导的"犯人思想改造"**（re-educating prisoners）**行动**。希塔尔是也门高等法院著名法官，也是"也门人权组织"掌门人，因实施该思想改造计划而接到过无数次死亡威胁。参与"犯人思想改造"行动的其他宗教人士也是权威，有宗教学识，有辩论伊斯兰问题的经验。

参加宗教对话的犯人年龄从18岁至40来岁不等，从美国关塔那摩监狱送到也门监狱继续服刑的犯人不参加"犯人思想改造"行动。只有放弃了暴力思想的犯人，才能被也门政府特赦出狱。

"宗教对话委员会"与犯人首次会面情况。[①] 2002年9月15日，"宗教对话委员会"成员首次在也门政治安全组织中心会见5名最激进的"基地"组织犯人。一番相互介绍后，犯人们质疑也门是否有合格的"乌里玛"，并称如果有的话，他们就不会蹲监狱了。他们还指责"宗教对话委员会"成员是"政府的走狗"。希塔尔承认，也门的"乌里玛"工作的确做得不够，但他告诉犯人，"如果你们对，我们就跟着你们走；如果是我们说的对，那你们就必须承认我们对，跟着我们走"。首次会面中，双方达成共识，《古兰经》、圣训将成为宗教对话的基础，犯人们同意参加对话进程。

希塔尔提出两种对话方式供犯人们选择：口头面对面的直接讨论，还是通过书面间接讨论。犯人们选择口头面对面直接

[①] 材料引自：John Horgan, "Opening up the jihadi debate: Yemen's Committee for Dialogue", http://www.academia.edu/3882155/Opening_up_the_jihadi_debate_Yemens_Committee_for_Dialogue。（上网时间：2014年1月13日）

讨论方式，并制定了相关讨论规则。

宗教对话的议题：**一是关于也门国家性质问题**。犯人称，也门不是一个穆斯林国家，政府亲西方，国家伤害穆斯林的利益。希塔尔引用宪法和刑法证明，这些法律与"沙里亚法"不相冲突。**二是关于也门的国际条约问题**。犯人们反对也门政府缔结的某些国际条约。希塔尔反驳说，穆罕默德也与犹太人、基督徒缔结条约。**三是关于政权合法性问题**。犯人们称，也门的萨利赫政府不合法。希塔尔则提出萨利赫政府的合法性理由，并使犯人们接受政权的合法性，还宣称服从政权也是义务。**四是关于杀害非穆斯林问题**。犯人们说，非穆斯林是"异教徒"，允许杀害的行为。希塔尔称，这是错误的观念，不管人们信仰何种宗教，都禁止流血杀戮；只有正确的理由，才可杀人。

（二）希塔尔改造犯人的具体做法有三个方面

一是强调基于《古兰经》固有的和平思想同恐怖主义作斗争。他指出："《古兰经》里有 124 节内容呼吁穆斯林以博爱、仁慈之心对待非穆斯林，只有一节内容敦促穆斯林向非穆斯林开战。"**二是**通过亲切对话方式，"铲除恐怖主义的理性根源，因为恐怖主义基于错误的理性基础"。通常，"宗教对话委员会"将犯人分成 5—7 人的小组，与他们讨论伊斯兰"圣战"观、遵守"沙里亚法"的重要性、生活在穆斯林国家的非穆斯林权益、将某人宣布为"不信教者"的真正标准、公民与政府的关系等重大议题。希塔尔 2002 年接受"也门观察家"（the Yemen Observer）采访时称："这些犯人能背诵《古兰经》和圣训的一些章节，但他们头脑里已有固定被误导的教义，并且严格遵循这些错误的教义行事。"① 三是用怀柔政策拉拢部分也门"基地"组织成员，促其为政府效力。在保证今后好好做人后，许多被捕恐怖分子在亲属担保或上交保释金后都被释放。这几乎等于给他们发放许可证，只要他们不在也门活动，想干什么，在哪里干都可以。②

（三）改造成效评估

2002年11月，希塔尔建议释放36名犯人，每个犯人获释时都要签署谴责暴力的书面保证书，由此换取数百美元安家费和重获人身自由。2003年12月，希塔尔告诉BBC，"每个犯人都信守放弃极端主义和暴力的诺言"。鉴于此，该月中旬，也门政府根据"宗教对话委员会"建议又释放了92名犯人。③ 2004年，"宗教对话委员会"成功地让246名前"阿富汗阿拉伯人"放弃极端思想，最著名人物当属"亚丁—阿比杨伊斯兰军"（the Aden – Abyan Islamic Army）头目哈立德·阿布德·纳比（Khalid Abd al – Nabi）。④

---

① Gregory D. Johnsen, "Yemen uses the pages of the Quran to re – educate its jihadis", *Terrorists In Rehab*, Volume 17, Number 3, Summer, http://www.worldviewmagazine.com/issues/article.cfm? id =139&issue =34. （上网时间：2011年1月30日）

② Robert F. Worth, "Fighting Terror the Yemeni Way: State Has Preferred Policy of Dialogue", *International Herald Tribune*, January 29, 2008.

③ Gregory D. Johnsen, "Yemen uses the pages of the Quran to re – educate its jihadis", *Terrorists In Rehab*, Volume 17, Number 3, Summer, http://www.worldviewmagazine.com/issues/article.cfm? id =139&issue =34. （上网时间：2011年1月30日）

④ Nicole Stracke, "Perspectives on Terrorism – Arab Prisons: A Place for Dialogue and Reform", Volume I, Issue 4, http://www.terrorismanalysts.com/pt/index.php? option =com_ rokzine&view =article&id =14. （上网时间：2011年1月30日）

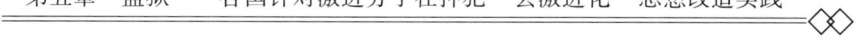

第五章　监狱——各国针对激进分子在押犯"去激进化"思想改造实践

也门是中东地区最穷的国家，失业率高达35%，政府能向出狱犯人提供的最好机会是让其在军中服役，每月领取100美元军饷。但给这些犯人枪支、训练和制服，本身就构成安全问题。到2004年，有一些出狱犯人现身伊拉克战场并被美军抓获，为此，驻伊美军不断向也门政府表达不满。2005年，因缺乏经费和兴趣，也门政府终止了希塔尔负责的"犯人思想改造"行动。

早在2003年美联社采访希塔尔时，他就称"犯人思想改造"行动**旨在说服恐怖分子在也门发动暴力袭击是错误行径，但宣布政府并不反对他们去伊拉克或其他"圣战"热点从事"圣战"**。2009年，希塔尔接受《新闻周刊》记者采访时再次表示："伊拉克不是对话行动的组成部分，我不对伊拉克负责。没有人说要就伊拉克问题展开对话。"不过，他说自己反对也门人赴伊拉克与美军作战，但"'圣战'是信仰，与做礼拜一样。如果有人只身前往伊拉克，你不能告诉他不许这么做"。[①] 2008年1月，本·拉登前保镖阿布·詹达尔接受《纽约时报》采访时也称，该项计划不是想将恐怖分子变成和平主义者，而是要他们保证不在也门境内攻击西方目标。[②]

三、沙特：内政部启动短刑期危安犯"改过自新"计划

至2009年，沙特有涉恐危安犯（security prisoner）5000余名。沙特多管齐下改造危安犯模式很难在其他国家复制。因为：

---

① Kevin Peraino, "The Reeducation of Abu Jandal—Can Jihadists Really Be Reformed?" *Newsweek*, June 8, 2009.

② Michael Knights, "Jihadist paradise: Yemen's terrorist threat re-emerges", *Jane's Intelligence Review*, June 2008.

一方面，沙特拥有令人敬重的宗教人士，他们出面参与危安犯思想改造计划，能使不少危安犯心悦诚服地放弃恐怖主义；另一方面，沙特"去激进化"做法成本最高，政府拨巨资确保危安犯转化成功率，花大价钱收买民心，即向获释危安犯提供资金、就业、汽车和住房，并帮其组建家庭，帮助他们重新融入社会。①

（一）危安犯"改过自新"计划

2003年5月，**利雅得居民区爆炸案是沙特反击激进主义斗争的转折点，政府将恐怖思想家、恐怖分子骨干和同情恐怖事业的支持者区别对待**。一方面，将发动恐怖袭击的人关进监狱绳之以法，还专门新建关押他们的5座高度戒备监狱，牢房数以千间；另一方面，2004年年中，沙特内政部启动危安犯"去激进化"项目，即"改过自新"（Munasaha，意为规劝和改过自新）计划。② 列入该思想改造的危安犯没有直接参加过恐怖袭击活动，而是恐怖事业同情者或是为激进分子提供过支持的人，刑期短。"改过自新"计划理念是，绝大多数已在押的沙特青年是歪曲伊斯兰教的受害者或者被迫屈服于激进组织的压力，因此，沙特政府力求通过宗教辩论和心理感化等措施，使这些短刑期危安犯"改过自新和放弃恐怖主义意识形态"。

沙特政府专门成立由知名高级宗教人士等组成的"改过自新委员会"，负责实施思想改造计划。该委员会的任务是清除危

---

① Kevin Peraino, "The Reeducation of Abu Jandal—Can Jihadists Really Be Reformed?" *Newsweek*, June 8, 2009.

② Abdullah F. Ansary, "Combating Extremism: A Brief Overview of Saudi Arabia's Approach", *Middle East Policy*, Vol. 15, No. 2, Summer 2008.

安犯头脑中的"塔克菲尔"思想，消除国内试图推翻现政府的恐怖活动。负责人为阿卜杜勒拉赫曼·哈德拉克（Abdulrahman al-Hadlaq），沙特全境有100多知名宗教人士、约30名心理学家和精神病学家参与该计划。"改过自新委员会"总部设在利雅得，在沙特七大城市派驻常设代表，委员们遍访境内各大监狱并与危安犯会面，就信仰问题展开讨论。该委员会由四个次级委员会组成：宗教次委会规模最大，由近100名宗教人士、学者和大学教授组成，直接参与危安犯"感化"过程，同其一对一对话；心理和社会次委会由近30名心理学家、社会学家、研究人员组成，负责评估每位危安犯的社会地位和诊断心理问题，然后判断危安犯及其家庭可能需要何种帮助；安全次委会履行以下职责：评估危安犯的安全风险，提出建议释放的名单，为获释危安犯提供重获新生后的人生规划建议并继续对其进行有效监督；媒体次委会负责制作"改过自新"计划所需材料，也为学校和清真寺制作温和伊斯兰教育读本，主要面向沙特年轻人。[1]

沙特政府力求通过教授温和伊斯兰课程、心理辅导、艺术治疗及体育、职业技能培训、提供社会救助等多种形式帮助危安犯"常人化"。具体来讲：**其一，宗教人士、伊斯兰学者同危安犯进行一对一宗教讨论**。为赢得危安犯信任，"改过自新委员会"成员首先强调他们不是内政部雇员，而是独立、正直的学

---

[1] Christopher Boucek, "Extremist Reeducation and Rehabilitation in Saudi Arabia", first printed in the Jamestown Foundation, *Terrorism Monitor*, August 17, 2007. 2007年3月，作者克里斯托弗·布塞克访谈了沙特"改过自新"委员会负责人阿卜杜勒拉赫曼·哈德拉克，他也是沙特内政部负责安全事务的副部长的顾问，此篇文章出自这次访谈。

者，只想倾听犯人心声。在整个思想改造过程中，通过一对一宗教讨论循循善诱地规劝危安犯信奉官方认可的"真正伊斯兰教教义"——这些教义禁止信徒向穆斯林平民和非穆斯林使用暴力。沙特舒拉委员会成员、沙特司法部法律顾问谢赫阿布德·穆赫辛·奥比坎（Abd Al-Muhsin Al-Obikan），向沙特《麦地那日报》透露了他与危安犯进行思想讨论的经历。"我们与他们谈话，特别是那些表示愿意接受思想改造、平静讨论其信仰的危安犯谈话。他们以为原来的信仰就是真理，是穆斯林宗教的一部分。我们基于《古兰经》、圣训原理，使其确信'自己错了'。参加'改过自新'计划的危安犯，其错误思想源自对'圣战'涵义、圣训的不正确理解，如'从阿拉伯半岛驱逐多神教徒'。他们通过书本、视频、出版物、小册子等接受错误思想。他们对'圣战'的理解是错误的，认为'圣战'意味着可以在任何条件下滥杀'异教徒'以及与'异教徒'合作的任何人。"他还指出："沙特院校的老师持偏离伊斯兰正道思想，偏离国家既定的教学大纲，利用教学机会在年轻人中传播有害思想。前往阿富汗'圣战'的年轻人缺乏使其免受激进思想煽动的宗教和'沙里亚法'知识。"[①] 一名获释危安犯告诉沙特记者，"他参加了一个激进小组，该小组成员利用他的热情和有限的宗教学识，结果被洗脑——世上发生的每件事都是阴谋，必

---

① Y. Yehoshua, "Reeducation of Extremists in Saudi Arabia", MEMRI, *Inquiry and Analysis*, No. 260, January 18, 2006, http://www.memri.org/bin/articles.cgi?Page=archives&Area=ia&ID=IA26006. （上网时间：2011年1月30日）

须进行报复,这使他仇恨这个世界"。① 为此,"改过自新委员会"为危安犯开办两类学习班。一是两小时一次的短期学习班。有些危安犯经过数次学习后放弃了原来想法。二是为期6周的长期学习班。由20名危安犯组成一个班,两名宗教人士和一名社会学家负责教授10门课,内容包括"异教徒"、忠诚、恐怖主义、"圣战"和自重等。学习结束后要进行考试,通过者才能进入下一阶段感化活动。未通过者继续重复这一阶段的学习。②

阿赫迈德·谢耶(Ahmed al-Shayea)2004年11月离开沙特前往伊拉克参加叛乱活动。当年圣诞节,他驾驶卡车炸弹制造自杀式袭击未遂,但因重度烧伤被送进巴格达阿布格莱布监狱医院。他说,自己思想转变始于从伊拉克遣返后关押在利雅得哈伊尔监狱时一名宗教人士对他的探视。当时,他向这位宗教人士提了两个问题:他前往伊拉克"圣战"宗教上是否允许?鼓励这类行为的"法特瓦"——称武装分子不必将自己的意图告诉父母或政府——正确吗?这位宗教人士回答:不正确。他告诉采访他的美联社记者,"我认识到自己错了。没有'圣战',我们只是死亡工具而已。"沙特内政部在宗教电视频道(al-Majd)上播放他的忏悔节目,以此警告年轻人不要参加"基地"组织,宗教人士也利用该节目纠正关于"圣战"和对待非穆斯林的错误观念。参与思想改造的宗教人士艾哈迈德·杰兰(Ahmed Jailan)说:"该项目旨在感化年轻人,不仅倾听他们的

---

① Y. Yehoshua, "Reeducation of Extremists in Saudi Arabia", MEMRI, *Inquiry and Analysis*, No.260, January 18, 2006, http://www.memri.org/bin/articles.cgi?Page=archives&Area=ia&ID=IA26006.(上网时间:2011年1月30日)

② Christopher Boucek, "Extremist Reeducation and Rehabilitation in Saudi Arabia", *Terrorism Monitor*, August 17, 2007.

心声，还与他们对话。我们力图给他们灌输一种希望——如果遵循真正伊斯兰教，他们还有机会弥补已失去的东西。"监狱配有电视机、报纸，危安犯可以读很多书，艾哈迈德·谢耶甚至读了阿拉伯名著《一千零一夜》。

沙特宗教人士同短刑期危安犯一对一宗教讨论的做法无法复制到关押在关塔那摩监狱和伊拉克监狱的沙特籍"基地"组织骨干身上，因为在这些骨干眼中，沙特宗教人士一向与沙特王室合作，而沙特王室是"异教徒"。不过，沙特宗教人士对关塔那摩监狱的少数不那么激进的犯人有点影响力，从他们口中获取重要情报信息，将更多的恐怖分子缉拿归案。[1]

其二，建立针对危安犯及其家庭的受惠制度。"改过自新"计划成功与否的关键在于关注危安犯的社会需求，以及危安犯家庭、家族及社会关系网的介入与配合。心理和社会次委会对每位危安犯先进行评估，之后再决定"改过自新委员会"如何更好地资助他们及其家庭。譬如，一旦养家糊口的人遭羁押，委员会会向该家庭提供一份薪水并资助其子女上学和家庭的医疗保健，从而防止该家庭其他成员激进化。沙特官员承认，当政府逮捕了某人，其家人度日如年，政府提供这种救助有助于缓解其家人生活的艰辛程度。如果不这么做，激进组织就可能向危安犯家庭提供这类帮助。沙特政府这种救助一直持续到危安犯获释为止。成功走完思想改造过程、放弃激进思想的危安犯还会得到其他好处，譬如，政府帮助他们找工作、提供汽车和住房。危安犯获释后，政府不仅鼓励他们继续同在狱中时对

---

[1] Anne Speckhard, "Chapter 11 – Prison and Community – based Disengagement and De – radicalization Programs for Extremist Involved in Militant Jihadi Terrorism Ideologies and Activities". （上网时间：2013年12月9日）

话的学者会面，或在清真寺继续参加学习班，还鼓励他们结婚生儿育女，认为年轻人一旦安了家，负起家庭责任，就不会受到"圣战"事业的召唤，较难重回恐怖之路。① 一旦其重返暴力，整个家庭得到的上述好处会马上取消。

涉恐危安犯关押在5座监狱。坐落在利雅得南边的哈伊尔监狱（al-Ha'ir）是其中之一。这些高度戒备监狱外观如同豪华公寓，里面配有大屏幕电视、大床。监狱每月向犯人发放400美元生活津贴，用来交纳杂费或"临时获释回家团聚"。有犯人参加亲戚的婚礼，狱方向其发放2666美元用于购买礼物。监狱设有大房间，配备长沙发和桌子，以便犯人亲属探视。没有定为危险级别的犯人还可以在涂着粉红色墙的小房间里享受配偶的"特殊探视"，房内配有粉红色床、迷你吧、浴室。妻子可以每月探视一次。如有四个妻子的犯人，则每周有一个妻子可以来探视。狱方称："这不仅是犯人的权利，也是其妻的权利。"②

其三，结束"改过自新"计划的危安犯获释前，先前往内政部设立的"关爱中心"（the Care Center）接受更密集思想改造活动，为重归社会做准备。③ 2007年1月，沙特内政部在利雅得市郊图马马（Thumama）租用一些度假小院，每个小院安排20名危安犯入住，他们一起学习、吃饭、睡觉。每位危安犯一到"关爱中心"，就得到一个装有衣服、一块数码表、课堂学

---

① Christopher Boucek, "Extremist Reeducation and Rehabilitation in Saudi Arabia", *Terrorism Monitor*, August 17, 2007.

② Ben Hubbard, "Inside Saudi Arabia's re-education prison for extremists", *International New York Times*, April 11, 2016.

③ 材料引自：Katherine Zoepf, "Reforming the young followers of jihad", *International Herald Tribune*, November 8-9, 2008。

只有内政部有权向与政府合作的危安犯提供安全保证,内政部不仅向他们提供恩惠,而且能建议监狱释放他们,因此危安犯更愿意进行合作。**其三,参与该计划的宗教人士、专家学识渊博,经验丰富**。沙特一位安全事务顾问纳瓦夫·奥巴德表示:"参与'改过自新'计划的宗教人士、学者会与犯人一起逐字逐句地阅读《古兰经》,学识渊博。我曾遇到过两到三个改造好的犯人,他们看上去根本不可能重回老路。"参与该计划的专家还定期在网上接受网友提问,欢迎和鼓励愿意参加这项活动的人与他们联系。**另一方面,从危安犯人群来讲,其一,该计划主要面向尚未实施恐怖行动但初露想参与恐怖活动端倪的激进分子**。沙特政府假设这些危安犯受激进分子蒙骗、误导而偏离了"真正的伊斯兰教",国家希望帮助他们重返正道。据"改过自新委员会"研究显示,参加该计划的绝大多数危安犯孩童时代都没有接受过宗教教育,不太了解《古兰经》,主要通过宣传激进思想的书籍、录音带、录像带以及互联网而激进化。他们对到狱中探看他们的宗教学者给出的伊斯兰教解释很惊讶,加之尚未经恐怖组织洗脑,更容易被感化并相信自己是选错了道路。**其二,让危安犯自己权衡得失**。如果不合作的话,危安犯十分清楚会面临的后果,只有极少数危安犯能面对继续坐牢的前景。[1]

2004—2009 年,有 4000 多名危安犯接受"改过自新"计划

---

[1] Nicole Stracke,"Perspectives on Terrorism – Arab Prisons: A Place for Dialogue and Reform", Volume I, Issue 4, http://www.terrorismanalysts.com/pt/index.php?option = com_ rokzine&view = article&id = 14. (上网时间:2011 年 1 月 30 日)

思想改造。① 据沙特公布的相关报告显示,从 2004 年至 2007 年 8 月,约有 700 名危安犯放弃激进思想而获释,出狱后融入主流社会成功率高于普通刑事犯。② 30 岁的阿卜杜拉·苏夫亚尼(Abdallah al-Sufyani)是塔里夫(Talif)一名大学生,在 2003 年女朋友准备下嫁他人时曾想一死了之,但害怕自杀会入地狱,决意到伊拉克抵抗美国人并成为烈士,但最终返回家乡。他说:"我在伊拉克并未发现真理,只看到穆斯林杀害穆斯林,伊拉克人杀害伊拉克人。"③ 2008 年,他在沙特政府帮助下参加"改过自新"计划。他表示,"我告诉宗教人士自己的真实想法,讨论是真诚的。经过长时间讨论,我开始相信自己原先信奉的理念是谎言,认识到伊拉克'圣战'中绝大多数受害者都是无辜者,从伊拉克暴力活动中受益的是某些人。"④ 与此同时,仍有近 1400 名危安犯拒绝参与"改过自新"计划。有些危安犯知道出狱无望,就千方百计阻挠政府的改造、感化努力。鉴于此,沙特官员表示,政府不会强迫他们,但顽固不化的危安犯将面临审判。

住在沙特的约翰·伯吉斯(John Burgess)表示:"这些'改过自新'计划是否具有长效性现在还没有答案。迄今,沙特方面报道还没有再犯,但问题是第一批经过思想改造的人才刚

---

① Jessica Stern, "Mind over martyr", *International Herald Tribune*, December 21, 2009.

② Christopher Boucek, "Extremist Reeducation and Rehabilitation in Saudi Arabia", *Terrorism Monitor*, August 17, 2007.

③ "Powers of persuasion", a special report on al-Qaeda, *The Economist*, July 19, 2008.

④ Y. Yehoshua, "Reeducation of Extremists in Saudi Arabia", MEMRI, *Inquiry and Analysis*, No. 260, January 18, 2006, http://www.memri.org/bin/articles.cgi?Page=archives&Area=ia&ID=IA26006. (上网时间:2011 年 1 月 30 日)

刚获释重返社会。"① 而利雅得费萨尔国王医院的一名精神病医生说，对一个别无选择的沙特年轻人来讲，全球"圣战"仍是一条得到社会普遍接受的道路，"一个年轻人遭受人生挫折，就可能从一名失败者走向一名圣战者，因为后者有社会地位"。沙特内政部2009年1月26日承认，有9名参加"改过自新"计划的犯人获释后因重新加入"阿拉伯半岛'基地'组织"而被沙特政府逮捕。② 其中最著名的犯人当属赛义德·阿里·希赫里（Said Ali al-Shihri），他于2007年11月从美国关塔那摩监狱③移交沙特，2008年在沙特完成"改过自新"计划后获释前往也门，2009年1月他出现在"阿拉伯半岛'基地'组织"头目纳西尔·瓦赫希身旁，身份是该组织二号人物。美官员指责他参与了2009年9月美驻也门大使馆遇袭事件，袭击共造成16人死亡。希赫里敦促沙特人向"阿拉伯半岛'基地'组织"捐款，并号召发动更多暗杀行动。

四、印尼：利用前恐怖组织头目现身说法和关爱涉恐犯家庭"双管齐下"

印尼模式的核心，一是利用前恐怖组织头目现身说法，规劝涉恐犯人放弃暴力行为，但并不与其所持激进意识形态彻底决裂；二是详细了解涉恐犯人情况，对其特殊需求——家庭的

---

① "Deradicalization Programs: Changing Minds?" December 17, 2007, http://fp-watch.blogspot.com/2007/12/deradicalization-programs-changing.html. （上网时间：2011年1月30日）

② Robert F. Worth, "Saudi Arabia reports arrest of 9 ex-jihadists", *International Herald Tribune*, January 28, 2009.

③ 关塔那摩监狱收监序列号（ISN）为372。

经济需求做出反应，以此做通涉恐犯人思想，并放弃暴力。**印尼实践表明，向涉恐犯人家庭提供经济资助要比同涉恐犯人展开宗教辩论更能改变其立场。**

（一）印尼奉行两手战略对付恐怖主义

一方面，2002年后，除了进行常规情报收集和动用执法力量外，在美国帮助培训和提供先进侦察设备的条件下，印尼反恐精英部队（the Bomb Task Force[①]）建立了有效的国内情报网络，依靠线人找到恐怖分子的藏身地。2007年上半年，反恐精英部队将许多"伊斯兰祈祷团"头目抓捕归案。到2008年初，"伊斯兰祈祷团"绝大多数高级头目包括策划巴厘岛爆炸案的行动负责人均被捕入狱，"伊斯兰祈祷团"的融资、募人能力被摧垮，警方清除了"伊斯兰祈祷团"的行动基地，迫使绝大多数成员亡命在逃，很难再策划爆炸行动。

另一方面，从2004年起，印尼政府发起感化涉恐犯人（crimes related to terrorist acts）行动，即"去激进化"行动。在印尼，涉恐犯人亦称涉"圣战"罪行犯人（jihadi crimes），本文统一使用涉恐犯人称谓。

（二）"去激进化"行动

1. **涉恐犯人概况**。[②] 涉恐犯人羁押始于1999年，当时与

[①] 第一次巴厘岛爆炸案后成立，负责人为苏尔亚·达尔马（Surya Darma），直接听命于印尼国家警察总监。

[②] 材料引自：Crisis Group，"'DE‑RADICALISATION' AND INDONESIAN PRISONS"，*Asia Report*，Number 142，19 November，2007。（上网时间：2013年11月30日）

"伊斯兰家园"运动（Darul Islam①）有联系的组织 AMIN 在雅加达制造系列袭击案，一些成员被捕入狱。2000 年 12 月圣诞夜爆炸案及 2001 年 Atrium 购物中心爆炸案后，一些"伊斯兰祈祷团"成员被捕。2002 年 10 月，第一次巴厘岛爆炸案后，印尼政府开始大规模抓捕涉恐犯人。截至 2007 年 11 月，印尼监狱关押的涉恐犯人约有 170 人（没有女犯），"伊斯兰祈祷团"犯人占到近半数。

印尼约有 400 座县级监狱和拘留中心，但只有 20 余座监狱和拘留中心关押涉恐犯人。截至 2007 年 11 月，最集中收押的监狱当属雅加达 Cipinang 监狱，里面有 25 名涉恐犯人，他们制造了巴厘岛、万豪酒店、澳大利亚大使馆等爆炸案；有 16 名关押在中爪哇三宝垄 Kedungpane 监狱，当中绝大多数人参与了 2005 年 10 月第二次巴厘岛爆炸案；有 16 名关押在东爪哇泗水 Kalisosok 监狱，当中绝大多数人参与了 2005 年的马鲁古安汶地区宗教冲突，2007 年 3 月他们从安汶转移到 Kalisosok 监狱；巴厘岛 Kerobokan 监狱关押 10 余名，主要为参与第一次、第二次巴厘岛爆炸案的犯人；南苏拉威西 Makassar 监狱关押 20 余名，他们参与了 2002 年 12 月麦当劳餐馆和汽车展厅爆炸案、2004 年 Makassar 北部小镇一间卡拉 OK 厅袭击案；中苏拉威西的一些监狱关押着约 20 名当地犯人，他们参与了波索的暴力活动。被判处死刑的第一次巴厘岛爆炸案 3 名要犯关押在爪哇南部海

---

① 20 世纪 50 年代在西爪哇、南苏拉威西和亚齐地区发展壮大，遭到印尼国父苏加诺毫不留情的坚决打击。2004 年，"伊斯兰祈祷团"在雅加达炸弹袭击澳大利亚大使馆行动中，该组织曾倾囊相助。

第五章　监狱——各国针对激进分子在押犯"去激进化"思想改造实践

岸 Nusakambangan 高度戒备监狱①等待处决。到 2007 年 10 月，印尼政府数据显示，有 124 名涉恐犯人在押，其中不包括被捕但未判决的人。有些已判决，但出于各种原因没有关押在监狱，而是关押在雅加达的警察总部。2007 年上半年被捕的重要涉恐犯人也关押在雅加达的警察拘留中心。在这些拘留中心收押的犯人中，约半数为"伊斯兰祈祷团"成员，剩下的犯人属于一些小组织，如伊斯兰教联盟（KOMPAK）等。

2. **监狱管理**。他们是应该单关还是与其他性质犯人混关，两种关押各自会产生怎样的后果？是严管防止犯人被招募还是付诸人道手段防止其进一步激进化，怎样才能达到惩戒与感化之间的适当平衡？印尼的总政策是，对监狱内部安全构成威胁的犯人必须单关，这包括毒枭、涉恐犯人。中爪哇三宝垄的一座监狱关押的全部是涉恐犯人，他们当中绝大多数人参加了 2005 年 10 月的第二次巴厘岛爆炸案。反恐警察尽量将涉恐犯人羁押在警方管辖的牢房里，因为他们清楚一旦这些犯人移交给普通监狱，不仅使其走上正道的概率骤然下降，而且难以防止他们对普通犯人施加影响。

不过，**印尼政府对铁杆涉恐犯人和易受感化的涉恐犯人不加以区别**。2007 年 4 月，国际危机组织访谈了 2003 年 7 月被捕的两名"伊斯兰祈祷团"年轻成员——他们曾在菲律宾棉兰老受训，但未参与过暴力活动，当时他们的任务是守护一座装满武器和训练手册的房子。他们因房里的武器被警方查获而被捕。

---

① Nusakambangan 高度戒备监狱由五座监狱组成：1908 年建造的 Permisan 监狱；1925 年建造的 Batu 监狱，第一次巴厘岛爆炸案 3 名要犯关押在此；1929 年建造的 Besi 监狱；1950 年建造的 Kembang Kuning 监狱；2007 年 6 月刚投入使用的一座新式高度戒备监狱，里面关押着 254 名犯人，绝大多数是大毒枭。

监狱长称，当他们与普通犯人混关时都是模范犯人。当狱方决定涉恐犯人单关时，他别无选择，只能将他们单关，结果将他们与第二次巴厘岛爆炸案策划者关押一室，这反而使他们面临激进化的危险。唯一办法是缩短其刑期，以免受其意识形态灌输。

在印尼监狱，涉恐犯人具有三大特质，对普通犯人颇具吸引力：通过大量同情者捐助获得充裕资金；坚定的理想主义；时刻准备着"圣战"。

普通犯人在监狱被激进组织招募问题好比是一条"双向车道"：一方面，涉恐犯人同普通犯人交往，致力于将其纳入自己的意识形态轨道。譬如，2002年巴厘岛恐怖袭击案主犯之一穆赫拉斯（Mukhlas）在狱中写了18本书，招募新皈依者并号召杀死"异教徒"："你们哪怕心存一丝的信仰，也不要忘记，杀死'异教徒'和伊斯兰的敌人，这是丰功伟业。你们要知道，在穆罕默德和四大哈里发时代，就是发动战争反对'异教徒'，仅穆圣时代就发动了77场战争。"他在2006年6月完成的回忆录《巴厘岛圣战者：辩护书》中称，发动自杀性袭击是"按真主的意志行事"，是"为了我们神圣高贵的事业"。"伊斯兰祈祷团"成员在监狱中的影响途径有：总是保护普通穆斯林犯人，普通犯人的利益至上，此举使其赢得普通犯人、甚至一些穆斯林看守的同情；有些定期去清真寺做礼拜的犯人还会得到"伊斯兰祈祷团"成员的友善建议，譬如警告其抽烟的危害，结果双方开始交往，并经常探讨伊斯兰。另一方面，普通犯人有时也将加入"圣战"队伍视为一条生存之道，以此获得更好的食物，受到激进组织的保护。据报道，在雅加达Cipinang监狱，一名强奸犯告诉狱友自己犯的是恐怖主义罪行，因为他认为这样做会使他赢得更多的尊重。

3. **开展"去激进化"行动**。该行动旨在"争取心灵",涵盖从涉恐犯人思想改造到资助经文学校等方方面面。**印尼"去激进化"行动不是旨在让涉恐犯人同激进意识形态决裂,而只是放弃暴力,特别是放弃自杀式袭击和其他大量伤及平民的恐怖袭击行为**。伦敦经济学院国际历史高级讲师柯尔斯顿·舒尔策(Kirsten Schulze)在美国西点军校反恐怖主义中心刊物(CTC Sentinel)2008年7月号编者按中称,印尼"去激进化"行动的弱点在于,没有系统地挑战暴力"圣战"正当性问题,"在反对自杀式袭击平民的同时,却不追究圣战者在安汶和波索制造的暴行"。在这两个地方,激进分子参与了血腥教派冲突,视之为"防御性圣战"(为生存而战)一部分,认为动用暴力是合法的。①

具体做法:② **其一,利用前恐怖组织头目现身说法**。印尼警方认定,"伊斯兰祈祷团"是一个等级制组织结构,一旦头目转变了思想,其他成员会步其后尘转变思想。针对"圣战"立场对错的辩论必须在激进运动内部进行,涉恐犯人不会听从"圣战"圈外温和派穆斯林的规劝——视他们为政府的工具,因此印尼不像沙特,让宗教领袖出面与涉恐犯人面对面对话,而是利用前恐怖组织头目去实施该行动,如让前"伊斯兰祈祷团"高级领导人之一纳西尔·阿巴斯(Nasir Abas)等人当说客,说

---

① Shaun Waterman, "Analysis: Indonesia tries deradicalization", July 22, 2008. http://www.metimes.com/Security/2008/07/22/analysis_indonesia_tries_deradicalization/4a40/. (上网时间:2011年1月30日)

② 材料引自:Crisis Group, "'DE - RADICALISATION' AND INDONESIAN PRISONS", *Asia Report*, Number 142, 19 November, 2007。(上网时间:2013年11月30日)

服狱中涉恐犯人与恐怖主义一刀两断,放弃以伊斯兰教名义向西方发动暴力行动的观念,让他们相信伊斯兰教不接受屠杀平民、警察不反对伊斯兰教等理念。印尼政府还利用恐怖网内部的矛盾使恐怖分子内讧,让愿意与政府合作的涉恐犯人得到奖赏回报,如减刑或其家属得到政府救助等。结果,一些涉恐犯人在电视台上露面,表达自己对杀害同胞悔恨之情。[1]

纳西尔·阿巴斯在两个方面劝说过去的同伙:一是神学层面,指出《古兰经》中禁止进攻性战争的经文——必须保护非战斗人员尤其是妇女儿童的性命;二是战略层面,让前同伙信服并不是所有西方人都反穆斯林,许多美国人也反对伊拉克战争。然后问他们:炸弹有没有让人们更尊重伊斯兰教了?呼吁他们"重返伊斯兰正道"。有些犯人愤怒地反击他的论调,但他说仍值得继续努力。[2]

其二,在波索等地,"去激进化"行动还包括向涉恐犯人及其家庭施与特殊关爱。印尼政府认为,国家必须通过关爱等手段重建犯人对政府的信任并深化双方的合作。譬如,警方逮捕一名涉恐犯人后,审讯官会调查其经济状况,如孩子学费等,然后找钱资助他们。警方还向家住苏门答腊、苏拉威西、加里曼丹甚至马来西亚的涉恐犯人亲属提供旅费,安排他们在雅加

---

[1] "Indonesian De-radicalization Program Working: Indonesia's success - using terrorists to fight terrorism", http://anotherwaronterrorblog.blogspot.com/2008/01/. (上网时间:2011年1月30日);Josh Kurlantzick, "Fighting Terrorism with Terrorists", *Los Angeles Times*, January 6, 2008.

[2] "Deradicalization Programs: Changing Minds?" December 17, 2007. http://fp-watch.blogspot.com/2007/12/deradicalization-programs-changing.html. (上网时间:2011年10月9日)

达逗留期间的食宿，偶尔还资助涉恐犯人举行监狱婚礼①，有时干预检察院、法院以便为涉恐犯人"谈判"宽大处理。凡此种种，旨在赢得涉恐犯人的感恩，并鼓励其与政府合作。一名高级警官称，如果他必须在"去激进化"的宗教辩论与提供经济救助两种方式间做选择的话，他总是选择后者，因为后者的确起作用。但他也承认，这种方式必须因人而异，还要花时间与涉恐犯人建立起个人感情，无法一蹴而就。

但警方没有一视同仁地施与善意。2007年1月在波索被捕的涉恐犯人家庭得到警方关照，警方向他们提供探监旅费。2007年3、6月被捕的"伊斯兰祈祷团"头目的枪伤立即得到医治，警方还鼓励其上电视现身说法。而在安汶被捕的涉恐犯人情形大不相同，他们根本没有得到警方关爱。当16名涉恐犯人2007年3月突然从安汶转移到东爪哇的监狱时，其家庭得不到探监旅费，也没有预先告之转移消息。其中有名涉恐犯人苏海卜·拉马迪（Suhaib Ramadi）是曾参加过阿富汗抗苏"圣战"的"伊斯兰祈祷团"成员，2005年被捕时受了枪伤，结果两年后子弹仍留在脚上，他对警方充满仇恨。2007年8月，纳西尔·阿巴斯偶然在涉恐犯人名单上发现他的名字，认出是自己的老朋友后，苏海卜·拉马迪脚上的子弹才被医院取出，他由此才改变对警方的态度。

印尼警方针对安汶、波索两地涉恐犯人做法迥异有三大原因：其一，波索是印尼"伊斯兰祈祷团"重要活动区域，其暴力活动极易蔓延至苏拉威西其他地方，且与前往菲律宾棉兰老

---

① 2007年10月，来自波索的涉恐犯人艾姆里尔·尼奥德（Amril Ngiode）与其女朋友在雅加达警察总部举行婚礼，警方除提供举办婚礼费用外，还资助新娘母亲和另一亲属往返波索—雅加达的旅费。

的道路相通，而安汶不是。在波索实现长久的和平一定程度上取决于当地"伊斯兰祈祷团"成员结束"圣战"活动的意愿以及切断与爪哇之间的后勤联系。其二，2007年1月，警方最终镇压波索暴力活动，这与警方有着利害关系，否则他们自身将成为报复行动的目标。其三，2005年10月，三名波索女学生遭斩首，反恐警察部门在波索派驻一名高级警官负责调查该案件。通过他，警方认识到如果这一代激进分子不转移"圣战"轨迹的话，第二代将步其后尘。

"去激进化"行动取得成果。从1999年至2007年11月，印尼监狱涉恐犯人中，约有150名男犯、1名女犯已刑满释放，仅2006—2007年就释放了60余人，其他许多涉恐犯人此后数年也获释重返社会。① 据国际危机小组2008年1月报告称，印尼"去激进化"行动已"说服20多名'伊斯兰祈祷团'成员以及其他一些'圣战'组织成员与警方进行合作"。②

4. "去激进化"行动任重道远。其一，涉恐犯人一旦获释，极易重返老路，因为"伊斯兰祈祷团"等组织不仅是聚焦"圣战"的恐怖组织，还是朋友们相聚、踢足球、接送子女上学、一起做生意的社会团体。让获释犯人与"伊斯兰祈祷团"脱离关系无法想象。其二，"去激进化"行动不是使涉恐犯人放弃暴力的唯一干预方式，因为他们加入激进运动的原因千差万别。即使在"伊斯兰祈祷团"内部，有思想家、有暴徒、有乌托邦分子、有支持者及漫不经心的同伙；从波索当地招募的人员与

---

① Crisis Group, "'DE–RADICALISATION' AND INDONESIAN PRISONS", *Asia Report*, Number 142, 19 November, 2007.（上网时间：2013年11月30日）

② Josh Kurlantzick, "Fighting Terrorism With Terrorists", *Los Angeles Times*, January 6, 2008.

中爪哇"伊斯兰祈祷团"所属学校培养出来的毕业生也不相同；有些犯人放弃暴力与警方采取的"去激进化"行动毫无关联。**其三**，其他一些"圣战"组织如伊斯兰教联盟头目没有参与"去激进化"行动，尽管2007年初以前他们也一直羁押在雅加达警察总部。由于小型"圣战"组织制造的暴力活动也对国家安全构成威胁，他们也应该参与到"去激进化"行动中。

五、巴基斯坦：巴军建立矫正中心主责"去激进化"行动[①]

2009年5月，巴军在开伯尔—普什图赫瓦省斯瓦特地区开展"肃清"塔利班军事行动，花了一年时间才将盘踞在此的绝大多数巴基斯坦塔利班分子赶出该地区，另有数千名塔利班分子及其支持者被捕，收押在军事监狱。斯瓦特河谷与世隔绝，当地许多年轻人并不是出于宗教狂热而是因无知加入塔利班。

为保持地区稳定，2010年巴军对犯人进行甄别，先确定哪些是塔利班骨干，然后针对骨干以外的犯人尤其是**来自穷困家庭的低级武装分子开展"去激进化"矫正行动**（Militants' rehabilitation）。为此，巴军在斯瓦特地区建立数个"去激进化"矫正中心，开伯尔—普什图赫瓦省政府提供启动资金440万卢比。之后，巴军派出一个小分队专门负责这些中心的"去激进化"矫正行动，旨在使信奉"圣战"理念的塔利班分子或潜在恐怖分子转变成回归家庭的守法公民，经费主要来自巴军和国际救援组织。

[①] 材料引自：Muhammad Amir Rana, "Militants' rehabilitation", *SouthAsiaNet*, August 1, 2011。

（一）斯瓦特三大矫正中心推进军事监狱塔利班犯人"去激进化"行动

1. 萨巴翁教习所（Sabaoon）。[①] 又名人弹改造营，始于2010年，设在斯瓦特山区一片谷地里，大门上镶刻着"朝霞破晓、和平希望"口号，并注明该教习所是巴军驻扎马拉坎县部队与当地百姓共建的实验性项目，有150名学员和逾50名教师，**主要矫正参与初级塔利班活动的青少年犯人。**

宗旨： 自美国发动全球反恐战以来，巴基斯坦曾发生过多起人弹爆炸事件，特别是在斯瓦特地区，受害者既包括警察、军人等军事目标，也包括军人家属、平民甚至教职人员。至于施害者，先是成年暴徒，后来发展到妇女和男童。男童被发展为人弹，尤以斯瓦特为甚。前些年，随着驻阿富汗北约联军和巴军强化在巴阿边境地区反恐行动，塔利班开始大量征召男童进行洗脑并将之发展成替补人弹。随着巴基斯坦政府加大反恐力度，斯瓦特地区政府建立人弹改造营，对被塔利班"洗脑"并欲发展成人弹的孩子们进行教育帮助，目标是让他们具有现代主流穆斯林社会的正确认识，放弃恐怖主义。

生源： 教习所学员大多是巴军扫荡巴基斯坦塔利班营地或据点时俘虏的男性少年，年龄在12—16岁，都曾参与各种初级恐怖组织活动，如军事训练、武器训练、情报工作、后勤服务并接受过激进教义的洗脑，原本是要"以一己之命博取多条生命的亡命之徒"。

[①] 材料引自："走进巴基斯坦'人弹'改造营"，国际在线—《世界新闻报》，2011年5月6日，http://gb.cri.cn/27824/2011/05/06/5311s3239973.htm。（上网时间：2014年1月7日）

出自贫困地区：这些青少年基本上来自边境欠发达地区的部落，没有上过学，起初连巴基斯坦官方语言乌尔都语都不会。其中大多数是在巴军围剿当地塔利班基地时被捕，还有少部分是家长或社区成员举报被捕或者直接被家长送进来学习的。伊斯兰堡国家理工大学（National University of Sciences and Technology）教授侯赛因·纳蒂姆（Hussain Nadim）说："塔利班掠走孩子们，把他们带到山里。这些孩子从未受过教育，没有被媒体曝光，这使塔利班很容易招募他们并向其灌输激进思想。"①

注重心灵教育：教习所改造手段的独到之处在于给学员注入正面、积极信仰，去除曾经充斥他们头脑的那些激进、暴力想法。为此，教习所专门请来多位宗教人士每天给学员授课讲解伊斯兰教真谛，让他们领悟到什么是现代主流穆斯林社会对真主和先知的正确认识，并教导他们怎么做一个对真主、对社会、对家庭有用的教民。教习所还聘请资深心理学家、社会学家和行为学家为学员讲解现代文明社会可以接受的行为准则及生活方式。

注重传授谋生技能：学员们进教习所后，开始集体学习、生活、共同改造的过程。教习所为他们开办一到十年级课程，学习伊斯兰教、英语、乌尔都语、数学、历史、职业技术等，另外还有电脑课、艺术课、手工课、体育课等。特别是高年级学员每天都有两节课学习电工、木工甚至电脑操作等。教习所教学辅助设施特别是电脑配置水平和规模明显高于巴基斯坦普通公立学校，可见其建设投入和军方支持力度之大。

---

① Dina Temple－Raston,"Pakistan's Ambitious Program To Re－Educate Militants", April 01, 2013, http：//www.npr.org/2013/04/01/175706661/pakistans－ambitious－program－to－re－educate－militants.（上网时间：2014 年 1 月 7 日）

开设艺术课程：除了劳动技能和体力活动以外，特别是低年级学员，更多的是参与绘画、室内设计等艺术创作活动，借此帮助学员领会生活的美好，学习创造性地排解内心压力，并逐渐远离暴力。

开展体育活动：除了学习文化知识，教习所还鼓励学员积极参与板球、足球、篮球、排球等体育活动。

教育成效：通过近两年努力，教习所学员参加巴基斯坦标准考试的成绩甚至高于很多公立学校。2011年5月，中国《世界新闻报》驻巴基斯坦记者王茜婷探访了教习所，采访到的几个学生基本上都能彬彬有礼地应答如流，特别是其英语水平超出记者在社会上遇到的平民百姓。不知情者很难将他们与昔日恐怖少年联系起来。教习所最成功一点是致力于解决学员完成改造后的生活出路。比如，2010年底离校的6名学员中，2人开店做上小生意，1人当上木工，2人进入养鸡场，还有1人进入鸡肉加工厂。

2. **米沙勒中心**（Mishal）。[①] 该中心设在斯瓦特谷地西北部山区，**专门矫正为巴基斯坦塔利班效力的成年犯人，**巴军派重兵把守。

宗旨：教授前圣战者谋生技能，帮助他们重返家庭，并成为社会中有生产能力的一员。2011年7月5日，在米沙勒中心的齐香上校（Zeshan）接受全国公共广播电台采访时称："塔利班招募年轻人加入自己的队伍，给他们洗脑，灌输激进思想，我们则要矫正这些激进思想，并使他们步入正道。在此，我们

[①] 材料引自：Dina Temple – Raston, "Pakistan's Ambitious Program To Re – Educate Militants", April 01, 2013, http://www.npr.org/2013/04/01/175706661/pakistans – ambitious – program – to – re – educate – militants。（上网时间：2014年1月7日）

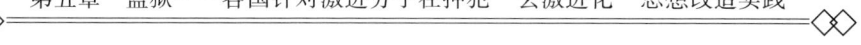

教他们十分基础的知识。年轻犯人来米沙勒中心前，几乎没人知道互联网。如今，他们都会上网。"

教育成效：24岁的法鲁克被捕前曾给巴基斯坦塔利班当了多年信使，来到米沙勒中心后学做木工活。2013年初完成思想改造后，他被军方聘为该中心做木器老师。他在接受学者采访时说："塔利班误导我，告诉我巴军只是美国的傀儡，必须同巴军'圣战'。所以，我们就这么做了。如今，我认识到他们利用我，告诉我谎言。巴军和米沙勒中心帮助我认识到了这一切。"齐香上校声称，迄今完成思想教育的犯人重返社会后，"再犯率几乎为零，因为一旦在安身立命的社会提供重新做人的机会，他们还有什么理由重投塔利班的怀抱？"

3. **斯巴蕾中心**（Sparlay）。① 除了男童人弹，斯瓦特地区女性也是武装冲突中一个最脆弱群体。由于严格的宗教传统限制，妇女成为塔利班占领时期被剥夺权利最多的群体。她们被禁止接受教育，上百所女校被激进分子烧毁或者炸毁。斯瓦特地区女性文盲率达87%左右，为此，巴军在斯瓦特**专为矫正当地女性设立**斯巴蕾中心。

斯巴蕾中心墙上贴的海报都是巴基斯坦女飞行员、女警察以及杰出女性政治家，用国家英雄的故事帮助当地女性构筑国家认同感。中心还设有缝纫、针织、美容等专业技能培训，使她们拥有一技之长，尽量让妇女不出家门就可以实现就业和创业。

考虑到当地宗教传统的特殊性，斯巴蕾中心配备清一色女

---

① 材料引自："走进巴基斯坦'人弹'改造营"，国际在线－《世界新闻报》，2011年5月6日，http://gb.cri.cn/27824/2011/05/06/5311s3239973.htm。（上网时间：2014年1月7日）

性教员，校长是莎里姆·阿里姆。即便如此，劝说妇女出门接受教育也不是件容易的事。最初，有妇女因为看见士兵就吓得直哭，因此中心专门安排接送服务。对于需要照顾孩子的妇女，中心特别提供幼儿看护等服务。有些家庭经济困难，特别是其家庭主要劳力在武装冲突中死亡，当地政府也会给予相应补贴，比如6个月待产的妇女有1万卢比（约合1000元人民币），6个月内待嫁的女性则给予2万卢比嫁妆补助。

（二）成效

上述三大"去激进化"矫正中心更像是为圣战者量身打造的职业学校，大墙高筑，上面满布铁丝网，由军人把守。教学内容分成四部分：一是提供正统伊斯兰教育和心理治疗，使其能独立、逻辑地思考问题。二是主要针对青少年犯人开展正式教育，使其继续学业，学制基本上向普通政府学校看齐。三是开展职业技能培训，使其出狱后能凭本事谋生养家。伊斯兰堡国家理工大学教授侯赛因·纳蒂姆参加巴军在斯瓦特设立的各处"去激进化"矫正中心工作。他说，这些矫正中心注重开展职业技能培训，"我们告诉他们：你们必须让生活回到正轨，你们的母亲、姊妹在家等着你们回家照顾。我们不想让他们困惑于什么是'好圣战'，什么是'坏圣战'等概念。我们告诉他们应该关爱家人"。四是让亲人参与社会问题讨论。截至2013年4月，已有数千名年轻犯人、包括少数妇女完成"去激进化"矫正行动，重新融入社会，成效显著。[①]

---

① Dina Temple‐Raston, "Pakistan's Ambitious Program To Re‐Educate Militants", April 01, 2013, http://www.npr.org/2013/04/01/175706661/pakistans‐ambitious‐program‐to‐re‐educate‐militants. （上网时间：2014年1月7日）

该行动遇到的困难不是资金短缺问题，而是缺乏知识渊博、敬业的学者参与该行动。另外，该行动尚未扩大到激进中层骨干，因为他们更有走向激进化的政治、意识形态取向。如果他们与塔利班和激进主义脱离接触，就能够在"去激进化"矫正进程中发挥有价值作用，一如印尼模式。还有，该行动不是巴基斯坦政府推行的政策，只是巴军实施的一项反叛乱举措。由于斯瓦特地区持续贫困及塔利班分子仍随处可见，巴军采取的"去激进化"措施及谋生技能培训俨然成为一场和时间赛跑的比赛。

六、其他国家

（一）土耳其：让犯人母亲出面亲情感化

土耳其监狱也实施犯人"去激进化"项目，其一大亮点是，让犯人亲属出面感化犯人，特别是邀请犯人母亲参加与儿子的谈话。在土耳其文化中，母亲与儿子关系很紧密，一位母亲对儿子充满亲情的召唤，劝其放弃"武装圣战"意识形态特别有说服力，尤其是母亲向儿子表达他被捕入狱给她及家人带来的痛苦。[①]

（二）马来西亚：对犯人实施"矫治"计划

马来西亚针对犯人实施为期2—3年的"矫治"（Treatment）

---

① Anne Speckhard, "Chapter 11 – Prison and Community – based Disengagement and De – radicalization Programs for Extremist Involved in Militant Jihadi Terrorism Ideologies and Activities". （上网时间：2013年12月9日）

计划。"矫治"计划分两方面内容：一是开展"神学再教育"（theological reeducation），宗教人士给犯人集体上大课，以及犯人与一名或多名宗教人士进行宗教讨论；二是对不遵循政府支持的反"圣战"思想的犯人进行体罚。为了不挨体罚，马来西亚犯人一般都服从"矫治"计划。但该计划成功与否，外界不清。[①]

第二节 非穆斯林国家

美西方等国家向穆斯林国家借鉴学习，也在摸索监狱穆斯林犯人"去激进化"的路子。

一、英国：司法部设立专门机构实施"去激进化"项目

英国模式是，利用心理学家和宗教人士在监狱针对穆斯林激进分子开展"去激进化"项目，旨在"阻止暴力行动，保护公众，减少犯人伤害他人的风险"。

（一）穆斯林犯人不断增长[②]

据英国监狱管理部门数据显示，1991—1997年登记在册的

---

① Anne Speckhard, "Chapter 11 – Prison and Community – based Disengagement and De – radicalization Programs for Extremist Involved in Militant Jihadi Terrorism Ideologies and Activities". （上网时间：2013年12月9日）

② 材料引自：David Rose, "Muslim fanatic prisoners to be 'de – programmed' using controversial techniques to 'cure' them of beliefs", last updated at 10:27 PM, on October 18, 2008, http://www.dailymail.co.uk/news/article – 1077861/Muslim – fanatic – prisoners – programmed – using – controversial – techniques – cure – beliefs.html。（上网时间：2013年12月9日）

穆斯林犯人增加了90%。2006年以来，穆斯林犯人人数翻番。截至2008年10月，英国监狱穆斯林犯人达9500名，约占监狱犯人总数的11%（3.5倍于穆斯林在英国人口中的比率）。伦敦监狱管理部门辖区内的穆斯林犯人最多。在英格兰和威尔士，穆斯林犯人占8%。

在"A类"高度戒备监狱，如剑桥郡的"怀特莫尔"（Whitemoor）监狱，有3/4犯人因杀人或其他暴力犯罪而终生监禁。1998年前，该监狱有450名犯人，穆斯林犯人极少；但到2008年，已有153名穆斯林犯人，约占全部犯人的35%，其中有90名犯人涉嫌与"基地"组织有关。司法部官员称："这些穆斯林犯人主要来自城市被剥夺了权益的地区，这些地区犯罪活动猖獗，而年轻一代穆斯林出现新变化——他们更热衷于展示自己的肌肉。譬如，在英国的东南部，越来越多的穆斯林犯下各类严重罪行，结果越来越多的穆斯林犯人被送进'怀特莫尔'监狱。"

监狱成了传播激进思想的地方。牢狱生活寂寞无聊，新来者被投入关押激进分子的牢房，激进伊玛目对犯人宣教，以及激进思想宣传品扩散等，为犯人激进化创造了条件。监狱经常出现自发组成的穆斯林学习小组深造伊斯兰知识，但政府指派的伊玛目不够用。2005年，伦敦发生恐怖袭击后，英国政府在监狱撤销了23名固定伊玛目、12名临时伊玛目，只有120名伊玛目每周只去监狱一次。于是，穆斯林犯人开始在狱友中推选伊玛目，进一步造成犯人的激进化。社会学者、反恐专家吉姆·贝克福德指出，许多来自穆斯林国家的犯人是在监狱学会了做礼拜。

一些穆斯林犯人利用监狱劝说其他犯人皈依伊斯兰教。2008年10月，在"怀特莫尔"监狱，有39名犯人皈依伊斯兰教，当中一些人甚至公开宣传其极端观点。司法部官员表示："过去，穆斯林犯人感到孤立和易受袭击。如今，在狱中成为一名穆斯林是件很'酷'的事，穆斯林身份成为将他们聚合到一起的粘合剂，他们正在'展示自己的肌肉'。"一名60来岁的伦敦帮派分子因杀人罪被判终生监禁，他说，"我与穆斯林狱友相处融洽"。一名40来岁的苏格兰犯人称，穆斯林犯人好比监狱黑帮，他们不贩卖毒品，但大搞皈依活动。在伍斯特郡的"Long Lartin"监狱，有穆斯林犯人将一锅烫酥油浇到两名黑人头上，因为他俩不愿皈依伊斯兰教。一名已在"怀特莫尔"监狱服刑数年的非洲犯人说："一些穆斯林犯人正在试图建立一个反抗监狱制度的小集团，他们当中许多人持激进思想。"

巴基斯坦裔穆斯林犯人激增。原因有二：其一，20世纪90年代以来，在布拉德福德、伯明翰等穆斯林聚居城市，来自南亚的代奥本德学派（reformist Deobandis，不少阿富汗塔利班领导人来自该派）、"宣教团"（Tablighi Jamaat）、伊斯兰促进会（JI）等伊斯兰运动很活跃，尤其是造成巴基斯坦裔穆斯林青年成为问题人群，其犯罪率大增；其二，"9·11"后穆斯林日益成为警方、司法机关和媒体歧视对象，巴基斯坦裔年轻人动辄就被送进监狱。巴基斯坦裔人口中年轻人占较大比率，年轻人叛逆，易从受害者转变成"施暴者"。[①] 巴基斯坦裔穆斯林参与的犯罪行为从贩毒、酗酒到刑事犯罪、攻击、欺诈、偷窃应有尽有，还经常打破玻璃窗、破坏电话亭之类。2005年是转折点：2005年发生伦敦"7·7"爆炸案、"7·21"未遂爆炸事件、2006年"8·10"从英国飞往美国10架飞机爆炸图谋，嫌疑犯

---

① Muzammil Quraishi, *Muslims and Crime: A Comparative Study*, Ashgate Publishing Limited, UK and USA, 2005, pp. 39 – 41、45 – 46、99 – 100、122.

第五章　监狱——各国针对激进分子在押犯"去激进化"思想改造实践

均以巴基斯坦裔穆斯林为主,他们成为在英国从事犯罪、制造恐怖活动的主角。

不少警察持种族偏见,不信任、歧视穆斯林。这种现象可以追溯到20世纪60年代,当时在英格兰西北部的兰开斯特,警察开始骚扰首批穆斯林移民,"警察不持搜查令也会敲亚洲移民家门,甚至凌晨1、2时进屋盘查"。当移民遭到种族主义者暴力攻击时,警察对穆斯林受害者"冷漠"、"傲慢"。据英国内政部2004年公民调查显示,警方对待穆斯林少数族群态度比其他部门差,一些警员本人就是种族主义分子,且种族主义偏见比5年前更厉害。2005年伦敦接连发生恐怖袭击事件后,英国穆斯林明显感到自己成了周围人防范与猜疑的焦点和攻击对象。据爆炸后警方所做的统计显示,针对穆斯林攻击事件发生269起,包括言语辱骂、人身攻击及破坏清真寺,警方对一些行人搜身,主要目标也锁定穆斯林。这种境遇导致被孤立的年轻穆斯林进一步走向激进主义道路。[①]

在"怀特莫尔"监狱,**绝大多数狱警来自白人城镇,过去与伊斯兰教鲜有接触**。随着穆斯林犯人的增多,加上首批穆斯林恐怖分子收押入狱,狱警起初反应过度,"他们感到世界末日在临近,这些穆斯林犯人会把他们都炸死在监狱里"。2008年10月,"怀特莫尔"监狱A监区高级警官达伦·罗伯兹(Darren Roberts)说:"上体育课时,如果我们看到三个穆斯林在一起锻炼,我们就会想,他们肯定在策划事情。如果是三个高危白人帮派分子聚在一起,我们不会产生这种想法。"

[①] Muzammil Quraishi, *Muslims and Crime: A Comparative Study*, Ashgate Publishing Limited, UK and USA, 2005, pp. 76-77.

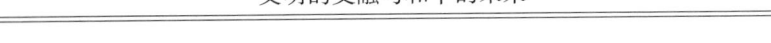

（二）借鉴也门、沙特经验在监狱实施"去激进化"项目

2003年3月，英国外交部特邀也门"宗教对话委员会"主席哈穆德·希塔尔赴英介绍也门"犯人思想改造"行动经验。2个月后，他重返英国做报告，进一步介绍基于《古兰经》固有和平思想同恐怖主义作斗争的理念。[①] 2006年，英国负责安全事务的高官认真研究沙特通过宗教人士与在押危安犯进行一对一宗教辩论使其"常人化"模式。据英国《每日电讯报》同年4月25日报道，包括军情五处负责人达梅·布勒在内的一些资深官员专程赴沙特"取经"，表示这种新型的反恐策略堪称与潜在的恐怖分子打一场攻心战，试图以柔和的方式"感化"和改造有可能被改造的人。一些沙特宗教人士直接参与英国监狱"去激进化"项目。

2007年3月，英国司法部设立高级小组，专门负责监狱的"去激进化"项目。由监狱管理局心理学家针对激进分子的"认识—举止"（cognitive - behaviour）心理疗法——即通过改变人的观念和立场，从而改变其行为举止——去"治疗"激进穆斯林犯人的信仰。由于恐怖骨干和高级头目不易改变信念，该疗法主要针对激进程度低的穆斯林犯人。

具体做法。心理学家与犯人进行一对一治疗，此举有助于监狱管理局判定，如果犯人获释的话，是否仍是危险人物。除了心理学家，站在同穆斯林犯人开展思想斗争最前线的还有近150名**伊玛目**，他们基于伊斯兰宗教学识，指出穆斯林犯人的

[①] Gregory D. Johnsen, "Yemen uses the pages of the Quran to re - educate its jihadis", *Terrorists In Rehab*, Volume 17, Number 3, Summer, http://www.worldviewmagazine.com/issues/article.cfm? id =139&issue =34. （上网时间：2013年12月9日）

"暴力行为不具宗教合法性,是错误行为"。司法部承认,许多穆斯林对英国的阿富汗、伊拉克政策极为不满,伊玛目们"在确保自己不支持激进主义的同时,还必须成为犯人们愤怒的宣泄阀"。高级小组还培训狱警辨识激进主义迹象,譬如充满魅力的犯人公开挑战伊玛目权威等。

参与"去激进化"的伊玛目穆罕默德·沙卡维(Mohamed al-Sharkawy)称,在决定丈夫能否摆脱激进、恐怖主义影响重返正道方面,妻子们的作用至为关键。他在"去激进化"项目中聚焦教育和感化犯人妻子。结果,他负责的近400名犯人通过"去激进化"改造,"常人化"比率很高。①

英国"去激进化"项目还聚焦狱中认同"武装圣战"意识形态的伊斯兰教新皈依者。这些犯人也与监狱伊玛目进行一对一宗教思想讨论,监狱伊玛目会了解他们的信仰并指出"武装圣战"观背离了《古兰经》、圣训,让他们通过思考放弃错误的"武装圣战"观。不过,监狱伊玛目坦承,他们只负责判定新皈依者接受"武装圣战"观的心理社会因素,然后交由得到国家资助的社会救助工作者完成犯人的后续"去激进化"任务。英国"去激进化"项目本着非强制性、自愿原则,大多数内容为犯人的宗教咨询/辅导,同时包括在合适的场所进行集体讨论和做礼拜。②

增加对穆斯林犯罪现象研究。"9·11"后,英国加大对

---

① Michael Jacobson, "Terrorist Dropouts: Learning from Those Who Have Left", Policy Focus #101, The Washington Institute For Near East Policy, January 2010, p.18.

② Anne Speckhard, "Chapter 11 – Prison and Community – based Disengagement and De – radicalization Programs for Extremist Involved in Militant Jihadi Terrorism Ideologies and Activities". (上网时间:2013年12月9日)

穆斯林犯罪现象研究力度：研究"9·11"和"7·7"事件对穆斯林犯罪和受害到底有什么影响，研究到底有多少人是在监狱皈依伊斯兰教，增加对英国穆斯林与犯罪关系的定性研究。全面评估英国穆斯林境遇和犯罪状况的研究，当属 2004 年 1 月受"开放社会研究所"（Open Society Institute）委托、由伯明翰大学"应用社会学研究所"巴西亚·斯帕勒克博士（Basia spalek）撰写的报告。该报告不仅详细评估了英国穆斯林境遇和刑法体系的相关研究，还针对治愈种族主义、社会排斥、英国刑事司法机构公平对待穆斯林等问题开出药方，如警察培训科目应增加"恐伊症"、宗教歧视、穆斯林犯罪经历等内容，将穆斯林犯罪统计数据从"亚洲人犯罪统计"中剥离出来单独统计，在以后的《英国犯罪情况调查》中推出穆斯林犯罪情况调研报告。[①]

二、美国：驻伊美军在伊拉克监狱实施"思想改造"项目

驻伊美军在伊拉克监狱实施"思想改造"项目，旨在将伊拉克抵抗美军占领的"斗士"转化成美伊当局的积极或消极支持者。

（一）由美军 134 特遣部队在伊拉克两座监狱克罗珀营、布卡营实施"思想改造"项目[②]

在由美军管理的伊拉克监狱，许多伊拉克人因涉嫌恐怖活

[①] Muzammil Quraishi, *Muslims and Crime: A Comparative Study*, Ashgate Publishing Limited, UK and USA, 2005, p. 46.

[②] 材料引自：Nick Mottern and Bill Rau, "Part III: Detention Has a Wide Destructive Impact – Forced Entry into the Mind", *Truthout*, October 14, 2008。

第五章　监狱——各国针对激进分子在押犯"去激进化"思想改造实践

动而被关押或拘留。截至2008年10月，靠近巴格达国际机场的克罗珀营（Camp Cropper），关押着1700名伊拉克人；在伊拉克南部沙漠里占地100英亩的布卡营（Camp Bucca），关押了1.59万名犯人。犯人入狱条件：其一，是否犯下"威胁伊拉克人民、伊拉克政府、伊拉克安全部队或国际联军安全与稳定"的暴力罪行；其二，是否与叛乱组织有联系。美军134特遣部队（Task Force 134）负责上述两座监狱管教工作。其指挥官道格拉斯·斯通少将（Douglas Stone）称："伊拉克监狱实际上成了打击恐怖主义意识形态的反叛乱工具。"

在关押的近2万名犯人中，5%—15%犯人为恐怖骨干，其余犯人参与教派暴力活动（包括什叶派武装分子）和出于经济因素投身恐怖活动。犯人中还有800余名青少年。①

分级管教。根据行为激进程度，犯人身穿不同颜色囚衣，即"绿色（温和）、琥珀色（信仰有些极端）、红色（信仰极端或已犯下恐怖罪行）"三个级别，进行管教。犯人服刑期间，由**伊拉克宗教人士、社会工作者以及美军情报官员**组成的团队不断对犯人思想行为进行评估，以确保分级精确度和收押在合适的监区。在克罗珀营、布卡营，近4000名犯人被定为"红色"级别，他们的一言一行受到严密监控，以防他们去影响和控制信仰不那么极端的犯人。有两类犯人分别关押在单独的监区：一是"基地"组织成员等；二是信奉"塔克菲尔"思想的激进分子。134特遣部队发言人指出："'琥珀色、红色'级别犯人，许多都信奉'塔克菲尔'思想，在日常生活中拒绝狱方提供的

---

① Anne Speckhard, "Chapter 11 – Prison and Community – based Disengagement and De – radicalization Programs for Extremist Involved in Militant Jihadi Terrorism Ideologies and Activities". （上网时间：2013年12月9日）

舒适条件（如收音机、电视和香烟），倾向以暴力方式要求所有穆斯林都严格遵照《古兰经》规定生活起居。"

美国乔治华盛顿大学国土安全政策研究所高级研究员阿布杜拉·安萨里（Abdullah Ansary）在 2008 年 9 月国会山召开的美国中东政策大会上，总结了沙特反击激进主义和恐怖主义思想战成果，指出"一味聚焦消灭恐怖分子，而不去根除其激进意识形态，只会误入歧途和起反作用"。沙特"去激进化"思想改造模式受到美国政府推崇，2006 年秋，由驻伊美军在伊拉克布卡营、克罗珀营两座美军掌管监狱实施"去激进化"项目。同时，将关押在关塔那摩监狱的也门犯人送往沙特接受"去激进化"思想改造。[①]

宗旨。2007 年 9 月，美国政府拨款 2.54 亿美元，在伊拉克针对 2.4 万名在押犯开展思想改造项目，旨在"说服伊拉克犯人接受美伊占领当局的统治"。

课程。第一类针对青少年犯人，继续其学业，同时辅以心理、宗教辅导。800 余名青少年犯人年龄介于 13—18 岁之间，服刑期正值成长期，又离开家人和学校。为此，美军专门为他们量身定制"思想改造"计划，如安排数学、社会科学、语言、足球等课目，同时让宗教人士给他们上宗教辅导课。心理辅导注重解决心灵创伤、心理社会需求、认同感、出狱后的人生规划等。青少年犯人普遍接受"思想改造"计划。第二类针对恐怖骨干，内容相仿，既有宗教课程，也有心理治疗内容。他们组成小组参加一系列课程学习，挑战"武装圣战"意识形态，最终使他们放弃暴力。参与该计划的一些伊玛目都是令人尊敬

[①] Jessica Stern, "Mind over martyr", *International Herald Tribune*, December 21, 2009.

的"萨拉菲派"学者,多年从事伊斯兰研究,过去曾亲历"武装圣战"。心理治疗主要针对犯人制造暴力的意愿、被捕羁押过程中出现的痛苦感、报复愿望、认同感、未来生命的意义等,致力于使其最终走向非暴力之路。第三类针对立场温和的犯人,提供短期课程,强调伊斯兰价值观,同时进行心理辅导,以便形成认同感,增强防止走向暴力不归路的能力。该人群没有发自内心地信奉"武装圣战",因此无需同他们就"武装圣战"展开宗教讨论。①

在克罗珀营,针对45天后即将获释的犯人开设为期12天的必修课,内容包括:**公民学和伊斯兰讨论课**——由社会工作者开设公民学;由伊拉克什叶派、逊尼派伊玛目(持教职人员证、立场温和、受美伊当局信任)负责《古兰经》的精读、讨论,纠正"基地"组织或其他激进组织灌输给这些犯人的错误伊斯兰观。美军聘用23名伊玛目、23名社会工作者从事相关教育工作,他们都是伊拉克人。参加学习的犯人直接选自获释人员名单。

布卡营关押刑期长的犯人。所有刚入狱犯人都要上6小时的公民学课程。定为"绿色"级别的新犯人要参加为期4天的伊斯兰讨论课。到2008年9月,每四天就有100名犯人完成伊斯兰讨论课,近7000名犯人参加了该课程学习。狱方还向"绿色"级别犯人提供为期10天的伊斯兰讨论课和公民学;向"琥珀色"级别新犯人提供为期三周的伊斯兰讨论课,到2008年9月,几乎有100名犯人完成了该课程学习。美军聘用25名伊玛

---

① Anne Speckhard, "Chapter 11 – Prison and Community – based Disengagement and De – radicalization Programs for Extremist Involved in Militant Jihadi Terrorism Ideologies and Activities". (上网时间:2013年12月9日)

目、28 名社会工作者、78 名教师从事教育工作，他们都是伊拉克人。狱方还开设**职业技能培训课**，如纺织、制砖等，劳动所得可以寄给家里贴补家用。由于"绿色"级别犯人更容易获释重返伊拉克社会，134 特遣部队加大了对该人群的教育力度。在布卡营，"绿色"级别犯人持续减少，但"琥珀色"、"红色"级别犯人人数没多少变化。

提高犯人文化水平的重要性。134 特遣部队发言人称，提高阅读能力能改变犯人的思想和行为，"不能阅读的犯人通过提升阅读能力，开始靠自己去理解《古兰经》和伊斯兰教。上伊斯兰讨论课时，他们开始改变自己对人生和所作所为的看法。另外，他们在监狱的境遇与自己认为的境遇之间存在极大反差，结果'琥珀色'级别新犯人开始向'绿色'级别靠拢"。该发言人还指出："在布卡营，一个普遍的现象是，许多犯人认为，自己是文盲，因而被'基地'组织或其他激进组织所蒙骗；因为自己不会读《古兰经》，因此激进组织告诉他们《古兰经》说他们应该这么做，他们就这么去做了（从事恐怖活动）。犯人们上了阅读课后，学得很快。这种新能力与伊斯兰讨论课相结合，使相当高比率的犯人转变了自己的思想。"

公民学和伊斯兰讨论课教材由伊拉克政府、当地清真寺、国际人权和救援组织捐赠。

犯人出狱评审程序。犯人转变思想是走出克罗珀营、布卡营两座美军管理监狱的唯一方式，由美军军事人员组成委员会负责评审释放犯人决定。在被捕、审讯、入监、释放各个环节，都不许犯人有律师替他辩护。134 特遣部队发言人称："在美军管理的两座监狱，法律不起作用。伊拉克政府认可的联合国安理会决议授权国际联军、伊拉克安全部队逮捕对伊拉克安全和稳定构成威胁的人。犯人获释过程时间长，大约需要一个半月，

第五章 监狱——各国针对激进分子在押犯"去激进化"思想改造实践

因为释放决定还要得到抓捕该犯人的部门批准。如果该部门不同意,释放决定退回委员会进行下一轮评审,有时,交到一个由将军们组成的小组评审并做出决定。每一步都是为了确保美军和伊拉克人民的安全。"

犯人获释前,都要签署一份"司法保证书"(judicial pledge)——向一名伊拉克法官保证出狱后保持和平、好的行为举止。国际人权律师卡伦·帕克(Karen Parker)指出,该保证书"不具法律意义,主要是为了恐吓犯人,使他们认为这意味着某些事"。没有出现获释犯人拒绝签署"司法保证书"的情形。

初步结果令人乐观,经过9个月的思想改造,到2008年4月有6000余名通过思想改造行动的犯人获释,其中只有12人再次被捕。[①] 但绝大多数获释犯人为"绿色级别"犯人。对于如此高的转化率到底会持续多久,美国官方心存疑虑。到2008年秋天,每天有25名伊拉克犯人入狱,同时又有约75名犯人获释。

(二)由美军508和705宪兵营先后管理塔基营[②]

美国陆军设计的"塔基战区拘留营与和解中心"(Taji

---

① Drake Bennett, "How to defuse a human bomb", *Boston Globe*, April 13, 2008, http://www.boston.com/bostonglobe/ideas/articles/2008/04/13/how_to_defuse_a_human_bomb/?page=3.(上网时间:2013年12月9日)

② 材料引自:知远,"身在塔基营:我的反暴乱亲身体验",2011年12月29日,http://mil.sohu.com/20111229/n330642267.shtml。(上网时间:2014年1月23日)本文作者作为配属给美国陆军第508宪兵营(the U.S. Army 508th Military Police Battalion,驻地在华盛顿的路易斯堡)的一名合同情报分析员,于2009年8月1日来到塔基营。第508宪兵营在此实施反暴乱行动。

Theater Internment Facility and Reconciliation Center，简称塔基营）是美国在伊拉克最现代化、最安全、最舒适的拘押设施，耗资1.7亿美元，于2008年秋季建成，最多能容纳4500人，内部建有医疗、教育和审判等设施，还有一个木工车间和一个砖厂。塔基营由美军负责管理了15个月，2010年3月移交伊拉克政府。

美军508和705宪兵营在部署前都加强了自己的情报机构，增加额外情报分析员。

1. 2009年1—8月，由美军508宪兵营负责。2009年1月，塔基营接收第一批犯人，之前他们被关押在布卡营、克罗珀营。2009年春季和夏季，有4500多名犯人转移到塔基营。由于送到塔基营的犯人数量多，每名犯人背景很少为人所知。犯人数量快速增长和匆忙制订分隔计划导致塔基营暴力事件频发。2009年8月前，平均每周发生6起犯人对犯人暴力事件。暴力事件并非犯人一时冲动造成，而是他们当中激进分子恐吓其他犯人的蓄意行为。另外，逊尼派犯人和什叶派犯人只要到一起几乎马上会爆发暴力冲突。即使关押在相邻囚室，他们肯定也会互相破口大骂。508宪兵营通过采取有效的保护、隔离、奖励等措施，减少狱中暴力事件发生，从高峰期每天1起下降到每周4起。

反暴乱专家戴维·基尔卡伦博士（David Kilcullen）指出，大部分犯人需要保护，以免被少数有组织的信奉激进思想的犯人伤害。这些人与联军作战并不是出于抽象的意识形态原因，而是出于更现实原因——为了钱，或为了保护家园，或出于绝望或恐惧。他们属于"绿色"级别犯人，持温和政治和宗教观念，在押期间表现良好，愿意合作，每天活动就是抽烟、睡觉、看电视。

"红色"级别犯人是死心踏地效忠各式各样激进组织的武装分子。他们当中，逊尼派激进分子来自"基地"组织、"伊斯兰军"（Jaish al-Islam）和"安萨尔逊尼军"（Ansar al-Sunna）等；什叶派激进分子出自"马赫迪军"（Jaish al-Mahdi）和"真主党旅"（Kataib Hezbollah）。"红色"级别犯人通过劝说和恐吓方法，在"绿色"级别犯人中推行暴力意识形态。

按地域分隔关押。由于存在激进分子活动，2009年8月第一周，508宪兵营实施"红色"与"绿色"级别犯人隔离计划，塔基营暴力事件数量迅速下降。508宪兵营把来自同一省份人员集中关押在一起，这样做是出于维护犯人群体稳定考虑。把彼此熟悉的犯人集中关押在一起对看守和犯人来说都有好处。犯人可以很方便地分享自己家庭和家乡的消息，他们会更加愉悦，更愿意与美军合作。

奖励犯人。塔基营根据犯人日常表现给他们打分。一次轻微违规（如拒绝接受搜查）记1分，一次大违规（如威胁看守）记5分。为给犯人改过机会，错误行为计分只在一年内累加。这样，一年过后，狱方就可以根据计分情况对那些已改过的犯人重新分类，允许他们与其他行为端正的犯人来往。

2. **2009年8月—2010年3月，由美军第705宪兵营接管。对犯人实行双级别系统审查分类，防止暴力事件发生**。705宪兵营继承了布卡营2006年设计的**单级别系统**（当时在布卡营发挥很好作用）。该系统运用方法简单：根据犯人行为及其激进思想迹象的情报，为其打分。犯人得分越高，定的级别越高。**得分很少的被编为"绿色"级别，得分多一点的被编为"黄色"级别，得分很高的被编为"红色"级别**。把"黄色"级别犯人隔离在一处特别收容所，直到可以断定他是温和主义者还是激进主义者。不过，单级别系统对于塔基营显得太粗糙。不管是由于违规还是激进表现，犯人都可以从"绿色"升为"红色"级别，这会使管教方把仅仅是行为不端的犯人与激进分子关押在一起。该系统同样不能把头目及其追随者区分开，把他们都划到"红色"级别犯人行列。

为解决单级别系统存在的问题，705宪兵营建立**双级别系统**。该系统把犯人得分分成两类：行为得分和思想得分，这极大提高了分隔犯人的准确度。新等级系统最重要特色是区分了激进头目和追随者："灰色"表示追随者，"黑色"表示头目。以前，行为不端但不属于任何叛乱组织的犯人在名义上会与行为端正的激进头目完全一致，都是"红色"级别犯人。如果把这两类犯人关押在一处的话，非激进分子要么被激进头目招募，要么遭痛打。2009年8月—2010年3月，705宪兵营使用新系统每天审查和分隔100余名犯人，塔基营暴力事件数量大幅下降到平均每周1起。把温和分子和激进分子隔开后，难以量化的暴力活动和招募活动也同步下降。

尽管审查系统是定量分析，但也经常进行定性判断。有两份报告显示某犯人是激进组织成员，通常会将他归入激进组织成员一类，并按此类别对他实施隔离。但是，如果这名犯人烟瘾很大，且喜欢看土耳其肥皂剧，则可能会将他归为温和分子一类。

设有犯人发生暴力事件后的反应程序。反应程序从彻底核查所有卷入暴力事件犯人的背景开始，美方情报分析员会与参加暴力事件的犯人、犯人证人和伊拉克及美国看守谈话了解情况，有时候会发现一些原本应该在最初审查阶段获得的信息，如犯人以前的激进迹象。出现这种情况时，美方情报分析员会立即对激进分子重新分类，并把他们转移到塔基营合适区域关押，事件分析的结果会添加到在线系统中每名涉案犯人档案里。

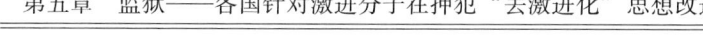

第五章　监狱——各国针对激进分子在押犯"去激进化"思想改造实践

在识别激进犯人方面突出情报官作用。塔基营内共有 10 个收容所。每个收容所约有 400 名犯人，还设有 2 名来自看守的全职情报官，这些收容所情报官是美方情报分析员与犯人之间的直接联络人，在识别犯人中的激进分子方面发挥重要作用。很多情报官是后备役人员，具备宝贵民事工作知识，甚至是管教员和犯罪分析师。一些收容所情报官对本所犯人非常了解，美方情报分析员把分隔犯人工作就交给他们办理，只在事后复核。另外一些收容所情报官不太善于评价犯人，这种情况下，美方情报分析员就为他们制订关押计划。

塔基营收容所分为三种级别：红色收容所、黄色收容所和绿色收容所。705 宪兵营给绿色收容所犯人很多特权，这些特权其他收容所犯人无法获得，如额外娱乐时间、延长看电视和听广播时间、可阅读更多报纸和其他读物以及获得职业培训等。塔基营看守更信任这些人。绿色收容所很快变成塔基营所有犯人的"向往之地"，从而破坏激进头目花言巧语和团体凝聚力。激进分子发现，他们要保持一副极度虔诚和强大形象非常困难，因为他们当中相当一部分追随者迫不及待地接受了任何到绿色收容所享受放纵的机会。随着逐步确认和隔离激进分子工作的展开，不仅激进分子活动减少，而且他们都保持低姿态，避免被从温和分子名单中除去，对其他犯人的惩罚更少、更隐秘。绝望之际，有些激进分子甚至刮掉胡须，抽起香烟。

在全部犯人中，什叶派所占比例不到 15%。塔基营只有 2 个收容所专门关押什叶派犯人，关押逊尼派犯人收容所有 8 个。什叶派激进分子对什叶派犯人的控制力要比逊尼派激进分子对逊尼派犯人的控制力强大。不过，与逊尼派激进分子相比，什叶派激进分子很少实施暴力体罚，但热衷于招募新成员。到美军向伊拉克政府移交塔基营时，什叶派激进分子已几乎把所有什叶派犯人招致麾下,除了那些被激进分子视为太无知或太笨的人之外。

针对什叶派犯人的经验表明,把头目和追随者分开有重要价值。塔基营隔离什叶派头目之前,什叶派犯人制造了2次大规模骚乱。2009年6—12月,对在押什叶派头目和其他犯人实施隔离后,尽管他们的征募活动仍在继续,却没有发生大骚乱。2010年初,什叶派头目又回到他们的追随者中间,什叶派犯人再次成为一个整体。

(三)成效

在布卡营,同一教派的激进犯人与一般犯人混合关押在一起,激进犯人强迫温和犯人倾听伊玛目的"圣战"宣传,由于绝大多数犯人都是文盲,他们特别易受蛊惑。结果,监狱成了恐怖大学:激进犯人成了教授,其他犯人成了他们的学生,美军监狱管理当局形同虚设。直到2007年9月,驻伊美军在伊拉克监狱实施"去激进化"项目,才将激进犯人与温和犯人分开关押,让犯人们参加扫盲、职业技能培训班,并灌输温和伊斯兰观。有些新做法起了作用,但危害已经造成,不可弥补——激进犯人花4年时间已在狱中建立了网络,向许多犯人灌输激进伊斯兰观。狱中牢头控制着犯人,不准他们看电视,不准打乒乓球,否则就要遭"沙里亚法庭"的惩处。温和犯人遭激进犯人殴打,一旦还手,又遭监狱管理当局的惩处。伊拉克战争高峰期,各座监狱关押的犯人共达2.6万人。整个战争期间,约有10万人曾在布卡营、克罗珀营、塔基营服过刑。2009年12月,布卡营关闭。虽然美军士兵得到情报部门的支持,但因不懂语言、削减监狱开支等因素,甄别最危险的犯人的努力仍

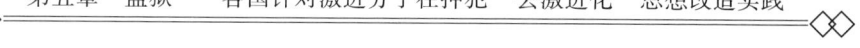

以失败告终。当然，最激进的犯人从未被释放，当中不少人已处以死刑。美军撤离伊拉克后，这些激进犯人仍关押在狱中。所以，2014年夏天，"伊斯兰国"征服大片伊拉克国土后，头等大事即是释放这些激进犯人，如今他们成了"伊斯兰国"最死心塌地的战士。**美国从中应汲取的教训的是：设立大型拘留中心只会播下进一步激进化和暴力行为的种子，伊拉克和叙利亚的监狱例子明确证明了这一点。**[①]

三、新加坡：成立"宗教矫正组织"从事"伊斯兰再教育"项目

2001年12月，新加坡政府挫败一起"伊斯兰祈祷团"（Jemaah Islamyia）袭击西方人和新加坡目标的图谋，约70人依据"内安法"（不经审讯可以长期关押犯人）被捕。

2002年，新加坡政府启动"伊斯兰再教育"（Islamic reeducation）项目。年中，新加坡伊斯兰教理事会（MUIS）成员、卡迪清真寺（Khadijah）主席乌斯塔兹·哈吉·阿里·哈吉·穆罕默德（Ustaz Haji Ali Haji Mohamed）、新加坡伊斯兰学者和宗教教师协会（PERGAS）主席乌斯塔兹·哈吉·Md·哈斯比·哈桑（Ustaz Hj Md Hasbi Hassan）通过数次访谈"伊斯兰祈祷团"在押犯人，得出结论，**"伊斯兰祈祷团"成员为了达到他们建立一个"乌托邦式哈里发国家"目标，歪曲一些伊斯兰观念。歪曲这些伊斯兰观念不仅将给新加坡社会带来不和谐，而且会造成生命和财产的损失。公众和穆斯林族群必须参与到纠正这**

---

① Andrew Thompson and Jeremi Suri, "How America helped ISIS", *International New York Times*, October 2, 2014.

些错误认识的行动中去。

（一）成立"宗教矫正组织"从事"伊斯兰再教育"项目

2003年4月23日，新加坡政府成立"宗教矫正组织"（Religious Rehabilitation Group），研究并反击遭"伊斯兰祈祷团"成员歪曲的"圣战"、迁徙等一些伊斯兰观念。"宗教矫正组织"由新加坡"乌里玛"[①]和宗教教师组成，主要任务是同犯人对话，帮助其正确认识伊斯兰教。该组织希望成为一个正确认识伊斯兰教的内行团体，其成员参与针对犯人的研究、教育、授业解惑等再教育项目。[②] 该组织拥有一家网站www.rrg.sg。

1. 让21名当地温和宗教人士、伊斯兰学者每周与犯人进行一对一思想讨论。 他们"努力劝说犯人，恐怖行为从宗教角度看是错误的，是基于对伊斯兰教的错误认识"。[③] 参与"伊斯兰再教育"项目的穆罕默德·本·阿里称："没有人生来就是恐怖分子，没有人某天早晨醒来说我将成为恐怖分子。成为恐怖分子要经历一个洗脑过程……我们坚信再教育努力，将他们扳回到正常生活轨道。"这些宗教人士和伊斯兰学者通过系统揭露

[①] 根据伊历795年在大马士革归真的知名学者伊玛目宰努丁·伊本·拉贾布（Imam Zaynuddin Ibn Rajab）在其著《先知的继承人》（Warathatul Anbiya）中称，"乌里玛"要发挥三大作用：一是穿越无知黑暗的导师；二是指出正道的灯塔；三是抵制混淆真理与谬误的人。

[②] "About RRG", http://www.rrg.sg/index.php?option=com_content&view=article&id=13%3Afrequently-asked-questions-faqs&catid=3%3Aabout-us&Itemid=2.（上网时间：2014年1月7日）

[③] Boaz Ganor, "De-Radicalization in Israel's Prison System", *Studies in Conflict & Terrorism*, Volume 36, Number 2, February 2013, pp. 116–129.

"伊斯兰祈祷团"歪曲伊斯兰教的激进思想,试图展示穆斯林可以虔诚地生活在多元信仰的新加坡大家庭中。[1]

2. 培训、提升"宗教矫正组织"成员能力。[2] 为了能持续与"伊斯兰祈祷团"犯人展开有效的思想讨论,"宗教矫正组织"成员自愿上培训课,提升自己的相关技能和学识。2004年全年穿插着各种知识性讨论会,提升每位成员反击激进意识形态的能力。譬如,"宗教矫正组织"邀请心理学家给成员们开办各种各样的培训课,如咨询方法、宗教咨询指南、咨询艺术、家庭咨询、谁为伊斯兰代言、认识"伊斯兰祈祷团"和恩格鲁基经文学校(Ngruki,1971年由"伊斯兰祈祷团"精神领袖阿布·巴卡尔·巴希尔成立)等。

用伊斯兰知识、咨询本领、实践指南武装起来的"宗教矫正组织"成员,截至2005年末,已同犯人举行了800多次对话会。自2005年5月起,女性宗教教师还同"伊斯兰祈祷团"犯人妻子举行了近100次家庭对话会。

为了矫正他们的激进思想,"宗教矫正组织"将"伊斯兰祈祷团"在押犯与行动受政府限制的成员分成两组。第一组由骨干成员组成,仍深信他们永远都是正确的,没有错。针对该组成员,"宗教矫正组织"通过灌输正确的伊斯兰知识等方法,来矫正这些人的思想。第二组由对其行为感到悔恨的成员组成,

---

[1] Simon Montlake, "U. S. tries rehab for religious extremists", *The Christian Science Monitor*, October 9, 2007.

[2] 材料引自:"RRG – Internal Upgrading & Meetings – 2004 – 2005", http://www.rrg.sg/index.php? option = com_ content&view = article&id = 9%3Ainternal – upgrading – a – meetings – 2004 – 2005&catid = 3%3Aabout – us&Itemid = 2。(上网时间:2014年1月7日)

希望改过自新。

为了矫正这两组成员的激进思想,"宗教矫正组织"每位成员必须经历四个不同再教育阶段:首先,每位成员需要使这两组"伊斯兰祈祷团"成员摆脱其激进思想和扭曲的伊斯兰观念;其次,每位成员要利用自己所学伊斯兰知识和对伊斯兰教的正确认识,去否定他们头脑中的激进思想和扭曲的伊斯兰观念;第三,然后用正确、积极的认识取而代之;最后,向他们传授正确的伊斯兰思想和观念。

3. "伊斯兰再教育"项目面向全社会。[①] 经过近两年实践,"宗教矫正组织"认为,为了持续传授正确的伊斯兰观念,将"伊斯兰祈祷团"的同情者减到最少,以及谆谆教诲穆斯林要生活在多种族、多宗教的新加坡大家庭,"伊斯兰再教育"项目还需要面向整个穆斯林族群和非穆斯林大众,以争取对该项目的更多、持续支持。鉴于绝大多数穆斯林学者、领导人、协会、宗教教师和民众正在努力强调伊斯兰教是和平的宗教,新加坡穆斯林有着宽容、和谐的性情,尊重和热爱新加坡多元社会的种族、宗教和睦,"宗教矫正组织"感到还要向非穆斯林大众展示穆斯林也是"好公民",也热爱自己的国家新加坡。为此,从2005年初起,"宗教矫正组织"举办60次讲座或论坛,与各行各业民众就相关议题进行互动。

"宗教矫正组织"与穆斯林自助团体的社工联手在其专业领域向犯人及其家庭提供服务。譬如,一旦"伊斯兰祈祷团"犯人获释出狱,他们就帮助他恢复原来的工作或找到新工作。如

---

① 材料引自:"RRG – RRG Made Public – 2005–2006",http://www.rrg.sg/index.php? option=com_ content&view=article&id=8%3Arrg-made-public-2005-2006&catid=3%3Aabout-us&Itemid=2。(上网时间:2014年1月7日)

果仍在服刑,社工就向犯人家庭提供心理、社会、资金援助,如给"伊斯兰祈祷团"犯人妻子举办感化会,帮助她们找到有稳定收入的工作。这样就可确保其夫服刑期间,妻子及其家庭生活无需依靠"伊斯兰祈祷团"的社会网络。否则,只能增加她们对恐怖组织的依靠,更难切断与恐怖组织的联系。这些妻子们在犯人丈夫"去激进化"和脱离组织进程中也发挥着关键作用。[1]

"宗教矫正组织"还与"获释犯人安置服务团体"合作,本着真诚、同情、互助精神,从社区层面,在日常生活中帮扶"伊斯兰祈祷团"犯人家庭,使他们不感到自己被边缘化。

4. "宗教矫正组织"成员获得专业证书、召开大会、撰写文章、开办网页。[2] 2006 年,18 名"宗教矫正组织"成员获得为期 7 个月的心理咨询师证书。同年 9 月 13 日,该组织所有成员都获得心理咨询师证书。2007 年 7 月 20 日,另有 4 名新成员也获得心理咨询师证书。

2007 年对"宗教矫正组织"的"伊斯兰再教育"项目来讲是个转折点:其一,年初,"宗教矫正组织"与"盖利加通讯—东盟记者联盟"(Geliga Communications – Confederation of Asean Journalists)新加坡办事处洽谈合作启动作文专业证书(Certificate in Writing)行动。7 月 4 日,双方签订谅解备忘录,正式启

---

[1] Michael Jacobson, "Terrorist Dropouts: Learning from Those Who Have Left", Policy Focus #101, The Washington Institute For Near East Policy, January 2010, p. 18.

[2] 材料引自:"RRG – Professional Diploma, Convention, Articles and Webpage – 2006 – 2007", http://www.rrg.sg/index.php?option=com_content&view=article&id=11%3Aprofessional–diploma–conventions–articles–a–webpage–2006–2007&catid=3%3Aabout–us&Itemid=2。(上网时间:2014 年 1 月 7 日)

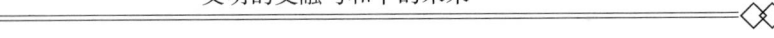

动该行动。7月7日,"宗教矫正组织"成员开始上作文课,这是新加坡首次开办该类培训课,旨在通过60个课时的学习,使"宗教矫正组织"成员有能力将其实践著书立说,以便对社会稳定做出更大的贡献。

其二,2007年,"宗教矫正组织"开始在全国召开大会。1月20日,该组织举行新加坡"马来青年图书馆协会"(Taman Bacaan)青年大会,"宗教矫正组织"成员受邀到场发表讲话。同年7月14日,该组织与"马来青年图书馆协会"、"获释犯人安置服务团体"、"Aljunied 经学院"共同举办首届经文学校大会,来自4个不同经文学校的约250名全日制经文学校学生与会。

其三,2007年,"宗教矫正组织"成员开始公开发表文章。"马来青年图书馆协会"出版发行了该组织成员论文集《反击恐怖主义:防范年轻人激进化》(FIGHTING TERRORISM:PREVENTING THE RADICALISATION OF YOUTH)。论文集文章包括:乌斯特·H·阿里(Ust H Ali)撰写的两篇文章"伊斯兰教是和平的宗教"、"认识圣战";乌斯特·M·费萨尔(Ust M Feisal)的"新加坡宗教矫正组织的作用";乌斯特·穆罕默德·H·阿里(Ust Mohamed H Ali)的"应对'伊斯兰祈祷团'威胁——新加坡经验"等。

(二)成效

截至2007年10月,因与政府合作,有1/3犯人获释出狱,有一人因与外国武装分子接触而重新被捕。不过,新加坡项目只针对恐怖图谋遭挫败的恐怖分子,而不是制造恐怖事件的恐怖分子。另外,新加坡社会对获释出狱犯人实行监控(通信、行动)。[1]

四、俄罗斯：灌输传统哈乃斐教法学派思想[2]

(一) 瓦哈比主义在俄罗斯监狱兴起

2012年3月23日，鞑靼斯坦共和国首府喀山举行了一场俄罗斯战略研究所伏尔加河沿岸宗教和民族研究中心专家研讨会，题目是"俄罗斯监狱管理系统的伊斯兰极端主义：激进分子的物质条件、在刑事—犯罪环境中的扩散、国家和教职人员的对策"。专家们重点讨论了俄罗斯监狱和激进势力的形势及影响，特别是在鞑靼斯坦共和国以及对其他地区在押犯的影响。

会议围绕下列题目展开讨论。极端主义和刑事犯罪：极端主义与犯罪的结合；铁丝网后的瓦哈比主义：极端主义在俄罗斯监狱内的传播；俄罗斯监狱里的礼拜室和清真寺：犯人宗教自管组织的状况、功能和法律地位；俄罗斯监狱系统的宗教出版物：内容、渗透和控制的必要性；在刑事犯中招募地下瓦哈比分子：现状、执行机制、影响和对策；监狱管理系统与穆斯林教职人员防止极端伊斯兰在本土传统穆斯林中传播的合作：

---

[1] "RRG – Formation Period – 2003 – 2004", http://www.rrg.sg/index.php?option=com_content&view=article&id=12%3Aformation–period–2003–2004&catid=3%3Aabout–us&Itemid=2. (上网时间：2014年1月7日)

[2] 材料引自：鞑靼斯坦共和国《古兰经》和圣训研究中心，"在俄罗斯监狱的伊斯兰原教旨主义"，Центр исследований Корана и Сунны Республика Татарстан, "Ваххабизм на зоне: исламский фундаментализм на территории тюрем и колоний России", 23 Мар, 2012, http://quran–sunna.ru/2012/03/. (上网时间：2014年1月7日)

鞑靼斯坦经验。

"捍卫历史协会主席"瓦西里·伊万诺夫谈了俄罗斯监狱在押犯中伊斯兰教新皈依者问题。他说:"在这个危险'地带',经常有俄罗斯族年轻人受到'萨拉菲派'或'伊扎布特'狱友的影响。"穆斯林激进分子在基督教洗礼派和五旬派中发展新皈依者的成功率比在东正教中高。俄罗斯伊斯兰协商协会乌里玛会议主席法利德·萨尔曼认为,穆斯林在押犯中只有1%赞同瓦哈比派或"伊扎布特"理论,但这些激进分子能量很大,"我们经常遇到这样的事:一名瓦哈比分子入监后,他很快就会围绕自己建起一个圈子,许多人被其吸引,包括俄罗斯人。这样,当他出狱后,就有了10名瓦哈比分子"。俄罗斯战略研究所伏尔加河沿岸宗教和民族研究中心主任赖斯·苏莱曼诺夫认为,刑事犯罪分子与激进分子在价值观上不相抵触,双方共生现象不仅存在于监狱,有组织犯罪集团里出现瓦哈比分子已不是什么新鲜事。

鞑靼斯坦共有5个看守所、11座监狱,设有7座清真寺、7个礼拜室,严格按照宗教仪轨为500名穆斯林在押犯提供宗教服务。15名鞑靼斯坦伊玛目(8名来自喀山)有进监狱的通行证,可在监狱会见犯人。由于长时间未检查监狱清真寺的宗教文献,经常出现这种情况——当在押犯想了解伊斯兰教时,就拿起瓦哈比派书籍。长期以来,鞑靼斯坦穆斯林宗教管理局以及俄罗斯境内其他地区的穆夫提组织一直缺乏应对在押犯工作的指导思想。通常,这样的工作都是一些宗教人士的自发行为,因为与在押犯有供养关系。例如,在鞑靼斯坦,卡西姆·努鲁林伊玛目(имам Касим Нуруллин,1934—2006年)从1992年至归真之日,一直负责喀山第二、第五监狱在押犯工作,在其努力下,这些监狱建起清真寺。

（二）灌输传统哈乃斐教法学派思想

喀山布尔纳耶夫斯基清真寺伊玛目法尔哈德·马福柳特基诺夫经常参与穆斯林在押犯工作。他分享了自己改造年轻在押犯的经验，"对于他们来说，侠义精神，或者准确点说是年轻人的哥们义气，有时表现出挑战社会和国家的倾向。如果不及时加以控制，就可能被激进分子利用。这就是为什么在世界观未形成前向他们灌输传统哈乃斐教法学派思想很重要"。鞑靼斯坦穆夫提组织工作人员已着手清理监狱出版物，收缴不符合鞑靼斯坦穆斯林哈乃斐教法学派宗教传统的出版物。鞑靼斯坦穆斯林宗教管理局开始专门编印在押犯使用的伊斯兰书籍，并作为监狱清真寺图书馆藏书。

2011年，鞑靼斯坦穆斯林宗教管理局和鞑靼斯坦联邦惩戒局签署合作协议，此后鞑靼斯坦穆夫提组织设立"与联邦惩戒局工作协调处"，有3名联邦工作人员派驻该处负责协调工作。联邦惩戒局领导在讨论在押犯减刑时，很注意倾听宗教人士意见。

第六章 退出现象——激进分子奔向和平的故事

圣训曰:"所有人都会犯错,而最好的犯错者是改过自新者。"——《穆斯林圣训集》

穆斯林激进、恐怖组织头目退出现象。[①] 迄今,国外学者针对激进、恐怖分子退出现象(dropout phenomenon)已有一些研究成果,退出激进、恐怖组织的人中有重要思想家、组织头目、中层行动骨干、基层成员等。

就"基地"组织而言,自1988年成立后,始终有重要成员退出"基地"组织情况。譬如,苏丹人贾马尔·法德尔(Jamal al–Fadl)是"基地"组织创始成员之一,90年代初参与"基地"组织采办铀计划。在本·拉登亡命苏丹期间,因每月薪水仅为500美元,埃及同伙却拿1200美元,他愤懑不平便盗用组织经费近10万美元。本·拉登获悉后命他退钱,贾马尔·法德尔还了3万美元便逃之夭夭。埃及人埃萨姆·里迪(Essam al–Ridi)1982年赴阿富汗参加抗苏"圣战",后来在美国为"基

---

① 材料引自:Michael Jacobson, "Terrorist Dropouts: Learning from Those Who Have Left", *Policy Focus* # 101, The Washington Institute For Near East Policy, January 2010, pp. vii、1–7、9–10、12、16、28。

地"组织购买过一架飞机。在阿富汗期间,他不满本·拉登等头目缺乏军事经验造成许多圣战者丧命,遂退出"基地"组织。摩洛哥人勒侯赛尼·科奇图(L'Houssaine Kherchtou)1991年参加"基地"组织,受训任本·拉登私人飞行员。在苏丹期间,因本·拉登一名助手拒绝其申请妻子500美元剖腹产手术费,却报销一些埃及成员去也门换护照的差旅费,他怒不可遏。后来他说:"如果当时我有一支枪,肯定崩了本·拉登。"1996年,当"基地"组织重返阿富汗时,他拒绝前往,退出"基地"组织。

2001年"9·11"恐怖袭击案中,被选为袭击者的沙特人穆沙比卜·哈姆兰(Mushabib al-Hamlan)、沙特·拉希德(Saud al-Rashid)离开阿富汗训练营后,退出"9·11"袭击计划。哈姆兰拿到赴美签证后,因与家人联系时得知母亲病了,决定不再返回阿富汗继续受训,而是回到双亲身边继续大学学业。拉希德则因家人发现他参与"基地"组织恐怖袭击图谋后,没收了他的护照,使其难以成行。

"9·11"后,仍有"基地"组织成员退出该组织,如本·拉登之子奥马尔退出"基地"组织,他称"9·11"袭击者是"疯子、傀儡,他们摧毁了一切,一无所获。我们究竟从'9·11'中得到了什么呢?"又如英国格洛斯特穆斯林青年萨吉德·巴达特(Sajid Badat),在阿富汗、巴基斯坦受训使用"鞋弹"炸飞机后,他受命在从欧洲飞往美国的民航客机上制造爆炸事件。当其同伙理查德·里德(Richard Reid)未能炸掉从巴黎飞往迈阿密的美国飞机后,萨吉德·巴达特因恐惧而放弃炸机计划,将炸弹拆卸后藏在父母家中。近年来,一些重要激进思想家、组织头目也掉转枪口挑战"基地"组织全球"圣战"观——尤其是对穆斯林同胞使用暴力。其中,以前埃及"伊斯兰圣战"（Al-Jihad Al-Islami）头目赛义德·伊玛目·谢里夫（Sayyed Imam Al-Sharif）为典型代表，他被誉为"基地"组织首席"圣战"理论家。2007年11月起，谢里夫著书立说批判"基地"组织的暴恐行为。

"基地"组织附属组织也不乏从基层成员到重要头目退出情况。譬如，"利比亚伊斯兰战斗团"（LIFG, Libyan Islamic Fighting Group）创始人及首位头目诺曼·比诺特曼（Noman Benotman）2001年"9·11"后放弃"圣战"事业，倒戈反对"基地"组织。阿尔及利亚"萨拉菲派宣教与战斗组织"（GSPC, Salafist Group for Preaching and Combat）创始人及首位埃米尔哈桑·哈塔卜（Hassan Hattab）主张与政府和解，于2003年10月23日退出组织。印尼"伊斯兰祈祷团"前负责军事训练头目纳西尔·阿巴斯不满组织滥杀印尼无辜平民，2003年4月退出组织。

此外，跨国激进伊斯兰运动"伊扎布特"（Hizb al-Tahrir, 国外称"伊斯兰解放党"）英国支部前发言人兼巴基斯坦、丹麦支部创始人马吉德·纳瓦兹（Maajid Nawaz）、成员埃德·侯赛因（Ed Husain）不仅退出"伊扎布特"，还成立"英国第一家穆斯林反激进主义智库"奎利姆基金会（the Quilliam Foundation），挑战"伊扎布特"意识形态。

还有，自"伊斯兰国"2014年宣布建国以来，因其暴行等原因，其圣战者、管理者两大队伍中出现退出"伊斯兰国"现象。

退出现象特征：

1. 激进、恐怖组织头目退出组织有三大共性。一是反对组织的奋斗目标、斗争方向。如"利比亚伊斯兰战斗团"创始人及首位头目诺曼·比诺特曼反对"基地"组织进攻"远敌"——美国，认为斗争目标应该是"近敌"——背叛了伊斯兰教的阿拉伯政权。阿尔及利亚"萨拉菲派宣教与战斗组织"创始人及其首位埃米尔哈桑·哈塔卜、印尼"伊斯兰祈祷团"前负责军事训练头目纳西尔·阿巴斯则是主张"圣战"必须限定于军事目标,反对滥杀无辜平民。

二是服刑期间对恐怖或极端事业深刻反思。对犯人来讲,监狱服刑好比一个"叫醒电话",使他有时间反省和评估自己的过去、现在,展望未来。监狱改造经常提供进行自我评估、自我进步的本领,有助于犯人自动去追寻更多知识。[①] 譬如,埃及"伊斯兰圣战"前头目赛义德·伊玛目·谢里夫2007年修正自己长期奉行的"圣战"观,谴责"基地"组织暴恐活动。他说,自己这么做不是因为遭到严刑拷打,而是"身在埃及监狱常年思想反省和思辨的结果"。[②] 英国"伊扎布特"支部前发言人兼巴基斯坦、丹麦支部创始人马吉德·纳瓦兹在埃及监狱服刑期间的博览群书,以及与在押穆斯林兄弟会领导人、埃及世俗反对派领袖的广泛思想交流,使他反思自己接受的"伊扎布特"意识形态不是伊斯兰教本身,甚至"对伊斯兰教是个祸害"。埃及"伊斯兰圣战"第一代领导核心关键头目卡马尔·赛义德·哈比卜(Kamal al-Sayed Habib)曾在监狱服刑10年,后来走上温和伊斯兰道路并成为一名政治理论家,其著作在前激进分子中很有影响力。2008年6月,哈比卜在接受美国学者劳伦斯·赖特(Lawrence Wright)的采访中说:"一个人只要生

[①] Keith Deboer, "Inmates Dive Inward", September 1, 2010, http://www.tm.org/blog/meditation/prison-rehabilitation-programs/. (上网时间:2014年1月7日)

[②] "Deradicalization Programs: Changing Minds?" December 17, 2007, http://fp-watch.blogspot.com/2007/12/deradicalization-programs-changing.html. (上网时间:2011年10月9日)

活在激进世界里,一旦他身处战斗中,他不会想其行为是对还是错。如果他身陷囹圄,才有时间去思考对错问题。"

三是见证组织的丑陋面。前伊斯兰分子卡姆兰·博哈里(Kamran Bokhari)现在全球情报公司斯特拉特福(STRATFOR)专门研究武装伊斯兰组织。他指出:"一旦组织的丑陋面曝光……一旦领导人出于一己私利,不再追求利他主义目标,就会极大地影响成员对该组织的看法,就会视之与其他腐败政治实体没什么区别。"①

此外,在激进或恐怖组织内遭受不公对待、家人的规劝、环境的变化——离开恐怖训练营或类似狂热环境,也是造成退出现象的辅助因素。

2. 退出激进或恐怖组织是一个长期、复杂的过程,且并不总意味着所有退出者都已彻底放弃激进意识形态。退出激进或恐怖组织与意识形态彻底"去激进化"是两个不同概念。2003年发表《停止暴力、奉行求实观点倡议书》并于当年秋天获释出狱的埃及"伊斯兰组织"舒拉委员会主席卡拉姆·穆罕默德·朱赫迪说:**"开启暴力进程很容易,但实现和平要难得多。"**②

林林总总,不一而足。本章主要选取并深度剖析埃及"伊斯兰圣战"、"利比亚伊斯兰战斗团"、阿尔及利亚"萨拉菲派宣教与战斗组织"、印尼"伊斯兰祈祷团"、英国"伊扎布特"

---

① Michael Jacobson, "Terrorist Dropouts: Learning from Those Who Have Left", *Policy Focus* #101, The Washington Institute For Near East Policy, January 2010, pp. 10–12、23.

② Lawrence Wright, "The Rebellion Within: An Al Qaeda mastermind questions terrorism", *The New Yorker*, June 2, 2008.

第六章 退出现象——激进分子奔向和平的故事

五大重要激进、恐怖组织头目从投身激进事业到弃暗投明、转变暴力人生轨迹的心路历程,另外还简单介绍了"伊斯兰国"队伍中出现的逃离者现象,以为我们开展"去激进化"实践提供某些参考。

第一节 激进组织头目

一、埃及"伊斯兰圣战"前头目赛义德·伊玛目·谢里夫[①]

赛义德·伊玛目·谢里夫(Sayyed Imam Al-Sharif),又名阿布德·卡德尔·伊本·阿布德·阿齐兹(Abd Al-Qadir Ibn 'Abd al-'Aziz)或法德尔医生(Dr. Fadl),1987—1993年任"伊斯兰圣战"埃米尔,被誉为"'基地'组织首席思想家","基地"组织阿富汗训练营将其著《"圣战"准备纲要》(The Essentials of Making Ready for Jihad)当作全球"圣战"运动宝典。2007年,他发表新著《指导埃及和世界"圣战"文献》(Document for Guiding Jihad in Egypt and the World),修正自己长期奉行的"圣战"观,呼吁"基地"组织停止在西方和穆斯林国家开展"圣战"活动。谢里夫倒戈对激进思想构成严重威胁,埃及伊斯兰分子、作家、出版商盖马尔·苏尔坦(Gamal Sultan)指出:"无人能挑战此人的合法性,其著对埃及境内外(激进运动)领导人产生深远影响。"前埃及激进分子、后任德国明斯特伊斯兰中心主任乌萨马·阿育布(Usama Ayub)直言,"许多人依照法德尔理论行事,因为他很重要。法德尔医生开口

[①] 材料引自:"Sayyed Imam Al-Sharif", http://en.wikipedia.org/wiki/Sayyed_Imam_Al-Sharif。(上网时间:2013年12月9日)

说话，每个人都得听着"。① 谢里夫有两个妻子，育有四个儿子和两个女儿。

（一）身为"基地"组织首席思想家

早年生活。1950年8月8日，谢里夫生于开罗以南75英里的巴尼苏威夫省（Bani Suwaif）。其父是该省一名校长，思想保守，所以谢里夫从小一周两次斋戒，每天晨祷后研习《古兰经》，到完成六年级学业时即能背诵整部《古兰经》。1965年，埃及政府将他送入开罗一所专为优秀儿童开办的寄宿学校。1968年，他进入开罗大学医学院，攻读治疗烧伤的整形外科专业。在此，他遇到已积极投身"圣战"活动的扎瓦希里（现"基地"组织头目），两人都对信仰坚定不移，主张"沙里亚法"治国。1977年，扎瓦希里敦促他加入"圣战"组织（Al-Jihad，此时扎瓦希里已成为该组织埃米尔），但谢里夫没有应允。

"伊斯兰圣战"岁月。1979年，萨达特总统与以色列签署和平协议，结果1981年遇刺身亡。此后，数千名埃及激进分子遭穆巴拉克政府追捕通缉，扎瓦希里因被控走私武器而被判刑。谢里夫也因暗杀事件遭缺席审判，1984年被宣判无罪。同年，扎瓦希里刑满释放后，与其他一些埃及圣战者前往巴基斯坦白沙瓦。1982年，谢里夫逃离埃及前往阿联酋，并在当地行医。1983年，他前往巴基斯坦白沙瓦，化名"法德尔医生"在科威特红新月会开办的医院救治阿富汗圣战者伤员。1987年，在白

---

① Lawrence Wright, "The Rebellion Within: An Al Qaeda mastermind questions terrorism", *The New Yorker*, June 2, 2008.

沙瓦，谢里夫、扎瓦希里携手重建流亡在此的"伊斯兰圣战"，谢里夫成为该组织埃米尔。他通晓《古兰经》、圣训，负责思想工作，扎瓦希里主管战术行动。有人称，"扎瓦希里冲锋在前，但真正的领袖是法德尔医生。"

1988年8月11日，谢里夫、扎瓦希里在白沙瓦首次结识巴勒斯坦人阿卜杜拉·阿扎姆（Abdullah Assam，负责招募阿拉伯人参加阿富汗"圣战"）及本·拉登。四人随后创建反对"异教徒"、西方和美国的"基地"组织，成为"基地"组织首批核心圈成员。

发表《"圣战"准备纲要》，指导世界各地"圣战"行动。在白沙瓦期间，谢里夫致力于制定"圣战"规则，因为圣战者需要一本教科书。这部名为《"圣战"准备纲要》的著作，以阿布德·卡德尔·伊本·阿布德·阿齐兹笔名于1988年问世，"指导圣战者们以合适方式开展战斗"，鼓吹"真正的目标不是打败苏联，而是殉教与永生"。它被译成英语、法语、土耳其语、波斯语、乌尔都语、库尔德语、西班牙语、马来语、印尼语，在世界各地圣战者中广为流传。该书详细阐述了"圣战"的招募、培训以及发动"圣战"的宗教合法性，成为"世界各地'圣战'的行为准则"。

《"圣战"准备纲要》以这样的假设开篇：**"圣战"是伊斯兰的自然状态，是"结束'异教徒'统治的唯一方式"**。谢里夫断定，穆斯林必须不断与不信真主的人产生冲突，只有在绝对脆弱的时候才缔结和平。"圣战"首先是宗教行为，所以会获得真主的奖赏。向"圣战"提供资金的人，虽然会在天堂得到补偿，但获得的没有采取行动的人多，殉教者能得到最高奖赏。由于大多数穆斯林国家都被"异教徒"统治着，要建立伊斯兰国家，就必须动用武力将这些统治者赶下台，每个力所能及的穆斯林都有参加"圣战"的义务。

在"塔克菲尔"问题上，谢里夫设定，如果阿拉伯—穆斯林国家独裁者不推行"沙里亚法"，那么他们就是"异教徒"，"必须拿起武器推翻这些统治者，杀死他们以及为其卖命之人。'萨拉菲派'圣战者的近敌就是不依据'沙里亚法'治国理政的任何一个阿拉伯—穆斯林国家"。一些阿拉伯政府视其著为洪水猛兽，任何持有该书者都会被投入监狱。

在苏丹与扎瓦希里交恶。1989 年，苏联从阿富汗撤军后，本·拉登、扎瓦希里及其"伊斯兰圣战"大部分成员从阿富汗迁往苏丹，本·拉登又从苏丹飞往沙特。此时，谢里夫即将完成"自认是杰作"的《追寻神授知识概要》（The Compendium of the Pursuit of Divine Knowledge）一书。扎瓦希里敦促他前往苏丹会合，"你不用工作，我们会付给你薪水。我们只希望你完成这部著作。"1993 年 9 月 10 日，谢里夫携妻儿抵达苏丹，扎瓦希里亲赴喀土穆机场迎接。

然而，在苏丹，两人关系恶化。谢里夫反对"伊斯兰圣战"成员参加埃及另一个激进组织"伊斯兰组织"袭击埃及政府和外国游客的恐怖活动，称"这种暴力活动毫无意义"，而是主张对国家机构进行缓慢和持久的渗透。1993 年 8 月，"伊斯兰圣战"暗杀埃及内政部长哈桑·阿尔菲未遂、两个月后暗杀埃及总理阿提夫·西德基未遂，"伊斯兰圣战"成员要求其头目辞职。此时，许多成员吃惊地发现，谢里夫是他们的埃米尔，谢里夫于是"主动放弃领导职位"，扎瓦希里成为"伊斯兰圣战"正式头目。

推出新书《追寻神授知识概要》，主张讨伐"异教徒"。这是谢里夫的第二部著作，长达 1000 多页，笔名是"阿布德·卡德尔·伊本·阿布德·阿齐兹"。此书开篇即提出这样的前提：

只有完美无缺的穆斯林才能获得救赎。在书中，谢里夫对"塔克菲尔"的定义非常宽泛，称埃及和其他阿拉伯国家的统治者以及服从他们统治和参加选举的人，不仅是有罪在身，而且是伊斯兰教的背叛者，应当被处死。他裁定，"世俗民族主义的民主与你们的宗教教义相抵触。你们若顺从它，便是将真主法度抛诸脑后。包括政府、警察、法院以及致力于和平变化而非暴力'圣战'之人在内的穆斯林实际上均是'异教徒'。不赞同这些看法的人也是'异教徒'，应当被处死"。扎瓦希里对其结论感到高兴，说"这本书是万能真主的胜利"。为了"圣战"事业，他前往也门前，将这本书手稿交给扎瓦希里一份。

（二）与"圣战"运动分道扬镳

退出"伊斯兰圣战"。1994年，也门爆发内战，谢里夫举家迁到也门首都萨纳，随后前往萨纳以南山城伊卜，开始在当地的希法医院任外科医生。其子伊斯梅尔（Isma'il）称，当时父亲已断绝与所有穆斯林激进组织联系，专心医疗工作和神学研究，自称阿布德·阿齐兹·谢里夫医生。

在伊卜，谢里夫发现其著《追寻神授知识概要》被扎瓦希里剔除了"对'圣战'运动的尖刻批评"并擅自对该书作了编辑，甚至将书名改为《通往"圣战"和信仰正道指南》（Guide to the Path of Righteousness for Jihad and Belief）。谢里夫对扎瓦希里的做法怒不可遏，拒绝接受扎瓦希里1995年专程来也门向他道歉。他对《生活报》（al Hayat）说："我不知道伊斯兰历史上竟有艾曼·扎瓦希里这样的人：剽窃他人著作、撒谎、欺骗、造假、出卖朋友的信任。"

被捕和监禁。2001年9月11日，美国遭受恐怖袭击。10

月28日，两名也门情报官员来谢里夫诊所讯问。不久，他自首，在"没有受到指控、未加审判、见不到律师"的情况下，被关押在萨纳的也门政府拘留所达三年之久。2004年2月28日，谢里夫被移交给埃及，被判处终身监禁，关押在托拉监狱至今，囚室里有澡盆、小型厨房、冰箱和电视。

发表《指导埃及和世界"圣战"文献》。据德国明斯特伊斯兰中心主任乌萨马·阿育布透露，2000年末2001年初，当他拜访谢里夫时，谢里夫告诉他，自己已在质疑过去的激进思想——其原先许多"圣战"思想被用来赋予攻击妇女、无辜平民行为的合法性，"我将要出版一部澄清所有激进思想的著作"。在托拉监狱，谢里夫最终完成《指导埃及和世界"圣战"文献》一书，又名《在埃及和世界上开展"圣战"行动的合理性》，于2007年11月至12月以法德尔医生为笔名在两家阿拉伯日报——科威特《雅利达日报》（Al-Jarida）和埃及《今日埃及人》（Al-Masry Al-Youm）上以连载形式刊出。在书中，谢里夫修正了自己长期奉行的"圣战"观，宣称**"即使伊斯兰的敌人发动侵略，我们也禁止采取同样的行动"**。他抨击"基地"组织并呼吁其停止在西方和穆斯林国家发动"圣战"活动。[①]

尽管"恐吓敌人是合法义务"，但谢里夫认为"合法的恐怖"必须遵循伊斯兰教法。"基地"组织对纽约、伦敦和马德里的恐怖袭击，属于不合法杀戮例子，是伊斯兰教禁止的。对于居住在非穆斯林国家且急于开展"圣战"的穆斯林，他表示：

---

① "Deradicalization Programs: Changing Minds?", December 17, 2007, http://fpwatch.blogspot.com/2007/12/deradicalization-programs-changing.html.（上网时间：2011年1月30日）

第六章 退出现象——激进分子奔向和平的故事

"与这些人居住在一起——即使他们是不信教者,也不是协议的一部分:如果他们允许你进入他们的家和他们同住,如果他们为你和你的钱财提供安全保障,如果他们给予你工作或学习机会,或用体面生活和其他善举为你提供政治庇护,而你却杀戮和背叛他们,是件不光彩的事,这不符合先知的行为方式。"

抨击"9·11"恐怖袭击。谢里夫抨击"9·11"事件中劫持民航客机撞击大厦的劫机犯,"如果你摧毁敌人的一幢建筑,而敌人毁灭了你的国家,这么做又有何用?……如果你杀掉他一个人,而他杀掉你1000人,意义何在?"《生活报》埃及分部负责人穆罕默德·萨拉赫(Muhammad Salah)获准进入托拉监狱采访谢里夫时,谢里夫称"9·11"事件"对穆斯林来说是场灾祸",因为"基地"组织的行为"导致数以万计穆斯林——阿拉伯人、阿富汗人、巴基斯坦人和其他人丧命"。

招致扎瓦希里猛烈反击。《指导埃及和世界"圣战"文献》发表数周后,扎瓦希里写了一封近200页的"长信",代表"基地"组织反击谢里夫的批评。在信中,扎瓦希里称:"……**我们有权利以'异教徒'对待我们的方式回敬他们**。我们用炸弹袭击他们,因为他们轰炸我们,即便我们杀了不该杀的人。"他否认对纽约、伦敦和马德里的恐怖袭击是非伊斯兰行为,"谢里夫谈到违背伊斯兰教法的行为,比如因为某些人的民族、肤色、发色或者命名方式而杀害他们,这又是一个没有证据就横加指责的例子"。他称,恐怖袭击并未导致毁灭性报复,"托真主的福,伊斯兰'圣战'运动没有被打败。实际上由于耐心、坚定不移和深思熟虑,这场运动正在走向胜利"。

扎瓦希里否认居住在非穆斯林国家的穆斯林得到公平对待,指出法国禁止穆斯林女孩戴面纱上学;禁止穆斯林男性娶一位以上妻子,禁止殴打配偶,而伊斯兰教法容许这些行为(依照扎瓦希里的解释）。圣战者绑架或杀害外国游客同样是符合伊斯兰的行为。这么做是为了向他们的国家发出信息："圣战者绑架人质不是为了索要赎金……我们不会袭击芬兰的巴西游客或者委内瑞拉的越南人。"

二、利比亚"伊斯兰战斗团"创始人诺曼·比诺特曼

诺曼·比诺特曼（Noman Benotman）2001年"9·11"前，是本·拉登和扎瓦希里的助手，"基地"组织国际恐怖网络要员。"9·11"后，他放弃"圣战"事业，倒戈反对"基地"组织。如今，他任英国反激进主义智库奎利姆基金会（得到英国政府资助）主席，中东问题专家。

（一）曾为"基地"组织国际恐怖网络要员[①]

求学经历。1967年，比诺特曼出生于利比亚的黎波里一个富裕家庭。少年时代，他曾在英国住过一段时间，故讲一口流利的英语和阿语。他先后在伦敦大学伯贝克学院[②]（Birkbeck）、美国华盛顿的国防大学近东、南亚战略研究中心求学。

投身阿富汗抗苏"圣战"。20世纪80年代中期，比诺特曼因阅读赛义德·库特卜[③]著作而接受激进思想。当时，一些激进

---

① 材料引自："Noman Benotman", http://en.wikipedia.org/wiki/Noman_Benotman。（上网时间：2013年12月9日）

② 伯贝克学院位居英国大学第23位，2010年《泰晤士报》世界大学排名中跻身第152名。

③ 赛义德·库特卜（1906—1966年）是埃及穆斯林兄弟会精神领袖、世界穆斯林激进主义的灵魂，其"圣战"思想对世界范围的穆斯林激进组织影响深远，尤对"基地"组织领导人本·拉登、扎瓦希里的"圣战"思想影响至深。

穆斯林学者发布某些"法特瓦",宣称"圣战"是每个有能力的穆斯林义不容辞的职责。于是,1989年,比诺特曼响应"圣战"召唤奔赴阿富汗战场,参加霍斯特、加德兹等地的战斗。因此,从青年时代起,他就为激进事业而战,并结交了许多朋友。在阿富汗期间,在伊斯兰旗帜下,他成为本·拉登的战友。

创建利比亚"伊斯兰战斗团"。苏联从阿富汗撤军后,比诺特曼回到利比亚,于20世纪80年代末90年代初成立"利比亚伊斯兰战斗团",旨在推翻卡扎菲政权,在利比亚建立"伊斯兰国家"。1994年,他前往苏丹,与本·拉登、扎瓦希里等"基地"组织要员建立了密切关系。据悉,本·拉登一直资助"利比亚伊斯兰战斗团"。

90年代初,卡扎菲镇压"利比亚伊斯兰战斗团",许多成员被捕入狱并判处死刑。从1995年起,比诺特曼一直流亡英国伦敦。起初,他落脚英国是"基地"组织恐怖网络"伦敦斯坦"(Londonistan)战略计划的一部分,同伙有其他"基地"组织要员如艾布·卡塔达①(Abu Qatada)、艾布·穆萨卜·苏里②(Abu Mus'ab al–Suri)。到2001年"9·11"恐怖袭击前,"利比亚伊斯兰战斗团"已发展成为一个由来自17个国家成员组成的跨国网络,其功能齐全,包括协调资金、募人、动员、培训、采购武器、后勤保障等方方面面,实现了组织的国际化。

---

① 艾布·卡塔达是激进宗教人士,在英国与"基地"组织有关的恐怖活动中,是一个关键性人物,执法部门称他是"一个真正危险人物"。
② 艾布·穆萨卜·苏里又名穆斯塔法·塞特马里阿姆·纳赛尔(Mustafa Setmariam Naser),叙利亚人,正式阐明了后"9·11"时代"基地"组织新战略"国际圣战运动原子化"理论,成为互联网时代"基地"组织和全球"圣战"运动新生代的首席理论家。

退出"伊斯兰战斗团"。在国际"圣战"运动斗争方向上，比诺特曼一直与本·拉登存在分歧。2000年夏，在阿富汗坎大哈举行"基地"组织战略会议，来自许多国家近200名代表与会。会上，比诺特曼呼吁本·拉登和扎瓦希里放弃恐怖营生，因为他们正在进行一场"注定失败的战斗"。他同本·拉登辩论道，"基地"组织聚焦打击美国，将会伤害到"伊斯兰战斗团"等组织"推翻背叛了伊斯兰教的阿拉伯政权"的努力，而后者才是真正的问题所在。他认为，利比亚面临的最紧迫威胁是卡扎菲政权，对向西方发动"圣战"不感兴趣。后来，他再次明确敦促本·拉登停止攻击美国，但遭到本·拉登的拒绝，"不能阻止行动，战士们已经上路"。[①] 2001年，"基地"组织制造了震惊世界的"9·11"恐怖袭击事件。"9·11"后，因担心美国不仅对"基地"组织还对"伊斯兰战斗团"采取报复行动，比诺特曼与"基地"组织保持距离，不久甚至退出"伊斯兰战斗团"。

（二）摇身变成反穆斯林激进主义旗手

2007年初，卡扎菲要求英国政府向利比亚引渡比诺特曼等恐怖分子。他被迫为留在伦敦而战，最终取得英国国籍，从而摆脱了被引渡回国的命运。过去几年里，比诺特曼一方面致力于解散"伊斯兰战斗团"，成为"基地"组织的主要批评者之一；另一方面，身为反恐和中东问题专家，他频频出现在CNN、半岛电视台等国际媒体上，还参加各类国际研讨会发声。

---

① Michael Jacobson, "Terrorist Dropouts: Learning from Those Who Have Left", *Policy Focus* #101, The Washington Institute For Near East Policy, January 2010, pp. 8–9.

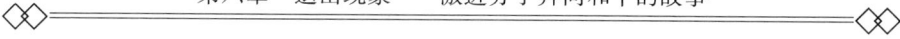

积极参加英国政府"去激进化"项目。比诺特曼积极参与英国政府发起的"去激进化"行动。他的任务是规劝关押在利比亚监狱多年的前同伙放弃暴力和滥杀平民行为。2007—2010年,比诺特曼多次飞赴利比亚同卡扎菲政权打交道,被许多人视为"叛徒",但他表示自己视其同伙为兄弟,为拯救他们的生命,别无选择。2011年利比亚爆发革命时,比诺特曼正同卡扎菲儿子赛义夫·伊斯兰·卡扎菲(Saif ul Islam Gaddafi)合作,将其同伙从臭名昭著的阿布斯利姆监狱(Abousleem)释放出来。

与此同时,比诺特曼公开批评"基地"组织暴恐行为。2007年,他发表公开信,宣称"基地"组织暴恐行为违反伊斯兰教保护"人的宗教、生命、思想、财富"主张,呼吁其成员停止军事行动。2009年,比诺特曼与其他五名"伊斯兰战斗团"前领导人一起,发表长达400页专著《纠正"圣战"、职责、人民评判认识之研究》(Corrective Studies in Understanding Jihad, Accountability, and the Judgment of the People),公开认错并挑战"基地"组织的全球"圣战"观。2010年9月10日,比诺特曼发表致本·拉登的公开信,敦促其放弃暴力,单方面停止一切恐怖袭击。[①]

中东问题专家。2003—2010年,比诺特曼在英国任"利比亚人力与政治发展论坛"(Libya Human and Political Development Forum)研究部主任;2010年9月至今任奎利姆基金会主席并兼任该基金会研究项目负责人。身为反恐怖主义和中东问题专家,

---

① Noman Benotman, "An open letter to Osama bin Laden", September 10, 2010, http://afpak.foreignpolicy.com/posts/2010/09/10/an_open_letter_to_osama_bin_laden.(上网时间:2013年12月9日)

他不仅分析世界范围、互联网上"圣战"发展趋势，还向公共和私人团体提供战略咨询，经常在许多电视节目上发表看法。①2013年9月12日，比诺特曼发表研究报告，题为《评估"基地"组织有生力量新指数》。新指数包括规模、组织性质、顶层设计、隐秘性、利益保护、凝聚力六大方面，他称"这些新指数是评估'基地'组织有生力量的新工具，人们常常只强调一、两个方面，其实只有分析了这六大方面才能获得'基地'组织当前和未来能力的真实情况"。②

三、阿尔及利亚"萨拉菲派宣教与战斗组织"创始人哈桑·哈塔卜③

哈桑·哈塔卜（Hassan Hattab），因反对"塔克菲尔"思想和滥杀无辜、主张与阿尔及利亚政府实现和解，于2003年10月退出组织，但一直被阿尔及利亚政府羁押至今。

（一）十余年激进生涯

1967年1月14日，哈塔卜生于阿尔及利亚的鲁伊巴

---

① "Noman Benotman is President of Quilliam", http://www.quilliamfoundation.org/about/staff/noman-benotman/. （上网时间：2013年12月29日）

② "NESA Alumnus Noman Benotman Publishes report on the Effectiveness of Al Qaeda", http://nesa-center.org/news/2013/09/12/nesa-alumnus-noman-benotman-publishes-report-effectiveness-al-qaeda. （上网时间：2013年12月29日）

③ 材料引自："Hassan Hattab", http://en.wikipedia.org/wiki/Hassan_Hattab; Hassan Hattab, "I have been forced to join the armed activities...", ennahar, 15 March, 2009, http://www.ennaharonline.com/en/news/617.html. （上网时间：2013年12月9日）

(Rouiba)。80年代，他在家乡接受宗教教育，长大后参军，当了一名伞兵。1989年退役后，他成了一名机修工。

任"阿尔及利亚武装伊斯兰集团"地区头目。1991年阿尔及利亚大选，"伊斯兰拯救阵线"（FIS）获胜，阿尔及利亚军方取消选举结果，并接踵在全国展开逮捕激进分子的行动，几乎所有留着胡子的人都被捕入狱，遂导致哈塔卜在内的许多不信奉武装斗争的人投身反政府运动。他参加莫希蒂尼（Mohieddine）为首的反政府武装后，开始有了"圣战"思想。哈塔卜称，此前从未想过要参加武装斗争，以武力改变邪恶。

1992年末至1993年末，视政府为"异教徒"政权的"阿尔及利亚武装伊斯兰集团"（GIA）崛起，并成为阿尔及利亚最强大的反政府势力，哈塔卜加入该组织。1994年，他出任负责卡比利亚（Kabylie）和首都东区的埃米尔，号召暗杀卡比利亚反宗教歌手路内斯·马图卜（Lounes Matoub）的声明就出自他手。**因为反对"阿尔及利亚武装伊斯兰集团"奉行"塔克菲尔"思想**，屠杀阿尔及利亚平民，哈塔卜1996年离开该组织。

创建"萨拉菲派宣教与战斗组织"。1996年或1998年，哈塔卜创建"萨拉菲派宣教与战斗组织"。1999年4月，该组织发布首份公告称，**主要目标是在阿尔及利亚建立一个伊斯兰国家，反对世俗现政权，不会攻击阿尔及利亚民众**。由于"阿尔及利亚武装伊斯兰集团"出现内部清洗及遭军方镇压，不久，"萨拉菲派宣教与战斗组织"影响力就超过前者。1999—2003年，"萨拉菲派宣教与战斗组织"主要在阿尔及利亚东部开展活动。

（二）向政府缴械投降

退出组织。2003年10月23日，哈塔卜因主张与政府实现和解而退出"萨拉菲派宣教与战斗组织",纳比尔·萨赫拉乌伊(Nabil Sahraoui)接任该组织头目。2004年,哈塔卜被乍得叛乱分子抓获,在利比亚斡旋下移交给阿尔及利亚政府。2005年2月9日,"萨拉菲派宣教与战斗组织"宣布,将哈塔卜彻底逐出该组织,并视其为"圣战陌路人"、"暴政面前的哀求者"。2006年9月,"萨拉菲派宣教与战斗组织"加入"基地"组织,改名为"伊斯兰马格里布'基地'组织",哈塔卜反对两组织结盟。

反对滥杀平民。哈塔卜坚信,"圣战"必须只限定于军事目标。"萨拉菲派宣教与战斗组织"加入"基地"组织后,开始攻击在阿尔及利亚的西方目标:2007年4月11日,两起爆炸案造成33人丧生,222人受伤,哈塔卜批评该组织领导人偏离原先斗争目标,试图将阿尔及利亚变成"第二个伊拉克",呼吁其成员放下武器。2007年10月5日,阿尔及利亚内政部长诺雷蒂尼·亚齐德·泽霍尼(Noureddine Yazid Zerhouni)证实,9月22日哈塔卜已向阿尔及利亚政府投降。

2009年,哈塔卜又一再公开呼吁"萨拉菲派宣教与战斗组织"成员放下武器,接受阿尔及利亚政府依据"和平与民族和解宪章"(Charter for Peace and National Reconciliation)实行大赦。他引用《古兰经》经文及其他宗教文献反问道:"什么法律或道德准则能允许恐怖暴力?这是能取悦真主的真正'圣战'吗?"[①] 2009年4月2日,在哈塔卜不断呼吁下,四名"萨拉菲派宣教与战斗组织"头目——负责联络的头目艾布·奥马尔·

---

① Michael Jacobson, "Terrorist Dropouts: Learning from Those Who Have Left", *Policy Focus* #101, The Washington Institute For Near East Policy, January 2010, pp. 8 – 9.

阿布德勒巴里（Abu Omar Abdelbari）、负责医务的头目艾布·扎卡里亚（Abu Zakaria）、9区（撒哈拉地区）头目穆萨卜·艾布·达乌德（Moussaab Abu Daoud）、5区（阿尔及利亚东部）头目艾布·阿玛尔·哈迪法·马雷查尔（Abu Amar Hadhifa El Maréchal）向政府寻求大赦并发表声明称，"伊斯兰武装斗争时代已经过去"，呼吁武装分子向政府投降。他们还谴责2008年8月在布维拉制造的汽车炸弹袭击。从2009年初起，一些恐怖分子陆续向政府投降。①

2011年3月，司法部长塔伊卜·贝莱兹（Tayeb Belaiz）透露，迄今哈塔卜一直被"行政拘留"（内政部依据紧急状态法，不加审判羁押犯人）在一处安全地点。

四、印尼"伊斯兰祈祷团"前军训教头纳西尔·阿巴斯

纳西尔·阿巴斯（Nasir Abas），曾是东南亚地区多年受通缉的主要圣战者之一，被印尼反恐高官安赛阿德·穆巴伊将军（Ansyaad Mbai）称为"十分危险的人物"。② 2002年10月第一次巴厘岛爆炸案造成大量无辜民众伤亡，使他深刻反省自己的行为，并于2003年退出"伊斯兰祈祷团"。从此，他摇身变成印尼政府反击国际恐怖主义威胁的"无价盟友"。

---

① Nazim Fethi, "New calls for reconciliation in Algeria", 2009-04-02, http://magharebia.com/en_GB/articles/awi/features/2009/04/02/feature-01? change_locale=true. （上网时间：2013年12月9日）

② "Nasir Abbas", http://en.wikipedia.org/wiki/Nasir_Abbas. （上网时间：2013年12月26日）

(一) 以"伊斯兰祈祷团"军训教头闻名

阿巴斯 1969 年生于马来西亚,曾在巴基斯坦经文学校上学。如今,他与家人一起生活在印尼雅加达。阿巴斯看上去不像一名曾经的圣战者,性情温和,绅士风度,外表与令人胆寒的名声——"伊斯兰祈祷团"军训教头不符。

创建"圣战"培训基地。20 世纪 80 年代末,阿巴斯曾赴阿富汗参加抗苏"圣战"。由于熟练掌握使用武器技巧,他在"伊斯兰祈祷团"(1985 年,由阿布·巴卡尔·巴希尔在马来西亚建立,力图建立一个由泰国南部、马来西亚、新加坡、菲律宾南部、印尼组成的伊斯兰国家。该组织内有不少成员 1987 年后前往阿富汗参加"圣战")内的地位迅速窜升。

阿巴斯从阿富汗返回东南亚后,在菲律宾南部棉兰老岛创建赫达比亚(Hudabiya)"圣战"培训基地,并成为"伊斯兰祈祷团"军训教头。他将赫达比亚基地经营成一所正式军事学院,培训科目包括个人作战技能、小武器使用、炸药常识等。培训目的:"为上战场打仗而培训,我们是为防御而战,为了自身权利而战。我们不攻击平民,只攻击军人。"由他亲手培训的圣战者不仅在东南亚地区开展活动,还奔赴世界其他热点地区,如 2002 年 10 月 12 日第一次巴厘岛爆炸案主犯之一穆赫拉斯(Mukhlas)。[1]

---

[1] Peter Taylor, "The jihadi who turned 'supergrass'", BBC programme, Al Qaeda: Turning the Terrorists, 13 September, 2006, at 2100 BST on BBC Two, http://news.bbc.co.uk/2/hi/programmes/5334594.stm. (上网时间:2013 年 12 月 26 日)

（二）退出"伊斯兰祈祷团"

2002年10月，阿巴斯在印尼政府大规模镇压行动中被捕，因他一向不参与暴力行动，只被判处10个月徒刑。2003年4月，他在被捕6个月后，宣布退出"伊斯兰祈祷团"。理由有三：**其一，不同意滥杀平民**。1998年2月23日，"基地"组织与其他六个极端组织结盟组成"反犹太人和十字军国际伊斯兰'圣战'阵线"，本·拉登代表该阵线发布"法特瓦"，呼吁每位穆斯林都有义不容辞的责任：无论身处何地，只要有可能，就应杀死美国人及其盟友——包括平民和军事人员。一些"伊斯兰祈祷团"成员将本·拉登的"法特瓦"视为自身恐怖行为合法性理由，还将基督徒、犹太人列入袭击目标。2000年以来，"伊斯兰祈祷团"军事头目汉巴里（Hambali）在印尼制造一系列恐怖袭击事件，如2000年12月平安夜数座教堂爆炸案、2001年菲律宾大使馆爆炸案等。但阿巴斯认为，本·拉登没有资格发布"法特瓦"，"伊斯兰祈祷团"攻击印尼这样和平土地上的无辜平民是错误、不合适的行为，偏离伊斯兰正道，"对伊斯兰教和我们的事业无益"，拒绝执行袭击命令。**其二，巴厘岛爆炸案使他感到"罪孽深重"**。2002年10月12日第一次巴厘岛爆炸案造成202人丧生，受害者当中许多是外国游客，阿巴斯20世纪90年代初在阿富汗训练的"伊斯兰祈祷团"成员参加了此次爆炸案，这使他悔恨不已，"他们用所学知识去杀害平民，杀害无辜的人"。**其三，被捕后得到警方的尊重和善待**。阿巴斯被捕入狱时，原以为会遭到警方毒打或被处决，没想到警方善待他——警方已从被捕同犯中获悉，阿巴斯反对巴厘岛爆炸案。印尼反恐小组负责人贝克托·萨普拉普托（Bekto Suprapto）审讯他时说："看着我的眼睛,我像是反对伊斯兰教的人吗?如果你不同意搞爆炸袭击,那就让我们携手阻止爆炸案的发生。"次日,阿巴斯做完祈祷后,开始向警方招供"伊斯兰祈祷团"组织内幕,不少成员被缉拿归案,"伊斯兰祈祷团"遭受重创。他说:"在真主面前,自己必须停止做一切坏事。"①

主要思想理念。② 其一,**信奉只能在捍卫伊斯兰教、伊斯兰民族、伊斯兰国家的战场上开展"圣战"**。阿巴斯认为,可以向占领穆斯林国家的外国军队开战,如向驻阿苏军、驻伊美军、棉兰老的菲军发动"圣战"才算合法。即使在这三国,还必须区分袭击是针对军事目标还是平民。**其二,主张"圣战"不能滥杀平民**。阿巴斯坚信,真主从未命令穆斯林滥杀平民,先知穆罕默德也从未杀害过平民,滥杀平民是"大罪"。他从未参加印尼境内任何恐怖爆炸行动。**其三,接受印尼政府领导**。阿巴斯认为,印尼是一个伊斯兰国家,绝大多数人口是穆斯林,国家领导人也是穆斯林。如果印尼局势变得比伊拉克还糟,所有穆斯林才有责任起来捍卫印尼,这时才算是"圣战"。他称,"伊斯兰祈祷团"攻击印尼的激进行为源于本·拉登思想——认为印尼和马来西亚都不是伊斯兰国家,因此要使其变成伊斯兰国家。阿巴斯坚信,"我们已经有一个国家,没必要摧毁它另建一个新国家。虽然目前印尼没有实施伊斯兰教法,但肯定有其

---

① Robin McDowell, "Captain Jihad: Ex-terrorist is now comic book hero", Associated Press, Jakarta, September 9, 2011, http://www.thejakartapost.com/news/2011/09/09/captain-jihad-ex-terrorist-now-comic-book-hero.html. (上网时间:2013年12月29日)

② 材料引自:Patung, "Nasir Abas on Jamaah Islamiyah", *IM Posts*, Feb 12th, 2006, http://www.indonesiamatters.com/104/nasir-abas-on-jamaah-islamiyah/。(上网时间:2013年12月9日)

理由，应该遵守印尼现政府领导。"**其四，"伊斯兰祈祷团"的使命是为在印尼实现伊斯兰价值观而奋斗**。这包括注重伊斯兰教育（"伊斯兰祈祷团"成员要学习《古兰经》、圣训、穆罕默德生平及其他相关知识）、宣教（以此让社会决定是否已准备好实施伊斯兰教法）、社会慈善活动、帮助冲突地区民众等。

（三）积极协助政府反恐

一是协助政府将前同伙缉拿归案，绳之以法。2003年8月出狱后，阿巴斯积极协助警方追捕过去同伙并将其逮捕归案，如2002年巴厘岛爆炸案主犯之一阿扎哈里·本·胡辛（Azahari Bin Husin）。他还出庭作证，将"伊斯兰祈祷团"一些要犯送入监狱服刑：如2004年出庭指控"伊斯兰祈祷团"精神领袖阿布·巴卡尔·巴希尔（Abu Bakar Ba'asyir）犯下与巴厘岛爆炸案有关的阴谋罪，巴希尔被判处两年半徒刑。2006年9月，在审判2005年第二次巴厘岛爆炸案犯穆罕默德·乔里里（Mohamed Cholily）一案中，阿巴斯再次出庭作证，乔里里被判处18年有期徒刑。由于阿巴斯树敌过多，生命面临危险，印尼头号通缉犯、"伊斯兰祈祷团"头目之一努尔丁·穆罕默德·托普（Noordin Mohammad Top，生于马来西亚的印尼恐怖分子）扬言，"如果阿巴斯胆敢指证他，他会杀了阿巴斯"。①

二是高调参与印尼监狱"去激进化"行动。从2004年起，印尼政府借鉴沙特等阿拉伯国家经验，在监狱发起感化涉恐犯人行动，即"去激进化"行动。阿巴斯配合政府现身说法，在

---

① Peter Taylor, "The jihadi who turned 'supergrass'", BBC programme, Al Qaeda: Turning the Terrorists, 13 September, 2006, at 2100 BST on BBC Two, http://news.bbc.co.uk/2/hi/programmes/5334594.stm. （上网时间：2013年12月26日）

两方面规劝过去同伙：一是神学层面，指出《古兰经》中禁止进攻性战争的经文——必须保护非战斗人员尤其妇女儿童的性命；二是战略层面，让前同伙信服并不是所有西方人都反穆斯林，许多美国人也反对伊拉克战争。然后问他们：炸弹有没有让人们更尊重伊斯兰教了？呼吁他们"重返伊斯兰正道"。有些犯人愤怒地反击他的论调，但他说仍值得继续努力。[①]

　　2007年7月初，阿巴斯与印尼反恐精英部队合作，邀请28名曾参加过阿富汗抗苏"圣战"的印尼人参加雅加达南部度假胜地朋卡克（Puncak）举行的对话会。参加阿富汗抗苏"圣战"的印尼人仍有300余人，虽然各"圣战"组织领导权已交到在菲律宾棉兰老受训以及在安汶、波索有作战阅历的新一代圣战者手中，但这些老人在印尼"圣战"圈仍享有极高声望和影响。受邀28人中，绝大多数是"伊斯兰祈祷团"成员，也有一些来自"伊斯兰家园"运动（成立于20世纪50年代）曾在阿富汗参战的成员。有些人刚从监狱获释，有些人从未被捕过，有些人虽处服刑期，但因参与"去激进化"项目而行动相对自由。这些与会者的共性是，不仅参加过阿富汗战争，且都反对滥杀无辜。一名当事者透露，对话会上，与会者提出各种想法，包括私下同"伊斯兰祈祷团"所属学校（约有30所）老师们接触，帮助获释犯人获得谋生的贷款，以便让他们集中精力改善生活，不再继续受激进意识形态蛊惑。这对许多即将获释犯人有吸引力，因为他们都需要一份工作。但与会者最后达成的唯一共识是，应邀请更多参加过阿富汗抗苏"圣战"的印尼人参

[①] "Deradicalization Programs: Changing Minds?", December 17, 2007. http://fp-watch.blogspot.com/2007/12/deradicalization-programs-changing.html. （上网时间：2011年10月9日）

加下一次对话会。①

2011年9月9日，阿巴斯著作《我发现了"圣战"的真谛》（I Found the Meaning of Jihad）以彩色连环画书形式公开出版发行，并发放给一些学校和图书馆。全书共有137页，叙述了他从早年上经文学校到赴阿富汗参加抗苏"圣战"的人生经历。他说："我想让孩子们从我的人生经历中受到教益，不想让他们犯下同样的错误。"②

五、英国"伊扎布特"前发言人马吉德·纳瓦兹

马吉德·纳瓦兹（Maajid Nawaz），曾长期担任英国"伊扎布特"执委会成员兼发言人，募人干将，巴基斯坦、丹麦"伊扎布特"创建人。2002—2006年，他在埃及监狱服刑期间，经深刻思想反省，于2007年退出"伊扎布特"。他现任英国反激进主义智库奎利姆基金会执行主任，还是巴基斯坦反激进主义社会运动"库迪"两创始人之一。③

（一）"伊扎布特"岁月

出生于中产阶级家庭。1978年，纳瓦兹生于英国伦敦南部

---

① Crisis Group, "'DE-RADICALISATION' AND INDONESIAN PRISONS", *Asia Report*, Number 142, 19 November, 2007.

② Robin McDowell, "Captain Jihad: Ex-terrorist is now comic book hero", Associated Press, Jakarta, September 9, 2011, http://www.thejakartapost.com/news/2011/09/09/captain-jihad-ex-terrorist-now-comic-book-hero.html.（上网时间：2013年12月29日）

③ "Maajid Nawaz", http://en.wikipedia.org/wiki/Maajid_Nawaz.（上网时间：2013年12月29日）

401

中产阶级聚居区埃塞克斯郡（Essex），属于彻底融入英国社会的第三代巴基斯坦裔英国人，家境富裕。父亲在一家海外石油公司任工程师，母亲在银行工作。母亲的兄弟姊妹中，有四个是博士。纳瓦兹在威斯特克利夫中学（Westcliff High School）上学。青少年时代，他与伊斯兰主义并无关联，视伊斯兰教为"落后的农村宗教"。

投入"伊扎布特"怀抱。16岁时，纳瓦兹加入"伊扎布特"。**具体原因：一是不满英国社会的种族主义**。2007年9月，纳瓦兹曾自述道："作为一名在埃塞克斯郡长大的巴裔英国穆斯林，我总是有一种特殊感——源于少数有组织的种族主义者使我的生活变得格外困难。15岁时，眼睁睁看着高加索朋友在我面前被新纳粹组织'Combat Eighteen'成员刺死。肇事者曾被捕但之后法院撤销了起诉。显然，这些人在警察局里有朋友。"此番经历使他对英国社会产生挫折感。同年，纳瓦兹遭遇他人生中第一次被捕，对英国更加不满："有一天，我和朋友们玩撞球到很晚。他们开车送我回家时，埃塞克斯郡街头道路被封堵，我'被怀疑持枪抢劫'而被捕。因为那天早些时候，我的朋友们曾玩耍一把塑料子弹枪，一名老妇人认为玩塑料子弹枪的棕色皮肤孩子只意味着一件事：他们打算抢劫银行。结果我们被关押了一晚。第二天下午无罪获释，但警察连一声道歉都没有。"[①] **二是面临认同危机**。波斯尼亚发生的种族屠杀使宗教认同问题摆到了面前：他想知道自己是谁，"我是英国人？巴基斯坦人？一名穆斯林？"此时，他年方16岁，其兄奥斯曼被纳西

[①] Maajid Nawaz, "why I joined the British Jihad – and why I rejected it", September 16, 2007, http://www.timesonline.co.uk/tol/news/uk/article2459969.ece.（上网时间：2011年10月9日）

姆·加尼（Nasim Ghani，孟加拉裔，第五任英国"伊扎布特"支部领导人）招募进"伊扎布特"。随后，奥斯曼劝说纳瓦兹参加伦敦南区"伊扎布特"会议。在这些会上，纳瓦兹观看播放的"欧洲穆斯林如何在波斯尼亚遭屠杀"视频后加入"伊扎布特"，因为纳瓦兹心中认同疑问得到明确答案——自己是全球穆斯林大家庭的一员。从此，纳瓦兹投身"伊扎布特"活动，从参加秘密小组会议到散发呼吁"圣战"传单，满怀创造新世界秩序的使命感。①

1994年（16岁），纳瓦兹说服双亲离家前往伦敦东区的巴尔金大学（Barking）攻读设计课程。在伦敦，他与纳西姆·加尼的门徒埃德·侯赛因②（Ed Husain）联系，此人劝说他转校到纽汉学院（Newham）进一步深造，因为该校有更多的穆斯林学生。在纽汉学院，他与埃德·侯赛因同窗学习。随后，纳瓦兹又在伦敦大学东方和非洲研究学院攻读法律。21岁时，纳瓦兹迎娶生物系学生拉比娅（Rabia），当时她已是"伊扎布特"积极分子。二人婚后育有一子安马尔（Ammar）。

参与创建巴基斯坦、丹麦"伊扎布特"支部。在纽汉学院上学期间，纳瓦兹学习成绩名列前茅，出任学生会主席，"伊扎布特"领导层认可其组织才能，派他在英国各地、继而赴境外

---

① Maajid Nawaz, "The Way Back from Islamism", *PolicyWatch*, 1390, July 16, 2008, http://www.washingtoninstitute.org/policy-analysis/view/the-way-back-from-islamism. （上网时间：2013年12月9日）

② 原英国"伊扎布特"成员埃德·侯赛因（Ed Husain），1995年退出该组织回归正常生活，并与纳瓦兹于2007年10月共同创建奎利姆基金会。其自传体《伊斯兰分子》出版后成畅销书，2008年因此被提名为乔治·奥威尔奖候选人，现任美国纽约对外关系委员会中东研究项目高级研究员，穆斯林激进主义和伊斯兰主义的批评者。

开展招募工作：在英国，他在先后求学的纽汉学院、伦敦大学东方和非洲研究学院劝说学生加入"伊扎布特"。1998年5月，巴基斯坦成为核国家。1999年，纳瓦兹被英国"伊扎布特"派往该国创建"伊扎布特"支部，因为"伊扎布特"领导层相信，一个拥核的巴基斯坦对未来"哈里发国家"至关重要。9个月后，他在拉合尔创建"伊扎布特"小组，成员10人，并把在克什米尔对印作战的"虔诚军"一名地区头目招入麾下。从巴基斯坦返英后，2000年，纳瓦兹在丹麦创建首个"伊扎布特"小组，成员为5名巴基斯坦裔丹麦人。①

在埃及被捕入狱。2001年9月10日，纳瓦兹作为东方和非洲研究学院学生前往埃及亚历山大大学留学一年，学习阿拉伯语。在埃及，他仍继续从事宣教招募工作。2002年4月，他与另外两名英国人伊恩·尼斯贝特（Ian Nisbet）、里扎·潘赫斯特（Reza Pankhurst）及23名埃及人因宣传"伊扎布特"思想而在亚历山大被捕②，这是纳瓦兹人生中第二次被捕。他被关押在埃及国家安全机构开罗总部吉哈兹（al-Gihaz）。在此，纳瓦兹没有遭到毒打。然后，他与伊恩·尼斯贝特、里扎·潘赫斯特又被转移到马兹拉托拉监狱（Mazra Tora）接受法庭审判。审判期间，大赦国际视他们为政治犯，出面干预，最后他与伊恩·尼斯贝特、里扎·潘赫斯特每人被判处5年徒刑。③

---

① Jane Perlez, "From radical Islam leader to disillusioned ex-prisoner", September 12, 2007, http://www.nytimes.com/2007/09/12/world/asia/12iht-muslim.1.7474631.html.（上网时间：2011年10月9日）

② 1974年，"伊扎布特"在埃及遭取缔。

③ "Maajid Nawaz", http://en.wikipedia.org/wiki/Maajid_Nawaz.（上网时间：2013年12月29日）

（二）退出"伊扎布特"

2006年2月纳瓦兹刑满释放，3月返回英国家中。2007年5月，他在一次聚会中对朋友说："我退出了。"同年9月，纳瓦兹在自己的博客上和BBC电视采访中正式宣布退出"伊扎布特"。他在《纽约时报》一次采访中说，出狱后一直在公开道歉，"不管我在巴基斯坦、英国和丹麦对那些加入'伊扎布特'的人说过什么，我必须收回原话。我过去的所作所为有害于英国社会和世界。"他还说，"'伊扎布特'引领了20世纪90年代穆斯林激进化进程，培养了一种愤怒情绪，是一种必将引向暴力的意识形态。"[①] 退出"伊扎布特"后，英国"伊扎布特"网站 www.hizb.org.uk 没有对他进行人身攻击。不过，纳瓦兹的妻子和儿子都是"伊扎布特"成员，他退出该组织后，夫妻离婚，很长一段时间见不到儿子。2013年，纳瓦兹宣布与美国女友雷切尔恋爱，两人住在伦敦。

退出理由。一是在埃及监狱服刑期间博览群书，拓宽了视野。在埃及马兹拉托拉监狱服刑期间，纳瓦兹努力钻研阿语，这样就能阅读经典伊斯兰书籍。他自修了伊斯兰法学溯源、圣训编年史和《古兰经》诵经学，并将半部《古兰经》记入脑海，以期获释出狱后可以更有力地宣传"伊扎布特"思想。博览群书拓宽了他的知识视野，"慢慢地，我认识到自己过去宣传的东西远离了真正的伊斯兰教，我同意的东西实际上是伊斯兰

[①] Jane Perlez, "From radical Islam leader to disillusioned ex-prisoner", September 12, 2007, http://www.nytimes.com/2007/09/12/world/asia/12iht-muslim.1.7474631.html. （上网时间：2011年10月9日）

主义者打着伊斯兰教旗号兜售给我的"。① 另外，在狱中，纳瓦兹不仅与埃及穆斯林兄弟会领导人促膝谈心，如穆罕默德·巴迪耶（Mohammed Badie，年轻时亲自将库特卜的《路标》偷偷带出监狱，2010年1月16日当选为埃及穆斯林兄弟会第八任总训导师）、发言人埃萨姆·埃里安博士（Essam el-Erian），还与埃及世俗反对派赛义德·丁·伊卜拉欣博士（Said al-Din Ibrahim）、"明日党"（Tomorrow Party）领袖艾曼·努尔（Ayman Nour，2006年总统大选时得票数第二名）交上朋友。慢慢地，纳瓦兹对"伊扎布特"产生怀疑。②

在埃及入狱前，纳瓦兹曾一次又一次地宣传，穆斯林世界独裁统治必须被"哈里发国家"取代："伊扎布特"呼吁在整个中东、中亚建立"哈里发国家"，改变当前中东现状，呼吁西方穆斯林不要参加政治进程，反对民主和现代化，宣称一个穆斯林必须生活在一个伊斯兰国度里，而绝大多数中东国家不是伊斯兰国家。但他从埃及狱中结识的学者那里得知，"伊扎布特"意识形态与伊斯兰教教义不符，是以一种独裁取代另一种独裁。**他认为，伊斯兰主义"不是伊斯兰教，而是一种现代政治意识形态，对伊斯兰教是个祸害"**。③

二是得到大赦国际解救。纳瓦兹在埃及被捕后，被大赦国际定为政治犯，一直敦促埃及政府释放他。纳瓦兹原来认为西

---

① Maajid Nawaz, "why I joined the British Jihad – and why I rejected it", September 16, 2007, http://www.timesonline.co.uk/tol/news/uk/article2459969.ece. （上网时间：2011年10月9日）

② "Maajid Nawaz", http://en.wikipedia.org/wiki/Maajid_Nawaz. （上网时间：2013年12月29日）

③ Henry Midgley, "Culture: Maajid Nawaz's Defection", September 9, 2007, http://www.bitsofnews.com/content/view/6065. （上网时间：2011年10月9日）

方都是敌人，但大赦国际此举"打开了我的心灵，直面'敌人'要保护我的事实，使我认识到非穆斯林中也有好人"。这也是他重新审视自己信仰体系的因素之一，并成为退出"伊扎布特"的转折点。①

（三）反击激进主义岁月

2007年退出"伊扎布特"后，纳瓦兹在伦敦大学东方和非洲研究学院继续完成学业，获得阿拉伯语和法学学士学位。之后，他在伦敦经济学院修习《宗教与政治》和《冲突、暴力和恐怖主义》课程，获得政治理论专业硕士学位。

2007年10月10日，纳瓦兹与埃德·侯赛因在英国博物馆联合创办了奎利姆基金会，并出任该基金会联合主任。他还定期向英国和国际性报纸投稿发表评论，在世界各地多个论坛（从"伦敦城市圈"的草根到华盛顿的美国参议院）上发言，传播温和伊斯兰观。2008年7月11日，他向美国参议院国土安全与政府事务委员会做了有关穆斯林激进主义的演讲；2009年1月，同其他穆斯林一道参与"多哈辩论"，讨论政治伊斯兰对西方威胁议题；② 曾在布鲁塞尔一个会议上就欧盟反恐政策未来发表演讲，并与《新欧洲》周刊进行对话。

2012年7月，WH艾伦出版了纳瓦兹的回忆录《英国激进分子》（Radical in the UK）。2013年10月，由莱昂出版社（Ly-

---

① Michael Jacobson, "Terrorist Dropouts: Learning from Those Who Have Left", *Policy Focus* #101, The Washington Institute For Near East Policy, January 2010, pp. 9、15、18、20.

② http://www.quilliamfoundation.org/maajid-nawaz.html.（上网时间：2013年12月29日）

ons Press）发行美国版，更名为《激进分子：我走出伊斯兰极端主义之旅》（Radical：My Journey out of Islamist Extremism）。该书详细记述了纳瓦兹从少年时代欣赏美国街头黑人文化说唱乐到20世纪90年代参与"伊扎布特"在欧洲、亚洲创建支部到创办奎利姆基金会的人生经历。①

在巴基斯坦遭到人身攻击。2009年5月14日，纳瓦兹在巴基斯坦拉合尔一家餐馆与朋友就餐时遭英籍巴基斯坦"伊扎布特"成员塔伊布·穆吉姆（Tayyib Muqeem）拳脚攻击，当时他在巴基斯坦30多所大学巡回发起反激进主义、弘扬宗教宽容和政治多元化宣传活动，致力于在巴基斯坦实现社会民主变革。他还劝说穆斯林，"穆斯林只有生活在'哈里发国家'才安全，西方和非穆斯林国家决心要打垮穆斯林"的说法是错误的。据埃德·侯赛因称："'伊扎布特'全球领袖阿塔·阿布·拉什塔（Ata Abu Rashta）下令禁止其成员同纳瓦兹等人说话，看来一些'伊扎布特'成员现已将此令落实到人身攻击上。"②

参加选举。纳瓦兹面见过美国总统小布什、英国首相托尼·布莱尔。2013年7月，他宣布作为一名自由民主党候选人参加汉普斯泰德（Hampstead）、基尔伯恩（Kilburn）选区选举，竞逐伦敦北区一个议员席位。

---

① "Maajid Nawaz"，http：//en.wikipedia.org/wiki/Maajid_Nawaz.（上网时间：2013年12月29日）

② "Your Thoughts As Quilliam's Maajid Nawaz Attacked"，May 16，2009，http：//z13.invisionfree.com/julyseventh/index.php？showtopic = 3024&st - 21.（上网时间：2011年10月9日）

第二节 "伊斯兰国"逃离者

2014年6月29日,"伊斯兰国"发言人、叙利亚埃米尔阿布·穆罕默德·阿德纳尼(Abu Muhammad al-Adnani)通过该组织媒体"队伍"(Al-Furqan)发表题为《这是安拉的允诺》(This is the Promise of Allah)声明,宣布在横跨叙伊边境的广大区域建立"伊斯兰国"。"伊斯兰国"需要一支圣战者队伍,在伊拉克和叙利亚打仗;还需要一支建设者队伍,特别是科学家、医生、工程师等专业人才加入"伊斯兰国",参与国家建设,履行其"圣战"职责。[①] 不久,在全球几大社交网络上便出现了打着"伊斯兰国"旗号的诸多账号。在这些账号中,"伊斯兰国"呼唤全世界穆斯林,尤其是"伊斯兰国"现在匮乏的人才如工程师、商人甚至律师投奔、"汇聚"到"哈里发国家",将新成立的"伊斯兰国"视为真主允诺之地。[②]

目前,"伊斯兰国"并不像外人看到的那样光鲜亮丽,对各国圣战者充满了吸引力,已经出现了逃离者现象。主要是两种人:一是"圣战"队伍中的醒悟者;二是建设队伍中的逃离者。

[①] Mitchell Prothero, "Major Collapse – Islamic State offensive threatens Iraq's integrity", *Jane's Intelligence Review*, September 2014.

[②] "ISIS扬言数年后占领新疆,其头目指责中国在疆政策",《凤凰周刊》,2014年第22期,http://www.guancha.cn/Third-World/2014_08_09_254914.shtml?ZXW。(上网时间:2014年8月10日)

一、"圣战"队伍中的醒悟者[①]

过去两年里,"伊斯兰国"队伍里有2万余名外国圣战者,其中4/1左右来自欧洲。据伦敦国王大学(King's College London)激进化国际研究中心(International Center for the Study of Radicalization)2015年9月21日发表的一份报告称,虽然"伊斯兰国"视逃兵为背教者,一旦被抓就会被斩首,但自2014年以来,已有数百名人当了逃兵,人数虽少却在不断增加。其中有25—40%的欧洲圣战者已返回欧洲。据英国官员估计,有300多英国圣战者已回国。2015年,由于数国发动空袭行动,库尔德人和什叶派民兵发起新的地面攻势,"伊斯兰国"一些圣战者薪水在削减,另一些则当逃离者,不辞而别。逃离者现象的出现,使"伊斯兰国"展示的团结和意志的光环"褪色",激励着更多的人退出"伊斯兰国"。这些逃离者在媒体上现身说法,可以成为各国政府反击"伊斯兰国"招募战略的有力武器。

理由。据伦敦国王大学激进化国际研究中心这份报告称,已有58人(包括来自西欧和澳大利亚的9人,还有7名女性)勇敢地站出来,公开向世人披露退出"伊斯兰国"的理由:一是不赞成"伊斯兰国"对其他反叙利亚政府的逊尼派武装采取敌对态度以及滥杀平民和人质的行为。2014年,一名26岁的叙利亚圣战者通过走私犯逃到土耳其,他告诉全国公共广播电台,"伊斯兰国"希望杀死所有对他们说"不"的人,"要求每个人必须与其步调一致"。二是对"伊斯兰国"指挥官搞任人唯亲、

[①] 材料引自:Kimiko De Freytas-Tamura, "Disillusioned with ISIS life", *International New York Times*, November 22, 2015。

虐待他人做法感到厌倦。三是"伊斯兰国"的生活远未像其许诺的那样"乌托邦",他们原以为令人激动或有利可图。一名西方圣战者透露,当初之所以来投奔"伊斯兰国",是因为他希望向叙利亚人提供人道主义援助,有机会生活在一个"哈里发国家"里,以"沙里亚法"治国。他告诉 CBS 自己选择退出的主要原因,"许多人看了网上或社交媒体上的宣传而热血沸腾地来投奔'伊斯兰国',但并非只是打胜仗"。他亲眼目睹了一对男女因通奸而被石头砸死,他也不赞成"伊斯兰国"斩首救援工作者、记者等其他非战斗人员的行为,"我感到我所做的事不是我来到此地的目的——以人道主义方式帮助叙利亚人民,那么现在我就没有理由抛家舍业继续留在这里了"。四是有的人发现自己被选为人体炸弹而逃跑。

二、建设队伍中的逃离者[①]

暴行、缺乏政府管理、未能落实建国远景、苛捐杂税等使"伊斯兰国"控制区的民众选择逃离家园,流落他国。一名当了 20 年钻井技术员的叙利亚人,当叙利亚政府停发他的工资(每月挣 150 美元)后,"伊斯兰国"向他提供优渥的待遇——在同一座油田做同样一份工作,"伊斯兰国"起薪是原来工资的三倍,先是 450 美元,后来涨到 675 美元。但是,"伊斯兰国"频繁处决间谍嫌犯,叙利亚政府军的空袭行动,重要基础设施得不到维护(他的孩子无校可上),生活之艰辛,使他最终也怒了——国家宝贵的资源用于资助圣战者打仗,而学校、医院一

---

① 材料引自:Ben Hubbard, "ISIS promise of statehood is said to be falling short", *International New York Times*, December 3, 2015。

个接一个地关闭。"我们以为，他们想推翻叙利亚政府，但他们却成了贼。"于是，他付钱给走私犯，帮助他们夫妇和三个孩子逃离叙利亚，先到土耳其南部城桑利乌尔法市（Sanliurfa）落脚，12月乘船到希腊，希望继续前往德国谋生。还有一名在叙利亚天然气田工作的技术员说，圣战者占领天然气田后，他和同事们继续在那里工作。但他表示，圣战者没有落实建国愿景，"公众的支持很重要，但他们得不到公众的支持。人们从他们那里听到好话，但没有看到落实的好事"。

由于走私石油等活动遭俄军打击，"伊斯兰国"财力重新依靠对其控制区居民征收苛捐杂税上。通常，根据伊斯兰教法，每个穆斯林要将收入的 2.5% 作为天课缴纳给国家，但"伊斯兰国"声称目前国家"处于战争时期"，向居民征收 10% 的天课。此外，他们还征收车辆登记费、学生课本费，汽车尾灯坏了还上道要交罚款——在中东闻所未闻。"伊斯兰国"禁止吸烟，所以逮到吸烟者每次罚款 40 美元。[①] 许多逊尼派穆斯林说，"伊斯兰国"更像是一个有组织犯罪网络，而不是他们的保护人。如今，连那些当初选择留下来讨生活的居民也付钱给走私犯，让其帮助他们绕开"伊斯兰国"检查站，离开叙利亚远走高飞。

2015 年 11 月逃到土耳其的一名来自代尔祖尔的教师说，"那么多人在移民。'伊斯兰国'希望建设一个新社会，但他们将以只剩下自个儿告终。"这名教师讲道，"当叙利亚政府开办的学校关门后，她开办了一家非正式的学校。圣战者来后，要求她购买宽松下垂的黑长袍，强迫妇女在公开场合穿

[①] Matthew Rosenberg, Nicholas Kulish and Steven Lee Myers, "How ISIS wrings cash from those it controls", *International New York Times*, December 1, 2015.

上。禁止学生听音乐或其他娱乐活动。"最终,她放弃办学远走他乡。

目前,逃离叙利亚"伊斯兰国"控制区越来越难,因为圣战者不让民众离开。

第三部分　谋略篇

第三部分谋略篇,由第七章组成,再次突出文明交融的主题,试图由此为暴恐乱象无解的难题寻找一条破题之道,这正是尝试中国智慧的过程。

第七章　文明的交融与和平的未来

孔子曰："君子和而不同，小人同而不和。"先知默罕默德说："穆斯林社会的美德就是允许不同意见的存在。"

1993年夏，塞缪尔·亨廷顿在美国《外交》杂志上发表了"文明的冲突"一文，1996年又出版了《文明的冲突与世界秩序的重建》论著，引起举世关注和反响。他预言，"正在出现的全球政治主要和最危险的方面将是不同文明集团之间的冲突"，这是"西方普世主义、穆斯林的好战性和中国对自身文化的伸张所导致的冲突"，"文明的冲突是对世界和平的最大威胁"。这是在西方文明语境下，对西方文明、伊斯兰文明、中华文明三大文明相互关系的解读，20多年来，国际时局演变也在某种程度上印证了亨廷顿的这番预言。

然而，随着中国在国际舞台上的和平崛起，历史也将见证在中华文明语境下，三大文明之间对话、交融互鉴，并最终形成更上层楼引领世界的全球文明的现实。

不同文明之间存在着四层可以递进的关系：文明的冲突—文明的对话—文明的交融—诞生全球文明。**本书作者坚信，文明的对话与交融是破解当今全球穆斯林激进分子暴恐难题的一条新出路，也是世界和平的最可靠保障之一，而由此诞生的全球文明必将引领各国走向更高水平的富强与繁荣之未来。**

第一节　古往今来，三大文明核心国家在世上轮番各领风骚

强大的社会是普世的。这个世界是凭实力来讲话的，没有实力就没有发言权，这是现实世界一条亘古不变的规律。[①]

世界历史上下数千年，无论纵向缕析还是横向扫描，能延续千年且依然对世界政治和人类发展产生重大影响的当属三大文明：以中国为核心的中华文明，以中东为腹地的伊斯兰文明，以欧美为代表的西方文明。它们无论覆盖人口之多，拥有国家之众，占有土地之广，乃至对世界文明总进程的贡献，都堪称最主要的文明形态。

观察三大文明的历史脉络，可谓大致"各领风骚千百年"，走过中世纪两兴一衰（中华文明、伊斯兰文明兴盛，西方文明衰落）到近现代两衰一兴（中华文明、伊斯兰文明衰落，西方文明中兴）的全球文明格局。**进入 21 世纪，三大文明迈入新一轮两衰一兴（伊斯兰文明、西方文明衰落，中华文明中兴）的全球文明格局。**

一、中世纪全球文明格局：两兴一衰

在中世纪，中华文明与伊斯兰文明处于兴盛时期，交相辉映，西方则步入黑暗时代。

---

① 王建军：《曾国藩——成大事者不纠结》，哈尔滨出版社，2016 年 4 月第 1 版，第 190 页。

（一）中华文明：灿烂五千多年

中国是一个疆域辽阔、多民族融合的世界文明古国，中华民族是一个有着悠久历史的伟大民族，创造了五千多年灿烂的中华文明。清代以前，中国社会的发展和文明程度一直保持和代表着世界文明的先进水平。中国的造纸、印刷术、指南针和火药这四大发明，传播到世界各地，对世界文明做出了重大贡献。

纵观中国历史，古老而强大的中华帝国曾经绽放出一幕幕的盛世光环，从"文景之治"到"贞观之治"，从"开元盛世"到"康乾盛世"，都堪称盛世辉煌。在唐代，中国更是以其经济的繁荣与发展、政治的清明与稳定、文化的先进与发达、社会的和谐与安康为特征的强盛国势而为世界人民所推崇和向往，中国也因此成为世界文明极其重要的中心和重心。在清王朝时期的"康乾盛世"，中国社会各个方面在原有的体系框架下达到极致。在康熙、雍正、乾隆三朝176年间，中国人口达3亿，占当时世界总人口的1/3，经济总量占全球33%，全世界50万人口以上的10个大城市中，中国就占6个。直至18世纪西方工业革命[1]前，中国始终是全世界最强大的国家。[2]

---

[1] 18世纪中叶至19世纪初，英国实行了工业革命，从此便开始全面使用大机器生产。

[2] 纳麒、谢青松：《中国共产党的战略选择与哲学转换》，中国社会科学出版社，2011年11月第1版，第21页。

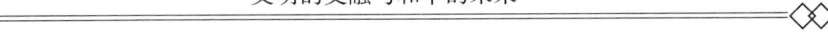

(二) 古代西方文明:"罗马和平"全盛期 300 年 (70—378 年)

古罗马指从公元前 9 世纪初在意大利半岛（即亚平宁半岛）中部兴起的文明。公元前 510 年，罗马建立了共和国，逐步征服了意大利半岛。公元前 27 年，渥大维（Octavian）成为罗马帝国第一位皇帝（公元前 27 年—公元 14 年）。罗马帝国建立后，扩张成为横跨欧亚非、称霸地中海的庞大帝国，与秦汉时期的中国一样，是古代世界强大的帝国之一。安东尼王朝皇帝图拉真（98—117 年）在位时，罗马帝国版图达到最大，经济空前繁荣，西起西班牙、不列颠，东到幼发拉底河上游，南至非洲北部，北达莱茵河与多瑙河一带，地中海成为帝国的内海。[①] 罗马帝国国威远振，四海升平，幅员辽阔，达 300 年之久，史称"罗马和平"（Pax Romana）时代，罗马成为世界权力中心。古代西方文明到罗马帝国时期发展到顶峰。

378 年，亚德里亚堡会战，罗马军团覆灭。395 年，狄奥多西大帝一死，哥特人反叛，没有遭到任何有力的抵抗——罗马军团里都是哥特人。于是，罗马帝国东部一夜沦陷，罗马帝国分裂为东西两部。5 世纪初，西哥特人侵入意大利，于 411 年攻破罗马，罗马遭到前所未有的劫掠和破坏。在 20 年之内，整个罗马帝国支离破碎，再没有恢复过来，476 年西罗马帝国最终灭

---

① "古罗马", http://baike.baidu.com/link?url=mZvpeeDlGLFiZV8k7PVU8T0CEgM6RZWVg5V0FCykdAHTtyFkVU3aLVI5Xc71cwOX9FGpcN0gWPbG6h1Aa6GHXeGJxifv3RJeoKF9gt4KCdE-5Jt-LAf6_zCMknlVq8FEEb9qdRS1D-Z1_kBwP2V8C5jO6Uqq4kPil6SOi15VGAYBNosvTmWUxLjRL44vRuK3。（上网时间 2016 年 3 月 8 日）

亡，长达千年的黑暗时代①降临西方世界。② 东罗马帝国（即拜占庭帝国）则在 1453 年被奥斯曼帝国所灭。

罗马文明与教化消逝后 134 年，伊斯兰教诞生，之后阿拉伯—伊斯兰帝国兴起。

（三）中世纪伊斯兰文明："黄金岁月"800 年（750—1258 年、15—17 世纪）

伊斯兰文明发轫于 7 世纪，先在阿拉伯地区勃兴与传播。阿巴斯王朝时期，穆斯林大军已跨越北非和伊比利亚半岛，并向东伸展到中亚、南亚次大陆和东南亚，建立起地跨欧亚非三大洲的阿拉伯—伊斯兰帝国，巴格达成为世界权力中心，史称**伊斯兰"五百年文化黄金时代"**。这一阶段，穆斯林最终形成跨民族、跨语言和跨地域的信仰共同体，并融汇古希腊、古波斯、古印度、阿拉伯等许多独特的文化或文明而产生登峰造极的伊斯兰文明。15—17 世纪，奥斯曼帝国进入鼎盛时期，再现地跨欧亚非三大洲伊斯兰帝国荣景，君士坦丁堡成为世界权力中心，伊斯兰文明又被奥斯曼帝国加以延续和光大。

二、近现代全球文明格局：两衰一兴

在近现代，中华文明和伊斯兰文明双双跌落衰败的低谷，西方实现中兴。

---

① 中世纪是宗教神学占统治地位的时代，故被称为西方文明史上的黑暗时代。
② 宋珏："罗马军团的覆灭——378 年：亚德里亚堡会战（2）"，发布时间：2012 年 11 月 14 日，http://www.21ccom.net/articles/sdbb/2012/1114/70991_2.html。（上网时间：2016 年 3 月 9 日）

伊斯兰原教旨主义复兴及激进主义的产生。

（三）近现代西方文明：世界霸权300年（18—20世纪）

告别了古罗马文明的西方世界，自5世纪至15世纪中叶，除拜占庭帝国一支独秀外，经历千余年的黑暗时代，完全被中华文明和伊斯兰文明两座灯塔的身影和光环所遮蔽。自15世纪中叶文艺复兴至20世纪末500多年时间里，西方文明重新崛起登上世界历史舞台。西方文明在资本主义载体上，以科技进步与经济增长为动力，以物质财富创造为核心，以工业化、城市化为路径，极大地促进社会生产力的发展，赢得了对其他文明近乎绝对的优势，几近一统天下。

西方文明分两个历史阶段，有两个主要权力中心：18世纪至1914年7月28日第一次世界大战爆发，属欧洲文明阶段，欧洲成为世界权力中心；从1945年9月2日日本签署投降书宣告第二次世界大战结束至2008年美国次贷危机爆发，总体上，属美国文明阶段，美国成为超级大国，华盛顿成为世界权力中心。这三百年间，西方世界的商业和技术成就为全球政治新纪元提供了基础，整个西半球和亚洲一些重要部分都受制于西方的殖民统治或控制。1920年，西方世界的领土扩张达到顶峰之际，直接统治了大约2550万平方英里的土地，将近地球陆地面积的一半，统治着几乎48%的世界人口。[①]

1. 阶段一：欧洲文明时代。15世纪中叶—16世纪中叶，百年文艺复兴[②]期间，欧洲在思想、学术、教育、文学、艺术、经

---

① 塞缪尔·亨廷顿著，周琪、刘绯、张立平、王圆译：《文明的冲突与世界秩序的重建》（修订版），新华出版社，2010年1月第1版，第64页。

② 也有人认为这个阶段长达300年，即自14世纪到16世纪。

第七章 文明的交融与和平的未来

济、社会等方面，百花齐放、百家争鸣。16—18世纪，欧洲走出黑暗期，进入启蒙时代，其中18世纪是启蒙时代的顶点，人文主义和理性主义发展到巅峰。就欧洲文明发展史看，18世纪是一个多彩多姿的世纪，尤其到18世纪后期，更是人才辈出，著述风行，可谓极一时之盛。在这个世纪中，经文艺复兴、宗教改革与资产阶级革命，欧洲文明奠定基础，然后才有连续两百年的进步。而现代化更使欧洲走向富强和主导世界格局，拥有世界话语权。

从1815年英国威灵顿将军大败拿破仑的滑铁卢战役为转折点，直至第一次世界大战爆发，世界进入**"不列颠和平"**（Pax Britannica）**时代**。英国人控制了海洋而无人敢向其挑战，全世界都坐视英国海军在世界各大洋上执行警察任务而认为那是理所当然，英国的自由资本主义快速向欧洲大陆与美洲大陆散播。维多利亚时代（1837—1901年），工业化和世界贸易使英国经济发生革命性变化，到1900年，"日不落"英帝国囊括1100万平方英里土地和3.9亿人口。[①]

这百年间，欧洲虽然有战争发生，但19世纪仍算是一个和平的世纪，包括政治、经济、社会、科技等方面在内的欧洲文明获得长足的发展。但在欧洲列强扩张过程中，安第斯和中美洲文明被有效地消灭了，印度、伊斯兰和非洲文明一起被征服，中国受到渗透并从属于西方的影响。

1918年11月11日，第一次世界大战结束。这场战争不仅使维持了百年的"不列颠和平"变为历史陈迹，而且欧洲元气大伤——欧洲大陆上的德意志帝国、奥匈帝国、保加利亚王国

[①] 塞缪尔·亨廷顿著，周琪、刘绯、张立平、王圆译：《文明的冲突与世界秩序的重建》（修订版），新华出版社，2010年1月第1版，第30页。

等国作为同盟国阵营，大英帝国、法兰西第三共和国、俄罗斯帝国、意大利王国等国作为协约国阵营，相互展开厮杀，成为欧洲历史上破坏性最强的战争之一，约 6500 万人参战，1000 万人丧生，2000 万人受伤，经济损失严重。**第一次世界大战宣告欧洲列强实力下降，美国、日本兴起。**

从第一次世界大战结束到 1939 年 9 月 1 日德军进攻波兰宣告第二次世界大战爆发，欧洲内部因经济、社会和政治问题深重而进一步分裂，导致战火再起。欧洲是第二次世界大战主战场之一，以德国、意大利、日本法西斯等轴心国及保加利亚、匈牙利、罗马尼亚等仆从国为一方，以美国、英国、苏联、中国等反法西斯同盟和全世界反法西斯力量为同盟国进行第二次全球规模战争，战争结束时，欧洲满目工业废墟，生产力遭到极大的破坏。**第二次世界大战宣告欧洲霸权结束，美国、苏联成为世界上两个超级大国。**

2. **阶段二：美国文明时代**。第二次世界大战导致欧洲殖民体系彻底崩溃，美国为主导的新秩序横空出世。美国短暂支配了世界，在生产、金融、军事以及意识形态上具有明显而强大的优势，其战略地位和战略影响非任何国家所能及。为实现并巩固霸权，美国苦心营造了一个精致的全球架构：政治组织如联合国，经济组织（或准组织）如国际货币基金组织、世界银行和关税及贸易总协定，军事组织如北约等，这个架构的体系与规则无不以美国利益为核心。由于英法等老牌帝国退出国际政治舞台的核心区域，冷战阵营逐步形成，美国渐次被西方推举为、也逐步自命为全球唯一和无可替代的领导者，美国价值观也似乎成为国际社会的主导价值观。

此阶段可划分成两个时期：

（1）**冷战时期**。第二次世界大战后，整个世界被一分为二，

第七章　文明的交融与和平的未来

国际政治呈现两极格局：苏联在全球层面同美国争霸，华盛顿、莫斯科分别成为以美国为首的资本主义阵营、以苏联为首的社会主义阵营的权力中心。这一时期，东西方之间政治对立，意识形态对抗，军事对峙。美国凭借其得天独厚的地理位置和雄厚的经济基础，一跃成为世界头号经济、军事大国，成为国际政治经济中的主导性力量。苏联则凭借在第二次世界大战中的卓越贡献和急剧发展的军事势力，国际威望迅速提高，加之东欧各社会主义国家的建立，使社会主义国家连成一片，成为唯一能与美国相抗衡的世界性力量。

美国建国于1783年。美国人历史上有很长时间把自己的社会看作与欧洲相对立：美国是一片充满自由、平等、机会和未来的土地；欧洲则代表压迫、阶级斗争、等级制和落后。至少到19世纪末，美国一直把自己看作不同于和对立于欧洲。但20世纪，美国走上世界舞台，它同欧洲的更广泛认同感得到了加强，把自己看作一个更广泛的实体——包括欧洲在内的西方——的一部分，而且是这个实体的领导。

从彼得大帝（Peter the Great，1688—1725年）在位之时开始，俄罗斯即已是欧洲大国，而第二次世界大战后更逐渐发展成为世界两个超级大国之一，其军事实力随之增大。从988年接受基督教之后，俄国与西方传统之关系就变得要比其他文明社会都更密切。不管是过去还是现在，虽然有其差异的存在，但俄罗斯文化的根本还是与欧洲其他国家一样，出于同一终极源流。[1] 俄罗斯属于西方文明范畴。

为捍卫资本主义利益，遏制共产主义与社会主义的发展，

---

[1]　钮先钟：《西方战略思想史》，广西师范大学出版社，2003年2月第1版，第434—435页。

美国于1947年先后抛出杜鲁门主义和"马歇尔计划",1949年又策划成立了北大西洋公约组织,从经济与军事上实施对苏联的遏制,大搞霸权主义。与此同时,以苏联为首的社会主义国家也在1947年成立了九国共产党工人情报局,1949年成立了经济互助委员会,此后又建立起华沙条约组织,同北大西洋公约组织相抗衡。

美苏冷战,以1989—1991年苏东剧变①、尤其是1991年苏联解体并分裂成16个国家②而告结束,美国崛起成为世上唯一超级大国。

(2)**"美国和平"**(Pax Americana)**时期**。苏联解体至2008年美国次贷危机爆发,美国作为唯一超级大国而独步世界,在全球力量的几乎每一个领域都居于支配性领先地位,成为资本主义世界的灯塔,华盛顿真正成为世界权力中心。18年间,美国霸权靠同盟体系维持,在此框架下,美国在由盟友、受保护人组成的体系里享有老大地位,该体系外势力被视为威胁,通过美国压倒性优势的军事力量加以遏制。③ 在美西方的大力宣传、诱导与高压下,世界多国纷纷向美国文明看齐,唯美国马首是瞻。

---

① 1989年11月9日,柏林墙倒塌,1990年9月24日,民主德国正式退出华约。1991年2月25日,在布达佩斯举行的华约政治协商委员会特别会议上,华约宣布组织所有的军事机构从1991年4月1日起全部解散,同时停止一切军事行动。

② 1990年3月11日,立陶宛成为首个宣告独立的苏联加盟共和国。

③ Ross Douthat, "The method to Obama's Mideast mess", *International New York Times*, March 30, 2015.

三、21世纪全球文明格局：新一轮两衰一兴

进入21世纪，穆斯林世界陷入深刻的社会危机，美西方世界日渐没落，中国再度和平崛起。

（一）伊斯兰文明：以中东地区为核心的伊斯兰文明，短期内依然无望中兴

其原因在于：1. **纵观穆斯林世界，20世纪大部分时间至今，既没有号令全球穆斯林的核心国家，也没有能够成为世界强国的国家**。1922年，奥斯曼帝国的灭亡使穆斯林世界失去了核心国家。截止2008年3月，57个穆斯林国家和2个地区（西撒哈拉、科索沃）中，没有一个有足够力量和足够的宗教、文化和合法性来担当这个角色，并被其他穆斯林国家和非穆斯林国家接受为穆斯林世界的领导。人们时而提到的可能成为穆斯林领导的国家有6个，然而它们当中没有一个具备成为有效的核心国家的全部条件。

沙特阿拉伯是伊斯兰教最初的家园，伊斯兰教最神圣的圣地都在那里，它的语言是伊斯兰的语言，它有世界上最大的石油储量和随之而来的金融影响。它的政府严格按伊斯兰原则塑造了沙特社会。20世纪70—80年代期间，沙特阿拉伯是穆斯林世界最有影响的国家，花费数十亿美元来支持全世界的伊斯兰事业，从清真寺、教科书到政党、穆斯林组织等。但另一方面，由于它的人口相对较少，地理位置易受攻击，在安全上依赖于西方。

伊朗的面积、中心位置、人口、历史传统、石油资源和中等的经济发展水平，使得它有资格成为核心国家。然而，全世

界穆斯林中近80%是逊尼派,而伊朗穆斯林大多数是什叶派。作为伊斯兰的语言,波斯语的地位远逊于阿拉伯语。况且,波斯人和阿拉伯人历史上冲突不断。

埃及是一个阿拉伯国家,人口众多,地理上处于中东中心的战略位置,拥有讲授伊斯兰学问的最高学府爱资哈尔大学。然而它又是一个穷国,经济上依赖于美国、由西方控制的国际组织和石油丰富的阿拉伯国家。

土耳其拥有核心国家的历史、人口、中等水平的经济发展、民族凝聚力、军事传统和军事技术等条件。然而,凯末尔革命阻止土耳其共和国继承奥斯曼帝国所扮演的那种角色,在宪法中规定信奉世俗主义,因此土耳其甚至没有成为伊斯兰会议组织的创始成员国。

巴基斯坦具有面积、人口和军事技术的条件,它的领导人不断试图扮演穆斯林国家合作促进者的角色,并充当穆斯林世界对世界其他国家的发言人。然而,巴基斯坦相对贫穷,深受内部严重的种族和宗教分裂的困扰。

印尼是当今世界最大的穆斯林国家,经济发展迅速,然而它处于穆斯林世界的外围,远离阿拉伯中心。它的人民和文化是本土的、伊斯兰教的、印度教的、中国的和基督教的影响的混合体。[①]

2. 穆斯林世界在全球化、现代化大潮中日益边缘化,并陷入深重的社会危机。穆斯林世界由57个国家组成,每个国家都希望发展,成为现代化国家。然而,放眼当今穆斯林世界,多

---

① 以上六国情况引自:塞缪尔·亨廷顿著,周琪、刘绯、张立平、王圆译:《文明的冲突与世界秩序的重建》(修订版),新华出版社,2010年1月第1版,第155—156页。

第七章 文明的交融与和平的未来

数陷入边缘化、半崩溃状态，究其根源就是自 18 世纪以来始终没有解决现代化问题。二战后，穆斯林国家没有几个走出理论上、经济上像样的成功模式，即使部分国家回归伊斯兰也没有走出成功的发展道路。进入 21 世纪，由于穆斯林世界人口爆炸①，生态环境恶化，城镇化进程加速，民众普遍缺乏教育或文化进步，经济停滞不前，越来越面临深重的社会危机。埃及文化部长加贝尔·阿什弗尔（Gaber Asfour）2015 年 1 月在一次电视访谈中坦承，"我们现在仍生活在落后时代。"欧洲穆斯林也处于深刻的社会危机状态。法国第三大贫穷城市里昂郊区沃昂夫兰（Vaulx-en-Velin）主要居住着穆斯林，成为这一问题的缩影：失业率约 20%，两倍于全国平均水平，对年轻穆斯林来讲，失业率甚至高达 40%。当地一半居民没有高中毕业证。在削减预算和财政紧缩背景下，就业状况还在恶化。日渐增长的社会经济边缘化是许多年轻穆斯林走向激进主义不归路的根源，他们生活的社区得不到国家的社会经济福利政策的惠顾，被主流社会遗弃。②

边缘化穆斯林对人生际遇满怀挫折感和愤怒，但手上除了宗教一无所有，只有依靠宗教发起反击。以"圣战"实现救赎的"悲情"在穆斯林世界泛滥，激进主义成为部分穆斯林"改造世界"的手段，进一步加剧了"圣战主义"蔓延，暴恐乱象

---

① 就全球穆斯林人口总数而言，1950—1970 年从 2 亿增至 5.5 亿；到 1980 年增至 7.2 亿；到 1990 年增至 9.5 亿；到 2000 年已发展到 12 亿人口。2013 年，穆斯林人口预估 14 亿。其中，穆斯林国家尤其是北非、中亚、南亚地区人口增长大大超过其邻近国家和世界平均水平。

② Adam B. Ellick and Liz Alderman, "French crisis seen as sign of chronic social problems", *International New York Times*, January 16, 2015.

长期化、复杂化、常态化。若想扑灭乃至根除这股暴恐浪潮，必须实现伊斯兰文明的中兴，使穆斯林的理性、温和派握有话语权。

（二）西方文明：西方主导、美国"说了算"的霸权时代将逐渐走入"历史的终结"

19世纪末，欧洲国家几乎遍及世界的扩张和20世纪末美国在全球的主导地位，使得西方文明传播到世界的大部分地区。不过，欧洲人在全世界的扩张早在第二次世界大战时就已经结束。至1993年，西方控制的领土减少了一半，大约只有1270万平方英里。西方的领土恢复到其原先欧洲核心部分，再加上美国、澳大利亚和新西兰等西方移民聚居的土地。西方政府只统治着西方人，西方人口占世界总人口的比例略多于13%，排在中国、穆斯林世界、印度之后，名列第四。[1]

2001年"9·11"事件[2]后美国发动阿富汗、伊拉克两场战争，实力大受消耗，对国际事务的影响和掌控能力下降。自2008年美国次贷危机爆发以来，金融危机和全球政治与经济系列乱象与危机丛生，美西方发达国家步入金融动荡、经济低迷、

---

[1] 塞缪尔·亨廷顿著，周琪、刘绯、张立平、王圆译：《文明的冲突与世界秩序的重建》（修订版），新华出版社，2010年1月第1版，第285—286、64页。

[2] 从前，在美国本土发生的类似于"9·11"的最后一次事件是1814年8月25日英军火烧白宫。而1815年以后，美国人慢慢形成一种观念，觉得安全和不受攻击是自己国土的一个固有的和持久的特点。20世纪的几次战争都是在远隔重洋的万里之外进行的，美国人在自己国内既安全又自由。2001年"9·11"事件证明，美国比将近200年来的任何时候更易于遭受外来的攻击。（塞缪尔·亨廷顿著，程克雄译：《谁是美国人？》，新华出版社，2010年1月第1版，第246页）

第七章 文明的交融与和平的未来

社会对立、政治僵化为特征的新常态时代。军事入侵阿富汗、伊拉克抹黑了美国的政治民主价值,华尔街金融危机则重创美国的经济自由价值,美国霸权陷入危机。2010年10月,美国前总统克林顿在雅尔塔指出,美国必须为失去作为主导国家的地位做好准备。

一部从20世纪70年代中期开启的"西方七国集团峰会"[①](G7),到1997年俄罗斯正式加入后变为"西方八国集团峰会"(G8),到2003年6月法国埃维昂"八国集团峰会"邀请中国在内的12个新兴经济体领导人参加会前的南北首脑非正式会议,到2008年由美国引发的全球金融危机开始正式举行"二十国集团峰会"(G20),到2016年中国杭州峰会邀请哈萨克斯坦和埃及与会,使杭州峰会成为G20历史上发展中国家参会最多的一次峰会的演变史,正是一部美国乃至西方霸权逐步旁落的见证史。

1. 一个统一、更加强大的欧洲走向梦断不归路。今日欧盟,已经不再是一个在外界眼里总能走出危机并且每次危机后总能变得更加强大的28国集团,欧洲在分裂。

(1) 从二战结束到2010年欧洲爆发债务危机,欧洲从战争的废墟上一步步地实现复兴与繁荣发展,成为国际舞台上一支举足轻重的力量。外交上,从欧共体走向欧盟、北约东扩。二战后,西欧地位一落千丈,受到苏美两个超级大国的威胁和控制,西欧有识之士认识到,只有消除仇恨和战争,走联合发展道路,最终实现欧洲的统一,才能重塑昔日辉煌。50年代,德

---

① 七个最发达的工业化国家——美国、英国、法国、德国、日本、意大利、加拿大的国家元首或政府首脑就共同关心的重大问题进行磋商会晤的机制。它产生于20世纪70年代中期,对维护发达国家的利益起了重要作用。

国总理阿登纳与法国总统戴高乐达成历史性谅解，开展德法合作，从而奠定了西欧在二战的废墟上实现复兴的基石。1950年，欧洲一体化先驱让·莫内和法国外长舒曼首先提出建立欧洲煤钢共同体（即舒曼计划）。1951年4月18日，法国、意大利、联邦德国、荷兰、比利时、卢森堡六国签订了为期50年的《关于建立欧洲煤钢共同体的条约》。1952年，六国组建了欧洲煤钢共同体。1955年6月1日，参加欧洲煤钢共同体的六国外长在意大利墨西拿举行会议，建议将煤钢共同体的原则推广到其他经济领域，并建立共同市场。1957年3月25日，六国外长在罗马签订了建立欧洲经济共同体与欧洲原子能共同体的两个条约，即《罗马条约》，于1958年1月1日生效。1965年4月8日，六国签订了《布鲁塞尔条约》，决定将欧洲煤钢共同体、欧洲原子能共同体和欧洲经济共同体统一起来，统称欧洲共同体（简称欧共体）。条约于1967年7月1日生效。欧共体总部设在比利时布鲁塞尔。欧共体实现关税同盟和共同外贸政策，对外实行统一的关税率。1973年，英国、丹麦和爱尔兰加入欧共体，尤其是英国自从成为欧共体大家庭中的一员起，它就与德法两国一起被尊称为欧共体"三驾马车"，共同引领欧洲一体化前进的方向。1981年1月1日，希腊成为欧共体第10个成员。1986年1月1日，葡萄牙和西班牙加入，欧共体成员国增至12个。

冷战结束后，1991年12月11日，欧共体马斯特里赫特首脑会议通过了建立欧洲经济货币联盟和欧洲政治联盟的《欧洲联盟条约》（通称马斯特里赫特条约，简称马约）。1992年2月7日，各国外长正式签署《欧洲联盟条约》。经欧共体各成员国批准，该条约于1993年11月1日正式生效，欧共体更名为欧盟，其宗旨是"通过建立无内部边界的空间，加强经济、社会的协调发展和建立最终实行统一货币的经济货币联盟，促进成员国经济和社会的均衡发展"。

1999年1月1日起,在奥地利、比利时、法国、德国、芬兰、荷兰、卢森堡、爱尔兰、意大利、葡萄牙和西班牙11个国家开始正式使用欧元,并于2002年1月1日取代上述11国的货币。至此,欧盟建立了统一的欧洲大市场,创设了欧元和欧元区,实现了人员、货物、资本和服务的四大自由流动,并且通过东扩,其实力及影响力都在增强。**一是欧盟东扩**。1995年12月11日,奥地利、瑞典和芬兰加入欧盟,使欧盟扩展至15国。2002年12月13日,在哥本哈根召开的欧盟首脑会议决定结束与爱沙尼亚、拉脱维亚、立陶宛、波兰、捷克、斯洛伐克、匈牙利、斯洛文尼亚、马耳他和塞浦路斯这10个候选国的谈判,正式邀请它们于2004年5月加入欧盟。2007年,保加利亚、罗马尼亚加入欧盟。2013年,克罗地亚也加入了欧盟。至此,欧盟成为一个由28国组成的集团。**二是北约东扩**。1995年,美国提出实施北约东扩计划,力图将曾属于前苏联势力范围的东欧地区纳入西方的欧洲地缘政治格局。经过几年的准备,1999年3月12日,波兰、捷克共和国、匈牙利加入北约,北约东扩正式启动。2004年,保加利亚、爱沙尼亚、拉脱维亚、立陶宛、罗马尼亚、斯洛伐克、斯洛文尼亚加入北约。2009年,阿尔巴尼亚、克罗地亚加入北约。

内政上,从二战结束到2013年以前,公开的极右翼政党在政坛上影响力不大。鉴于战后欧洲的文化、法律背景,公开的极右翼政党在选举上几乎没什么斩获。首先,在28个欧盟成员国中,有10个国家没有极右翼政党公开发声。第二,在另外18个国家中,极右翼政党参与选举的结果是:2005—2013年间,有9个国家这类政党选民支持率上升;剩下9个国家则没有。第三,在9个选民支持率上升的国家,只有4个国家的极右翼政党在全国选举中选民支持率上升超过5%。这四个国家是奥地利（8.9%）、法国（9.1%）、匈牙利（14.5%）和拉脱维亚（5.4%）。而这四国中，只有两个西欧国家法国、奥地利。匈牙利"尤比克党"（Jobbik）兴起引起学界和公众和极大关注，因为在欧盟框架内，它得到的选民支持率最高，2010年首次参加大选，就获得16.7%的选票，取代原先主要的右翼政党匈牙利正义与生命党（Hungarian Justice and Life Party）。截至2013**年年末，只有12个欧盟成员国在议会里有极右翼政党议员**：奥地利自由党、比利时"弗拉芒利益党"（the Vlaams Belang Party，VB）、保加利亚阿塔卡联盟（National Union Attack）、克罗地亚权利党（Croatian Rights Party，HSP）、丹麦人民党、法国"国民阵线"（National Front，1982年成立）、希腊"金色黎明党"、匈牙利"尤比克党"、意大利北方联盟（Northern League）、拉脱维亚民族联盟①（National Alliance）、荷兰自由党、瑞典民主党（Sweden Democrats Party）。在2012年5、6月两次希腊议会选举中，新纳粹政党"金色黎明党"进入议会，此前该党一向边缘化。自1980年起，许多极右翼政党进入立法机构，而此次希腊选举是公开的极右翼政党进入立法机构。**只有两个国家政府里有极右翼政党成员**：在拉脱维亚，他们是小伙伴；在保加利亚，他们是支持少数派政府的政党。②

种族、文化上，移民使欧洲史无前例地走向多元化。二战后，西欧国家在废墟上重建经济和基础设施，劳动力短缺，便向前殖民地国家和近邻国家招收劳工。而许多前殖民地和近邻

---

① 全称"一切为了拉脱维亚及祖国自由联盟"。
② Cas Mudde, "The Far Right and the European Elections", *Current History*, March 2014.

第七章 文明的交融与和平的未来

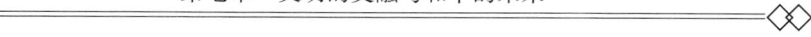

国家都是穆斯林国家，如阿尔及利亚、摩洛哥、土耳其、印度、巴基斯坦、印尼等。起初，各国政府认为这些临时穆斯林"外劳"只是来挣钱，最终会重返祖籍国。然而，到了20世纪70、80年代，大批穆斯林"外劳"反而在西欧落地生根，并且诞生了新的、具有文化多样性的穆斯林移民社区，这些社区没有同化进欧洲主流社会。此外，过去几十年里，伴随着欧洲化、全球化和移民潮，祖籍国是欧洲以外国家的欧洲人比例进一步明显上升，欧洲境内的人口流动性也随着跨国就业和休闲在增长，各国艺术家、厨师、活动家间的交流与合作不断增加，欧洲通俗文化[①]和消费品[②]日益受到世界各地文化的影响，欧洲城市的街头各色人种摩肩接踵，俨然成了一个人种大熔炉。[③] 譬如英国伦敦，800万居民中，有300万人出生在其他国家，可以听到上百种语言，完全是一个国际化大都市。[④] 设在伦敦的国际咨询公司"宏观顾问机构"（Macro Advisory Partners）负责人之一纳德·穆萨维扎德（Nader Mousavizadeh）称，"今日欧洲绝大多数城市都已成为一个多种族的多元化社会，实际上还是比较和

[①] 影视作品日趋全球化，中国、印度的文化产品已打入欧洲市场，美国、非洲的文化与欧洲文化也在相结合，并产生新的文化形态。外国时装、美容、养生等商品在欧洲市场销量在增长。

[②] 过去几十年里，欧洲大都市的料理从以欧洲当地食材为主到日趋多元化，各国移民从祖籍国进口自己的食材，开办移民超市和餐馆，使外国食品逐渐进入欧洲主流社会，甚至连欧洲人开办的大型连锁超市里也售卖外国的食材。

[③] Rahsaan Maxwell, "Cultural Diversity and Its Limits in Western Europe", *Current History*, Vol. 115, No. 779, March 2016.

[④] Sarah Lyall, "'Brexit' upsets a London that values its cultural cacophony", *International New York Times*, July 5, 2016.

平的，并带来了经济的繁荣。"①

（2）从 2010 年至今，欧洲逐渐步入分裂、恐慌时代。进入 21 世纪的第二个十年，数年间，恐怖袭击、债务危机、移民潮、右翼民粹主义高涨等四大挑战一齐袭来，为 20 世纪 40 年代以来欧洲所仅见。欧盟遍体鳞伤，既不能解决失业、经济滞胀等问题，也不能在政治上团结一致，反而演变为东、西欧以及南、北欧之间的地区性分裂。社会层面，宗教和阶级两大因素也在重新构建乃至分裂传统欧洲白人社会。英国媒体称，"欧洲已成为人心惶惶的大陆"，原先一直拥有的安全感正在快速蒸发。

其一，欧洲对伊斯兰教和穆斯林的宽容在消退。过去几十年，在许多欧洲城市，非欧洲白人族裔人数急剧增加，其中很大比例是穆斯林人口。由于大量穆斯林移民持保守伊斯兰文化价值观，他们同男女平等、同性恋权利、言论自由等现代世俗欧洲文化习俗发生冲突。2001 年的"9·11"恐怖袭击，随后马德里、伦敦的公交系统爆炸案，以及荷兰导演梵高被杀案，导致担忧笼罩在欧洲的上空，许多原先支持移民的欧洲人开始直截了当地大谈文化的差异性，特别是恐惧"欧洲正在迅速伊斯兰化"，未来将丧失"基督教认同"。多年来，欧洲一直强调"公民权和人权"，要求穆斯林移民有义务遵守当地法律，同时保持其独特传统。"9·11"后，情况不一样了，"恐伊症"在欧洲与日俱增。②

2010 年后，欧盟深陷经济低增长、高失业率、高赤字的低

---

① Thomas L. Friedman, "You break it, you own it", *International New York Times*, June 30, 2016.

② Dan Bilefsky, "Europe's tolerance for Islam fades", *International Herald Tribune*, October 12, 2006.

第七章　文明的交融与和平的未来

谷，普遍存在着社会分裂、普通民众感到被排斥在外等现象。2015 年的移民潮进一步助长欧洲各国民族主义、民粹主义、反欧盟政党的发展，导致欧洲右翼民族主义和民粹主义政客与泛欧主义者之间的对立。2015 年 9 月，匈牙利总理维克托·奥尔班（Viktor Orban）在德国《法兰克福汇报》上发表的政治观点在欧洲各国极具代表性，"我们不要忘记，那些来欧洲的人一直生活在另一个宗教环境下，文化与我们迥异。他们当中，绝大多数人不是基督徒，而是穆斯林。欧洲基督教世界不能确保其基督教属性的话，难道不应该忧心忡忡吗？如果我们欧洲不再是基督教的欧洲，那么欧洲基督徒将在自己的大陆上沦为少数族裔。"[1]

在右翼民粹主义和恐惧、仇外情绪的推动下，惊恐万状的欧洲人纷纷退回到各自的小国，重新强调国家主权。在 2015 年 9 月 22 日举行的欧盟内政部长会议后，卢森堡外长琼·阿塞尔伯恩（Jean Asselborn）就表示，"我们想达成共识，但实现不了共识。"捷克、匈牙利、罗马尼亚、斯洛伐克四国反对安置移民限额之举，反映出欧盟无法协调共同的政策。前意大利驻布鲁塞尔大使斯蒂法诺·斯蒂法尼尼（Stefano Stefanini）指出，"这比希腊债务危机更危险，因为它挑战欧洲业已取得的基本成就及其信仰——即共同的货币、申根国家人员自由往来等制度。如今，这些政策正面临史无前例的考验。"[2] 由于欧盟在移民问题上无法达成一致，为遏制移民的流入，瑞典政府已对瑞典——

---

[1] Eleni Kounalakis, "Hungary's xenophobic response", *International New York Times*, September 7, 2015. 作者为 2010—2013 年美国驻匈牙利大使。

[2] Steven Erlanger and James Kanter, "Plan to settle migrants strains limits of E. U. unity", *International New York Times*, September 24, 2015.

丹麦边界实行管控，使丹麦反过来又加强了对丹麦—德国边界的管控。奥地利、匈牙利、斯洛伐克也都纷纷暂时重新实施边界管制。从2016年2月开始，奥地利和巴尔干半岛9国联合采取边境管制，阻止难民从希腊源源不断地流入。3月9日，"巴尔干难民之路"永久关闭。2016年，德国也收紧难民政策，转向边界管制。这是欧盟历史的转折点——为了欧洲的发展与繁荣，欧洲各国领导人应该带领人民迈向更加团结的欧洲，不幸的是，他们却在背道而驰。

当前，"恐伊症"的阴云正笼罩在欧洲的上空。恐怖袭击每发生一次，欧洲主流社会接受反移民政策就更进一步。伦敦国王大学国际激进化研究中心主任彼得·纽曼明确指出，"大批欧洲民众都是潜在的反穆斯林分子。如果发生更多的恐怖袭击，未来欧洲社会族群关系将进一步撕裂。"**如果事态照目前情形发展下去的话，将强化欧洲各国的种族与宗教紧张关系。**

其二，英国半数以上民众毅然支持英国退出欧盟。[①] 在英国，近年来移民问题争议很激烈。由于英国经济体量居欧盟第二位，目前有200万其他欧盟成员国公民在英国就业。虽然从低端到高端，他们对英国经济贡献大，但脱欧派强调这些人抢走了他们的饭碗、抢走了福利。因为老百姓只关心就业等与其日常生活相关的问题，脱欧派深得民心。

在这种背景下，2016年6月16日，支持英国继续留在欧盟的41岁工党议员乔·考克斯（Jo Cox）被杀，反映出"英国政治出现扰乱人心的转变"——民众接受反欧盟、反移民、"英国优先"（Britain first）的声音，这在10年前是不可想象的。6月

---

① 材料引自：赵俊杰："抽丝剥茧：英国脱欧的后果及影响"，《世界知识》，2016年第14期。

23日，英国举行脱欧全民公投（Brexit）。英国总人口有6278万（2012年数据），脱欧公投登记的选民有近4650万，但真正参加投票的只有约3355万，说明还有1295万选民没有参与投票，占登记选民总数的27.85%。在3355万张有效选票中，赞成脱欧的选票有1741万，共得51.89%投票；赞成留欧的选票有1614万，获48.11%投票。

退出欧盟将给英国、欧洲、美国带来重大危害。危害之一，将导致英国政党内部分裂、地区分裂、社会群体分裂。英国社会"精英阶层"与"草根阶层"对立明显，在政治主张和政策认同上走向两极化，并且呈现地域差异和年龄差异。"精英阶层"主张积极参与全球化和欧洲一体化，希望英国留欧；"草根阶层"认为全球化和欧洲一体化反而使其更加贫困，因此主张脱欧。70%受过高等教育的中青年人希望留欧，而68%仅有中学文凭的中老年人则支持脱欧；伦敦、苏格兰和北爱尔兰地区的大部分民众希望留欧，而英格兰和威尔士大部分地区更支持脱欧。选择脱欧是英国"草根阶层"战胜"精英阶层"的一次尝试，是社会弱势群体对强势群体的一次"逆袭"，今后英国的"精英政治"将陷入困境，可能揭开英国社会裂变的序幕。

危害之二，可能引发英国国家的分裂。这次英国简单多数的民主（50%+1）表决方式，深深伤害了赞成留欧的选民，特别是苏格兰地区62%投票赞成留欧的选民。2014年9月，在苏格兰第一次"脱英"公投中，虽然有大多数选民对独立说"不"，但苏格兰获得了更大的自决权。2016年5月12日，苏格兰地方议会举行选举，主张独立的苏格兰民族党（Scottish National Party）获胜，在129个议席中赢得63席，其竞争对手保守党获31席，工党仅24席。该党领袖尼古拉·斯特金（Nicola Sturgeon）称选举胜利具有"历史意义"。在脱欧公投出结果后，尼古拉·斯特金强调，苏格兰人民将面对违背自己意愿的脱欧选择，这是"民主所无法接受的"，因此苏格兰政府在英国脱欧成定局后，极有可能通过立法来确保第二次独立公投的实现。如果苏格兰政府执意推动第二次独立公投，那么结果极有可能是苏格兰从英国独立出来。另外，早在2016年3月，新芬党领袖麦吉尼斯就表示，如果英国决定脱欧，那么主张留在欧盟的爱尔兰将举行独立公投。还有，脱欧公投结果出来后，在短短几天内，英国出现后悔脱欧决定的"悔脱"请愿，有超过390万人签名要求英国再次举行脱欧公投，他们主要来自英格兰南部和伦敦地区。

危害之三，将导致英国经济长期衰退。英国对欧盟的贸易依存度超过50%，一旦退欧，到2020年英国的GDP将缩水3%，每户英国家庭将减少2200英镑收入。同时，还将增加英国与欧盟的贸易成本，包括进出口关税、非关税壁垒及商品贸易价格等。更重要的是，退欧将导致欧盟及其国际资本大量从英国外流，削弱伦敦全球金融中心的传统地位。目前，欧盟有78%的资本运作业务、76%的欧洲对冲基金、74%的OTC衍生品交易放在英国。

危害之四，使欧洲一体化事业倒退。英国对欧盟的重要性不言而喻：政治上，它与法国都是联合国安理会两大常任理事国，都是欧盟两大有核国，都是欧盟实施共同外交与安全政策的中坚力量。经济上，英国在欧盟28个成员国中的经济实力仅次于德国，2015年英国的GDP占欧盟GDP总量的17.2%，进出口贸易占欧盟贸易总量的约8%。英国每年对欧盟的预算贡献仅次于德法两国。科技文化上，英国是工业革命的摇篮，在基础理论研究和思想文化传播影响上远超欧洲其他国家，英国的诺贝尔奖获得者人数位居欧洲第一。

英国脱欧，对欧盟和欧洲社会冲击将是全方位的：在政治安全领域，英国脱欧会严重削弱欧盟在国际事务中的话语权，降低欧洲在国际关系中的地位。虽然德国在欧洲的综合国力最强，但由于历史原因，德国不能发展核武器，其军队装备和防务范围均受限制，德国在短期内无法取代英国的角色，欧洲共同外交和防务建设将难以取得实效。在经贸和投资领域，英国脱欧同样会降低欧盟在世界经济中的地位和作用。欧盟是当今世界最大经济体，其经济总量超过美国，但英国脱欧后欧盟的GDP将缩减17%左右，欧盟的全球贸易额将减少8%左右。不仅如此，欧盟还有55%的跨国公司常驻英国，超过60%的欧元交易在英国进行。在科技文化领域，英国脱欧将使大批有才华的英国科学家不能像现在这样，为欧洲科技共同体和欧洲研究区建设贡献其智慧，欧盟正在实施的一些核心科技大项目（如"地平线2020"战略和"石墨烯旗舰计划"）肯定会受到影响。更严重的后果是，就在欧盟面临欧债、难民和暴恐袭击三大危机的关键时刻，英国不与欧盟共渡难关，反而脱欧，必然削弱欧盟的政治凝聚力，加快欧洲政治版图的"碎片化"，甚至可能引发其他欧盟成员国对英国脱欧公投的效仿。欧洲极右翼政治势力的代表，法国"国民阵线"领导人玛丽莲·勒庞（Jean Marie Le Pen）公然表示，祝贺英国脱欧成功，如果她在2017年法国大选中当选新总统，她将在半年内推动法国举行类似英国的脱欧公投。

总之，英国脱欧，不仅反映出欧洲一体化与分散化的矛盾，反映出全球化时代西方社会"精英阶层"与"草根阶层"贫富悬殊、观点对立的矛盾，而且一定程度上削弱了以美欧为基础、二战后形成的西方国际霸权体制，有可能标志着旧的国际秩序的瓦解。

其三，强大的德国因难民问题而走向社会分裂局面。法国一向承认，其最大的社会挑战是如何将数百万穆斯林公民同化进法国世俗社会。这种穆斯林族群与主流世俗社会存在的紧张关系，德国人几乎从不担心。2015年，德国前外长菲舍尔（Joschka Fischer）还在《名利场》杂志上撰文写道，"默克尔领导的德国，太阳每天都会升起，那是任何一位民选领导人的梦想。"2015年8月底，默克尔曾自信满满地向德国人保证，"我们能够搞定难民问题"，但她接纳110万难民的政策遭到右翼与反移民团体及其他一些德国人的反对。10月17日，正在科隆竞选市长的候选人雷克尔因积极开展难民安置工作遭残忍刀袭，身负重伤。10月19日，"爱国欧洲人反西方伊斯兰化运动"组织2万多人的游行示威，他们高呼"遣返、遣返（难民）"以及"默克尔必须下台"等口号。难民危机成为德国新右翼运动催化剂，德国境内目前有2.5万名右翼分子。据德国内政部的消息，2015年针对难民安置中心的纵火、攻击事件高达600多起，排外事件激增。在这些排外纵火案中，部分案件并非出自极右翼势力，而是来自没有犯罪前科的普通人。[①] 北莱因—威斯特伐利亚州（North Rhine – Westphalia）的极右翼政党"支持北威州"（Pro – NRW）头目克里斯托弗·弗赖赫·冯·门杰森（Christopher Freiherr von Mengersen）说，"到了发出讯息的时候了——我们当地人不再忍受他们（穆斯林）基于错误的宽容观可以照例在小地毯上做礼拜。"即使在反移民圈之外，也听到类似的担忧——政府的政策是否需要社会稳定付出高昂代价。[②]

持反移民立场的新右翼势力"德国选择党"（the Alternative

[①] 柴野："难民潮撕裂德国社会"，《光明日报》，2015年10月24日。

[②] Melissa Eddy, "Attacks on German women inflame debate on migrants", *International New York Times*, January 7, 2016.

for Germany）是2013年以反欧元、反欧洲一体化起家的政党。2015年默克尔的开放移民政策，助推该党崛起，它主张激进，**将"伊斯兰教不属于德国"写入党纲，并称德国文化正处于失去纯洁性的危险之中，捍卫德国文化是国家的核心职责**，声称必要时可枪杀难民，由此赢得了保守派选民的支持。[①] 2016年新年夜，在科隆等地发生的疑似北非和中东背景的青年男子在公开场合大规模性侵德国女性事件，难民和外国移民问题已经逐渐具有分裂德国社会的潜力。2016年初，该党成为德国第三大党。截至5月的德国民调显示，已有约60%的人赞成"德国选择党"所持立场。

2016年7月下旬，德国发生四起"独狼"恐袭案：18日，一名17岁的阿富汗难民在维尔茨堡的区间列车上持斧头和尖刀攻击并重伤4名中国香港公民和1名德国公民，凶手随后被警察击毙。22日，一位18岁的第二代伊朗移民在慕尼黑的奥林匹亚购物中心门前射杀无辜民众，造成9人死亡、30多人受伤，凶手随后自杀。24日，一名21岁的叙利亚难民在罗伊特灵根用砍刀杀死一名孕妇，并砍伤5人；同日晚间，一名27岁的叙利亚难民在安斯巴赫举办音乐活动的场地前引爆自制炸弹装置，炸死了自己，伤及15人。四起连续"独狼"恐袭案均为外来难民所为，突显难民与安全之间的矛盾，不仅打碎德国的"安全神话"，也动摇默克尔的地位。极度不安的德国民众一反2015年对难民的友好态度，猛烈攻击默克尔总理的难民政策，呼吁从严对待难民以重建社会安宁。

目前，难民问题在政治化，文化的冲突暗流乱窜，成为一

[①] Anna Sauerbrey, "What is German?" *International New York Times*, May 27, 2016.

种新的种族主义形态，不同意见的对垒形式已经不再局限于传统的左对右、保守主义对自由主义，而是横穿了不同的党派，这无疑加剧了德国政治生态的分化。2016年，巴伐利亚州的基民盟坚决与联邦政府唱起反调，因为维尔茨堡、慕尼黑、安斯巴赫都位于巴伐利亚州（2015年上百万难民进入德国的第一站），因此巴伐利亚州政府必须马上行动起来。7月26日，基民盟主席、巴伐利亚州长泽霍弗尔宣告要在安全政策方面采取"非常非常坚决"的强力措施：加强警力装备；严格边境检查，"不存在开放边境的政策"；更快的遣返措施，"连遣返回危机地区也不应该是禁忌"；监控难民营；联邦国防军可以在国内发生暴恐事件时协助警察；延长个人信息存储期，以及监控邮件。这些政治要求将在相当程度上突破德国现有政治制度的框架。而且，泽霍弗尔表示，未来再也不会为了维护联合政府的和气而支持默克尔的难民政策。[①]

其四，法国主流政党四分五裂，左、右翼势力恐将国家引向社会动荡。[②] 2016年，法国民众不满情绪上升，焦躁不安地叫嚷着要改变现状：不少民众支持玛丽莲·勒庞领导的"国民阵线"；法国工会举行近年来法国持续时间最长、影响最大的罢工；"黑夜站立"（Up All Night）行动4月集巴黎等数座城市的年轻人宣泄他们对体制的不满——希望改变使现行政治体制停摆的"垂直等级制"，呼唤以从草根汲取力量的"水平运动"取而代之。

产生这些现象的一个共同根源，就是法国政治体制的失

---

① 胡春春："德国的不安和政治的失措"，《作家文摘》，2016年8月16日，摘自8月2日《文汇报》。

② 材料引自：Melissa Eddy, "Attacks on German women inflame debate on migrants", *International New York Times*, January 7, 2016。

第七章　文明的交融与和平的未来

败——不论左派还是右派，都没有能力解决法国持续存在的高失业率、低增长、因移民和不平等造成的社会撕裂、恐怖事件不断等难题，"当那么多人幻想破灭之际，政治家们却拿不出解决问题的好办法。"

2017年总统大选前，法国两大主流政党都深陷四分五裂之中——社会党奥朗德的民意支持率跌至20%以下，为历届总统在任时最低，2017年他不可能再参选；主要反对派共和党凑合着推出11名候选人参加2016年11月的初选。唯有"国民阵线"自2015年11月13日巴黎恐袭案发后在地方选举中取得重大进展，在13个地区中，在2个地区遥遥领先，在4个地区处于领先位置。玛丽莲·勒庞及其"国民阵线"主张反移民（几近反穆斯林）、反欧洲，呼吁重设欧洲边界。[①]

其五，法德两国在如何推进繁荣与安全这一最攸关国家利益的问题上，分歧日渐扩大。1989年至1990年，伴随着东西德国的统一进程，法国在欧盟的影响力日渐衰微。在全球化大潮中，法国拒绝以牺牲社会福祉来换取竞争性效率。因此，德国经济成为欧洲一支主宰性力量。2008年金融危机爆发，德国与法国之间的经济差距一览无遗。

进入2015年，政治上，法德在劳动力大军、福利政策和外交上歧见日深，恐怖主义和难民危机进一步将两国的分歧暴露在聚光灯下。法国总统奥朗德与德国总理默克尔相见时，虽然两人都谈团结一致，但语境相异：奥朗德宣布法国要同"伊斯兰国"开战，而默克尔则谈向恐怖主义宣战；法国在马里、伊拉克、叙利亚等国直接采取军事行动，而德国则主张开展国际

[①] Alissa J Rubin, "Election in France lifts far-right party", *International New York Times*, December 8, 2015.

人道主义行动；许多法国人听到德国人宣布"永远反对战争，永远反对奥斯维辛"时将其视为德国人的绥靖而不是悔恨，而德国人烦恼法国已成为战争贩子。经济上，德国坚决主张紧缩财政，反对恣意挥霍预算，而法国则相反。两国对欧洲力量的定义不一：对法国来讲，当他们干预非洲和中东事务时，靠的是军事和政治力量；对德国来讲，东向俄罗斯与周边邻国时，更多靠的是经济力量，然后才是政治力量。

展望未来，两国最危险的分歧将突出反映在对待穆斯林难民潮和其他移民潮问题上。2015年，德国接受了110万难民，而法国勉强才接纳了数千名。法国希望关闭欧洲大陆的边界，而德国希望土耳其帮助引进更多的难民，因为德国需要更多的劳工。当今世界，德国人口的老龄化程度仅次于日本，而法国人口出生率位居欧洲第一。

当年，阿登纳与戴高乐、科尔和密特朗之所以能携手合作，是因为他们都经历过战争的洗礼。而这些政治巨人早已离开了政治舞台。今天，在默克尔和奥朗德之间，既不存在着命运共同体式项目，也不存在真正的团结，双方共同的历史记忆十分短暂，两人更聚焦解决各自国家的难题：法国是如何管控住恐怖主义挑战，而德国则是如何应对难民潮问题。[①]

其六，欧元区出现南、北欧之间的分裂。欧元区国家力量相差悬殊，2010年发生欧洲债务危机以来，为拯救欧元，以德国为首的北方国家出手帮助南方国家摆脱困境，结果欧元区分裂成债权国与债务国，相互之间不再是平等的伙伴关系。德国作为欧盟经济巨人，主导经济紧缩政策，严厉惩罚希腊等国。

---

① 以上法德矛盾材料引自：Olivier Guez, "The European dream: a requiem", *International New York Times*, February 22, 2016。

第七章　文明的交融与和平的未来

其间，德国在欧盟内部的政治权力不断增强，逐渐触发欧元区内力量弱小、债务深重国家特别是希腊的愤恨。2015年1月，希腊选民的民粹主义情绪大爆发，支持激进的左派阿列克西斯·齐普拉斯（Alexis Tsipras）当选为希腊总理。齐普拉斯向选民保证要结束紧缩政策，减低希腊债务的账面价值，引发与德国的冲突。希腊债务问题的久拖不决，导致许多人批评德国处理欧元区问题的方式，这也是一场文化冲突。[①]

其七，欧洲再现东、西欧之间的分裂。1991年2月，波兰、捷克斯洛伐克[②]、匈牙利领导人聚会匈牙利小镇维谢格拉德（Visegrad），议题只有一个，那就是通过加入北约和欧共体12国，加快三国融入自由、民主、繁荣的欧洲进程。

2010年以来的欧洲债务危机以及2015年的难民危机使东、西欧分歧日渐增大。2016年，东欧国家同欧盟作对，这是自欧盟东扩以来，欧洲大陆出现的新政治、文化鸿沟，威胁到欧盟的统一。不过，与英国退出欧盟不同，它们并不想离开欧盟，而是拒绝遵守欧盟定下的一些规则。譬如，欧盟给每个成员国定下接受移民的限额。在斯洛伐克的议会选举中，首相罗伯特·菲乔（Robert Fico）大放厥词反移民，与新纳粹有联系的一个极右翼政党赢得了14个席位。斯洛伐克表示，只接收基督徒难民。在波兰、捷克、匈牙利、罗马尼亚的新国家领导人，都拒绝接受穆斯林难民。他们根本不希望本国种族、宗教和文化单一性的社会发生改变，因为他们看到多文化主义是一个失败的模式。另外，在这些国家，绝大多数民众依然贫穷。如波兰，自1992年以来，虽

[①] Jim Yardley, "'Brexit' vote reflects pain of diversity for E. U.", *International New York Times*, June 20, 2016.

[②] 1993年，捷克斯洛伐克一分为二：捷克共和国、斯洛伐克。

449

然经济一直在成长，但 GDP 只达到欧盟平均数的 68%。这些国家需要欧盟的补贴，这对它们的经济发展至关重要。①

其八，欧洲各国社会出现传统主流政党与草根选民之间的严重分裂。欧洲各国右翼民粹主义分子掀起反对现状、反对传统主流政党的愤怒浪潮。草根民众为什么要反对传统主流政党？因为传统主流政党是泛欧主义者，不能明确表达以及强调民众的担忧和诉求。在广大民众眼里，这些政党精英自私自利，不负责任，没有通过行动令人信服地给民众阐述欧盟的前景——欧盟是一股能够让民众和各国受益、能够治理正在变化的欧洲政治新常态的力量。这种对传统主流政党的不信任、失望乃至完全抵触感，导致了民众在移民、欧洲一体化与合作等一系列紧迫问题上持强硬立场。如果传统主流政党精英不能有效管理各类危机，不能在攸关民众的担忧和诉求上制订出解决日程表，那么，一起突发事件，不论是移民潮，还是安全威胁，都有可能成为民众反对现状和恐惧未来的理由。欧洲正在渐进地出现传统主流政党与草根选民之间的政治撕裂，这为民粹主义的另类选择打开了大门，欧洲国家，不论东、西欧，无一能幸免。② **60多年来，一直主导欧洲各国政治舞台的中左派社会民主党派以及中右派基督教民主党派影响力都在消退。**

专业精英人士与工人阶级、底层民众之间关系发生撕裂。受到良好教育的城市专业精英人士，他们最推崇文化的多样性和泛欧主义，而欧洲社会的工人阶级、底层民众对此持怀疑态

---

① Sylvie Kauffmann, "Europe's illiberal democracies", *International New York Times*, March 10, 2016.

② Anna Grzymala - Busse, "An East - West split in the EU", *Current History*, Vol. 115, No. 779, March 2016.

度或大声反对。因为：欧洲化只使专业精英人士受益，他们接受了国际教育，要么就职于大型跨国企业，要么有能力根据自己的意愿选择居住的城市，在全球旅行。而且，欧盟的发展创造了新的政治权力中心，这些权力中心由未经选举、不直接对选民负责的官僚管理着，这些官僚做出的决定给一些成员国的某些选民带来了有害的后果。所以，在欧洲工人阶级、底层民众中对欧洲一体化产生强烈的怀疑论者，他们感到一体化不仅使民族国家丧失了自治权，而且得到的回馈也少得可怜。另外，即便是喜欢食品、消费品等文化多样性的人，也不愿接纳邻里街坊族群的多样性，甚至还寻求将少数族裔的政治影响降到最小。[1]

自20世纪40年代起，欧洲在历经分裂和战争的恐怖之后，各国领导人精诚团结与合作，实现了长久的和平与发展。"宏观顾问机构"负责人之一纳德·穆萨维扎德坦言，"正是拥抱多元主义的国家，才能在21世纪获得最快的发展，因为他们将是政局最稳定、最吸引人才、最能与绝大多数人合作的社会。如果社会一体化进程衰退，欧洲将难以应对21世纪的严峻挑战。"[2] 但不幸的是，21世纪的第二个十年，欧洲正在走向不宽容以及不安宁的未来。

2. 曾经不可一世的世界霸主美国走上了帝国终结的不归路。 今日美国，早已不再是独立战争后的那个生机勃勃、奋发向上的美国，美国在沉沦。

（1）从建国至今，美国核心文化历经从一元文化锻造到向二元文化演变的历史过程。第一阶段： 从1783年美国建国到20

---

[1] Rahsaan Maxwell, "Cultural Diversity and Its Limits in Western Europe", *Current History*, Vol. 115, No. 779, March 2016.

[2] Thomas L. Friedman, "You break it, you own it", *International New York Times*, June 30, 2016.

世纪60年代，美国是一个大熔炉，锻造了美国的核心文化盎格鲁—新教文化，并最终成就了美国世界超级大国地位。17—18世纪，美利坚早期定居者基本是清一色白人（当时黑人和印第安人还不具有公民身份），是英国裔人和新教徒，有着共同的盎格鲁—新教文化，这成为两百多年来"美国信念"①（American Creed）的核心，并使美国人有别于他国人民。一代又一代的移民同化于这一文化中：从1820年到1924年，约有3400万欧洲人来到美国，那些留在美国的人部分地同化了，他们的子孙则几乎完全同化，融入美国的社会和文化。

美国很长时间实际上是"一个种族主义国家"。历史上，美国白人将自己明确区别于印第安人、黑人、亚洲人和墨西哥人，把这几种人排斥于美国社会之外。其一，在1675—1676年的"菲利普王"战争中，白人定居者的死亡率几乎比内战死亡率高一倍，比第二次世界大战美国人死亡率高6倍，定居者得出的结论是，今后对印第安人只能赶尽杀绝。

其二，在驱逐和杀戮印第安人的同时，到1808年为止，成批非洲黑人被运进来，沦为奴隶。② 当时，黑人（绝大多数是奴

---

① 18—19世纪，美国定居者树立了"美国信念"，其原则是自由、平等、个人主义、代议制政府和私有财产制。

② 1619年，非洲裔奴隶开始进入美国南部地区，当时数量并不多。1648年，弗吉尼亚州只有300名非洲裔奴隶，而英国裔白人有1.5万人。但从1681年起，北美殖民地的非洲奴隶数量开始逐步增加，占当时劳动力的4%。到了1715年后，北美大陆的非洲裔人口数量大规模增加，这让当时的白人感到恐慌。如在马里兰州、弗吉尼亚州，非洲裔人口都达到了30—40%。18世纪中期，南卡罗来纳州的非洲裔人口甚至超过了白人。白人担心私有财产被侵犯，开始运用武力保护自己的财产。因此，在美国历史上，种族主义最早源于南方白人对不断增加的非洲裔的恐惧和优越的种族意识。（唐慧云："美国南部种族主义为何根深蒂固"，《作家文摘》，2016年7月29日，摘自7月19日《文汇报》）

第七章　文明的交融与和平的未来

隶）已占全部人口20%，但美国人不把他们当作自己社会的成员。1857年，首席法官罗杰·坦尼宣称，根据宪法，不仅黑奴，而且还有所有的黑人，都是"一种从属的和劣等的生物"，没有资格享受公民权和自由权利，不属于"美国人民"。直到1868年第四次（宪法）修正案宣布所有出生于美国或归化于美国的人皆为美国公民，坦尼的上述裁决才被废除。然而，黑人仍然备受歧视和隔离，得不到选举权，这种状况又延续了一个世纪。[①] 直到1954年"布朗诉教育局"一案终审以及在60年代民权运动的推动下，1964年和1965年美国国会先后通过《民权法》和《选举法》以后，阻止黑人享受平等权利和参政的重大障碍才开始消失，黑人取得了普选权，社会待遇有所提高。但白人对非洲裔的种族歧视仍然存在。

其三，美国在内战后大修铁路，大量华工移民美国。1875年，美国通过第一部限制移民的法律。1882年，加利福尼亚等地主张排斥华人的压力剧增，导致美国颁布排华法，规定停止华人移民10年，以后又无限期延长。1889年，最高法院裁定排华合乎宪法。根据斯蒂芬·菲尔德法官的说法，华人属于另一人种，"他们不可能被同化"，若不加限制，将会构成"对我们的文明的威胁"。19世纪与20世纪之交，日本移民也成为问题。1917年，国会通过一项法律，禁止所有亚洲人移居美国。对亚洲移民的这些障碍直到1952年才取消。

其四，1921年，国会通过临时性的移民限额，到1924年又

[①] 奴隶制度被废除后，南方白人长期的种族优越感以及对非洲裔的敌视，导致19世纪末美国产生了种族极端主义。此思想认为，非洲裔最终会在北美大陆消失，美国不需要为非洲裔提供任何生活空间。之后，美国南方白人充满了对非洲裔的歧视和厌恶之情。

规定了永久性每年移民不得超过15万人的限度，并根据1920年美国人口中各种族后裔所占的比例，对这一限额按国别作了分配。第二次世界大战改变了按种族属性界定国民特性的状况——1914年以前来美国的移民的子女大量入伍参战，由于战争需要，美国被描绘成一个真正多种族社会。从各方面来看，**直到第二次世界大战美国实际上是一个白人社会。**①

从美国建国到20世纪60年代为止的千百万移民，既有抱负又有才干，忠诚于美国的核心文化和"美国信念"价值观，不仅使美国得以扩大人口，占领横贯东西的一片大陆，发展经济，而且帮助美国走上了成为世界超级大国的道路。② 这是美国历史上最伟大的成就之一。

第二阶段：从20世纪60年代到2008年，美国从盎格鲁—新教文化向盎格鲁—新教文化、拉美裔文化"二元文化"演变，美国的核心文化在变浅、变淡。 1965年，美国新移民法颁布实施，结果从1965年到2000年，主要来自拉丁美洲、加勒比地区和亚洲的2300万移民涌入美国，使得人种和民族单一的美国不复存在，美国社会、宗教和文化向多元化发展。从前，对外来移民有整套美国化措施，让他们同化进美国社会。1965年以后，这样的措施没有了。从前，同化比较顺利，还有限制移民的法律。此后，移民浪潮没完没了，要消除他们对祖籍国的忠

---

① 以上四点内容引自：塞缪尔·亨廷顿著，程克雄译：《谁是美国人?》，新华出版社，2010年1月第1版，第40—43页。

② 塞缪尔·亨廷顿著，程克雄译：《谁是美国人?》，新华出版社，2010年1月第1版，第134页。

第七章　文明的交融与和平的未来

诚并同化进美国社会要慢得多、难得多。①

20世纪后期，美国社会出现三大趋势：一是20世纪70年代开始学术界和政界流行多文化主义运动和多样性理论，知识界、政界和商界一些精英人士强调世界主义、跨国性，日益降低自己对国家应尽的义务。多文化主义运动想要用主要与种族相联系的各种文化来取代美国盎格鲁—新教文化，实质上是一种反西方的意识形态。二是20世纪80年代大量亚洲裔和拉美裔移民涌入美国，他们与祖籍国保持密切联系，具有双重国籍甚至双重公民身份②，重视自己的人种和民族属性、性别及各种文化的特性。三是讲西班牙语的人③在移民中居压倒多数，他们的祖籍国与美国彼此相邻，常来常往使同化更难了。因此，拉美裔人史无先例地使美国社会日益变成为一个双语言④、双文化的社会。⑤

斯坦福大学历史学家戴维·肯尼迪发出警告："墨西哥裔美

---

① 塞缪尔·亨廷顿著，程克雄译：《谁是美国人？》，新华出版社，2010年1月第1版，第15页。

② 这些人既要享受美国这里能得到的机会、财富和自由，又保留自己原籍的文化、语言、家庭联系、传统和社会关系网络，二者兼得。

③ 主要是墨西哥人，且1975年以后移居美国的墨西哥人约有2/3是非法入境。世纪之交以来，美国非法移民屡禁不止，非法移民主要来自洪都拉斯、墨西哥、危地马拉、萨尔瓦多、哥伦比亚、韩国等。2013年10月至2014年7月底，美墨边境出现大规模的儿童偷渡高潮，主要来自洪都拉斯、萨尔瓦多、危地马拉。（《奥巴马政府内外政策调整与中美关系》，和平发展报告系列，中国社会科学院和平发展研究所编，中国社会科学出版社，2015年8月第1版，第71、77、82页）

④ 西班牙语日益成为商用和官用语言。

⑤ 塞缪尔·亨廷顿著，程克雄译：《谁是美国人？》，新华出版社，2010年1月第1版，前言，第2页。

国人能做到以往的移民做不到的事情。他们有足够的凝聚力，在一定地区保持足够多的人，因此，只要他们愿意，他们可以把自己的独特文化无限期地保存下去。他们最终还有可能做到以往的移民做梦都不敢想的事：向现有的文化、政治、法律、商业和教育制度提出挑战，不仅要求根本改变语言，还要根本改变体制。"①

第三阶段：2008 年次贷危机后，美国人的国家认同危机比历史上任何时期都要突出，且越来越严重。 从茶党运动，到"占领华尔街"运动，再到特朗普现象，表明反华盛顿政治、反华尔街金融市场、反移民、反全球化的愤怒政治（angry politics）潮流在美国初现端倪。

茶党运动。2001—2008 年，小布什政府时期，右翼保守势力在国内政治舞台上占据了中心地位。2008 年大选期间，茶党运动产生。2009 年年初，该党发起声势浩大的抗议运动，反对奥巴马政府的救市计划和拟议中的医保改革。在 2010 年中期选举中，茶党运动帮助共和党夺取对众议院的控制，从而形成民主与共和两党分别掌控参、众两院的政治格局。

茶党运动兴起主要源于美国经济和政府财政状况的急剧恶化。阿富汗战争和伊拉克战争、挽救金融体制、经济刺激方案、拯救汽车工业以及医疗改革等重大措施耗资巨大，急剧增加了政府财政赤字，使相当一部分公众产生经济上的不安全感，导致他们对通过政府干预改善经济状况的怀疑程度加深，希望通过减少政府干预来保障自己的利益。

2012 年 12 月 14 日，哥伦比亚广播公司新闻电台和《纽约

---

① 塞缪尔·亨廷顿著，程克雄译：《谁是美国人？》，新华出版社，2010 年 1 月第 1 版，第 179、237 页。

第七章 文明的交融与和平的未来

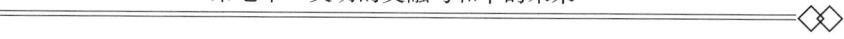

时报》对1580名美国成年人进行了调查，发现有18%的人称自己是茶党的支持者——其中，89%为白人，仅有1%为黑人；四分之三的人年龄在45岁以上；男性占59%；36%的人来自美国南部；54%的人称自己是共和党人；四分之三的人把自己看作保守主义者，其中39%的人称自己为强烈的保守主义者；60%的人表示自己始终或经常投共和党的票。2010年茶党运动在全国的支持率居于28—32%之间，此后虽有下降，但2014年6月30日的盖洛普民调显示，其支持率仍保持在22%左右。[1]

"占领华尔街"运动。2008年次贷危机以来，失业、债务、穷困使越来越多的美国白人对政府不满。不满人群中，年轻人尤甚，因为年轻人失业问题更为严重。2011年9月17日，美国纽约爆发"占领华尔街"运动，近100名示威者进入纽约市中心华尔街示威，宣称他们的意图是要反对美国政治的权钱交易、两党政治争斗以及社会不公正。其后，在不到一个月的时间里，"占领华尔街"运动迅速从纽约蔓延至华盛顿、波士顿、芝加哥、旧金山、巴尔的摩、奥克兰等地，甚至美国境外。在示威者看来，华尔街的金融大亨们对美国经济、政治的垄断和支配是众多不幸的罪魁祸首。他们表示，"我们是99%的人，不能再忍受那些1%的人的贪婪和腐败。"[2] "占领华尔街"运动**反映出美国正在失去年轻人，失去未来，这也正成为美国的另一类**

---

[1] 以上茶党运动材料引自：周琪："奥巴马政府治下的美国政治"，《奥巴马政府内外政策调整与中美关系》，和平发展报告系列，中国社会科学院和平发展研究所编，中国社会科学出版社，2015年8月第1版，第16—19页。

[2] 周琪："奥巴马政府治下的美国政治"，《奥巴马政府内外政策调整与中美关系》，和平发展报告系列，中国社会科学院和平发展研究所编，中国社会科学出版社，2015年8月第1版，第12页。

"国家危机"。

特朗普现象。2015年6月以来,在问鼎2016年美国总统宝座的大选造势中,唐纳德·特朗普(Donald Trump)高调反墨西哥裔(向选民承诺,如果他当选总统,将沿着美墨边界修建隔离墙)、反移民(2008年以来,越来越多的亚洲移民进入美国,他们受教育水平超过美国人的平均水平,生产力水平更高,挣的钱更多)、反穆斯林(提议禁止非美国裔穆斯林进入美国)、对华开打贸易战(2016年1月,他告诉《纽约时报》,主张对中国商品征收45%的关税)以及"美国优先"(America first)对外政策,蹿升为深受蓝领共和党人爱戴的新星。特朗普在"推特"上引用意大利法西斯统治者墨索里尼的名言鼓动支持者们,"像狮子那样活一天,胜过像羊那样活100年。"[①] 2016年6月12日发生"奥兰多枪击案"后,特朗普在声明中更是誓言"会成为全体美国人的总统,保护和守卫全国人民,我们要让美国再次变得安全,成为所有人心目中伟大的国家"。[②] 特朗普现象反映出许多美国白人心中存在的沙文主义激愤情绪,渴望重新收回正在失去的东西——权力、自信、收入的增长。

(2)当下,美国为何会出现特朗普现象?**内因**。历史上,美国特性(National Identity)由四大部分组成:人种、民族属性、文化(最突出的是语言和宗教)以及意识形态。如今,这四大部分都发生了巨大变化。

其一,族群构成变了。美国人种和民族属性不再像百年前

---

① Roger Cohen, "Trump's Il Duce routine", *International New York Times*, March 1, 2016.

② 张朋辉、青木:"'奥兰多屠杀'令美国焦虑",《作家文摘》,2016年6月17日,摘自6月14日《环球时报》。

那样举国一体,白人人数大幅下降。到 20 世纪末,美国人口几乎增加百倍,成为一个多人种(大约 69% 为白人,12% 为拉美裔人,12% 为黑人,4% 为亚洲裔和太平洋岛裔人,其余约为 3%)、多民族(没有任何一个民族属性的人占人口大多数)、多宗教信仰(新教徒占 63%,天主教徒占 23%,其他宗教信徒占 8%,还有 4% 的人不信教)的国度。①

移民族群与主流文化的冲突也日益突显。外来移民通常携带本民族文化、宗教、语言、习俗集体迁移,结邻而居。在美国许多城市,这种各种族、各阶层逐渐地在一定程度上处于彼此隔离的状态被称为"种族马赛克"——各种族、民族以同质形式居住在特定的街区,彼此间以"拼图"形式存在。这些城市"马赛克"或"拼图"不只是"城市伤疤"——贫民窟,更是社会动荡的温床。近年来,美国不时爆发的城市骚乱,多半出自这些"马赛克"或"拼图"。②

其二,人心变了。白人、黑人、拉美裔人三大族群心理状态生变,白人的生命课题变得沉重。突出表现在受教育少的白人蓝领阶层死亡率上升。2015 年 12 月,经济学家安妮·凯斯(Anne Case)和安格斯·迪汤(Angus Deaton)撰文指出,从 1999 年起,45—54 岁的蓝领白人死亡率一直呈上升势头,其中文盲群体死亡人数最多。《纽约时报》对死亡证明书的数据分析也反映了类似趋势,并称白人妇女状况也是如此。这两项研究一致认为,因服药过量、酗酒而导致的中毒、慢性肝病以及自

---

① 塞缪尔·亨廷顿著,程克雄译:《谁是美国人?》,新华出版社,2010 年 1 月第 1 版,第 9、131 页。

② 江涌:《资本主义还能走多远》,东方出版社,2013 年 7 月第 1 版,第 011 页。

杀造成了白人的死亡率上升。反观黑人和拉美裔人，死亡率总体呈下降趋势。为什么生活在同一国度的三大族群会出现这种不同的趋势？原因在于：黑人抚今追昔，发现他们比被剥夺了平等权益的父辈的日子好过多了；拉美裔人对比父辈在祖籍国的生活水平，也觉得日子变好了。反观美国蓝领白人，他们觉得自己的日子变糟了。2012—2013 年，社会学家蒂莫西·纳尔逊（Timothy Nelson）和安德鲁·彻林（Andrew J. Cherlin）就该现象访谈了高中毕业的成年白人群体。一名 35 岁从事建筑业的白人祖露，"和父亲比起来，我过的日子要难得多。父亲 35 岁时，已经拥有一座房子，能养活 4—5 个孩子，而我现在做不到。"黑人则变乐观了，说"现在有了更好的机会，经济状况在改善，种族隔阂也不像过去那么严重了"。2014 年，安德鲁·彻林做了跟进调研发现，在 25—54 岁没有受过大学教育的人群中，黑人和拉美裔人比白人心态更积极：67% 的黑人、68% 的拉美裔人表示"好多了"，或者"某种程度上好多了"，而持相同看法的白人只有 47%。上述情形与 2000 年做比较的话，情况正好相反：当时，白人持积极心态为 64%，黑人为 60%。拉美裔人则始终是心态最乐观的群体。2015 年第四季度，25—54 岁年龄段的白人，每周薪水平均为 950 美元，而黑人是 703 美元，拉美裔人是 701 美元。[①]

美国外交政策精英圈的种族变迁恰好反映了美国社会正在发生的这一深刻变化：在艾森豪威尔时代，是清一色的白人男性，新教徒；到了尼克松时代，放开了，因为基辛格是犹太难民；如今，虽然外交决策圈精英大多出自美国精英院校，但许

[①] Andrew J. Cherlin, "Why are white death rates rising?" *International New York Times*, February 23, 2016.

多人出身少数族裔，还是移民的第二、三代。①

历史和当代一些事例表明，**当一度居统治地位的种族群体感到其他种族群体的崛起对自己形成威胁时，很有可能做出排斥、驱逐或压制其他人种、民族和文化群体的反应**。这会使一个国家变得对其他种族缺乏容忍，不同群体之间的冲突会趋于高度激化。②

外因。其一，世界政治层面，美国将自己的意志强加给其他国家的霸权能力在衰减。进入21世纪，美国以自己的国家利益为中心，在国际交往中奉行双重甚至多重标准，标准的混乱导致秩序的混乱，美国治理下的世界日趋出现不同文明间严重对峙、恐怖活动肆虐、地缘政治紧张、贸易摩擦不断、金融市场动荡不安等乱象。

2010年发生"阿拉伯之春"以来的中东地区是美国霸权的试金石，**奥巴马政府从"美国和平"向"离岸平衡"（offshore balancing）转型**。在"离岸平衡"框架下，美国没有放弃它的全球领导地位，而是"从背后领导"（lead from behind），减少安全承诺，动员联盟国家和伙伴国家采取集体行动，分担风险与责任。换句话讲，中东地区大国必须承担起应对地区危机的主要责任，美军倾向于维持海上航道和空中安全。只有在均势被打破的情况下，美国才会进行直接的干预。于是，在伊拉克，美军与伊朗的代理人结成心照不宣的联盟共同打击"伊斯兰国"；在也门，美国支持沙特阿拉伯等国对伊朗支持的胡塞族武

---

① Evan Thomas, "Why we need a foreign policy elite", *International New York Times*, May 5, 2016.

② 塞缪尔·亨廷顿著，程克雄译：《谁是美国人?》，新华出版社，2010年1月第1版，第16页。

奥巴马上台后，坚持在美国没有遭受直接威胁的时候，"出兵的门槛必须提高"。即使确实需要动武，比如在利比亚战争中，在打击叙利亚境内的"伊斯兰国"势力时，美国也不出动地面部队，只进行空中打击，特别是越来越多地使用无人机以减少美军伤亡。这一切充分说明，美国既无力也无心在海外进行更多的军事干预。

美国世界霸主地位依赖三大支柱：完整的国际体系秩序（政治力量）以及强大的金融力量和军事力量，而21世纪头十年，美国霸权的这三大支柱日渐坍塌，危机一个接一个，重挫了美国神话，它失去了世界领袖的声誉，已由资本主义世界的灯塔沦落为展示资本主义制度弊端的橱窗。**美国白人不曾想，美国独霸世界的光景竟然仅有区区18年。**

（3）特朗普现象对美国的未来预示着什么？当一个国家经济欣欣向荣之时，民众享受发展带来的好处，心态平和，容易海纳百川和兼收并蓄；当一个国家经济走向衰退，民众生活日趋拮据，心态扭曲，容易封闭和排他。美国社会正在陷入内部分裂状态。

其一，美国共和党出现分化。长期以来，共和党人是一个相当讲求纪律的群体，在大选中通常能团结一致对付民主党。但特朗普现象的出现，使共和党不再是过去的样子。甚至有美国媒体称，一旦特朗普当选美国总统，他将"杀死160多年的共和党"。

造成共和党精英与蓝领的分化。特朗普的支持者人群是：被共和党领袖们抛弃的蓝领共和党人，如卡车司机、农场主、焊工、环卫工人等。过去10年里，共和党捐助人、议员、院外集团欣欣向荣，而蓝领白人生活日益拮据困苦。一名特朗普的支持者说，"当年一起工作的人，30年后，他在国会当议员，一年挣100万美元，参加光鲜亮丽的晚会，但他们对经济发展无所作为。"从佛罗里达州的移动房车营地，到密歇根州的工厂区，到弗吉尼亚州的产煤区，每5个成年人中，就有1人靠社会安全救济为生。虽然蓝领白人的工资水平在下降，对退休金忧心忡忡，但共和党提出的经济方案仍以减少富人税收、削减民众的医保和社保权利为核心。在移民问题上，共和党领袖与蓝领共和党人立场迥异：前者需要劳动力，需要选票；而后者的工作被非法移民抢走了，生活变糟了，认为非法移民不仅是一个文化、安全威胁，还是一个经济威胁和负担，他们比美国任何其他一个群体更反对自由贸易。蓝领共和党人助推特朗普走上美国选举政治的舞台，在密西西比州、密歇根州，在初选投票中，10名共和党中有6人支持特朗普。在他们眼里，特朗普俨然成了一位有号召力的民权领袖：雄踞纽约曼哈顿摩天大楼的蓝领亿万富翁，承诺要扩大社保权利，拒绝大捐款人的政治献金，解除美国人面临的来自外国劳工的不公平竞争。①

导致共和党精英间失和。支持特朗普的共和党人认为，他是一股清新的空气，虽然浑身长刺，但敢于直言，人格强大，有能力使美国再度强盛起来；反对特朗普的共和党人认为，他是一个情绪极不稳定的人，肆无忌惮，冷酷，讲话随便。这两种截然不同的特朗普观，导致共和党内一些经受过长期考验、一向肩并肩的精英之间友谊破裂。②

其二，美国白人走向保守化与政治极化。全球化使美国制

---

① Nicholas Confessore, "Why voters abandoned G.O.P. elite for Trump", *International New York Times*, March 29, 2016.

② Peter Wehner, "Friendship in the age of Trump", *International New York Times*, April 25, 2016.

造业缺乏竞争力，白人失业增加，趋向保守化。20世纪下半叶，随着美国南方的工业化，在农场劳作的亚拉巴马州人步入中产阶级行列。在田纳西州，水库提供廉价电力，使得数以千计缝制牛仔裤、T恤衫的工人每小时可挣20美元。然而，进入21世纪第一个十年，随着以中国为首的新兴经济体发展壮大，给美国制造业带来巨大冲击，田纳西州制衣业垮台，近万个就业岗位蒸发，失业率达7.4%（2010年甚至高达12.8%），高于全国平均水平的5%。在亚拉巴马州北部，工人薪水停涨，制造业工作岗位在消失。2014年，在该州的库特兰（Courtland），30年前繁荣发展的巨头"国际纸业"（International Paper）突然关闭，1000余人失业。在迪凯特（Decatur），大型钢厂"Nucor"日子不好过，虽没有采取工人下岗政策，但集团公司在亚拉巴马州的下属5家工厂工人的薪水和奖金遭削减。[1] 2002—2010年，在受贸易全球化重创的制造业地区，白人选民更趋保守化，转向右翼。随着就业、投资从美国的俄亥俄等州流向越南、印尼等国，**美国**经济增长缓慢，不仅中产阶级在坍塌，而且**产生了一个因这种全球性转移而成为失败者并由他们组成的悲愤阶级（主要出自蓝领白人）**。

趋向政治极化。转向右翼的白人推选意识形态上更激进的议员进入国会，助推国会议员政治极化。[2] 奥巴马执政时期，美国政治极化现象日趋严重，尤其表现在由政治精英组成的国会中。两党之间意识形态的差异程度被认为比以往半个世纪的任

---

[1] Nelson D. Schwartz and Quoctrung Bui, "China trade is linked to U. S. voter extremism", *International New York Times*, April 27, 2016.

[2] Nelson D. Schwartz and Quoctrung Bui, "China trade is linked to U. S. voter extremism", *International New York Times*, April 27, 2016.

何时候都高，国会议员越来越稳定地要么站在自由派立场上，要么站在保守派立场上进行投票。茶党的极端保守立场使得国会中的政治极化加剧，常常把共和党推向更难同民主党妥协的方向。2013年9月，国会在审议预算案时，众议院议长共和党人博纳就是在茶党议员的压力下，不断在预算法案中加入限制对医保改革拨款的条款，最终导致联邦政府关门。

政治极化现象也清楚地反映在美国学术界左翼和右翼的并存上。自20世纪90年代以来，整个美国学术界日趋走向左翼，与此同时，智库成了右翼保守势力的阵地。[①] 在社会运动沉寂了50多年之后，右翼和左翼的社会运动先后出现，并共存发展。

2016年美国总统大选也反映了民众的政治极化。美国草根民众跨越党派界限，反"建制派"、反金钱政治、反既得利益者、抗议收入不平等和贫富差距扩大。特朗普从右，桑德斯往左，都紧紧把握这一社会情绪，成功"接通地气"进行竞选造势。

其三，美国社会在族群化。白人反移民现象加剧。进入21世纪，美国非法移民屡禁不止，到2013年，美国境内有1100万非法移民。2013年1月29日，奥巴马在内华达州呼吁推行开放的移民政策，给予非法移民以最终公民权的途径，改革移民政策体系，以便解决境内大量非法移民问题。根据2014年9月4—7日《ABC/华盛顿时报》民调，59%的人对他处理移民问题持反对态度。另根据《NBC/华尔街时报》民调，对于移民改革，与2013年8月相比，强烈反对给予非法移民以公民权的比例上升。美国民众担心移民改革会引发更大规模的非法移民潮，

---

① Ross Douthat, "The reactionary mind", *International New York Times*, April 25, 2016.

产生社会危机。2014年7月Reuter/Ipsos的民调显示，70%的人认为非法移民威胁美国传统的信念和习俗，63%的人相信非法移民对美国经济是个负担。①

随着贫富差距拉大，贫困人口数量持续增加，持白人种族至上论的反移民人群甚至年轻化。2016年3月初，在印第安那州一场篮球赛中，有白人高中学生挥舞着特朗普的照片高喊：要在一所以拉美裔为主的学校里"修建隔离墙"。②

为阻止特朗普当选美国总统，拉美裔合法移民申请入籍美国人数暴增。一名32岁的墨西哥裔女士称，"我要去投票，这样，特朗普就不会赢得大选。"2015年，拉美裔入籍美国的申请增加了11%。2016年，预计会有100万拉美裔人申请入籍，比近年来平均值高出20余万人。自2015年6月开始竞选活动以来，特朗普将墨西哥人描绘成"毒贩子"、"强奸犯"，许诺要在美墨边界修建隔离墙，并创建一支驱逐力量，将20世纪50年代以来陆续非法进入美国的近1100万移民"赶回老家去"。目前，美国有270万墨西哥裔合法移民，他们可以申请入籍。过去这么多年，许多墨西哥裔人持绿卡生活在美国，因为入籍费用高昂，自己的英语水平不高，担心通过不了语言考试关。但如今，特朗普的出现，迫使他们加快入籍进程。2016年2月25日，《华盛顿邮报》对拉美裔人所做的一次民调显示，80%的人不赞成特朗普的观点，其中有72%的人持强烈反对态度。

---

① 姬虹："奥巴马政府移民政策特点及其影响"，《奥巴马政府内外政策调整与中美关系》，和平发展报告系列，中国社会科学院和平发展研究所编，中国社会科学出版社，2015年8月第1版，第71、73、79、86页。

② Timothy Egan, "The beast is us", *International New York Times*, March 7, 2016.

在科罗拉多州、内华达州、佛罗里达州，拉美裔人申请入籍动力强劲，他们的共同心声是，"永远不要让特朗普当选！""他给了我们必须做好投票准备的额外动力，我们要向那些负面看待我们的人证明，他们错了。"在11月大选中，拉美裔选民肯定将成为关键票数。①

当前，美国存在着两大趋势之间的冲突：共和党的老龄化，美国的拉美裔化。换言之，共和党选民越来越由老年人组成，他们对移民普遍持消极看法；而到2044年，美国将可能演变为一个由主体民族—少数民族（majority - minority）共同组成的国家，这是20世纪60年代成长起来的一代美国白人无法直面的残酷现实——**纯粹由白人构成的美国社会已经一去不复返！**②

早在1995年，美国一个重要的拉美裔组织全国拉腊萨协会的主席就说过："我们面临的最大问题是文化冲突，我们的价值观与美国社会价值观之间的冲突。"③ 这将使得三个世纪以来一种语言和一种核心文化的美国变得面目全非。如果这一趋势持续下去，**拉美裔人和非拉美裔白人之间的文化分歧将取代黑人和白人之间的种族分歧，成为美国社会最严重的分歧**。这种历史性转变注定会引发冲突。

当下，美国正面临新一轮经济衰退：2016年第一季度，美国GDP增速仅为0.5%，为两年来最低。面对新一轮经济衰退，

---

① Julia Preston, "Latinos seek U. S. citizenship to vote against Trump", *International New York Times*, March 9, 2016.

② David Brooks, "A little reality on immigration", *International New York Times*, February 20 - 21, 2016.

③ 塞缪尔·亨廷顿著，程克雄译：《谁是美国人？》，新华出版社，2010年1月第1版，第185页。

美国政府已无药可治。首先,过去,美联储一向是抗击经济衰退的主要斗士,而且成绩显著。但下一次,美联储也将失灵,因为利率已经太低,不可能再降息了。其次,减轻民众经济困难,帮助经济摆脱衰退,就需要推出联邦政府的"稳定器"——食品券、失业保险项目、医疗救助等,这类项目旨在确保资金能落到衰退最重受害者手里,通过他们的消费,将资金迅速回流注入经济中。但这招也将不管用,因为2009年美国政府已将三口之家每月食品券增至63美元。要想扩大救济额度,必须由国会通过相关议案,但目前不可能。在失业保险方面,包括佛罗里达州、密歇根州、北卡罗来纳州在内的8个州,近年来已在减少相关保障权益。因为在经济衰退阶段,资金将流向基础设施建设,以便创造就业机会。再次,随着各州税收减少,开支也在减少。①

盛极而衰是自然也是人类社会历史的规律。大不列颠和北爱尔兰王国成立于1707年,美利坚合众国成立于1776年,苏维埃社会主义共和国联盟成立于1918年。到了20世纪90年代初,苏联不复存在了。到了20世纪90年代末,英国不那么强了,且北爱尔兰有人正为新政体而奋斗。2016年6月23日英国全民脱欧公投,半数以上民众毅然支持英国退出欧盟,随后主张留在欧盟的爱尔兰、苏格兰也可能举行独立公投。进入21世纪初,随着一轮又一轮经济衰退的加剧,美国政治、社会矛盾将更加层出不穷。

欧洲对外关系委员会主任马克·伦纳德(Mark Leonard)2016年5月撰文宣称:**当今世界"已经进入移民时代"**。据联

---

① Ben Spielberg, "How to prepare for the next recession", *International New York Times*, April 30 – May 1, 2016.

合国统计，不在出生地生活、工作的全球移民约有 2.44 亿人；战争、动乱又造成 2000 万难民，另有 4000 万人在自己的国家流离失所。对许多西方人而言，移民是一个狭隘的、"不是我后院的问题"，他们害怕大量外来移民涌入会恶化他们的生存环境，常常视其为一场夺取西方国家财富的"零和"竞争。联合国秘书长潘基文同月指出，在西方，"以仇外、种族主义手法对待难民和移民，其刺耳声、频率、公众接受度已达到一个新的高度。"[1] 可以预见，未来大规模非法移民、难民潮还将不可避免地持续下去，而西方的白人右翼民粹主义发展势头也将水涨船高，这一切注定将加速西方世界走向不安宁的未来。

西方文明的魔力集中于资本主义，但资本主义已经跨越了历史发展的巅峰。西方整体力量及在国际事务中掌控规则的能力下跌，"西方的没落"（斯宾格勒）不可避免。**在西方世界衰落的进程中，中国再度和平崛起，同时宣告中华文明将以前所未有的规模，离开东方一隅，日益走向世界舞台的中心。**

（三）中华文明：再度和平崛起（2008年—）

1978 年以来，以邓小平为代表的中国共产党人，总结了中国社会主义胜利和挫折的历史经验，并借鉴其他社会主义国家兴衰成败的教训，将马克思主义基本原理同中国社会主义建设具体实践相结合，诞生了邓小平理论，走出了一条建设有中国特色的社会主义现代化道路。

1. 改革开放 30 年使中国强大了。1978 年 12 月，中国政府

---

[1] Alan Cowell, "For Britain, the legacy of global power", *International New York Times*, May 13, 2016.

认清"和平与发展"的时代主题，把战略重心调整到"以经济建设为中心"、积极推进改革开放上来。对外开放就是要更好地、更充分地利用国际资源与国际市场，发展壮大自己。打开国门的中国，迅速融入世界经济。1992年春天，邓小平发表南巡讲话，强调"发展才是硬道理"。此后，中国更加主动地参与国际分工，几乎同时与所有能够交往的国家改善关系，对外开放与经济合作由沿海向内地辐射，汇聚成浩浩荡荡的"国际经济大循环"。90年代，拥有十几亿人口的中国逐渐走向繁荣。

2001年迎来中美关系的拐点。2001年发生"9·11"恐怖袭击后，美国专心致志"反恐"，中国抓住机遇发展自己。2001年11月，中国正式加入世界贸易组织（WTO，从1992年起经过漫长而艰难的谈判），融入经济全球化进程。入世对中国是利好消息。一是全球资本开始流向中国。1978年改革开放后，主要是华人资本、日资在华投资。二是直接打开中国产品出口美欧两大市场。从此，中国获得贸易大发展，经济保持连续10年的高速增长，迅速累积起巨额财富。

2008年金融危机后，美西方国家经济普遍低迷甚或停滞，大国中只有中国经济保持相对稳定增长态势，成为新兴市场的领头羊、世界经济增长的新引擎，在一个长期由西方主导的世界政治经济秩序中实现国家的和平崛起。中国已在多方面名列前茅：2010年，中国国内生产总值超过日本，仅次于美国，排名世界第二，成为美国最大债权国。2010年，中国制造业产值超过美国，成为世界第一制造业大国，这从数量上开始动摇自1870年美国取代英国成为世界第一制造大国的地位。[①] "中国制

[①] 材料引自：联合国、美国制造业生产力和创新联盟（MAPI）。世界银行的数据是，2010年美国仍居第一位，但领先中国的优势十分微弱。

造"开始由一般商品向中高端制造进军。① 2013 年，中国取代美国成为世界第一货物贸易大国。如今，中国是世界唯一经济增长快速且持续时间最长的经济大国，世界第一外汇储备大国，对外直接投资排名世界第三，国家开发银行在发展中国家的投资已是世界银行 3 倍。

从 1978 年到 2008 年的短短 30 年，前所未有的大改革大开放使中国成功实现了从高度集中的计划经济体制到充满活力的社会主义市场经济体制、从封闭半封闭到全方位开放的伟大历史转折，中国步入了伟大复兴的快车道，人民生活从温饱不足发展到总体小康，从一个较落后的发展中国家发展成为世界第二大经济体。一个面向现代化、面向世界、面向未来的社会主义中国巍然屹立于世界东方。非凡的经济成长带来强大自信心，硬实力衍生出软实力。伴随着中国经济的巨大成功以及中国市场的巨大吸引力，中国的国际影响日益扩大。

2. 中国全方位走向海纳百川时代。外交上，在全球范围建立各种伙伴关系。伙伴关系与同盟关系不同，它强调彼此平等，相互尊重；强调求同存异，不强加于人，不干涉内政；不对抗，

---

① 据 2016 年 8 月 16 日国际投资银行高盛集团发布的一份市场报告称，鞋类、成衣、玩具等占据了中国 1995 年主要出口商品的前五位，而 2014 年的主要出口商品已被电信设备、自动数据处理机械、热阴极整流管、家具和首饰等取代。该报告进一步指出，从出口商品种类的变化可以看出，中国在全球经济"价值链"中的地位显示出升级趋势，正在从以低利润、劳动密集型产品为主的出口产品组成，向较高附加价值商品的组成过渡。（英国广播公司网站 8 月 16 日报道："高盛微读中国：成衣变机电，小麦换大豆"，《参考消息》，2016 年 8 月 19 日）2015 年，中国领导人提出了"中国制造 2025"战略，中国经济应该更绿色、更具创新性，中国产品的质量应当更好。为此，确定了 10 个行业，包括从火车技术到汽车生产再到医药行业，各行业都应提供质量更好的产品。

但相互也不承担防卫义务；它不是排他性的，不针对第三国。结成伙伴关系是为了推动国与国之间的合作和相互借重。[1]

全面战略协作伙伴关系[2]：俄罗斯（2011）。战略协作在中国对外伙伴关系中独一无二，是中国对外所有伙伴关系中的最高层级。

更加紧密的战略合作伙伴关系[3]：巴基斯坦（2005）。

全面战略合作伙伴关系[4]：越南（2008）、老挝（2009）、柬埔寨（2010）、缅甸（2011）、泰国（2012）、刚果（2016）。

---

[1] 陶文钊："中美关系与亚太秩序"，《和平发展观察》，中国社会科学院和平发展研究所，2015年第2期，总第2期，2015年6月30日。

[2] 1996年，中俄建立战略协作伙伴关系，这是中国和外国建立的第一个伙伴关系。中国社科院上合组织研究中心秘书长孙壮志在接受《第一财经日报》采访时认为，当时俄方非常想和中国建立更深的合作关系；中方也认为，单纯的"睦邻友好关系"已经不能涵盖中俄关系的深度了。因此，两国一致决定提升两国关系的定位，在深度上，"战略协作"比"睦邻友好"更深，而"伙伴关系"指的是并非盟友但比普通关系更友好的关系。"战略协作"指的是不仅两国之间有普通合作，还涉及军事等核心领域的合作，而且还在国际事务上协调立场，共进退。2011年，中俄两国一致同意在伙伴关系限定词前加冠"全面"二字，以示合作领域多样。

[3] 又称"全天候战略合作伙伴关系"。巴基斯坦的伙伴关系被称为"全天候"，指的是无论国际局势如何变化，无论巴基斯坦国内局势如何变化，中巴之间的友谊不变。巴基斯坦被一些中国人称为"巴铁"，而中巴关系被一些巴基斯坦人称为"流着奶与蜜的友谊"。因此，冠以"更加紧密的"修饰词，宣示两国关系非同一般。

[4] 这些都是中国的周边国家、东南亚国家，且都是中南半岛国家。有4个是中国的邻国，泰国也是中国的近邻，因此在安全领域、外交领域有很深的交集。同时，这些国家也都和中国展开了很深的经贸合作。因此，中国和这些国家既在政治、外交等高端领域，又在经济等非核心领域进行全面合作，故称"全面战略合作"。

战略合作伙伴关系①：印度（2005）、韩国（2008）、土耳其（2010）、阿富汗（2012）、斯里兰卡（2013）、捷克（2016）。

全方位战略伙伴关系②：德国（2014）。

全面战略伙伴关系③：欧盟（2003）；英国（2004）、法国

---

① 这些国家都属于中国的"大周边"国家。其中，印度、韩国和阿富汗是中国的邻国，土耳其、斯里兰卡都在中国"大周边"辐射范围内，现在也都纳入了"一带一路"范畴。这些国家少了"全面"二字，主要是指战略合作的领域不那么广。比如，阿富汗虽然与中国接壤，但自身仍然在战乱泥潭中难以自拔，安全形势堪忧，两国的伙伴关系主要是安全、战略领域的合作，经贸投资合作显得少了些。而有些国家，如印度，与中国还存在边境问题，因而战略合作的领域难以"全面"。而斯里兰卡虽然与中国关系友好，但是自身国力不强，难以与中国展开全面的战略合作。这些都使得冠名前没有"全面"二字。但总体来说，战略合作伙伴关系也是相当高的定位。2016年3月30日，国家主席习近平访问捷克期间，两国签署了《战略合作伙伴关系协议》，30多份合作项目，涉及金融、核电、航空、教育等诸多领域，捷克为"一带一路"框架下友好合作树立典范。

② "全方位"指的是比"全面"还要全面的关系与合作领域。中国驻德国公使李晓驷告诉《第一财经日报》记者，"全方位"指的是多维的、立体的，除了政治、经济、文化、社会等方面，中德之间还有外交、人员交流等领域的伙伴关系。但少了"合作"二字，说明两国关系虽然是全方位的，但并非在所有领域全都是合作的。事实上，两国关系还存在这样那样的分歧。但是，无论分歧如何，两国对对方都非常重视。

③ 没有冠以"合作"二字，暗示与这些国家的关系并非没有问题。包括澳大利亚和新西兰在内的一些西方国家，与中国都在战略、政治和外交问题上存在差异。不过，这并不妨碍这些国家具有重要且全面的战略价值。在这些国家里，除了上述西方国家外，南非和巴西是两个金砖国家；马来西亚、印尼、哈萨克斯坦是周边国家；白俄罗斯是上合组织对话伙伴国；秘鲁、墨西哥、阿根廷和委内瑞拉是重要的资源国，是中国在拉美石油和矿产的主要贸易国和投资目的地国。而且，中国与这些国家的交集并非仅在上述领域，是为"全面战略伙伴"。

（2004）、意大利（2004）、西班牙（2005）、葡萄牙（2005）、哈萨克斯坦（2005）、希腊（2006）、丹麦（2008）、南非（2010）、巴西（2012）、秘鲁（2013）、墨西哥（2013）、马来西亚（2013）、印度尼西亚（2013）、白俄罗斯（2013）、阿尔及利亚（2014）、阿根廷（2014）、委内瑞拉（2014）、澳大利亚（2014）、新西兰（2014）、埃及（2016）、摩洛哥（2016）。

战略伙伴关系[①]：东盟（2003）、非盟（2004）；加拿大（2005）、尼日利亚（2006）、塞尔维亚（2009）、安哥拉（2010）、波兰（2011）、爱尔兰（2012）、阿联酋（2012）、智利（2012）、乌兹别克斯坦（2012）、吉尔吉斯斯坦（2013）、塔吉克斯坦（2013）、土库曼斯坦（2013）、乌克兰（2013）、蒙古（2014）、卡塔尔（2014）。

更加紧密的全面合作伙伴关系[②]：孟加拉国（2010）。

全方位友好合作伙伴关系[③]：比利时（2014）。

[①] 这些国家与中国的关系可以理解为"有重点领域的"战略伙伴关系。中亚四国有3个是上合组织成员国，均为油气资源国或中国—中亚管道的过境国；尼日利亚、安哥拉、阿联酋、卡塔尔和加拿大均为油气生产大国；智利是矿产资源大国；蒙古则不仅有丰富的矿产资源，而且对中国的周边稳定具有重要性。另外，中国和爱尔兰称"互惠战略伙伴关系"，强调互惠。

[②] 没有"战略"二字，暗示对中国来说并非政治、安全或特殊战略资源的关键国家，意味着伙伴关系的侧重点从政治移到了经济领域。孟加拉国被冠以"更加紧密的"修饰语，与巴基斯坦类似，指的是中国与该国的关系比其他国家更加紧密。中孟印缅经济走廊和"海上丝绸之路"是连接中国和孟加拉国的重要通道。

[③] 与德国类似，"全方位"指的是中比之间比其他欧洲国家更多维度的友好合作伙伴关系，其中特别是考虑到比利时作为欧盟总部所在地的特殊地位，因而与中国在外交上有更多交集。

全面友好合作伙伴关系①：罗马尼亚（2004）、保加利亚（2014）。

全面合作伙伴关系②：埃塞俄比亚（2003）、克罗地亚（2005）、尼泊尔（2009）、坦桑尼亚（2013）、刚果（布）（2013）、荷兰（2014）、东帝汶（2014）。

友好合作伙伴关系③：匈牙利（2004）、马尔代夫（2014）、塞内加尔（2014）。

合作伙伴关系④：斐济（2006）、阿尔巴尼亚（2009）、特立尼达和多巴哥（2013）、安提瓜和巴布达（2013）。

友好伙伴关系⑤：牙买加（2005）。

---

① 这两个东欧国家虽然战略性不那么明显，但是与中国的合作是全面的，国家关系是友好的。

② 与这些国家的关系强调多领域的经济合作。另外，中国和坦桑尼亚为"互利共赢的全面合作伙伴关系"。

③ 虽然友好合作，但并不全面。这三个国家都是小国，合作领域确实有限，但关系是友好的。

④ 中方称斐济为"太平洋岛国地区重要合作伙伴"，称阿尔巴尼亚为"传统合作伙伴"，称特立尼达和多巴哥、安提瓜和巴布达为"加勒比地区的重要合作伙伴"。不加冠"友好"，并不说明关系不友好，更多指的是因为这些国家过于袖珍，以至于双方高层访问没那么频繁。以斐济为例，国家主席习近平的访问是有史以来第一位中国国家元首访问斐济。然而，这些国家面积小，重要性不那么强，并不意味着中国对这些国家的不重视。事实上，中国希望以此树立大国与小国合作伙伴关系的典范。

⑤ 不加冠"合作"，是因为这个国家过于袖珍，且距离中国过于遥远，因此虽然两国关系友好，但并没有很多实质性的合作，例如双边贸易投资很少，是为"友好伙伴关系"。

伙伴关系①：中日韩三国（2008）。

与美国共同构建"不冲突、不对抗，相互尊重，合作共赢"的新型大国关系（2013）。新型大国关系内涵有三点：一是不冲突、不对抗，客观理性看待彼此战略意图，坚持做伙伴，不作对手；通过对话合作、而非对抗冲突的方式，妥善处理矛盾和分歧。二是相互尊重，尊重各自选择的社会制度和发展道路，尊重彼此核心利益和重大关切，求同存异，包容互鉴，共同进步。三是合作共赢，摒弃零和思维，在追求自身利益时兼顾对方利益，在寻求自身发展时促进共同发展，不断深化利益交融格局。新型大国关系是中国特色大国战略的基石，旨在从根本上改变零和博弈、冷战思维等传统国际关系定势，将中国智慧与国际需求完美地融合在一起。②

经济上，强调世界各国共享中国经济成长果实。"中国模式"现代化发展道路最大特点是强调共赢发展理念。世界贸易组织前总干事帕斯卡尔·拉米承认，"中国的增长将有利于所有人。"自1997年东亚金融危机以来，"中国模式"在周边国家和地区越来越成为主流性认知或共识。

2013年9月，习近平主席先后提出建设"丝绸之路经济带"和"21世纪海上丝绸之路"（即"一带一路"）倡议，相关建设涉及60多个国家和地区，90多个港口和城市，300多个基础设施项目，几千个重要项目。"一带一路"是具有包容性和

---

① 中日韩三国伙伴关系诞生于2008年金融危机刚刚爆发之时，且处在中日关系新世纪以来最好时期，相关各方推动东亚一体化的愿望较为强烈，因此达成了中日韩伙伴关系的声明。这种三方伙伴关系可被视为在特殊历史条件下的特殊产物。

② "如何理解十八大后中国外交新常态"，http://zhidao.baidu.com/question/584785694118200925。（上网时间：2016年2月29日）

第七章　文明的交融与和平的未来

共享性的经济合作形式。

2015年12月25日，亚洲基础设施投资银行（即亚投行）在北京宣告成立，创始成员国最终扩大到57个，遍及五大洲，囊括美国、日本之外几乎所有重要国家。中国虽是亚投行的第一大股东，但中国愿意让各国搭乘自己的经济增长顺风车，愿意接受各方成员，不怕稀释自己的份额和票权，不搞一家独大，这些坦然措施有效化解了外界疑虑。对中国警惕甚深的越南经济专家Doanh称，"这是一个柔和的方式，非常灵活，非常明智。"从英国2015年3月12日正式申请成为亚投行创始成员开始，德国、法国、意大利等"西方七国集团"成员，韩国、澳大利亚等美国亚太盟友纷纷选择加入。中国借亚投行践行合作共赢为核心的新型国际观、发展观，与"一带一路"战略相互借力，不仅有望走出一条以经贸交流为基轴的国际合作新路子，而且有利于中国扩大在国际金融治理和改革进程中的更多话语权，有利于人民币加入特别提款权①（SDR）货币篮子以及促进人民币国际化。②

中国实力已经投射到主要大国和周边国家以外地区：中国

---

①　特别提款权（Special Drawing Right），亦称"纸黄金"，是国际货币基金组织创设的一种储备资产和记账单位，最早发行于1970年。它是国际货币基金组织分配给会员国的一种使用资金的权利，可与黄金、自由兑换货币一样充当国际储备。人民币加入特别提款权最主要的获益点并不是能够给中国带来多少短期利益，而是它能够让人民币成为像美元、英镑、欧元和日元一样，进入国际一流货币俱乐部，成为真正的全球性储备资产，这不仅是一种品牌效应，还是未来人民币国际地位持续提升的基础和条件，因为中国需要展现对国际现有规则的尊重和重视。2016年10月1日，人民币正式加入SDR货币篮子，占10.92%份额，成为第三大货币。

②　廖峥嵘："对筹建亚投行的思考"，《和平发展观察》，中国社会科学院和平发展研究所，2015年第1期，总第1期，2015年5月4日。

成为拉美国家最重要的贸易伙伴与资金来源,并正式加入美洲开发银行;在非洲有着日益广泛的经济利益;作为世界海运大国,中国为应对日益猖獗的海盗问题,在亚丁湾部署护航力量;2008年金融危机后,中国向一些欧洲国家投资增多。[①]

安全上,提出合作共赢的新安全观。2002年7月,中国代表团在东盟地区论坛上提交了《中国关于新安全观的立场文件》。从那时起,中国领导人多次阐释了新安全观的理念和政策主张。2014年5月,在亚洲相互协作与信任措施会议上,习近平主席进一步阐述了"共同、综合、合作、可持续的亚洲安全观",倡导"搭建地区安全和合作新架构,努力走出一条共建、共享、共赢的亚洲安全之路"。近年,中国倡导金砖国家开发银行、亚投行、"一带一路"和"亚太自贸区"建设,就是这种合作共赢的新安全观的体现。[②]

上海合作组织是合作共赢理念的典范。2016年6月,上海合作组织(简称上合组织)元首理事会第十六次会议在乌兹别克斯坦首都塔什干举行,其中一项重要议程就是推进吸纳印度和巴基斯坦成为该组织成员国的进程。如果一切顺利,印、巴两国有望于2017年夏在上合组织阿斯塔纳峰会上正式成为成员国。届时,上合组织成员国的人口总和将占亚洲的2/3,全球的40%。这是上合组织作为一个开放性的地区合作组织,在经历15年成长之后的首次扩容,并进入了"升级换代"的关键节点。据上合组织秘书长拉什德·阿利莫夫在6月塔什干峰会前

[①] 江涌:《安全也是硬道理——国家经济安全透视》,人民出版社,2015年1月第1版,第054页。

[②] 陶文钊:"中美关系与亚太秩序",《和平发展观察》,中国社会科学院和平发展研究所,2015年第2期,总第2期,2015年6月30日。

第七章 文明的交融与和平的未来

透露，还有 5 个国家申请成为该组织的对话伙伴国，其中"一个是东欧国家，三个是中东国家，还有一个是东南亚国家"。从中亚到南亚，从内陆进入印度洋，甚至到更广泛的区域，上合组织的朋友圈越来越大。中国现代国际关系研究院研究员、中国上合组织研究中心常务理事许涛指出，上合组织的吸引力来自其对内、对外坚持的原则。"不结盟、不对抗、不针对第三方的原则是写入上合组织宪章的。而各成员国不管人口多少、面积大小和 GDP 总量大小，在组织中具有平等的发言权，同时互不干涉内政，坚持'互信、互利、平等、协商、尊重多样文明、谋求共同发展'的'上海精神'，这都对各国尤其是发展中国家充满吸引力。"上合组织渐成国际合作新典范。①

文化上，秉持开放包容，鼓励不同文明交流。其一，开展国际经济文化交流，学习外国一切对我们有益的先进事物。 1978 年实行改革开放后，中国派出大量留学生出国，多数前往美欧日等西方发达国家。他们不仅学习各个领域的先进知识技术，还广泛了解国外经济社会状况，为中国以后全面融入世界体系以及参与国际分工打下了知识与经验基础。

其二，实施文化走出去战略，扩大中华文明在国际上的影响力。 在世界各地勃兴的孔子学院就是向世界展示并推广独特而博大精深的中华文化表现之一。截至 2014 年 9 月（即全球孔子学院建立 10 周年），全球 123 个国家和地区已建立 465 所孔子学院和 713 个中小学孔子课堂。②

---

① 严瑜："上合渐成国际合作新典范"，《作家文摘》，2016 年 7 月 5 日，摘自《人民日报·海外版》，2016 年 6 月 28 日。

② 江涌：《安全也是硬道理——国家经济安全透视》，人民出版社，2015 年 1 月第 1 版，第 207 页。

其三，推进国家间全方位双边交流。**中俄国家年**。2005 年 7 月，胡锦涛主席访俄期间与时任总统普京共同宣布，根据《〈中俄睦邻友好合作条约〉实施纲要》，中俄两国将于 2006 年在中国举办"俄罗斯年"，2007 年在俄罗斯举办"中国年"。双方 2006 年在华举办两百多项"俄罗斯年"活动，涵盖政治、经贸、文化、教育、卫生、体育、传媒、科技、军事和地方等中俄两国合作的各领域。活动主要包括 8 个国家级大型活动项目和近 200 项其他项目。期间，普京总统访华，举行中俄经济工商界高峰论坛，双方参会人员约 600 人，两国元首出席论坛开幕式并发表演讲。在此论坛框架下，两国还举办能源合作、信息技术、金融服务、机电产品等 4 个分论坛，在华还举行中俄建交 57 周年庆祝活动、俄罗斯国家展、中俄投资促进周等活动。中俄立法机构（中国全国人大与俄联邦委员会）领导人在哈尔滨市举行圆桌会议，议题是中国特色社会主义法律体系及中国立法进展情况、"十一五"规划及和平发展道路、中俄经贸合作的现状与前景、中俄边境地区合作、中俄地方合作的立法保障等。俄罗斯西伯利亚、西北和远东联邦区在中国珠江三角洲、长江三角洲及环渤海地区有关省市举行推介活动。此外，俄罗斯伊尔库茨克州向北京市赠送新年树、哈尔滨冰雪节、吉林省与俄罗斯滨海边疆区举行混合工作组会议、俄罗斯中小学生在华举行冬令营活动、第一届中俄眼科学应用研讨会、俄内务部文艺代表团来华访问演出等，这些活动均取得了良好效果。[①]

[①] "中俄国家年"，http：//baike. baidu. com/link？url = 6fRobWCn5AnUch9OOg8rxX7tOQ6Wgys0pkxrJdX3s98gtszMXGzpp4UuBgPwcVinFK7kKEzmlMF6n32xsC0dErtALiVN10wYNVnK9OXXADMqvlUxDtoBQEZZJ2u3LQWXTZ9YX6ZjUJLg － WaIJqO5K5 － 5NIKM6k5hQUmSds0d_ ekJ9d44ANhgyYzAiICIAwza。（上网时间：2016 年 3 月 26 日）

第七章 文明的交融与和平的未来

中英文化交流年。2013年12月，英国首相访华，中英两国政府签署新一期文化交流计划；2014年4月，在华举办的中英高级别人文交流机制二次会议以及同年6月在英举办的中英财金峰会都印证了两国对文化关系的重视，中英文化和创意产业的交流与合作已成为两国关系中的核心内容。2014年6月，总理李克强访英时，中英两国政府发表联合声明，宣布2015年为"中英文化交流年"——上半年英国在华举办英国文化季活动，下半年中国在英举办中国文化季活动。中英两国互相举办一系列代表各自文化艺术和创意产业最高水平的活动，并以此进一步加强两国的文化交流和产业合作，推动两国文明交流互鉴，增进两国民众间的相互理解和友谊。这对进一步推进中英全面战略伙伴关系具有重大意义，宣告中英交流黄金时代的开端。

中国—阿拉伯文明对话。2016年1月18—23日，中国国家主席习近平对沙特、埃及、伊朗进行国事访问。期间，中方同沙特、埃及、伊朗三国就加强文化、教育、卫生、新闻、智库、旅游等人文领域合作达成新的共识，就开展文明对话进一步交换意见。"'一带一路'延伸之处，是人文交流聚集活跃之地。民心交融要绵绵用力，久久为功。"习近平主席在《伊朗报》的署名文章中，在阿盟总部的讲台上，对中国与中东做民心交融的合作伙伴寄予期望。1月21日，伴随着《两个伟大文明对话》主题演出的开幕，习近平主席和埃及总统塞西在古老的卢克索神庙广场共同见证2016中埃文化年拉开序幕。"我们有必要加强人文交流，深化民间友好，巩固两国合作民意基础，推动双方共同发展、共同繁荣。"习近平主席所言意味深长，获得了包括塞西总统在内的埃方人士的赞同。中国与阿拉伯和穆斯林世界的交往树立了不同文明互学互鉴、和谐相处的典范。

其四，增进对外宗教文化交流交往。2015年以来，国家宗教事务局大力增进对外宗教文化交流交往。3月29日，国家宗教局主办以"中道圆融——凝聚善愿的力量"为主题的宗教分论坛在博鳌亚洲论坛会议中心举行。此系首次在博鳌亚洲论坛中增设宗教板块。分论坛配合年会"亚洲新未来：迈向命运共同体"主题，邀请了6位来自中国内地、香港、台湾的佛教、伊斯兰教、基督教领袖及印尼伊斯兰教领袖作为嘉宾，阐释提倡"中道圆融"思想，推动文明对话，共商宗教和谐。① 10月24—25日，中国佛教协会和中华宗教文化交流协会以"同愿同行，兼收并蓄"为主题，在江苏无锡举办了第四届世界佛教论坛，倡导不同信仰和谐共生，共同创建人类命运共同体，携手绘就人类文明美好画卷。此次佛教论坛共有52个国家和地区的1300余名代表出席，其中包括世界各地三大语系佛教的领袖，主要佛教国际组织负责人，以及柬埔寨、斯里兰卡、越南等国家政府宗教部门负责人及驻华使节，参会国家数量创历届之最，得到海内外舆论的积极评价。国家宗教事务局开展与"一带一路"沿线国家宗教友好交流，推动中蒙两国佛教界互访，访问印度、尼泊尔、泰国，邀请越南政府宗教委主任范勇访华，接待缅甸僧王库马拉·毕万萨长老，深化与土耳其、以色列、埃及、哈萨克斯坦等国政府宗教部门及宗教界的交流；配合中俄外交大局，举办中俄宗教交往合作小组第四次工作会议，出席中俄友好、和平与发展委员会第十次全会，组织中俄宗教事务理事会中方第一次会议；邀请英国圣公会坎特伯雷大主教韦尔比、俄罗斯穆夫提委员会主席盖努特成功访华，接待阿拉伯国家知名伊斯兰教人士代表团；会见美国国务院国际宗教自由无

---

① "国家宗教局圆满承办博鳌亚洲论坛2015年年会宗教分论坛"，《宗教工作通讯》，国家宗教事务局，2015年第2期，总第288期，第16页。

第七章　文明的交融与和平的未来

任所大使萨波斯坦。

2016年，国家宗教事务局继续承办博鳌亚洲论坛宗教分论坛。中国佛教协会将举办第19次中韩日佛教友好交流会议；推动湄公河流域国家佛教领袖访华，商讨友好交流项目；召开佛教祖庭文化研讨会，发挥佛教祖庭在联络周边国家和地区、增强海外华人向心力方面的积极作用。国家宗教事务局加强反对宗教极端思想的国际合作，探讨同俄罗斯、中亚五国建立反对宗教极端主义的交流机制，邀请西亚、北非国家伊斯兰教领袖访华；支持宗教界弘扬中华优秀传统文化，启动第四届国际道教论坛筹备工作，与奥地利外交部在维也纳联合举办中欧道德经研讨会。[①] 其中，2016年5月8—10日，国家宗教事务局与德国基督教联合会在德国联合举办"中德宗教对话——和平与共享"跨宗教对话会，来自中德两国宗教界（包括基督教、天主教和伊斯兰教）、政界和学界的70余位代表出席了为期两天的研讨会，会议围绕"对话与融合——克服极端主义"和"宗教的积极作用——宗教服务社会"两个主题进行深入研讨。[②]

一言以蔽之，诚如"宏观顾问机构"负责人之一纳德·穆萨维扎德所言，"在这个时代，技术正在将我们紧密联系到一起，创新、知识、贸易在全球范围内的流动，未来必将属于那些海纳百川的国家"。[③]

[①] 以上宗教文化交流交往材料引自：王作安："在2016年全国宗教局长会议上的讲话"（节选），《宗教工作通讯》，国家宗教事务局，2016年专辑，总第293期，第4—5、8—9、25页。

[②] 国家宗教事务局外事司："中国代表团赴德国参加中德跨宗教对话会并参访"，《宗教工作通讯》，国家宗教事务局，2016年第3期，总第296期，第53页。

[③] Thomas L. Friedman, "You break it, you own it", *International New York Times*, June 30, 2016.

四、中国和平崛起之意义

进入 21 世纪,三大文明之间的力量对比发生悄然巨变,北京日渐成为中华文明与世界各文明的相融、相享之地。古老的中华文明正经历近现代史上第一次真正的复兴,中国在加速融入现代世界,而且从来没有像今天这样走进世界舞台的中心。2012 年十八大以来,中国主办的主场外交尤其是国家元首或政府首脑级的主场外交数量多、质量高,便是明证。除了一年一度的博鳌亚洲论坛外,也有制度化的国际会议,还有非制度化的特定多边外交活动。譬如,2014 年成功地举办亚信峰会,46 个国家和国际组织派团参加,12 位国家元首和政府首脑、10 位国际组织负责人莅临上海;2014 年,还举办了 APEC 领导人非正式会议;2015 年 9 月在北京举办"中国人民抗日战争暨世界反法西斯战争胜利 70 周年"纪念活动,有 24 个国家的最高领导人应邀来华参加活动;2015 年 11 月、12 月,中国相继在苏州举办了第四次中国—中东欧国家领导人会晤,在郑州举行了上合组织总理理事会第十四次会议;2016 年 3 月举行首届澜湄合作会议,中国、越南、老挝、柬埔寨、缅甸、泰国等澜沧江—湄公河流域六国领导人聚首海南;2016 年 9 月举办 G20 杭州峰会,等等。这些主场外交之所以取得了巨大成就,一是表明通过近四十年的持续健康高速发展,"中国道路"、"中国故事"的经验引起国际社会关注、挖掘;二是集中体现了"中国声音"、"中国方案"对地区事务或全球问题的重大影响,彰显、提升了中国在世界和平发展和全球治理方面越来越重要的地位

第七章 文明的交融与和平的未来

和作用。[①] **世界历史又将迎来一次大变革时代，全球秩序、世界格局将发生全方位的深远变化，亨廷顿提出的"文明冲突论"到了该扭转的时刻，世界历史到了以中国角度开始续写的时候了。**

早在1994年，李光耀就预言："中国参与世界地位重组的规模，使得世界必须在30或40年时间内找到一种新的平衡。假装中国不过是另一个大的参与者是不可能的，它是人类历史上最大的参与者。"[②] 2006年，英国《卫报》题为《如果20世纪止于1989年，那么21世纪则始于1978年》的文章认为："中国的转变已经使世界的重心东移。""权力中心不再仅仅位于西方，历史也不再以西方角度续写。我们将越来越熟悉中国的影响、历史、价值观、态度和观点，也许这一切就在不远的未来。""新世纪的年轮还未转动，新美国的世纪就已结束了。本世纪，或者说21世纪上半叶的主题将是一个现存的超级强权的衰落以及另一个大国——中国的崛起。"美国学者约翰·伊肯伯里（G. John Ikenberry）在《外交》上写道："中国的崛起必然会终结美国的单极时刻。""中国的崛起无疑将是21世纪上演的最隆重的戏剧之一。"2009年，企鹅出版社出版马丁·杰克斯（Martin Jacques）撰写的《当中国统治世界：中央王国的崛起和西方世界的结束》一书，描绘了中国主导的世界秩序。[③]

---

① 李永成："中国主场外交这三年"，《作家文摘》，第1965期，2016年9月2日，摘自2016年8月26日—9月1日《国际先驱导报》。

② 塞缪尔·亨廷顿著，周琪、刘绯、张立平、王圆译：《文明的冲突与世界秩序的重建》（修订版），新华出版社，2010年1月第1版，第207页。

③ 江涌：《安全也是硬道理——国家经济安全透视》，人民出版社，2015年1月第1版，第059、061页。

1924 年 6 月，印度著名大诗人泰戈尔①首访中国。此前，泰戈尔先后访问了日本、美国、英国、瑞典和德国，在演说中，他毫不客气地谴责西方的国家主义和"实利哲学"，抨击西方文明。而在访华时，**他盛赞中国传统文化，提出以东方文明取代西方文明，以静制动，反对以暴力驱逐暴力的超前构想**。在泰戈尔看来，西方现代文明建立在对金钱和权力的崇拜上，亚洲民族自具可贵之固有文明，宜发扬而光大，进而补救西方现代文明的缺失。② 90 余年荏苒而过，泰戈尔的观点在暴恐蔓延的当今世界，仍具有启示意义。

第二节　西方文明语境下，文明的冲突是主旋律

　　西方文明以基督教文化为核心，以战争、霸权、殖民掠夺为主要特征。一部西方文明发展史，正是一部西方文明内部不断争霸冲突以及向其他文明国家不断侵略、殖民掠夺的历史，西方文明与伊斯兰文明、中华文明的关系也不例外。

一、西方文明历来强调战争

　　梁漱溟在《东西文化及其哲学》中指出，"西洋人的态度路子就一向都是霸道。"③ 根据国际政治中的霸权理论，在霸权体

---

① 泰戈尔的《吉檀迦利》将西方人文价值理念与印度古典哲学精神相结合，创造了独特的"诗歌宗教"。

② 苍耳："文化的眼睛"，《作家文摘》，2016 年 4 月 12 日，摘自《财经》2016 年第 10 期。

③ 梁漱溟：《东西文化及其哲学》，商务印书馆，2010 年 12 月第 1 版，第 206 页。

系下，一定的动荡虽然会造成国际局势不稳定，但也给霸权国家维持其霸权地位提供了机会。①

（一）从古到今，西方文明的核心国家莫不视战备为维护安全的主要途径

希腊古训说："要想和平，就准备战争。"近代英国战略大师李德哈特进一步指出："要想和平，应了解战争。"在西方战略思想史中的地位几乎与孙子在中国战略思想史中地位大致相当的克劳塞维茨云："战争为政策的延续，武力为政策的工具。"② 杰弗里·帕克观察到，近代"'西方的兴起'在很大程度上依赖于使用武力，依赖于下述事实：欧洲人及其海外对手之间的军事力量对比稳定地有利于前者……西方人在1500—1750年期间成功地创造出第一批全球帝国的要诀，恰恰在于改善了发动战争的能力，它一直被称为'军事革命'。"西方军队的组织、纪律和训练方面的优势，以及随后因工业革命而获得的武器、交通、后勤和医疗服务方面的优势，也促进了西方的扩张。**西方赢得世界不是通过其思想、价值观或宗教的优越，而是通过它运用有组织的暴力方面的优势**。③

西方文明维持霸权主要通过强大的军事力量。英国称霸世界时，拥有强大的军事力量，尤其是强大海军，形成压倒性的

---

① 王谦："谁在威胁美国"，《环球军事》，2016年3月上半月版，361期，第29页。

② 钮先钟：《西方战略思想史》，广西师范大学出版社，2003年2月第1版，第442页。

③ 塞缪尔·亨廷顿著，周琪、刘绯、张立平、王圆译：《文明的冲突与世界秩序的重建》（修订版），新华出版社，2010年1月第1版，第30页。

军事威慑能力，以确保其海外殖民利益不受侵犯。冷战结束，美国独步天下，四处彰显其肌肉力量。美国学者罗伯特·希格斯称，截至2008年，"美国在全球140多个国家拥有800多个军事基地，大量美国军队在运营这些基地，每天还有12.5万名海军和海军陆战队员在全球各大洋上巡弋。"①

（二）西方文明的魔力集中于资本主义，资本的典型手段与特征之一是侵占和掠夺

从15世纪初到18世纪中叶英国工业革命前，属商业资本主义阶段，为期约300多年。威尼斯人、热那亚人、葡萄牙人、西班牙人、荷兰人等都热衷于商业贸易，但这种贸易主要面向落后地区，在商业贸易乃至整个经济形态中，**"占主要统治地位的商业资本，到处都代表着一种掠夺制度"**。因为商业资本是具有高利贷性质的生息资本，侵占和欺诈是商业资本获取利润的典型手段与特征。②

从18世纪中叶到20世纪70年代资本主义世界出现经济滞胀，囊括自由竞争资本主义及一般垄断资本主义阶段，为期约200余年。这一时期，正是西方强盛后推行殖民主义时期。**殖民主义是资本主义与生俱来的特质**。只要资本主义存在，就有殖民主义土壤。**西方列强纷纷在世界各地抢占殖民地，残酷压榨殖民地，带给殖民地原生居民常常是掠夺、占领和死亡**。第二次世界大战结束后，殖民地民族解放运动风起云涌。一开始，

---

① 罗伯特·希格斯：《美国在全球140多个国家拥有800多个军事基地》，载《环球时报》，2008年7月28日。

② 江涌：《道路之争——工业化还是金融化?》，中国人民大学出版社，2015年12月第1版，第005页。

第七章　文明的交融与和平的未来

西方殖民宗主国纷纷采取武力干涉,阻止越南、马来西亚、印度尼西亚、阿尔及利亚等国家的民族独立。但是,殖民战争与讨伐远征终究无法阻挡民族觉醒与独立的进程。从20世纪50年代后期起,西方殖民宗主国变换花招,从旧殖民主义转变为新殖民主义,它们动用各种军事、政治手段来把已经宣告独立的国家置于自己的控制和奴役之下,同时利用经济"援助"等方式,继续把这些国家作为它们的销售市场、原料供应基地和资本输出场所,掠夺这些国家的财富,压榨这些国家的人民。[①] 美国学者斯塔夫里亚诺斯在《全球分裂:第三世界的历史进程》一书中写道:"如果说殖民主义是一种凭借强权来直接进行统治的制度,那么新殖民主义就是一种以让予政治独立来换取经济上的依附和剥削的间接统治制度。"[②] 新殖民主义一个重大调整是西方殖民宗主国进行力量整合,形成集体宗主国同盟,共同维护殖民体系。1975年,由资本主义世界最强大、最有影响的国家参加的、体现垄断资本和国家官僚利益的"七国集团"开始运作,由此资本主义的全球治理进入一个新阶段,新殖民主义战略逐渐成为西方强国的集体战略,"七国集团"成为集体宗主国。[③]

从20世纪70年代资本主义世界出现经济滞胀至今,主要资本主义国家纷纷被金融资本逻辑刷新,进入金融资本主义阶

[①] 江涌:《道路之争——工业化还是金融化?》,中国人民大学出版社,2015年12月第1版,第112—113页。

[②] 斯塔夫里亚诺斯:《全球分裂:第三世界的历史进程》(下册),商务印书馆,1993年版,第486页。

[③] 江涌:《道路之争——工业化还是金融化?》,中国人民大学出版社,2015年12月第1版,第115—116页。

段，为期 40 余年。这些国家对利润的追逐，使资本不断向金融领域集中，生息资本的实力与势力得到前所未有的膨胀，成为现代金融资本，出现金融资本集团或金融寡头。为了利润最大化，它们将经济金融化在世界范围内尤其是新兴市场大力推进，使金融资本也开始渗透到相关发展中国家的每一个领域。然而，经济金融化铺就的绝对不是通向繁荣富裕的金光大道，而是"通往奴役之路"。[①] 美国著名的非主流经济学家迈克尔·赫德森直言，"在华尔街，当经济计划集中在贝尔斯登、花旗、大通曼哈顿和摩根士丹利的手中时，它们的目的是为他们生产的产品找到尽可能多的顾客，而他们生产的产品是债务。所以，真正的奴役之路是以强制的劳役偿还债务的道路，这与罗马强制每一个陷入奴役的国家所走的是相同的道路。"[②] 自 1994 年墨西哥爆发金融危机以来，接踵出现 1997 年东亚金融危机、1999 年阿根廷金融危机、2000 年美国新经济泡沫破灭、2008 年美国次贷危机、2010 年欧洲债务危机以及此后爆发的世界性银行危机、货币危机、大宗商品价格危机等世界系列金融与经济危机，主要肇事者就是极少数金融资本集团。它们通过经济金融化，搜刮世界财富，赚得盆满钵溢，而全世界为其造成的各种危机"买单"。金融资本集团绑架了西方文明，也葬送了美国的活力。

（三）一部欧洲文明发展史，就是一部血腥的争霸史

1. 古代希腊、罗马时期争霸战。欧洲最早、最著名的战争

[①] 江涌：《道路之争——工业化还是金融化？》，中国人民大学出版社，2015 年 12 月第 1 版，第 117—118 页。

[②] 嵇飞：《虚拟经济论：金融资本与通往奴役之路——迈克尔·赫德森访谈》，《国外理论动态》，2009 年第 1 期。

第七章　文明的交融与和平的未来

当属古希腊时代的特洛伊战争。公元前12世纪，迈锡尼王国[①]为了争夺海上霸权而跟小亚细亚西南沿海的国家发生冲突，其中最著名的就是特洛伊战争。十年攻城战消耗了迈锡尼王国大量元气，使这个一度辉煌的国家变得千疮百孔。一场战争拖垮了一个文明，这也是特洛伊战争备受关注的一个原因。[②]

古罗马时代布匿战争。公元前3世纪至前2世纪，罗马为争夺地中海霸权，掠夺资源与奴隶，同地中海西部强国迦太基进行了三次战争，史称布匿战争。公元前2世纪，罗马成为地中海霸主。

2. **近代西方列强争霸战**。近代以来，尤其是欧洲开启资本主义文明以来，民族国家之间竞争日趋激烈，区域与次区域战争不计其数，更是爆发了两次世界大战。

首先，英国与西班牙、荷兰海上争霸。1492年哥伦布发现"新大陆"后，世界开启大航海时代。伊比利亚半岛的葡萄牙和西班牙利用地理与先发优势，取得了发展与发财先机，成为西欧强国。后起之秀的英国于1588年击败西班牙"无敌舰队"后，实力迅速提升，野心不断膨胀。几乎整个17世纪，因觊觎葡萄牙、西班牙、荷兰三国的财富与殖民地，英国不断挑起战争。17世纪中期，"海上马车夫"荷兰造船工业居世界首位，拥有的船只数量相当于英国、法国、西班牙、葡萄牙四国之和，庞大商业船队保证了荷兰对外贸易的优势地位。1652—1654年、1665—1667年、1672—1674年，英荷之间爆发三次战争，严重削弱了荷兰在海上的霸主地位以及在欧洲的霸权。1688年，英

[①] 迈锡尼文明时期：公元前15世纪—公元前12世纪。

[②] "特洛伊战争"，http://baike.baidu.com/subview/81624/5033141.htm。（上网时间2016年3月8日）

国"光荣革命"后，荷兰成为一个依附于英国的二流国家。

其次，英法争霸。17世纪末，法王路易十四向周围国家发动一系列战争，使法国成为欧洲大陆的霸主，并在美洲、亚洲侵占大片殖民地。而英国战胜荷兰后，殖民扩张步伐大大加快。17世纪末和整个18世纪，英法为争夺海洋、欧洲霸权和海外殖民地进行了四次大规模争霸战争：**一是1688—1697年法国与奥格斯堡联盟之间的战争**。为阻止法国不断增长的扩张野心，1686年，荷兰联合奥地利、西班牙、瑞典组成奥格斯堡联盟。1688年，英国"光荣革命"后站到联盟一边反对法国。这是一场从陆地到海洋两条战线同时进行的欧洲大战。法国虽在陆战中多次获胜，但在海上遭到英国舰队重创，1697年签订《莱斯威克和约》，巩固了英国在地中海的霸主地位。**二是1701—1713年西班牙王位继承战争**。1700年，西班牙国王查理二世死后无嗣。法国、奥地利展开激烈争夺，爆发战争，英国、荷兰加入奥地利一方对法国作战。战后，法国在北美的一些殖民地割让给英国，英国还获得直布罗陀海峡。这场战争是英国在英法争霸中取得明显优势的开端。**三是1740—1748年奥地利王朝继承战争**。法国、西班牙、萨克森站在普鲁士一方，英国、俄国、荷兰等国支持奥地利。交战双方从欧洲大陆打到美洲及印度次大陆等殖民地，成为一场欧洲规模的大战。在这场战争中，英国重创法国舰队，从此法国海军一蹶不振，这是英法争夺海洋和殖民霸权斗争的继续。**四是1756—1763年七年战争**①。法国、俄国、瑞典和萨克森支持奥地利，英国支持普鲁士。交战双方在欧洲大陆、北美洲和印度都发生激烈战斗。最终，英国从法国手中夺取加拿大及其附近的全部殖民地、美国的俄亥俄河流

---

① 七年战争在北美实际上打了9年（1754—1763年）。

域及密西西比河左岸大部分地区。在印度，法国丧失了几乎全部领地，英国获得对印控制权。这是英法争霸中一次决定性战争，英国成了"海上霸主"，为建立"日不落"帝国奠定了基础。

再次，沙俄与西欧列强争霸。一是北方战争。随着俄国国力的不断壮大，1700—1721年，俄国同强敌瑞典进行北方战争，最终获胜并夺取了波罗的海出海口及其沿岸地区，俄国从一个内陆国家扩张成为一个濒海国家。北方战争使俄国取得对欧洲事务的发言权，跻身于欧洲列强行列。1721年10月22日，彼得一世因北方战争中创立的功绩而被封为"全俄罗斯大帝"，俄国国号正式改为俄罗斯帝国。**二是三次瓜分波兰**。中世纪，波兰曾是欧洲一个强大的封建农奴制国家。18世纪末，沙俄伙同普鲁士、奥地利三次瓜分波兰（1791年、1793年、1795年），使波兰作为一个独立国家在世界历史上消失了一百多年。直到1918年第一次世界大战结束，波兰才恢复独立。**三是四次俄土战争**。18世纪后半期，沙俄通过1768—1774年、1787—1792年两次俄土战争，从土耳其手中夺取从第聂伯河到德涅斯特河之间黑海北岸的大片领土，并取得了干涉多瑙河两公国摩尔多瓦和瓦拉几亚[①]事务的特权，这不仅使其打通黑海出海口的愿望得以实现，而且也为其南侵巴尔干半岛打下基础。1806—1812年俄土战争因欧洲反法战争正在进行中，欧洲列强无暇东顾，沙

[①] 古国名。今罗马尼亚瓦拉几亚。位于巴尔干半岛东北，摩尔多瓦之南，东濒黑海，介于喀尔巴阡山和多瑙河之间。1324年，当地居民打败匈牙利人后取得独立，建立公国。1411年，沦为奥斯曼帝国藩属。1859年，和摩尔多瓦合并为多瑙公国。1861年，称罗马尼亚公国，宗主权仍属土耳其。1878年，俄土战争后根据《柏林条约》取得独立，于1881年成为罗马尼亚王国。

俄无心恋战，只是拉开了向巴尔干和黑海两海峡（即达达尼尔海峡、博斯普鲁斯海峡）扩张的序幕。1828—1829 年俄土战争扩大了沙俄在巴尔干半岛的势力范围，也使沙俄与欧洲列强的矛盾进一步尖锐化。此后，矛盾焦点便集中在君士坦丁堡和黑海两海峡地区。**四是克里米亚战争**[①]。1853—1856 年，为了争夺对巴尔干半岛的控制权，英国、法国、奥斯曼帝国先后向沙俄宣战，克里米亚战争爆发。这场战争也是沙俄与英法等西欧列强夺取君士坦丁堡和黑海两海峡矛盾激化的结果。最后签署的《巴黎和约》使沙俄丧失了几乎历次俄土战争的成果。

3. **第一次、第二次世界大战**。（略，详情参见本章第一节欧洲文明时代）

（四）一部美国文明发展史，实际上也是一部战争史

美国国家及其国民特性是通过一次次战争而确立并逐步夯实起来的：1775—1783 年独立战争使美利坚定居者成为美国人，1861—1865 年内战则巩固了美国，第二次世界大战更显现了美国人对自己国家的认同。

1. **战争造就了美国**。1607 年、1620 年、1630 年最初几批

[①] 这是人类历史上首次真正意义上的现代战争。随着第一次工业革命深入开展，手工工场被机器生产取代，西方国家的生产力取得质的飞跃。同时，工业的进步也推动了军事领域的变革：飞驰的火车成为军队后勤供给的坚强后盾，日行千里的电报使战场即时通讯成为可能，而步枪等具有高杀伤力的新式武器也为大规模的屠杀创造了条件。战争所付出的代价便是见证：英国损失约 2.5 万人，法国 10 万人，沙俄则达到了 100 万人，其惨烈与残酷程度可见一斑。这是一场大刀长矛对阵枪炮火药、封建沙俄对阵英法等新兴资本主义国家的战争，参战各国军事实力发展的严重不平衡直接导致了触目惊心的伤亡数字，而新的战争机器展现的令世人震惊的破坏力也注定了将克里米亚战争载入史册。

定居者在美国落地。起初几十年中,他们与印第安人维持合作关系。到了 17 世纪 60 年代,白人定居者对土地的要求越来越多,印第安人担心受到白人统治,由此爆发 1675—1676 年的"菲利普王"①战争,这是美国历史上最血腥的战争。此后 200 多年,美国人跟印第安人的关系就是断断续续老打仗,1689—1763 年这 74 年当中,有一半时间,美国人跟随英国人对法国人及其印第安人同盟者打了 5 次战争。即便是在英法两国和平相处时,美国人仍在对印第安人进行较短的、局部的武装冲突。**正如 S. M. 格兰特所说:"战争是美利坚民族经历之中的核心。"**在颁布《宪法》之后约 50 年间,美国军事部门的职责就是对付印第安人,对他们采取的做法包括杀戮、威吓和驱赶。19 世纪 30 年代,安德鲁·杰克逊总统说服国会通过《印第安人迁徙法》,将南方 6 州的主要印第安部落强行迁徙到密西西比河以西,从而引发 1835—1843 年的第二次西米诺尔战争。这种迁徙实际上就是"种族清洗"。同印第安人的战争一直打到 19 世纪 90 年代,他们是美国人向西开拓边疆的主要敌手。②

美国独立战争或称美国革命战争,是大英帝国与其北美十三州殖民地的革命者以及几个欧洲列强之间的一场战争。这场战争始于对抗英国的经济政策,但后来却因为法国、西班牙及荷兰加入战争对抗英国,而使战争范围远远超出英属北美洲。1776 年 7 月 4 日,大陆会议通过《独立宣言》,宣告美国的诞

---

① "菲利普王"是当时印第安部落推举的首领。
② 塞缪尔·亨廷顿著,程克雄译:《谁是美国人?》,新华出版社,2010 年 1 月第 1 版,第 31、40—41、82、89 页。

生。1783年，英国承认美国独立。①

2. 战争夯实了美国。建国后，美国先与英国人打仗，然后与法国人打仗，随后又一次与英国人打仗（1812—1814年第二次英美战争），通过这些战争，美国人（Americans）的身份加强了。在得克萨斯独立战争（1835—1836年）以及美国—墨西哥战争（1846—1848年）中，墨西哥失去了大片土地②，墨西哥不再对美构成潜在威胁，美国可以放心地占领、利用和开发大片疆域。特别是在美墨战争中，美国人首次在星条旗指引下作战。**美国内战**（1861—1865年，又称南北战争）爆发了美国人对国旗的感情，国旗引导着人们战斗。内战使美国作为统一国家的地位巩固下来，美国的国民特性得到确立，美利坚民族主义精神在随后的百年中得到发扬光大。所以，内战结束时，美国文学家兼外交家詹姆斯·拉赛尔·洛威尔说，内战是"用来造就一个国家（a nation）的昂贵材料"。内战**不仅造就了一个国家，还造就了美利坚民族主义、爱国主义以及美国人对自己国家无保留的认同**。内战以前，有的州有可能闹分离主义而独立，不仅南方如此，北方也有这种可能。但是1865年以后，这已经成为不可想象的事，再无人提及。诗人拉尔夫·沃尔多·爱默生说，在内战之前，美国人对爱国主义只是偶尔玩之。但是，内战中，"几十万人的死亡和千百万人的决心"证明了美国人的爱国主义终于"成真"。威尔逊总统在1915年阵亡将士纪念日讲话中说，内战"造就了我国原先不曾有过的国民意

---

① "美国独立战争", http://baike.so.com/doc/5374157-5610176.html。（上网时间：2016年3月9日）

② 原来，得克萨斯州、新墨西哥州、亚利桑那州、加利福尼亚州、内华达州和犹他州这几个州的土地曾经几乎完全属于墨西哥。

识"。此外，内战解决了独立自主与殖民依附的问题，为美国工业化扫清了经济（自由贸易）、社会（奴隶制）与政治（南方奴隶主依附英国资产阶级）的障碍，美国工业化迅速推进。到19世纪70年代，美国超过英国，成为世界第一大经济体。1898年发生的美西战争①，使美利坚民族主义出现高潮，全美国团结在一起。海厄姆指出："1898年的战争完成了南北和解，使原邦联战士尚武精神的传统投入到一场爱国征战，使全国各地都为共同的目标而奋斗，使南方有机会展现爱国的热忱。"这场战争还使美国势力延伸到东亚，大大扩展了美国作为一个新兴殖民帝国的势力范围。②

3. 战争成就了超级大国的美国。两次世界大战带动了美国的种族平等，美国人的爱国心和国民意识得到了发扬。在两次世界大战期间，美国领导人和舆论界都一直强调这是包括所有人种、民族和背景的全体美国人抗御强敌、捍卫自己国家及其价值观的战争。1917年，美国正式参加第一次世界大战，激起了美国人的爱国热情，提高了国民身份的重要性。第一次世界大战期间，美国大发战争横财，工业资本与金融资本比翼齐飞。到战争结束时，美国已经从资本输入国变为资本输出国，从债务国变成了债权国，而且还是世界最大债权国。1941年12月7日，日本偷袭珍珠港，太平洋战争爆发，美国正式参加第二次世界大战。**第二次世界大战使美国人的种族身份和阶级身份都服从于对国家的忠诚。**最初，有些黑人组织和工会不支持美国

---

① 1898年，美国从西班牙手中夺取了菲律宾。

② 塞缪尔·亨廷顿著，程克雄译：《谁是美国人？》，新华出版社，2010年1月第1版，第14、89—91、93、95页；江涌：《道路之争——工业化还是金融化？》，中国人民大学出版社，2015年12月第1版，第008页。

参战，但保罗·斯特恩指出，日本对珍珠港的袭击，"使他们的种族立场或阶级立场至少暂时转变为国家的立场，人们都是为了国家的利益而行动"。日本裔美国人也表示忠于美国，志愿参军。全美国1000多万人响应动员参军。第二次世界大战中，美国人民达到了万众一心，共赴国难，经济上的不平等有所降低，美国人对国家的认同达到有史以来的最高峰。"伟大的共同经历为下一代人造就了国民身份意识。"①

冷战（1945—1991年）时期，美国和苏联两个超级大国在全球争霸。冷战初期的紧迫形势促进了美国种族歧视和隔离的结束，经济出现空前繁荣，美国人加强了对自己国家的认同。这一时期，朝鲜战争（1950年6月25日—1953年7月27日）爆发，它促进了美军内部的民族融合，有超过10万名黑人士兵加入军队至朝鲜半岛作战，这是美军首次大规模地将黑人与白人士兵混编于同一单位。②

4. 战争将加速美国及其文明在21世纪的衰落。 20世纪，美国的敌人都属于意识形态上的敌人，他们都反对"美国信念"的主要原则，如第一次世界大战中的德国"恺撒主义"，第二次世界大战中的日本军国主义。二战结束以来，防止欧亚大陆出现一个能够主导欧洲或亚洲，并进而向美国提出挑战的大国，一直是美国全球战略的基本目标。整个冷战期间，苏联一直被美国视作其全球战略最主要的战略竞争者。

---

① 塞缪尔·亨廷顿著，程克雄译：《谁是美国人？》，新华出版社，2010年1月第1版，第145、101页。

② "朝鲜战争"，http: //baike. baidu. com/link? url = 1H0nuEMLLAhS7MgSNDlgpOK8OkpUXq－p5xT3uggL0fJlmwjIOOE01zK4nLI_ pHhREj2u_ 2WLb2NW_ q31VWCgprdHtJez3ogGrQvZb9svxKy。（上网时间：2016年3月26日）

第七章　文明的交融与和平的未来

冷战结束初期，苏联解体使美国失去了明确主攻目标。其间，德国、日本、俄罗斯和中国都曾一度被美国视作战略对手。90 年代，美国对外政策辩论中的主要问题就是谁可能是这样的敌人。查尔斯·克劳萨默在冷战结束时说："国家是需要敌人的。一个敌人没有了，会再找一个。"对于美国来说，理想的敌人应该是意识形态上与己为敌，种族上和文化上与己不同，军事上又强大到足以对美国安全构成可信的威胁。伊斯兰教与美国盎格鲁—新教文化在文化上的差异加重了伊斯兰教构成敌人的资格。**2001 年"9·11"事件爆发，穆斯林激进分子成为美国 21 世纪的第一个敌人**。打击国际恐怖主义上升为美国首要战略任务，于是美国对阿富汗（2001 年）、伊拉克（2003 年）发动战争，即全球"反恐战争"。[①] 这两场战争成为消耗美国软硬实力的巨大黑洞，庞大的军事开支从 2001 年的 3040 亿美元上升到 2008 年的 6160 亿美元。10 年里，美国的反恐开支每年高达 750 亿美元，占政府开支的比例也从 16.4% 上升到 20.2%。仅阿富汗、伊拉克两场战争，就已经耗费约 1.3 万亿美元。[②]

中国成为最主要战略竞争对手。20 世纪 90 年代，美国战略重心在苏联和东欧地区；21 世纪头十年，借"9·11"事件顺势转向西亚北非。2008 年美国爆发自 1929—1933 年大萧条之后最为深刻和沉重的经济与金融危机，而中国经济实力走向强大和"中国模式"的成功，不仅使美国感到其在欧亚大陆东端的

[①] 塞缪尔·亨廷顿著，程克雄译：《谁是美国人？》，新华出版社，2010 年 1 月第 1 版，第 192—193 页。

[②] 倪峰："美国亚太再平衡战略及其评估"，《奥巴马政府内外政策调整与中美关系》，和平发展报告系列，中国社会科学院和平发展研究所编，中国社会科学出版社，2015 年 8 月第 1 版，第 150 页。

政治、安全和经济主导权受到挑战,而且使美国在国际经济组织中的主导权以及以"华盛顿共识"为核心的美国发展模式受到挑战。有美国学者认为:"中国是美国所面对的唯一潜在的、地位对等的竞争对手……中国可能变成一个比原苏联更强的竞争对手:其经济规模可能会超过美国(这是美国自19世纪以来从未曾面对的情况),而且,不像主要是自给自足的原苏联,现代中国依赖海外贸易和资源,而且将会更倾向于向国外投放力量。"美国政府越来越警惕中国的高速发展,并最终将中国确定为其最主要战略竞争对手。[①]

2011年11月,在夏威夷举行的亚太经济合作组织(APEC)峰会上,奥巴马高调亮出"转向亚洲"战略,亚太地区首次成为美国全球战略的"主攻方向",矛头直指中国——遏制住中国的全面崛起。亨廷顿在《谁是美国人?》一书中指出,"'9·11'事件引人注目地象征着20世纪作为意识形态世纪和意识形态冲突世纪的结束以及一个新的时代的开始。在这个新时代,人们主要是从文化和宗教信仰的角度界定自己。美国现在的实际敌人和潜在敌人是宗教驱动的伊斯兰好斗分子和完全非意识形态的中国民族主义。"[②]

2016年2月9日,美国国家情报总监詹姆斯·克拉柏向国会递交了美国情报界最重要的年度例行报告《世界威胁评估》(简称《评估》),对美国国家安全面临的所谓威胁进行了新的

[①] 唐永胜:"奥巴马政府对华政策评析",《奥巴马政府内外政策调整与中美关系》,和平发展报告系列,中国社会科学院和平发展研究所编,中国社会科学出版社,2015年8月第1版,第291—292页。

[②] 塞缪尔·亨廷顿著,程克雄译:《谁是美国人?》,新华出版社,2010年1月第1版,第249页。

盘点。纵观整个《评估》，中国一共出现了 42 次①。《评估》指出，在网络空间，中国仍在从事"针对美国的网络间谍行为"；在大规模杀伤性武器扩散方面，中国建立了新的军种——火箭军，新增了抗打击性更强的公路机动发射系统，并对导弹发射井进行了加固，从而提升了二次打击能力；在太空，中国在 2014 年 7 月进行的一次反卫星试验中取得了巨大成功，把美国的卫星置于巨大危险之中；在反情报领域，中国有实力、意图和强大的行动能力。《评估》定罪中国"三大不是"："不是之一"是中国推行积极的对外政策，特别是在亚太地区。这集中表现在对东海和南海的"领土领海诉求"，以及通过"一带一路"在亚洲进行的"经济扩张"。"不是之二"是中国的国际地位进一步提高。其中，标志性事件为国际货币基金组织 2015 年 11 月将人民币纳入特别提款权以及 2016 年初亚投行的正式运行。此外，中国还积极参与国际事务，比如联合国维和行动、世界卫生组织应对埃博拉病毒的行动，以及在非洲和巴基斯坦进行基础设施建设。"不是之三"是中国领导人进行了具有划时代意义的经济、司法和军事改革，这必将增强中国的经济增长潜力，提升政府的效率和可问责性以及共产党的执政能力。《评估》对中国威胁的渲染是典型的"中国威胁论"。②

二、西方最致命弱点是搞西方文明至上主义

欧洲基督徒怀有将整个世界皈依到基督教的热忱。荷兰法理学家雨果·格劳修斯在其著《关于基督教宗教的真相》（1627

---

① 俄罗斯一共出现了 81 次。
② 王谦："谁在威胁美国"，《环球军事》，2016 年 3 月上半月版，361 期，第 26、28 页。

年拉丁语版本）中指出，始于哥伦布的大航海时代，欧洲航海家除了经济、军事征服外，还负有将犹太人、穆斯林和其他异教徒皈依基督教的使命。1492年，哥伦布发现美洲；1498年，达·伽马开辟通往东方的新航线；1519年，麦哲伦环球航行成功，标志着"地理大发现"时代到来。"地理大发现"时代的重要产物是，欧洲国家的资本原始积累和疯狂海外扩张。基督教作为西方殖民列强征服和统治广大殖民地的精神武器，也伴随着殖民者的脚步迈向世界每一个角落。英国著名历史学家汤因比曾说："葡萄牙人和西班牙人首先掀起西方征服世界的浪潮，他们不只为了寻求财宝和权力，而且一心要传播征服者先辈的基督教。"[①] 近代欧洲宗教观认为，基督教是世界上至高无上的宗教，所有其他宗教都被视为异端。在殖民地，有大量的非基督徒臣民，基督教传教士可以放手去传教。[②] 18世纪是基督教全速传播期，这也是欧洲殖民时代的一个新重点。

此外，18世纪欧洲列强兴起后变得狂妄自大，自认为西方最伟大，一直试图通过将自己的利益确定为"世界共同体"利益来保持其主导地位和维护自己的利益。从此，西方世界弥漫着西方文明优越论，断定全世界人民都应当信奉西方的价值观、体制和文化，因为它包含了人类最高级、最进步、最自由、最理性、最现代和最文明的思想。

美国自认是"上帝赋予使命的国家"。建国伊始，"美国例外论"与"天定命运观"的结合促使美利坚民族拥有一种使命

[①] （英）阿诺德·汤因比著，晏可佳等译：《一个历史学家的宗教观》，四川人民出版社，1990年版，第173页。

[②] Carl W. Ernst, *Rethinking Islam in the Contemporary World*, Edinburgh University Press Ltd, USA, 2004, pp. 40–41.

意识，不仅宣称要将美国打造成世界瞩目的"山巅之城"和"人类文明的灯塔"，而且一代又一代美国人致力于将上帝之光撒播到全世界，普救众生。没有一个国家像美国这样，从总统到议长公开宣称本国是世界"领导者"。美国历届总统，无论党派如何，都自觉承担一种所谓使命，即在全球推广美国的价值体系、制度模式和发展道路。凡是与美国模式不同的，基本都被列为独裁或非民主国家。① 这种使命观使美国无论在冷战后初期还是奥巴马政府执政以后，都强调美国的道义中心地位和榜样的力量，并力图使全世界所有国家都成为美国的样子。因此，美国认为中国、俄罗斯等国家，只有沿着美国规划好的转型轨迹前行，才可能是爱好和平的"正常国家"，否则任何不符合这一标准的行为就会被打上"历史倒退"的标签。②

长期以来，美国对外不能容忍异己力量与文明的存在，以力服人，从而不断制造矛盾、制造对立、制造冲突、制造不和谐。美国伙同欧洲伙伴战后几十年努力颠覆的政权，基本上来自两大方向：一类是社会主义阵营，所谓的"铁幕"国家，如前苏联、古巴、朝鲜、越南、缅甸和中国；另一类是穆斯林世界那些不围着美国指挥棒转的国家，如伊拉克、伊朗、利比亚和叙利亚等国。

三、西方文明与伊斯兰文明的冲突

塞缪尔·亨廷顿在其著《文明的冲突与世界秩序的重建》

---

① 马晓霖："伊斯兰与西方世界的恩怨情仇"，华夏网，2015年11月23日。
② 陶莎莎、楚树龙："奥巴马政府对俄罗斯政策及美俄关系"，《奥巴马政府内外政策调整与中美关系》，和平发展报告系列，中国社会科学院和平发展研究所编，中国社会科学出版社，2015年8月第1版，第227页。

中指出，西方文明与伊斯兰文明的"冲突根子出在这两大文明的同质性上，它们都是宗教文明，宗教是讲排他性的。伊斯兰教与基督教都是一神教，它们不容易接受其他的神；它们都用二元的、非我即彼的眼光看待世界；它们又都是普世主义的，声称自己是全人类都应追随的唯一真正信仰；它们都是富有使命感的宗教，认为其教徒有义务说服非教徒皈依这唯一的真正信仰。自诞生之日起，伊斯兰教就依靠征服进行扩张，只要有机会，基督教也是如此行事。'圣战'和'十字军东征'这两个类似的概念不仅令它们彼此相像，而且将这两种信仰与世界其他主要宗教区别开来"。"伊斯兰文明是一种不同于西方的文明，其人民深信伊斯兰文化的优越性，但又受其力量处于劣势的困扰。对伊斯兰教而言，问题在于西方。而西方文明是一种不同于伊斯兰的文明，西方人深信西方文化的普遍性和优越性，并负有将西方文化在全世界发扬光大的使命。""只要伊斯兰仍是伊斯兰，西方仍是西方，这两个伟大文明和生活方式之间的根本冲突在未来将继续决定它们之间的关系，甚至像在过去的 1400 年中一直决定着那样。"[①]

进入现当代以来，伊斯兰文明的漫长沉沦，恰逢西方文明的持续扩张，尤其是美国势力的全面成长与强烈投射。前荷兰政治领导人弗里茨·博尔克斯坦一针见血地指出："西方强大，伊斯兰世界并非如此。他们手中虽然掌握着石油财富，感受到的却是羞辱和被排斥在外的感觉。"这种不同步甚至背向而行的发展轨迹，造成这两大文明板块多方位碰撞与摩擦，形成今日世界独特的穆斯林世界地缘政治景观和两大文明之间的冲突

---

① 塞缪尔·亨廷顿著，周琪、刘绯、张立平、王圆译：《文明的冲突与世界秩序的重建》（修订版），新华出版社，2010 年 1 月第 1 版，第 187—188 页。

第七章　文明的交融与和平的未来

格局。

（一）欧洲文明与伊斯兰文明

7—15世纪，穆斯林统治欧洲部分地区长达800年，伊斯兰文明是唯一使西方的存在受到过威胁的文明。美国最知名的中东问题专家伯纳德·刘易斯在其撰写的《伊斯兰危机：圣战与邪恶恐怖》一书中称，"**千百年来，欧洲与伊斯兰世界之间一直是征服与被征服、进攻与反击的关系**。"不过，在不同的历史时期，基督徒与穆斯林的较量内容不同。中世纪，无论是"十字军东征"时期还是奥斯曼帝国时期，他们都是作为对手相遇，在欧洲、非洲、中东厮杀，争夺疆土。殖民时期，穆斯林世界大多数地区沦为西方列强的殖民地，双方是统治与被统治的关系。但在过去的半个多世纪，在西欧社会，因为来自北非、南亚的穆斯林移民潮的缘故，他们是作为邻居相互影响、相互作用。[1] 两大文明之间的恩怨情仇剪不断理还乱。

1. 中世纪：基督徒和穆斯林是不共戴天的死敌，在欧洲、非洲、中东的战场上展开厮杀。（1）**伊斯兰早期**。610年，穆罕默德在阿拉伯半岛开始传播伊斯兰教，到632年他去世时，基本统一了半岛地区的各阿拉伯部落和氏族，建立了一个新型的穆斯林国家。其继任者们经过一系列军事讨伐，先后征服了半岛周围的叙利亚、巴勒斯坦、耶路撒冷、埃及等地区。穆斯林军队还同信奉基督教的拜占庭帝国为争夺小亚细亚地区进行烽火连绵的战争。**阿拉伯穆斯林军队攻克耶路撒冷和与拜占庭

---

[1] Robert J. Pauly, Jr., *Islam in Europe: Integration or Marginalization?* Ashgate Publishing Limited, England, 2004, p. 22.

帝国的铁血搏斗是伊斯兰教与基督教世界的第一次严酷交锋。

636年,阿拉伯人在约旦河支流耶尔穆克河河谷,赢得了对拜占庭人的决定性胜利,几乎全歼由希腊、亚美尼亚和叙利亚基督徒组成的混合部队。[①] 638年,穆斯林征服罗马帝国统治下的耶路撒冷,将基督教排除出中东的心脏地带,从此伊斯兰教被西方视为一种潜在威胁。在伊斯兰岁月的早期,拜占庭帝国虽尚未被穆斯林大军推翻,但大部分领土已划入"哈里发帝国"疆域。属于基督教世界的行省叙利亚、巴勒斯坦、埃及、北非已纳入四大哈里发治下的版图,并伊斯兰化及阿拉伯化。

阿拉伯人征服北非后,很快就将锋镝指向信奉基督教的西班牙王国。712年,阿拉伯人渡海进攻西班牙,战胜西班牙最后一个西哥特国王罗德里戈,并征服了西班牙半岛的大部分地区。到713年,整个西班牙已经被置于阿拉伯军队的控制之下。新上任的阿拉伯统治者将掠夺到的无数金银、宝石等财物运回阿拉伯帝国的首都大马士革。伍麦叶王朝在欧麦尔二世的统治下曾采取过歧视和迫害基督徒的政策。

717年或718年,阿拉伯军队越过比利牛斯山向北推进到法国南部和中部,731年灭西哥德王国。732年,阿拉伯军队与查尔斯·马蒂尔(法国墨洛温王朝[②]首相)率领的法国联军在图尔、普瓦蒂埃展开激战,最后,阿拉伯人被法兰克人打败而撤退。**西方史学家把图尔战役称为具有世界意义的大决战之一,因为它从阿拉伯人手中拯救了基督教的欧洲。如果基督徒没有在图尔战役中取胜,那么整个欧洲历史将会改写。**此后几十年,

---

[①] 斯塔夫里阿诺斯著,吴象婴、梁赤民、董书慧、王昶译:《全球通史——从史前史到21世纪》,北京大学出版社,2011年第7版/修订版,第215页。

[②] Merovingian Dynasty,481—751年。

阿拉伯军队与基督徒军队在法国继续相斗，曾一度占领过阿维尼翁和里昂。**阿拉伯军队与基督教诸公国在西班牙和法国以及地中海西岸的武力冲突和战争是伊斯兰教与基督教世界的第二次较大规模冲撞。**

（2）阿巴斯王朝时期。750年阿巴斯王朝兴起后，穆斯林一直在两条战线上与基督教势力发生冲突：在东线，他们与拜占庭帝国交战；在西线，与哥特人和法兰克人的基督教王国斗争。在三百年的漫长岁月里，基督教被迫面对穆斯林势力的扩张和伊斯兰教信仰的大发展。它们之间的仇恨和厌恶与日俱增。基督教不仅害怕伊斯兰教的威胁，而且妒嫉阿拉伯—伊斯兰帝国的财富和穆斯林在政治、经济和文化等领域所取得的成就。

穆斯林征服伊比利亚半岛、塞浦路斯、意大利南部、其他一些原先受基督徒统治的近东领土，导致基督教世界针对穆斯林的焦虑和愤怒。11世纪末期，突厥穆斯林势力进逼拜占庭帝国，引发"十字军东征"。**"十字军东征"是伊斯兰教与基督教世界为了争夺圣城耶路撒冷和地中海霸权而发生的第三次大规模冲突。**

八次欧洲"十字军东征"（1095—1291年）。"十字军东征"（Crusade[①]）是一系列在罗马天主教教宗的准许下进行的、持续近200年的、由西欧封建领主和骑士对地中海东岸国家以收复阿拉伯入侵占领的土地名义发动的宗教战争，前后共计有八次。在穆斯林眼里，"十字军东征"是一场西方在穆斯林世界发动的

---

① "Crusade"一词原意是"为十字而战"。在阿拉伯编年史"东征者时期"中，常提到这些东征者，但使用的是"弗兰克斯"（Franks）或"异教徒"，根本没用过"Crusade"一词。19世纪，通晓西方编年史用词的近代阿拉伯作家开始使用"Crusade"及"Crusader"词汇，如今已相当普遍。

扩张、掠夺战争。

第一次东征（1095—1099 年）**是 200 年间十字军唯一对穆斯林取得胜果的战事**。1095 年 11 月 26 日，教皇厄本二世（Urban II）正式宣布十字军开始东征。1097 年，一支由 15 万基督徒组成的十字军会集在拜占庭而开始了第一次东征。1099 年 7 月 15 日，十字军从穆斯林手中夺回耶路撒冷，还占领了今天的叙利亚和以色列的一部分。斋月期间三天里，耶路撒冷的穆斯林、犹太人不论男女惨遭十字军屠杀，血流成河。单在一所寺院里，就有约 1 万名避难者惨遭屠戮。十字军一个指挥官在写给教皇的信里说，他骑马走过尸体狼藉的地方，血染马腿到膝。寺院、宫殿和民间的金银财物被抢劫一空，许多古代艺术珍品被毁。十字军在中东建立了四个封建十字军国家——埃德萨伯国（Edessa，1098 年）、安条克公国（Antioch，1098 年）、耶路撒冷王国（1099 年）、的黎波里伯国（1109 年）。这些国家都位于沿海地区，都以西方封建方式建成，但缺乏根基，从未同化阿拉伯穆斯林臣民，它们依靠欧洲零星到达的援兵的支持，才生存下来。

第二次东征（1147—1149 年）是一次不成功、灾难性的行动，试图重新夺回 1147 年被穆斯林征服的十字军国家埃德萨伯国。十字军于 1147 年先打了一仗，从穆斯林手中夺回里斯本，然后挥师东进。但这年 12 月，在抵达圣地之前，十字军在小亚细亚被击溃。

第三次东征（1189—1192 年）由教皇保罗格雷戈里八世召集发动。1183 年，伊斯兰民族英雄萨拉丁（Saladin）结束了穆斯林世界的分裂状态，在"圣战"旗帜下，阿拉伯军队统一了叙利亚和埃及，包围十字军公国。1187 年 10 月 2 日，萨拉丁大军兵不血刃重新进入耶路撒冷——这座差不多为基督教统治了

第七章　文明的交融与和平的未来

一个世纪的城市，又一次响起了清真寺宣礼塔发出的高亢的呼拜声。萨拉丁在哈廷（Hattin）摧毁了十字军，他兑现诺言没有屠杀基督徒，没有破坏耶路撒冷。耶路撒冷的沦陷在欧洲基督教世界再次引起甚嚣尘上的"东征"呼声，于是，德国皇帝弗里德里希、英国国王理查德和法国国王腓力二世组成联军开展第三次东征。他们分别从陆路和海路向巴勒斯坦进发。陆路出发的弗里德里希军队出师不利，德王在渡河时葬身于洪水之中。由法王腓力二世和英王理查德率领的十字军与萨拉丁带领的穆斯林军队在阿卡（Acre）交战。战争持续了两年，最后，穆斯林军队失守。1192年，十字军和穆斯林军队签订和约，理查德将其妹乔安娜许配给萨拉丁的弟弟马立克·阿迪尔而结下联姻之盟。[1] 十字军没有夺回耶路撒冷，但加强了坐落在黎凡特海岸的十字军国家"海外"（Outremer，法语词，意为"海外"）的力量。

1193年3月4日萨拉丁辞世前，把西方人从所有地区驱逐出去，只剩下一条狭长的沿海地区。随后一个世纪，穆斯林也占领了这一地区，再征服宣告完成。自从先知穆罕默德去世后，萨拉丁统率了穆斯林世界最成功的"圣战"。阿拉伯—伊斯兰帝国版图曾包括埃及、北非，到西班牙、法国南部，穿过巴尔干到维也纳。当时伊斯兰文明不论是军事、政治、经济，还是美学上，都高于西欧。[2]

---

[1]　伊斯兰教和基督教世界宽容、和平共处及相互学习和交流的材料引自："冲突与融合：历史上的伊斯兰教与基督教"，《伊斯兰教研究》，2011年11月19日，http://www.sino-islam.com/article.php?id=154。（上网时间：2012年7月24日）

[2]　William Pfaff, "The Big Threat Is to Islamic Society, Not the West", *International Herald Tribune*, October 25, 2001.

第四次东征（1202—1204 年）是一场灾难性战争，进一步削弱了早已风雨飘摇的拜占庭帝国。

第五次东征（1217—1221 年），十字军希望弄垮埃及，重新夺取耶路撒冷。他们围攻了尼罗河三角洲上的城市达米埃塔——进入开罗和亚历山大的门户。由于围攻旷日持久，埃及苏丹卡米尔（al-Kamil）两度向十字军提出，如果他们离开埃及的话，将恢复耶路撒冷王国。十字军拒绝了，最终占领达米埃塔。然而，十字军内讧断送了这次东征。十字军与卡米尔签订为期 8 年的停战协定，放弃达米埃塔以换回萨拉丁获得的钉死基督的十字架遗物。第四次和第五次"十字军东征"是由罗马教皇英诺森三世领导的，他想占领埃及，但他属下的诸侯将军们却置之不理，反而攻占了拜占庭首都君士坦丁堡，成了基督徒互相残杀的丑闻事件。这两次东征都以无果而散。

第六次东征（1228—1229 年）是在神圣罗马皇帝腓特烈二世主持下进行的。这是一次和平进军，没有发生真正意义上的战争。神圣罗马皇帝率军向圣地进军，这让卡米尔惊恐万分，当时他正试图征服大马士革。于是，卡米尔向十字军提出为期 10 年的停战和约——以穆斯林同意割让耶路撒冷、伯利恒、拿撒勒给腓特烈二世并让出一条从阿卡到圣城的走廊为交换条件。腓特烈二世同意让耶路撒冷不设防，允许穆斯林继续留在圣地，行动不加任何限制。因此，1244 年穆斯林重新占领了耶路撒冷，这次他们屠杀了大批基督徒，焚烧了无数教堂，其中包括神圣塞普尔彻教堂（the Holy Sepulcher）。

第七次东征（1248—1254 年）由法国国王路易九世率领，是装备最精良、组织最好的一次东征。他再次进军埃及，并占领了达米埃塔。但当他试图占领开罗时，十字军在曼苏拉战败。不久，路易本人被俘。最后，他被赎出，在阿卡（十字军中心）

第七章　文明的交融与和平的未来

短暂停留后返回欧洲。

第八次东征（1270年）还是由路易九世发动，进军突尼斯。十字军在突尼斯登陆不久，路上发生传染病，路易九世染病身亡。其子兼继承人腓力三世马上下令撤退。1271年，英格兰的爱德华王子赶到北非救援路易九世，但已无力回天。他在阿卡签订了停战协议，于1272年返回英格兰继承王位。至此，"十字军东征"时代基本完结。此后，十字军国家又继续存在了数十年。1268年，十字军建立的安条克公国落入圣战者手中。1291年，穆斯林占领阿卡，不久，十字军国家"海外"沦陷。此后，欧洲还做出几次努力发动东征，但所获寥寥。从此，十字军丧失了在中东的存在。①

"十字军东征"最初目的是从穆斯林手中夺回并控制圣地耶路撒冷。但其后，此一动机即告消失，转为西欧商业力量扩张，在地中海驱逐穆斯林以掌握东西贸易霸权的经济动机，并逐渐演变为屠杀与劫掠。②

（3）**奥斯曼帝国时期。东线："十字军东征"结束后，皈**依了伊斯兰教的突厥人、鞑靼人发动"圣战"，征服了一直属于基督教世界的土地——安纳托利亚（现土耳其亚洲部分）。1299年，奥斯曼宣布成立以他名字命名的独立公国，打出伊斯兰复兴旗号，全力发展军事组织，新的"圣战"中心转移到安纳托利亚半岛，阿拉伯地区大批尚武穆斯林加入奥斯曼大军。

---

① 以上七次"十字军东征"材料引自：Robert Spencer, *The Politically Incorrect Guide to Islam（and The Crusades）*, Regnery Publishing, Inc, Washington, DC, 2005, pp. 147 – 149。

② 张锡模：《圣战与文明：伊斯兰与世界政治首部曲》（公元610—1914年），玉山社出版事业股份有限公司，2003年2月版，第151页。

14 世纪上半叶，奥斯曼土耳其人将拜占庭人逐出了小亚细亚半岛并开始向东南欧不断伸出触角。欧洲基督徒们又开始组织十字军向奥斯曼土耳其人开战，但接连失败。1442 年，奥斯曼土耳其人入侵匈牙利，被由约翰·胡安亚地领导的十字军击败。但紧接着，匈牙利人和威尼斯人组织的"十字军东征"，却为奥斯曼土耳其人打败。1453 年 5 月，拜占庭帝国首都君士坦丁堡被奥斯曼土耳其人攻破，从此成为奥斯曼帝国首都，拜占庭帝国正式灭亡。该事件极大地震撼了整个基督教世界。此后，奥斯曼土耳其人与威尼斯人连续两次大战，最后都以议和告终，黑塞哥维那通过协议并入了奥斯曼帝国版图。

16 世纪上半叶，在苏莱曼大帝领导下，奥斯曼帝国军队越过匈牙利边界，在莫哈奇战役彻底打败匈牙利人，匈牙利国王路易也死于这次战斗。**1529 年，奥斯曼帝国军队兵临维也纳城下，战争最后以奥斯曼帝国的败北而结束，欧洲基督教文明再一次成功地抵御了伊斯兰文明的冲击。如果奥斯曼帝国军队攻下了维也纳而长驱直入欧洲心脏的话，未来的世界历史将会再次改写。**奥斯曼帝国虽遭挫折，但在巴尔干的奥斯曼土耳其人以及在俄罗斯伊斯兰化的鞑靼人也发动征服欧洲的战争。

15—17 世纪，奥斯曼帝国进入鼎盛时期，疆界东起高加索和波斯湾，西至摩洛哥，北面从奥地利边界延至俄罗斯境内，南面深入到非洲腹地，再现地跨欧亚非三大洲伊斯兰封建帝国。由于奥斯曼土耳其人对匈牙利诸小公国的政治干涉，他们与奥匈帝国的矛盾再一次激化，罗马教皇发出动员令，号召欧洲基督教君主国们援助奥匈帝国。奥斯曼帝国军队又一次进军到维也纳近郊。在与欧洲多国联军的交战中，奥斯曼土耳其人再次战败讲和。1683 年，战火又起，奥斯曼帝国以 20 万大军入侵匈牙利平原，围攻维也纳，引爆长达十余年的奥地利战争

第七章　文明的交融与和平的未来

（1683—1699年）。维也纳在奥斯曼帝国大军的攻击下一度处于危境。但日耳曼人和波兰人组成的联军赶来救援，奥斯曼帝国败北，于1699年签署卡尔洛维兹条约（Carlowitz），结束了奥斯曼帝国对哈布斯堡王朝近200年的军事压力。此条约的签订，连同1718年的巴萨洛维兹条约（Passarowitz），标志着奥斯曼帝国在欧洲势力的退潮。此后，双方关系逆转，奥斯曼帝国从攻势退为守势。[①] 在此后相当长时期内，奥斯曼帝国与基督教世界的军事冲撞在东线处于相对胶着状态。

西线：750年，阿巴斯王朝成立后，由阿布德勒·拉赫曼领导的伍麦叶家族的一支，远走当时属于伊斯兰世界西端的伊比利亚半岛，建立起独立的政权，自称"埃米尔"，史称"后伍麦叶王朝"（756—1031年）。

13—15世纪期间，后伍麦叶王朝分裂为一系列穆斯林小王国，它们争权夺利，互相残杀，终于把穆斯林统治者的力量耗尽。与此同时，基督教军队的力量与日俱增。1492年，当基督教的卡斯提尔和阿拉贡王国的联军进攻阿拉伯人在西班牙坚守的最后堡垒—格拉纳达时，阿拉伯统治者逃亡摩洛哥。就这样，穆斯林丢失了他们曾经辉煌统治了700年之久的西班牙。之后，欧洲基督教世界向奥斯曼帝国发动反击，北非部分地区实现自治。

19世纪，欧洲文明挟带着民族国家与产业革命优势的新理论——以"民族"切割全人类——横扫世界，以欧洲列强主导的产业革命型世界资本主义体系彻底瓦解了穆斯林世界的社会经济结构，欧洲列强同穆斯林世界的较量出现质的变化。

[①] 张锡模：《圣战与文明：伊斯兰与世界政治首部曲》（公元610—1914年），玉山社出版事业股份有限公司，2003年2月版，第189页。

515

2. **殖民时期：穆斯林世界大多数地区沦为欧洲列强的殖民地。一部欧洲列强殖民史，可以说是一部大侵略历史**。伴随着大航海时代新航路的开辟，殖民主义出现。1798年，拿破仑侵入埃及，在金字塔战役中轻而易举地战胜了埃及的马木鲁克（Mamluks）王朝军队，宣告近代西方对穆斯林世界殖民的开端。不到一个世纪，从北非到东南亚，广阔的穆斯林世界在欧洲文明的科学技术、发达工业和先进武器的进逼下，节节退守，渐渐地沦落为殖民地或半殖民地社会。殖民统治是西方对穆斯林世界的一次文化入侵，带给殖民地原生居民常常是死亡和占领。[①] 昔日伊斯兰文明的光辉在西方列强的铁蹄下被践踏成支离破碎的记忆。历史上光焰无比的奥斯曼帝国、波斯萨法维王朝和印度莫卧儿王朝，都在西方的坚船利炮攻击下纷纷割土赔款而委屈求生。第一次世界大战后，这些穆斯林大国都在地图上黯淡消失。**在绝大多数穆斯林眼中，欧洲列强的殖民统治对穆斯林世界有百害而无一益**。

18—20世纪，欧洲殖民列强武装入侵和征服穆斯林世界重要地区。欧洲列强的殖民统治经历两个阶段：第一个阶段是商业扩张，是对穆斯林及其国家的剥削、掠夺原材料资源和抢占市场。第二阶段是武装入侵和征服，对穆斯林世界重要地区建立了有效的统治，如俄罗斯在高加索后来是中亚，英国在印度次大陆，英国和荷兰在马来西亚和印尼，最后是英国和法国在中东和北非建立殖民统治。欧洲列强在东南亚、印度次大陆的殖民统治持续了数百年，但在其他地方及中东阿拉伯土地上的统治时间较短：法国占领阿尔及利亚（1830年），英国占领亚

---

① Robert J. Pauly, Jr., *Islam in Europe: Integration or Marginalization?* Ashgate Publishing Limited, England, 2004, p. 22.

丁（1839年），英国占领埃及（1882年），法国将统治权扩大到突尼斯（1881年）和摩洛哥（1911年），英国对波斯湾影响的顶点是奥斯曼帝国富饶新月地带的阿拉伯行省肢解后划分给英国和法国。1916年夏，英国占领伊斯兰教圣地麦加；1917年3月，占领伊拉克巴格达；1917年12月，占领伊斯兰教第三大圣地耶路撒冷。到20世纪初，除土耳其、伊朗、沙特及阿富汗尚保持独立外，几乎整个穆斯林世界都被并入欧洲列强英国、法国、俄罗斯、荷兰的帝国版图。[①] 19世纪20年代，波斯萨法维王朝向信仰东正教的沙俄发动"圣战"，但波斯军队没有做好打仗的准备，最后以丢失高加索而告终。

　　第一次世界大战中，奥斯曼帝国站在德意志帝国、奥匈帝国一边，把自己拴在了帝国主义的战车上。一战以同盟国失败告终，1918年10月30日，英国、法国、意大利等国强迫奥斯曼帝国签订停战协定，1920年8月，又迫其签订"色佛尔条约"。根据这些停战协定和条约，奥斯曼帝国在西亚和北非的所有属地被英、法、意等国所瓜分，本土的沿海地区和附近岛屿也被列强所分割，欧洲部分的领土（东色雷斯并入希腊），只剩下首都伊斯坦布尔一隅之地。英法军队占领达达尼尔和博斯普鲁斯海峡，并进驻伊斯坦布尔。英、法、意还控制奥斯曼帝国的财政和关税。这样，奥斯曼帝国的领土一缩再缩，不光属地丧失殆尽，而且本土也只剩下亚洲部分的安纳托利亚高原地区，在政治、经济和文化上都丧失独立而成为英、法、意的半殖民地。民族主义者、军官凯末尔利用各阶层人民对列强的憎恨和

[①] "近现代伊斯兰教——西方的挑战与现代复兴"，来源：穆斯林在线，2010年1月27日，http://www.muslimwww.com/html/2010/lishi_0127/11070_9.html。（上网时间：2014年2月10日）

对丧权辱国的本国政府的不满，发起反帝独立运动和反对土耳其苏丹的世俗主义运动，最终取得革命的胜利。1923年10月29日，土耳其正式宣布为共和国，凯末尔任总统。6个月后，凯末尔废除哈里发制度，驱逐了奥斯曼帝国王室成员。至此，历时约500年的奥斯曼帝国结束，代之而起的是实行世俗主义的土耳其共和国。此后，穆斯林世界与信仰基督教的西方列强的对抗以一种新的方式，即与民族独立、国家主权、政治平等和经济自立等斗争结合起来。

3. 现当代：欧洲白人主流社会与穆斯林少数族群的关系日益撕裂。放眼欧洲，过去半个多世纪，穆斯林逐渐成为一个醒目的少数族群。从1988年"拉什迪事件"至今，伊斯兰宗教传统、禁忌与欧洲现代世俗社会价值观之间的冲撞愈演愈烈，族裔关系日趋紧张。

欧洲穆斯林族群发展有两大特征。其一，穆斯林人口增长迅速，居住集中，几乎不融入当地社会。1973—2003年，欧洲穆斯林人口翻番。在37个欧洲国家中（包括波罗的海国家，但不包括前苏联共和国或土耳其），有16个国家伊斯兰教已成为第二大宗教。据美国务院《2003年度关于国际宗教自由报告》统计，有2300多万穆斯林居住在欧洲，占欧洲总人口的5%。

20世纪70年代，随着第一次阿拉伯石油禁运以及随后欧洲经济衰退，绝大多数欧洲国家关上劳工移民的大门，但每年仍有约50万移民（主要以家庭团聚的方式）和40万难民来到西欧定居。据国际移民组织统计，这两部分人中，来自阿尔及利亚、摩洛哥、土耳其、前南斯拉夫的穆斯林比例最大。80—90年代，北非、中东、高加索等欧洲近邻中的穆斯林国家内战或局势动荡，引发赴欧难民潮，加上这些地区人口增长过速，导致大量穆斯林青年非法移民欧洲，每年约有12—50万人。90年代，奥地利、丹麦、荷兰、挪威、瑞典等国是欧洲穆斯林移民、难民人数增长最快的国家。西班牙、意大利、希腊是西欧人口出生率最低的国家，穆斯林非法移民也快速增长。到 2015 年，欧洲穆斯林人口翻番。有人预测，到 2025 年，1/4 的法国人将是穆斯林。到 2050 年，法国穆斯林人口将超过非穆斯林人口，穆斯林人口至少占欧洲总人口的 20%。

穆斯林族群习惯聚居使之更难同化进主流社会。2/5 的英国穆斯林住在大伦敦地区，1/3 法国穆斯林住在巴黎市郊，1/3 德国穆斯林住在鲁尔工业区以及柏林的新科隆区、汉堡的圣乔治区。穆斯林人口占马赛总人口的 25% 以上，瑞典马尔默德为 20%，布鲁塞尔、伯明翰、巴黎为 15%，伦敦、阿姆斯特丹、鹿特丹、海牙、奥斯陆、哥本哈根占 10% 以上。

其二，穆斯林不再是 20 世纪 70 年代以前的临时"外劳"，如今已成为欧洲国家的永久居民。 随着越来越多的穆斯林生在欧洲，持有欧洲护照的穆斯林比例在上升。截至 2003 年，整个西欧有 15—30% 的穆斯林持有当地国籍。在法国和英国，3/5 的穆斯林人口已是当地公民。在德国，15—20% 的穆斯林已是德国公民，剩下的穆斯林中，11% 已在申请当地国籍，另有 48% 打算申请国籍。意大利近 100 万穆斯林人口，10% 已是意大利公民，西班牙情形相同。在斯堪的纳维亚半岛，只要在当地居住满 5 年，就可获得当地国籍。

尽管如此，欧洲国家的政府和主流社会实际上并未真正把穆斯林视为自己的公民，仍视其为外国人和移民。在许多国家里，穆斯林是一个未得到正式承认的少数民族，被剥夺了许多权益，受歧视时得不到政府和现行立法的保护。譬如，在英国，根据 1976 年《种族关系法》，锡克人、犹太人面临宗教歧视时，受到法律保护，但该法不适用于穆斯林。在欧洲国家议会和政府中，穆斯林几乎很少有自己的代表。另外，20世纪90年代后，欧洲国家强调通过同化政策来控制管理境内穆斯林族群，致力使穆斯林服从各国的宪法和欧洲主流社会的传统习俗。

与此同时，第二、三代穆斯林虽然从文化上适应欧洲现代社会速度比第一代穆斯林移民快得多，正在努力融入当地社会，不过，他们在就业、教育、住房、宗教习俗等方面面临诸多歧视，受教育程度和技能水平低，失业率比非穆斯林高出两倍。如在英国，穆斯林青年"从不工作或长期失业的数字五倍于全国总失业率"。所有这一切导致穆斯林青年的边缘化，重归"伊斯兰认同"。2001年，法国民意调查显示，穆斯林青年的"伊斯兰认同"高于1994年或1989年的水平。在法国、德国、英国的绝大多数穆斯林抵制强制同化进程，穆斯林与主流社会疏远感加强，年轻一代穆斯林处在这一浪潮的最前沿。[①]

(1) 1988年发生"拉什迪事件"。1988年9月，印度裔英国作家萨尔曼·拉什迪（Salman Rushdie）出版了《撒旦诗篇》，突破穆斯林公认的宗教禁忌[②]，招致英国中北部布拉德福德清真寺委员会示威抗议，之后引发几十个国家穆斯林持续抗议。拉什迪1968年成为英国公民后，一直发表文章批评伊斯兰教，但《撒旦诗篇》冒犯了伊斯兰价值观，深深伤害了穆斯林的感情。

[①] 以上欧洲穆斯林族群发展的两大特征材料引自：Timothy M. Savage, Europe and Islam: Crescent Waxing, Cultures Clashing, *The Washington Quarterly*, Summer 2004, pp. 25–50。作者蒂莫西·萨维奇是一名美国职业外交官，2004年时任国务院欧洲司的一名处长，后驻德国莱比锡总领事。2004年，他在《华盛顿季刊》夏季号上发表了一篇题为"欧洲与伊斯兰：新月在发怒，文化在冲突"的文章，对欧洲穆斯林族群的发展趋势及其战略影响进行了较深入的分析。

[②] 《古兰经》、圣训和先知穆罕默德的生活方式具有神圣性，是穆斯林信仰的一部分，同时也是他们的行动准则。如果攻击这些内容的话，全球穆斯林难以接受。

第七章 文明的交融与和平的未来

1989年2月16日,伊朗宗教领袖霍梅尼颁布处死拉什迪的"法特瓦",要求全世界穆斯林追杀拉什迪,阻止该书发行,英国穆斯林与基督徒民众关系一度紧张。该事件是**冷战结束后首次发生穆斯林世界与西方的直接摩擦与对立**。

英国不愿引渡拉什迪及停止该书发行,导致伊朗与英国外交关系恶化,直到1991年8月才恢复外交关系。其他西方国家也效仿英国,从而引发伊朗为首的什叶派穆斯林在世界范围内向《撒旦诗篇》发行机构发起恐怖袭击浪潮,共有18起:6起袭击伦敦书店;6起袭击塞浦路斯英国文化中心和图书馆;1起为英国驻土耳其领事馆轿车被炸;1起袭击马来西亚吉隆坡英国一家语言中心;在美、意、希腊的书店也遭袭击。公开反对追杀令的穆斯林教职人员也遭袭击:1989年3月20日,2名穆斯林教职人员在布鲁塞尔被杀。拉什迪在英国安全部门保护下不得不隐匿至今。

霍梅尼去世后,伊朗新精神领袖哈梅内伊称,拉什迪必须为其著付出一生代价,亵渎安拉者必须格杀勿论!

同年9月,法国巴黎北部小镇克雷伊发生"伊斯兰头巾风波"。三名戴伊斯兰头巾的北非裔女学生因违反《1905年政教分离法》被禁止入校,引起穆斯林社会的强烈抗议。2004年9月,因在一部电影里披露穆斯林社会虐待妇女情况,荷兰电影导演西奥·梵高(Theo Van Gogh)遭一名穆斯林激进分子杀害,凶手呼吁穆斯林起来反抗异教徒。

(2) 2005—2006**年发生丹麦漫画亵渎风波**。2005年9月30日,丹麦报纸《日德兰邮报》(Jyllands-Posten)文化版刊登12幅《穆罕默德的面孔》讽刺漫画,触动伊斯兰教禁忌(伊斯兰教禁止描绘先知的画像并认为这是侮辱性行为)。10月15日,丹麦穆斯林上街游行,并带动一些穆斯林国家的强烈抗议。

2006年1月中旬和2月初，挪威、法国、德国、意大利、西班牙、比利时、瑞士、捷克、荷兰、匈牙利、保加利亚、波兰、冰岛、格陵兰、葡萄牙等欧洲国家报纸又以"捍卫新闻自由"为名，转载这些漫画，进一步惹怒穆斯林世界。

穆斯林世界与欧洲对漫画亵渎事件反应迥异，凸显两种不同文化价值观的尖锐冲突。这场冲突的核心是，穆斯林世界要坚决"捍卫先知穆罕默德的尊严"，而欧洲则高举"言论、新闻自由高于宗教禁忌"大旗。

一方面，漫画风波严重伤害了穆斯林世界的情感和尊严，惹怒全球穆斯林。一些穆斯林国家采取外交、经济制裁行动。利比亚率先关闭驻丹麦办事处，随后，沙特阿拉伯、叙利亚、伊朗纷纷召回驻丹麦大使。伊朗把丹麦、挪威、德国、法国和意大利列为反对穆斯林国家的"邪恶轴心"。伊朗总统内贾德下令取消与法国、德国、荷兰、挪威、西班牙、新西兰和波兰的经济合同，利比亚宣布对丹麦经济制裁，埃及议会通过抵制丹麦商品决议。结果，丹麦奶制品在阿拉伯半岛遭到前所未有的抵制，价值约80亿丹麦克朗（1美元约等于6.19丹麦克朗）的商品出口遭遇危机。在一些阿拉伯国家，挪威的商品也遭到抵制。

穆斯林国家领导人和政府纷纷谴责刊登亵渎伊斯兰教先知漫画的做法。土耳其总理称，漫画攻击了"我们的精神价值观"。巴基斯坦总统穆沙拉夫称，刊登这些漫画"是对言论自由权利的滥用"。阿富汗总统卡尔扎伊说："这是对伊斯兰教的玷污。"马来西亚外长赛义德·哈米德说，西方媒体口口声声推崇自由，却利用自由来污蔑其他人和宗教，这是无法接受的行为。马来西亚总理巴达维发表文告表示，丹麦报纸刊登以先知穆罕默德为主题的讽刺漫画是对伊斯兰教的公然漠视。印度尼西亚政府谴责，"言论自由不可滥用于对宗教的侮辱。"巴基斯坦议会一致通过决议，谴责发表漫画是"恶毒、令人不能容忍的挑衅行动，伤害了全世界穆斯林的信仰和感情"。

中东、北非、南亚及东南亚多个穆斯林国家的民众群情激愤，反欧抗议活动一度不断升级。一是上千名叙利亚示威者2006年2月4日下午先后纵火焚烧了丹麦和挪威驻叙大使馆，5日丹麦驻黎巴嫩领事馆被烧，17日利比亚第二大城市班加西的意大利领事馆被烧。示威者还冲击欧盟驻加沙办事处、位于加沙城的法国与德国文化中心。二是巴勒斯坦人民抵抗委员会和"阿克萨烈士旅"分别发表声明称，将在其控制区绑架欧洲人，并称所有外国人和外交使团工作人员都是考虑目标。三是加沙地带、耶路撒冷、伊斯坦布尔、伊斯兰堡、卡拉奇、喀布尔、雅加达、吉隆坡等地穆斯林民众举行大规模抗议示威活动。欧洲境内的穆斯林也以各种方式向政府示威。在英国，上千名穆斯林聚集在丹麦驻英使馆门外，挥舞着"反对亵渎"、"尊重伊斯兰教信徒"、"屠杀那些亵渎伊斯兰教的人"和"欧洲，你会为此而付出代价的"、"杀死《日德兰邮报》编辑"、"杀死英国广播公司编导"等标语，声称将发动恐怖袭击。法国、瑞典、保加利亚等国家穆斯林民众和宗教组织也举行了抗议活动。

另一方面，欧洲国家仍为新闻言论自由呐喊。丹麦政府坚持不道歉立场，捍卫新闻自由。1月30日晚，丹麦外长穆勒在布鲁塞尔宣称："干预媒体是法律的事情，并非政府行为所能左右。"2月2日，首相拉斯穆森在阿拉伯电视台发表讲话说："政府没有任何办法去影响媒体行为。"3日，拉斯穆森仍重申丹麦媒体独立于政府以外，他不能代替报纸就漫画事件致歉。

欧洲不乏新闻言论自由的卫道士。法国内务部长萨尔科齐称，他宁愿看到漫画泛滥而不是新闻检查泛滥。西方媒体监督机构也表示，报社拥有发表这些漫画的自由。"无国界记者"组织表示，阿拉伯世界的反应，"显示它们缺乏对作为民主最基本成就的媒体自由的了解"。2月1日，法国《法兰西晚报》以"是的，我们有权丑化上帝"为标题，全数刊登有争议漫画，并在社论中指出，"伊斯兰教禁止其信徒描绘先知穆罕默德形象……难道非穆斯林也都必须遵守这一教规吗？"德国《世界报》以头版刊载漫画，并在社评中坚持捍卫嘲讽各宗教的权利，"一幅丑化穆罕默德的画可能会令穆斯林人感到震惊，但一个民主国家不可能允许思想警察的存在，除非它想践踏人权"。

欧洲有识之士认识到，漫画风波在不同宗教和文明之间传播了仇恨和敌意，不利于不同宗教以及不同文化间的对话，更不利于欧洲各民族融合的长期努力。相反，不同信仰和文化传统之间，应加强和平对话与相互尊重的方式，增进了解，才能消除相互误解与憎恨。因此，欧盟负责外交与安全政策的高级代表索拉纳呼吁，通过对话化解冲突。西班牙第一副首相德拉维加2006年2月7日在议会发表讲话时说："**在当今世界，解决不同文化、宗教和社会共存问题的唯一办法就是对话。**"

（3）**2005年法国出现穆斯林青年骚乱**。2005年10月27日，巴黎郊区克利希苏布瓦镇两名穆斯林青少年为逃避警察追捕在一所变电站触电死亡引发全国性骚乱。截至11月8日，焚烧、抢掠、暴力对抗蔓延到近300座城镇，约4700辆车被焚毁，成为20世纪60年代"五月风暴"以来法国境内出现的最严重骚乱事件。此次骚乱集中在非洲穆斯林移民聚居区，从根本上讲，是法国社会发展进程中穆斯林族裔同主流社会的种族、宗教矛盾积蓄已久的必然结果。

（4）**2006年罗马教皇言论再掀宗教争端**。2006年9月13日，教皇本笃十六世在德国巴伐利亚演讲，引述基督教历史人物对伊斯兰"圣战"的批评,挑起两大宗教的历史与现代纠葛。一是讲话矛头指向伊斯兰教的暴力性。二是言论涉及基督教与穆斯林的历史怨恨。曼努埃尔二世在位期间,正值基督教与伊斯兰教在近东地区争夺最激烈时期。他去世后不久,拜占庭帝国便为奥斯曼帝国所灭,基督教势力大为削弱,伊斯兰势力从此在近东地区占上风。

教皇言论再次引发世界范围穆斯林的强烈反对。在西亚北非,土耳其执政党正义与发展党副党魁卡布苏兹称,教皇本人将与"希特勒、墨索里尼等人一样遗臭万年"。土耳其宗教领导人巴达克格鲁称,教皇"内心充满了仇恨"。在首都安卡拉,有50多人在梵蒂冈使馆外摆放黑色花圈。在巴勒斯坦,2000名穆斯林在加沙游行抗议。伊拉克什叶派和逊尼派罕见地采取一致立场,称教皇为"犹太复国主义者"。黎巴嫩什叶派最高领袖法德拉拉要求教皇亲自道歉。在南亚,印占克什米尔地区爆发大规模抗议,矛头对准教皇和美国。巴基斯坦议会通过决议,谴责教皇诽谤伊斯兰教。英国和法国穆斯林领导人称,教皇要为自己的言论负责。德国穆斯林中央委员会主席说,教皇根本没有资格指责其他宗教的极端主义活动。拥有57个成员国的伊斯兰会议组织对教皇的讲话表示遗憾。

(5)一小撮激进分子直接向西方发动"圣战"。 20世纪90年代中期,法国知名伊斯兰问题专家奥利维尔·罗伊就预言,欧洲穆斯林超国家的"伊斯兰认同"趋势,使激进主义和暴力活动成为欧洲的潜在威胁。如今,不断发生的伊斯兰宗教与欧洲世俗社会的矛盾与冲突,正使这种威胁变成现实。

穆斯林青年群体成为国际恐怖势力的招募对象。一方面,因在各国所处的相同边缘化处境——主要来自社会中下层的穆斯林失业青少年,受政府政策和主流社会的歧视与排斥,产生绝望感，不仅抵制同化，强化"伊斯兰认同"，而且衍生出以仇恨、拒绝主流社会为特征的"反西方、反欧洲认同"，再加上激进教职人员反西方"圣战"意识形态的灌输，欧洲各国穆斯林青年群体日益激进化。另一方面，欧洲穆斯林族群越来越关注穆斯林世界的热点问题，如阿以冲突、阿富汗和伊拉克"反恐战争"。2003年2月中旬，英国穆斯林协会、"结束战争联盟"联手在伦敦举行百万人大游行，这是英国历史上最大规模的一次示威活动，他们打的旗号是"不要攻打伊拉克"、"解放巴勒斯坦人"。更重要的是，这些热点地区的存在不仅成为欧洲穆斯林青年激进化的源泉之一，也是他们参加"圣战"的主要战场。他们主要奔赴阿富汗、波斯尼亚、车臣、伊拉克等地进行"圣战"，有些直接在西方搞"圣战"。

2001年"9·11"后，欧洲各国通过严厉的《反恐法》，主要防范穆斯林，加剧了欧洲社会紧张的种族关系。 2004年3月11日，恐怖分子在西班牙马德里制造火车连环爆炸案。2005年英国先后发生"7·7"伦敦地铁爆炸案（4名人体炸弹中有3人在英国出生）、"7·21"地铁未遂爆炸案。2008—2013年，欧洲进入"独狼"与恐怖组织两种暴恐形态并存时代——严打环境下，通过网上激进化的"独狼"作用突显，但有些恐怖活动仍是组织所为，这些组织与"基地"组织核心或也门、伊拉克、索马里、阿尔及利亚分支保持联系。这一时期，欧洲的"圣战"暴力活动呈增长势头，"基地"组织恐怖网在欧洲的攻击目标扩大，包括英国、法国、德国、意大利、西班牙、比利时、荷兰、瑞士等国家。2005年发生漫画事件后，瑞典、丹麦、挪威也成为恐怖袭击

第七章　文明的交融与和平的未来

的目标。[①] 2015年1月7日，因《查理周刊》刊登亵渎先知穆罕默德漫画，巴黎发生恐袭案，造成12人丧生。同年11月13日晚，在法国巴黎人口最密集区，4名"伊斯兰国"武装分子针对餐馆、酒吧、剧场、体育场等七处场所制造连环恐怖袭击案，造成130人死亡、352人受伤的惨剧。2016年3月15日，德国柏林市中心（闹市区）发生一起汽车炸弹袭击，虽然只有1人死亡，但这是德国多年未见事件。3月23日，在比利时首都布鲁塞尔发生针对机场、地铁站的连环恐袭案，造成31人死亡、271人（来自40多个国家）受伤。7月14日晚22时45分，法国国庆日，在南方度假胜地尼斯发生恐怖袭击，一名31岁的突尼斯裔法国人驾驶一辆租用的冷藏货柜卡车，以50—60公里时速在英国人漫步大道上疯狂冲撞碾轧观看国庆节烟火民众，行驶距离达约两公里，并向警方数次开火，最终被击毙。此次恐怖袭击导致儿童在内的84人遇难，202名伤者当中至少有52人伤势严重。7月26日，法国鲁昂一座教堂发生人质劫持事件，84岁神父被两名效忠"伊斯兰国"的恐怖分子割喉杀害。

欧洲社会出现"恐伊症"，各国政治刮起"右翼风"。对多元文化主义和欧洲穆斯林来讲，"9·11"是一个转折点。"9·11"后，右翼团体的"恐伊症"言论在整个欧洲的主流政治和草根层面甚嚣尘上，"恐伊症"成为当今欧洲种族主义的主要表现形态之一，穆斯林成为种族主义诋毁抹黑的目标，媒体、议员一致将穆斯林"妖魔化"，视为"新的敌人"、"潜在的恐怖

[①] Petter Nesser, "Toward an Increasingly Heterogeneous Threat: A Chronology of Jihadist Terrorism in Europe 2008 – 2013", *Studies in Conflict & Terrorism*, Volume 37, Number 5, May 2014, pp. 440、449 – 452.

分子"、"充满暴力的第五纵队"。这给政府实行严厉的移民法和审讯法提供了口实,他们仅凭一点怀疑就取缔了一些穆斯林慈善机构,拘留一些教职人员。在西班牙,马德里"3·11"恐怖袭击后,警方增加250名情报人员,"专门搜集伊斯兰原教旨主义分子的情报"。在英国,"7·7"伦敦爆炸案后,依据《反恐法》,任何穆斯林可以不分清红皂白地被捕,到访过阿富汗、沙特阿拉伯、海湾国家的任何人都可能被拘留,英国清真寺的任何一名激进教职人员都是遭怀疑对象。右翼团体在媒体及公共事务的其他领域发动史无前例的反穆斯林暴力活动。奥地利宣布,从2006年1月1日起,任何被怀疑与恐怖组织有联系的人将被驱逐出境,此举同样适用于教职人员,因为他们的宣教可能"对国家安全构成威胁"。

欧洲右翼党派势力蹿升。如比利时"弗拉芒利益党"、英国国家党(BNP)、丹麦人民党、玛丽莲·勒庞领导的法国"国民阵线"、意大利北方联盟、瑞士人民党等,通过传播"恐伊症"来获得政治影响力,并努力使主流政党的政治重点向右转。奥地利、丹麦、意大利、挪威、瑞士等国政府,因依赖极右翼党派的支持继续执政,更加推行向右转政策。向右转具体表现为以下方面:采取行动限制移民(主要是穆斯林)入境,法国和德国禁止穆斯林女生在公立学校戴伊斯兰头巾,荷兰驱逐2.6万名寻求难民资格的穆斯林等。在漫画事件期间,丹麦人民党受到当地主流社会史无前例的欢迎。

在对待穆斯林少数族群问题上,欧洲正在跨越一条看不见的线:越来越多身处政治主流的人宣称,伊斯兰教无法与欧洲价值观和解。多年来,反对穆斯林移民的声浪主要出自右翼势力,如今,连温和派和一般民众也提出疑问:宽容及多元主义价值观是否应有限度?结果,造成主流社会和穆斯林少数族裔

第七章　文明的交融与和平的未来

双方都进一步激进化，这使双方的温和派都难以保持理性。① 随着右翼势力不断发展壮大，他们大肆宣扬"欧洲正在迅速伊斯兰化"，极力排斥穆斯林移民。伦敦国王大学国际激进化研究中心主任彼得·纽曼指出，"大批欧洲民众都是潜在的反穆斯林人士。如果发生更多的恐怖袭击，未来欧洲社会族群关系将进一步撕裂。"2015年7月初英国的一次民调显示，56%以上的英国人认为，伊斯兰教对西方自由民主制度构成威胁，高于10年前的民调数字。2015年初的另一次民调显示，英国穆斯林中，有1/4以上同情袭击法国《查理周刊》的动机。另外，反穆斯林的袭击事件在英国呈现井喷态势，据伦敦警察局掌握的数据显示，2014年针对穆斯林的仇恨犯罪在12个月里上升了65%。这一切表明，英国穆斯林与敌视伊斯兰教的非穆斯林之间的关系在撕裂。② 在德国，2015年针对穆斯林难民发生600多起攻击事件，保守派选民日益支持新右翼运动，德国社会也在走向撕裂。

在可预见的将来，欧洲面临两大挑战：从内部看，欧洲需加快融合人口增长迅速、居住集中的穆斯林族裔的步伐；从外部看，欧洲必须制定一套行之有效的政策，来对付从卡萨布兰卡到高加索广阔"近邻"地带以穆斯林人口为主的动荡国家。此外，2025—2050年，欧洲仍然需要大量的年轻劳动力。因此，从南向北移民人数增长是难以改变的趋势，主流社会与穆斯林族群之间保持良好的关系，有利于同化新劳工，这一点符合欧

---

① Dan Bilefsky, "Europe's tolerance for Islam fades", *International Herald Tribune*, October 12, 2006.

② Kenan Malik "Britain's dangerous tribalism", *International New York Times*, July 20, 2015.

洲的经济利益。如果欧洲不能找到不同文化之间的和谐共存方法，这将带来一场经济灾难。

(二) 美国文明与伊斯兰文明

美国主流文化是盎格鲁—新教文化。历任总统大都来自基督教不同派别，从总统到国务卿就职宣誓，几无例外手摸《圣经》，宣誓效忠上帝和美国，也祈祷上帝保佑美国及其人民。

1. 国内，主流社会一向排斥穆斯林。19 世纪 70 年代，阿拉伯人开始移民美国。20 世纪前 20 年时间里，美国民众不欢迎阿拉伯移民。40 年代，犹太复国主义分子紧锣密鼓地发动承认与支持建立以色列国家的运动，美国犹太复国主义分子甚至提出"花一个美元，杀死一名阿拉伯人"的口号，美国阿拉伯裔移民被公开地、蓄意地排除在美国政治主流之外。

二战结束后岁月里，由于阿以冲突，美国犹太人团体将阿拉伯裔美国人贴上"旨在削弱以色列的外国特务"标签。为了刺探恐怖分子和恐吓阿拉伯裔族群，中央情报局、联邦调查局、国税局、国务院、海关署等机构对阿拉伯裔社区联合采取监控行动。60—70 年代，巴勒斯坦突击队发动大规模暴力行动，美国媒体将阿拉伯人、穆斯林与恐怖分子几乎完全等同起来。在日常生活中，由于缺乏与真正的阿拉伯人或穆斯林的任何接触，许多美国人自然而然地接受了这种印象——似乎整个穆斯林社会都由恐怖分子构成。[1]

20 世纪下半叶发生的一系列重大事件加深了美国对阿拉伯、

---

[1] Carl W. Ernst, *Rethinking Islam in the Contemporary World*, Edinburgh University Press Ltd, USA, 2004, p. 26.

伊斯兰教、穆斯林的消极看法。这些事件包括1967年以色列对埃及、叙利亚、约旦发动先发制人打击，1973年的石油禁运，1979年的伊朗伊斯兰革命，1988年的"拉什迪事件"以及1990年8月—1991年4月海湾战争。90年代，由于包括共和党保守派、宗教右翼、亲以色列院外势力在内的一些利益集团的推波助澜，美国境内针对阿拉伯人和穆斯林的敌意进一步增长。在"拉什迪事件"中，美国政府开始"妖魔化伊斯兰教和穆斯林"。据美国穆斯林理事会一项全国范围的民意调查显示，发生伊朗美国人质危机和1993年纽约世贸中心爆炸案后，美国人最不喜欢的族群就是穆斯林，报刊头版头条常刊登反伊斯兰观点，记者总倾向于将伊斯兰教与犯罪行为、与原教旨主义分子挂钩，对伊斯兰教的引述总是断章取义。包括联邦调查局在内的不少执法部门官员因媒体这种负面报道，对穆斯林都心存偏见。电影业也不例外，1992年迪斯尼出品的影片《阿拉丁》带有明显的反穆斯林偏见。在影视圈，穆斯林没有明星大腕，电影人可以随心所欲地消极描绘美国穆斯林形象。美国穆斯林成为主流社会这种偏见的受害者：其宗教场所遭破坏；人身遭攻击；匿名恐吓信不断；在机场，穆斯林要站到一旁接受盘查；在商店买东西，一举一动都受到店员的监视；服务员拒绝向戴头巾的穆斯林妇女提供服务，等等。据美国—伊斯兰关系委员会1996年夏撰写的一份研究报告称，俄克拉荷马爆炸案后，针对穆斯林、清真寺、伊斯兰中心的犯罪行为达296起。穆斯林妇女在工作场所戴头巾会被老板辞退，罪名是破坏了公司的着装制度。穆斯林妇女只能在宗教场合戴头巾。

"9·11"后，美国政府于10月24日通过《爱国者法案》。美国—阿拉伯反歧视委员会主席、前女众议员马丽·罗斯·奥卡尔（Mary Rose Oakar）指出，该法案"与基本人权背道而驰，宪法第4条修正案不许政府无缘无故的搜查、没收"。《反恐法》授权政府可凭秘密证据关押阿拉伯人和穆斯林，而《爱国者法案》授权政府没有证据也可关押他们。联邦调查局把所有同情穆斯林激进势力的组织和个人都列入调查范围，并冻结一大批伊斯兰慈善组织的财产。美国穆斯林理事会、美国穆斯林基金会、美国—伊斯兰关系委员会、北美伊斯兰社、穆斯林学生会等组织因其在美监狱、清真寺、大学的活动，都有成员被捕或面临审问。据《华盛顿邮报》报道，美情报部门对分布在美国各地的500多家阿拉伯裔和穆斯林经营的小商店进行严密监控，调查他们是否通过非法活动为海外的恐怖组织筹集资金。联邦调查局特工频频约谈阿拉伯裔男子，许多非法居留的阿拉伯裔移民被拘押或驱逐出境。联邦调查局在弗吉尼亚北部对美国穆斯林领导人的住宅和办公室进行搜查。来自阿拉伯国家的旅客在机场要遭受更严格的检查。美国穆斯林认为，小布什政府采取的安全举措根本不反恐，而是反穆斯林。[①] 一名穆斯林妇女直言："我感到自己是一名美国人，流淌着美利坚的鲜血。但美国剥夺了我的美国身份，就因为我是一名穆斯林。"美国出版的阿拉伯文杂志刊文说："侮辱性语言，歇斯底里的诅咒，加深了美国社会其他族群与我们的裂痕，我们将长期地成为二等公民，沦为美国社会的贱民。"在纽约、芝加哥、洛杉矶、西雅图、迪尔伯恩、凤凰城等六大城市，针对穆斯林的仇恨犯罪事件急剧上升，主要为"谋杀、袭击、纵火、故意破坏财产"等。联邦调查局2002年报告称，2001年有481件以穆斯林和其他中东裔为攻击目标的犯罪事件发生，而前一年只有28件。穆斯林和阿

---

① Yvonne Yazbeck Haddad, *Not Quite American? The Shaping of Arab and Muslim Identity in the United States*, Baylor University Press, 2004, pp. 42–43.

拉伯团体收到暴力恐吓信 2000 多起。① 2002 年 11 月，司法部长约翰·阿什克罗夫特（John Ashcroft）签发命令，要求来自伊朗、伊拉克、叙利亚、利比亚、苏丹、阿富汗、阿尔及利亚、巴林、黎巴嫩、摩洛哥、安曼、卡塔尔、索马里、突尼斯、阿联酋、也门、亚美尼亚、巴基斯坦、沙特阿拉伯等国 16 岁以上的所有男性移民去联邦机构面谈、照相、留下指纹。这些移民绝大多数都有合法有效的工作、学习签证。照片和指纹立马传送到各个执法、移民部门的数据库。**有穆斯林青年坦言，"你感到整个世界都在反对你，这令人筋疲力尽。"**②

2. **一部美国与穆斯林世界的交往史是从友好逐渐走向交恶的历史**。（1）**友好交往史**。18 世纪，在突厥、阿拉伯和其他穆斯林文字记载中，几乎只字未提"美利坚"。1787 年，摩洛哥苏丹与美国签署了一份友好条约。此后，美国与其他穆斯林国家也有过一些交往，有些是友善的，有些则充满敌意，绝大多数为商业行为，但相当有限。穆斯林世界第一次有文字记载中提到"美利坚"是 1796 年，当时法国驻伊斯坦布尔大使是奥伯特·杜巴耶特将军（Aubert DuBayet），一名生于新奥尔良的美国人，在美军中打过仗。尽管在穆斯林世界美国商人、领事、传教士、教师的人数在增长，但在当时的文学、报刊里几乎没有提到美国。19 世纪末 20 世纪初，在一些教科书、百科全书及报纸中开始出现"美利坚"一词，既不积极也不消极，既不存在不信任也无仇恨，纯属描述性质。

---

① Asma Barlas, *Islam, Muslims and the US: Essays on Religion and Politics*, Global Media Publications, India, 2004, pp. 13、50 - 51、59、64、73、103.

② Kirk Semple, "The strains of young Muslims in America", *International New York Times*, December 16, 2015.

美内战结束后,一些失业的美国官员出现在穆斯林国度里为当地统治者效力,主要帮助穆斯林军队实现现代化。美国传教士们开始在穆斯林世界向穆斯林子女提供现代的初、高中教育,其中有些穆斯林毕业生前往美国大专院校继续深造。

美国与穆斯林的遭遇发生在殖民时期。一是非洲的奴隶贸易,卖到美国的西非奴隶中15%以上是穆斯林。二是从1898年美西战争一直持续到第二次世界大战。美西战争期间,美军在菲律宾进行的大多数军事行动是针对穆斯林部落民的抵抗。美国参与了现代殖民主义者同穆斯林的对抗,尤其是在伊朗、埃及这些前英国殖民地。①

第二次世界大战后,许多美国人来到穆斯林土地上,也有越来越多的穆斯林来到美国,先是学生,后是教师、商人或其他游客,最后是移民。电影院及后来的电视将美国生活方式展现在无数穆斯林面前,而他们先前对"美利坚"一无所知。在二战刚结束的那些岁月里,大量美制商品涌入穆斯林世界。更重要的是,对一些穆斯林来讲,"美利坚"代表着自由、正义和机会;对更多的穆斯林民众来讲,"美利坚"代表了财富、权力与成功。②

(2)交恶史。20世纪30年代以来,国际上发生的一系列**重大历史事件逐渐使美国成为伊斯兰教的主要敌人。一是德国知识分子的影响**。如德国作家雷纳·玛丽亚·里尔克(Rainer Maria rilke)、奥斯瓦德·斯彭格勒(Oswald Spengler)、厄恩

---

① Carl W. Ernst, *Rethinking Islam in the Contemporary World*, Edinburgh University Press Ltd, USA, 2004, p. 18.

② 以上友好交往史材料引自:伯纳德·刘易斯著:《伊斯兰危机:圣战与邪恶恐怖》,美国现代图书馆在纽约出版发行,2003年版,第65—66、68—69页。

斯特·琼格（Ernst Junger）、马丁·海德格（Martin Heidegger）。他们认为，"美利坚"是没有文化内涵文明的极致，富裕、舒适，物质上进步但没有灵魂；技术上复杂，但没有根文化的那种生命力。在20世纪30、40年代，德国哲学在阿拉伯人及其他一些穆斯林中很有市场。纳粹版德国意识形态在中东民族主义圈内，如叙利亚、伊拉克复兴党的缔造者和追随者中很有影响力。**二是苏联版马克思主义意识形态的影响**。冷战时期，阿拉伯世界的各国政府和各类运动都热切拥抱苏联版社会主义思想和共产主义学说，并认为他们可以指望得到苏联的同情或合作。**三是埃及穆斯林兄弟会精神导师赛义德·库特卜的影响**。库特卜1948年11月—1950年8月赴美深造。在美期间，正值以色列刚建国，同阿拉伯国家打了第一场阿以战争并获胜。由于犹太人在二战中惨遭纳粹德国屠杀，世界及美国舆论都公开站在以色列一边。库特卜对美支持犹太人屠杀穆斯林的程度感到震惊。更震惊的是美国人生活方式不道德、堕落、迷恋性乱伦等，威胁伊斯兰教及穆斯林。他从美返回埃及后不久开始从事反美运动。罗列的美国罪行有：清除原住民，虐待原住民幸存者；进口剥削黑人；在日本、朝鲜、越南、索马里等地犯下战争罪行；在黎巴嫩、喀土穆、利比亚、伊拉克犯下帝国主义侵略罪行；帮助以色列对付巴勒斯坦人；支持中东和其他地区的暴君，如伊朗的巴列维国王，埃塞俄比亚的塞拉西一世皇帝（Haile Selassie）等。[①]

3. 现当代，美国发生冲撞最频繁和剧烈的地方是穆斯林世界。美国介入最多、最深和最广的是穆斯林世界核心区域中东。

[①] 以上交恶史材料引自：伯纳德·刘易斯著：《伊斯兰危机：圣战与邪恶恐怖》，美国现代图书馆在纽约出版发行，2003年版，第69、71、76、78、80、93页。

(1) 美国在穆斯林世界长期树敌。一是巴勒斯坦问题。1947 年是美国进入中东的初年。经过两次世界大战的消耗，英、法、意等传统中东殖民宗主国已无力维持统治。同年，联合国安理会通过 181 号决议，将奥斯曼帝国遗产巴勒斯坦一分为二。次年 5 月 14 日，英国托管巴勒斯坦结束，犹太人的以色列如期成立，"阿拉伯国"却因众多阿拉伯统治者抵制安理会决议而流产。这些重大事态紧紧地将美国与中东绑在一起，开启穆斯林世界与西方特别是美国不睦①的时代大幕。

阿拉伯人认为，祖先留下的土地，为何割给只占人口 1/3 的犹太人一多半？犹太人自被罗马镇压驱离后，已有 1000 多年不再是巴勒斯坦主体民族，穆斯林世界为何要给西方的排犹恶行赎罪？巴勒斯坦分治是大国政治博弈的结果，不平的种子就此埋进阿拉伯人的土地，也埋进穆斯林的心田。在阿拉伯人和穆斯林看来，以色列完全是在美国一手呵护下成立的，以色列宣布独立仅 7 分钟，美国就率先外交承认，甚至其独立宣言中的某些关键句子，还是杜鲁门总统亲自修改定调。

首次阿以战争，以色列击溃 5 个阿拉伯国家的攻势，加剧

---

① 又一说：1948 年，以色列建国时，美国政府只是给予一种事实承认，甚至对以色列还实行部分武器禁运。在此后的 10 年里，美国与以色列交往有限，并持谨慎态度。1956 年苏伊士运河战争，美以武力决定性介入，确保以、英、法军队的撤军。1967 年战争中，以色列的军火主要靠法国供应，而不是美国。美以战略关系始于 20 世纪 60 年代，70—80 年代获得大发展。很长一段时间，两个完全不同的考量构筑了美以关系：一是意识形态或情感因素。美国以《圣经》为信条，视现代以色列的诞生为新《出埃及记》，回归到希望之乡（上帝赐给亚伯拉罕的迦南地方）。二是战略考量。二战后岁月里，美在中东及世界上其他地方的政策是防止、遏制苏联的渗透、扩张。苏联在中东影响的扩张及阿拉伯世界热烈反应使美国愈益视以色列为在一个大范围对美充满敌意的地区一个可靠的潜在有用盟友。

第七章　文明的交融与和平的未来

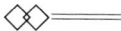

了阿拉伯人和穆斯林的挫败感和屈辱感。此后，历次阿以战争，除苏伊士运河之战外，美国全都旗帜鲜明地为以色列保驾护航，并否决几十个不利于以色列的安理会决议草案。美国将自己和西方绑在以色列的战车上，逐步酝酿和发酵了阿拉伯和穆斯林世界的反美反西方情绪。

二是两伊战争。1979年，伊朗发生伊斯兰革命，霍梅尼主义的追随者推翻了亲美的巴列维王朝。占领美国使馆的示威者缴获大量美国干涉伊朗内政、策动政变并图谋颠覆伊斯兰革命政权的证据。反美反西方声音迅速成为这个并非阿拉伯民族又信奉什叶派教义的穆斯林社会的主旋律。霍梅尼将美国列入头号敌人，开始称呼美国"大撒旦"。

由于伊朗政府强调要向所有伊斯兰国家"输出原教旨主义的伊斯兰革命"，公开号召占伊拉克人口60%的什叶派"进行伊斯兰革命"，推翻伊拉克现政权建立"伊斯兰共和国"；伊拉克则支持伊朗境内库尔德族的民族自决要求。1980年9月22日，伊拉克和伊朗之间爆发两伊战争，又称第一次波斯湾战争。战争长达8年之久，1988年8月20日结束。

70—80年代，美国的中东政策可以概括为"西促和谈，东遏两伊"：推动埃及跟以色列实现单独媾和，拆分和削弱阿拉伯反以阵营；联合西方伙伴以各种手段和方式，维持两伊战争处于僵持和均衡态势，使穆斯林世界两强陷入长期内耗。美国的地区政策，再次激起和加深穆斯林民众对美国和西方的愤懑，伊朗支持的黎巴嫩真主党在贝鲁特实施了第一起针对美、法的自杀式爆炸袭击，造成数百名美、法海军陆战队员死亡。此后，在中东针对美国和西方目标的绑架、劫持、袭击频仍。

1990年，伊拉克吞并科威特，老布什政府应科威特和沙特王室邀请，并获联合国安理会授权，快速部署军队击败伊拉克对科威特的入侵。随后，美国启动马德里中东和会，首次整体把阿拉伯国家和以色列撮合一处，共谋和平，美国在中东的影响一度如日中天。

三是美国对穆斯林世界持双重标准。一方面，美国视阿拉伯世界统治者剥夺人权、政治自由、甚至人的尊严行为为正常，乃至接受这种现实，"只要满足我们的需要，保护我们的利益，我们才根本不关切你们在国内对老百姓为所欲为。"另一方面，美国对草根伊斯兰政治运动不信任，愿意容忍或甚至支持将这些运动排除在政权之外的独裁者。在阿尔及利亚表现得更为明显。1991年12月"伊斯兰拯救阵线"在国民议会第一轮选举中表现出色，在第二轮选举中极可能取得明显多数议席。1992年1月军方取消了第二轮选举，之后解散了"伊斯兰拯救阵线"，建立了世俗独裁政权，却得到了美国等西方国家的支持。[①]

20世纪90年代，世界进入信息时代，新闻媒体能够在第一时间将一个地方发生的事件向全世界进行报导。波黑、巴勒斯坦发生的每一幕，人们都能坐在家中通过电视画面直接看到，激起了许多穆斯林的愤慨，他们感到无助和羞辱。美国不仅没有想去如何解决这些问题，反而高举"文明的冲突"口号，支持以色列。穆斯林民众经常抗议美国直接或通过傀儡政权垄断、剥削、压迫穆斯林。

（2）2001年"9·11"恐怖袭击案及美国发动全球"反恐战争"。随着美国在沙特驻军常态化和机制化，和平进程又朝着更利于以色列方向发展，阿拉伯和穆斯林世界的反美情绪重新抬头，并引发时任"基地"组织头目本·拉登与美国反目。

[①] 伯纳德·刘易斯著：《伊斯兰危机：圣战与邪恶恐怖》，美国现代图书馆在纽约出版发行，2003年版，第106—107、109、111页。

第七章 文明的交融与和平的未来

1996年8月,本·拉登发布《告全世界、尤其是阿拉伯半岛穆斯林兄弟书》,将中东视为三大宗教的生存战场。在这场战争中,犹太教—基督教联盟(美国、以色列)占领了伊斯兰教三大圣地:麦加、麦地那、耶路撒冷,致力于打垮伊斯兰教。为此,1998年2月,他在阿富汗组建"反犹太人和十字军国际伊斯兰'圣战'阵线",由"基地"组织、埃及"伊斯兰圣战"和"伊斯兰组织"、巴基斯坦"圣战者运动"、孟加拉国"圣战运动"组成。这些组织头目呼吁全世界穆斯林为解放麦加大清真寺、耶路撒冷阿克萨清真寺及将巴勒斯坦人从"被占领中"解放出来,把"杀死美国人及其盟友、不论平民还是军人视为其个人职责。(这场'圣战'一直要进行)到阿克萨清真寺从美国手下解放出来,美军从所有伊斯兰土地上撤军,以及不能威胁任何穆斯林为止"。

2001年9月11日,4架客机在美被劫持,2架撞击世贸中心,1架撞击五角大楼,第4架坠落宾夕法尼亚州。这起恐怖袭击造成世界贸易中心的彻底坍塌,五角大楼被炸去一翼,给美国制造了史无前例的人员伤亡和财产损失。"9·11"恐怖袭击是"基地"组织向西方文明宣战的重要一步。

"9·11"恐怖袭击发生后,10月7日,美国即向阿富汗发动空袭,拉开了全球"反恐战争"的序幕。10月初,小布什用"十字军东征"一词来形容这场反恐斗争,并威胁道,"你要么是我们的朋友,要么就是我们的敌人"。虽然在美国领导的国际反恐联盟中也有一些重要的穆斯林国家,但为保证联盟的团结一致,并避免同各国穆斯林社区的紧张关系,以美国为首的西方一再表示,他们没有向伊斯兰教开战,而是同恐怖分子及其恐怖组织开战,冲突属于政治范畴,不属于文化或宗教的范畴。美国还表示,本·拉登只代表穆斯林中的少数,且歪曲了伊斯兰教，反恐斗争不是拉登所界定的那种"圣战"。美国防部长拉姆斯菲尔德甚至花了不少时间遍访穆斯林国家，强调美国没有任何反伊斯兰动机，希望与穆斯林世界和谐共存。

但是，卡塔尔半岛电视台播放了本·拉登呼吁全世界12亿穆斯林对美"圣战"的录像带。在录像带中，他宣布"9·11"事件已将整个世界一分为二：以（伊斯兰教）信徒为一方，异教徒为另一方。每一个穆斯林都必须奋起捍卫伊斯兰教。他将这次反美斗争与穆罕默德早期征服阿拉伯半岛的"圣战"相提并论，这在穆斯林世界引起深层次共鸣，不少人将"9·11"恐怖袭击视为正当的报复之举——西方尤其是美国不仅腐败、颓废、堕落，而且是造成穆斯林社会落后的罪魁祸首，是伊斯兰教的敌人，就应该摧毁西方。他们视美、英10月7日开始对阿富汗空袭行动为一场针对穆斯林世界不断升级的战争的初级阶段。在伊拉克巴格达的伊玛目巴柯·阿卜杜尔·拉扎克谴责道："这是披着新衣的新十字军东征。我们号召'圣战'，我们与美国人誓不两立！"在西欧的穆斯林社区，也存在着强烈的反美情绪，视美国空袭阿富汗为"赤裸裸地向伊斯兰教宣战"。

2001年9月25日，日本一桥大学教授内藤正典在《东京新闻》上发表了题为"为了回避'文明的冲突'"一文，预言存在着这样一种危险性：美国向恐怖主义宣战，但恐怖分子没有公开露面，且分散和隐蔽在世界各地，美国很难准确地找到这个恐怖组织的"根"，只能对准主要嫌疑犯及其居住的广大地区采取军事行动。**美国行使武力将给以后的世界秩序造成危机。**美国发动阿富汗战争后，埃及知名分析家穆罕默德·赛义德发出警告，如果美英再空袭伊拉克，"那将会是引起文化冲突的导火索"。

不幸的是，"9·11"后，美国变了——变得更加强化反穆

第七章　文明的交融与和平的未来

斯林的偏见。2001—2008 年，小布什政府执政时期安全战略的核心之一是视穆斯林激进势力为主要敌人，企图通过"民主改造中东计划"，在阿富汗、伊拉克等穆斯林国家实现"国家重建"。

在反恐问题上：一是存在着美国反恐利益和目标、主观判断和操作与穆斯林世界现实、民众的愿望不一致。美国总是戴着特殊的镜片，以自身的经历去看待穆斯林世界。然而穆斯林世界的人们与美国不一样，多少年来一直以他们自己的方式生活着。美国政府天真地认为，所有其他人都和美国人一样，正在等待着美国人去解放他们。但在伊拉克人眼中，美军是占领军。在阿拉伯世界，美军占领伊拉克也不得人心。埃及爱资哈尔大学谢赫穆罕默德·赛义德·坦塔维博士在伊拉克战争之前和期间，一直呼吁伊拉克人民"为了捍卫宗教、信仰、尊严、财产向驻伊美军发动'圣战'，因为这是同入侵者作战。为了保卫家园，不论是殉教行为还是以其他方式开展各种行动是伊拉克人民的权利"。他还鼓励来自阿拉伯和穆斯林国家的志愿者赴伊拉克"支持那里被压迫同胞的'圣战'，因为抵抗压迫是一项伊斯兰职责，不论压迫者是穆斯林与否"。2003 年 4 月 6 日，在爱资哈尔周五聚礼中，他补充道，"伊斯兰教法不能接受美国入侵伊拉克的现实。伊拉克人民必须以一切手段保家卫国，因为这是一场伊斯兰教法允许的'圣战'。"20 世纪 70—80 年代，中东不存在反美主义，没有多少中东国家拥抱"圣战"文化。伊拉克战争爆发后，在中东，即便是那些美国的盟国，反美主义也空前高涨。在埃及民意调查显示，98% 的人不支持美国。在约旦，70% 的受访对象支持对占领伊拉克美军发动袭击。① 结果，伊拉克事态没有向着美国愿望方向发展，反美抵抗力量不断壮大，其中绝大多数为伊拉克人。

二是美国和西方军队、安保公司对战乱地区伊斯兰信仰、文化和传统的践踏屡见不鲜。无论是黑水公司安保人员在伊拉克的大开杀戒，还是在阿富汗阿布·格莱布监狱的残暴虐囚；无论是北约军人在阿富汗玷污和焚烧《古兰经》，还是玩弄塔利班士兵尸体甚至撒尿作践，更不用说无人机频繁误杀平民，都激起穆斯林一波又一波的抗议与仇恨浪潮。在关塔那摩监狱，穆斯林战俘或犯人受尽各种酷刑折磨和非人待遇，经媒体曝光后直接恶化了美国的国际形象，陡增穆斯林世界对美国的恶感，进一步激化双方从文化、宗教和心理的抵触和敌视。

如今，当我们回首过去10多年全球"反恐战争"，内藤正典的话不幸而言中。美国为首的西方国家最终使文明的冲突成为现实，"反恐战争"陷入泥潭，在阿富汗、伊拉克战场，以及与阿富汗毗邻的巴基斯坦，直接和间接造成几十万甚至上百万无辜百姓死亡。在穆斯林激进分子看来，这是美国及其西方盟友欠下的又一笔文明血债。激进分子在世界范围掀起的恐怖行动有增无减，恐怖袭击目标不断扩大化。

（3）2012年《穆斯林的无知》视频引发穆斯林世界的抗议浪潮。好莱坞大片是西方世界价值观、文化观的有效载体，也是妖魔化伊斯兰的重要手段。据统计，自1896年电影问世至2000年间，以美国电影为主的1000多部涉及阿拉伯或穆斯林世界的西方影片，仅12部基调是正面的。其他要么反映穆斯林世界的愚昧、落后和保守，要么描述穆斯林是色情狂或恐怖分子。

---

① Karen J. Greenberg edited, *Al Qaeda Now: Understanding Today's Terrorists*, Cambridge University Press, 2005, pp. 91 – 93、103、128.

当然，随着不同时代政治话题和热点地区的变迁，被侮辱的穆斯林角色也会出现变化。

2012年6月，美籍导演萨姆·巴奇莱①（Sam Bacile）粗制滥造反伊斯兰教电影《穆斯林的无知》（Innocence of Muslims）。该电影预告片于7月2日上传到社交网站"优兔"，之后译成阿语，埃及穆斯林激进分子于"9·11"恐怖袭击11周年纪念日前在埃及电视上播出。该视频将先知穆罕默德描绘成一个追求女色、骚扰儿童的小丑，遂在20个穆斯林国家引发抗议浪潮，并造成美国驻利比亚大使斯蒂文森在内的4名美国外交官在班加西丧命。"伊斯兰促进会"在巴基斯坦举行抗议活动。9月22日，巴基斯坦一位内阁部长甚至悬赏10万美元追杀炮制该视频的幕后人物。同月27日，萨姆·巴奇莱在洛杉矶被捕。②

9月26日，时任埃及总统穆罕默德·穆尔西（Mohamed Morsi）指出："埃及尊重言论自由，而言论自由不应用来煽动反对他人的仇恨。**我们期待他人**（正如他人期待我们）**尊重我们的文化特性和宗教，而不是谋求将其观念或文化强加给我们**，我们不接受这些观念或文化。我们坚决不接受他人侮辱伊斯兰教的先知穆罕默德，我们将通过言行绝不允许任何人这么做。"也门总统阿布杜·拉布·曼苏尔·哈迪（Abdu Rabbu Mansour Hadi）也宣称，"**侮辱民族的信仰、诽谤圣人的言论自由必须加以限制**。"巴基斯坦总统阿西夫·阿里·扎尔达里则强烈谴责，"滥用言论自由侮辱宗教是一种犯罪行为，破坏世界和平，危害

---

① 本名为纳库拉·巴赛利·纳库拉（Nakoula Basseley Nakoula），埃及科普特基督徒。

② Brooks Barnes, "Convicted swindler linked to anti–Islam video is jailed", *International Herald Tribune*, September 29–30, 2012.

国际安全，国际社会决不能沉默旁观。"阿拉伯联盟秘书长纳比尔·伊拉比（Nabil Elaraby）表示，"精神伤害应被视为一种犯罪行为。"①

(4) 2013年波士顿马拉松爆炸案。2013年4月15日，北美东部时间下午2时50分，在美国马萨诸塞州波士顿科普里广场，两枚炸弹分别于马拉松终点线附近观众区及一家体育用品店先后引爆，造成3人死亡，183人受伤。焦哈尔·察尔纳耶夫（Dzhokhar A Tsarnaev）是波士顿爆炸案嫌犯之一，他于1993年7月22日生于吉尔吉斯斯坦，童年生活在动荡的北高加索地区，8岁随父母以难民的身份来到波士顿。

(5) 2015年圣贝纳迪诺市康复中心枪击案。2015年12月3日，美国南加州圣贝纳迪诺（San Bernardino）一个服务残障人士的康复中心发生枪击案，导致14人死亡，另有21人受伤。被击毙的嫌犯是28岁的美国公民赛义德·法鲁克（Syed Farook）及其27岁的妻子塔什芬·马利克（Tashfeen Malik）。法鲁克出生于芝加哥，是巴基斯坦移民二代。马利克持巴基斯坦护照，来美前在沙特阿拉伯居住。

(6) 2016年奥兰多枪击案。2016年6月12日凌晨2点多，家住皮尔斯堡（距奥兰多120英里）的29岁阿富汗裔美国人奥马尔·马丁走进奥兰多市中心附近最火爆的同性恋吧"脉动"，手持AR15自动步枪和一把手枪打死49人、伤53人，这是美国现代史上最致命枪击案，也是"9·11"后美国本土最严重恐怖袭击案。13日，德国《斯图加特日报》一针见血地直言，巴黎、布鲁塞尔、奥兰多……西方似乎已没有绝对安全的地方。

---

① Neil Macfarquhar, "Leaders in Muslim world urge limits on free speech", *International Herald Tribune*, September 28, 2012.

仇恨和怀疑正在不断蔓延。这是美国乃至西方一种新的病症。[1]

（三）西方的伊斯兰观与穆斯林激进分子的西方观

1. **欧洲的伊斯兰观：从穆斯林威胁—穆斯林彻底臣服西方—妖魔化穆斯林的转变**。早期，欧洲的穆斯林观始于西班牙，将穆斯林视为"斗士"、"竞争者"。之后，欧洲人通过"十字军东征"，了解了伊斯兰文明，并从穆斯林那里获得科学知识和文明。但狂热的基督教历史学家并没有减少对东方伊斯兰世界的敌意。著名历史学家威廉·杜朗特指出，在整个"十字军东征"期间及其后的日子里，基督教宗教学者和宗教人士，尤其是在战争中被穆斯林征服的拜占庭人，开始在基督徒中破坏和歪曲伊斯兰形象。英国学者威廉·蒙特伽姆利·瓦特尖锐指出："12世纪的基督教学者在基督徒中间极力散布歪曲伊斯兰形象的思想，比如散布伊斯兰教是靠宝剑来传播的野蛮宗教、伊斯兰伟大先知穆罕默德反对耶稣降临等谣言，直到19世纪仍对欧洲人思想方式产生影响。直至今日，在西方人思想中仍能找到这种歪曲思想的烙印。"

突厥人在地中海建立帝国，基督教世界面对来自伊斯兰教的新威胁。此后600年时间里，突厥人成为基督教世界"恐伊症"的对象。奥斯曼帝国的征服遭到东正教和天主教的抹黑，进一步加深了欧洲普遍的反穆斯林印象。[2]

早期英国人的穆斯林观不仅仅基于宗教，还反映了地中海

---

[1] 张朋辉、青木："'奥兰多屠杀'令美国焦虑"，《作家文摘》，2016年6月17日，摘自6月14日《环球时报》。

[2] Iftikhar H. Malik, *Islam and Modernity: Muslims in Europe and the United States*, Pluto Press, London·Sterling, Virginia, 2004, pp. 70–71、73.

—东大西洋地区穆斯林占统治地位时地缘政治的不平衡性。英国船只、英国领土常常遭到穆斯林的袭击,被虏去很多人质。到1626年,阿尔及尔有3000名英国人质,摩洛哥的萨里有1500名。来自蛮荒地带的穆斯林有时甚至入侵英国南部的德文郡、康沃尔郡并虏走人质。英国政府必须筹措专款去赎回这些人质。在英国经常看到穆斯林的身影,这在英国贵族、教士圈内引起震撼,并视之为"对整个基督教世界的一个主要威胁"。1683年奥斯曼帝国在维也纳战败,穆斯林强权逐渐走向没落。与此同时,英帝国逐渐崛起,并最终成为一个庞大的殖民帝国,帝国版图包括穆斯林世界的广大地区。拥有统治权后,英国的精英们开始致力于使穆斯林彻底从属于占优势地位的英国的意识形态。[1]

欧洲文艺复兴是一场思想文化运动,带来科学与艺术革命时期,欧洲由野蛮黑暗时代演进到各个领域都有新发展时代。18世纪60年代,西方第一次工业革命后,欧洲出现西班牙、葡萄牙、法国、英国、荷兰等殖民帝国,不少穆斯林国家沦为其殖民地,西方从此瞧不起伊斯兰教,视伊斯兰教为一种被殖民者、穷人、蒙昧主义者的宗教,西方文化优越论开始盛行。另外,近代欧洲宗教观认为,基督教是世界上至高无上的宗教,所有其他宗教都是异端,更"不能忍受在基督之后还有一个新先知的观念"。从那时至今,欧洲白人社会从来就戴着特殊的眼镜,以自身的宗教观、价值观去看待伊斯兰教和穆斯林世界。在近现代西方人眼里,没有哪个宗教像伊斯兰教那样完全是一幅消极形象。在受过教育的人当中,普遍共识是"伊斯兰教是

---

[1] Iftikhar H. Malik, *Islam and Modernity: Muslims in Europe and the United States*, Pluto Press, London·Sterling, Virginia, 2004, pp. 74、79.

一个压迫妇女、倡导暴力的宗教"。①

当代欧洲人的穆斯林观：穆斯林是一种人口威胁，还是搞暴力、非理性、通晓多种语言的一个族群，可能成为"内部的敌人"。他们认为，穆斯林团体构成一个铁板一块的巨人，正在磨砺牙齿去啃掉西方稳定社会所取得的各种成就。宗教和极右翼团体带着传统欧洲的种族观念强烈排斥穆斯林移民。②

美国的伊斯兰观：善恶两分法和双重标准。"9·11"后，美国政府以善恶两分法对待伊斯兰，将世界划分成"邪恶轴心"（the axis of evil）与"善良轴心"（the axis of good）两个阵营，不站在美国一边的穆斯林国家和伊斯兰运动划归邪恶势力一类，并加以严打。美国政府的反恐政策和措施得到绝大多数美国公民的支持。与此同时，美国视穆斯林激进势力为全球安全的真正威胁，让温和穆斯林势力去战胜激进势力，但又从来不希望温和穆斯林势力有独立思想，而是成为美国唯唯诺诺的附庸。美国大谈极端和原教旨主义分子是美国的敌人，但又与一些激进政权，如"9·11"前的塔利班结盟。③

西方对伊斯兰的普遍无知，导致不断产生有关伊斯兰教和穆斯林的偏见。在欧洲，对伊斯兰的研究一直属于近东研究学术部门专家的事，他们延续的是对过去文明进行详细学术研究那种不变的传统，常常十分晦涩，不易被大众泛读。在得到政

---

① Carl W. Ernst, *Rethinking Islam in the Contemporary World*, Edinburgh University Press Ltd, USA, 2004, pp. 11 – 14、16、18.

② Iftikhar H. Malik, *Islam and Modernity: Muslims in Europe and the United States*, Pluto Press, London · Sterling, Virginia, 2004, p. 86.

③ Asma Barlas, *Islam, Muslims and the US: Essays on Religion and Politics*, Global Media Publications, India, 2004, pp. 22、28 – 30、89 – 90.

府资助的更现代一点的中东研究中心，研究的问题是为政府决策作参考，倾向于关注当代政治问题，而不是长期的文化、人文课题。所以，伊斯兰教知识在欧洲主流社会没有得到普及，公众、甚至连那些受过良好教育的人相关知识相当有限。在美国，20世纪60年代，包括基督教在内的宗教研究大量增加，但对伊斯兰的研究远远滞后。到21世纪初，约有200名学者认定自己是研究伊斯兰问题的专家，其中大多数是中东史和中东政治的专家，他们对穆斯林社会和文化进行了大量有见地的研究。不幸的是，他们撰写的许多文章要么因为刊登在难找的学术刊物里，要么刊登在学报上，常常印数有限，大众根本接触不到。①

2. 穆斯林激进分子的西方观：从伊斯兰教和穆斯林一直深受西方迫害到摧毁西方文明的"圣战"行动的转变。（1）**历史积怨深厚。"十字军东征"在穆斯林心中留下永不磨灭的仇恨**。对许多穆斯林而言，"十字军东征"并占领圣地，是信奉基督教的西方首次发动全方位摧毁伊斯兰文明的战略努力。1095年11月，教皇厄本二世发布从穆斯林手中夺回耶路撒冷诏书后200年，基督徒发动了一系列野蛮行动力图将穆斯林赶出圣地，这段岁月以伊斯兰史上最黑暗岁月而铭刻在穆斯林心中。他们认定，伊斯兰文明辉煌史中断，很大程度上始于"十字军东征"，遂将伊斯兰文明衰退全部归咎于西方。激进分子宣称，伊斯兰文明本应覆盖全世界，西方文明是以伊斯兰文明遭到摧毁为代价而发展起来的。

殖民历史后遗症。随着西欧列强殖民非洲、南亚、东南亚

---

① Carl W. Ernst, *Rethinking Islam in the Contemporary World*, Edinburgh University Press Ltd, USA, 2004, pp. 56–57.

穆斯林国家，西方从经济上对穆斯林世界强取豪夺，宗教上用尽一切手段在穆斯林世界弘扬基督教，力图取代伊斯兰教，进一步冲击了伊斯兰文明。

20世纪上半叶，西方列强对许多穆斯林国家的直接政治控制结束了，但许多穆斯林认为另一种阴险的迫害形式取而代之：西方搞的现代化实际上是基督教国家摧毁伊斯兰文明的"隐蔽行动"，穆斯林国家领导人向西方寻求经济、军事援助，西方都要附加条件，即必须推行西方价值观和民主原则。

20世纪下半叶以来，激进分子认为，西方对穆斯林世界的迫害日益变本加厉——80年代以来，全球化开始对穆斯林国家产生深远重大影响，互联网、卫星通讯、信息、娱乐新手段等现代西方文明导致不少穆斯林青年沉迷于西方的摇滚乐，并走向道德沦丧和精神的冷漠。穆斯林激进运动领导人将这一切统统归咎于西方"文明的辐射"。

20世纪90年代以来，穆斯林世界普遍存在被羞辱感。1988年《撒旦诗篇》出版、1990年1月第一次海湾战争、1993年6月波黑种族大屠杀、1999年科索沃危机、2000年以来的巴勒斯坦起义，"9·11"后美国军事攻打阿富汗、2003年入侵伊拉克、支持以色列、2006年打压伊朗、不承认哈马斯大选获胜等，使穆斯林民众心中愤慨如同填满了炸药的火药库，一旦擦出火花，就产生爆炸性反应。

（2）摧毁西方文明的"圣战"行动。穆斯林激进势力认为，西方文明倡导的原则、价值观本身固有邪恶，是罪恶之源，倡导或接受这样的原则、价值观的人被视为"真主的敌人"。因此，反西方主攻目标首先是穆斯林国家的统治者，然后是西方。在他们眼里，当今不少穆斯林国家的统治者是叛教者，废除了"沙里亚法"，采纳异教徒的法律、习俗。要回归正统的伊斯兰生活方式，推翻叛教者政权是重要的第一步。如 1979 年推翻伊朗巴列维国王，1981 年刺杀埃及总统萨达特，这俩人被视为邪恶象征。在埃及，激进势力暗杀了统治者但未能夺取政权；在伊朗摧毁了旧政权，创建了新政权。之后，他们将矛头指向西方国家。

穆斯林激进势力认为，**如果保守的伊斯兰文明要走向繁荣昌盛，与西方共存是不可能的，因为西方文明将继续垄断世界，并要彻底消灭真正的伊斯兰文明。伊斯兰文明要想生存下去，就必须彻底毁灭西方或使西方臣服，别无他途！**因此，穆斯林激进分子向西方文明宣战。激进分子深信，摧毁西方或使西方屈服的事业是正义的，会得到真主的回赐，他们将为此战斗到生命的最后一息。自苏联解体以来，在激进分子眼里，美国从冷战岁月全力在地球上消灭共产主义的国家变成一个"伊斯兰教的仇敌"。

激进运动摧毁西方文明之蓝图。20 世纪 80 年代初，一批颇有地位的穆斯林激进运动领导人聚会讨论这样一个问题：西方化和技术进步给穆斯林世界带来巨大的文化变革，无数穆斯林青年放弃传统信仰去追求现代、不道德的生活方式。他们认定，如果这种潮流放任自流下去，传统伊斯兰教的未来必将处于危境。穆斯林必须以武力尽快摧毁西方文明，捍卫伊斯兰教，使伊斯兰文明重新成为世界统治性文化。为此，他们采取了下列举措：一是建立激进运动全球网络。二是为了实现其战略目标，派出部分最聪明的一流学子去西方大专院校各个学科学习。这些年来，不少在西方受教育的穆斯林学子加入激进运动行列。三是制订出一整套摧毁西方的蓝图，然后在西方直接发动恐怖袭击。1993 年 2 月，激进分子袭击美国世贸中心的行动虽以失败告终，但 2001 年 9 月 11 日成功摧毁了世贸中心，毁坏五角大楼一角。他们认为,这样就会激起美国向穆斯林国家发动大规模报复行动,促使无数穆斯林也卷入这场冲突中。"9·11"后,美国发动全球"反恐战争",更使越来越多的穆斯林认为,是他们的宗教而不是少数恐怖分子正受到西方的攻击。

不幸的是,随着欧洲和北美"恐伊症"的兴起,激进分子一向以"我们—他们的问题"两分法来转移"我们—我们的问题"视线,穆斯林群众继续将自己落后的责任归咎于他人,推卸解决自身面临的诸多经济、政治、社会问题的责任。[①]

(四)西方世界和穆斯林世界人口增长不同步,未来双方力量的对比和斗争将发生逆转

一是西方人口老龄化,穆斯林则保持高生育率。根据1982年剑桥大学出版的《世界基督教百科全书》统计,1900年,全球人口26.9%为西方基督徒,穆斯林为12.4%;1980年,分别为30%和16.5%;2000年,分别为29.9%和19.2%。[②]

20世纪80年代,全球基督徒人口达到顶峰,此后一直呈下降趋势。在欧洲,英国人口增长率为0.3,妇女生育率为1.66;法国分别为0.42和1.85;意大利为1.37和1.26;德国为0.04和1.37;西班牙为0.16和1.26;俄罗斯是负0.3和1.33;澳大利亚0.22和1.41。到2050年,意大利5600万人口可能下降为4000万人口,西班牙4000万人口可能下降到3700万人口。

[①] Husain Haqqani, "The Real Threat to Islam", *Newsweek*, October 8, 2012. 作者是2008—2011年的巴基斯坦驻美大使,目前是波士顿大学国际关系教授、赫德森研究所高级研究员。

[②] RK Ohri, *Long March of Islam: The Future Imperfect*, Manas Publications, New Delhi, 2004, p. 170.

到21世纪末，德国8000万人口将降到2500万人口。在欧洲，人口增长的国家只有阿尔巴尼亚、马耳他。在澳大利亚，国立大学人口学家彼得·麦克唐纳表示，低生育率将导致整个21世纪澳大利亚人口下降40%，人口将不到1100万。[①]

几乎在世界的每个地区，不论是穆斯林为主体民族的国家，还是穆斯林身为少数民族的国家，人口增长都很显著，伊斯兰教成为当今世界发展最快的宗教。穆斯林社会高生育率有三大原因：宗教原因，不接受小家庭模式；没有解放穆斯林妇女；允许一夫多妻。妇女高生育率的国家有：也门每个妇女生7个孩子，沙特阿拉伯6.15个，阿富汗5.6个，尼日利亚5.4个，巴基斯坦4.1个。欧洲国家妇女生育率很低，介于1.2—1.5个，俄罗斯呈负增长。因此，1970年，沙特约有500—600万人口，2002年上升至1800万人，预计2030年将达4600万人。[②] 1965—1990年间，埃及人口从2940万增至5240万；同一时期，叙利亚、伊拉克、苏丹和马格里布国家（阿尔及利亚、突尼斯、利比亚、摩洛哥）人口几乎翻番。这些国家穆斯林人口急剧增长已给欧洲带来影响：在巴尔干、法国、意大利、德国、荷兰和英国，已出现大量的穆斯林人口。巴尔干、科索沃、波斯尼亚在几十年时间里，已变成穆斯林占主体民族的国家。在中亚地区，1970—1993年间，塔吉克斯坦人口年增长率为2.9%，乌兹别克斯坦为2.6%，土库曼斯坦2.5%，吉尔吉斯斯坦1.9%。20世纪70年代，苏联境内人口构成发生变化，穆斯林

[①] RK Ohri, *Long March of Islam: The Future Imperfect*, Manas Publications, New Delhi, 2004, pp. 184–186.

[②] Laurent Murawiec, *Princes of Darkness: the Saudi Assault on the West*, First Rowman & Littlefield Publishers, INC, translation 2005, p. 217.

人口在 10 年时间里增加了 24%，而俄罗斯的东正教徒人口只增加了 6.5%。90 年代初期，俄罗斯联邦妇女生育率为 1.5，而中亚穆斯林国家则为 4.4。[1]

随着西方世界人口持续老龄化，而穆斯林世界 20 岁以下年轻人占人口的一半，并继续保持高生育率，预计到 2025 年，基督徒人口可能只占 25%，而穆斯林人口将达 30%。[2] 目前，世界范围内近 16 亿人口信仰伊斯兰教。**人口的增长意味着总是需要更多的生存空间、谋生的机会，在本国乃至世界事务中的更多发言权，这必将孕育着不同宗教族群间的紧张关系。**

二是在争取成百上千万非洲、亚洲、欧洲、甚至美洲人的灵魂方面，伊斯兰教已成为基督教的全球头号竞争对手。 伊斯兰教在非洲传播迅猛，在全球具有代表性。原因在于：没有森严等级、利他主义，给追随者尊严和自尊，穆斯林社会比其他社会更慷慨好客，向穷人施舍的慈善制度机制化。许多西非人认为，基督教腐败，等级森严，一个牧师管辖许多教民。[3] 结果，从苏丹到象牙海岸，基督教与伊斯兰教的竞争愈演愈烈。

在尼日利亚，伊斯兰势力在北方窜升，导致穆斯林和基督徒间发生严重冲突。 尼日利亚有 1.3 亿人口，占非洲总人口的 1/5。其中，穆斯林人口占 50% 左右（据美国中央情报局材料，从 1900 年的 25.93% 上升到 1990 年的 43.89%），基督徒人口降

---

[1] RK Ohri, *Long March of Islam: The Future Imperfect*, Manas Publications, New Delhi, 2004, pp. 18 – 20、186.

[2] RK Ohri, *Long March of Islam: The Future Imperfect*, Manas Publications, New Delhi, 2004, p. 170.

[3] Nicholas D. Kristof, "Reviling Islam", *International Herald Tribune*, July 10, 2002.

到40%，两教竞争十分尖锐。1999年10月，西北部小州赞法拉率先宣布实施"沙里亚法"后，尼日利亚36个州中有12个州（主要是北方的索科托、卡诺、卡奇纳、卡杜纳、古绍、博尔诺等州）相继宣布实施"沙里亚法"。基督教传教团在北方穆斯林聚居区开办学校和设立教区，教会领袖大声反对各州刑法中引入"沙里亚法"，曾经是和平共处的穆斯林与基督徒混居区出现骚乱，撕裂了族际关系。[①] 随着穆斯林人口获得主体民族地位，近年来，尼日利亚的穆斯林与基督徒之间不断爆发暴力冲突。尼日利亚穆斯林的生育率很高，到2035年，该国人口将超过5.2亿，成为仅次于印度、中国之后的第三人口大国。这会使整个非洲大陆、特别是基督徒人口占主体地位的国家陷入一场大动乱中。

在可展望的未来，西方与穆斯林世界的相互敌意难以消除。早在2006年6月22日，《国际先驱论坛报》对13个国家1.4万人进行的民调结果显示，西方与穆斯林世界民众对当代事务的看法大相径庭，相互敌意很深，难以消除。因为：一是西方对穆斯林世界的优势地位不会使其改变对后者的高压政策，穆斯林世界处于发展中国家或最不发达国家之列，双方存在着巨大差异，不平等现象十分突出，加上宗教信仰、种族文化的差异性，正酝酿着巨大的冲突隐患。西方视穆斯林世界为国际恐怖主义的主要根源，继续大力推行对穆斯林世界的强力压制和民主改造战略，不可能真正把穆斯林国家当平等伙伴看待。双方缺乏真正互信和平等对话。二是在阿富汗、印尼、伊拉克、巴勒斯坦、伊朗等国，穆斯林激进势力具有一定的民众基础，

---

① Somini Sengupta and Larry Rohter, "In third world, chorus of hallelujahs like never before", *International Herald Tribune*, October 15, 2003.

穆斯林世界经历着愈益明显的激进与温和穆斯林的对立和分化。三是"9·11"后，美欧国家对本国穆斯林加强了行动的限制与监视，西方社会内部进一步加剧白人主流社会与穆斯林族群的分化与对立。

四、西方文明与中华文明的冲突

拿破仑曾言："中国是一头睡狮，一旦它醒来，世界将为之震惊。"在他眼中，中国更多是个威胁，令人敬畏。他的看法在美西方一向具有代表性。

（一）近代以来西方与中国之间的冲突不绝

从1840年鸦片战争至今，在中华大地上，不同时期，西方与中国的冲突形式有所不同，有时表现为战争，有时表现为封锁与制裁，有时表现为"和平演变"，有时表现为牵制和遏制。对此，英国国际战略研究所一位资深专家说了公道话："19世纪中国贫穷忍让时，西方渲染中国威胁；20世纪中期中国赢得了民族独立时，西方渲染中国威胁；如今中国坚持走和平发展道路，西方仍然渲染中国威胁。中国到底要怎样做，西方才满意？"美国兰德公司也在一篇报告中发出警告："依据英国历史学家汤因比的'挑战—反应'理论，过分渲染中国威胁只会得到相反的效果，即强化中国的危机意识，加速其发展和崛起。而事实也证明，正是在一浪高过一浪的'中国威胁论'浪潮中，中国的国力越发强大，所谓的'威胁'也越来越大。"[1]

---

[1] 王谦："谁在威胁美国"，《环球军事》，2016年3月上半月版，361期，第29页。

纵观西方与中国之冲突，主要分以下四个阶段。

1. **阶段一：从鸦片战争到新中国成立的百余年，旧中国国力羸弱，屈从于西方列强**。1840年6月，英国对华发动蓄谋已久的鸦片战争。这场战争以清朝的失败而告终，最终被迫签订了《南京条约》《虎门条约》和《中英五口通商章程》等条约，割地赔款，并使英国享有协定关税、领事裁判、土地租赁、片面的最惠国待遇等一系列特权，中国则丧失了领土、关税、司法等一系列国家主权，从此开始沦为半殖民地半封建国家。此后数十年间，美国、法国、俄国、日本、德国等列强纷至沓来，通过军事威胁与武装入侵，强迫清政府与之签订了一系列不平等条约，如《望厦条约》《黄埔条约》《天津条约》《北京条约》《马关条约》《辛丑条约》等。所有这些不平等条约，又都在《南京条约》《虎门条约》《中英五口通商章程》的基础上，进一步扩大了西方列强的在华侵略特权。其中，1894年清朝在中日甲午战争中战败，西方列强对华掀起一股强租港湾、划分势力范围的瓜分狂潮。至此，拥有5000年文明的泱泱大国——昔日傲视全球的文明古国，在帝国主义列强坚船利炮的威逼下，逐渐进入一个"人为刀俎、我为鱼肉"的屈辱时代。①

2. **阶段二：新中国成立后，遭到西方的孤立与封锁**。新中国成立之初，美国在其"扶蒋反共"政策失败后，拒绝承认新中国，竭力阻挠其他国家承认新中国，阻挠恢复新中国在联合国的合法席位，在政治上实行孤立，在经济上实行封锁，在军事上实行包围，造成新中国与西方世界交往甚少。西方学者仿照"铁幕"发明了"竹幕"一词，说明中国与西方社会信息交

---

① 纳麒、谢青松：《中国共产党的战略选择与哲学转换》，中国社会科学出版社，2011年11月第1版，第23页。

第七章 文明的交融与和平的未来

流的缺乏。50年代末至60年代，新中国一直面对以美国为首的西方帝国主义国家的政治孤立、经济封锁、战争威胁和军事压力。

"和平共处"外交战略打破了西方孤立、封锁新中国的局面。1953年12月31日，周恩来总理接见来华商谈中国西藏地方和印度之间关系的印度代表团时，首次提出以"互相尊重领土主权①、互不侵犯、互不干涉内政、平等互惠②、和平共处的原则"解决两国之间悬而未决的问题，这是"和平共处"外交战略的最早表述。1954年6月，周恩来应邀访问印度和缅甸时，又将这五项原则载入中印、中缅《联合声明》中。1956年11月1日，"和平共处五项原则"载入《中华人民共和国宪法》，标志着"和平共处"外交战略的正式确立。这样，"和平共处五项原则"成为处理社会制度相同国家及一切国家之间关系的准则，为外交工作开辟了一个新天地，新中国尽可能与世界各国建立和发展了日益广泛、友好的合作关系，为相当长一段时期中国社会主义现代化建设提供了一个越来越有利的国际环境和条件。1971年，中国恢复在联合国的合法席位，开始打破外交孤立。在"和平共处五项原则"基础上，中国也与西方国家建立和发展正常关系，极大分化和瓦解了西方阵营，使以美国为首的霸权主义者更加孤立，最终促成国务卿基辛格和1972年总统尼克松访华，使僵持多年的中美关系开始有了突破，促使更多西方国家与中国实现国家关系正常化，为中国的经济建设和

---

① 在亚非会议上改为"互相尊重主权和领土完整"。
② 在中印、中缅《联合声明》中改为"平等互利"。

科技交流带来了巨大的活力。①

3. 阶段三：80 年代末和整个 90 年代，西方力图对华实施"和平演变"。 1979 年中美建交，西方世界开始直面中国。但 80 年代末 90 年代初，随着东欧剧变，苏联解体，西方唱响"中国威胁论"，对中国实行制裁，试图阻断中国与世界的经济往来与政治联系，大搞"和平演变"，霸权主义和强权政治不断升级。

这一时期，穆斯林世界发生的重大历史事件，客观上使穆斯林世界成为挡住美西方对华围堵、制裁等压力的战略屏障，为中国崛起创造了千载难逢的历史机遇：一次是 1989 年"六四风波"，美西方想"和平演变"中国。结果，1990—1991 年第一次海湾战争爆发，美国战略重心转向中东地区。另一次是小布什执政初期，一度视中国为战略对手。1999 年 5 月 8 日，美国突然轰炸中国驻南斯拉夫大使馆，造成中方 3 人死亡、20 余人受伤；2001 年 4 月 1 日，中美发生南海撞机事件。然而，2001 年"9·11"事件爆发，美国于当年 10 月就入侵阿富汗、2003 年 3 月又入侵伊拉克，打响美国主导下的全球"反恐战争"，中美关系得到很大改善。此外，1997 年，东亚爆发金融危机，中国承诺人民币不贬值，负责任的大国风范获得地区国家普遍赞誉，"中国威胁论"在东亚地区逐渐失去市场。

4. 阶段四：2010 年后，美国开启全面牵制与遏制中国崛起的新阶段。 随着中国成为世界第二大经济体，中国对周边的辐射力和吸附效应不断增长。而随着中国经济实力和科技实力的不断增强，国防与军队建设在同步协调发展，中国外交政策也做出一些调整——过去强调韬光养晦，现在更侧重有所作为；

---

① 纳麒、谢青松：《中国共产党的战略选择与哲学转换》，中国社会科学出版社，2011 年 11 月第 1 版，第 155—158 页。

第七章　文明的交融与和平的未来

过去在周边关系中强调睦邻，现在强调睦邻与维护国家主权并重。亚太地区安全与经济二元格局在形成，美国战略界不少人把中国看作是今后几十年内对美国霸权地位的最主要挑战，应对和制衡中国崛起成为奥巴马调整亚太政策的主要因素之一。2009年年初上台伊始，奥巴马就开始调整全球战略，强调美国的"亚太国家"身份。2009年7月，国务卿希拉里在泰国曼谷机场宣称，"美国回来了"，在军事安全、政治外交、经济三个方向"重返亚洲"。从2010年年初开始，奥巴马政府对华政策转为强硬，如批准对台军售、奥巴马会见达赖喇嘛、在人民币汇率问题上施压等。

美国"世界领袖"心理根深蒂固——必须是国际事务当然的领导者和主导者，必须牢牢掌握规则的制定权，中国必须在美国制定的规则之内发展。在2011年11月夏威夷的亚太经济合作组织峰会上，奥巴马高调亮出"转向亚洲"战略。在这次峰会上，奥巴马对胡锦涛主席说，中国必须遵守规则。稍后，在东亚峰会上，他对温家宝总理重复了同样的话。2012年2月，中国国家副主席习近平访美时，奥巴马又强调了同样的意思。在2015年的国情咨文中，在其他一些场合的演讲中，奥巴马一再声称，"应当由我们来制定规则，而不能让中国来制定规则"。这个制定规则的权利体现了美国的主导地位，美国绝不放弃。

过去，美国制造冷战铁幕，拖垮苏联敌手；制造经济泡沫，削弱日本友邦。如今，美国为中国量身订造"亚太再平衡"战略，开启全面牵制与遏制中国崛起的新征程，重建美国霸权地位。于是，世人看到，在中国的周边狼烟四起，"调动东南亚、东北亚两大地缘板块平衡中国"，让地区盟友站在与中国军事对抗的前沿：2010年7月，在南海挑起中国与菲律宾、越南等东南亚国家的争端；2010年9月，在东海挑起中日钓鱼岛争端。

2011年6月,时任国防部长帕内塔访问越南时说,"我们有能力保护南海所有国家关键的海洋权利。"2013年年底以来,美国对钓鱼岛和南海问题的介入进一步强化,希望用这两个争端把中国的注意力牵制在东海、南海,把中国困在第一岛屿链之内,以便维持美国在西太平洋军事优势及亚太地区主导权。2015年以来,美国涉南海动作频频:外交上,利用双边、多边场合向中国施压,煽动当事方、东盟,或个别或抱团向中国发难;法律上,美国团队全程参与菲律宾以国际法诉讼中国;舆论上,大肆炒作中国的岛礁建设影响区域稳定,高调渲染"航行自由行动"计划、行动细节;军事上,联合地区盟友及伙伴开展针对性军事演习,扩大对菲律宾、越南等军事合作,升级地区军事部署。2015年10月27日,美国"拉森"号进入南沙渚碧礁12海里;2016年1月30日,美国"威尔伯"号进入西沙中建岛12海里,显示美国军事挑衅常态化且逐步升级。

在南亚,奥巴马政府推出"拉印抑华新战略",强调印度在"亚太再平衡"战略中的"支点作用",推动美印关系"实质升级"。2010年6月,美印举行首轮部长级战略对话(美国务卿和印外长主持),希拉里鼓动印度"不仅要向东看,而且要发挥领导作用",称双边关系"对全球和平与安全不可或缺"。同年10月,奥巴马访问印度,美国第一次公开表示支持印度成为联合国常任理事国,并宣布美印建立"全球战略伙伴关系",鼓励和敦促印度"向东看"。2011年7月19日,美印举行第二轮战略对话,"扩大并深化美印全球战略伙伴关系"。在2012年1月出台的《维护美国的全球领导地位:21世纪防卫的优先选择》报告中也特别提到,美国将对印度进行投入,支持印度作为地区经济和泛印度洋安全之锚的能力。2012年6月,时任国防部长帕内塔在访印时宣布,美将与印度政府一起为增强和扩展双

第七章 文明的交融与和平的未来

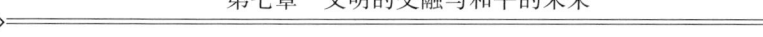

边国防合作做出新努力，随后美印签署《军事贸易和技术合作计划》。2014年5月，印度举行大选，人民党领导人莫迪上台后，美国和印度互动频繁。2015年6月初，美国国防部长卡特访问印度，正式签署文件更新两国防务协议，绘制了今后十年双方军事合作的蓝图。卡特表示，"美国正在寻找新的方法来与印度的'向东行动'政策互为补充。"①

为重塑美国经济霸权，2011年以来，美国加速推进TPP②（"跨太平洋伙伴关系协定"）、TTIP③（"跨大西洋贸易与投资伙伴关系"），以经贸"两洋战略"操控全球经贸规则制定权，抑止新兴经济体建立某种"排西方"性金融—经贸安排，维护美国在全球经济治理的主导权以及保障和强化美元的国际主导货币地位。在这两个超级区域自贸区谈判中，美国一方面深化与发达经济体和传统盟友的经贸合作，另一方面从全球和区域层面遏制中国拓展国际空间和提升国际影响力，打乱中国"走出

---

① 陶文钊："中美关系与亚太秩序"，《和平发展观察》，中国社会科学院和平发展研究所，2015年第2期，总第2期，2015年6月30日；倪峰："美国亚太再平衡战略及其评估"，《奥巴马政府内外政策调整与中美关系》，和平发展报告系列，中国社会科学院和平发展研究所编，中国社会科学出版社，2015年8月第1版，第154页。

② 2005年，由智利、新加坡、新西兰、文莱建立的"跨太平洋战略经济伙伴协定"，后改为"跨太平洋伙伴关系协定"。2009年11月，奥巴马总统在日本访问期间表示美国有意参与TPP谈判。由于美国的介入，该协定俨然成为美国主导亚太经贸秩序的主平台。

③ 2013年启动"跨大西洋贸易与投资伙伴关系"。美国赋予TTIP重要使命——联手欧洲最终构建起跨大西洋经济联盟，恢复西方自由市场经济体系，以应对东方"国家资本主义"挑战，遏制新兴市场群体性崛起。美国希望通过建立TTIP，联手欧洲遏制与规范中国经济全球化进程。

去"战略进程。美国对中国推动的"区域全面经济伙伴关系"（RCEP）、中日韩自贸区谈判等处处设阻。2015年，在筹建亚投行上，美国一直公开质疑亚投行在"治理能力、环境和社会保障"上能否达到国际"最高标准"，以此为由排斥亚投行，并在亚太阻挠韩国、澳大利亚等盟友的加入，以TPP绑牢日本，在"西方七国集团"平台上力阻西方工业国加入。

近年来，中国在非洲积极发展经济合作，中非贸易增长迅速，2013年达到创纪录的2102亿美元，而且是在全球经济低迷的情况下持续走高，日益成为中国对外经济合作的亮点。2013年，奥巴马访问非洲，在对非经济合作中排斥中国。美国学者狄波拉·布罗蒂加姆指出，美国指责中国的非洲政策，如中国对非洲的援助只在近年来开展，中国不雇佣当地工人，中国支持独裁政权，中国从非洲掠夺资源，指责中国搞"新殖民主义"，煽动当事国反对中国投资，阻挠中国在非洲的双赢合作。[①]

（二）面向21世纪，在同美西方的较量博弈中，中国政府要有必胜的坚定信念

在未来中华民族复兴道路上势必继续面临来自美西方的牵制与遏制，但中国共产党将凭借自身的定力和意志——源于对中华五千年文明的自信，源于对社会主义革命与建设伟大实践的道路自信、理论自信、制度自信与文化自信，排除万难，昂首阔步地走向世界舞台的中心。

1. 有中华文明经久不衰的民族、道德精神作坚强后盾。第

[①] 金灿荣、金君达："奥巴马政府的非洲政策探析"，《奥巴马政府内外政策调整与中美关系》，和平发展报告系列，中国社会科学院和平发展研究所编，中国社会科学出版社，2015年8月第1版，第281、287页。

第七章 文明的交融与和平的未来

一,"万众一心、同舟共济"的民族精神。一部中华民族的历史,就是一部与自然灾害抗争的历史。在漫长的历史发展过程中,各族先人们以惊人的毅力和坚韧,一次次战胜自然灾害,一次次浴火重生,在共同劳动、共同生活中形成了"万众一心、同舟共济"的民族精神。这种精神在捍卫国家主权、维护民族尊严中发挥了重大作用。改革开放以来,特别是在抗洪抢险、抗击"非典"、抗击冰雪灾害、抗震救灾等灾难面前,中华儿女不屈不挠、舍己救人的人间大爱,拯救生命的坚定从容,忠于职守的高度责任,共克时艰的同心同德等,都为"万众一心、同舟共济"的伟大精神赋予新的时代内涵。这是中华民族复兴的强大精神支柱。[①]

第二,以"天下为公"为代表的爱国主义精神。"天下为公"是中国传统道德中的道德理想,也是经久不衰的一种道德精神。《礼记·礼运》比较完整地描述了"天下为公"的道德理想:大道之行也,天下为公,选贤与能,讲信修睦。"天下为公"的理想也是中华民族爱国主义传统的集中体现。从贾谊"国尔忘家,公尔忘私,利不苟去,唯义所在"(《新书·阶级》),范仲淹"先天下之忧而忧,后天下之乐而乐",到近代顾炎武"天下兴亡,匹夫有责",都包含着强烈的"天下为公"的道德理想。在许多为中华民族的融合与强大做出巨大贡献的杰出人物的身上,都闪耀着"天下为公"的民族精神:从大禹治水三过家门而不入,苏武牧羊而不屈节,到岳飞的"精忠报国";从孙中山、毛泽东、邓小平等一代伟人为国家和人民的利益鞠躬尽瘁,到许多不知名的革命先烈和社会主义建设者为民族、为国家、为人民,抛头颅洒热血。中国人心中深深地把"天下为公"的使命赋予其

[①] 纳麒、谢青松:《中国共产党的战略选择与哲学转换》,中国社会科学出版社,2011年11月第1版,第66页。

自我生命的价值、生活的价值，把自我价值寓于为国家、人民、为社会主义的事业中。**第三，对待万物"仁爱"的道德理想。**"仁爱"思想从总体上来说，包括"仁民"和"爱物"两个方面。"仁民"就是对民众要仁，表达的是对人类的爱心，实际上是对人道主义、对和平的古老而又朴素的表达。《春秋繁露·仁义法》中说得更加清楚：爱人谓之仁。中华传统道德在提倡爱人的同时，也要对自然事物加以重视和爱护，称为"爱物"。《论语》中记述孔子对自然界的事物充满了爱怜之情，说"子钓而不纲，弋不射宿"（《论语·述而》）。就是说，捕鱼要用鱼钩而不用网，射鸟不射栖宿巢中的鸟。孟子说："君子之于禽兽也，见其生不忍见其死，闻其声不忍食其肉，是以君子远庖厨也"（《孟子·梁惠王上》）。爱人和爱物是相同的道德要求和道德情感。**第四，"自强不息"的道德力行精神。**"修身，齐家，平天下"是中国历代先哲和圣人十分重视和强调的一种道德精神。**首先是"天行健，君子以自强不息"的道德品格。**这是中华民族生存、发展的精神动力。孔子认为做人应当"发愤忘食，乐以忘忧，不知老之将至"（《论语·述而》）。孟子更注重自强精神的磨练，"天降大任于斯人也，必先苦其心志，劳其筋骨，饿其体肤，空乏其身，行拂乱其所为，所以动心忍性，曾益其所不能"（《孟子·告子下》）。荀子则讲：以修身自强，则名配尧舜禹（《荀子·修身》）。在五千年中华民族精神凝聚化成的历程中，艰苦奋斗、百折不挠的自强不息精神一直是时代的主流精神价值，它推动着每个时代的中华儿女去不懈地为民族的独立与繁荣、社会的发展和进步而生生不息。**其次，"立言、立功、立德"的人生价值观是中华民族力行的道德精神的另一品质。**为后代立言，为国家、民族立功，为世人立德是中华传统中个人"不朽"的内涵。这种不朽实际上是把个人的人生价值寓于个人的社会价值之中，自觉地把实现社会价值作为自我价值所在。在近现代的救国救民的运动中，从洋务运动、维新变法，从辛亥革命到"五四"运动，从南昌起义到中华人民共和国的成立，无不浸透着大义与不朽的价值。①

2. 中国共产党同西方列强的斗争始终从胜利走向胜利。中国共产党90余年的风雨历程证明，党始终把国家尊严和民族利益奉为头等重要的大事，把实现民族的解放、中华的复兴视为自己神圣的历史使命。这正是中国共产党同西方列强斗争的制胜法宝。

抗日战争。1937年7月7日，卢沟桥事变宣告抗日战争爆发。② 中国共产党及其领导的抗日军民是全民族抗战的中流砥柱。胡锦涛总书记在纪念中国人民抗日战争暨世界反法西斯战争胜利60周年大会上讲话中指出，中国共产党坚持抗战、反对妥协，坚持团结、反对分裂，坚持进步、反对倒退，成为全民族抗战走向胜利的一面旗帜。抗日战争时期，为了民族大义，中国共产党建立了抗日民族统一战线，实施动员人民、依靠人民的群众路线政策，提出持久战的战略总方针和一整套人民战争的战略战术，广泛开展敌后抗日游击战争，为抗日战争的胜利做出了独特的贡献。中国共产党人以自己最富于牺牲精神的爱国主义、不怕牺牲的模范行动，成为夺取抗战胜利的民族先锋。1945年9月2日，日本签署向同盟国的投降书，侵华日军

---

① 从第二至第四引自：纳麒、吕怀玉：《哲学视野：法治与德治新论》，社会科学文献出版社，2006年1月第1版，第257—259、262—263页。

② 1931年"九一八"事变后，东北三省沦为日本帝国主义的殖民地，中日民族矛盾上升为主要矛盾。1935年，日本侵略者制造"华北事变"，中华民族危机进一步加深。

正式向中国投降，至此，中国军民经过八年艰苦抗战，终于取得抗日战争的彻底胜利，**这是近代以来中华民族反抗外敌入侵第一次取得完全胜利的民族解放战争，成为中华民族走向复兴的历史转折点**。

解放战争。1946年1月10日，国共双方签订《停战协定》，但以蒋介石为首的国民党统治集团不甘心与共产党人组成联合政府。1946年6月底，在美帝国主义的支持下，国民党撕毁《停战协定》，悍然对解放区发动全面进攻。从1946年7月至1949年9月，中国共产党在国民党发动全面内战的形势下，以扭转乾坤的恢弘气势，领导人民进行三年多的解放战争，摧毁了国民党各级反动政权，取得新民主主义革命的伟大胜利。**1949年10月1日，中华人民共和国中央人民政府成立，宣告中国人民当家作主时代的到来**。中华民族一洗百年来蒙受的屈辱，开始以崭新的姿态屹立于世界民族之林。

"抗美援朝战争"。新中国与美国在朝鲜土地上展开血与火的较量。[1] 1950年6月25日，朝鲜得到苏联默许，不宣而战进

---

[1] 朝鲜战争美国动用了其陆军兵力的三分之一，战场兵力最多时达到30余万人；海军兵力的二分之一，出动各种舰艇210艘，海军航空兵的作战飞机383架；空军兵力的五分之一，先后出动各种飞机数万架，战场上飞机最多时达1700多架。美军动用大量的精锐部队，有"开国元勋师"——骑兵第一师，"美利坚之剑"——陆战第一师，"滴漏器师"——美军第七师，"王牌飞行队"——航空兵第四联队等大量"王牌"。美军使用了除原子弹以外的所有现代化武器，许多战役、战斗的炮火密度、战场兵力密度、空袭轰炸密度，都超过了第二次世界大战的水平。**战争令中美爆发直接冲突，双方各投入兵力30余万**。苏联未正面介入——苏联派遣了小规模航空兵部队与高炮部队参加抗美援朝战争防空作战。战争削弱美国实力，把美国超强国力军力从欧洲铁幕一线的争夺转移到朝鲜战争的泥潭，为苏联争取时间在二战后的废墟上治疗战争创伤，发展国防尖端技术，缩小了与美国的差距。

攻韩国，历时三年的朝鲜战争爆发。7月7日，联合国安理会通过第84号决议，派遣联合国军[①]支援韩国抵御朝鲜的进攻。8月中旬，朝鲜人民军将韩军驱至釜山一隅，攻占了韩国90%的土地。9月15日，以美军为主的联合国军在仁川登陆，开始大规模反攻。10月19日，应朝鲜请求，中国人民志愿军第38军率先从辑安（今集安市）渡鸭绿江入朝作战。入朝后第一次战役在1950年10月25日打响。中国人民志愿军与朝鲜人民军并肩作战，经过5次战役，最终将战线稳定在38线一带。1951年7月10日，中华人民共和国和朝鲜方面与联合国军的美国代表开始停战谈判。经过多次谈判后，交战双方终于在1953年7月27日签署《朝鲜停战协定》及《关于停战协定的临时补充协议》的停火协议。自1840年鸦片战争以来，中国在与西方列强（包括日本）的战争中屡次陷入惨败或极其被动的局面，朝鲜战争的结果使中华人民共和国获得巨大威望，中国人的自信心大大增强。**中国人民志愿军司令员彭德怀就此形容："西方侵略者几百年来，只要在东方一个海岸上架起几尊大炮，就可霸占一个国家的时代，一去不复返了。"**[②]

援越抗法战争。第二次世界大战爆发前，越南是法国的殖民地，第二次世界大战进行中被日本占领。1945年，第二次世界大战结束前后，胡志明领导的越南独立联盟（越南共产党）

[①] 由美国以及英国、加拿大、澳大利亚、新西兰、荷兰、法国、土耳其、泰国、菲律宾、希腊、比利时、哥伦比亚、埃塞俄比亚、南非、卢森堡共16个国家组成联合国军。

[②] "朝鲜战争"，http：//baike.baidu.com/link？url＝1H0nuEMLLAhS7MgSNDlgpOK8OkpUXq－p5xT3uggL0fJlmwjIOOE01zK4nLI_pHhREj2u_2WLb2NW_q31VWCgprdHtJez3ogGrQvZb9svxKy。（上网时间：2016年3月26日）

在北方的河内市建立越南民主共和国。法国则支持越南末代皇帝保大在南方的西贡市建国。为争夺对越南全国的主权,越南民主共和国与法国进行了长达10年的战争①(1945—1955年)。1954年,在中国的军事援助下,越南民主共和国在奠边府战役中赢得对法军的决定性胜利,法国撤出越南民主共和国。②

越南战争。越南战争(1955年—1975年),又称第二次印度支那战争,也是中美之间又一次血与火的较量。参战方:南越(越南共和国)、美国、韩国为一方;北越(越南民主共和国)、中国(1965—1969年中方参战人员达17万人)、红色高棉为另一方。战争发生在冷战时期的越南(主战场)、老挝、柬埔寨。越南战争是二战以后美国参战人数最多、影响最重大的战争:美国除了原子弹没有动用外,什么高尖端武器都动用了,共计派遣了250多万人到越南,其中54万多为地面部队,死亡5.8万多人,受伤30万人,总共消耗弹药760万吨(相当于二战时的三倍),耗费近3000亿美元,打了10年之久。最后,战争以美国失败撤军而告结束。越南人民军(北越军)和越共游击队打败了越南共和国军(南越军),统一了越南全境。③

香港和澳门回归。由于历史原因,香港和澳门长期被英国和葡萄牙占领。20世纪80年代,邓小平创造性地提出了"一国

---

① 国际社会称之为第一次印度支那战争,越南称之为抗法救国战争,中国称之为援越抗法战争。

② "越南战争",http://baike.baidu.com/link?url=1HsKRNyb_W2c1gSqjXOe0h02USUvwM9zDka15MAB－xWLPzLnCHQoyAItCeVL5Sj1NOIDzVQvQcjt_A2IZcbkJ3－Mf2CLOhf7USGigS4Wo5y。(上网时间:2016年3月26日)

③ "越南战争",http://baike.baidu.com/link?url=1HsKRNyb_W2c1gSqjXOe0h02USUvwM9zDka15MAB－xWLPzLnCHQoyAItCeVL5Sj1NOIDzVQvQcjt_A2IZcbkJ3－Mf2CLOhf7USGigS4Wo5y。(上网时间:2016年3月26日)

两制"方案，为解决港澳问题指明了方向。在中英、中葡谈判中，中国政府明确表态："关于主权问题，中国没有回旋余地，坦率地讲，主权问题不是一个可以讨论的问题。"[1] 谈判最终取得历史性突破，先后签订了《中英联合声明》《中葡联合声明》，1997年7月1日香港回到祖国的怀抱，1999年12月19日澳门回到祖国的怀抱。香港和澳门的顺利回归，是中国共产党在新时期维护民族独立、民族尊严的典范。[2]

3. 在全球化大背景下，美国难以遏制中国崛起的步伐，更不可能将中国孤立于亚太和全球合作之外。当今世界经济已经形成"你中有我，我中有你"，且"一荣俱荣，一损俱损"的大格局，而且未来新常态下的中国经济仍将对世界经济提供巨大的正能量，而世界经贸合作不能没有中国。首先，美国经济离不开中国经济。正如前美驻华大使骆家辉指出，中美经济的强烈相互依存性不可改变且不可倒退。40多年前，尼克松总统访华实现"跨太平洋握手"时，中美贸易不足1亿美元，今天两国日贸易额接近15亿美元。尤其，中国已是全球债权人、投资者和消费者，使两国经贸关系发生了质的变化。[3] 其次，亚太国家也不愿"选边站"。对于美国"重返"亚洲，地区国家普遍抱着一种矛盾的心态——即"安全靠美国，经济靠中国"。一方面，它们希望把美国"请回来"，以此来平衡中国快速增长的

---

[1] 《邓小平文选》第3卷，人民出版社，1993年版，第12页。

[2] 纳麒、谢青松：《中国共产党的战略选择与哲学转换》，中国社会科学出版社，2011年11月第1版，第48—49页。

[3] 陈凤英、孙立鹏："后危机时期美国全球经贸战略及其影响"，《奥巴马政府内外政策调整与中美关系》，和平发展报告系列，中国社会科学院和平发展研究所编，中国社会科学出版社，2015年8月第1版，第145—146页。

影响力,并指望美国在与华争端中为自己撑腰。另一方面,它们又都希望搭上中国经济飞速发展的顺风车,为自身谋取巨大的经济利益。现在,中国已经是日本、韩国、东盟国家、澳大利亚等多数周边邻国的最大贸易伙伴和主要相互投资伙伴,它们普遍不希望中美之间发生严重碰撞,从而被迫在其中"选边站"——"在中美之间二选一是我们最不愿看到的结果"。新加坡外长尚穆根明确指出,中国有14亿人口,人才济济,擅长掌握新的科技,中国进步是毋庸置疑的,中国是不可能被围堵的。他说:"事实是中国必然会在经济和军事方面变得强大,我们必须面对这个事实。越早接受事实,对所有人越好。"[1]

第三节　中华文明语境下,文明的交融是主旋律

中华文明延续五千年,其强大生命力在于"和而不同"。一部中华文明发展史,正是一部中华文明与其他外来文明在中华大地上不断交融、创新的历史,中华文明与伊斯兰文明、西方文明的关系也不例外。展望未来,随着中国大踏步崛起,中国政府将继承优良历史传统,奉行以强调海纳百川、合作共赢理念为其鲜明时代特点的走向世界战略,突显中华文明五千年不灭之历史智慧,有别于迄今为止曾主导世界格局的所有其他文明的核心国家。

---

[1] 倪峰:"美国亚太再平衡战略及其评估",《奥巴马政府内外政策调整与中美关系》,和平发展报告系列,中国社会科学院和平发展研究所编,中国社会科学出版社,2015年8月第1版,第164—165页。

第七章 文明的交融与和平的未来

一、中华文明历来强调"和而不同"

中华文明是儒家文明,是世俗文明,没有宗教性,这一点有别于西方的基督教文明和穆斯林的伊斯兰文明。中华文明强调哲理性,淡化了对神的追求。西方文明有"十字军东征",伊斯兰文明有"圣战"、殉教等带有浓厚宗教色彩的语汇,而中华文明则一贯强调"和而不同"、"天人合一"、"以和为贵"、"协和万邦"等饱含强烈家国情怀的字眼。因此,在衰落岁月,西方人为了上帝、穆斯林为了真主而拯救世界,走的是一条宗教救赎的道路。反观中华民族,在国破家亡的衰落岁月,一而再、再而三地秉持"万众一心,同舟共济"、"天下为公"、"天下兴亡,匹夫有责"等民族、道德精神,来实现国家和民族的救赎。

(一)和谐是中国传统文化的基本精神

和谐从一开始就深深滋润在中华民族的民族精神及其生命智慧的源头活水里,并成为处理天人关系、国家关系、群己关系、人际关系、身心关系的基本原则。《诗经》中就有"亦有和羹,既戒既平",从多样性的融合来讲"和"。《周易》说:"乾道变化,各正性命,保合太和,乃利贞",强调"和"对万物生长、万国平安的作用和意义。《尚书·尧典》中说"协和万邦",要求普天之下的国家、民族都应和平共处。西周末年,史伯提出了"和实生物"的著名论断,包含了万物生发源于和谐的思想,并认为以不同的元素相配合,求得矛盾的均衡与统一,有利于治国理政。在中国传统文化中,孔子的"君子和而不同,小人同而不和";老子的"万物负阴而抱阳,冲气以为和";孟子的"天时不如地利,地利不如人和",都体现了和谐的思想。

和谐作为一种价值取向,主要体现在以下几个方面:其一,主张"天人合一",追求人与自然之间的和谐;其二,倡导"以和为贵"、"协和万邦",实现民族、国家之间的和谐;其三,以群为重、"以义制利",寻求群己关系的和谐;其四,"和而不同"、"忠恕"待人,维系人际关系的和谐;其五,注重修身养性,追求身心之间的和谐。①

从上可见,中国哲学从诞生之始就一直以现实的"人"为中心,这种关怀以究"天人"关系的方式不断地展现、推进、演变,世界的本原问题在中国哲学中并不占有重要的地位。西方哲学恰恰相反,它始终关注世界的本原的问题,究"天人"的关系也以世界的本原为前提,"全部哲学,特别是近代哲学的重大的基本问题,是思维和存在的关系问题"。中国哲学把思维与存在的问题演绎为人如何统一天道、地道、人道的关系,并依据这一认识来治理复杂的社会。中国哲学的回答是:天道与人道是统一的,通过努力发现天道,则可知天命;同时天道就是人道,则可治世。这样的哲学路线以"和而不同"的态度来认识人与自然、人与人之间的关系,强调"天、地、人"的和谐,强调个体我与类我和谐,强调个人、社会、国家的和谐。② **可见,"和"包含着矛盾的对立与统一,换言之,"和"是矛盾多样性的统一,是在尊重差异的基础上追求和谐。**

---

① 纳麒、谢青松:《中国共产党的战略选择与哲学转换》,中国社会科学出版社,2011年11月第1版,第252—253页。

② 纳麒、吕怀玉:《哲学视野:法治与德治新论》,社会科学文献出版社,2006年1月第1版,第255—256、261页。

（二）"和谐哲学"是当今时代精神的精华

当今的时代精神必须是和谐。从国内形势来看，在由农业社会向工业社会、由计划经济体制向市场经济体制转型的过程中，中国社会发生了巨大的社会分化与大规模的重新组合，引起了人们利益关系和利益格局的新变化。在这一进程中，许多社会问题逐渐凸显，如贫富差距过大造成了阶层之间的分化与冲突，区域之间的差距拉大引起了地区之间的矛盾，生态环境的污染也越来越严重。思想观念结构由单一向多元取向分化，旧的价值体系主导地位衰落，导致社会道德某些方面的衰退，以及过于功利性价值取向的强化等。在这样的社会背景下，如何化解社会矛盾，寻求人、社会、自然关系的和谐成为时代精神的体现。从国际形势来看，20世纪大部分年代整个世界是处在两极世界的格局当中。当世界处在两极格局时，是两个阵营处在对抗状态下，每个阵营里的人都要服务于这个阵营的需要，阵营利益高于国家利益、民族利益，更高于个人利益。然而，自20世纪90年代以来，随着东欧剧变和苏联解体，国际格局向多极化方向发展。当这个世界作为多极存在时，从每个国家、每个民族的角度讲，要获得生存、利益和发展，就必须保持独立。多极世界是相互制约、相互制衡而又相互依赖的一种世界格局，制衡所带来的稳定本身也是一种和谐。"和而不同"也就成为当代新的时代精神。[①]

[①] 纳麒、谢青松：《中国共产党的战略选择与哲学转换》，中国社会科学出版社，2011年11月第1版，第253—255页。

（三）"和谐哲学"是党长期执政的必然选择

哲学思想随着社会历史的变迁而不断变迁。在革命战争年代，为了领导中国人民走出苦难的深渊，作为革命党的中国共产党，选择以矛盾学说为核心的"斗争哲学"。毛泽东的"斗争哲学"主要体现为新民主主义理论，即从分析社会主要矛盾入手，从主要矛盾的对抗性质提出了要用"斗争哲学"方式，即暴力革命的方法来推翻帝国主义、封建地主和官僚资产阶级的压迫。"斗争哲学"的功能就是认识中国前途、改变中国面貌。新中国成立后，中国共产党走上了掌权执政的地位，历史角色的转变需要一种新的理念来指导社会主义建设、改革、发展与稳定的执政实践。按照冯友兰先生的话来说，"革命家和革命政党原来反抗当时的统治者，现在转化为统治者了。作为新的统治者，他们的任务就不是要破坏什么统一体，而是要维护这个新的统一体。使之更加巩固，更加发展。这样，就从'仇必仇到底'的路线转到'仇必和而解'的路线。"[①] 1978年，党的十一届三中全会做出重大决策，果断废除了"以阶级斗争为纲"的方针，选择了以经济建设为中心的全新战略。执政党的根本任务就是要完成社会治理，推进国家的发展，服务于人民安居乐业的需要。为此，执政党的哲学理念也由"斗争哲学"的"斗则进，不斗则废"转换为"和谐哲学"的"和则进，不和则废"。党、国家、人民是"和谐哲学"的三个主体。和谐的最根本点是利益一致性，党要代表人民的利益，国家要为人民谋利，人民就会拥护党和国家，这就是和谐。如果三者发生了严

---

① 冯友兰：《中国现代哲学史》，中华书局，1996年版，第259页。

重矛盾和冲突,这个国家、地区也就处在动乱之中了,动乱的结果就是执政的权力被人民收回。因此,**执政党要长期执政,执政理念就必然是和谐**。"和谐哲学"本质就是以人为本、民生至上,人民利益至高无上。这是执政党的终极目的,也是时代的大势所趋。[①] "和谐哲学"是中国共产党历史经验的理论升华,同时代表着马克思主义中国化的最新走向。

(四)进入21世纪,中国政府提出"和谐发展"、"和平发展"观

2005年2月,胡锦涛总书记在省部级主要领导干部提高构建社会主义和谐社会能力专题研讨班的讲话中指出,我们要建设社会主义和谐社会。党的十六大以来,以胡锦涛为总书记的中共中央创造性提出科学发展观,对中国特色社会主义发展道路有了新认识,主要体现在全面发展、协调发展、可持续发展、和谐发展、和平发展等方面。其中,所谓和谐发展,就是要根据社会和谐这一中国特色社会主义的本质属性,以社会和谐为中国共产党不懈奋斗的目标,更加积极主动地正视矛盾、化解矛盾,最大限度地增加和谐因素,按照"民主法治、公平正义、诚信友爱、充满活力、安定有序、人与自然和谐相处"的要求,解决人民群众最关心、最直接、最现实的问题,形成全体人民共同建设、共同享有而又各尽其能、各得其所的社会主义和谐社会。它着重强调的是处理好人与人、人与社会的关系,解决社会主义社会感召力、凝聚力、吸引力,保证党和国家长治久

[①] 纳麒、谢青松:《中国共产党的战略选择与哲学转换》,中国社会科学出版社,2011年11月第1版,第12—16、245、252、256页。

安的问题。中国共产党领导全体人民共同建设、共同享有的和谐社会,将贯穿于建设中国特色社会主义的整个历史进程。所谓和平发展,就是既要争取和平的国际环境来发展自己,又要以自身的发展来维护和促进世界和平;要依靠自己的力量和改革创新来加快发展,同时要坚持实行对外开放;要顺应经济全球化发展趋势,努力实现与各国的互利共赢和共同发展;要坚持和平、发展、合作,与各国共同致力于推动建设持久和平与共同繁荣的和谐世界。它强调的是处理好中国与世界的关系,使社会主义中国在实现中华民族伟大复兴的过程中,同时树立起"和平中国"、"文明中国"的良好形象。[①]

"和谐世界"观。21世纪之交的前后10年,中国政府认清世界多极化发展趋势,形成"和谐世界"观——即中国与世界和谐共处,坚持各文明没有优劣,主张世界各国在联合国旗帜下,国家不分大小、强弱、贫富,一律平等。党的十八大后,中国特色社会主义外交战略的特点是:第一,维护世界和平、促进共同发展是中国外交政策的宗旨,**推动建设持久和平、共同繁荣的和谐世界**。第二,在国际关系中,中国坚持弘扬平等互信、包容互鉴、合作共赢的精神,共同维护国际公平正义。第三,中国主张建设和谐世界应做到:政治上相互尊重、平等协商,共同推进国际关系民主化;经济上相互合作、优势互补,共同推动经济全球化朝着均衡、普惠、共赢方向发展;文化上相互借鉴、求同存异,尊重世界多样性,共同促进人类文明繁荣进步;安全上相互信任、加强合作,坚持用和平方式而不是战争手段解决国际争端,共同维护世界和平稳定;环保上相互

---

① 纳麒等:《走向复兴的探索》,中国社会科学出版社,2009年8月第1版,第105页。

第七章　文明的交融与和平的未来

帮助、协力推进，共同呵护人类赖以生存的地球家园。第四，将坚持与邻为善、以邻为伴，坚持睦邻、安邻、富邻，突出体现亲、诚、惠、容的理念，深化互利合作，努力使自身发展更好惠及周边国家。①

构建社会主义和谐社会，是中国共产党对中国特色社会主义未来发展模式的又一次大胆探索、科学构想和伟大创造，实现了中国特色社会主义理论的又一次巨大升华。

二、中国已经成为三大文明之间对话与交融的桥梁

中华文明与伊斯兰文明1300年在中华大地上潜移默化的交融，诞生了新生事物——即中国穆斯林、中国伊斯兰哲学思想；中华文明与西方文明近百年在中华大地上的相结合，诞生了新生事物——即中国共产党、中国特色社会主义市场经济。

我们要让文明的交融而不是文明的冲突成为21世纪的时代最强音！21世纪，世界若要走向和平，中国应该承担起推动三大文明走向对话与交融的历史使命，使文明的对话与交融成为21世纪的时代主题。一方面，20世纪90年代初亨廷顿提出"文明冲突论"时，东西方意识形态仍处于对立状态，中国尚未融入美西方主导的世界政治经济体系，他断言伊斯兰文化与儒家文化势必联手对抗西方文化。如今，强大的中国已融入美西方政治、经济话语体系，并逐渐拥有一定话语权，实际上这正是中华文明与西方文明史无前例地在全球层面上展开对话与交融。另一方面，自18世纪以来，穆斯林世界一直致力于调和伊

---

① "新常态下中国特色社会主义外交战略的特点研究"，http://zhidao.baidu.com/question/1990121368956837987。（上网时间：2016年2月29日）

斯兰信仰和西方文明，二战后的穆斯林国家一直都希望与美西方建立良好、密切的关系，20世纪90年代以来的"中正"思想家们也一直倡导伊斯兰与西方的对话，伊斯兰与西方实际上是从对抗走向了对话。**在世界几大文明中，伊斯兰文明唯独没有与中华文明在全球层面进行过对话与交融。如今，时代不同了，中国进一步走向强大，我们要倡导伊斯兰文明与中华文明的对话，并使中华文明成为伊斯兰文明与西方文明对话的桥梁与纽带，这是一种新的文明对话、交融模式，以和平共赢为宗旨，可以使世界真正走向和平与发展的正途。**

2015年10月5日诺贝尔奖给我们带来的积极启示是：诺贝尔奖是西方颇具政治性的奖项，将和平奖授予突尼斯"全国对话大会"——因其面对危难时，选择了一条与其他中东战乱国家不同的道路，避免了暴力冲突；将生理学或医学奖授予中国中医科学院研究员屠呦呦——因其在抗疟疾新药青蒿素研究中做出杰出贡献，挽救了全球特别是发展中国家数百万人生命。这是中国本土科学家首次获得诺贝尔自然科学奖项。这一切表明，对和平的追求和对人类生命的珍爱，可以超越政治意识形态、种族、宗教疆界，三大文明可以从冲突走向交融。

三、中华文明与伊斯兰文明的交融

中华文明与伊斯兰文明具有差异性，前者是世俗文化，后者是宗教文化。但两者间又有两大共性：其一，伊斯兰教核心是和平精神，中华文化核心是"和而不同"的宽容精神。双方都是"和"思维，不是二元对立。其二，先知穆罕默德强调"万事以中正为佳",孔子的根本思想是双、调和、平衡、中。① 因此,中华文明与伊斯兰文明以共性实现了相结合,中国穆斯林、中国伊斯兰哲学思想的诞生,正是中华文明与伊斯兰文明水乳交融的产物。

(一) 两大文明在中华大地上和谐与共 1300 多年

自伊斯兰教传入中国以来,中国穆斯林群体从无到有,从小到大,在这片"生于斯、长于斯"的土地上,在"求生存、谋发展"进程中,历经千年,在中华文明的汪洋大海中摸索着走出了一条将伊斯兰文明与中华文明相结合的创新发展道路。

迄今,中国穆斯林在哲学思想上实现了两次飞跃:一次是明末清初,中国穆斯林先贤开创了"以儒诠经"的汉文译著运动,实现了伊斯兰文化与中国传统文化相结合,促进了伊斯兰教中国化,即入地生根的主题,从思想领域使中国穆斯林从此有了文化归属感。中国穆斯林遵守天道"五功",强调人伦"五典",形成了敬主爱人、守正自洁的优良传统。最为突出的是,把伊斯兰文化中的"中正之道"思想与中国传统文化中的"致中和"思想相结合,成就了中国伊斯兰教温和、理性、包容的可贵品格。中国信仰伊斯兰教的 10 个少数民族,各有自己文化传统,但都主张遵循"中正之道",反对极端。维吾尔族史诗《福乐智慧》中说:"宏仁对于人是道义之本。"回族先贤王岱

---

① 梁漱溟:《东西文化及其哲学》,商务印书馆,2010 年 12 月第 1 版,第 162 页。

舆说："人定之以中正仁义。"① **另一次是近代以来，中国穆斯林高举爱国爱教大旗，强调"爱国是信仰的一部分"，实现了从中国传统文化认同向国家认同的过渡，解决了中国穆斯林的国家归属感**。民国、抗日战争时期，面对社会动荡、国家危难，中国穆斯林的爱国和国民意识达到一个全新的高度，将爱国爱教上升到自觉意识和主动行为，双元文化认同升华到爱国主义主旋律，进一步夯实了中国穆斯林与中华民族大家庭手足相亲、守望相助的同命运、共患难的荣辱与共感，他们献身国家独立、民族解放事业。由此可见，**两大文明走"中融天下"之路前途光明："中"文化、"中"哲理、"中"体系应该成为两大文明的主干内核及"去激进化"的基本内容。**

（二）两大文明之间历史上就建立了信任

2009年11月11日，当今穆斯林世界最负盛名的伊斯兰宗教学者之一格尔达维在首次访华期间接受中央电视台阿语频道采访，对源远流长的中伊友谊、中国在世界事务特别是中东事务中的作用、文明对话、中庸之道等话题畅所欲言。格尔达维一开始就表示，"谨向中国人民、中华民族以及中国致以问候。我来中国已经很迟了，很多年前就该完成访问。""自伊历一世纪，我们穆斯林就已知道中国。在十三个世纪以前，伊斯兰教已进入中国。我们和中国之间有着坚强、稳定的联系。**我们有句格言：'知识虽远在中国，亦当求之'**。如今，在每个阿拉伯国家都有中国人，中国产品随处可见，还有中国文化。托靠真

---

① 王作安："坚守中正之道，抵御极端思想——在伊斯兰教中道思想研讨会上的致辞"，《宗教工作通讯》，国家宗教事务局，2014年第3期，总第282期，第3页。

第七章　文明的交融与和平的未来

主,我希望他们能够继续复兴,并希望正如现在进行的一样,中国人民和阿拉伯人民、穆斯林能持续合作。"格尔达维颂扬中国独立、公正的外交政策。"中国是世界上最大国家之一,有13亿人口,还不包括散居世界各地的华人,如在马来西亚、新加坡。令我们高兴的是,中国不依附于美国,不唯美国马首是瞻,不做美国'卫星国'。我们阿拉伯人和穆斯林希望中国更好,希望中国在阿拉伯、伊斯兰问题上持公正立场。中国确实在阿拉伯、伊斯兰问题上秉持公正立场。"

2016年1月18—23日,中国国家主席习近平对沙特(中国是沙特最大贸易合作伙伴)、埃及、伊朗进行国事访问。21日,他在阿拉伯国家联盟总部(开罗)发表题为"共同开创中阿关系的美好未来"的演讲说,"在穿越时空的往来中,中阿两个民族彼此真诚相待,在古丝绸之路上出入相友,在争取民族独立的斗争中甘苦与共,在建设国家的征程中守望相助。这份信任牢不可破,是金钱买不到的"。[①] 摩洛哥卡迪·伊亚德大学国际关系学教授法蒂赫·萨赫利就习近平主席此行也发表评论说,"与其他世界强国截然不同的是,中国拥抱阿拉伯国家不是为了扩张自己势力,而是为了与之建立长期伙伴关系,在互利双赢基础上帮助阿拉伯国家进行建设。"

目前,在阿拉伯世界,中国形象在提升。中国领导人的每次到访和讲话,都让阿拉伯人兴奋,来自中国的产品质量越来越好,许多商店有中国人做服务员,阿拉伯人见到中国人时都会说"你好"。在阿拉伯世界的中国人也有了人格上的尊严。

---

① 中国国家主席习近平在阿拉伯国家联盟总部的演讲:"共同开创中阿关系的美好未来",《人民日报》,2016年1月22日。

（三）中华文明与伊斯兰文明在当代的相结合，有助于穆斯林世界走上现代化之路

18世纪后，中国和穆斯林世界命运相同，都经历了西方列强的侵略和压迫，都从熠熠生辉的文明古国转变为西方列强的殖民地、半殖民地。而改革开放30多年的中国摸索走出了一条中国特色社会主义的发展道路，使人民得以摆脱贫困，走向富裕；摆脱落后，走向进步。所有这一切，不仅对穆斯林世界的振兴具有重大启示意义，而且还能够助其一臂之力走向中兴。理由有三：

1. **1978年至今，在改革开放的中国，中国穆斯林实际上正在经历世界穆斯林发展史上首次真正的现代化努力**。这是中国语境下的现代化——中国政府是决策者和领导者，全体中国穆斯林是现代化的行为主体和实践者（保持伊斯兰信仰的同时走向现代化）。在中华文明倡导下的现代化之路使包括中国穆斯林在内的中国人走上了强国富民道路。中国现代化模式既然能在中国穆斯林中实现，也可以通过民相通、心相近的交流，影响乃至引导周边国家、"一带一路"沿线穆斯林。

2. **2013年9月，中国政府提出的"一带一路"倡议可以帮助穆斯林世界走向稳定与发展**。"一带一路"倡议将帮助沿线穆斯林国家参加区域经济发展及振兴，亦可间接推动其参与全球化进程，使两大文明间的对话与交融成为可能。2014年6月，中国国家主席习近平在中阿合作论坛北京部长级会议上提出，中阿共建"一带一路"，构建以能源合作为主轴，以基础设施建设、贸易和投资便利化为两翼，以核能、航天卫星、新能源三大高新领域为突破口的"1+2+3"合作格局。此倡议得到了阿

第七章　文明的交融与和平的未来

拉伯国家的热烈响应，并已取得早期收获。政治上，中阿建立了政治战略对话机制，中国同9个阿拉伯国家建立了战略伙伴关系，同6个阿拉伯国家签署了共建"一带一路"协议，7个阿拉伯国家成为亚投行创始成员。经济上，中国是阿拉伯国家第二大贸易伙伴，新签对阿拉伯国家工程承包合同额464亿美元；海湾阿拉伯国家合作委员会重启对华自由贸易区谈判并取得实质性进展，阿拉伯国家建立了两家人民币清算中心，中阿双方成立两个共同投资基金；中阿技术转移中心正式揭牌成立，双方就建立和平利用核能培训中心、清洁能源培训中心、北斗卫星导航系统落地等达成一致。文化上，双方举办了中阿友好年活动，签署了第一个共建联合大学协议，启动了百家文化机构对口合作，在华阿拉伯留学生突破1.4万人，在阿拉伯国家孔子学院增至11所，中阿每周往来航班增至183架次。[①]

"任何战争都有终结。"自"阿拉伯之春"以来，中东地区不少国家都已饱经战乱，仅2015年就有百万难民逃往欧洲，可见人心思和。2016年1月21日，习近平主席在阿拉伯国家联盟总部发表题为"共同开创中阿关系的美好未来"演讲，他宣布中国"要抓住未来5年的关键时期共建'一带一路'，确立和平、创新、引领、治理、交融的行动理念，做中东和平的建设者、中东发展的推动者、中东工业化的助推者、中东稳定的支持者、中东民心交融的合作伙伴"。[②] 习近平主席的上述讲话表明，**中国政府未来中东政策主旋律将是在对话与发展基础上促**

[①] 中国国家主席习近平在阿拉伯国家联盟总部的演讲："共同开创中阿关系的美好未来"，《人民日报》，2016年1月22日。

[②] 中国国家主席习近平在阿拉伯国家联盟总部的演讲："共同开创中阿关系的美好未来"，《人民日报》，2016年1月22日。

进中东和平。

3. 当代中国穆斯林必须实现哲学思想上第三次飞跃，将中国伊斯兰信仰与现代化相结合，从而解决中国穆斯林进一步向前发展以及破解穆斯林世界在全球化、现代化大潮中被边缘化的时代困局，并肩负起时代赋予的历史重任——走向世界并引领世界穆斯林的新发展方向。这是一个中国穆斯林可以实现的战略目标。伊斯兰教传入中国后，1300 多年来，中国穆斯林始终是接受者、学习者，如今到了引领者的时候了。**这是世界穆斯林历史发展的必然趋势，也是时代对中国穆斯林的呼唤。**

古往今来，伊斯兰教向全球发展有两大特征：**种族上的东向**。1400 多年里，伊斯兰教先后通过阿拉伯人、波斯人、蒙古人和突厥人的引领而得以广泛传播，今后可以由中国穆斯林来引领！因为：中国穆斯林是陆续来中国传教、经商、迁徙、定居的波斯、阿拉伯、土耳其等不同语种、不同国度的穆斯林，与华夏古国的汉、蒙古等民族长期融合繁衍、发展形成的一个独具特色的新生民族。2300 万中国穆斯林具有特殊性——既有世界穆斯林各族先辈遗传的基因，又流淌着中华民族的血液，伊斯兰民族和中华民族的两大族群血脉相连！

地域上的东向。前两次伊斯兰黄金岁月：一次是穆罕默德传教在阿拉伯半岛（610—632 年），四大哈里发时期—伍麦叶王朝—阿巴斯王朝建立地跨三大洲的阿拉伯—伊斯兰帝国（632—1258 年），主要在北非西亚；另一次是奥斯曼帝国地跨三大洲（15—17 世纪）、萨法维王朝在波斯和莫卧儿王朝在印度次大陆（16—18 世纪）。**第三次伊斯兰黄金岁月可以在和平、稳定、走向世界的中国！**1840 年鸦片战争后，中国落后挨打的根子就出在没有现代化上。1978 年后的中国改革开放道路，解决的正是中国社会的现代化主题，走出了一条通往繁荣富强的道路。当下是迄今为止中国最繁荣富强、影响力最具世界性的时刻，这为中国穆斯林走向世界创造了条件。**从执政党方面看，**1978 年改革开放后，中国共产党既然能带领中国人民走上现代化的强国之路，那么就要有强大的自信心，相信自己能善于汇聚宗教正能量，善于化宗教消极因素为积极因素。**从中国伊斯兰教界看，**在社会主义革命和建设时期，中国穆斯林和全国各族人民一起，立志改革开放和参与社会主义现代化建设的伟大事业。在这一历史进程中，中国穆斯林一定要思考、总结自身在祖国现代化、国际化进程中的实践，并将其提炼升华成为中国伊斯兰教现代化、国际化的哲学思想，这也将成为带领世界穆斯林走出边缘化状况，重新走向繁荣、发展、自信之未来的阳光大道。对此，中国穆斯林要有道路自信、理论自信、文化自信。

中华文明与伊斯兰文明在全球层面的对话与交融，必将使伊斯兰再一次实现从宗教向文明的飞跃——世界伊斯兰教发展的新方向。

四、中华文明与西方文明的交融

中华文明与西方文明具有差异性，前者是世俗文化，强调与自然融合；后者是宗教文化，强调征服自然。但恰恰是双方互有短长，各有所取，所以中华文明与西方文明以差异性实现了相互吸引，最终实现中西合璧。

（一）中华文明与西方文明在中华大地上的交流始于明代

梁漱溟在《东西文化及其哲学》中写到："中国自从明朝徐光启翻译《几何原本》，李之藻翻译《谈天》，西方化才输到中国来。清朝康熙时,西方的天文、数学输入。咸同年间,输入西洋火炮、铁甲、声、光、电等。那时,曾文正、李文忠等创办上海制造局,在制造局内译书,在北洋练海军,马尾办船政。……都想将西洋这种东西搬到中国来,……及至甲午之役,海军全体覆没,于是大家始晓得火炮、铁甲、声、光、电,后面还有根本的东西。乃提倡废科举,兴学校,建铁路,办实业。于是有戊戌变法不成而继之以庚子的事变,于是变法的声更盛。这种运动的结果,科举废,学校兴,大家又逐渐着意到政治制度上面,以为西方化之所以为西方化,不单在办实业、兴学校,而在西洋的立宪制度、代议制度。于是大家又群趋于政治制度一方面,所以有立宪论与革命论两派。……革命论家奔走革命,立宪论家请求开国会,设谘议局,预备立宪。后来的结果,立宪论的主张逐渐实现;而革命论的主张也在辛亥年成功。……但是这种改革的结果,西洋的政治制度实际上仍不能在中国实现,虽然革命有十年之久,而因为中国人不会运用,所以这种政治制度始终没有安设在中国。于是大家乃有更进一步的觉悟,以为政治的改革仍是枝叶,还有更根本的问题在后头。……《新青年》陈独秀他们几位先生,他们的意思要想将种种枝叶抛开,直截了当去求最后的根本。所谓根本就是整个的西方文化,……而最根本的就是伦理思想——人生哲学,……大家提倡此时最应做的莫过于思想之改革,——文化运动。"[①]

[①] 梁漱溟:《东西文化及其哲学》,商务印书馆,2010年12月第1版,第13—15页。

第七章　文明的交融与和平的未来

（二）中国共产党自 1921 年 7 月 23 日诞生至今，恰恰是中华文明与西方文明从冲突、对抗—对话—交融的历史进程

中国共产党从革命党转型成执政党所走过的 90 多年艰苦卓绝的斗争历程；中国自鸦片战争至今，从半殖民地半封建社会转型成社会主义现代化强国所走过的 176 年艰辛历程，是一条在资本主义占主导地位的世界格局下落后国家通向现代化的崭新道路。

正是毛泽东提出的"相结合"思想方法，使得中国共产党在解决中国革命问题的过程中，形成了毛泽东思想这一关于中国革命的正确理论。同样，这个"相结合"思想方法，也为中国进入社会主义建设时期以后，探索社会主义现代化道路奠定了思想基础。邓小平也是坚持以普遍原理和具体实践"相结合"的思想方法，确定了解放思想与改革开放的路线，从而开创了中国特色社会主义理论，开辟了中国特色社会主义市场经济发展道路。

1. 革命道路上，马克思主义中国化，结束了中国人民任人宰割、受人欺凌的百年耻辱，开辟了中国历史的新纪元。 18 世纪中国衰落后，一大批有识之士、爱国先驱们对"中国向何处去，中华民族能否以及如何复兴"等问题的思考与求索，不断汇聚成奔涌向前的思想潮流。从洋务运动到戊戌变法到辛亥革命，各种政治力量已经在不断地吸取西方文明的理念了——从魏源在《海国图志》一书中正式提出"师夷长技以制夷"的思想主张，到洋务运动的"中学为体，西学为用"，再到戊戌变法和辛亥革命的"全盘西化"，每一次运动都曾给深受苦难的中国人民带来希望，但每一次的结果都让翘首期盼的中国人空手而归，他们的建国理念与复兴方案都以失败而告终，求富求强的愿望最终化为泡影。就在中国革命陷于迷茫与困境之际，俄国十月革命的一声炮响给中国送来了马克思主义。以李大钊、陈独秀、李达、毛泽东、周恩来为代表的先进知识分子，在思想上冲破了资产阶级民主主义思想的束缚，从学习西方转向学习和研究俄国十月革命的经验，用马克思主义的世界观来观察中国的社会，并寻求救国救民的途径。历史最终选择了马克思主义作为中华民族复兴的伟大理论武器，选择了以马克思主义为行动指南的无产阶级政党中国共产党作为民族复兴的坚强领导力量，选择了社会主义道路作为民族复兴的正确之路。经过28年的艰苦奋斗，中国共产党领导全国人民推翻了帝国主义、封建主义和官僚资本主义"三座大山"的反动统治，于1949年10月1日建立了中华人民共和国，取得了新民主主义革命的胜利，从此结束了旧中国一盘散沙、四分五裂的悲惨状况，从根本上改变了中华民族的未来走向。①

农村包围城市道路理论是马列主义普遍原理与中国革命实践相结合的光辉典范。农村包围城市的道路，指的是在半殖民地半封建的中国，在敌强我弱的形势下，把党的工作重心放在农村，开展武装斗争，深入土地革命，建立农村根据地，并逐步扩大根据地，形成对城市的包围，最后夺取城市。1930年1月，毛泽东写了《星星之火，可以燎原》一文，对以"工农武装割据"为核心的农村包围城市道路作了高度总结，否定了"城市中心论"的错误观点。1930年5月，毛泽东写了《反对

---

① 纳麒、谢青松：《中国共产党的战略选择与哲学转换》，中国社会科学出版社，2011年11月第1版，第3—4、6页。

本本主义》一文,强调"马克思主义的'本本'是要学习的,但是必须同我国的实际情况相结合"。①农村包围城市武装夺取政权的革命道路,突破了俄国十月革命城市中心道路的模式,解决了在半殖民地半封建社会经济政治发展不平衡的农业大国弱小的无产阶级怎样发动和组织农民这个最大的革命力量,最有效地打击敌人,继续和发展革命力量,最后夺取全国政权的新问题,为马克思主义的暴力革命理论增添了新内容,也是中国革命走向胜利唯一正确的革命道路。农村包围城市道路是继俄国革命后无产阶级革命运动的又一次伟大创举,体现出中国共产党人敢于冲破理论禁区、大胆进行理论创新的精神。

统一战线战略也是马列主义统一战线战略思想和中国的具体实际相结合。统一战线战略是无产阶级及其政党为了完成自己的历史使命——不仅要解放自己,而且要解放全人类,在一定的历史时期、一定的政治基础上,同一切可以联合的阶级、阶层、政党或社会政治力量结成广泛联盟的战略。亦即团结一切可以团结的力量,争取一切可能争取的同盟者,以集中力量反对最主要的敌人。这也是马克思主义的重要战略思想。马克思和恩格斯在创立科学社会主义之初,就提出了实行革命统一战线的基本理论。他们在《共产党宣言》中,指出"共产党人到处都努力争取全世界的民主政党之间的团结和协议"。之后,在欧洲各国革命实践的基础上,他们认为在农民占多数的国家中,农民是无产阶级最可靠的同盟者,进而强调工农联盟的重要性。他们对资本主义社会各阶级作了深刻的科学分析,认为反对君主专制的封建土地所有制时,无产阶级和资产阶级之间也存在着统一性,并强调:"在政治上为了一定的目的,甚至可

---

① 《毛泽东选集》第1卷,人民出版社,1991年版,第48—49页。

以同魔鬼结成联盟，只是必须肯定，是你领着魔鬼走而不是魔鬼领着你走。"列宁在《共产主义运动中的"左"派幼稚病》一文中，特别强调了无产阶级"要利用一切机会，哪怕是极小的机会，来获得大量的同盟者，尽管这些同盟者是暂时的、动摇的、不稳定的、靠不住的、有条件的"。以毛泽东为代表的中国共产党人创造性地运用和发展了马克思主义统一战线战略思想，科学地解决了半殖民地半封建社会中国民主革命统一战线的一系列问题。① 1949年6月，毛泽东在对整个新民主主义革命经验进行总结的《论人民民主专政》一文中，精辟地论述了统一战线的伟大作用："到现在为止，中国人民已经取得的主要的和基本的经验，就是这两件事：在国内，唤起民众。这就是团结工人阶级、农民阶级、城市小资产阶级和民族资产阶级，在工人阶级领导之下，结成国内的统一战线，并由此发展到建立工人阶级领导的以工农联盟为基础的人民民主专政的国家；在国外，联合世界上以平等待我的民族和各国人民，共同奋斗。这就是联合苏联，联合各人民民主国家，联合其他各国的无产阶级和广大人民，结成国际的统一战线。"②

在党的90多年光辉历程中，统一战线始终是党的一个重要战略，为团结和带领全国各族人民，联合各方面积极力量而共同完成党的奋斗目标发挥了重大作用。在新民主主义革命以及社会主义革命和建设时期，由于革命和建设经历了不同发展阶段，各个阶段革命和建设任务不同，统一战线战略在实践层面上也呈现出不同形式：在大革命时期（1921—1927年），建立

---

① 纳麒、谢青松：《中国共产党的战略选择与哲学转换》，中国社会科学出版社，2011年11月第1版，第85—87页。

② 《毛泽东选集》第4卷，人民出版社，1991年版，第1472页。

以第一次国共合作为基础的国民革命统一战线，中国共产党迅速登上政治舞台，进入全国政治中心；在土地革命时期（1927—1937年），建立工农民主统一战线，有力地推动了中国革命走上伟大复兴之路；在抗日战争时期（1937—1945年），建立抗日民族统一战线，壮大革命力量，打败了日本侵略者；在解放战争时期（1945—1949年），建立人民民主统一战线，打败了蒋介石，除台湾外全国人民获得解放；在社会主义改造时期，进一步发展人民民主统一战线，人民民主专政的新政权得到了巩固；在全面建设社会主义时期，建立最广泛的爱国统一战线，推进了改革开放和社会主义现代化建设；在构建和谐社会的新时期，仍必须高度重视统一战线战略，广泛团结一切可以团结的力量，推动党和人民的事业不断前进。[①]

2. 治国方略上，经历了从"人治"到"法制（治）"再到"德法并治"的发展过程。 中国政府站在世界文明发展的高度，大胆地借鉴和吸收西方文明的法治传统。以1978年12月的十一届三中全会为开端，中国社会主义法治开始了建设的历程。90年代初，随着市场经济建设的全面启动，"法治"呼声日益高涨。1996年2月8日，江泽民同志在中央法制讲座结束时，论述了中国社会主义"依法治国"的概念。他指出："我们应始终注意把法制建设与道德建设紧密结合起来，把依法治国与以德治国紧密结合起来。"[②] 1997年9月12日，党的十五大正式确定了"依法治国、以德治国、德法并举"的治国方略。继1999年3月全国人大九届二次会议通过宪法修正案，"依法治

[①] 纳麒、谢青松：《中国共产党的战略选择与哲学转换》，中国社会科学出版社，2011年11月第1版，第89、95—96页。

[②] 《人民日报》，2001年1月11日。

国，建设社会主义法治国家"被正式载入宪法。2002年11月，党的十六大报告强调："发展社会主义民主政治，最根本的是要把坚持党的领导、人民当家作主和依法治国有机统一起来。"同时，十六大报告还确立"依法治国与以德治国相结合"的基本治国方略。

在中国历史上，法治作为一种治理国家的手段一直存在，即"以法治国"，而把法作为治理国家的最高依据的传统，即"依法治国"的传统是不存在的。从夏商周开始，中国的政治体制就建立在宗法的基础上，其最根本、最普遍的政治关系是君臣关系，"权力—义务"成为这一政治体制、政治关系的核心理念，因此，法的出现并不是出于平等的需要，而是维护以"专制权力"为核心的政治秩序的需要。中国传统中，法就是维护权力，规定义务，具有纯粹工具的属性。汉代"罢黜百家，独尊儒术"之后，中国封建社会"德主刑辅"逐渐确立，法降低到"辅德"的地位，成为了刑罚的代名词。[①]

现代意义上的"法治"，一般认为是资产阶级革命的产物，是西方法治传统的结果。从文化的民族性看，法治作为西方法治传统或法治文化，是从古希腊到现代西方文明整个西方社会发展文化沉淀的结果。柏拉图在《法律篇》中提出，法治意味着对权力的限制，这一思想从此在西方人的观念里扎下根。亚里士多德在对希腊158个城邦政治生活考察中，提出了"法治应优于人之治"。其主要论据是，法治等于神祇和理智的统治，而人治则使政治中混入了兽性的因素。罗马时期，法治成为政治的核心。在中世纪的欧洲，宗教至上，宗教的统治跨越国界，

[①] 纳麒、吕怀玉：《哲学视野：法治与德治新论》，社会科学文献出版社，2006年1月第1版，第117—119页。

第七章 文明的交融与和平的未来

基督教把自己的教义不断地丰富和发展，使之与现世生活紧密地结合起来，庞大的教义体系以法律的形式约束人们的行为，从而使得中世纪宗教的统治仍然具有法治的色彩，在形式上秉承西方法治文化的传统。近代欧洲摆脱中世纪宗教神学统治后，迅速以契约规范的基本原则和精神来建构资本主义经济政治秩序，进而步入了真正法治化的状态。近代宪法首先在英国出现。其后，法治作为一种共识和现代西方的自觉传统稳固地确立下来。[1]

此外，"民主"、"宪政"、"人权"等西方观念中国化。 从中国近代开始，西方政治观念"民主"和"宪政"是中国革命反对封建专制的利器。"民主"的观念在孙中山先生那里被赋予"民主、民权、民生"三民主义的本土化形式，经过新民主主义和社会主义革命的改造，"民主"被转化为"人民当家作主"。"宪政"的观念吸纳与转化过程比较曲折：无论是改良的维新派，还是坚决革命的资产阶级革命派，都把制定一部宪法、实行宪政体制作为强国富民的政治之途——从1908年的《钦定宪法大纲》到《中华民国临时约法》。新中国成立后，制定了"五四"宪法，1982年制订新宪法，后又制订《刑法》《刑事诉讼法》，颁布《民法通则》等等。另一个就是人权观念。新文化运动中，陈独秀提出"人权"与"科学"是社会进步的"两轮"，后来改为"科学与民主"——1919年发生的"五四"运动具有划时代意义，在中华民族反帝救亡的大历史中，它将"科学与民主"的理念作为实现救亡的工具。中华人民共和国建立后，"人权"观念基本被列入"资本主义"思潮的范畴。改

---

[1] 纳麒、吕怀玉：《哲学视野：法治与德治新论》，社会科学文献出版社，2006年1月第1版，第112—114、116页。

革开放后，随着对中国法治建设思考的深入，人们开始逐步研究"人权"，重视中国的"人权"问题。"人权"的概念频繁出现在党和政府的各种文件中，内涵不断丰富，不断发展。在中国，最基本的人权是公民的生存权和发展权，此外还包括平等权、财产权和自由权，这些人权的实现是靠中国经济的发展、政治的稳定和社会的不断进步来实现的。[1]

3. 经济发展模式上，从现代到当代，中国经济大体经历了两次转型，先后借鉴学习苏联模式和西方模式。第一次转型为新中国成立后30年，从封建小农经济转至社会主义计划经济，采取以苏为鉴战略。 新中国成立以后，毛泽东提出"一切国家的好经验我们都要学，不管是社会主义国家的，还是资本主义国家的"。[2] 但主要还是向苏联学习和开放，并采取了以苏为鉴的战略进行社会主义建设。1949年12月，毛泽东率代表团赴苏访问，于1950年与苏联签订了《中苏友好同盟互助条约》《苏联贷款给中华人民共和国的协定》等，得到3亿美元的贷款，开始了与苏联的全面合作时期。尤其是《中苏友好同盟互助条约》的签订，标志着中苏两国以国际条约的形式确立了政治上和军事上的战略同盟关系，对中国来说，苏联的支持为保障国家安全与促进国内经济发展提供了相对有利的外部支持力量。

从1952年起开始，苏联大规模援助中国大陆建设全面的工业基础。1953年斯大林去世后，赫鲁晓夫上台，出于内政、外交政策的需要，苏联一度非常注重发展对华关系，不仅提高驻华大使的级别，扩大对华援助的规模，而且加强了双方在政治、

---

[1] 纳麒、吕怀玉：《哲学视野：法治与德治新论》，社会科学文献出版社，2006年1月第1版，第161—162、164—165页。

[2] 《毛泽东文集》第7卷，人民出版社，1999年版，第242页。

第七章 文明的交融与和平的未来

经济、军事、科学文化等领域的交流与合作，中苏同盟关系一度达到比较亲密的程度。1954年，两国定下的几十个工业项目被合称第一个五年计划期间苏联援助中国的156个重点项目，为中国打下了冶金、石油、矿山采掘、煤炭、发电、电力装备、机械制造、纺织、造纸、制糖、航空、航天、交通铁路、国防兵器制造等全面的科研生产基础，中华人民共和国由此从农业国转变为工业国，开始了独立自主、门类齐全的工业化建设道路，进而使中国为改革开放后的中国经济起飞奠定了坚实的基础。

从1955年到1958年，中苏两国政府先后签订了6个有关协定，由苏联对中国提供技术方面的援助。1957年10月15日，中苏双方签订国防新技术协定，规定从1957年到1961年底，苏联在火箭、航空技术和原子弹研制等方面向中国提供技术。这些援助对中国原子弹、导弹研制的起步具有重要作用。1960年7月16日，苏联政府照会中国外交部，决定撤走全部在华专家。此后，中国原子弹、导弹研制进入全面自力更生的新阶段。[1]

50年代后半期开始，中苏同盟关系出现裂痕。60年代初，两国在涉及关系中国主权的重大敏感问题上发生了分歧，摩擦越来越多。1969年3月，两国在珍宝岛地区发生武装冲突，中苏同盟关系至此彻底破裂。

第二次转型为改革开放30年，从社会主义计划经济转至初步建成的社会主义市场经济，采取对外开放战略，主要借鉴学习西方。 1978年11月，《人民日报》发表社论，引用列宁在

---

[1] 纳麒、谢青松：《中国共产党的战略选择与哲学转换》，中国社会科学出版社，2011年11月第1版，第148页。

《苏维埃政权的当前任务》一文中的一个公式，表达了中国要向外国学习的强烈愿望。这个公式是："乐于吸取外国的好东西：苏维埃政权＋普鲁士的铁路秩序＋美国的技术和托拉斯组织＋美国的国民教育等等等等＋ ＋ ＝总和＝社会主义。"社论说："列宁的话，虽然是六十年前讲的，今天仍有现实意义。实现四个现代化，必须坚持自力更生的方针，这是毫无疑义的。但是，自力更生决不是闭关自守，决不能同其他国家老死不相往来。"①同年12月18—22日，党的十一届三中全会召开，明确提出要"在自力更生的基础上积极发展同世界各国平等互利的经济合作，努力采用世界先进技术和先进设备"，吹响了中国对外开放的第一声号角。1980年8月，在广东和福建两省建立深圳、珠海、汕头和厦门4个经济特区，作为对外开放的开始，中国政府鼓励外国公民、华侨、港澳同胞，到特区投资设厂，也可与中方合资办厂，兴办企业和基本事业，同时给予一定优惠条件。这标志着中国对外开放战略的正式确立。1984年10月，邓小平在会见参加中外经济合作问题讨论会的全体中外代表时说："经验证明，关起门搞建设是不能成功的，中国的发展离不开世界。"②他明确指出，对外开放是一个战略问题，这不是短期的政策，是个长期的政策，最少50年到70年不会变。即使变，也只有变得更加开放。③

对外开放、与国际接轨，使中国人学习现代资本主义先进的技术、先进的科学、先进的管理来为社会主义服务。中国将世界最适用（不一定是最先进）的方法拿来：西方的法治观念

---

① 《人民日报》，1978年11月3日。
② 《邓小平文选》第3卷，人民出版社，1993年版，第78页。
③ 《邓小平文选》第3卷，人民出版社，1993年版，第379页。

第七章　文明的交融与和平的未来

与国际会计标准，英国、美国和中国香港的证券法规，法国的军事采购制度，美国联邦储备银行的中央银行结构，日本、韩国、新加坡和中国台湾的经济发展战略经验等等。中国特色现代化发展道路离不开全球化、国际化。中国政府尊重现有国际秩序，遵守既有的国际规则，加入许多国际组织，从世界贸易组织、国际劳工组织到核供应国集团等。此外，中国对西方广阔的市场、丰富的资源、充裕的资金、先进的技术、优异的品牌以及西方人才、理论思想与体制秩序实现了兼收并蓄。[1]

对外开放格局的形成和拓展：其一，从1980年兴办了4个经济特区，到1993年由南到北、由东到西层层推进，基本上形成了"经济特区—沿海开放城市—沿海经济开放区—沿江沿边沿路开放城市—内地中心开放城市"这样一个新格局。其二，从面向周边国家和发达国家开放，到面向世界所有国家、各种类型的国家普遍开放。其三，从经济领域开放，到科技、教育、文化等各个领域全面开放。其四，从注重"引进来"，到实施"引进来"和"走出去"相结合的对外开放战略，使中国在更大范围、更广领域和更高层次上参与国际竞争与合作，更好地利用"两个市场、两种资源"。[2]

社会主义市场经济体制的探索与完善。党的十一届三中全会提出，"应该实行按经济规律办事，重视价值规律的作用"，至此，党领导全国人民开始了建立社会主义市场经济体制的探索之路。1985年10月，邓小平会见外宾时强调："社会主义和

---

[1] 江涌：《资本主义还能走多远》，东方出版社，2013年7月第1版，第167页。

[2] 纳麒、谢青松：《中国共产党的战略选择与哲学转换》，中国社会科学出版社，2011年11月第1版，第172—174页。

与和谐。不论世界上的几大宗教在何种程度上把人类区分开来，他们都共有一些重要的价值观。如果人类有朝一日会发展一种全球文明，它将通过开拓和发展这些共性而逐渐形成。在多文明的世界里，维护和平需要'共同性原则'——各文明的人民应寻求和扩大与其他文明共有的价值观、制度和实践。这样的努力不仅有助于减少各文明的冲突，而且有助于形成全球文明。这样的文明可能是更高层次的道德、宗教、知识、艺术、哲学、技术、物质福祉等等的混合体。"[1]

全球化、现代化为三大文明之间的交融乃至诞生新的全球文明创造了一定的条件。迄今，中华文明、伊斯兰文明、西方文明都属于特定地域或特定种族或特定宗教的文明，都称不上是一种全球文明。人类文明发展史轨迹是从小文明向大文明迈进。当今世界处于全球化、互联网时代，三大文明从未像今天这样在全球层面上接触、沟通、碰撞过。产生于西方文明的现代性，已经给不同文明的国度带来趋同——人员、资本、思想的国际化流动速度越来越快，各国城镇化进程让世界差异性在不断减少，服饰、娱乐、手机、电脑、微信、建筑等各种产品国际化、标准化。

中华文明语境下，三大文明可以交融并诞生全球文明。实践证明，中国共产党在指导思想、执政方略、执政方式和执政体制等方面，不仅善于学习、借鉴人类社会创造的一切先进文明成果，而且具有大胆进行理论创新和超越的精神。胡锦涛在十七大报告中指出："**实践永无止境，创新永无止境。**"30多年来中国改革开放和现代化建设的历史，从一定意义上说，就是

---

[1] 塞缪尔·亨廷顿著，周琪、刘绯、张立平、王圆译：《文明的冲突与世界秩序的重建》（修订版），新华出版社，2010年1月第1版，第294—295页。

一部不断推进实践基础上的理论创新、制度创新和其他方面创新的历史。随着中华文明走向世界舞台的中央,中国政府应该推动中华民族和谐大家庭成为世界和谐大家庭的发展方向。这也将导致一个前所未有的现象——中华文明作为桥梁与纽带,致力于促成世界各文明走向彼此携手而非彼此分离和对抗,最终实现与西方文明、伊斯兰文明在全球层面上的交融,也必将诞生出引领未来世界的新生事物——追求和平的全球文明降临人间!**这个全球文明将是追求和平终极目标下的多元主义,是各民族更加平等、紧密合作、世界持久和平与人类共同发展的理想主义状态**。

"万物并育而不相害,道并行而不相悖",真正实现多元文明、不同宗教和谐共生的良好格局。2015年10月24—25日,在中国江苏无锡举办的第四届世界佛教论坛形成的《灵山宣言》正好描绘了这样一种愿景。《宣言》称:"只有全世界多元文明、不同宗教和谐共处,兼收并蓄,美美与共,灯灯呼应,才能实现世界持久和平与共同繁荣。"[①] 世界本来就是多元的。

本书作者坚信,在中华文明语境下,三大文明的交融可以诞生全球文明,这既是一个替代现行国际秩序的宏大蓝图,为世界各国的经济或政治走向提供一条崭新的道路与发展方向,也是21世纪走向世界舞台中央的中国政府的一种战略创新,还将是世界走向和平的必由之路。

[①] 国家宗教事务局外事司:"第四届世界佛教论坛成功举办",《宗教工作通讯》,国家宗教事务局,2015年第6期,总第292期,第46页。

结语　冀望和平将浸透到世界的每一个角落

罗曼·罗兰说："从呼喊的深渊中，从一切憎恨的深渊中，我要向您高歌，神圣的和平。"

从古到今，普天之下，悠悠万事，非和平与战争莫属。当中，唯有和平，才是人类的终极心灵需求；唯有和平，才是所有人的共同利益；唯有和平，才是跨越种族、宗教、政治、意识形态等藩篱的普世价值；唯有和平，各大文明才得以大发展。现实世界也见证，不同国家之间唯有和平合作、互利共赢，才能赢得发展；唯有开放包容、互学互鉴，才能赢得和平。

第一节　文明兴衰之规律

回首一千余年三大文明发展史，我们见证了伊斯兰文明、西方文明核心国家的荣辱兴衰，坚定了唯有海纳百川、兼收并蓄的厚实底蕴之文化，方能成就文明千古不朽之传奇！霸权的拳头，也许一时刚硬有力，却不能造就永续的辉煌，终究要灰飞烟灭于尘封的历史。而文化的脊梁，也许柔软，却不会折断，能坚强地撑起一个文明历史的天空。霸权与文化，截然迥异，后者看似柔弱，但却坚强而永恒！

结语 冀望和平将浸透到世界的每一个角落

一、兼收并蓄成就文明

一部人类历史，主旋律还是各种文明交融和共享文明成果的历史。中华文明、伊斯兰文明、西方文明三大文明也都借鉴过其他文明来增强自己的生命力和辐射力。

（一）中华文明：中国哲学一向以海纳百川、兼收并蓄为主旋律

作为一个多民族、多文化不断融合的国家，中国在历史上绝大多数时间奉行开放主义，中国哲学向来强调"天人合一"、"天下一家"、"和而不同"、"以和为贵"。因此，在5000多年的历史演进中，中华民族创造了开放性、包容性、延续性很强的文明体系。

中国历史上是兼收并蓄的。在18世纪西方工业革命以前的1000多年时间里，中国虽然一直是世界上最先进、经济最繁荣国家，但"在东亚历史上没有发生欧洲类型的霸权战争"。[1] 一个"中华圈"，包括朝鲜、越南、琉球群岛，有时还包括日本；一个非汉人的"亚洲内陆地带"，包括满族、蒙古族、维吾尔族和藏族；还有一个蛮夷的"外层地带"，"他们只需朝贡，并承认中国的优越地位"。中华文明一词恰当地描述了中国和中国以外的东南亚以及其他地方华人群体[2]的共同文化，还有越南和朝

---

[1] 塞缪尔·亨廷顿著，周琪、刘绯、张立平、王圆译：《文明的冲突与世界秩序的重建》（修订版），新华出版社，2010年1月第1版，第210页。

[2] 目前，散居世界各地的华人近4亿人口。

鲜的相关文化。①

典型做法：一是出塞和亲。元封三年（公元前108年），汉武帝刘彻决定让芳名昭昭的细君远嫁乌孙王昆莫，下诏赐封为江都公主。此前的西汉曾先后七次送宗室之女嫁给外邦，但从未留下这些女子的姓名。细君远嫁是第一位名传史册的和亲公主。元封六年（公元前105年），细君在16岁的花季出嫁塞外。细君因生女撒手人寰后，19岁的解忧被封为"楚公主"于太初三年（公元前102年）出塞远嫁，成为第二位和亲公主。② 从此，和亲政策成为历代中国封建王朝确保边疆安宁的手段之一。

二是郑和下西洋。600多年前，中国航海家郑和七下西洋，所率多为兵船，船员也多为军士，算得上当时世界上一支最为强大的"海军"。这支规模空前的特大舰队，在第一次世界大战攻击舰队出现之前，尚无任何船队与之匹敌。郑和虽以"耀兵""示中国富强"为手段，从而达到"威制"西洋诸国，让他们对明王朝俯首称臣的目的，但从未像此后的西方殖民者那样攻城夺地，滥杀无辜，劫掠钱财。郑和也曾三次用兵，其中两次出于自卫行动，另一次是主持正义帮助苏门答腊国王平定叛乱。郑和七下西洋，主要是航海与外交，借此化解中国与海外各国的紧张局面，解决当时诸国之间存在的尖锐矛盾，恢复一度中断了的中国与东南亚、南亚各国之间的关系。③

---

① 塞缪尔·亨廷顿著，周琪、刘绯、张立平、王圆译：《文明的冲突与世界秩序的重建》（修订版），新华出版社，2010年1月第1版，第24、146页。

② 高红雷："出塞和亲的汉室公主们"，《作家文摘》，2016年7月5日，摘自《大写西域》，人民文学出版社，2016年1月出版。

③ 曾纪鑫："曾遭诽谤的郑和下西洋"，《作家文摘》，2016年7月5日，摘自《历史的张力：重寻11位英雄之路》，九州出版社，2016年7月出版。

结语　冀望和平将浸透到世界的每一个角落

据悉，当年，郑和率领数百艘船只于爪哇岛中部的三宝垄海港登陆。根据印尼学者奔牙拉查·翁冈·巴林桐安于1964年在雅加达出版的《端古劳》描述，郑和船队抵达印尼后与当地居民友好相处，积极在印尼传播伊斯兰教，深受当地穆斯林敬仰，扩大了伊斯兰教在爪哇的影响和传播。当地人为纪念这位"三宝公"，便把他首次登陆爪哇的地方叫做"三宝垄"。直到今天，三宝垄还保留着为纪念郑和而建的大觉寺和三宝庙等一批珍贵遗迹。[1]

2013年10月，习近平主席在印尼国会发表演讲时说，"几百年来，遥远浩瀚的大海没有成为两国人民交往的阻碍，反而成为连接两国人民的友好纽带。满载着两国商品和旅客的船队往来其间，互通有无，传递情谊，是对'海内存知己，天涯若比邻'的真实诠释。"2015年11月，李克强总理也在马来西亚吉隆坡出席中马经济高层论坛时的演讲中称，"郑和是和平的使者，所作所为体现了中华民族传统文化中'以和为贵'的精髓。中国人几千年来追求和平、开放和包容，我们将秉持这一优良传统，与各国和平共处、共同发展。"[2]

中国文化是兼收并蓄的。中国文化对外来宗教能够求同存异。因此，**中国佛教是兼收并蓄的产物**。佛教来自天竺之域，传入中国后，其应时益世的哲学思想不断与中国传统文化相融合，逐步形成了具有中国特色的佛教文化。"佛法在世间，不离世间觉"，六祖惠能大师这种践行"人间佛教"的思想，是把佛

---

[1] 罗洁："以和平、开放、包容心态发展中国—东盟关系——专访中国驻东盟大使徐步"，《世界知识》，2016年第13期，总第1680期，2016年7月1日。

[2] 罗洁："以和平、开放、包容心态发展中国—东盟关系——专访中国驻东盟大使徐步"，《世界知识》，2016年第13期，总第1680期，2016年7月1日。

教禅宗中国化的成功典范,在具有中国特色佛教文化的形成中,做出了不可磨灭的贡献。① 观音菩萨传入中国原本是男神,后来在中国的气场、道和民众的祈祷声中变为女神。**中国伊斯兰教也是中华传统文化与伊斯兰文化相结合的产物**。如第七章第三节所述。

当代中国和平崛起之路是兼收并蓄的。中国的崛起,不是通过军事扩张、掠夺资源、争霸称霸,而是依靠自身力量,发展内需,改革创新,积极参与国际合作与竞争,在与经济全球化紧密联系中,独立自主地发展强大起来,并促进国际社会共同发展,建立不对抗、不冲突、相互尊重、合作共赢的新型大国关系。中国的发展是建立在市场规则基础上的,这不仅有利于中国自身,也有利于世界各国的发展。②

(二) 伊斯兰文明:伊斯兰哲学也以兼收并蓄见长

因为第一、二、三章专门、详尽地分析了伊斯兰哲学兼收并蓄之道的历史演变进程,所以在此不再一一作重复性总结。

(三) 西方文明:西方更是在借鉴其他文明的基础上发展而来

1. 古罗马文明。罗马帝国是一个大熔炉,在横跨欧亚非、称霸地中海的庞大帝国里,来自不同文化的各族民众汇聚,交

---

① 国家宗教事务局局长王作安:"坚持走中国特色宗教工作之路",《宗教工作通讯》,国家宗教事务局,2015年第6期,总第292期,第6页。

② 余爱水:"中国唯有强军才能跨越'陷阱'",《参考消息》,2016年8月19日。

流互鉴,形成共同的公民意识。

2. **欧洲文明**。370—750年间,欧洲文明通过融合古典的、闪米特的、阿拉伯穆斯林的和野蛮的文化因素而出现雏形。欧洲文明的孕育阶段从8世纪中期一直延续到10世纪末,几百年间,它在文明程度上落后于许多其他文明。唐、宋、明朝时期的中国、8—12世纪的伊斯兰世界、8—11世纪的拜占庭,在财富、领土、军事力量以及艺术、文学和科学成就上都远超欧洲。11—13世纪,欧洲人热情而系统地借鉴了"来自更高的伊斯兰文明和拜占庭文明的适当因素,同时使这一遗产适应于西方的特殊条件和利益",在此推动下,欧洲文明开始发展。①

在中世纪欧洲的黑暗时代,在刀光剑影的战争间隙,伊斯兰文明与基督教文明之间的交流一直存在。早在第一次"十字军东征"后,穆斯林和基督徒就开始学习如何和睦相处。他们互相贸易、拜访,彼此之间建立了奇妙的友谊。过去,穆斯林谴责基督徒为蛮族,基督徒则称穆斯林为"异教徒";此后,他们结为近邻,学习对方的长处。穆斯林的礼节和文化、技艺和风度给欧洲人留下了印象,他们开始雇佣穆斯林工艺师和雕刻家,建造阿拉伯式房屋,穿戴阿拉伯人服饰,制作阿拉伯食品。十字军不仅将火药、蔗糖和指南针等传入欧洲,还从穆斯林那里学到了经营农业和水利灌溉的新方法,以及纺织、印染和毛织等工艺,阿拉伯世界的玻璃、制陶、银器和搪瓷等工业技术也介绍到了欧洲,促进了法国和意大利当地作坊业的生产。阿拉伯人教会了欧洲人许多医学、数学、化学、哲学和其他学科的知识。今天英语、法语中的许多化学、几何学和医学等词汇

---

① 塞缪尔·亨廷顿著,周琪、刘绯、张立平、王圆译:《文明的冲突与世界秩序的重建》(修订版),新华出版社,2010年1月第1版,第29页。

都源于阿拉伯语。在阿拉伯人征服的西班牙，伊斯兰大学中穆斯林学者和基督徒神学家们共聚一堂学习和探讨知识。

十字军与穆斯林在地中海沿岸的兵戎交锋大大地促进了两地贸易。受穆斯林商人影响，欧洲不少城市出现了商行。由于同阿拉伯人通商，法国南部的马赛甚至一度超过意大利的热那亚、威尼斯和比萨而成为一个大港口和商业中心。叙利亚和欧洲商人互通商业信贷券，可见在穆斯林世界流行的商业交易方式已引入欧洲。当意大利人和西方人第一次使用金币时，把它称为"拜占庭撒拉逊（即阿拉伯穆斯林）币"。其实，这种金币是由法兰克人统治的叙利亚公国中的威尼斯人铸造的，币面上铸有阿拉伯文。十字军时代，热那亚和威尼斯两大商国都在叙利亚公国的阿卡设立贸易办事处，还委派类似今天的商务参赞。①

"后伍麦叶王朝"（756—1031年）将阿拉伯—伊斯兰文化推向又一个高峰。在哈里发的慷慨资助下，科尔多瓦建立了一座宏伟的图书馆，藏书达40万册。阿拉伯人还建立大学和学校，倡导科学和教育。访问过西班牙的欧洲人很快便意识到，穆斯林比基督徒的文化和修养要高超得多。于是，西班牙基督徒接受了阿拉伯人生活方式，开始讲阿拉伯语，在日常生活方面也模仿阿拉伯人。宗教思想的影响达到了这样的地步，以至于基督教《圣经》被译为阿拉伯语，以便为那些只懂阿拉伯语的基督徒使用。当然，这种伊斯兰文明对基督教的影响遭到基督教神学家和牧师们的强烈反对，他们进行殉教式的反击来抵

---

① 伊斯兰教和基督教世界宽容、和平共处及相互学习和交流的材料引自："冲突与融合：历史上的伊斯兰教与基督教"，《伊斯兰教研究》，2011年11月19日，http://www.sino-islam.com/article.php? id=154。（上网时间：2012年7月24日）

制伊斯兰教的扩张。这就埋下了未来两大文明和政治力量进一步冲突祸根。[①]

"后伍麦叶王朝"统治西班牙期间，穆斯林留下许多优美建筑，特别是集阿拉伯和罗马艺术风格的建筑杰作科尔多瓦清真寺，今天仍然为世人赞叹。西班牙的伊斯兰大学培育了欧洲基督徒达200余年，后来欧洲的大学就是在伊斯兰文明和大学教育的影响下成型的。一些伟大的伊斯兰哲学家和科学家伊本·巴哲、伊本·图菲利、伊本·鲁世德、神秘主义哲学家伊本·阿拉比以及伟大的旅行家伊本·贾卜尔、伊本·巴图泰，伟大的历史学家伊本·赫勒敦，加上"世界医学之父"伊本·西那和杰出学者伊本·比鲁尼等的不朽著作影响了欧洲基督教的伟大学者，比如托马斯·阿奎那、但丁和培根等。

当伊斯兰文化中心托莱多落入基督徒之手后，基督教大主教雷蒙利用托莱多无以数计的阿拉伯抄本、典籍和文献资料成立了翻译局，翻译工作持续一个多世纪。许多伊斯兰文明财富被译成拉丁文而吸收到欧洲基督教世界的知识遗产中去。此后，由埃及、印度、希腊、阿拉伯—伊斯兰文明和欧洲组成的知识链条的长期历史联系和璀璨瑰宝，为未来欧洲文艺复兴打下了坚实基础并提供了动力。欧洲文艺复兴推动了科学技术巨大发展、经济贸易繁荣和思想文化活跃，整个欧洲基督教世界被注入了一股前所未有的活力，为欧洲进入资本主义阶段开辟

[①] 伊斯兰教和基督教世界宽容、和平共处及相互学习和交流的材料引自："冲突与融合：历史上的伊斯兰教与基督教"，《伊斯兰教研究》，2011年11月19日，http://www.sino-islam.com/article.php?id=154。（上网时间：2012年7月24日）

了路径。①

3. 美国文明。美国种族和文化特性也存在兼收并蓄的一面，并清晰反映在熔炉理念、番茄汤理念上，二者以不同方式表达了美利坚民族主义。**熔炉理念**最先于18世纪80年代由赫克托·圣约翰·德·克雷夫科尔提出。他说："在美国，各民族的个人都融合成一种新人"，这种新的美国人是"英格兰人、苏格兰人、爱尔兰人、法兰西人、德意志人和瑞典人的合成体"。他还说，新的美国人"撇下其祖先的一切偏见和习俗，而接受新的思想和习俗，其来源是他所拥抱的新的生活模式、他所服从的新的政府以及他所具有的新的地位"。克雷夫科尔不但认为美国人是各民族的人通婚而成的一个新民族，而且认为美国社会的文化是这些人原有的文化融合而成的一种新的文化。赞格威尔把这范围扩大到西北欧以外，包括了"凯尔特人和拉丁人，斯拉夫人和条顿人，希腊人和叙利亚人，黑人和黄人，犹太人和非犹太人……"他也像克雷夫科尔一样，认为这种"融合"和"再造"不但包括种族之间的通婚，还包括创建一种新的共同文化。**番茄汤理念**更强调文化上的同化。用米尔顿·戈登的话说，这一模式的基础就是"要求移民及其后裔必须采纳盎格鲁—撒克逊的文化标准"。用迈克尔·诺瓦克的话说，就是要求这些人"适应居民中那一部分盎格鲁—美利坚人的文化历史"。这一理念就是要以先辈定居者的文化为中心，并使之长存。它将盎格鲁—新教文化比喻为一锅番茄汤，移民可以往里面添加种种辅料和调味品，使之更加味美汤浓，但这基本上依然是一

---

① 伊斯兰教和基督教世界宽容、和平共处及相互学习和交流的材料引自："冲突与融合：历史上的伊斯兰教与基督教"，《伊斯兰教研究》，2011年11月19日，http://www.sino-islam.com/article.php?id=154。（上网时间：2012年7月24日）

锅番茄汤。第一次世界大战以前，新教、天主教和犹太教的教会均大力协助信奉其宗教的移民尽快融入美国社会。两种模式反映了直到 20 世纪 60 年代为止的移民同化情形。①

正是这种兼收并蓄实现了从美国建国到 20 世纪 60 年代为止的千百万移民的"美国化同化"，尤其是文化上的同化。这是美国历史上最伟大的成就之一，千百万充满献身精神和活力、既有抱负又有才干、忠诚于美国的盎格鲁—新教文化和"美国信念"价值观的人们，不仅使美国得以扩大人口，占领横贯东西的一片大陆，发展经济，而且帮助美国走上了成为世界超级大国的道路。②

二、战争摧垮文明

战争是人类最残酷的较量手段，它摧残生命，甚至使许多人类文明在战争中消失。因此，古代便有"兵者，凶器，战争，危事"的观点。老子说："兵者不祥之器，非君子之器，不得已而用之。"范蠡说："兵者凶器也，战者逆德也，争者事之末也。"③ 纵观伊斯兰教诞生以来的三大文明演变史，不仅恰好印证了中国古代先贤的战争观，而且得出以下三大规律。

规律一：中世纪近千年"黄金岁月"的伊斯兰文明、延续五千年的中华文明均在近代被强大的外部力量所击倒，呈现出

---

① 塞缪尔·亨廷顿著，程克雄译：《谁是美国人？》，新华出版社，2010 年 1 月第 1 版，第 96—97 页。

② 塞缪尔·亨廷顿著，程克雄译：《谁是美国人？》，新华出版社，2010 年 1 月第 1 版，第 134 页。

③ 王建军：《曾国藩——成大事者不纠结》，哈尔滨出版社，2016 年 4 月第 1 版，第 163 页。

不同文明的冲突。阿巴斯王朝1258年被强大的蒙古大军摧毁，奥斯曼帝国在第一次世界大战中被英国等西欧列强打败，1922年，奥斯曼帝国灭亡。中国清王朝1840年遭英国发动的鸦片战争侵略而走向衰亡。

规律二：近现代欧洲文明一而再、再而三地毁于自己文明内部国家之间的争霸战，造成国运衰败，助推帝国灭亡。从葡萄牙、西班牙、荷兰的海上争霸，到英国、法国在欧洲大陆、海外殖民地争霸，到英国、德国为首的第一次世界大战，到德国、日本（明治维新后的日本从属于西方文明）发动的第二次世界大战，到冷战时期美苏在全球争霸，争霸战争一再上演。

规律三：现当代西方文明的霸权国家均陨落于全球穆斯林激进势力，又一次呈现出不同文明的冲突。1979—1989年的阿富汗战争摧毁了超级大国之一的苏联，1991年苏联解体；2001年"基地"组织对美发动"9·11"恐怖袭击改变了另一个超级大国美国的命运，美国先后发动阿富汗、伊拉克两场战争拖垮了自己。如今，美国政治生态在悄然生变，特朗普现象突显政治极化趋势，加上白人与黑人的种族矛盾，白人与拉美裔人的文化矛盾，美国社会正在迈向族群撕裂的未来。2010年末中东地区掀起的"阿拉伯之春"则改变了欧洲的政治生态——恐怖潮、难民潮扭转了第二次世界大战结束以来欧洲不断走向统一的历史进程，开始强调国家主权和重新管制边界。随着一波又一波恐怖袭击潮、难民潮涌向欧洲，欧洲右翼民粹主义势力甚嚣尘上，欧洲正从统一迈向分崩离析。

第二节　致国际社会和中外穆斯林的和平倡议

敢问和平之路在何方？路在脚下！

一、呼唤国际社会：不要恐惧、妖魔化伊斯兰教和穆斯林

佛教有妙语曰："夫两敌相向，必有缺伤。"讲的是"合则两利，斗则俱伤"的道理。在非穆斯林世界，不少国家主流社会与穆斯林族群关系趋紧，"恐伊症"日益严重，族际关系撕裂现象在更大范围蔓延，未来令人忧心忡忡。

鉴此，国际社会必须有所作为。**一是国际社会必须共同担起制止穆斯林激进主义进一步蔓延的责任**。2000 年联合国一份报告建议，国际社会应确定和通过一项《应对宗教激进主义的行动和行为共同准则以及原则最低限度标准》，并加强宗教激进主义课题的研究力度。**二是大国必须奉行更公正立场**。2003 年 9 月 23 日，在联合国发言中，时任印尼总统梅加瓦蒂将西方大国处理中东冲突的失败与恐怖主义上升联系起来，其"动机及其合法性理由显然源自大国对伊斯兰国家长期奉行的不公正立场，尤其在解决中东冲突中的不公正立场。事实上，印尼许多穆斯林知名人士相信，一旦大国奉行更公正的立场，阐明在中东的公正无私立场，绝大多数以伊斯兰名义出现的恐怖主义根源就可以得到消除"。① 三是西方世界需要仔细倾听穆斯林心声，努力去了解、认识伊斯兰教。只有有了耐心和了解，西方公众才会形成去支持穆斯林世界的愿望，从而确保穆斯林不感到西方在力图颠覆伊斯兰。四是西方媒体对穆斯林社会应多一分敏感和责任。西方媒体对伊斯兰教的报导引发许多穆斯林的反西方立场，使持对话、温和立场的人易受攻击。**五是必须在主流社会**

---

① Sharon Behn, "Megawati raps Middle-east handling", *The Washington Times*, September 24, 2003.

与激进分子之间架起一座沟通的桥梁。主流社会必须消除激进分子内心的"被边缘化感觉",并让他们感到安全,没必要采取"自卫行动",不让煽动者利用这种情绪传播激进思想。

客观现实是,**在美国,白人至上主义者(white supremacists)等激进分子制造的暴力活动大于穆斯林激进分子**。2001年"9·11"恐怖袭击事件以来至2015年6月,由白人至上主义者、反政府狂热分子和其他激进分子杀害的人数几近两倍于穆斯林激进分子杀害的人数。同一时期,白人至上主义者等激进分子制造了19起恐怖袭击事件,而穆斯林激进分子只制造了7起恐怖袭击事件。据北卡罗来纳大学(North Carolina)的查尔斯·库兹曼、杜克大学(Duke)戴维·香泽尔(David Schanzer)两位教授的研究显示,约74%为反政府暴力,39%为"基地"组织煽动的暴力。查尔斯·库兹曼教授还指出,"美国执法部门告诉我们,右翼激进分子对美国社会构成的威胁大于穆斯林激进分子。"马萨诸塞州大学研究恐怖主义问题的约翰·霍根指出,"如今,人们开始认识到,在美国,'圣战'恐怖主义威胁被过分夸大与渲染,而右翼、反政府暴力行为被刻意低估……激进暴力可以有各种类型与形态。"奥巴马上台后,数次想就白人右翼激进主义问题展开研究,但都遭到共和党的抵制。一些美国穆斯林直言,"当袭击者不是穆斯林时,新闻媒体评论员会迅速报道称此人患有精神疾病;但当袭击者是穆斯林时,他们就马上假设说穆斯林是因为宗教而犯下暴恐罪行。"马里兰大学研究恐怖主义及对策的威廉·布兰尼夫教授认为,夸大"圣战"暴力的恐惧,反映出美国人对"9·11"恐怖袭击的深刻记忆以及许多美国人对陌生伊斯兰教的警惕。他说,"我们了解白人至上主义者,但我们并不真正了解'基地'组织,它太复杂、太陌生。"①

2015年11月13日晚,法国巴黎发生连环恐怖袭击案,造成130人死亡、352人受伤的惨剧。惨案发生后,美国的"恐伊症"再度甚嚣尘上,一些恐惧者呼吁政府对穆斯林进行登记,关闭清真寺,联邦调查局向穆斯林发出警告——白人至上主义者可能攻击他们。为此,美军第五舰队预备役军官海德·阿里·侯赛因·马利克在《国际纽约时报》上撰文并一针见血地指出,"如果我们不想落入'伊斯兰国'的宣传圈套——美国向伊斯兰教开战,我们就必须站出来反击'恐伊症',必须将极少数激进分子与绝大多数遵纪守法的美国爱国穆斯林区分开来。绝大多数美国穆斯林捍卫法治,尊重政教分离原则,他们是反击激进主义的坚强堡垒。"2011年皮尤中心民调显示,60%的美国穆斯林对美国本土的激进主义心怀忧虑,72%的美国穆斯林深信绝大多数穆斯林希望同化进美国社会,或者将伊斯兰信仰与美国文化传统相结合。巴黎恐袭案后,皮尤研究中心所作的一次民调显示,"伊斯兰国"在绝大多数以穆斯林为主体民族的国家几乎得不到支持,反而有60多个国家联合起来反对"伊斯兰国"。②

在英国,穆斯林认同英国的比例高于整个英国社会。据2009年的一次民调显示,77%的英国穆斯林受访者强烈认同英国,而整个英国社会只有51%认同英国。2011年的另一次民调

---

① Scott Shane, "Most attacks in U. S. are homegrown, not jihadist", *International New York Times*, June 26, 2015.

② Haider Ali Hussein Mullick, "Don't let ISIS exploit San Bernardino", *International New York Times*, December 5–6, 2015. 作者是一名美国穆斯林,也是美军第五舰队预备役军官,在海军战争学院教授反恐课程。

显示，83%的穆斯林以身为英国人而自豪，而整个英国社会只有79%的人以身为英国人而自豪。虽然英国社会存在着反穆斯林的仇恨现象，但皮尤研究中心的一次民调表明，只有19%的英国人不喜欢穆斯林，另有72%的英国人对穆斯林有好感。实际上，一代人以前，诸如攻击、杀人、爆炸等仇恨事件很普遍，如今恶性的种族暴力事件鲜见，增长的仇恨事件主要表现在言语上和互联网上。①

"种瓜得瓜，种豆得豆。"在国际社会与世界穆斯林族群的关系上，"不冲突不对抗、互相尊重、合作共赢"的理念必须成为21世纪的时代主旋律。正如2014年被评为中国十大"功勋外教"的威廉姆·霍文克教授所说：**"世界上的所有的仇恨化解，不是通过报复，而是通过爱的方式。"**②唯有这样，才能引导、推动彼此关系良性互动，开花结果。

二、寄语世界穆斯林：继续奏响伊斯兰哲学兼收并蓄主旋律

在当今世界战略格局中，世界穆斯林若想摆脱政治、经济、文化影响的边缘化境遇，消除战乱、暴恐、难民这一穆斯林的

---

① Kenan Malik "Britain's dangerous tribalism", *International New York Times*, July 20, 2015.

② 杨杰："'二战病人'在中国疗伤"，《作家文摘》，2016年6月24日，摘自6月1日《中国青年报》。威廉姆·霍文克教授1943年被德国盖世太保逮捕，关进达豪集中营。20世纪80年代，他成为中国对外经贸大学第一位经济学荣誉教授，最先向中国的大学引入微观经济学和宏观经济学概念，先后开设多门经济学课程。2009年，他和李政道、李约瑟一起被提名为新中国60年最有影响的海外专家；5年后，又被评为中国十大"功勋外教"。

负面形象，当代穆斯林世界的思想家、战略家、政治家们必须坚定不移地继续奏响伊斯兰哲学兼收并蓄主旋律。唯有如此，不仅主流穆斯林不再被激进分子绑架，不做沉默的旁观者乃至受害者，而且要让激进、恐怖分子也能摆脱"激进、暴恐"心魔，拥抱"中正"思想，最终实现穆斯林世界在 21 世纪的凤凰涅槃、欲火重生。为此，我们呼唤世界穆斯林，秉持伊斯兰教核心价值观，以大爱求和平，以求知改变世界，重新去树立一个符合人类和平精神的新形象！人类进步需要大爱，我们要让大爱重回每一名穆斯林的心中。

穆斯林世界跟上时代步伐，走上现代化发展之路是摆脱自 18 世纪以来不断深化的社会危机、乃至扭转当今全球化大潮中日益边缘化命运的关键。鉴此，中外穆斯林宗教人士和学者们必须携起手来，探索出伊斯兰信仰与现代化相结合的哲学理论，这是穆斯林"乌玛"未来生存发展、重新步入繁荣富强的必由之路。**伊斯兰哲学的历史长河，之前一直陪伴在世界穆斯林左右，它的旅程远未结束，在时光的流淌中，还将奔向永恒！**

穆斯林世界应该有所作为。**一是培养知识广博的领导人**。绝大多数穆斯林国家领导人不能向面临诸多挑战的年轻人提供思想理论指导，不关注现代知识和迫在眉睫的灾难。在穆斯林世界，激进组织最有影响力的地方恰恰是当地政府最不能有效解决发展挑战的地方。**二是增大传统伊斯兰学者对当今世界复杂性的认识**。不让激进伊斯兰学者绑架了整个穆斯林世界民众。历史上，伊斯兰学者总是与时俱进地解释《古兰经》，如今却走向僵化、狭隘地解释《古兰经》。穆斯林社会必须有一个真正的自我反省过程，抓住他们为何走向失败衰落的问题实质，以便提升自身能力去适应一个正在快速变化的世界。① **三是建立培养穆斯林青年宗教知识和现代文化、科技知识的机构**。教育不能仅限于一小批西化精英,经文学校毕业生也应该学习科技知识,了解世界及其多样性。宗教教育还需要强调伊斯兰教的宽容和同情心。穆斯林必须重塑涵盖公正、正直、宽容、追求知识在内的伊斯兰理念,而不仅仅是完成"念、礼、斋、课、朝"五功。②

三、冀望中国穆斯林:誓将和平进行到底

直面穆斯林世界战乱、贫穷、难民背井离乡之惨状,中国穆斯林没有理由不珍惜当下来之不易的和平与安宁生活。和平与安宁是包括穆斯林在内的中华民族各族先烈用鲜血和生命换来的。维护安定团结,建设现代化强国,是21世纪对中国穆斯林的时代要求。

"一带一路"倡议的实施,将穿越穆斯林世界,其成功与否,很大程度上取决于穆斯林世界是进一步陷入动荡还是稳步迈向和平?这是"一带一路"倡议面临的最大安全风险。而**中国穆斯林引领世界穆斯林发展方向,成为国家的战略资产,在国家战略中发挥正能量作用,从而在人心相通上,成为润物无声地保驾护航"一带一路"倡议的卫士和"助力"**。

2015年10月26—29日,中国共产党十八届五中全会召开。会议提出,创新提升至国家发展全局核心位置,要拓展发

---

① "Islamic Extremists: How Do They Mobilize Support?" Special Report 89, United States Institute of Peace, July 2002.

② Akbar S. Ahmed, *Islam Under Siege*, Vistaar Publications, New Delhi, 2003, pp. 153 – 155.

展新空间，要理论创新。借着十八届五中全会的东风，中国穆斯林的当务之急是，在全体中国人民实现"中国梦"的伟大征程中，在中国政府实施"一带一路"倡议中，要在理论层面丰富、完善、创新中国伊斯兰哲学思想体系，并且润物细无声地使中国穆斯林的和平发展成为引领世界穆斯林演进的新方向。这是一个伟大的梦想，中国穆斯林必须通过钢铁般的意志和脚踏实地的行动，使之成为不懈奋斗的伟大事业！这将是当代中国伊斯兰教和中国穆斯林对中华文明乃至全球文明的最大历史贡献。

"凡是过去，皆为序章。"这是莎士比亚的名言。我们今天所处的时代，是以和平与发展为主题的时代，也是中国政府与中国穆斯林同舟共济、携手共进的时代。在这样伟大的时代，中国政府与中国穆斯林一起站在历史的新起点上出发，共创新丝绸之路之美好未来恰逢其时。**伊斯兰格言："知识虽远在中国，亦当求之。"**

后　　记

　　学无止境。譬如积薪，后来居上。站在前人研究成果的基础上继续前行，这是科学发展的规律，也是后继者沉甸甸的责任。

　　自2015年5月以来，我心无旁骛地全力做一名穿越时空、探求伊斯兰哲学发展真相的行者。其间，自觉地洗去纷繁尘世间的喧闹，回归孤寂与空灵的精神世界，习惯每日的淡薄和宁静，纯粹地品味与感悟着千余年伊斯兰哲学之海纳百川、兼收并蓄的汁味，学术生涯经历了一次脱胎换骨，视野与站位实现了一次升华。伊斯兰哲学如同一抹明亮而不刺眼的光芒，引导着我执著地一路前行。不曾想，一年多来，心灵深处源源不息流淌着的涓涓细流，竟然能汇聚成河，最终于2016年8月完成《文明的交融与和平的未来》论著初稿。一年多光阴，虽如浮云飘散，如流水远逝，但却留下了可循的珍贵墨迹，内心充满了喜悦与感怀，真真切切地享受到了做学问所带来的甘甜清冽身心之人生，感到自己活得深远而厚实！

　　2015年7月，由时事出版社第一次出版的《穆斯林激进主义：历史与现实》[1]试图回答"穆斯林激进势力从何而来，又

---

[1] 注：《穆斯林激进主义：历史与现实》（内部发行）自2015年7月第一次出版以来，笔者在大量征求教内外学者意见的基础上，对该书的一些提法作了更妥善的修改后，将于2016年与《文明的交融与和平的未来》一起公开出版发行，书名改为《穆斯林与激进主义》。

将向何处去"的问题。《文明的交融与和平的未来》是其姊妹篇,从伊斯兰哲学史的视野和中华文明的语境下,试图回答面对穆斯林激进主义向全球蔓延之态势国际社会该怎么办的问题。一年多来,我时时刻刻都耐心地俯身拾起遗失在互联网、书籍、报刊中的块块纷乱碎片,以"庖丁解牛"思路,归位衔接,还原出兼收并蓄的伊斯兰哲学从中世纪走到当代波澜壮阔的全景式路线图。在过去、现在、未来的交错中,希冀本书的读者们能与我一起去穿越时空,并且见证从伊斯兰哲学兼收并蓄的特征去寻找破解当前全球暴恐乱象难题智慧的话,就会像一条流淌的河流,自然找到回归海洋之路!

踏破万水千山人未老,登高望远未来路更明。

2016年8月,本书初稿完成后,得到中国现代国际关系研究院原院长陆忠伟研究员、国家宗教事务局三司司长马劲先生从百忙中抽出时间审读把关,在此表达我衷心的感谢!陆忠伟原院长、云南伊斯兰教协会马开贤会长亲自拨冗写序,两篇序交相辉映,为本书增色不少,在此表达我发自肺腑的感激!9月,在中国现代国际关系研究院季志业院长的大力支持下,将本书列为院出版基金资助项目,得以出版面世,在此也表达我诚挚的感谢!

最后,我需要说明的是,伊斯兰哲学不是自己的专业擅长领域,加上不懂阿语,文中不免会有诸多错误之处,恳请将读到此书的研究者和读者们提出批评指正,我也把所能表达的最后谢意留给你们!

《文明的交融与和平的未来》中的观点为一己之见,希望能起到抛砖引玉之效,启发各方以更加智慧的方法来实现世界的和平与安宁！

为了万家灯火，学问将不会平庸，但人生也不再轻松！

方金英

2016 年 10 月于京城